AF259463

# TRAITÉ

## DE

# PERSPECTIVE

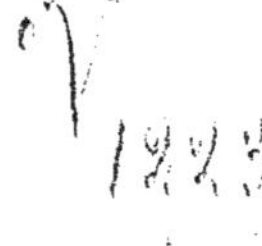

TOURS. — IMPRIMERIE DESLIS FRÈRES, 6, RUE GAMBETTA.

ENCYCLOPÉDIE THÉORIQUE ET PRATIQUE

DES

CONNAISSANCES CIVILES ET MILITAIRES

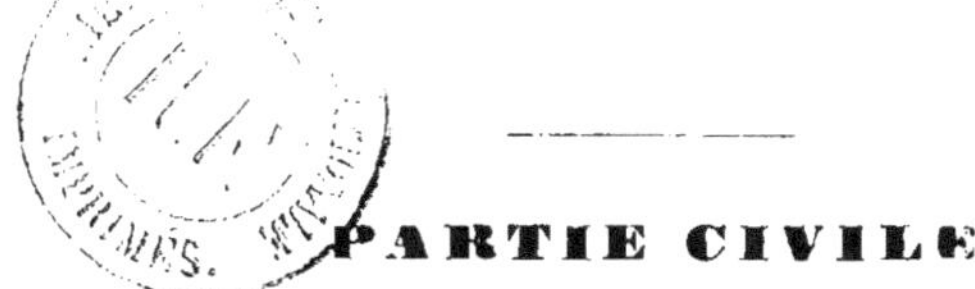

PARTIE CIVILE

# TRAITÉ

DE

# PERSPECTIVE

PAR

## GEORGES TUBEUF

ARCHITECTE

Ancien élève de l'école nationale des Beaux-Arts.

PARIS

FANCHON ET ARTUS, ÉDITEURS

25, RUE DE GRENELLE, 25

# PRÉLIMINAIRES

La Perspective a pour but de représenter sur une surface plane, les objets tels qu'on les voit dans l'espace.

Les anciens, les Grecs surtout, ont dû avoir des notions assez étendues de cette science, il serait impossible de comprendre comment, dans le cas contraire, la peinture aurait pu atteindre à un aussi haut degré de perfection à l'époque d'Alexandre le Grand; sans la perspective, il ne saurait exister de peinture même médiocre. Les Grecs, ces artistes d'un goût si fin et si pur, grands observateurs de la nature, devaient employer dans leurs tableaux, des procédés de dessin leur permettant de représenter le raccourci des corps. Ces moyens, pour n'être pas réunis en corps de doctrine, en traité scientifique, n'en devaient pas moins exister, tout au moins, à l'état de traditions artistiques.

Dans la haute antiquité, on ne trouve nulle trace de cette science, Pline et Pausanias étant les plus anciens auteurs auxquels il nous soit donné de recourir pour tout ce qui a trait aux artistes et aux choses de l'art. Vitruve affirme que, de son temps, les artistes savaient représenter, au moyen d'un point auquel concouraient les principales lignes du dessin, la position et l'éloignement des objets. Platon dans son dialogue du sophiste (*République*, X<sup>e</sup> livre), fait expliquer les règles de perspective par Socrate qui en démontre très bien les effets. Dans les décorations murales qui nous sont parvenues de Rome, Pompéi, Herculanum, Stabia, nous voyons des applications très complètes de perspective. Et il ne s'agit ici que de peintures décoratives dont la valeur artistique était certainement bien au-dessous de celle des tableaux. Asclépiodore était renommé par ses écrits sur cette science, il entendait mieux le raccourci, au dire de ses contemporains, qu'Appelles lui-même.

Pendant la période de la décadence à Rome, les arts étaient si peu en honneur, que nous ne pouvons rien trouver d'intéressant pour le sujet qui nous occupe; il nous faut arriver jusqu'au xiv<sup>e</sup> siècle pour rencontrer quelque trace de théorie en fait d'art du dessin.

En Italie, les élèves de Giotto parvinrent à sortir l'art de l'enfance, mais leurs ouvrages laissaient beaucoup à désirer sous le rapport de la perspective; le vrai point de vue manquait à leurs tableaux et le raccourci n'était qu'à l'état d'ébauche. Stefano, né à Florence en 1301, de Catherine, fille de Giotto, fut le premier qui osa tenter d'en surmonter les difficultés. Il améliora la perspective des fonds d'architecture et étudia la nature: ses œuvres sont détruites, Vasari le considère comme le promoteur de la perspective. Brunelleschi, l'architecte du dôme de Florence, né en 1377, paraît être le premier qui soit parvenu à représenter les monuments d'une façon tout au moins correcte, en se servant de plans, de coupes et d'intersections. Il enseigna sa méthode à Masaccio qui devint, lui aussi un maître. Paolo Ucello et Pietro della Francesca marchèrent sur ses traces.

Certains critiques prétendent que Van Eyck, né à Maasech-sur-Meuse, en 1366, fut non seulement l'inventeur de la peinture à l'huile, mais encore celui de la perspective. Après lui, Peter Neefs, Van Steenwitch, Van Delen et Van der Eyden ont illustré la Hollande par leurs œuvres picturales de perspective. Enfin le père Dubreuil, jésuite, affirme que ce fut l'Allemand Georges Reich qui, le premier, révéla cette science, il met à la suite Viatot, chanoine de Toul. Il est difficile de se prononcer sur toutes ces assertions différentes, cependant, le haut degré de perfection en fait d'art auquel parvinrent les Italiens de la Renaissance, nous porte à croire que c'est surtout chez eux qu'on peut rechercher les premières origines de la perspective théorique.

Lorsque Albert Dürer visita l'Italie, en 1505, il manifesta le désir, de se perfectionner dans la science perspective en étudiant avec André Mantegna; ce maître mourut malheureusement, quelques jours avant l'arrivée de Dürer. Ce dernier et Pietro del Borgo, sont les premiers qui aient publié les principales règles de cette science.

Sébastien Serlio, élève de Peruzzi, héritier des écrits et des dessins du maître, publia aussi un traité de perspective ; ce traité qui est assez complet, est très difficile à comprendre ainsi que les autres ouvrages scientifiques de cette époque, par suite de la peine qu'éprouvaient ces artistes, souvent peu lettrés, à traduire fidèlement leur pensée.

Le père Pozzo, peintre, sculpteur et architecte de la compagnie de Jésus, s'adonna complètement à l'art. Il peignit avec succès pour l'église de Saint-Ignace à Rome, un plafond dans lequel les figures sont vues de bas en haut, et publia, en 1693 et en 1702, un traité de perspective dont le principal mérite réside dans les planches qui sont fort remarquables. Jusqu'à cette époque, les artistes s'occupaient de perspective d'une façon tout à fait empirique, aucun traité sérieux n'existait.

Lorsque Monge eut réuni en un seul corps, en les coordonnant scientifiquement, les principaux procédés des diverses branches du trait, qu'il eut fondé la géométrie descriptive, la perspective fit aussitôt un grand pas et les traités se multiplièrent en peu de temps. Les plus célèbres sont ceux de Thibaut, de Leroy, d'Adhémar, de La Gournerie et de D. Sutter.

Le seul défaut qui soit à reprocher à ces œuvres, qui du reste ont une grande valeur, c'est que presque toutes s'appuient pas à pas sur la géométrie descriptive dont elles exigent une connaissance très étendue, elles ne sont donc à la portée que des personnes ayant fait des études assez complètes en descriptive. Quant aux autres, ils sont, au contraire, trop peu scientifiques, le trait perspectif n'étant pas étayé sur une connaissance exacte de la question.

Nous exposerons donc brièvement les diverses méthodes qu'on peut employer et nous aborderons aussitôt après l'étude du *trait perspectif* absolument distinct des procédés ordinaires de la géométrie descriptive, beaucoup plus simple et le seul pouvant être vraiment utile dans la pratique tout en étant d'une exactitude rigoureuse.

# TRAITÉ

DE

# PERSPECTIVE

---

## Définitions, exposé des diverses méthodes.

**1.** L'œil perçoit la forme apparente d'un objet par le moyen des rayons lumineux qui partent de cet objet et viennent tous converger à l'organe visuel. Dans leur marche contraire, ces rayons,

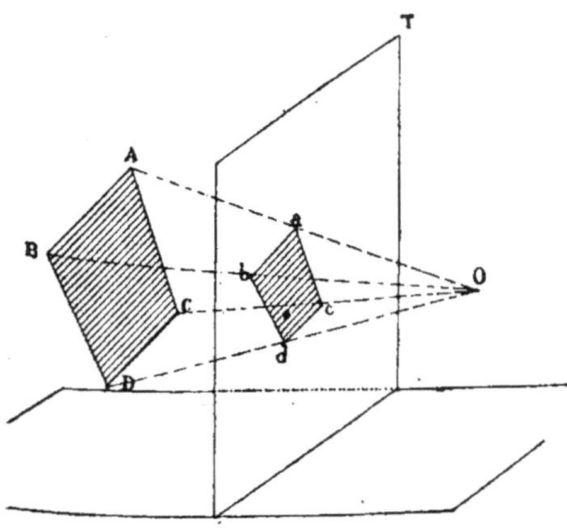

Fig. 1.

émis par l'œil qui regarde un corps, prennent le nom de rayons visuels.

Le problème général à résoudre en perpective est celui-ci :

On donne un corps situé d'une façon quelconque dans l'espace, un tableau qu'on peut supposer transparent, et la position d'un spectateur réduite à son centre optique ; déterminer sur le tableau la figure qui a pour l'œil un aspect identique de forme à celui du corps lui-même.

Soit ABCD le corps proposé (*fig.* **1**), T le tableau et O la position de l'*œil* (centre optique) du spectateur. Si on mène les rayons visuels OA, OB, OC, OD et qu'on cherche les intersections $a,b,c,d$ de ces rayons avec le tableau, on remarquera que, pour le point A. par exemple, tous les points de la droite OA paraissent, pour l'observateur, coïncider exactement avec le point A. Le point $a$ qui fait partie de cette droite et qui est situé sur le tableau donne à l'œil l'aspect identique à celui du point A : $a$ est donc la perspective de A. Il en est de même des trois autres points $b,d,c$, et la figure $abcd$ est bien la perspective du corps ABCD.

La solution du problème général revient donc à celle-ci : mener par l'œil des rayons visuels à chaque point du corps qu'on se propose de mettre en perspective, chercher l'intersection de ces rayons et du tableau, enfin joindre les points semblablement placés, le résultat sera la perspective cherchée.

**2.** On pourrait obtenir ce résultat par les méthodes de la géométrie descriptive et, dans ce cas, la marche à suivre serait celle-ci :

1° Représenter d'abord, suivant l'usage, sur les deux plans de projection, les projections du corps donné, les traces du tableau et les projections de l'œil ;

2º Mener les projections des rayons visuels ;

3º Chercher les intersections de ces rayons et du tableau ·

4º Faire le rabattement du tableau afin d'obtenir en vraie grandeur l'ensemble des intersections trouvées .

5º E . très souvent, augmenter. dans une proportion donnée, la figure obtenue qui serait beaucoup trop petite .

Ces opérations sont longues. compliquées et ne doivent pas être employées dans la pratique. sauf pour des cas tout à fait exceptionnels. Elles ont. de plus. le grave inconvénient d'exiger une place beaucoup plus considérable que celle occupée par le tableau lui-même.

**3.** La méthode qui doit être employée en évitant toutes ces longueurs, doit, présenter les conditions suivantes :

1ᶜ Les opérations doivent se faire dans l'intérieur du tableau même ou. du moins. sans en sortir de beaucoup ;

2ᶜ Les lignes qu'on obtient doivent être par elles-mêmes et immédiatement les perspectives cherchées ;

3ᶜ On doit pouvoir faire directement la perspective à l'échelle voulue, sans être forcé de l'augmenter plus tard ;

4ᶜ Lorsque les grandes lignes ont été obtenues. celles qui caractérisent l'aspect général de l'objet. il doit y avoir des méthodes spéciales permettant de tracer directement les détails, en les déduisant de l'ensemble précédemment obtenu. Dans ce cas. les premières méthodes sont dites de *perspective générale ;* les secondes, de *perspective immédiate.*

---

# CHAPITRE PREMIER

## PERSPECTIVE DES PLANS

### § 1. — PRINCIPES DE PERSPECTIVE

**4.** Le tableau est ordinairement plan et vertical, cependant dans les panoramas le tableau est cylindrique, dans les plafonds il est horizontal, et lorsqu'il y existe des voûtes décorées il peut être sphérique. Le tableau vertical repose sur un plan horizontal qu'on nomme le *géométral.* La base du tableau est l'intersection du tableau et du géométral

Si on mène par le point O (l'œil du spectateur), un plan horizontal qui coupe le tableau (*fig.* 2), la droite d'intersection HH' se nomme la *ligne d'horizon.*

On nomme *plan de front* un plan vertical quelconque parallèle au tableau.

La perpendiculaire abaissée du point O sur le tableau détermine par sa rencontre avec ce dernier un point P qu'on nomme *le point principal de fuite,* ou encore le *point principal.*

La droite OP mesure la distance de l'œil au tableau.

Si du point O on abaisse une perpendiculaire sur le géométral, la droite OM est dite *hauteur d'horizon* ou *hauteur de l'œil.*

La partie de l'espace située en arrière du tableau par rapport au spectateur est désignée par les mots *espace réel,* celle comprise entre le tableau et le plan de front qui passe par l'œil du spectateur se nomme *espace intermédiaire,* enfin, on nomme *espace virtuel.* la portion de l'espace située en arrière du spectateur. Le plan de front qui contient l'œil s'appelle *plan neutre,* son intersection avec le géométral est la *ligne neutre.*

**5.** Lorsque le tableau est déterminé de

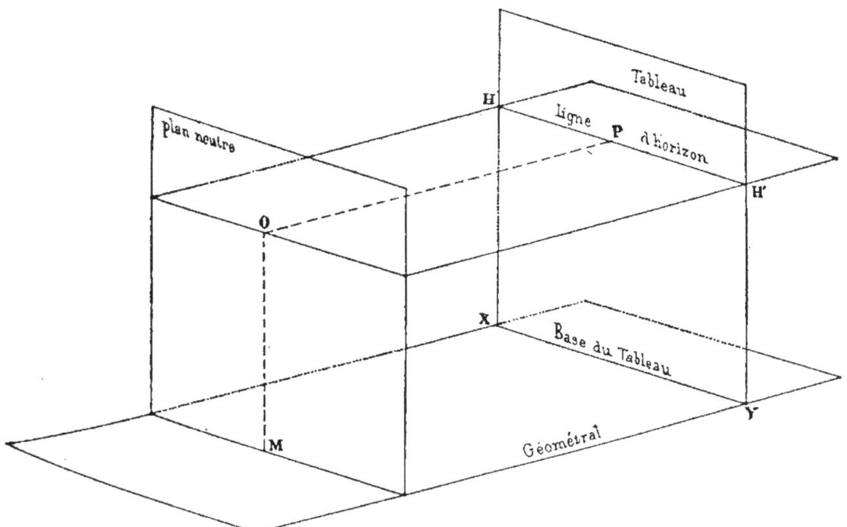


position et de largeur, il faut trois données pour fixer la place d'un point de l'espace (*fig. 3*).

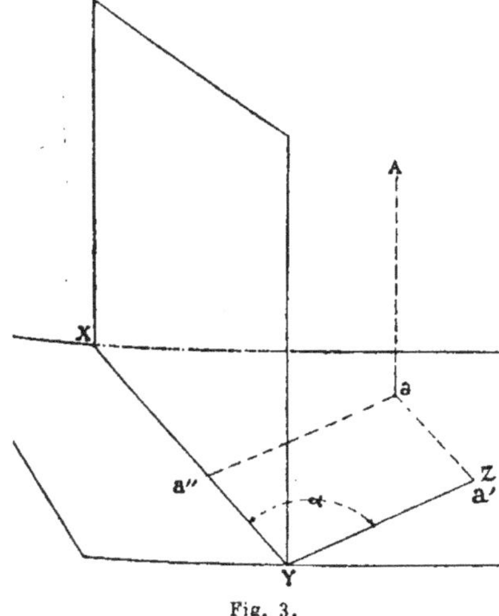


Fig. 3.

Soit un tableau T et son intersection XY avec le géométral ; si on considère le point A et qu'on abaisse la perpendiculaire A*a* sur le géométral on aura la *hauteur* du point A. A partir de l'un des angles X ou Y menons une droite quelconque du géométral et soit YZ cette droite ; si du pied *a* de la perpendiculaire A *a*, on mène *aa'* parallèle à la base du tableau XY et *aa"* parallèle à la droite YZ qui pourrait être perpendiculaire à la droite XY ; on aura les trois *coordonnées* nécessaires et suffisantes à la détermination du point A de l'espace. Ces coordonnées seront :

Y*a"*, largeur
*a"a*, profondeur } du point A.
A*a*, hauteur

Dans le cas où YZ est oblique par rapport à XY, il faut encore donner l'angle α qui détermine son inclinaison sur XY.

Pour mettre un point A en perspective, il faudra toujours effectuer les opérations suivantes : mise en largeur, mise en profondeur et mise en hauteur ; les deux premières opérations constituent la perspective des plans, elles se font ordinairement d'une façon simultanée.

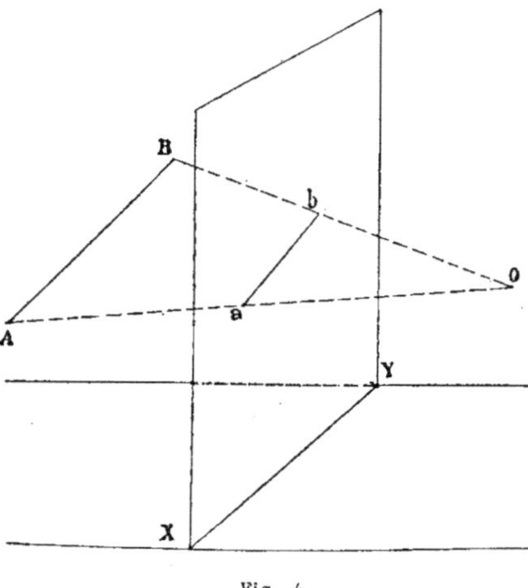

Fig. 4.

**6.** Les droites de l'espace peuvent se diviser en deux catégories : celles qui

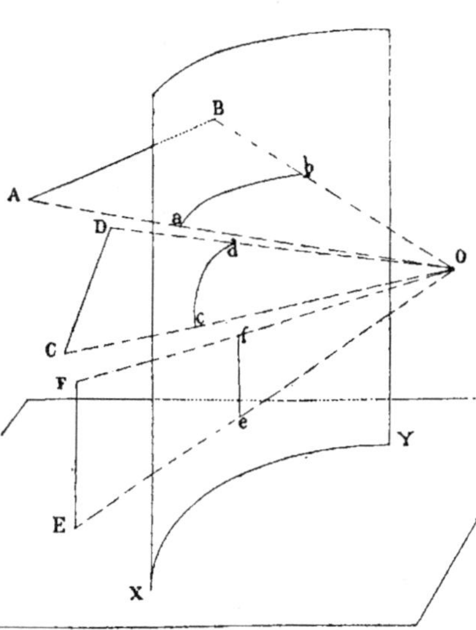

Fig. 5.

sont parallèles au tableau, *droites de*

*front*, et celles qui ne lui sont pas parallèles ; on nomme ces dernières *lignes fuyantes*. Les lignes de front peuvent être parallèles ou non à la ligne d'horizon.

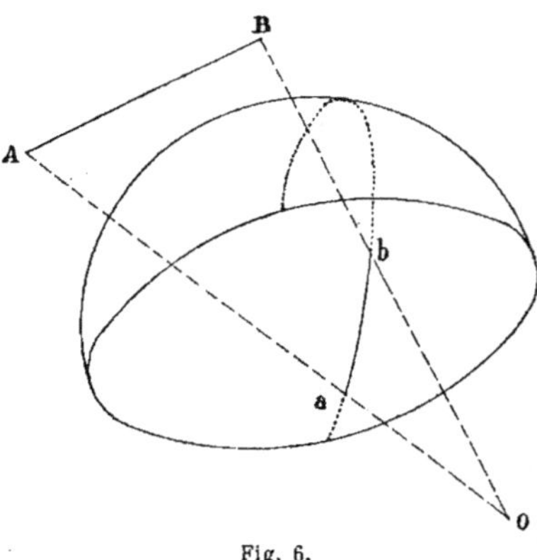

Fig. 6.

Les droites fuyantes peuvent être perpendiculaires au tableau, on les nomme

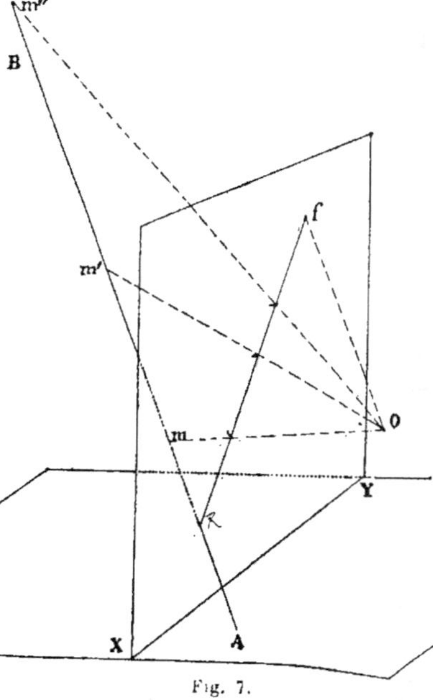

Fig. 7.

alors *droites principales*, ou bien elles

peuvent lui être obliques, et elles sont dites dans ce cas *droites accidentelles*.

Lorsque le tableau est plan (*fig.* 4) la perspective d'une droite de l'espace est une ligne droite, cela résulte du principe de l'intersection de deux plans. Si le tableau est cylindrique comme dans les panoramas (*fig.* 5) la perspective d'une droite sera une ellipse, si la droite est parallèle aux génératrices du cylindre, la perspective sera une de ces génératrices, si la droite est horizontale sa perspective sera un cercle. Enfin, si le tableau est sphérique, comme dans une voûte (*fig.* 6), la perspective d'une droite est un arc de grand cercle.

**7.** Parmi les différents points qui com-

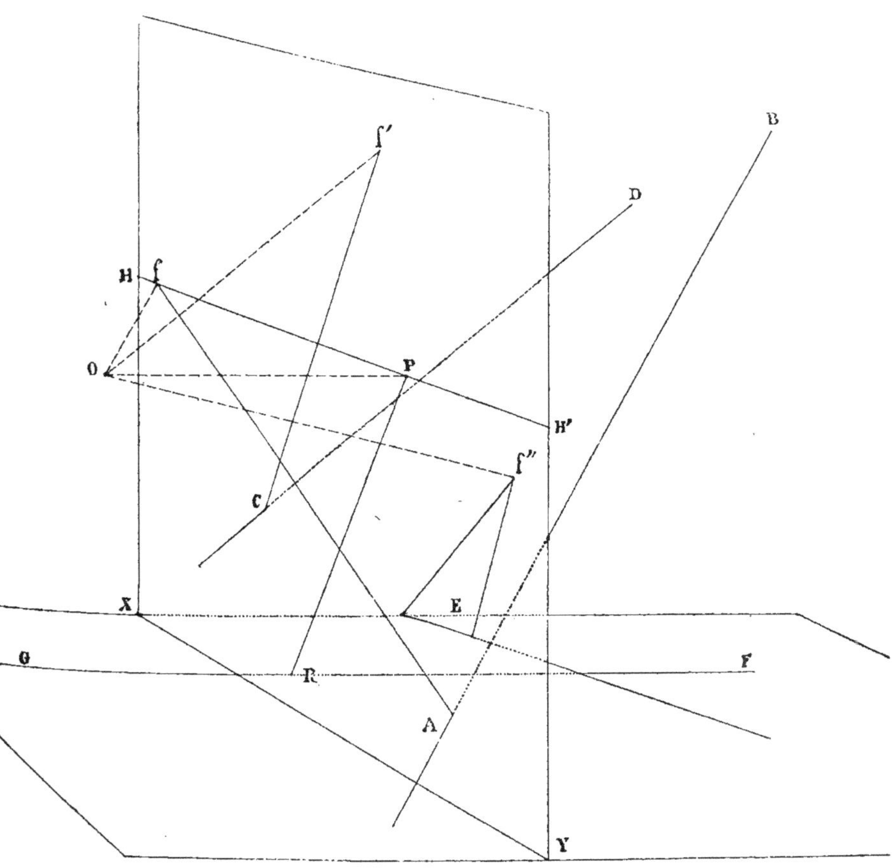

Fig. 8.

posent une droite, il en est deux surtout qu'il importe de considérer plus particulièrement.

Le premier est la trace de la droite au tableau, c'est-à-dire le point où la droite, prolongée si besoin est, viendrait percer le tableau (*fig.* 7). L'autre est le point de cette droite situé à l'infini.

Il faut d'abord comprendre comment un point situé à l'infini sur une droite peut avoir une perspective finie sur le tableau.

Soit une droite quelconque AB qui perce le tableau au point R, ce point R est la trace de la droite AB sur le tableau ; prenons un point quelconque $m$ de cette droite et joignons-le à l'œil O ; puis faisons indéfiniment avancer ce point $m$ en $m'$, $m''$, etc. Lorsqu'il sera à l'infini, les deux droites AB et O$f$ seront parallèles, $f$ sera la perspective de ce point situé à l'infini et la droite R$f$ sera la perspective de la droite AB.

**8.** Toutes les lignes parallèles à AB étant supposées se rencontrer au même point situé à l'infini, il en résulte que toutes les parallèles à AB auront à l'infini pour perspective commune le point $f$. Ce point se nomme le *point de fuite* de la droite AB, il indique une *direction*.

Lorsque la droite de l'espace est horizontale, le point de fuite est situé sur la ligne d'horizon ; si la droite est oblique à l'horizon son point de fuite est situé au-dessus ou au-dessous de la ligne d'horizon.

Lorsque la droite de l'espace s'élève au-dessus du géométral dans le sens du spectateur au tableau, son point de fuite est au-dessus de la ligne d'horizon ; il est au-dessous, si la droite s'abaisse dans le même sens.

Les droites perpendiculaires au tableau ont pour point de fuite le point P, pied de la perpendiculaire abaissée de l'œil sur le tableau.

On peut vérifier ces indications sur la figure 8. -

AB est une droite horizontale quelconque dont la trace est en A, du point de vue O ou même O$f$ parallèle à AB, qui rencontre le tableau en $f$, ce point est le point de fuite de la droite AB ; A$f$ est la perspective de AB.

Soit CD, incliné sur l'horizon et s'élevant dans le sens de O à P, O$f'$ lui est parallèle, $f'$ est le point de fuite de CD et C$f'$ la perspective de CD. Même raisonnement pour EF dont le point de fuite est en $f''$ parce que EF s'abaisse dans le sens de OP. GR est perpendiculaire au tableau, son point de fuite est P et sa perspective est RP.

**9.** Les points de fuite qui correspondent à des directions autres que celle qui est perpendiculaire au tableau se nomment d'une façon générale *points de fuite accidentels*.

Une droite qui passe par l'œil a pour perspective un seul point, celui de sa trace avec le tableau.

**10.** Lorsqu'une figure est située dans un plan de front, sa perspective est une figure semblable à celle proposée.

Soit la figure ABC située dans un plan de front (parallèle au tableau). Pour en obtenir la perspective sur le tableau dont la trace est XY, il faut et il suffit de mener les rayons visuels OA, OB, OC, leur

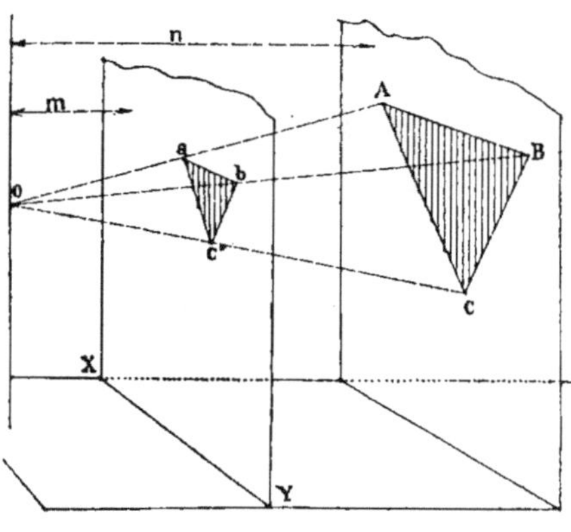

Fig. 9.

intersection avec le tableau donne les points $a,b,c$, qui, joints deux à deux donnent la figure $abc$ ; $abc$ et ABC sont semblables comme résultant de la section d'une même pyramide par deux plans parallèles. On a $\dfrac{AB}{ab} = \dfrac{n}{m}$, c'est-à-dire que les deux figures ont leurs côtés homologues proportionnels à la distance du plan de front et du tableau à l'œil. Le rapport $\dfrac{n}{m}$ est l'échelle du plan de front.

**11.** Un plan est toujours défini par trois points, ou par deux droites, soit parallèles, soit se coupant.

Parmi toutes les droites qui ont rapport

au plan, il en est trois qui sont plus importantes comme déterminant ce plan (*fig.* 10). La première est la *trace de ce plan* M *au tableau*; cette trace AB est, à elle-même, sa perspective. La seconde est sa *trace géométrale* AC dont la perspective est A*f*; on obtient cette dernière en menant, par l'œil O, une parallèle O*f* à AC, comme AC est horizontale le point *f* se trouvera sur la ligne d'horizon; *f* est le point de fuite de la droite AC et de toutes les droites qui lui sont parallèles,

c'est-à-dire que toutes les horizontales du plan M, *mn*, *m'n'* ont toutes pour point de fuite le point *f*.

La troisième droite est la trace au tableau d'un plan R mené par l'œil parallèlement au plan M. Cette droite FF' se nomme la *ligne de fuite* du plan M, c'est la droite qui contient *tous* les points de fuite de la somme de *toutes* les droites situées dans le plan M. Car quelle que soit la droite du plan M de laquelle on cherche le point de fuite, il devra se trou-

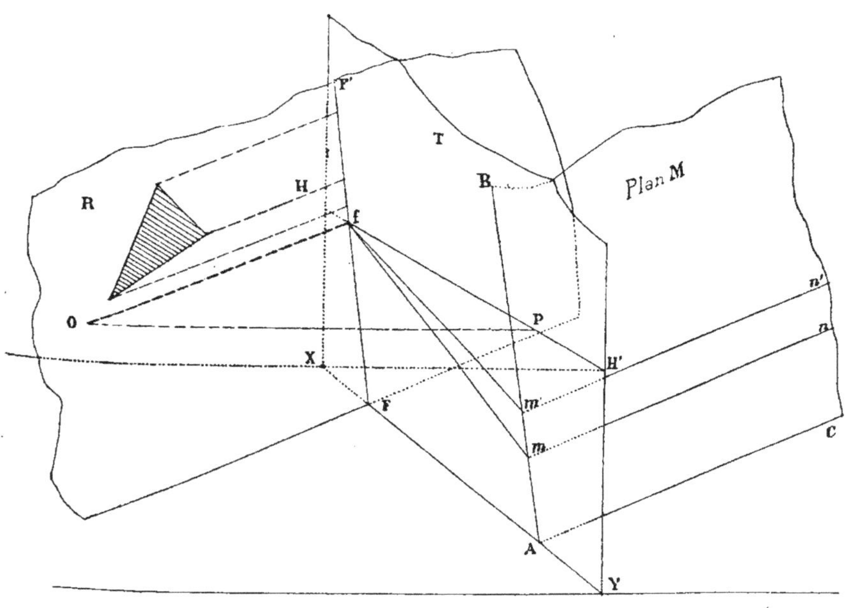


Fig. 10.

ver à la fois sur le tableau et dans un plan parallèle à M, mené par le point O. L'intersection FF' est bien le lieu géométrique des points de fuite de toutes les droites situées dans le plan M.

Cette ligne de fuite est commune à tous les plans qui sont parallèles au plan M; elle est parallèle à la trace du plan M au tableau.

De même qu'un point de fuite détermine la direction vers laquelle concourt, en perspective, une somme de droites pa-

rallèles entre elles; de même la ligne de fuite d'un plan, indique la direction de toutes les traces au tableau d'une somme de plans parallèles entre eux.

Toute surface *abc* contenue dans un plan qui passe par l'œil, se perspective sur le tableau suivant une droite.

Il en est de même de toute figure situé· dans le plan d horizon, elle se perspective suivant la ligne d'horizon. Dans ces deux cas on ne peut plus juger de la forme vraie des figures.

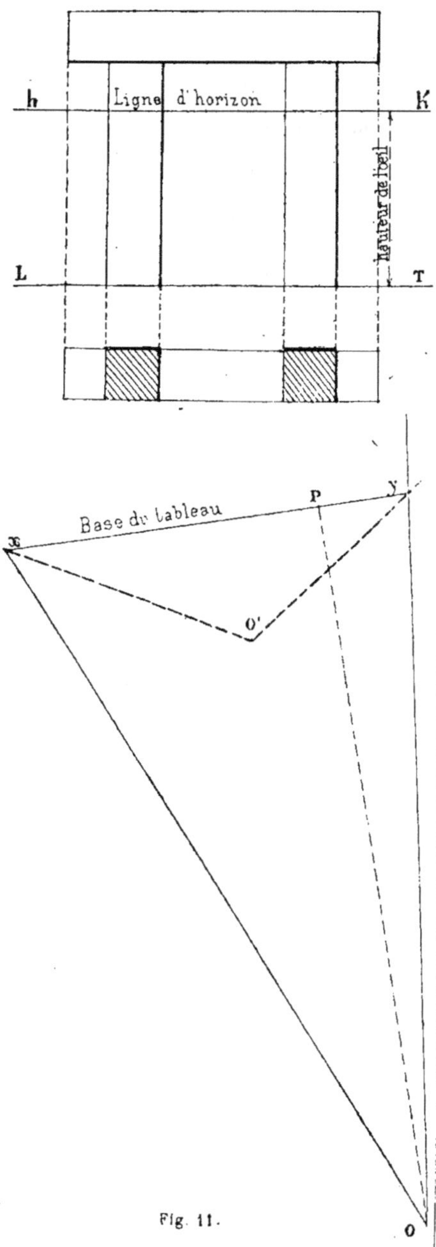



Fig. 11.

Lorsqu'on veut mettre un objet en perspective, il faut commencer par représenter cet objet en plan, élévation et coupe à une certaine échelle.

Il faut ensuite déterminer la position du spectateur en plan et fixer la hauteur de l'œil au-dessus du géométral.

Soit (*fig.* 11) l'objet à mettre en perspective représenté à une échelle quelconque en plan et en élévation, on détermine la position en plan du spectateur au point O, c'est-à-dire qu'on détermine la façon suivant laquelle on désire voir l'objet. Si on le place très près du tableau, l'*angle optique* xO'y est très obtus et l'œil ne pourra saisir en une seule fois que la partie centrale de l'objet, les parties environnantes paraissant confuses. Si, au contraire, ce point est situé très loin, la perspective perdra tout caractère et se rapprochera sensiblement d'une projection. On prend ordinairement pour angle optique xO'y, un angle de 22 à 25 degrés ; c'est une grandeur que l'usage a confirmée ; il faut, de plus, que la distance OP soit comprise entre deux et trois fois la plus grande dimension de l'objet. Dans ces conditions, la perspective devra se présenter d'une manière satisfaisante.

La largeur du tableau xy est prise arbitrairement, elle dépend absolument de la dimension dont on peut disposer, feuille de papier, toile, etc. Il sera bon de la prendre toujours plus petite que la surface dont on va se servir, afin de permettre l'emploi de certains points qui peuvent être situés hors du cadre du tableau. Disons, cependant, que cette recommandation est plutôt faite pour faciliter le travail du dessinateur, car *toutes les opérations* de perspective peuvent se faire dans la limite du tableau au moyen des procédés qui sont spéciaux au trait perspectif.

Quant à la hauteur de la ligne d'horizon, à moins d'être donnée d'une façon obligatoire, il est bon de la choisir dans de bonnes conditions. Trop haute, elle donne une vue de l'objet à vol d'oiseau, de telle sorte, qu'à la limite, cet objet ne se verrait plus qu'en plan. Trop basse, la perspective du sol est presque nulle, tandis que les parties hautes subissent une énorme déformation.

Toutes les fois que la position de l'œil en plan et en élévation n'est pas donnée au perspecteur d'une façon obligatoire, il faudra *tâter* un peu les différents résultats que donneront les diverses positions du point O. Les avantages d'une position étant souvent contre-balancés par ses inconvénients.

Lorsque toutes ces données sont établies, on passe à la mise en perspective du plan de l'objet ; celle de l'élévation ne venant qu'en second lieu.

Nous allons nous occuper, tout d'abord, de la perspective des plans.

## § II. — PERSPECTIVE DES DROITES

**12.** En réalité il n'y a, en perspective, qu'une seule méthode : celle qui consiste à déterminer un à un, chaque point d'un objet, et chacun de ces points s'obtient par l'intersection de deux droites entre elles. Certaines simplifications pourront se produire, mais le principe sera toujours le même.

Le problème de mise en perspective d'un point, revient donc à celui qui consiste à mettre une droite en perspective.

Soit (*fig.* 12) la droite AB du géométral à mettre en perspective, XY est la trace du tableau sur le géométral, O la position de l'œil du spectateur et OP la hauteur de l'œil au-dessus du géométral.

Je trace en $xy = $ XY la base du tableau en élevant les deux perpendiculaires $xh$ et $yh'$ qui le limitent à droite et à gauche et qui sont les traces au tableau de l'angle optique YOV ; et l'horizontale $hh'$ distante de $xy$ de la hauteur OP. La droite AB rencontre la base du tableau au point A qui est à lui-même sa perspective (7), je porte sur $xy$ la distance $xa = $ XA. Pour obtenir le point de fuite F de AB je mène par le point O, OF parallèle à AB ; cette dernière étant horizontale, son point de fuite est sur la ligne d'horizon (8) ; je porte FX en $fh$, le point $f$ est le point de fuite de AB, et je mène $fa$ qui est la perspective de AB.

S'il s'agissait de fixer sur cette droite $af$, la position d'un point M de la droite AB, on opérerait comme suit :

Par le point M du géométral, on mène une droite quelconque MN, on en cherche la trace au tableau N, le point de fuite F', on reporte ces deux points en $n$ et $f'$ sur le tableau, on joint $nf'$, le point d'intersection $m$ est la perspective du point M.

Cette méthode est connue sous le nom de *méthode du double point de fuite*, elle peut être simplifiée au point de vue pratique par la connaissance de droites situées dans des conditions particulières

**13.** L'exemple que nous venons d'examiner revient à la mise en perspective d'un point M au moyen de deux droites quelconques qui se coupent en ce même point. Cherchons s'il est possible d'employer, dans un cas analogue, des droites dont la situation spéciale nous permettrait un tracé plus simple.

Soit AB (*fig.* 13) une droite principale, c'est-à-dire, une droite perpendiculaire à la trace du tableau XY et O la projection horizontale du point de vue. Soit, d'autre part (*fig.* 14), $xy$ la base du tableau de l'épure perspective égale à XY sur laquelle $hh'$ représente la hauteur d'horizon. Si nous cherchons à mettre en perspective la droite principale AB. il faudra d'abord porter la longueur XB de $x$ en $b$ puis chercher le point de fuite de la droite AB en menant par O, une parallèle OP à AB. Cette parallèle se confond avec la distance de l'œil au tableau, sa trace sur ce dernier coïncide avec la projection $p$ de l'œil. Il n'y a donc aucune opération à faire pour rechercher le point de fuite des droites perpendiculaires au tableau (droites principales). La projection $p$ du point de vue est le point de fuite cherché.

Considérons, maintenant, les droites AM, AN', issues d'un point A de la droite principale et faisant avec cette droite, et par conséquent avec la base du tableau XY,

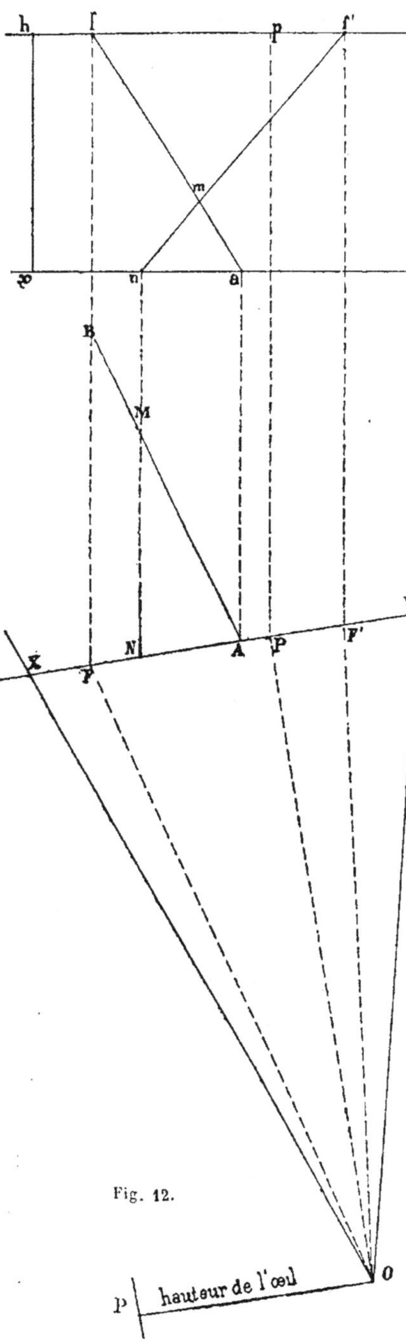



Fig. 12.

un angle de 45 degrés. Ces droites déterminent sur la base du tableau et sur la droite principale des segments égaux, de telle sorte qu'on a :

$$AB = BM, \quad AB = BN$$

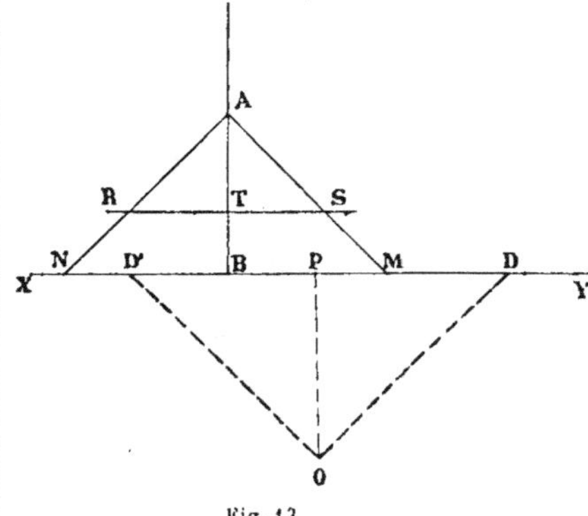



Fig. 13.

Cherchons les points de fuite D et D' de ces deux droites en menant par le point O des parallèles OD et OD' à AN et à AM,

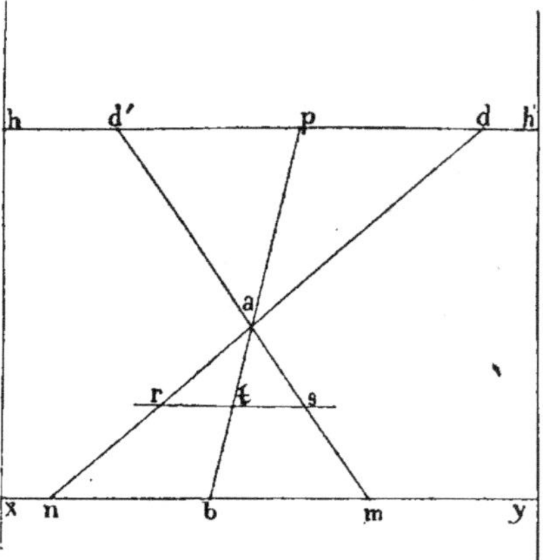



Fig. 14.

reportons les points D et D' en $d$ et $d'$, et les points $n$ et $m$ placés (fig. 14) à la même distance du point $x$, que les points M et N (fig. 13) le sont du point X. Joignons $nd$

et *md'* qui se couperont en *a;* comme vérification les droites *bp*, *nd* et *md'* doivent se couper au même point.

Les points de fuite D et D' se nomment *points de distance principale*.

Si nous résumons maintenant les opérations ci-dessus, nous voyons que, pour trouver la perspective d'un point quelconque A, il suffit de mener une droite principale AB et par le point A une droite à 45 degrés (AM ou AN) sur la base du tableau ; le tracé de ces deux droites se fait très facilement à l'équerre, quant à la détermination du point de fuite de ces droites elle est on ne peut plus facile et n'exige, pour ainsi dire, aucune opération. Le premier point de fuite *p*, des droites principales, figure toujours sur une épure de perspective, c'est même le point de repère dont on se sert continuellement pour porter des grandeurs, à droite ou à gauche. Le second point *d* s'obtient en portant à droite de *p* une longueur *pd* = OP, c'est-à-dire à la distance de l'œil au tableau. Ce point *d'* qui est le point de fuite des droites à 45 degrés parallèles à AN, a un symétrique en *d* qui est le point de fuite des droites à 45 degrés parallèles à AM.

On voit déjà comment l'emploi de certains points particuliers peut simplifier le travail matériel de l'épure.

Les droites de front, comme RS (*fig.* 13) étant parallèles à la base du tableau, il en résulte que, si d'un point *r* d'une de ces droites, coupée par une droite principale *ab*, on mène une droite au point de distance *d*, on pourra être sûr que le segment *ta* sera égal *perspectivement* à *rt*. Il en sera de même du segment *ta* par rapport à *ts*.

On dit aussi que les points *d* et *d'* sont les points de fuite des droites d'égal recoupement par rapport aux lignes principales.

**14.** Le recoupement, au lieu d'être égal sur les deux droites, peut être, suivant une proportion donnée, commensurable ou non.

Ainsi, soit (*fig.* 15) une droite principale AB et une autre droite CR qui coupe la base du tableau et la droite AB en deux parties telles que l'on ait :

$$\frac{\mathrm{CB}}{\mathrm{BR}} = \frac{2}{3},$$ par exemple ;

Si nous cherchons le point de fuite de la droite CR par le procédé connu, nous aurons un point de fuite D″ tel que toutes les droites, fuyant à ce point, détermineront sur une droite de front quelconque et une droite principale qui se coupent, deux segments qui seront dans un rapport constant égal à $^2/_3$. Le point D″ a son symétrique en D‴ par rapport à la projection P du point de vue, c'est en ce point D‴ que concourent les droites recoupant suivant le même rapport $^2/_3$, dans un sens opposé.

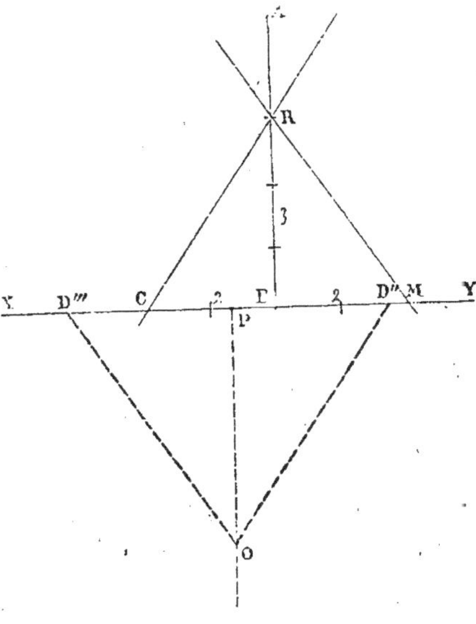

Fig. 15.

**15.** Ce qui vient d'être dit plus haut (14) pour le recoupement des droites de front et des droites principales, peut se généraliser et s'étendre aux droites de front et aux droites quelconques. Soit AB (*fig.* 16) une droite du géométral et AM et AN deux autres droites issues du point A et tracées de telle sorte que MB = BN = AB. Le point de fuite de AB est en F, celui de AM en *d* et celui de AN en *d'*.

Ces point $\delta$ et $\delta'$ auront la même propriété que ci-dessus les points D et D'. Toutes les droites menées à l'un des points $\delta$ ou $\delta'$ qui rencontreront une droite de front et une droite parallèle à AB se coupant, détermineront deux segments MB et AB (ou BN et AB) égaux entre eux. Il est bon de se rappeler que toutes les droites parallèles à AB ont le même point de fuite commun F.

Donc, on peut dire, et ceci est très important, que pour trouver les points de fuite des droites recoupant en segments

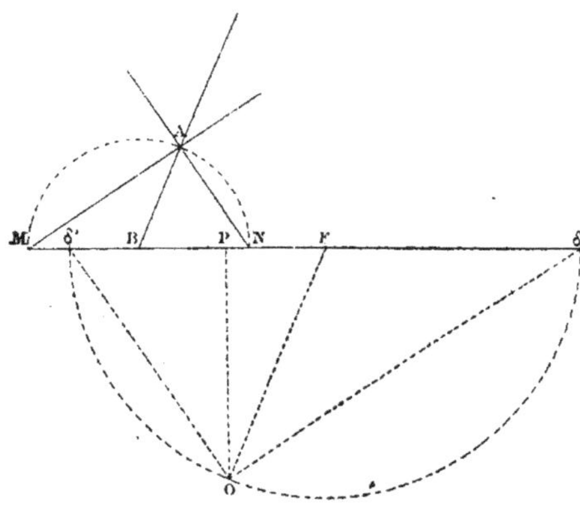

Fig. 16.

egaux, les droites de front et les droites parallèles à une certaine direction donnée AB il faut, et il suffit de couper la ligne d'horizon en deux points $\delta$ et $\delta'$ au moyen d'une demi-circonférence décrite du point de fuite de la droite AB comme centre, avec un rayon égal à la distance qui sépare ce point de fuite de l'œil.

Dans le cas où la droite AB serait perpendiculaire au tableau (14), le point de fuite de cette droite coïncide avec le point P et le rayon de la demi-circonférence est égal à la distance de l'œil au tableau.

Quant aux points de distance recoupant les droites de front et les droites quelconques du géométral dans un rapport $\dfrac{m}{n}$ donné leur détermination peut le faire par

analogie sans qu'il soit nécessaire d'insister plus longtemps sur ce point.

**16.** Nous pouvons maintenant appliquer ces différentes méthodes en cherchant à mettre en perspective une figure quelconque située dans le géométral.

Soit (*fig.* 17) le polygone ABCDE à mettre en perspective, O est la projection horizontale de l'œil dont la hauteur au-dessus du géométral est RS; XY est la trace horizontale du tableau déterminé par l'angle optique XOY.

Abaissons la perpendiculaire Op sur la trace du tableau ainsi que les perpendiculaires Aa, Bb, Cc, Dd, Ee, qui sont par conséquent parallèles à Op. Par l'un des bords du tableau, en X par exemple, elevons la perpendiculaire Xd', nous nommerons cette droite l'*échelle des p ofondeurs*. Traçons les parallèles à la trace du tableau Dd", Bb'", Cc", Ee"; Aa"; les distances Xa', Xe", Xc", Xb", Xd'" indiquent la *profondeur* derrière le tableau des points A, E C, B, D.

Reportant ensuite sur l'épure perspective les verticales $xh$, $yh'$ qui donnent la largeur du tableau XY, et traçant l'horizontale $hh'$ distante de la base du tableau de la hauteur RS, nous porterons sur $xy$ les points du géométral $e, d, a, c, b$, et le point $p$ sera porté en P sur la ligne d'horizon ; cette opération, ainsi que toutes celles analogues que nous rencontrerons dans la suite, se fait d'une façon très commode au moyen d'une bande de papier sur laquelle on trace les points X, $e$, $d$, etc., au crayon, et qu'on reporte ensuite sur la base de l'épure $xy$.

Les différents points que nous avons reportés en $x$, $e'$, $d'$, $a'$, $c'$, $b'$ sont la trace sur le tableau, de perpendiculaires à ce même tableau, ces perpendiculaires ont pour point de fuite le point P (8). Menant $x$P, $e'$P, $d'$P, etc., nous avons les perspectives indéfinies des droites du géométral X$d'"$, $e$E, $d$D, etc. Il s'agit maintenant de déterminer sur ces droites indéfinies, la position perspective des points A, B, C, D, E.

Pour obtenir ce résultat, nous ferons usage d'un *point de distance principal* (14). A cet effet, nous porterons sur la ligne d'horizon le point $D_2$ qui est le point de

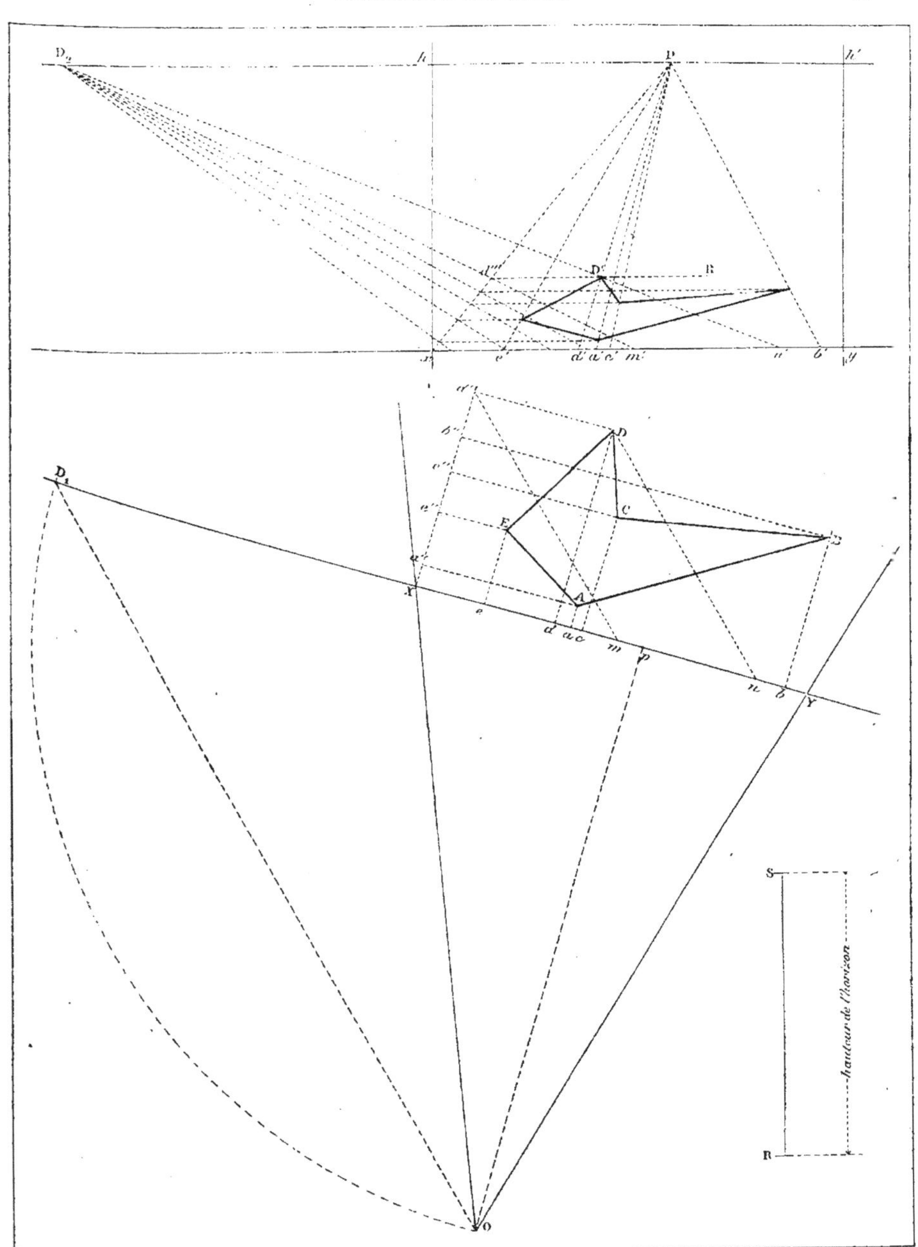

Fig. 17.

distance principal qu'on obtient comme nous l'avons vu plus haut. Nous savons que toute distance $Xd''$ du géométral, reportée en $Xm$, détermine un point $m$ tel, que la droite $d'''m$ a pour point de fuite le point de distance principal. Il suffit donc de prendre, pour obtenir un de ces points, la distance $Xd''$ et de la porter sur la base du tableau en $xm'$, menant $m'D_2$ nous obtenons, par l'intersection avec $xP$, un point $d'''$, qui est la perspective de $d''$ attendu que :

1° Ce point est situé sur la perspective de la droite $Xd''$ et que ;

2° Nous sommes absolument sûrs que la distance $xd'''$, qui est égale *en perspective*, à la distance $xm'$, est égale à $Xm$ et par conséquent à $Xd''$.

Il suffit ensuite de mener, au moyen du Té, une parallèle $d'''R$ à la base du tableau, son intersection en $D'$ avec $d'P$ donnera la perspective du point D. En répétant cette construction un nombre de fois suffisant on obtiendra la perspective de la figure ABCDE. Pour plus de facilité, il est préférable de prendre en une seule fois, au moyen d'une bande de papier, les distances $Xa''e''c''b''d''$, et de le porter $x$ en $m'$ sur la base du tableau, puis de joindre les points ainsi obtenus à $D_2$ ce qui donnera sur $xP$ des points d'intersection qu'on ramènera ensuite, au moyen du Té, sur les perpendiculaires perspectives, $e'P, d'P$, etc.

Au lieu d'employer la droite $Xd''$ *échelle des profondeurs*, on aurait pu obtenir directement les points A, B, C, D, E, en perspective, mais cette simplification n'est qu'apparente et le lecteur pourra s'assurer en traçant lui-même une épure que la marche que nous allons indiquer, bien que plus simple au premier abord, puisqu'elle ne se sert pas d'une droite auxiliaire $Xd''$, est en réalité plus compliquée.

Pour obtenir directement le point $D'$, il suffirait de prendre sur le géométral la distance $dn = dD$, de la porter de $d'$ en $n'$ sur la base du tableau et de mener $n'D_2$, l'intersection de cette droite et de $d'P$ donnera le point $D'$. Mais il faudra pour chaque point prendre la distance (profondeur derrière le tableau) de chaque point et la reporter à partir des points *différents* $e', d', a'$, etc. Ce qui serait plus long que la

méthode que nous avons indiquée tout d'abord.

**17.** Si l'on considère l'épure, que nous venons de tracer, on verra qu'elle est entachée d'un grave inconvénient : le point de distance $D_2$ n'est non seulement pas situé dans la limite du tableau $hxyh'$ ; mais il en sort de beaucoup. Et cependant l'angle optique XOY n'est pas construit (afin de faciliter l'épure) dans les conditions que nous avons indiquées, c'est-à-dire entre 22 degrés et 25 degrés ; il a environ 37 degrés. Si pour le même tableau nous avions employé un angle plus aigu, on peut voir aisément que le point $D_2$ s'écarterait encore davantage de la limite $hx$ du tableau. La construction que nous avions indiquée (17) pèche donc en ce sens qu'elle ne peut pas être employée lorsque les limites de la surface sur laquelle on trace l'épure ne le permettent pas. Nous allons voir comment on peut obvier à cet inconvénient et ramener les points de fuite dans les limites ou, du moins, très près des limites du tableau.

Gardons les données de la figure 17, mais supposons que l'épure perspective ait dû être faite au triple du plan géométral. Il est inutile de refaire ce dernier et il suffit de le garder tel qu'il est avec les lignes d'opération que nous y avons tracées, en ayant soin de se rappeler, toutefois, que toutes les dimensions qu'on y prendra pour les reporter sur l'épure perspective devront être triplées.

Soit (*fig.* 18), la nouvelle épure : la largeur du tableau $xy$, la hauteur d'horizon $xh$, la position du point P, celle des points $E''$, $D''$, $A''$, $C''$, $B''$, ont été triplées. Si nous voulons agir de même avec le point de distance D, nous voyons qu'il nous serait impossible de le placer dans les limites de notre feuille dont il sortirait d'environ $0^m,17$ centimètres. Portons sur $hh'$, de P en $D/3$, une longueur égale à $Op$ du géométral ; la distance $P\ D/3$ n'est donc que le $1/3$ de ce qu'elle devrait être : portons de même sur l'épure, sans les amplifier, les distances $Xa''$, $Xe''$, $Xc''$, etc. du géométral, de $x$ en $a_1$, $e_1$, $c_1$, $b_1$, $d_1$, et joignons ces points au point $D/3$. Les droites ainsi obtenues détermineront sur

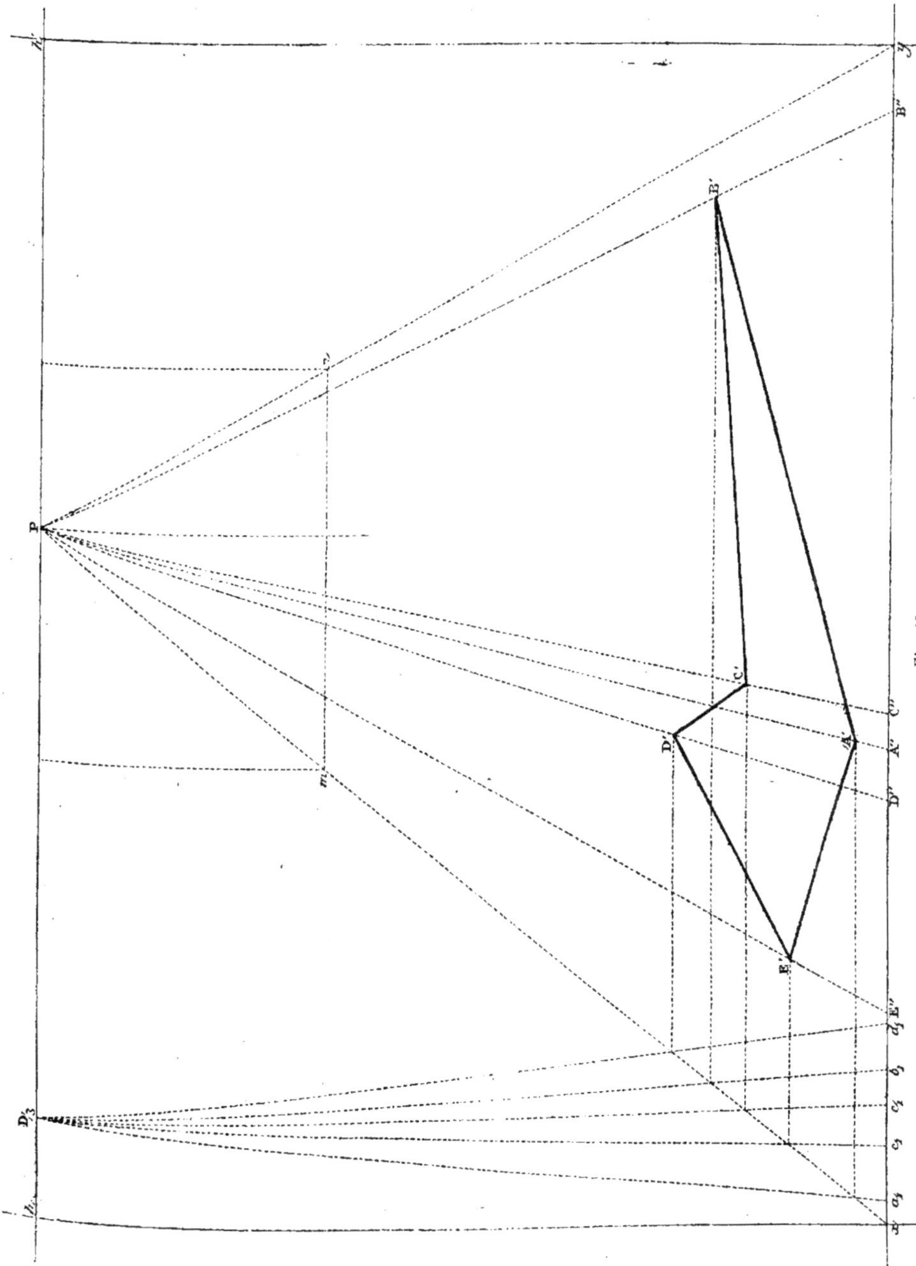

Fig. 18.

$x$ P des intersections par lesquelles nous n'aurons plus qu'à mener des droites de front jusqu'aux fuyantes au point P correspondantes, pour obtenir les points A', B', C', D', E'. Il nous faut maintenant justifier la construction que nous avons employée.

En nous servant du point $D/_3$, qui n'est, par rapport au point P, qu'au $^1/_3$ de la position que devrait avoir le point D, nous avons obtenu sur $x$P. des dimensions *trois fois trop grandes*, mais comme nous n'avons porté en $xa_1$, $e_1$, etc., que des dimensions *trois fois trop petites*, il s'ensuit que les intersections sur $x$P sont à leur vraie place (15). Pour faciliter les constructions, on emploie un petit tableau auxiliaire figuré en $mn$. à l'échelle du

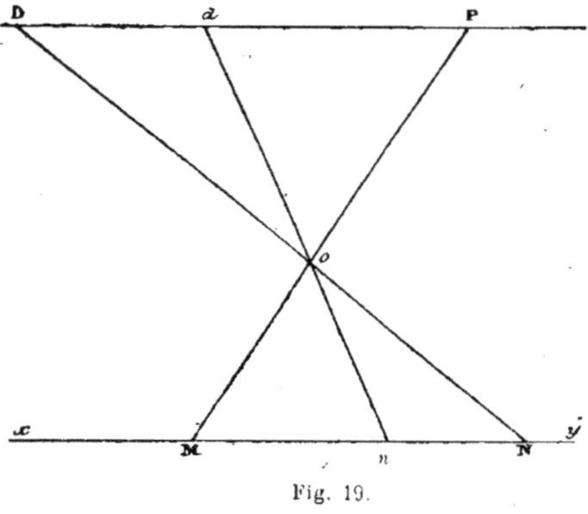



Fig. 19.

géométral, ce qui permet d'y porter, avec la bande de papier, les dimensions du géométral, en menant par P des droites aux différents points qui y sont tracés et en continuant ces droites jusqu'en $xy$, on obtient l'amplification voulue.

Il est bien entendu que la réduction du point de distance peut être quelconque, elle peut être même incommensurable. Il faut seulement, si l'on désigne par $\delta$ le point de distance D, réduit, qu'on ait :

$$\frac{P\delta}{PD} = \frac{x\,d_1}{X\,a''}$$

dans laquelle X $a''$ est pris sur le géométral.

On voit qu'il est possible de ramener dans les limites de l'épure les points de fuite dont la véritable position serait trop éloignée. Nous avons supposé dans l'exemple précédent, une amplification, mais le même procédé aurait pu être employé sans aucune augmentation dans la grandeur de l'épure. Il suffisait de réduire la position du point de distance, et de réduire. dans la même proportion, les dimensions portées sur la base du tableau.

Voici la théorie géométrique sur laquelle repose l'emploi des points des distances réduits (*fig.* 19) :

Soit un point $o$ obtenu, en perspective, par l'intersection des deux droites MP et ND ; la première est une perpendiculaire au tableau. fuyant au point principal, la seconde une droite inclinée à 45° sur le tableau et toutes deux sont dans le plan géométral. Si on mène par le point $o$ une droite quelconque $dn$, je dis qu'on aura $\dfrac{DP}{MN} = \dfrac{d\,P}{Mn}$. L'inspection de la figure montre que les deux triangles DP$o$ et MN$o$ ont leurs angles égaux deux à deux et que, par conséquent, ils sont semblables ; on aura donc toujours

$$\frac{d\,P}{DP} = \frac{M\,n}{MN}.$$

C'est-à-dire, que si $d$P $= 4/7$ de DP, par exemple, M$n$ sera aussi $= 4/7$ de MN.

Par conséquent, si, au lieu de placer le point D à sa vraie distance du point P qui doit être égale à la distance de l'œil au tableau, on a placé un point $d$ à une plus faible distance. on sera toujours sûr de retrouver le point $o$ en portant une distance M$n$ plus petite que celle MN qui devrait être portée, mais de telle sorte qu'on ait toujours

$$\frac{d\,P}{DP} = \frac{M\,n}{MN}.$$

**18.** L'emploi d'une échelle des largeurs est parfois fort utile, comme nous venons de le voir, et amène de grandes simplifications lorsqu'il s'agit de faire une perspective à une échelle plus grande que le géométral donné. Il faut seulement apporter une grande attention dans la position

qu'occupent, sur cette échelle, les différents points de départ à partir desquels
on doit porter les dimensions relevées
sur le géométral. L'exemple suivant nous
en fournira la preuve.

Dans l'épure qui précède. nous avons
employé le point de fuite principale et le
point de distance réduite. Ce procédé est
très simple et tout à fait élémentaire,
mais il arrive souvent, qu'à la seule inspection de la figure à mettre en perspective, on reconnaisse l'avantage qu'il y

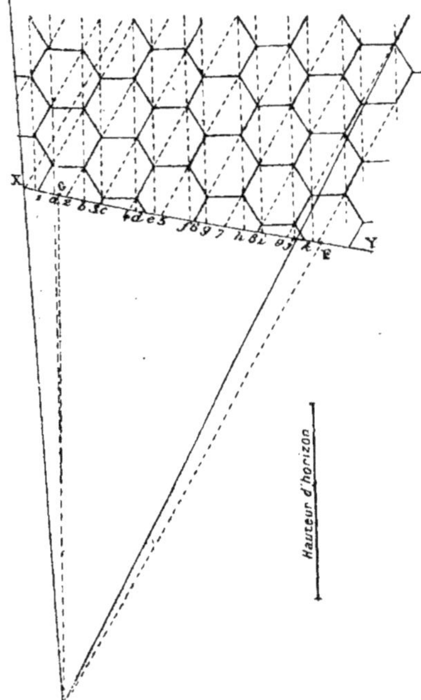

Fig. 20.

aurait, comme simplification de tracé, à
se servir d'autres points, c'est-à-dire
d'autres directions de lignes d'opération.

Soit (fig. 20), un carrelage hexagonal
à mettre en perspective ; l'angle optique,
le tableau et la hauteur d'horizon sont
indiqués ; l'épure doit être faite au triple
de ce plan. On pourrait chercher directement la perspective de chacun des angles

du carrelage, au moyen de perpendiculaires au tableau et de droites les recoupant à 45°. Ce serait un moyen très
exact, mais fort long. En examinant la
figure 20, on reconnaît que les joints des
carreaux se trouvent dans trois grandes
directions, il paraît donc plus naturel de
se servir de celles-ci de préférence à toute
autre.

Nous prendrons pour premier point de
fuite, le point F se rapportant aux directions de carreaux s'éloignant vers la
droite, les deux autres grandes directions
de joints nous donneraient des points de
fuite trop éloignés, il est préférable d'employer cette direction qui s'éloigne vers
la gauche en joignant. de deux en deux,
les sommets des hexagones, et dont le
point de fuite est en G. Nous tracerons
donc tout d'abord ce double réseau sur
le géométral en en déterminant les divers
intersections avec le tableau XY.

Pour l'épure perspective, on trace
(fig. 21), $xy$ et $hh'$ distantes de trois fois
la hauteur d'horizon donnée (l'épure se
fait au triple), puis $xh$ et $yh'$ qui limitent
à gauche et à droite le tableau et à une
distance de trois fois celle portée sur le
plan et limitée par l'angle optique. Les
points F′ et G′ se placent de la même
façon avec la même amplification. Au lieu
de tripler les dimensions à porter sur la
base $xy$ du tableau, provenant du réseau
de droites parallèles que nous avons tracées sur le plan. nous emploierons le
système de l'échelle des largeurs, et nous
procéderons comme suit :

Soit, d'abord, le réseau de droites parallèles dont le point de fuite est F′. Portons
sur l'épure de F′ en $x''$ une longueur égale
à F$x$ du plan. On aurait pu tout aussi bien
déterminer d'une façon semblable le point
$j$, ce qu'il faut avant tout c'est placer sur
$hh'$ (épure) un point de repère fixe donné
par l'un des bords du tableau sur le plan
et *sans amplification*. Joignons $x$F′ sur
l'épure et abaissons du point $x''$ une perpendiculaire à la ligne d'horizon jusqu'à
sa rencontre avec $x$F′ en $x'$, par ce dernier point, menons $mn$ horizontale. Si
nous observons que F′$x''$ est le tiers de F′$h$,
nous aurons $F'x' = {}^1/_3\,F'x$ et $x''x' = {}^1/_3$
$xh$. Par conséquent toutes les portions de

l'horizontale *mn* qui seront interceptées entre les diverses fuyantes au point F' seront le tiers des portions correspondantes interceptées par ces mêmes fuyantes sur la base du tableau *xy*. Nous n'avons donc qu'à relever sur le plan, avec une bande de papier, en nous repérant au point X, les différents points 1, 2,3, 4, 5, etc., pour les porter, à partir de *x'* sur l'épure sur l'horizontale *mn* ; en joignant ces différents points au point F et en prolongeant

les lignes ainsi obtenues jusqu'en *xy*, nous aurons tracé un réseau de droites fuyantes en F' de telle sorte que les distances *x*1', 1'2', 2'3', etc., seront le triple des distances X1, 1.2, 2.3, etc.

Une construction semblable nous donne le second réseau, qui fuit en G'.

Il suffit ensuite, pour obtenir le carrelage en perspective, de joindre entre eux les points correspondants, en se guidant sur le plan.

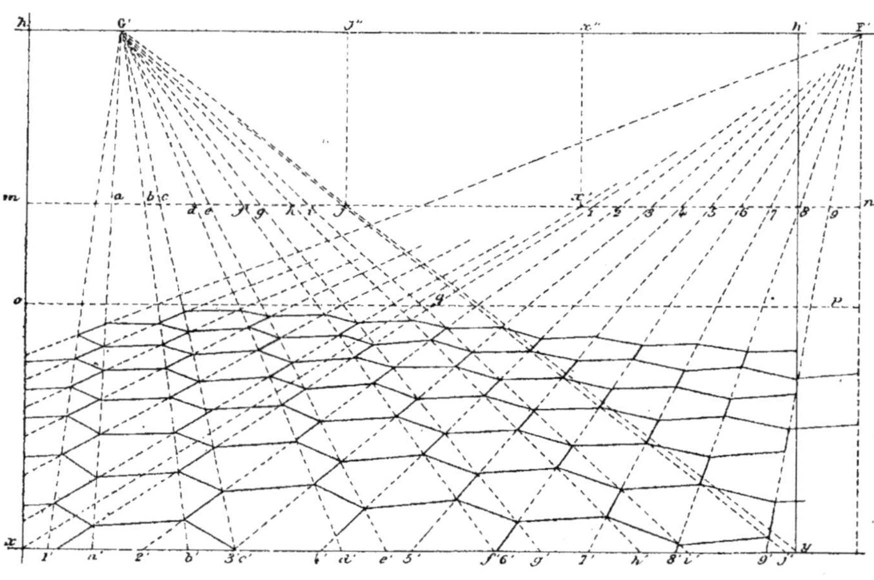

Fig. 21.

Nous ferons observer que le réseau qui fuit en F' est limité à gauche suivant 1'F', et qu'à partir de là, sur ce même côté nous n'avons plus de droites concourant en F'. Si l'on veut continuer le carrelage de ce côté, il suffit de mener une horizontale quelconque *op*, et de continuer à gauche du point *q* la division qu'y forment les fuyantes 1'F', 2'F', etc., en joignant ces nouveaux points à F', on obtiendra la suite du réseau cherché.

On voit donc que pour porter les divisions sur l'échelle des largeurs *mn* il faut changer de point de départ *x'* ou *j*, suivant

le point de fuite F' ou G' auquel elles se rapportent. L'emploi de ces directions qui dominent dans la figure en plan, simplifie le tracé de beaucoup ; les lignes de construction eussent été environ trois fois plus nombreuses si nous nous étions servis des points de fuite ou de distance principale.

On nomme quelquefois cette façon de procéder *méthode des trois échelles*, parce que sur *mn* on porte les largeurs, sur *x*F' on détermine perspectivement les profondeurs et sur *x'x''* ou *jj''* on porte les hauteurs comme nous le verrons plus tard.

Nous répéterons encore qu'il ne faut pas voir ici une méthode particulière, attendu qu'en résumé, il faut toujours pour fixer la position d'un point de l'espace, connaître ses trois coordonnées par rapport à une origine et à un axe, *largeur*, *profondeur* et *hauteur*.

### Constructions diverses.

**19.** Il peut arriver que les points de fuite soient très éloignés et que cependant on soit astreint à faire concourir des droites à l'un de ces points. Plusieurs constructions sont employées à cet effet; nous allons en donner quelques-unes.

de l'ensemble de la figure, je choisis sur BE un point *b* placé par rapport à E dans un rapport connu avec la droite totale (ici, c'est le quart) ce point doit être pris de telle sorte qu'en menant par *b* des parallèles *bn* et *bm* à BC et BA, ces parallèles rencontrent les droites DE et EF. Dans ce cas, la figure E*mbn* est la réduction au quart de ce que serait la figure proposée si les points inaccessibles étaient connus et reliés aux points B, E. Je trace la droite *mn* qui coupe EB en *x*. Toute cette construction étant quatre fois plus petite que celle proposée, pour avoir le point X appartenant à MN. il suffit de

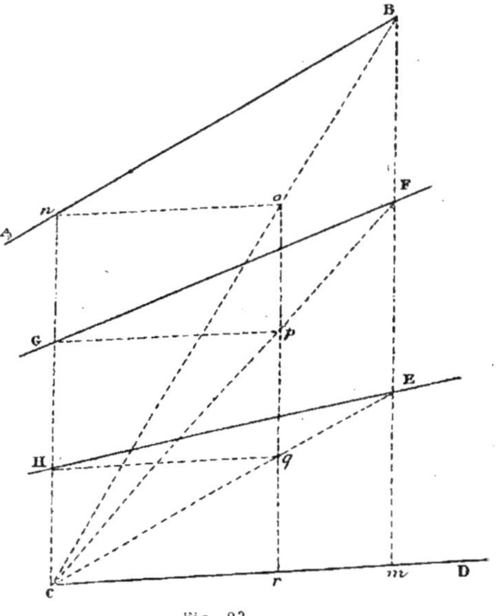

Fig. 22.

Fig. 23.

Soient (*fig.* 22) AB et DE, deux droites concourant à un point inaccessible, BC et EF, deux autres droites fuyant vers un point aussi inaccessible; on demande de tracer dans les limites de l'épure, la portion de droite MN qui réunit ces deux points inaccessibles.

La solution de ce problème s'appuie, comme les suivantes du reste, sur la théorie des figures semblables.

Je joins BE, et, suivant la dimension

porter sur EB, à partir de E une distance EX égale à quatre fois E*x*; la construction de la droite cherchée s'effectuera en menant par X une parallèle MN.

On aurait pu choisir un autre point pour faire cette réduction, le point E n'a été choisi que parce qu'il appartenait déjà à deux des droites proposées, ce qui simplifiait toujours un peu la construction.

**20.** On donne deux droites (*fig.* 23), AB, CD dont le point de concours est situé hors du cadre de l'épure et deux points quelconques E, F ; faire passer par ces deux points deux droites GF et HE concourant à ce point inaccessible.

Je joins les deux points donnés EF par une droite qui coupe les droites données aux points B et *m*, je mène par un autre point quelconque C de CD, *mais le plus éloigné possible de m*, une parallèle C *n* à *m*B ; je joins CB, CF, CE. Du point *n* je mène *n o* parallèle à CD jusqu'à la rencontre de CB et par le point *o*, je mène

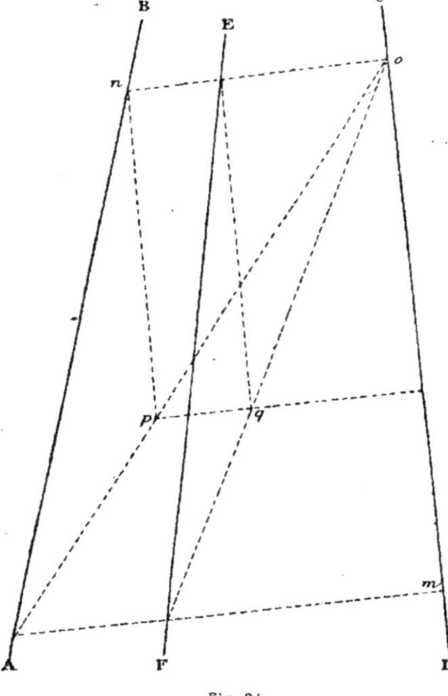

Fig. 24.

*o q* parallèle à *n*C ou à B *m*. Par les points *p* et *q* où elle rencontre CF et CE, je trace des parallèles à CD ; leur rencontre avec *n*C détermine deux points G et H qui réunis aux points F et E donnent deux droites concourant au point inaccessible.

Dans le triangle CB*m* on a :

$$\frac{BF}{op} = \frac{FE}{pq} = \frac{Em}{qr},$$

mais, par construction, AG $= op$, GH $= pq$ et HC $= qr$, on a donc :

$$\frac{BF}{AG} = \frac{FE}{GH} = \frac{Em}{HC}$$

ce qui ne peut exister que si *n*C et B *m* étant parallèles. les droites AB. GF, HE et CD concourent toutes quatre en un même point:

**24.** Soient enfin (*fig.* 24), AB et CD deux droites fuyant en un point situé hors du cadre et F un point quelconque, faire passer par ce dernier une droite concourant à ce point inaccessible.

La construction est la même que ci-dessus. Après avoir tracé deux parallèles *n o* et A *m*, on joint *o* A et OF, on mène *n p* parallèle à CD, *pq* parallèle à AD et *q* E parallèle à CD ; il ne reste qu'à joindre FE pour avoir la droite demandée.

## Constructions exécutées directement en perspective sur le géométral.

**22.** Dans les divers problèmes que nous avons résolus ci-dessus, nous avons toujours eu recours, dans la recherche de chaque point nouveau, au plan sur lequel l'objet est projeté. Nous allons maintenant examiner une série de constructions perspectives qui peuvent se faire directement sur l'épure lorsque certaines données sont déjà mises en perspective. On doit comprendre l'importance de ces constructions qui permettent de simplifier de beaucoup le tracé et par cela même, d'éviter ou tout au moins d'atténuer dans une certaine limite, les erreurs que des constructions multipliées laissent toujours se glisser, quelque soin qu'on prenne pour s'en garder.

On donne (*fig.* 25), une droite horizontale quelconque AB, qu'on suppose obtenue par un des procédés que nous avons indiqués plus haut, et la hauteur de l'horizon *hh'* on demande de diviser *perspectivement* cette droite en un certain nombre donné de parties égales, six par exemple.

Par le point A, je mène une parallèle à *hh'*, je porte sur cette droite, à partir de A, six longueurs A1, 1.2, 2.3, 3.4, 4.5, 5.6, égales entre elles ; je joins le point 6 au point B jusqu'à la ligne d'horizon en *f*, je joins ensuite ce point *f* aux points 1,2,3,4,5. Les droites ainsi menées déterminent sur AB, des sections A1', 1'.2', 2'.3', 3'.4', 4'.5', 5'.6', qui sont toutes égales entre elles *dans l'espace*, c'est-à-dire *en perspective*.

Pour prouver cette construction, il suffit de se rappeler que toutes les droites A*f*, 1*f*, 2*f*, 3*f*, 4*f*, etc., sont parallèles entre elles *dans l'espace* comme concourant à un seul point de fuite. Dès lors, les deux sécantes AB et A6, sont coupées en parties proportionnelles, et comme les six divisions sur A6 sont égales entre elles, il en résulte aussi que les six divisions de AB sont aussi égales entre elles *dans l'espace*.

Nous avons appelé l'attention sur ces mots *dans l'espace* ou *en perspective*, afin qu'on se rende bien compte qu'ici nous opérons directement sur le tableau et que les résultats que nous obtenons sont des résultats perspectifs et directs. Par les méthodes ordinaires, nous aurions dû, sur le plan qui aurait servi à mettre la droite AB en perspective, faire une division de cette droite en six parties, tracer des droites parallèles, chercher le point de fuite de ces droites, reporter des divisions sur le tableau et faire en résumé une opération d'une certaine longueur que nous faisons très facilement et d'une manière directe avec une grande simplicité.

Il faut remarquer dans la construction qui nous occupe :

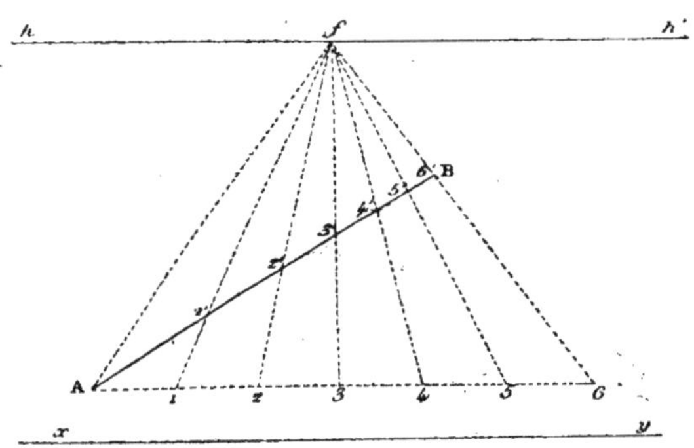

Fig. 25.

1° Que le point *f* de la ligne d'horizon n'est que la conséquence des largeurs arbitraires portées sur A6, et qu'il n'a par lui même aucune importance ;

2° Que la droite auxiliaire horizontale doit être prise de telle sorte qu'une de ses extrémités coïncide avec l'une des extrémités de AB.

La raison de ces deux nécessités vient de ce que la droite donnée AB est *horizontale* par supposition, qu'il est donc nécessaire que les droites A*f* etc., soient dans le même plan horizontal, afin que les sections 1',2',3', etc., puissent avoir lieu effectivement. Dans ces conditions, en prenant la droite auxiliaire horizontale coïncidant par une de ses extrémités avec la droite AB, on est assuré que les parallèles A*f* ... 6*f*, seront dans un même plan horizontal, puisqu'elles fuient en un point situé sur la ligne d'horizon.

La position du point *f* sur la ligne d'horizon est tout à fait arbitraire, son déplacement à gauche ou à droite ne fait que changer la direction des parallèles, il n'est subordonné qu'à la condition d'être sur le prolongement de 6A, à la rencontre de la ligne d'horizon.

Remarquons de même que dans cet exercice, il n'y a pas à s'occuper de la hauteur d'horizon ou de la base du tableau.

**23.** On donne (*fig.* 26) une horizontale

quelconque AB et une droite MN, divisée en parties quelconques, partager perspectivement la droite AB en parties proportionnelles à celles de MN.

Soit $hh'$ la ligne d'horizon, AB la droite donnée, dans cet exemple, la trace au tableau de AB se trouve sur la base $xy$; mais, pour les mêmes raisons que nous

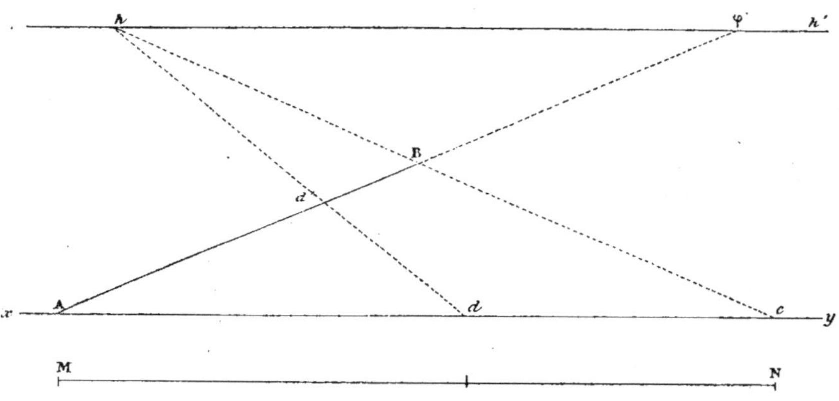

Fig. 26.

avons indiquées ci-dessus (23), on pourrait faire abstraction de cette base du tableau. Donc, à partir de A, sur l'horizontale quelconque $xy$, je porte en $xdc$ la droite donnée MN avec les divisions aussi données; je joins $c$B que je prolonge jusqu'en $h$ et je joins $hd$, je dis que AB est partagée par le point $d'$, en parties respectivement proportionnelles aux sections de la droite donnée MN.

Ceci résulte de toute évidence, par analogie du numéro précédent (23), de ce que les droites $dd'h$ et $c$B$h$ sont parallèles dans l'espace et qu'elles interceptent sur les sécantes AB et A$c$ des segments proportionnels, de sorte qu'on a :

$$\frac{A d}{A d'} = \frac{d'B}{dc}.$$

Si la droite donnée MN était d'une dimension hors de rapport avec la droite donnée AB et que, par suite, il soit difficile ou même impossible de la placer sur $xy$, on pourrait toujours l'augmenter ou la diminuer, suivant le cas, en ayant soin que le rapport de ses différents segments soit toujours égal.

**24.** Deux droites quelconques situées dans un même plan horizontal, sont données, l'une d'elles est partagée en plusieurs parties, partager l'autre droite

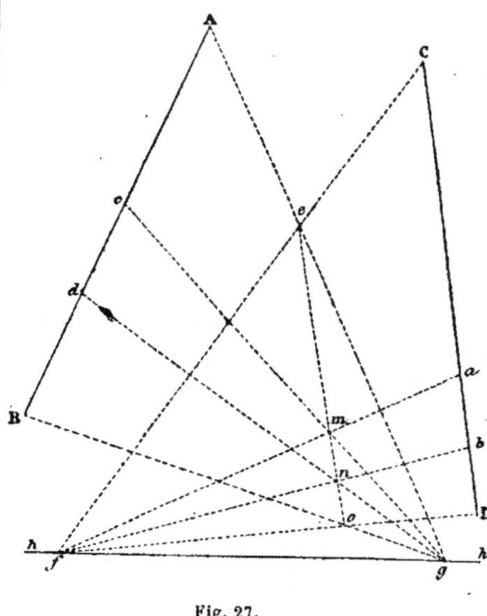

Fig. 27.

en segments proportionnels à ceux de la première droite.

Les deux droites horizontales données sont AB et CD (*fig.* 27), la droite AB est divisée aux points *c* et *d*, la ligne d'horizon est *hh'*.

Je prends sur *hh'* un point quelconque *g* que je joins aux points A*cd*B, puis je choisis un autre point *f* aussi arbitraire, mais comme le point *g* devant être convenablement choisi, je mène C*f* et D*f*, je joins *eo* et par les points *mn* où cette dernière droite rencontre *gc* et *gd*, je mène *mf* et *nf* que je prolonge jusqu'à CD aux points *a* et *b*.

Je dis que les points *ab* coupent la droite CD en trois segments égaux aux trois segments déterminés sur la droite AB par les points *c* et *d*.

En effet, dans l'espace les droites A*g*, *cg*, *dg*, B*g* sont parallèles, elles coupent les sécantes AB et *eo* en parties proportionnelles, de façon qu'on a :

$$\frac{em}{Ac} = \frac{mn}{cd} = \frac{no}{dB},$$

par la même raison, on a aussi .

$$\frac{em}{Ca} = \frac{mn}{ab} = \frac{no}{bD},$$

en raison du rapport commun, on peut écrire ;

$$\frac{Ac}{Ca} = \frac{cd}{ab} = \frac{dB}{bD}.\ \text{C. Q. F. D.}$$

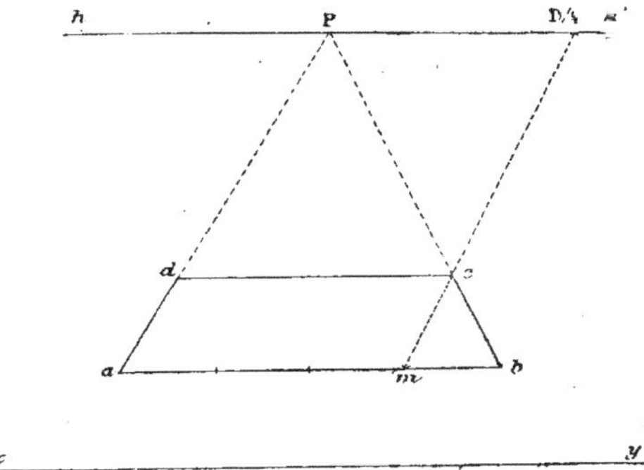

Fig. 28.

**25.** On donne une droite de front horizontale, le point principal de fuite et le point de distance principale réduit ou

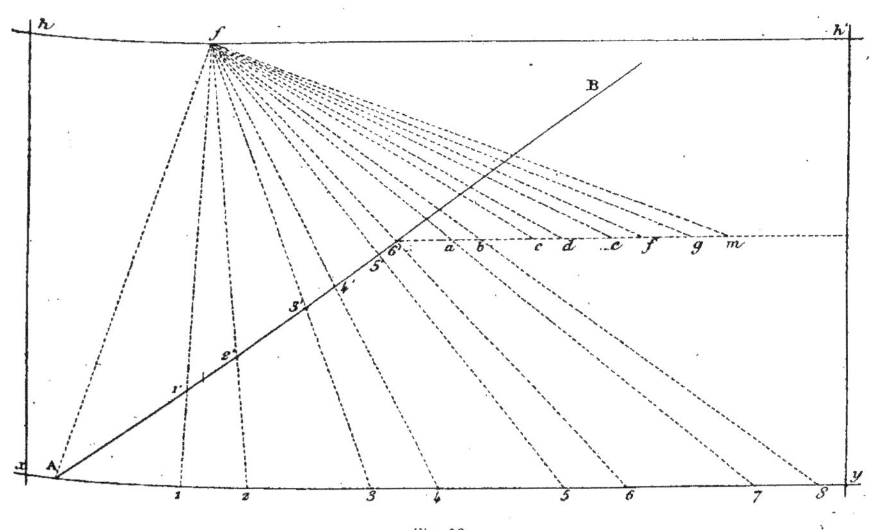

Fig. 29.

non, construire la perspective du carré dont la droite est un côté.

Soit (*fig.* 28) *ab* la droite donnée, *hh'* la ligne d'horizon, P le point de fuite principale et D/$_4$ le point de distance principale réduite. Je joins $a$P et $b$P, je porte en $bm$ une longueur égale au $^1/_4$ de $ab$ ; je joins le point $m$ à D/$_4$ et par le point $c$ je mène une parallèle à $ab$ ; $abcd$ est le carré demandé.

Les droites $ad$ et $bc$ qui fuient au point P sont perpendiculaires à $ab$ ; en joignant $m$ à D/$_4$, je suis assuré d'avoir porté en $cb$ une longueur égale dans l'espace à quatre fois $mb$ ou égale à $ab$ ; $cd$ étant parallèle à $ab$, on a $ad = cb$, donc $abcd$ est bien un carré.

On pourrait se proposer aussi de tracer un carré sur une droite principale $cb$ en connaissant seulement le point D/$_4$ sur la ligne d'horizon.

Car le point P se trouverait en prolongeant $cb$. On mènerait par $c$ et par $b$ deux horizontales, puis menant D/$_4$ $c$ on obtiendrait $m$, ensuite on porterait trois fois $mb$ de $m$ en $a$ et on joindrait $a$P ; le carré serait construit. Le point de distance principale pourrait être donné de toute autre façon, soit suivant sa vraie position, soit d'après une réduction quelconque D/$_n$.

**26.** Sur une droite horizontale AB

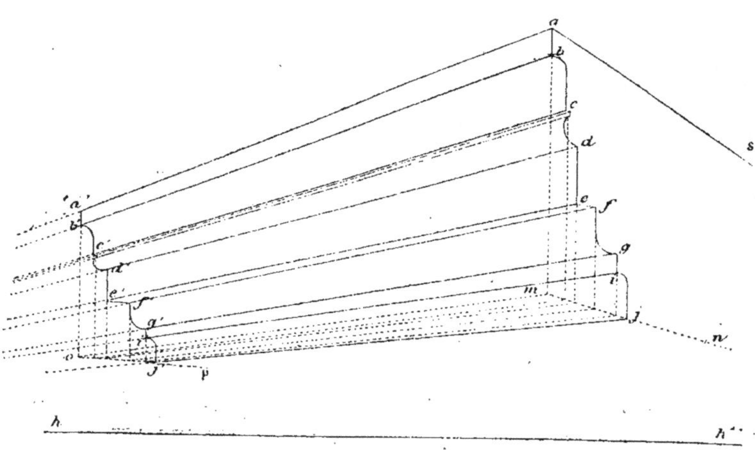

Fig. 30.

($fig$. 29) se trouve amorcée une division quelconque aux points A1′, 2′. On veut continuer perspectivement cette division sur AB. On donne la ligne d'horizon seulement.

Par le point A on mène une horizontale (ici, c'est la base du tableau même qui sert) $xy$ ; par un point quelconque $f$ sur la ligne d'horizon je mène $f$A, $f$1′ et $f$2 qui donnent sur $xy$ les points 1 et 2, je continue sur $xy$, à partir de 2 la division 2.3, 3.4, 4.5, 5.6, 6.7, 7.8, jusqu'au bord du tableau, ces différentes longueurs étant égales respectivement à A1, 1.2 ; je joins ces différents points à $f$ et les intersections des droites ainsi obtenues déterminent sur AB les divisions demandées S'il fallait continuer la division au-delà du point 8, qui est ici la limite du tableau, il suffirait de tracer une horizontale telle que 6$m$ sur laquelle on trouverait, par l'intersection des fuyantes déjà obtenues $f$6, $f$7, $f$8, des longueurs 6$a$, $ab$, qu'on porterait sur l'horizontale 6$m$ en $c$, $d$, $e$, etc.; il resterait à joindre ces points au point $f$ dont on s'est servi précédemment.

Car toutes les droites qui concourent en $f$ sont parallèles entre elles et déterminent, dans l'espace, des longueurs égales deux à deux sur A$y$ et sur AB.

**27.** On donne le profil en perspective d'un bandeau mouluré $abcdefgij$, son arête supérieure $aa'$, la direction $an$ de la seconde arête supérieure perpendiculaire à la première et la position de la ligne d'horizon. On demande de tracer en $a'$ le profil qui limitera le bandeau de ce côté et le tracé des diverses horizontales qui composent le bandeau (*fig.* 30).

Je cherche, d'abord, à déterminer la perspective de l'épannelage dans lequel le profil a été pris. Pour cela, je mène par le point $j$, partie inférieure du profil, une droite parallèle dans l'espace à $an$, c'est-à-dire concourant au même point inaccessible sur la ligne d'horizon (22); puis je projette verticalement le point $a$ sur cette parallèle, ce qui me donne le point $m$; par ce dernier point, je mène par le même procédé une parallèle perspective à $aa'$ jusqu'à sa rencontre avec la verticale du point $a'$ en $o$. Enfin par le point $o$ je trace $op$ parallèle dans l'espace à $mn$ et à $an$. J'ai alors le plan $a'a\,mo$ qui limite le solide sur la face et le plan $pomn$ qui le limite par dessous. Ensuite, par les points $a, b, c$ etc., du profil, je mène des parallèles perspectives à $aa'$. Toutes les arêtes qui passent par les différents points du profil donné sont parallèles entre elles, leurs projections sur le plan $pomn$ seront aussi parallèles. Je projette donc les différents points $a, b, c, d$, etc, de ce profil sur la droite $mn$ et, par les différents points ainsi obtenus, je mène des parallèles perspectives à $aa'$ jusqu'à la rencontre de $op$. Par les points que j'ai ainsi je relève des verticales jusqu'à la rencontre des parallèles à $a'a$ menées par les différents points du profil donné. On obtient ainsi des points $b'c'd'e'f'g'i'$, par lesquels on peut faire passer le profil qui limite le bandeau au point $a'$.

Si le profil donné est la section résultant de deux cours de moulures, comme l'angle d'un entablement par exemple, et qu'on donne la direction $as$ de cette seconde face, il sera facile, après avoir établi la première partie de la figure de la continuer vers la droite en menant des parallèles perspectives à $as$ par tous les points, $abcd$ etc.

Ce procédé donne un résultat très exact au point de vue théorique, mais, dans la pratique, il en est un autre que nous verrons plus tard et qui est plus expéditif et en même temps plus sûr.

**28.** Une droite horizontale $ab$ est divisée en plusieurs parties par les points $1'2'$, on demande quel est le véritable rapport suivant lequel elle est divisée (*fig.* 31). Par un des points $a$ ou $b$ de cette droite, je trace une horizontale de front; par un point quelconque $f$ de la ligne d'horizon, je mène $fb$, $f2'$, $f1'$, jusqu'à la rencontre de l'horizontale de front menée par le point $a$. La droite $a3$ sera réellement divisée par les points $1, 2$, dans le même rap-

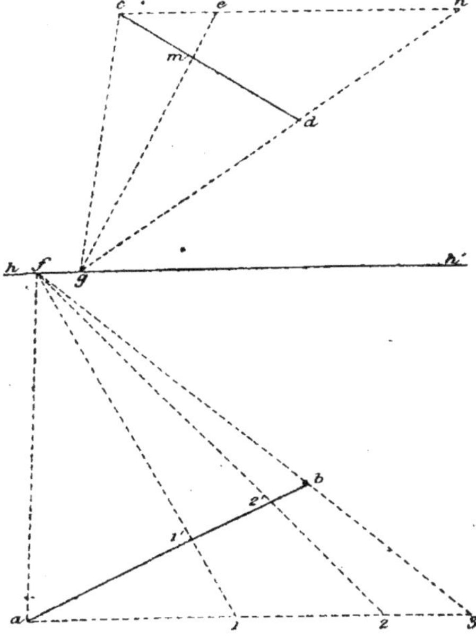

Fig. 31.

port que l'est, dans l'espace, l'horizontale $ab$.

La partie supérieure indique quelle est la marche à suivre si la droite horizontale donnée est située au-dessus de la ligne d'horizon.

## Du relèvement du géométral.

**29.** On demande la vraie grandeur d'un angle situé dans le géométral. La ligne d'horizon, le point de fuite principal et son point de distance réduit ou non sont connus.

Soit (*fig.* 32) l'angle donné ABC, *hh'* la ligne d'horizon. P le point principal de fuite, et D/₂ le point 1/2 de distance. Il est évident que si nous pouvons amener le plan déterminé par les deux droites qui forment cet angle, à être parallèle au tableau nous connaîtrons exactement la grandeur de l'angle donné.

A cet effet, traçons en *mn* une droite horizontale de front située dans le plan géométral et, par conséquent dans le même plan que l'angle ABC, et considérons cette droite comme un axe autour duquel on fera tourner l'angle proposé jusqu'à ce qu'il soit devenu parallèle au tableau, c'est-à-dire lorsqu'il sera dans un plan perpendiculaire au géométral et examinons comment se comportera un point quelconque de cet angle, le point B

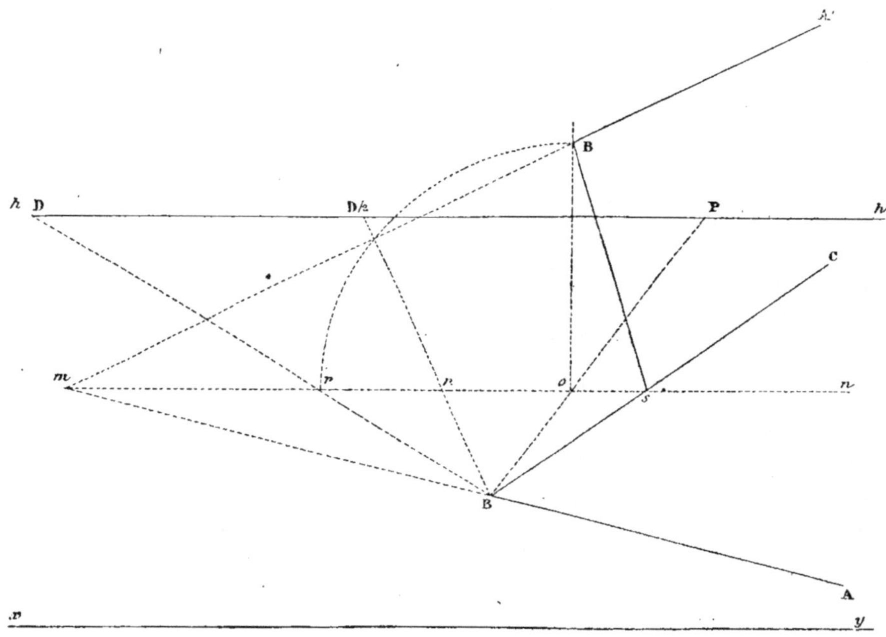

Fig. 32.

par exemple. En tournant autour de *mn* il ne cessera pas d'être dans un plan perpendiculaire à *mn* dont il sera continuellement à la même distance en décrivant un arc de cercle. Le rayon de ce cercle est égal à la perpendiculaire abaissée du point B sur l'axe *mn*. Comme *mn* est horizontale, la perpendiculaire qu'on doit abaisser de B sur cet axe concourra au point de fuite principal, soit en P. Je joins BP qui

rencontre l'axe *mn* du point *o*, ce point est le centre du cercle décrit par B dans son mouvement de rotation, et j'élève du point une verticale *o*B′ sur laquelle le point B devra se placer quand il aura fait son évolution. Il reste à déterminer l'emplacement exact de ce point. Si par le point B je mène BD/₂, j'obtiens sur *mn* un point *r′* tel que *r′o* est égal en perspective à B*o*, c'est-à-dire au rayon du cercle décrit par la rotation de B autour de *mn*. Le point B viendra se placer en B' à une distance de *o* égal à deux fois *or*. Si on avait pu se servir directement du point de distance D, on voit qu'il eût suffi, avec un rayon *or* de tracer un arc de cercle du point *o* comme centre pour placer le point B'.

Je remarque que la droite AB suffisamment prolongée rencontre l'axe *mn* au point *m*, ce point ne changera pas de place pendant le mouvement de rotation, nous pouvons donc nous en servir et, en prolongeant *m*B' tracer B'A' qui représentera le côté BA de l'angle donné lorsqu'il aura fait son quart de révolution autour de *mn*. Quand au côté BC, il a aussi un point commun avec l'axe, le point *s*. que je joins à B'. L'angle A'B'*s* est la vraie grandeur de l'angle proposé ABE.

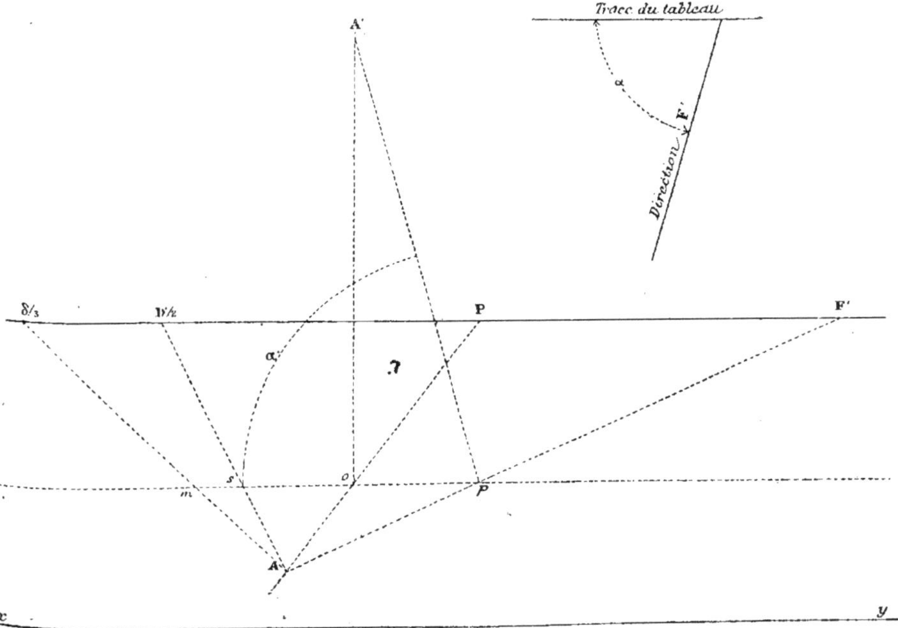


Fig. 33.

Ce n'est que pour faciliter le tracé qu'on prend les points *m* et *s* et en raison de leur position toute particulière dans le cas qui nous occupe. Si, dans une épure, il arrivait que les côtés, même prolongés suffisamment, ne rencontrassent pas l'axe *mn*. on n'aurait alors qu'à déterminer, comme pour le point B, deux autres points pris sur les côtés de l'angle donné.

Le même problème aurait pu se résoudre, sans recourir au relèvement du géométral en choisissant deux points tels que *s*A sur les côtés de l'angle, les joignant et construisant en dehors de la figure, le triangle AB*s* qu'on aurait ainsi obtenu. Pour cela, il faudrait chercher la vraie grandeur de chacun de ces côtés, ce qu'on obtiendrait facilement par le moyen de droites perpendiculaires fuyant en P et qu'on mènerait par chacun des points A, B, *s*, et des droites fuyant au point D/₂, La construction serait très facile, mais moins simple que celle que nous avons indiquée au moyen du relèvement du géométral.

**30.** Dans l'exemple précédent nous avons appuyé notre construction du relèvement du géométral sur des droites perpendiculaires au tableau et sur les droites de distance principale. On pourrait, tout aussi bien se servir d'horizontales quelconques, inclinées sur le tableau et de droites recoupant en segments égaux les horizontales quelconques et les droites de front (16), à condition de connaître (*fig.* 33) l'angle α que font avec le tableau les horizontales dont il s'agit. Voici, dans ce cas, comment on procéderait pour le relèvement d'un point du géométral.

Soit A ce point, F' le point de fuite des

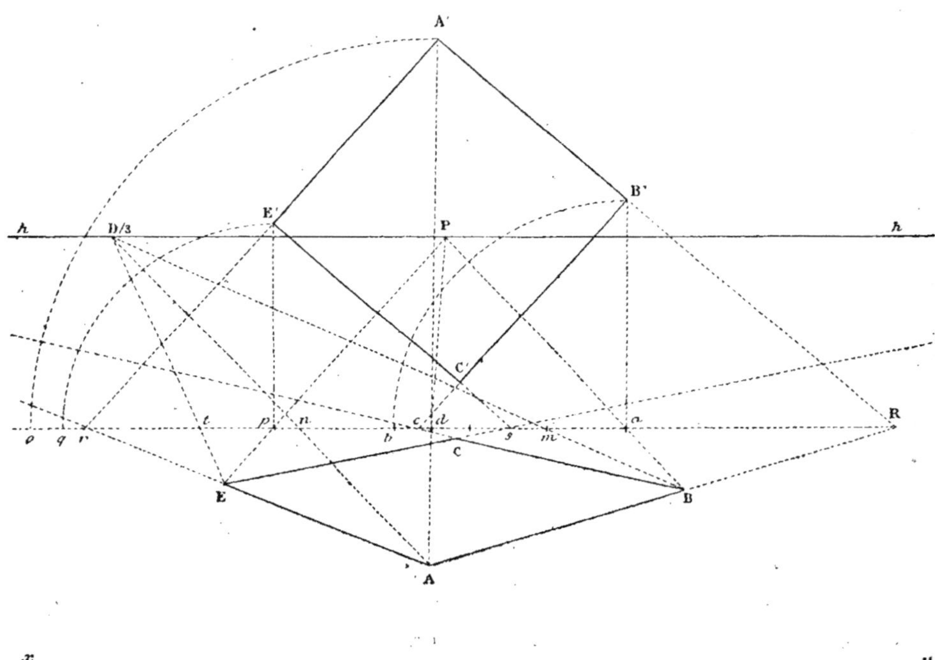

Fig. 34.

droites qui font avec le tableau l'angle α et D/2 le point de fuite des droites d'égal recoupement (16) par rapport à ces droites et aux lignes de front. Autour d'un axe choisi comme précédemment nous ferons pivoter le géométral pour l'amener dans une position parallèle au tableau. Joignons le point A au point F', la droite ainsi obtenue rencontre l'axe de rotation au point p. D'après l'énoncé du problème, nous savons que, *dans l'espace*, AF' fait avec le tableau et par conséquent avec la droite de front un angle Aps égal à α; en tournant autour de l'axe, Ap décrit un cône dont p est le sommet. Lorsque la génératrice Ap sera devenue parallèle au tableau, cet angle α se projettera en vraie grandeur; nous devons donc au point p tracer pA' faisant avec ps un angle égal à α. La direction sur laquelle vient tomber le point A est connue, il reste à préciser la position du point sur cette droite. En menant AD/2, on obtient sur l'axe un segment $sp$ qu'on sait être moitié de A$p$ ; il suffit alors de porter sur $p$A$'$ une distance $p$A$'$ égale à 2$sp$. Le point A$'$ représente le relèvement parallèle au tableau, autour de l'axe $sp$ du point A.

Mais cette construction est un peu compliquée par suite du tracé, pour chaque point de l'angle $\alpha$. Il serait plus simple, s'il fallait déterminer plusieurs relèvements de points, d'en faire un seul avec le procédé ci-dessus et de chercher immédiatement le point principal de fuite et son point de distance. Voici comment :

Une fois le point A$'$ obtenu en relèvement, projetons A$'$ sur l'axe de rotation en $o$, A$'o$ est perpendiculaire à $sp$, dans le mouvement de rotation A$o$ n'a pas cessé d'être perpendiculaire à l'axe, donc A$o$ est aussi perpendiculaire en perspective à $sp$ ; si l'on prolonge A$o$ jusqu'à la ligne d'horizon, on obtient le point P qui est le point de fuite principal. Pour obtenir le point de distance correspondant, il suffit de considérer que A$'o$ = A$o$ ; donc, si à partir de $o$ on porte sur l'axe vers la gauche cette longueur A$'o$ et qu'on en joigne l'extrémité au point A ; la droite ainsi obtenue, prolongée suffisamment rencontrera la ligne d'horizon en un point qui sera le point de distance principal. Sur la figure 33, la place ne permettrait pas d'obtenir ce point. on a donc pris $^1/_3$ de A$'o$ qui, porté à partir de $o$ a déterminé le point $m$, ce dernier point à A par une droite prolongée jusqu'à l'horizon a donné le point $\delta/_3$ qui représente le point de fuite, tiers de distance principale.

**31.** On donne la perspective d'une droite horizontale quelconque et on demande d'achever la construction du carré dont elle est le côté ; on donne la ligne d'horizon, le point principal de fuite et le point de distance réduit.

Soit AB la droite donnée (*fig.* 34), $hh'$ la hauteur d'horizon. P le point principal de fuite et D/3 le point tiers de distance. Nous relèverons d'abord le géométral afin de connaître AB en vraie grandeur, nous construirons le carré relevé et par une méthode inverse nous ne ramènerons dans sa première position. Prenons pour axe de rotation l'horizontale $o$R et relevons le point A en abaissant de ce point une perpendiculaire perspective sur l'axe fuyant au point P' ; nous obtiendrons le point $d$ par lequel nous menons une verticale. En joignant A à D/3 nous avons sur l'axe un point $n$ tel que $nd$ est le tiers de A$d$, on aura donc la position du point A relevé en portant, à partir de $d$ sur la verticale de ce point. trois fois la longueur $nd$, ce qui donnera le point A$'$. Le côté AB prolongé rencontre l'axe au point R, ce point ne change pas pendant la rotation, joignons A$'$R. du point B menons P'B et en $a$ élevons la verticale qui coupera A$'$R en B ; ce point sera le relèvement du point B. Comme vérification, menons B D/3. $ma$ devra être exactement le tiers de $a$B$'$. AB est ainsi connu en vraie grandeur à *l'échelle du plan de front* $o$R. Construisons le carré A$'$B$'$C$'$E$'$ et rabattons-le sur le géométral. Nous pouvons remarquer que A$'$E$'$ prolongé rencontre l'axe en $r$, ce point est immobile, joignons-le à A ; de E$'$ abaissant une verticale sur l'axe en $p$ nous joindrons P'$p$ et par recoupement avec $r$A nous aurons le point E.

Connaissant les deux côtés du carré nous pourrons l'achever directement en menant par B une parallèle perspective à AE, et en menant par E une parallèle perspective à BA suivant les procédés que nous avons déjà employés. Comme vérification ou même comme moyen de construction si on ne veut pas se servir de ce dernier moyen, on peut déterminer directement le point C en remarquant que C'B$'$ prolongé rencontre l'axe en $c$, que E'C$'$ prolongé rencontre ce même axe en S et que $c$ et $s$ sont immobiles sur l'axe. Il suffit de joindre B$c$ et E$s$, la rencontre de ces deux droites donnera le point C. Quel que soit le moyen employé, on remarquera que les côtés EC et AB du carré. qui sont parallèles entre eux, doivent concourir en un même point de la ligne d'horizon comme étant des horizontales parallèles ; il en est de même des deux côtés EA et CB.

On ferait de même la construction de toute autre figure sur une droite donnée. Il est à remarquer que le côté A$'$B$'$ relevé et vu en vraie grandeur paraît, et est, en effet, plus petit que le côté AB qui lui est en perspective et en raccourci par conséquent ; il semble que c'est le contraire qui devrait se produire. Pour expliquer cette anomalie apparente rappelons que A'B' n'est pas la vraie grandeur de AB, mais bien sa grandeur à l'échelle du plan de front (10) dont la trace horizontale est oR. Pour obtenir la véritable grandeur de ce côté AB, il eut fallu faire la rotation autour de la trace $xy$ du tableau. Ajoutons qu'en supposant une figure quelconque située dans le tableau et que cette figure s'éloigne indéfiniment et parallèlement à elle-même dans une direction P par exemple, la perspective de cette figure diminuera de dimension à mesure du mouvement de recul, plus le plan de front oR sera éloigné, c'est-à-dire plus sa trace horizontale se rapprochera de la ligne d'horizon et plus la figure deviendra petite , si bien qu'ayant à son départ dans le tableau sa vraie grandeur elle arrivera à la limite, soit à l'infini, à ne plus être que le point P.

**32.** La construction ci-dessus indiquée peut servir à trouver le point de fuite des perpendiculaires à une direction donnée.

Soit AB la droite des perpendiculaires à laquelle on veut trouver le point de fuite, on ramène AB dans la position A'B', par un point quelconque A'B', A' par exemple, on lui trace une perpendiculaire qui coupe l'axe au point $r$, on joint A$r$ qui concourra en un point $\varphi$ placé sur la ligne d'horizon et qui sera le point de fuite des droites perpendiculaires à AB. Ici, le point de fuite est en dehors des limites de l'épure, si l'on devait mener une droite quelconque à ce point $\varphi$, il suffirait de la faire concourir au point de rencontre inaccessible de $r$A et de $hh'$.

On trouverait aussi, par le même procédé, le point de fuite des droites qui font un certain angle donné avec une droite donnée ; ce problème peut avoir son utilité, notamment dans des carrelages ; planchers ou plafonds.

**33.** Il pourrait se faire que la figure relevée soit trop grande et par conséquent gêne le tracé de l'épure, dans ce cas, on en ferait une plus petite par rapport au plan de front choisi en prenant le point principal comme point de centre d'homothétie, la construction sur le relevé étant faite, on en ramènerait les résultats sur le plan de front choisi comme axe en les amplifiant dans un rapport inverse. Si par exemple les constructions sur le relevé ont été faites à 1/2 de l'échelle du plan de front, il faudra ramener ces résultats en les doublant sur le plan de front.

**34.** Il est à remarquer que si l'on joint les points homologues EE', AA', BB', CC', ces droites suffisamment prolongées viendront toutes se couper en un même point sur une perpendiculaire à l'horizon passant par le point P. Car E$p$, A$d$, B$a$, etc., sont des perpendiculaires au tableau, E'$p$, A'$d$, B'$a$. etc. sont des verticales, les droites EE', AA', BB'. etc., sont donc contenues dans des plans E$p$E', A$d$A', B$a$B', verticaux et perpendiculaires au tableau. Dans ce cas, la verticale élevée sur P est la ligne de fuite (11) de tous les plans verticaux perpendiculaires au tableau. Quant à la détermination du point Δ où les droites EE', AA', BB' rencontrent la verticale passant par P, il suffit de se rappeler que ces droites sont toutes inclinées sur le géométral à 45° (la rotation autour de l'axe étant d'un quart de cercle) ; ces droites étant parallèles ont un point de fuite commun, nous avons vu qu'il est situé sur la verticale passant par P. En appliquant la méthode comme pour la détermination du point de fuite des droites parallèles à une direction donnée (8), nous devrons mener par l'œil une droite à 45° située dans un plan perpendiculaire au tableau et vertical, cette droite viendra rencontrer la verticale du point P en un point Δ qui sera le point de fuite des droites EE', AA', BB', etc.

Pratiquement, on porte au-dessus du point principal P, sur une verticale, une longueur PΔ égale à la distance de l'œil au tableau ; dans notre figure 34, il faut faire PΔ $=$ 3PD/3. Ce point Δ se nomme le point *supérieur* de distance.

Si la rotation autour de l'axe avait lieu dans un sens opposé, on aurait alors à considérer un point Δ' qui serait le point *inférieur* de distance. On l'obtiendrait en portant au-dessous de P sur une verticale 3 fois PD/3.

Lorsque ce point Δ peut être obtenu dans les limites de l'épure, il peut être d'un grand secours lorsqu'il s'agit du relèvement du géométral contenant une figure un peu compliquée. Dans ce cas, pour obtenir la figure relevée, il suffirait de tracer de chacun de ses points E, A, B, etc., des droites concourant en Δ, de tracer les perpendiculaires à l'axe EP, AP, BP, et des points $p$, $d$, $a$, de mener des verticales qui par leur rencontre avec les fuyantes en Δ donneraient les points E′, A′, B′.

### Figures homologiques.

**35.** Les relations géométriques suivantes s'établissent entre les deux perspectives d'une même figure considérées sur le géométral et dans un plan de front, lorsqu'il y a eu relèvement.

Dans ce cas les deux figures perspectives se correspondent point à point. On nomme points *homologues*, les perspectives d'un même point dans deux positions.

Deux figures situées sur un plan sont dites *homologiques* lorsqu'elles se correspondent point à point de telle sorte que les droites de l'une soient représentées par des droites de l'autre, que les droites qui passent par deux points homologues convergent vers un même point fixe Δ, et enfin que les points d'une certaine droite $mn$ soient leurs propres homologues ; le point Δ et la droite $mn$ sont le centre et l'axe d'homologie, les droites qui divergent de Δ, sont les rayons d'homologie. Deux droites homologues se coupent sur l'axe d'homologie en un même point, si

l'une des droites est parallèle à l'axe, son homologue l'est également.

On peut construire une figure homologique d'une autre figure (*fig.* 35), lorsqu'on connaît l'axe MN, le centre Δ et le point E′

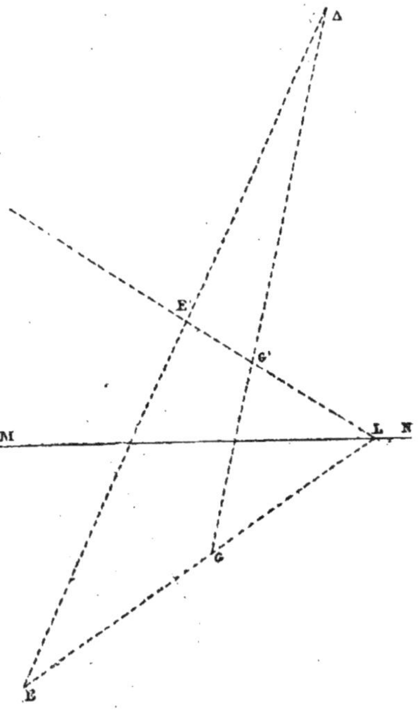

Fig. 35.

homologue d'un point E de la figure donnée. Le point G′ homologue d'un point G, est l'intersection du rayon d'homologie ΔG et de la droite E′L homologue de la droite EGL.

## § III. — CERCLE

**37.** Un cercle peut se tracer par points, ces derniers peuvent être pris arbitrairement et en aussi grand nombre qu'on voudra suivant la grandeur et l'importance du cercle qu'on doit mettre en perspective. Les méthodes que nous avons indiquées plus haut pour la mise en perspective de points quelconques peuvent donc servir aussi au tracé perspectif du cercle. Nous examinerons tout d'abord certains cas généraux.

### Par les points homologiques.

La considération des points homologiques peut donner une façon de mettre en perspective un cercle, lorsque le point supérieur de distance Δ est contenu dans les limites de l'épure.

Soit une droite horizontale de front

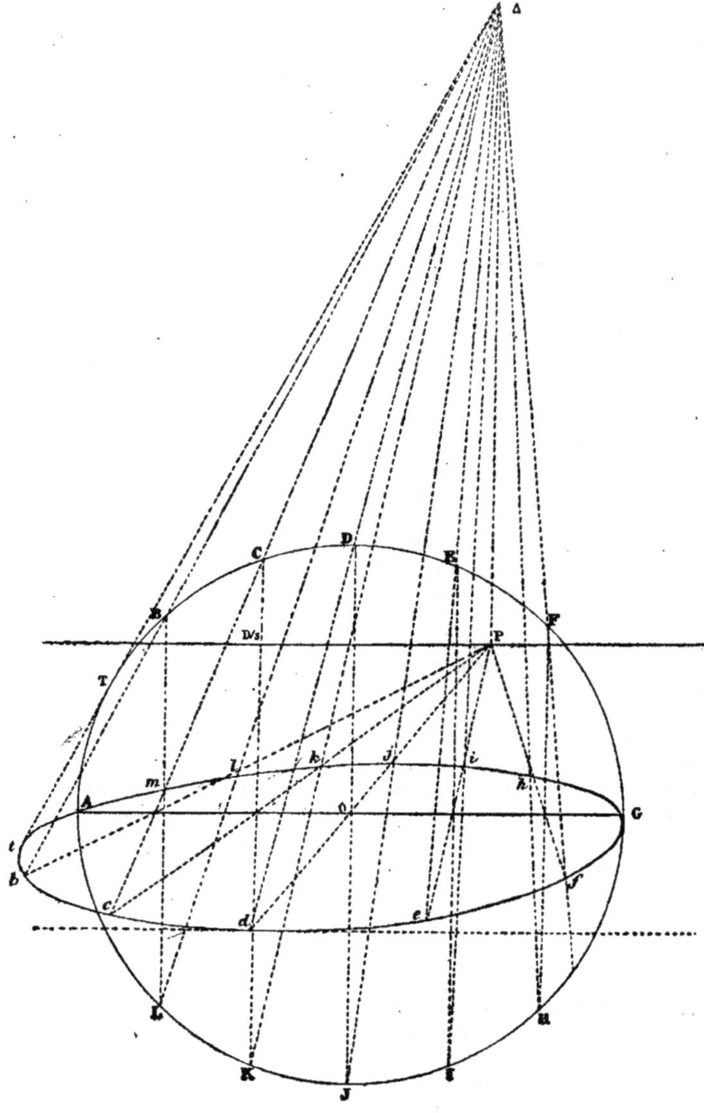

Fig. 36

AG (*fig.* 36) sur laquelle, comme diamètre, on veut tracer un cercle. On donne le point principal P et le point D/$_3$.

La droite AG étant de front, nous pouvons la prendre comme axe de rotation et, en supposant le géométral relevé, on peut, par son milieu O avec OA comme rayon, décrire un cercle. Ce cercle est à l'échelle du plan de front AG. Après avoir choisi sur la circonférence plusieurs points B, C, D, E, F, nous rabattrons le géométral dans sa position primitive. A cet effet, nous abaissons de chacun de ces points une perpendiculaire sur l'axe; par le pied de ces verticales, nous menons des droites concourant au point principal P, c'est-à-dire perpendiculaires à l'axe. Le point de distance supérieur est supposé contenu dans la feuille.

Sa distance verticale au-dessus du point P est

$$P\Delta = 3 \; PD/_3$$

Par le point $\Delta$ on mène les droites $\Delta$B, $\Delta$C, $\Delta$D, etc., ces droites viennent rencontrer les concourantes au point P que nous venons de tracer, en des points $b, c, d, e, f$, qui sont des points de la perspective du cercle.

En ayant le soin de choisir, pour le demi-cercle inférieur des points situés sur les mêmes verticales que les points B, C, D, E, F, on voit que les fuyantes $b$P, $c$P, $d$P, $e$P, $f$P, peuvent servir à déterminer deux points du cercle; on obtiendra ainsi les points $h, i, j, k, l, m$.

Dans le tracé des cercles et des courbes en général, il est toujours bon de se guider sur des tangentes et sur les points de tangence; ces droites et ces points sont très utiles puisqu'ils permettent de connaître un point suivant lequel ne peut que toucher la tangente.

Dans la construction qui précède, on voit qu'entre le point A et le point $b$ la courbe perspective s'écarte vers la gauche jusqu'au point $t$. On conçoit que dans le tracé, la connaissance de ce point est très importante. Voici comment on le détermine dans le cas qui nous occupe.

Du point $\Delta$, centre homologique, menons une tangente $\Delta$T au cercle ADG. Les constructions qu'on fait sur ce cercle ainsi relevé sont à l'échelle du plan de front AG et lorsqu'on les rabat, elles sont à l'échelle du tableau. Le point de tangence T, deviendra donc après la remise en place du géométral, le point de tangence $t$ au cercle perspectif. Il reste à savoir quelle est la position de la tangente à ce point.

*A l'échelle du plan de front* AG, le point T représente le point de tangence du rayon visuel $\Delta$T, c'est-à-dire le point extrême vers le côté gauche que l'œil placé en $\Delta$ peut apercevoir.

*A l'échelle du tableau*, le point T viendra en $t$ et représentera le point extrême du cercle perspectif vers le côté gauche, la tangente à ce point est par conséquent verticale, elle *limite* le cercle vers ce côté; car une tangente qui serait inclinée par rapport à la verticale, indiquerait une courbe qui dépasserait le point de tangence vers le côté où cette tangence s'incline le plus vers la gauche.

Les deux tangentes horizontales sont très faciles à trouver, nous n'insisterons pas sur la façon de les tracer.

### Par huit points.

**8.** La manière de procéder suivante est connue sous le nom de méthode des huit points.

Dans tout cercle, bien qu'on ait la faculté de choisir les points d'une manière quelconque, il en est qui sont plus importants et qui caractérisent mieux la forme de cette courbe.

Soit un cercle (*fig.* 37) auquel est circonscrit le carré ABCD; traçons les deux diagonales AC, DB et l'octogone circonscrit. Huit points du cercle sont ainsi déterminés; ce sont les points H, F, de tangence horizontale, M et N de tangence verticale, puis les points de tangence à 45 degrés. Tous ces points, à égale distance les uns des autres, sont faciles à déterminer.

Si on donne le carré ABCD circonscrit au cercle et qu'on demande de déterminer ces huit points, on aura immédiatement les points M, N, H, F, qui sont les milieux des côtés du carré.

Les points tels que U, S, sur les diagonales peuvent facilement se trouver sans tracer le cercle. En se rappelant les propriétés des carrés inscrits et des carrés

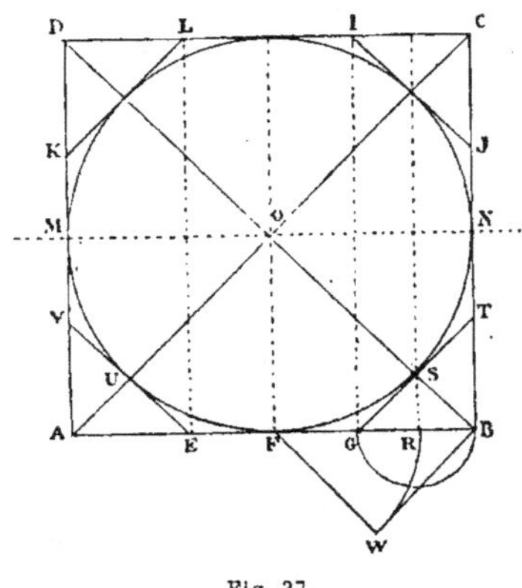

Fig. 37.

circonscrits à un cercle, on tracera sur FB, le triangle rectangle isocèle, FWB

et on verra que FB est la moitié du côté du carré circonscrit et que FW ou BW est la moitié du côté du carré inscrit. Du point F comme centre, avec FW comme rayon, traçons l'arc de cercle WR et élevant une perpendiculaire par ce point R, elle viendra recouper la diagonale DB au point S qui appartient au cercle. Cette construction répétée à gauche de la figure donnera le point U ; au moyen des deux verticales passant par S et par U et recoupant les diagonales du carré, on aura les deux autres points de tangence à 45 degrés.

On donne la droite horizontale de front $ab$ (*fig.* 38), tracer directement la perspective du cercle inscrit dans le carré dont cette droite est un des côtés. On donne le point de distance principal P et le point de distance réduite $D/_2$. Nous emploierons la méthode dite des huit points.

Le carré dans lequel le cercle cherché doit être inscrit est limité à droite et à

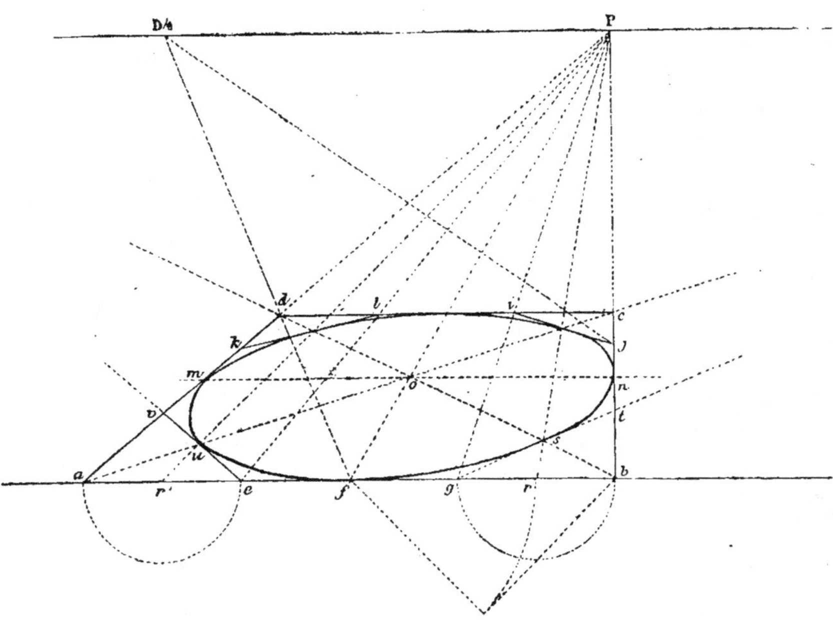

Fig. 38.

gauche par les droites $a$P, $b$P. Si du point $f$, milieu de $ab$, on mène $f$D$/_2$, le point $d$

qui résulte de l'intersection de $a$P et de $f$D/$_2$ est l'angle supérieur gauche du carré puisque $ad$ est le double de $af$ et, par conséquent, égal à $ab$. Une horizontale $dc$ donne le quatrième angle $c$. Traçons ensuite les diagonales $ac$, $bd$ puis la droite principale $f$P, puis l'horizontale $mn$ passant par le point $o$; nous aurons ainsi quatre

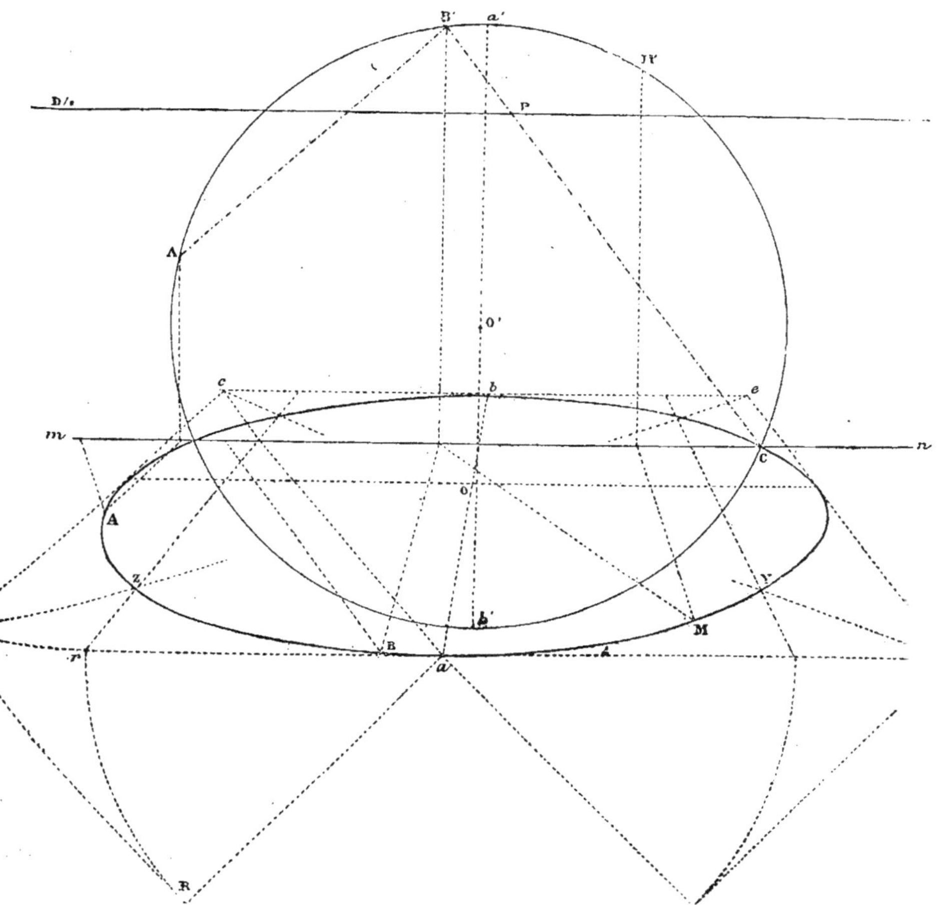

Fig. 39.

points de tangence horizontale et verticale. Sur $fb$, nous construisons le triangle rectangle isocèle $fwb$, de $f$ comme centre avec $fw$ comme rayon, nous décrivons l'arc $wr$. La perpendiculaire au tableau $r$P rencontre les diagonales en deux points qui appartiennent au cercle; en reportant en $r'$ la distance $fr'$ égale à $fr$, et menant $r'$P, on obtient les deux autres points du cercle qui se trouvent sur les diagonales du carré. Il ne reste plus qu'à joindre entre eux les huit points ainsi obtenus. Pour guider dans ce tracé, on peut se servir des tangentes au cercle aux quatre points situés sur les diagonales. A cet effet, on porte. de $r$ en $g$, une distance égale à $rb$ et on joint $gs$; une construction semblable donnera $ev$. Au moyen des droites principales $eP$, $gP$, on obtiendra les points $l$ et $i$ et, par conséquent, $lK$ et $ij$, on aura ainsi les quatre tangentes à 45 degrés. Il est à remarquer que les droites $kl$, $ac$, $gt$, concourent en un seul point situé à droite du point P à une distance égale à deux fois $D/_2P$. Il en est de même des droites $hj$, $bd$, $ve$, pour un point situé à gauche de P à une distance double de $PD/_2$.

### Par trois points.

**39.** Par trois points donnés A, B, C, non en ligne droite (*fig.* 39), faire passer un cercle. On donne les points P et $D/_2$.

On relèvera d'abord autour d'un axe horizontal de front $mn$, les trois points jusqu'à ce que le plan qu'ils déterminent soit vertical; pour simplifier, on fait passer cet axe par l'un des points donnés, C par exemple.

Ces trois points relevés viennent en A′, B′, le point C reste à sa place ; on construit le cercle passant par ces trois points et on détermine le centre O′. On trace ensuite le carré circonscrit au cercle et ses diagonales et on peut achever la construction du cercle en employant la méthode des huit points au moyen du demi-carré $dRa$, en rabattant $Ra$ sur $ra$, menant $rP$ et obtenant des points comme Z, Y. On pourrait aussi choisir certains points du cercle relevé, comme M′ et les rabattre sur le géométral en M ; l'exposé que nous avons fait de cette méthode (29) nous dispense de plus amples renseignements.

### Par les angles inscrits.

**40.** La méthode suivante se nomme tracé du cercle au moyen des angles inscrits.

Soient (*fig.* 40), un cercle inscrit dans un carré ABCD et O son centre.

Après avoir mené les deux diamètres perpendiculaires entre eux EF et MO, on divise AM en un nombre quelconque *pair*

$2n$ de parties égales, et le côté adjacent AE en un nombre moitié plus petit $n$. Dans le cas présent AM est divisé en quatre parties égales et AE en deux parties seulement et on continue la division sur AE prolongé. Si on joint E1, E2, E3 et 4F, AF, 5F, les points d'intersection $a$, $b$, $c$ sont des points appartenant au cercle.

Pour le démontrer, remarquons le point $b$ par exemple obtenu par la rencontre de E2 et de AF. Le triangle AEF est sem-

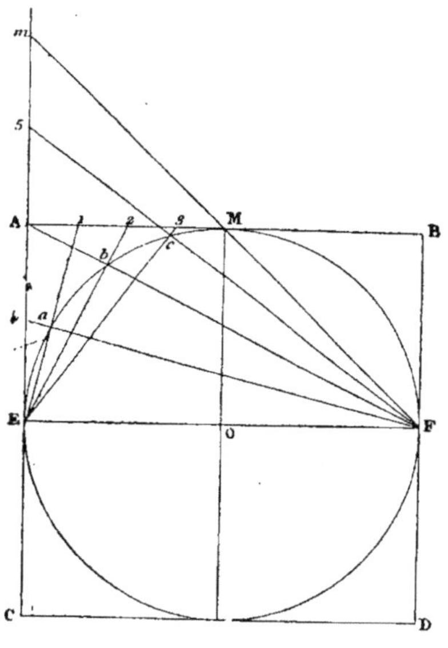

Fig. 40.

blable au triangle 2AE car A2 est moitié de AE, l'angle 2AE est droit comme AEF, et le côté AE est moitié de EF, par conséquent AE2 est égal à l'angle EFA.

Considérons maintenant le triangle $b$EF ; nous avons : $b$EF $+$ $b$EA $=$ 1 droit. Remplaçant $b$EA par son égal EF$b$ nous aurons : $b$EF $+$ $b$FE $=$ 1 droit, donc l'angle E$b$F est droit et le point $b$ est situé sur la circonférence dont EF est le diamètre.

Soit maintenant (*fig.* 41), le plan Z du carré circonscrit au cercle qu'on veut tracer en perspective, la droite $dp$ repré-

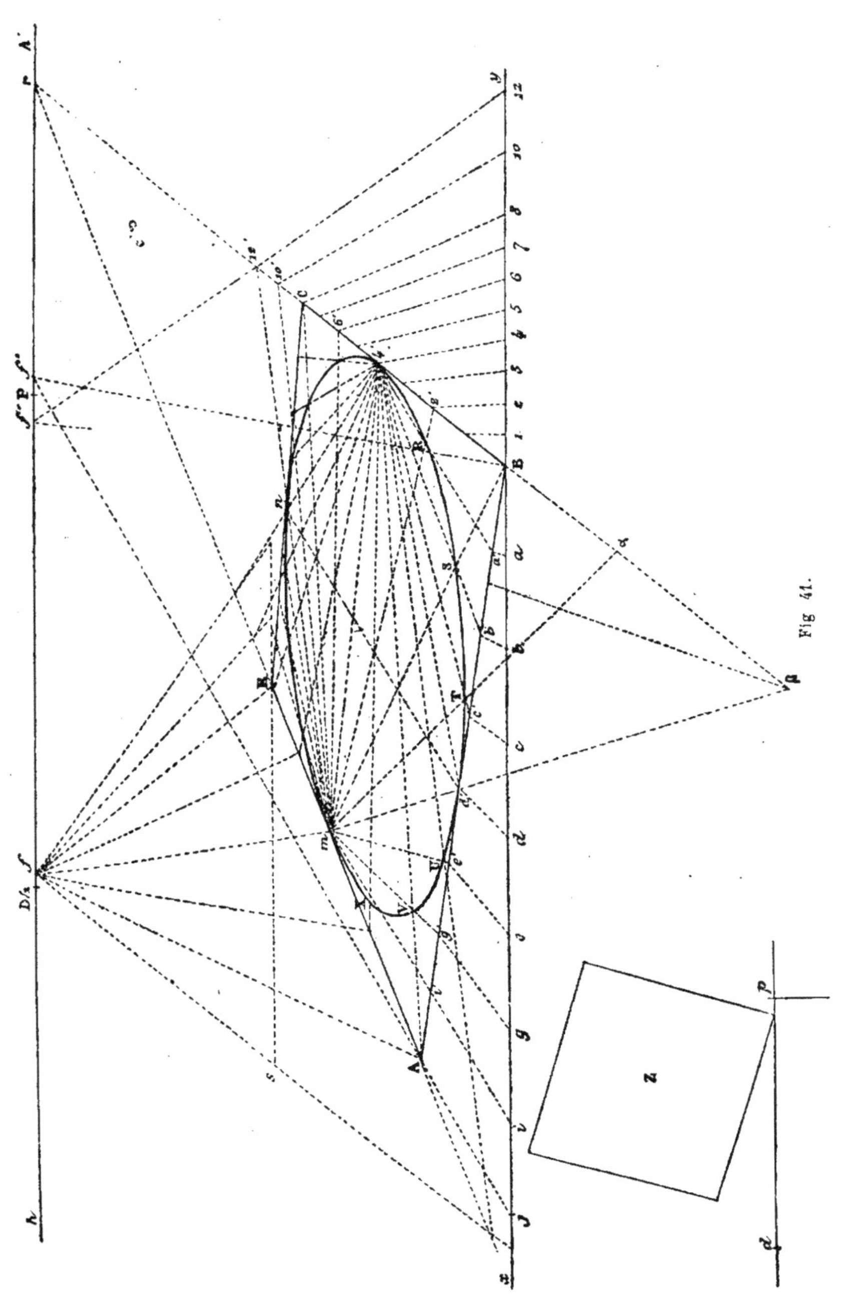

Fig 41.

sente la trace du tableau, $p$ la position du point principal et $d$ celle du point de distance réduite de moitié. Les droites $hh'$ et $xy$ sont la hauteur d'horizon. La figure Z est à moitié de l'épure à effectuer. Par un quelconque des procédés connus, on obtient la perspective du carré ABCE. Nous divisons perspectivement en un même nombre *pair* de parties égales, huit par exemple, les côtés AB et BC, le point 4′ est le milieu perspectif de BC, joignons-le aux points de division $a', b', c'$ ; on ne joindra le point $m$, milieu perspectif de AE qu'aux points B, 2′, 4′, 6′, C′ de façon à n'avoir que 4 divisions sur BC puisqu'il y en a 8 sur AB. La division faite sur BC en 2′ et 4′ sera continuée sur ce côté prolongé en $\alpha$ et $\beta$ et on joindra aussi $m$ à $\alpha$ et à $\beta$. Par le recoupement des droites issues de $m$ et des droites issues de 4′ on obtiendra les points R, S, T, qui appartiennent à la perspective du cercle ; le surplus des constructions est facile à suivre sur la figure.

## Par les sécantes.

**41.** On peut aussi tracer directement des cercles par la méthode dite *des sécantes*, voici en quoi elle consiste. Les données sont : un diamètre AB et un point C appartenant à un cercle (*fig.* 42).

Joignons AC et CB et menons une perpendiculaire quelconque $rn$ au diamètre AB. Par le point $n$ où cette perpendiculaire coupe le côté CB, menons A$n$ suffisamment prolongée ; du point $r$ où AC prolongée rencontre la perpendiculaire, traçons $r$B ; l'intersection de $r$B et de A$n$ donne un point E qui appartient au cercle. Ce fait résulte du théorème suivant :

Les trois perpendiculaires abaissées des sommets d'un triangle A$r$B sur les côtés opposés se coupent en un même point $n$.

Donc l'angle AEB est droit et le point E fait partie du cercle. Ajoutons, que si on joint les points C, E, au point $m$, milieu de $nr$, les droites E$m$ et C$m$ sont des tangentes au cercle.

Car, les deux triangles $r$E$n$ et AEB sont semblables comme ayant leurs côtés perpendiculaires entre eux, si nous joignons le sommet de l'angle droit E du premier

triangle au milieu $m$ de son hypothénuse et que nous joignions le sommet E de l'angle droit du second triangle au milieu I de son hypothénuse, c'est-à-dire au centre du cercle, les deux droites E$m$, EI seront homologues ; l'angle $r$E$m$ sera égal à l'angle AEI. Mais.

$$r\mathrm{E}m + m\mathrm{E}n = 1 \text{ droit :}$$
remplaçant $r$E$m$ par son égal AEI on a :
$$\mathrm{AEI} + m\mathrm{E}n = 1 \text{ droit}$$
d'où : IE$m = 1$ droit.

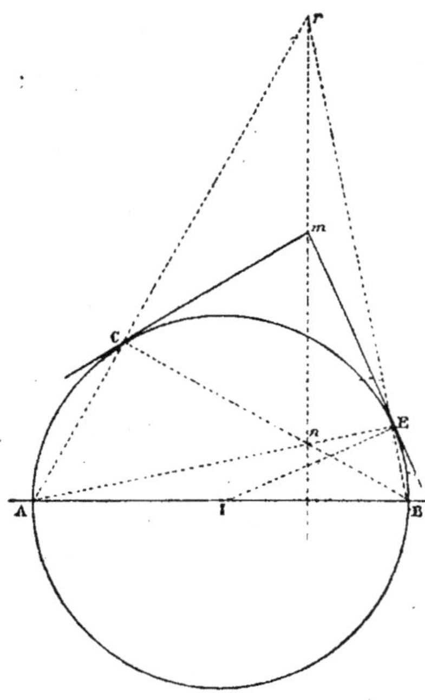

Fig. 42.

$m$E est donc perpendiculaire à l'extrémité E du rayon IE et par conséquent tangente au point E du cercle.

Appliquons cette construction au tracé perspectif d'un cercle dont AB (*fig.* 43) serait un diamètre quelconque. On donne le point principal P et le point de distance réduite D/$_2$. Cherchons d'abord le centre qui est au milieu du diamètre ; on prend une longueur arbitraire, mais convenable sur l'horizontale de front A$s$, on joint

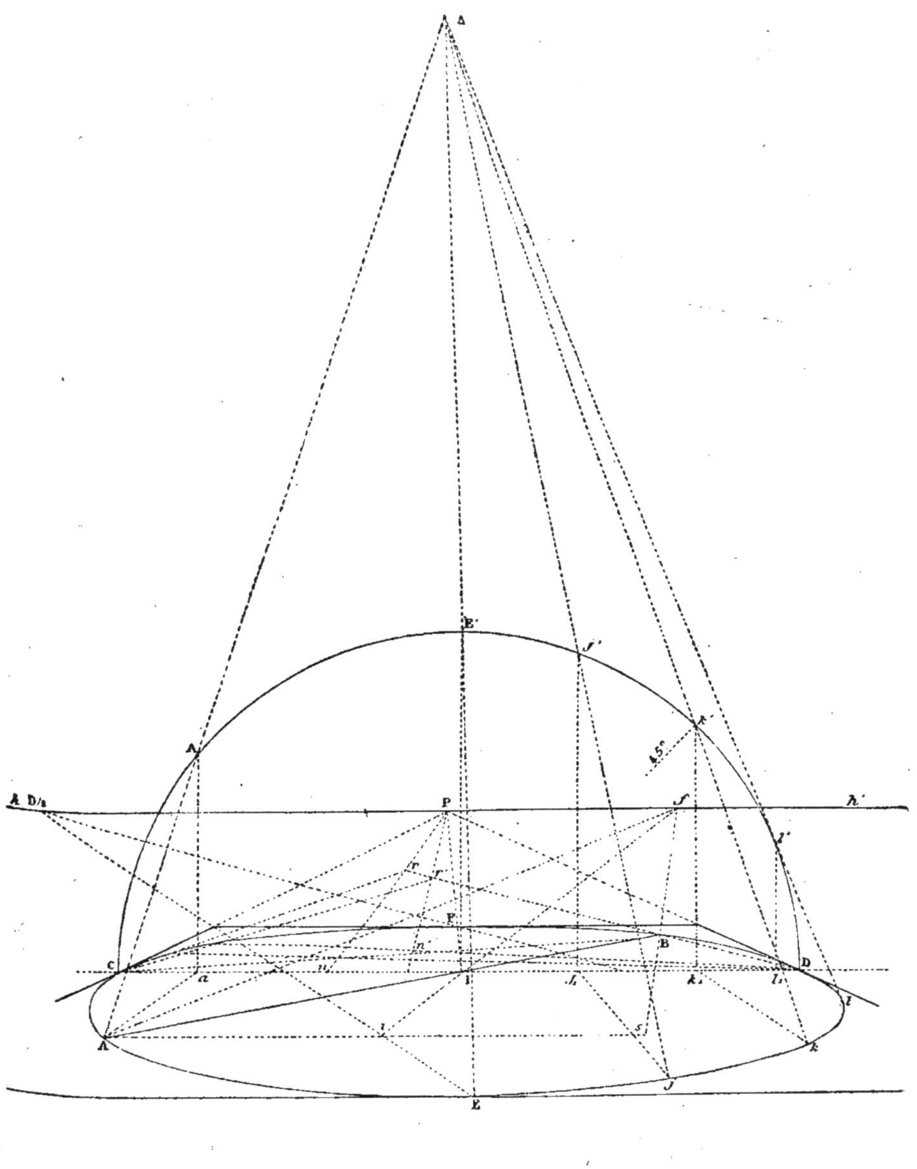

Fig. 43.

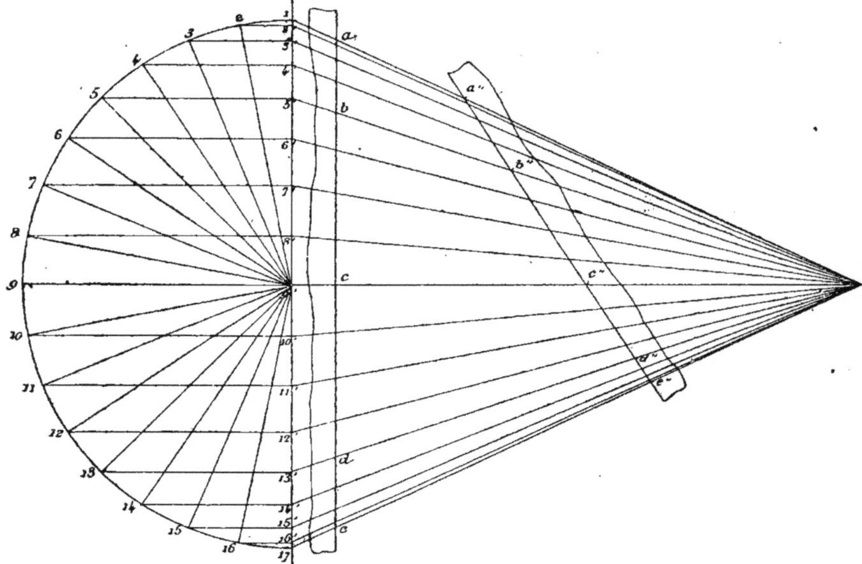

Fig. 44.

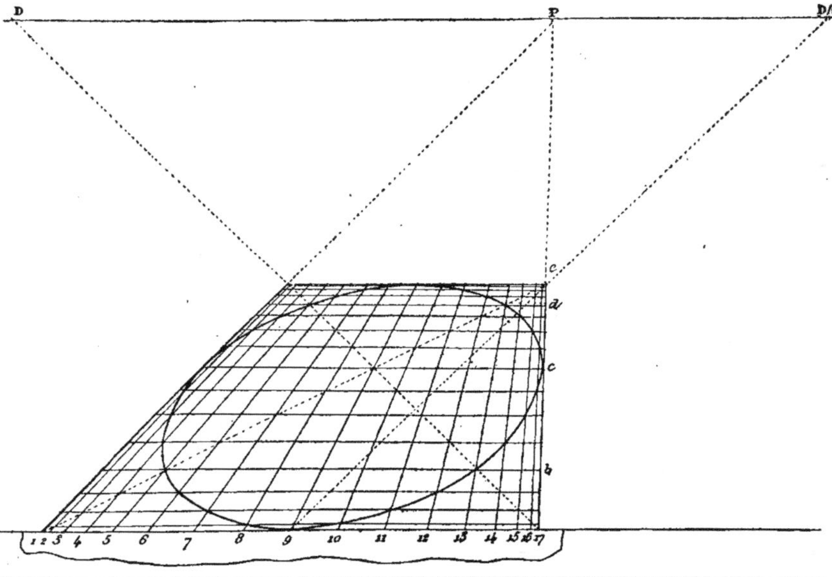

Fig. 45.

*s*B qu'on prolonge jusqu'à la ligne d'horizon en *f*. Par le point *i* milieu de A*s* menons *if*, le point I est le centre cherché. Si nous faisons passer par le centre I une horizontale de front CD que nous prendrons comme axe de rotation, nous relèverons le point A en A' ce qu'on a facilement en menant par A une perpendiculaire perspective A*a* à l'axe de rotation, du point *a* menant une verticale qui par sa rencontre avec AΔ donnera le point A'. (PΔ = 2PD/₂). Du point I comme centre, avec IA' pour rayon on décrira la demi-circonférence CA'E'D qui représente une moitié du cercle cherché à l'échelle du plan de front CD ; ceci nous donne le diamètre de front CD du cercle cherché :

Par le point D et le point B menons DB suffisamment prolongée, menons une perpendiculaire quelconque *n*P au diamètre de front. Par le point *n* où cette perpendiculaire rencontre CB tirons D*n* qui, prolongée, coupera C*r* en un point appartenant au cercle. Une autre perpendiculaire *n'r'* au diamètre de front donnerait un autre point du cercle.

Dans l'exemple présent on pourrait se servir avantageusement du point supérieur de distance Δ pour obtenir facilement les points E, *j*, *k* et le point de tangence *l*.

### Échelles divergentes.

**42.** Supposons (*fig.* 44) un diamètre 1,17, sur lequel nous décrivons un demi-cercle que nous diviserons ensuite en un certain nombre de parties égales, seize par exemple ; les points 5 et 12 étant à 45 degrés. De chacun de ces points 2,3,4, 5,6,7,8 etc., abaissons des perpendiculaires sur le diamètre ce qui nous donnera les points 2',3',4',5',6',7',8', etc... Prenons sur la perpendiculaire passant par le centre, un point S quelconque par lequel nous mènerons des droites aux différents points 1',2',3',4',5',6',7',8',... 16,17'. Nous aurons une échelle divergente qui peut servir dans un grand nombre de cas.

Soit maintenant (*fig.* 45) un carré 1,17, *e*, mis en perspective au moyen des points PD/₂ et D, ou par tout autre des moyens que nous connaissons ; il s'agit de tracer le cercle perspectif inscrit dans ce carré.

Sur une bande de papier, marquons les deux points, 1 et 17 de la figure 45 et cherchons une parallèle au diamètre sur lequel on a décrit le cercle qui soit égale à la distance pointée sur la bande de papier ou à 1,17 de la figure 45. Cette bande prendra la position *ae*, et nous marquerons sur son bord ses différents points de rencontre avec les diverses droites qui concourent en S, notamment les points *b*,*d*, qui sont les points correspondants aux points du cercle à 45 degrés, 5 et 12, et le point *c* provenant du centre du cercle. On reporte ensuite ces points sur 1,17 (*fig.* 45) et on mène P2,P3,P4,P5.....P16.

Dans le cas présent, où le carré a deux de ses côtés qui sont de front, il suffirait de mener par les points d'intersection des droites P2,P3, etc., et des diagonales du carré, des horizontales. Le recoupement de ces droites donnerait les différents points par lesquels doit passer le cercle cherché, mais il vaut mieux opérer d'une façon plus exacte pratiquement parlant.

Sur le côté 17,*e*, du carré, portons une seconde bande de papier sur laquelle nous pointerons 17,*e*, et le point *c* provenant du centre (intersection des deux diagonales). Cette nouvelle bande sera portée sur l'échelle (*fig.* 44) de telle sorte que les points 17,*c*,*e*, de la bande, coïncident avec les lignes correspondantes 1, 9, et 17 de l'échelle ; on trouvera au moyen du tâtonnement, la position *a''*,*b''*,*c''*,*d''*,*e''*, et on marquera sur la bande ces points et ceux qui proviennent des autres droites concourant en S. Ces différents points seront reportés sur le côté 17,*e*, (*fig.* 45) et on mènera par eux, des horizontales qui se recouperont avec les droites de même chiffre tendant vers P et donnant ainsi les différents points du cercle. Cette méthode est surtout bonne, lorsqu'on désire avoir sur le cercle perspectif des divisions à égale distance les unes des autres, comme dans le plan d'une colonne cannelée, d'une roue dentée, etc.

On conçoit que l'échelle peut servir un grand nombre de fois.

### Plans de colonnes cannelées.

**43.** Nous venons de voir comment on peut procéder lorsque les carrés circons-

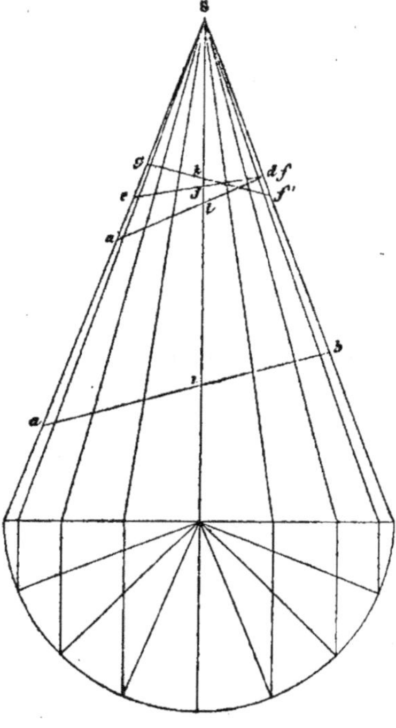

Fig. 46.

crits au cercle ont deux côtés de front; il nous faut voir aussi de quelle façon on peut tracer la perspective des plans de colonnes cannelées placées d'une manière quelconque sur le plan géométral.

Soit ABCD, EFGH (*fig.* 47), les perspectives de deux carrés circonscrits aux cercles cherchés et obtenus par un des moyens que nous connaissons. Nous supposerons la base divisée en seize cannelures, comme au temple de Diane à Syracuse, et nous construirons l'échelle divergente (*fig.* 46) sur un demi-cercle divisé en huit parties. Traçons les diagonales des carrés afin d'obtenir les centres et par là même les extrémités L,I,J,K, des diamètres parallèles aux carrés. Sur une bande de papier, pointons A,I,B et portons-la en *a,i,b,* sur l'échelle; nous tracerons es points de rencontre avec les droites convergeant au point S et correspondant aux divisions des cannelures et nous reporterons ces divisions sur le côté AB du carré (*fig.* 47). Nous en userons de même pour les côtés DLA, E,J,F et FKG, qui prendront sur l'échelle, après tâtonnement, les positions *dla, ejf, fkg* et, après pointage des divergentes correspondant aux cannelures, nous reporterons ces points sur l'épure. Nous mènerons, par les

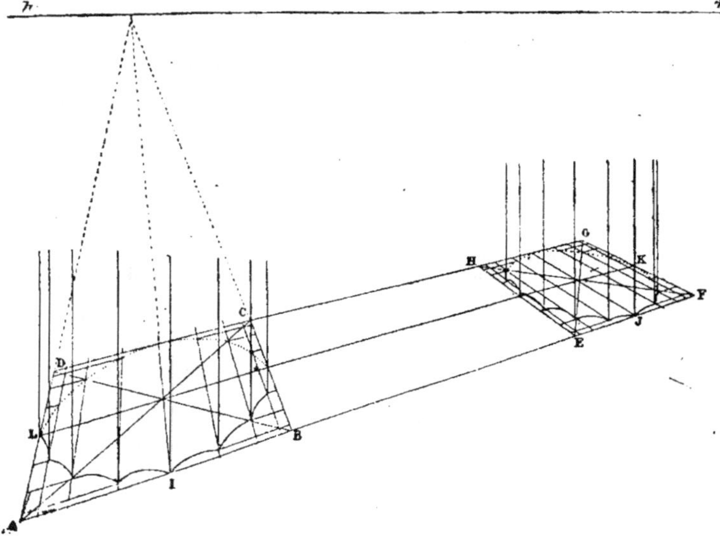

Fig. 47.

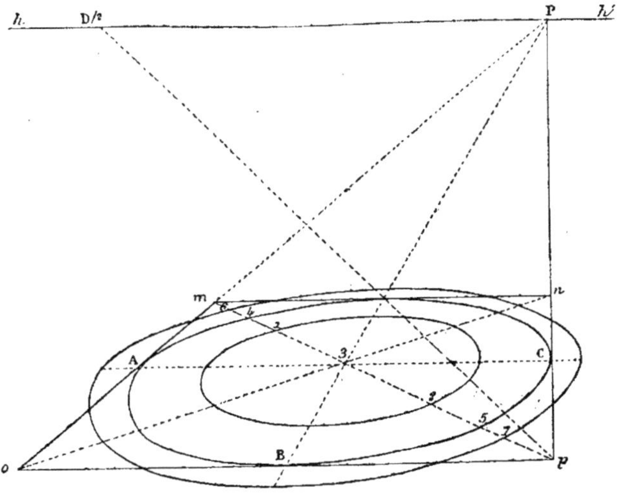


Fig. 48.

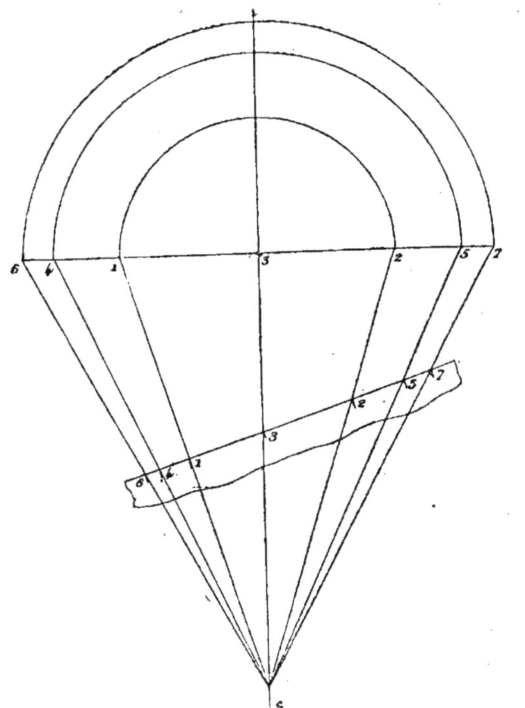


Fig. 49.

divisions de AB et EF, des droites au point de concours des côtés AD, BC, EH, FG, et nous joindrons deux à deux celles de DA et de FG ; ces deux directions de droites se recouperont deux à deux et donneront les arètes des cannelures.

Si le point de fuite des côtés DA et GF, était inaccessible, on opérerait sur DC et sur HG comme sur les autres côtés. Lorsque les bases sont petites, on peut tracer les arcs des cannelures de sentiment ; si elles étaient à une grande échelle, on pourrait chercher le milieu de ces arcs sur un cercle concentrique au premier cercle de chaque base.

La justesse de ce procédé se démontre aisément si l'on se rend compte que, pour un côté quelconque AB, par exemple, le point I indique le rapport proportionnel perspectif suivant lequel les divisions doivent être effectuées. La longueur AB seule peut se placer d'une infinité de façons sur l'échelle divergente, mais les trois points en ligne droite AIB, astreints à se placer exactement sur les deux droites extrémes de l'échelle et sur sa bissectrice, ne peuvent se poser que d'une seule façon.

## Cercles concentriques.

**44.** Il arrive fort souvent qu'on a besoin de tracer la perspective de plusieurs cercles concentriques. La première idée qui se présente à l'esprit, est de faire, pour chacun d'eux en particulier, une des constructions que nous avons vues plus haut. Ce serait une erreur de procéder ainsi pour deux raisons La première c'est que les opérations seraient fort longues, surtout si les cercles sont nombreux. La seconde, c'est que dans toute construction graphique, quelque soin qu'on y apporte, il se glisse toujours certaines petites erreurs de tracé. Par la multiplicité des opérations, ces erreurs ne concordent point d'un cercle à un autre et l'effet produit est on ne peut plus disgracieux. Il vaut mieux, et pour la simplification du tracé, et pour la satisfaction de l'œil, recourir à un autre moyen. Il consiste à déduire d'un premier cercle tracé comme nous avons vu, tous les cercles qui lui sont concentriques, de telle sorte, que si le premier cercle présente dans son tracé une légère imperfec-

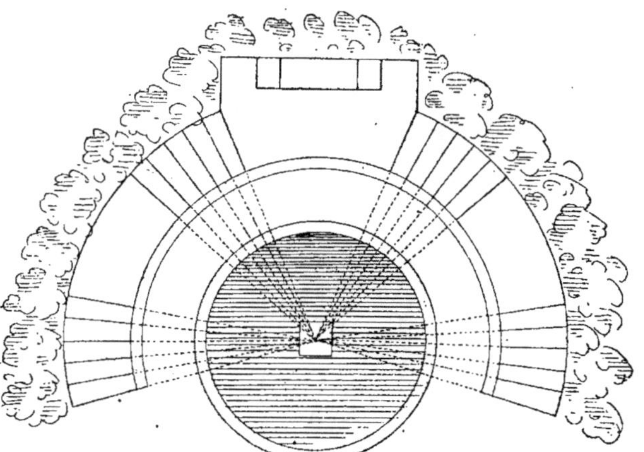

Fig. 50.

tion, cette imperfection, se répétant dans les autres avec le même degré de gravité dans des endroits similaires, ne paraît plus choquante et ne s'apprécie plus.

Soit (*fig.* 48) la perspective d'un cercle ABCD, obtenue par une des méthodes ci-dessus, on donne sur le diamètre AC, deux points appartenant chacun à un cercle concentrique au premier et qu'on demande de tracer.

Sur 4, 5 comme diamètre (*fig.* 49), égal à AC (*fig.* 48), je décris un demi-cercle, j'en décris deux autres ayant pour rayon la distance comprise entre le centre 3 (*fig.* 48) et l'un des points donnés sur AC comme devant appartenir aux deux autres cercles.

Je joins (*fig.* 49) 6, 4, 1, 3, 2; 5, 7 à un point quelconque S sur la perpendiculaire passant par le centre.

Pour trouver autant de points qu'on le voudra des nouveaux cercles, voici comment on procèdera :

On mène une droite *quelconque m, n* (ici, c'est une diagonale, mais ce choix n'est d'aucune conséquence), par le centre du

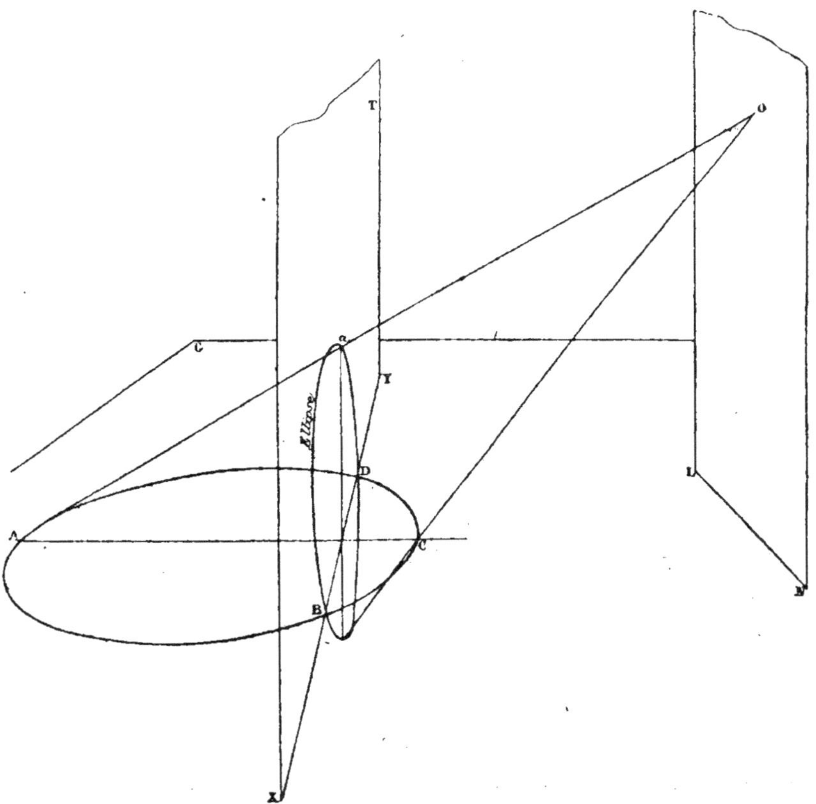

Fig. 51.

cercle ABCD (*fig.* 48) ; elle coupe le cercle en deux points, 4 et 5. On prend une bande de papier qu'on porte suivant *m, n*, on marque les points 4, 3, et 5 ; puis on les reporte sur la figure 49, de telle sorte que les points 4, 3, 5, tombent sur les droites 4S, 3S, 5S, puis on marque sur cette bande les points 6, 1, 2 et 7 qui appartiennent aux deux cercles cherchés.

On reporte cette bande (*fig.* 48) sur *m, n*, en prenant le point 3 (centre) comme point de repère. On trace ces nouveaux points 6, 1, 2, 7, qui sont des points appartenant à la perspective des cercles cherchés. On recommence l'opération autant de fois qu'il est convenable et on obtient, par ce moyen, les points suffisants pour tracer les cercles demandés.

La figure 50 est le plan d'un escalier à double rampe autour d'un bassin, avec banc sur le palier supérieur; nous engageons les lecteurs à faire cette épure en choisissant leur point de vue, ce sera un excellent exercice de perspective de cercle.

**45.** Nous venons de passer en revue un certain nombre des méthodes employées pour mettre un cercle en perspective. Bien que la marche à suivre diffère dans chacune d'elles, le principe est toujours le même : chercher la perspective d'un certain nombre de points appartenant au cercle, les joindre par une courbe continue

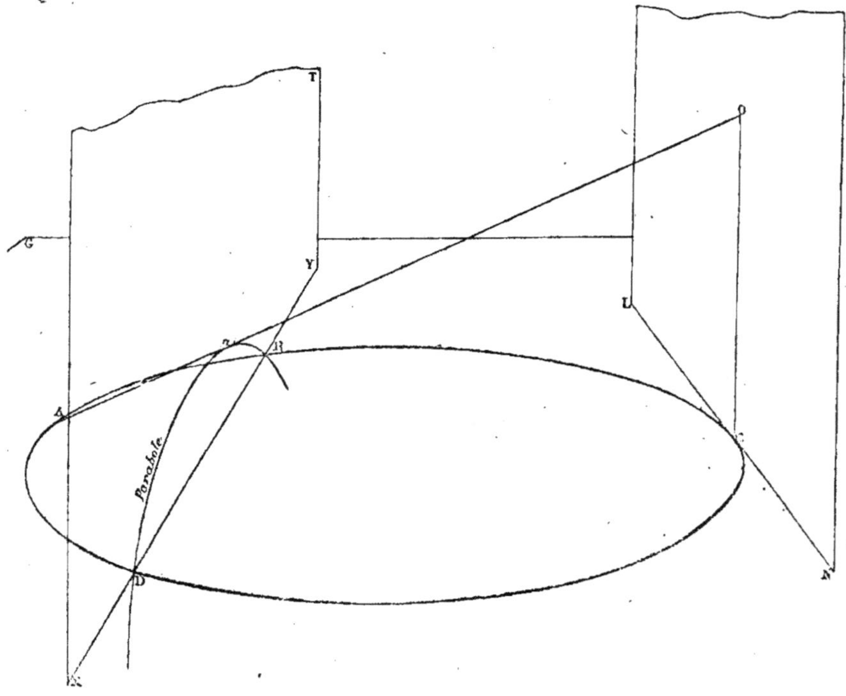


·Fig. 52.

afin d'obtenir la perspective du cercle cherché. Il est très utile d'être familiarisé avec ces différentes méthodes pour pouvoir les employer indifféremment et avec autant de facilité les unes que les autres. Dans la pratique, on devra s'inspirer des cas particuliers dans lesquels on se trouve pour choisir telle ou telle de ces méthodes. Bien souvent, certains points qu'on aura déjà obtenus, certaines directions de lignes détermineront quelle est celle de ces méthodes qu'on devra mettre en usage.

**46.** Avant de terminer notre étude sur le cercle, nous devons dire quelques mots sur la façon particulière dont les cercles horizontaux peuvent se présenter. On se rappellera, tout d'abord, les définitions du *plan neutre*, de *l'espace réel*, de *l'espace intermédiaire* et de *l'espace virtuel* (4).

Un cercle situé dans le géométral peut se présenter de trois façons différentes.

Il peut être entièrement situé dans l'espace réel et même en partie dans l'espace intermédiaire (*fig.* 51) mais sans toucher le plan neutre. Le cercle peut être tangent au plan neutre (*fig.* 52) ; il peut aussi couper ce dernier plan (*fig.* 53).

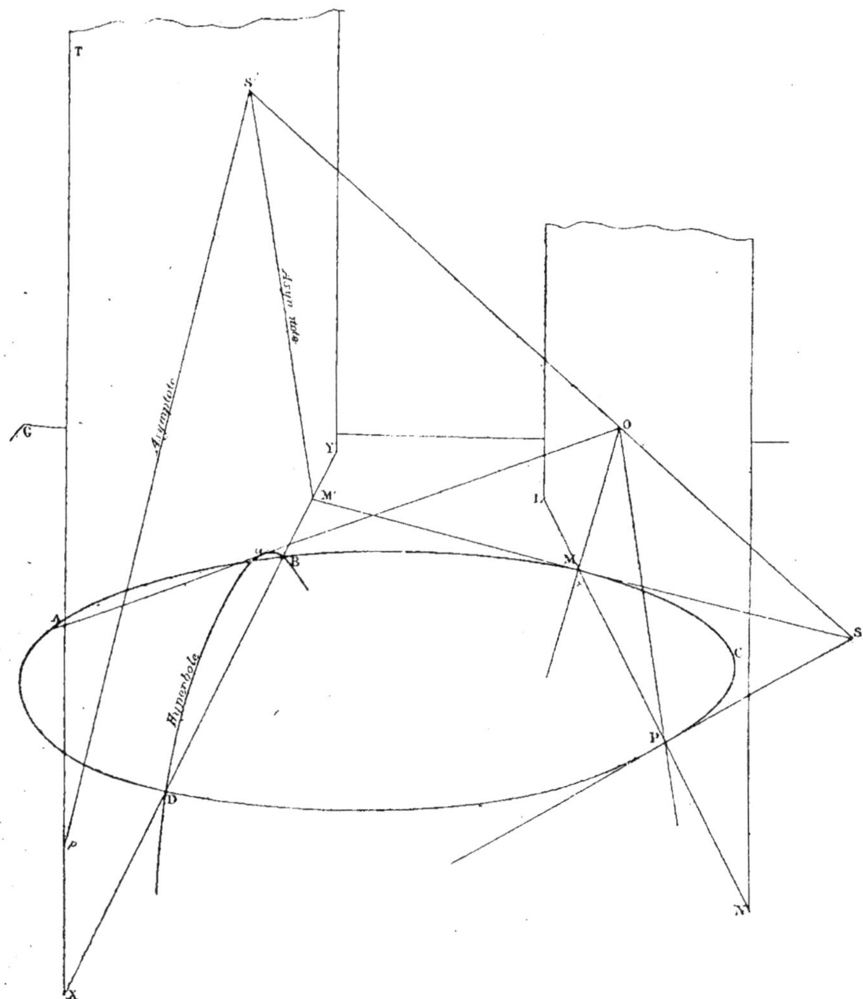


Fig. 53.

Dans le premier cas, la perspective du cercle est une *ellipse*, dans le second, une *parabole*, dans le troisième, une *hyperbole*.

1° Soit (*fig.* 51) le cercle ABCD situé dans le géométral G ; T est le tableau dont la trace horizontale est XY ; O est l'œil du spectateur situé dans le plan neutre dont LN est la trace horizontale.

La perspective du cercle est l'intersection du tableau T avec le cône dont ABCD est la base et le point O le sommet. Or, le plan T coupe *toutes* les génératrices du cône d'une même nappe, la section est par conséquent une *ellipse*.

2° Soit le cercle ABCD (*fig*. 52) situé dans le géométral G et *tangent* au plan plan neutre et, par conséquent à la génératrice OC, dans ce cas la perspective du cercle ABCD sera une *parabole*, puisque la section faite dans un cône par un plan parallèle à une génératrice est une parabole.

3° Enfin, soit ABCD (*fig*. 53) un cercle situé dans le géométral G et qui est coupé par le plan neutre OLN. Joignons les points M, P, intersections du cercle et du plan neutre au point O ; OM et OP sont deux génératrices du cône visuel ; le tableau T leur est parallèle puisqu'il est parallèle au plan qui les contient ; la perspective BaD sera une *hyperbole*. Car la section faite dans un cône par un plan parallèle à deux génératrices est une hyperbole.

On déterminera les asymptotes de la façon suivante :

Par les points M et P, menons les tangentes au cercle qui se couperont au point S.

*Les asymptotes sont les perspectives de ces deux tangentes.* Quoique le point S soit situé en arrière du plan neutre on peut dire que sa perspective est en S'

(point de rencontre du tableau et de OS suffisamment prolongé), le point M' est la perspective de M, le second point P' n'est pas visible dans l'épure. Les droites S' M' et S' *p* sont les asymptotes de l'hyperbole.

On peut trouver réunies ces trois con-

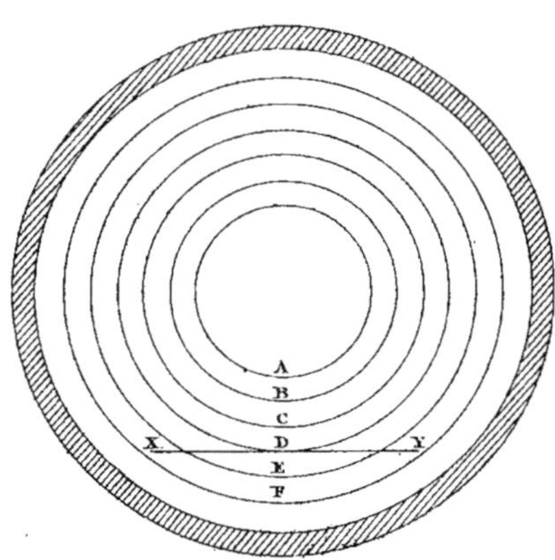



Fig. 54.

ditions à la fois, dans un cirque par exemple dont le plan est figuré (*fig*. 54).

Soit XY la trace du tableau, tous les cercles A, B et C se perspectiveront suivant des *ellipses*, le cercle D donnera une *parabole* et les cercles E, F seront représentés par des branches *d'hyperboles*.

## § IV. — CRATICOLAGE

**47.** Supposons qu'un plan quelconque, celui d'une propriété avec allées, jardin, etc. (*fig*. 55), soit recouvert d'un réseau dont les mailles équidistances forment des carrés ; c'est-à-dire, que des droites de front *a*, *b*, *c*, *d*, *e*, *f*, *g*, *h*, *i*. *j*, *k*, *l*, coupent à angles droits les droites principales 1, 2, 3, 4, 5, 6, 7, 8, 9, 10, 11, 12, de manière à former des carrés.

Supposons, ensuite, que le réseau ainsi obtenu ait été mis en perspective par un des moyens que nous avons déjà vu plus haut.

On conçoit, qu'en remarquant la place que chacun des points du plan donné occupe par rapport aux lignes du réseau, en estimant, au besoin la position de chaque objet, dans les carrés de ce réseau, et en reportant les points ainsi estimés dans le réseau perspectif, enfin, en joignant par un trait les points obtenus de cette façon; on conçoit, disons-nous, qu'on puisse obtenir une perspective presque exacte, du moins suffisante dans la pratique, du plan proposé.

Ce système qui consiste à recouvrir

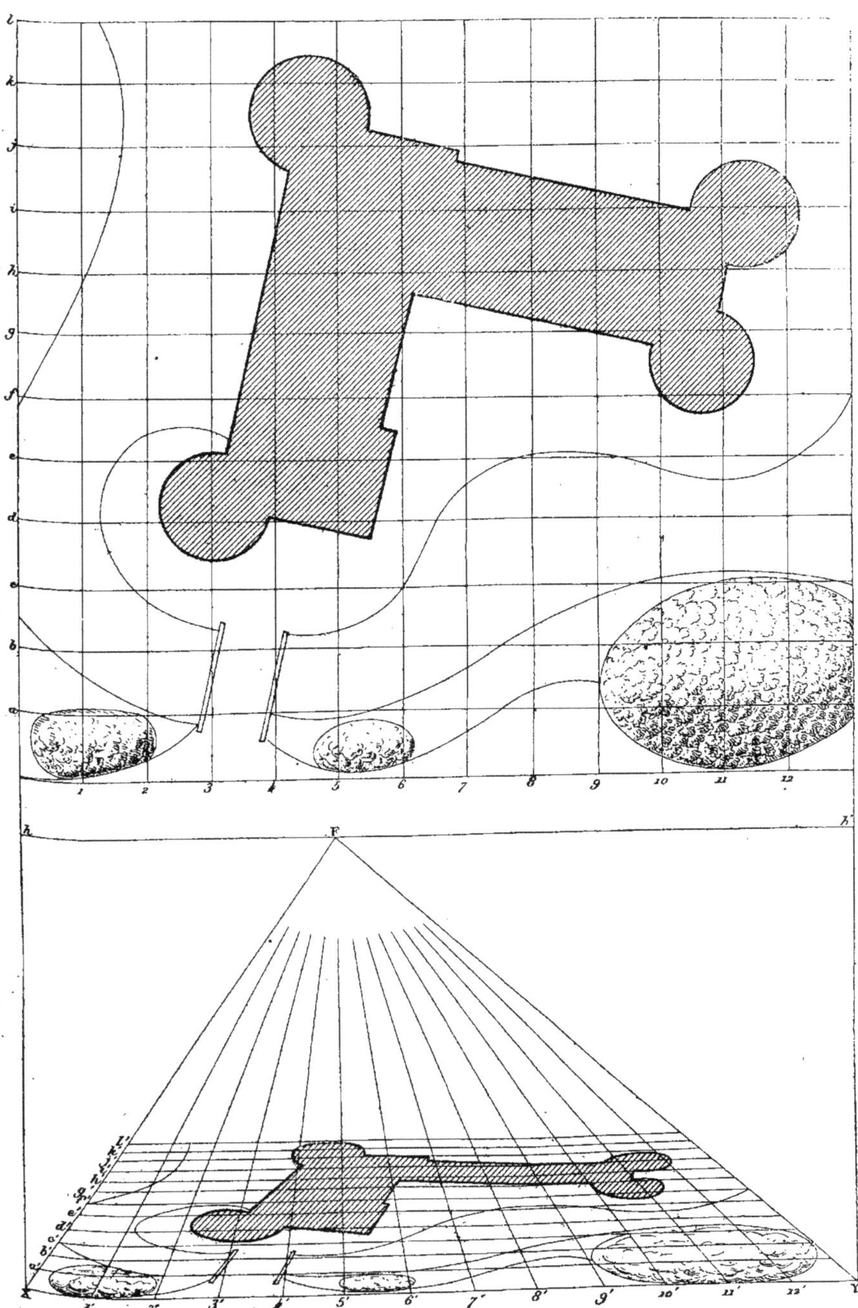

Fig. 55.

le dessin proposé d'un réseau dont les lignes sont équidistantes dans les deux sens se nomme *Graticolage* ou *Craticolage* (de *Craticulus*, en forme de claie, de gril).

Le craticolage peut rendre de très grands services pour la mise en perspective, d'une façon rapide, d'un croquis ou d'une esquisse, lorsqu'on ne tient pas absolument à une exactitude bien rigoureuse.

On peut cependant, lui donner une certaine précision et voici de quelle façon on doit alors opérer.

Soit (*fig.* 56) un plan ABCDEFGK et les limites curvilignes de massifs entourant ce bâtiment, XY est la trace du tableau, XZ et YZ′, les traces de l'angle optique.

En prenant pour base la trace du tableau, traçons un réseau composé d'horizontales de front A′B′C′D′E′F′ et de droites perpendiculaires au tableau 1, 2, 3, 4, 5, 6, 7, 8, de telle sorte que A′B′

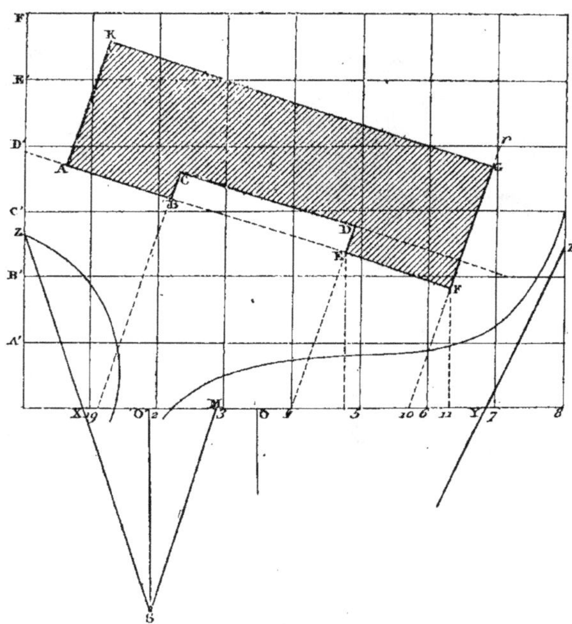

Fig. 56.

$= B'C' = C'D' = D'E' = E'F' = 1.2 = 2.3 = 3.4 = 4.5 = 5.6 = 6.7 = 7.8.$

Il s'agit maintenant, de mettre ce réseau en perspective, ce qui serait facile si nous connaissions le point de distance ou un point de distance réduite.

On déterminera, tout d'abord, la position du point principal de la façon suivante.

Si, nous divisons la droite XY en trois parties égales, par exemple, au point M, de telle sorte que XM = 1/3 XY, et si du point M nous menons une parallèle à YZ′, cette parallèle rencontrera XZ suffisamment prolongé en un point S. Du point S abaissons une perpendiculaire SO′, sur la trace du tableau. Les propriétés des triangles semblables nous donneront SO′ = 1/3 de la distance de l'œil au tableau, et XO′ = 1/3 de XO, le point O représentant la projection de l'œil sur la trace du tableau, la distance est par conséquent connue et égale à 3 fois SO′.

Passons à l'épure de perspective (*fig.* 57) et servons-nous d'un petit tableau dans l'intention d'amplifier les résultats d'une façon tout à fait quelconque : soit $xy$ la trace du petit tableau $h, h'$, la hauteur d'horizon qui lui correspond, enfin soit $1''$, $7''$ la position de la trace du tableau amplifié, l'horizon restant le même en $h, h'$.

Portons en $1'$. $2'$. $3'$. $4'$. $5'$. $6'$. $7'$. $8'$. (*fig.* 57) les points $1.2.3.4.5.6.7.8$ (*fig.* 56) le point P, est déterminé par la position du point O et le point $d/3 = $ O' S. c'est-à-dire qu'il représente le point $1/3$ de distance pour le petit tableau.

Par les points $1'$ $2'$. $3'$. $4'$. $5'$. $6'$. $7'$. $8'$, et le point P, nous mènerons des droites principales qui détermineront sur la trace du tableau amplifié, les points $1''.2''.3''.4''.5''$. etc., Les droites P$x$ et P$y$ donneront sur cette même trace des points qui seront la limite du tableau amplifié. Il faut tracer les droites de front qui formeront les carrés perspectifs du réseau. Sur le petit tableau, la droite $1'$, $d/3$ est

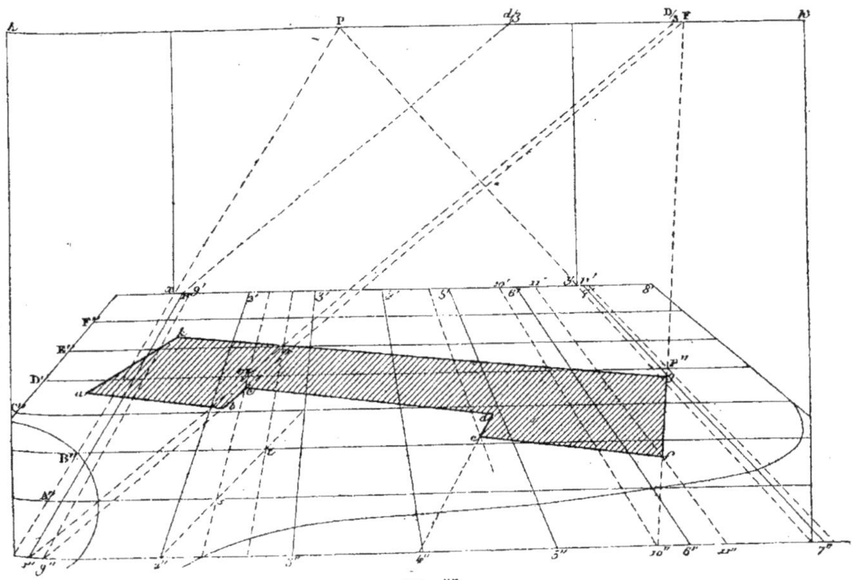

Fig. 57.

la direction d'une droite fuyant au point $1/3$ de distance, il est clair que dans l'amplification de notre épure, toutes les directions de droites qui l'agrandissent, restent quand même parallèles entre elles ; si donc, du point $1''$, nous menons une *vraie* parallèle à $1'$ $d/3$ la droite ainsi tracée déterminera sur l'horizon un point $D/_3$ qui sera le point $1/3$ de distance par rapport au tableau amplifié dont la trace est $1''$, $7''$.

La fuyante menée de $2''$ à $D/_3$ coupe la principale $3''$ P en un point par lequel nous ferons passer une horizontale de front C''. Cette droite est trois fois trop éloignée de la trace du tableau puisque le point $D/_3$ est un point $1/3$ de distance ; si donc, nous divisons $2'', 3''$ en trois parties égales par des fuyantes au point P, ces fuyantes couperont la droite $2'', D/_3$ en deux points $s$, $t$, qui nous permettront de faire passer les deux nouvelles horizontales de front A'', B''. Une construction analogue permettrait de tracer les autres horizontales.

Ceci fait, traçons la perspective du plan donné, remarquons tout d'abord que les quatre droites AK, BC, ED et FG doivent concourir au même point comme

étant parallèles entre elles : pour déterminer le point auquel elles concourent, prolongeons suffisamment FG qui rencontre
le tableau (*fig.* 56) au point 10 : portons 6.10
en 6'10' sur le petit tableau (*fig.* 57)
et menons P 10' jusqu'en 10", FG rencontre la droite de front D' en un point *r*, por-

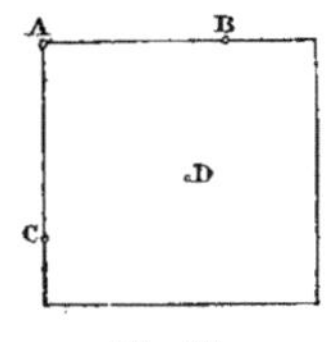

Fig. 58.

tons la distance de *r* à la perpendiculaire 7
(*fig.* 56), sur le tableau en *r'* et menons
P*r'* qui rencontre D" en *r"*. Joignons 10"
à *r"* et nous obtiendrons le point F qui
est le point de concours de AK, BC, ED
et FG. Sur la droite ainsi obtenue nous
placerons le point F au moyen de la
perpendiculaire 11, F. Le point E s'obtiendra de même, cela donnera la direction

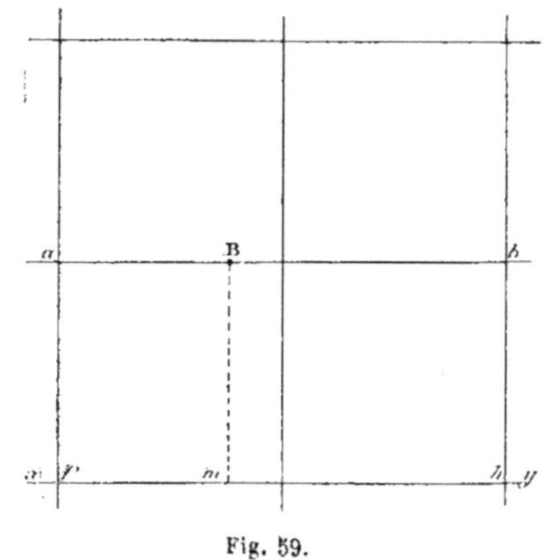

Fig. 59.

EF à laquelle sont parallèles CD et KG ;
à défaut de point de concours accessible,
on pourra mener des parallèles perspectives par les moyens connus. Du reste
et c'est là le moyen le plus fréquemment
employé dans le craticolage, il faut bien
se rappeler que les points qui déterminent
l'objet à mettre en perspective doivent se

placer au juger par estimation de leur
distance aux lignes du réseau et par leur
position dans chacun des carrés absolument comme quand on met un dessin
au carreau avec cette différence qu'il faut
se rendre compte des déformations et des
réductions qu'entraîne la perspective, ce
qu'un peu d'habitude fait vite apprécier :
il est évident que plus le réseau est serré
et plus on a de facilité à trouver la position exacte des points.

Si l'on veut cependant obtenir certains
points rigoureusement, on emploiera les
moyens suivants.

**48.** Par rapport aux lignes du réseau,

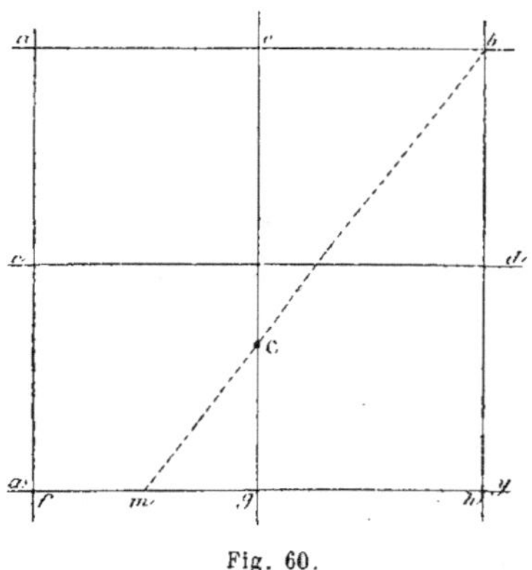

Fig. 60.

un point peut occuper les quatre positions
suivantes (*fig.* 58). Il peut être situé,
comme A, à l'intersection de deux lignes
du réseau, il peut être situé sur une horizontale en B, ou sur une perpendiculaire en C, enfin il peut être placé d'une
façon quelconque en D.

1° Du point placé comme A, il n'y a
rien à dire puisque sa position est immédiatement déterminée par la rencontre
de deux droites connues ;

2° Lorsque le point occupe la position
B (*fig.* 59) c'est-à-dire lorsqu'il est situé
sur une droite de front, il suffit de mener
par B une perpendiculaire aux horizontales qui coupera la trace du tableau *xy*
en un point *m* qu'on reportera sur
l'épure perspective, en menant de ce
nouveau point une droite fuyante au

point principal ; elle recoupera l'horizontale en $b$ (du réseau perspectif) en un point qui sera le point B cherché;

3° Si le point est situé sur une perpendiculaire au tableau comme le point C (*fig*.60) on peut joindre ce point à l'un des sommets connus du réseau, au sommet $b$ par exemple, la droite qu'on obtient ainsi coupe la trace du tableau $xy$ en un point $m$, on reporte ce point sur la trace du tableau de l'épure, on le joint au sommet B du réseau perspectif et se rencontre avec le perpendiculaire perspective $eg$ donne le point cherché.

4° Enfin, si le point D est situé d'une façon quelconque en dehors des lignes du réseau, on emploiera les deux moyens ci-dessus (*fig*. 61). On mènera par D une perpendiculaire au tableau qu'on reportera sur l'épure perspective, puis on joindra D à un sommet connu $b$ ce qui donnera le point $n$ ; en faisant la construction inverse sur le tableau on obtiendra le point D.

Ces points obtenus rigoureusement ne doivent être cherchés que pour quelques points importants seulement, s'il fallait en obtenir ainsi un grand nombre, on aurait aussi vite fait d'exécuter une épure suivant les moyens ordinaires de la perspective

Il vaut mieux, autant que possible faire son réseau, de telle sorte que chaque côté des carrés représente une grandeur commensurable par rapport à l'échelle du dessin qu'on se propose de mettre en perspective ; par exemple, 1 mètre, 5 mètres, 10 centimètres. Cela peut être utile si à la perspective du plan on joint celle des hauteurs.

Ainsi soit (*fig*. 62) un réseau mis en perspective, on sait que le côté $xm$ du carré représente 5 mètres par exemple ; on veut placer sur la verticale passant par un point N, un point S tel que $Ns = 8$ mètres. Il suffit de mener une horizontale de front par N, de prendre le $1/5$ de $rt$, on aura la grandeur d'un mètre à l'échelle de ce plan de front et de porter cette quantité 8 fois de N en $s$. Ce moyen de mettre en hauteur peut servir dans un cas isolé, mais n'aurait aucun avantage s'il fallait faire une perspective de quelque importance. Le craticolage ne peut s'employer que comme moyen expéditif de mettre en place un croquis perspectif ; il faut se borner à tracer le réseau, le surplus doit se faire de sentiment.

Nous verrons plus loin, un procédé de craticolage qui permet de mettre très vivement en perspective (mais d'une façon approximative seulement) une esquisse, pour cela, il faut nous être occupés des hauteurs.

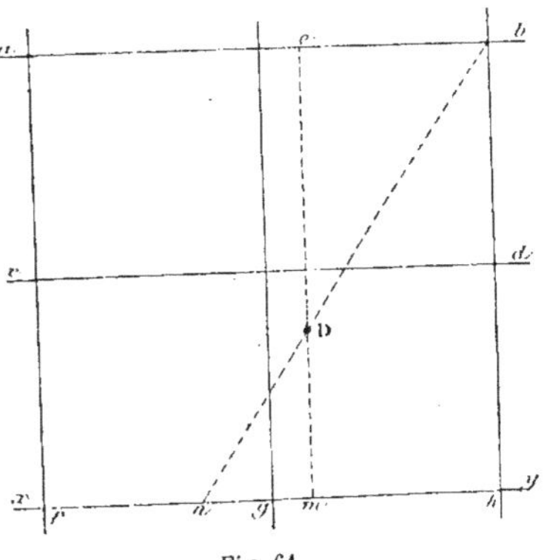

Fig. 61.

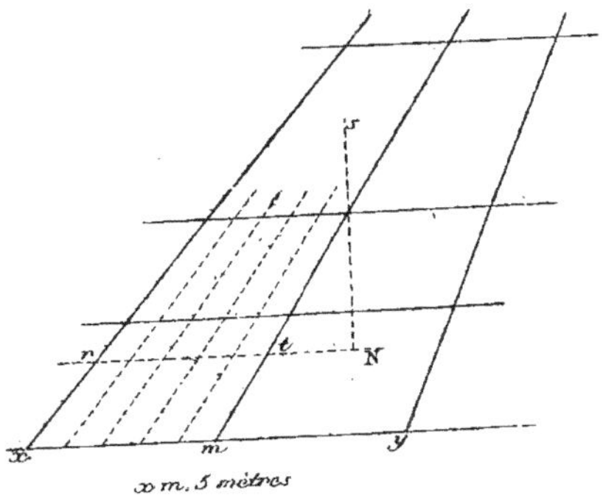



Fig. 62.

# CHAPITRE II

## PERSPECTIVE DES ÉLÉVATIONS

### § I. — PRINCIPE DES HAUTEURS

#### Mise en hauteur.

**49.** Jusqu'à ce moment, nous ne nous sommes occupés que de la perspective des plans, nous allons maintenant étudier la perspective des élévations, c'est-à-dire des objets tels qu'ils se comportent dans l'espace.

Tout d'abord, nous allons voir comment on procède pour mettre un point à la hauteur à laquelle il doit se trouver.

Soit (*fig.* 63) XY la base du tableau, $h$, $h'$ la ligne d'horizon et $a$ la projection sur le plan horizontal d'un point de l'espace dont la hauteur au-dessus de ce plan est de MN.

Par le point $a$ menons la fuyante quelconque F$a$ et prolongeons-la jusqu'en $a'$ sur la base du tableau. Si la projection donnée $a$ était aussi bien en $a'$, comme nous savons que toutes les dimensions contenues dans ce tableau conservent leur vraie grandeur, il nous suffirait de mener par le point $a'$ une verticale $a'a'' =$ MN, le point $a''$ serait le point cherché. Mais la hauteur que nous devons porter au-dessus de $a$ doit être à l'échelle du plan de front qui passe par $a$. Si nous appliquons les principes des figures situées dans les plans de front (10), nous procéderons de la façon suivante. Par le point $a$, projection sur le plan horizontal du point cherché, nous menons une fuyante quelconque F$a$ prolongée jusqu'en $a'$. En $a'$, élevons la verticale $a'a'' =$ MN ; par le point $a''$ nous traçons la fuyante $a''$ F. Remarquons que F$a'$ est la projection sur le plan horizontal de l'horizontale F$a''$, par conséquent le point cherché est en A sur la verticale menée

par le point $a$ et à son intersection avec F$a''$ ; du reste les triangles F$a''a'$ et FA$a$ donnent :

$$\frac{Fa'}{Fa} = \frac{a'a''}{aA}$$

donc $a$A représente à l'échelle du plan de front passant par $a$ la hauteur donnée $a'a'' =$ MN.

Si la mise en perspective des points tels que $a$ du plan horizontal a été faite au moyen d'un petit tableau $xy$, c'est l'échelle de ce tableau qui nous est connue et nous devrons procéder comme suit :

Soit toujours $a$ la projection du point cherché, $xy$ la trace du petit tableau et $by$ la hauteur du point cherché au-dessus du plan horizontal à l'échelle du petit tableau. Menons encore par $a$ une fuyante quelconque F$a$ dont l'intersection avec la trace du petit tableau sera $a_1$, en ce point nous élèverons une verticale de même hauteur que $by$ ; par le point $a_2$ ainsi déterminé, on tracera une fuyante qui se coupera au point A avec la verticale menée par le point $a$ : le point A est le point cherché.

**50.** Le moyen que nous venons d'indiquer plus haut a le grave inconvénient de rendre le dessin confus par la multiplicité des fuyantes qu'on est obligé de tracer (deux pour chaque point) ; aussi préfère-t-on le procédé suivant qui repose sur le même principe, mais qui évite de surcharger inutilement l'épure, ce qui est préférable, la grande quantité de lignes d'opérations effectuées dans une même partie de la feuille pouvant être une cause facile d'erreurs.

Soit $abc$ (*fig.* 64) la projection horizontale d'un triangle sur le géométral, XY la base du tableau, $h$, $h'$ la ligne d'horizon. Supposons une verticale YZ élevée dans la partie la plus éloignée de la feuille d'épure, et considérons cette droite comme étant la trace verticale, sur le tableau, d'un plan quelconque. Du point Y, menons la fuyante FY qui sera la trace horizontale du plan vertical FYZ. On portera ensuite à partir de Y sur YZ les différentes hauteurs YA', YB', YC', correspondant aux différentes hauteurs réelles des points cherchés au-dessus du géométral. On joindra ensuite FC', FA' FB'.

Pour obtenir la perspective du point A dans l'espace, on mènera par sa projection horizontale $a$ une parallèle à la trace du

cale $a_1a'$ jusqu'à la ligne fuyante FA' et on mène ensuite une horizontale parallèle à la trace du tableau jusqu'à la verticale élevée par le point $a$, on obtient ainsi le point A cherché.

Les points C et D se trouvent de la même manière, il suffit de consulter l'épure pour s'en rendre compte.

On voit que, par ce procédé, les lignes d'opération se trouvent reléguées dans une partie de la feuille et que ces constructions se font toujours avec le té et l'équerre. Avec un peu d'habitude, on peut se dispenser de tracer, dans toutes leurs longueurs les horizontales A$a'$,$aa_1$ ;

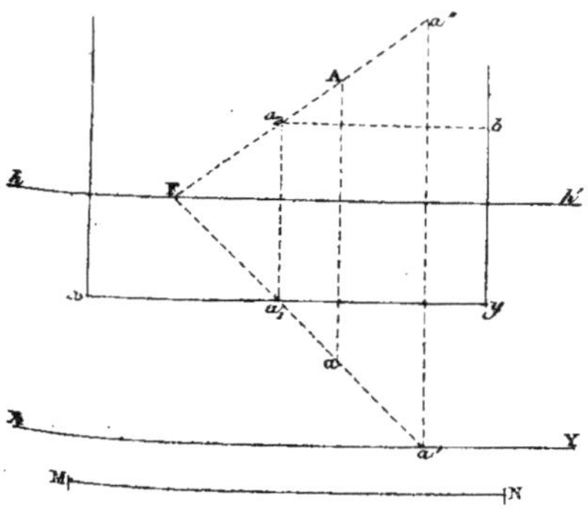

Fig. 63.

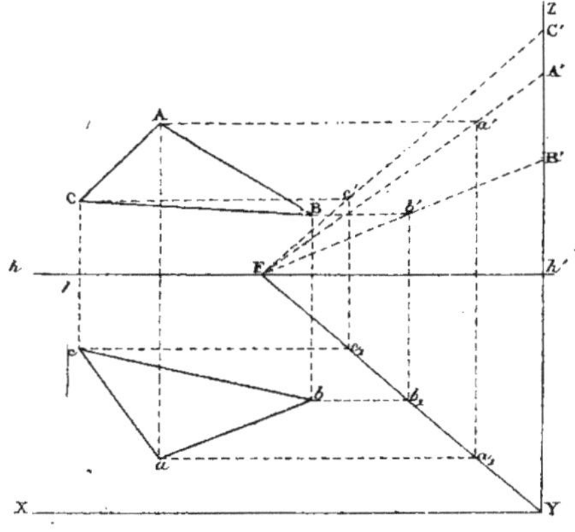

Fig. 64.

tableau jusqu'à sa rencontre avec FY, en $a_1$ et par ce dernier point on élèvera une verticale $a_1a'$. Nous savons que le point cherché dont $a$ est la projection horizontale se trouve sur la verticale menée par $a$.

Tous les points situés sur FA' sont tous situés à la même hauteur YA' du plan horizontal, la hauteur $a_1$ $a'$ est cette même hauteur à l'échelle du plan de front $aa_1$ ; si nous menons par $a'$ une parallèle à XY jusqu'à sa rencontre en A avec la verticale élevée, en $a$, nous obtiendrons la position du point cherché.

L'opération se réduit à ceci : par le point $a$, on mène une parallèle à la trace horizontale du tableau jusqu'à sa rencontre en $a_1$ avec FY, on élève la verti-

il suffit, après avoir fait glisser le té pour le faire coïncider avec le point $a$ par exemple, de tracer le fragment de droite nécessaire à déterminer le point $a_1$ et par conséquent à élever la verticale $a_1a'$ ; de même, le bord du té coïncidant avec $a'$, on tracera la fraction de droite nécessaire à déterminer le point A.

Nous avons vu plus haut que la position de la fuyante est absolument arbitraire : ajoutons cependant, qu'il est bon de la tracer de telle sorte qu'elle fasse avec la ligne d'horizon et par conséquent avec la trace du tableau, un angle d'environ 45 degrés. C'est de cette façon que les recoupements des horizontales et des verticales se feront avec le plus de clarté ; si cette fuyante faisait un angle trop aigu avec la ligne d'horizon ou avec la verticale, les intersections seraient douteuses et donneraient facilement des résultats inexacts.

## Perspective d'objets situés dans l'espace.

**51.** La figure 65 est le plan d'un socle reposant sur une plinthe et supportant

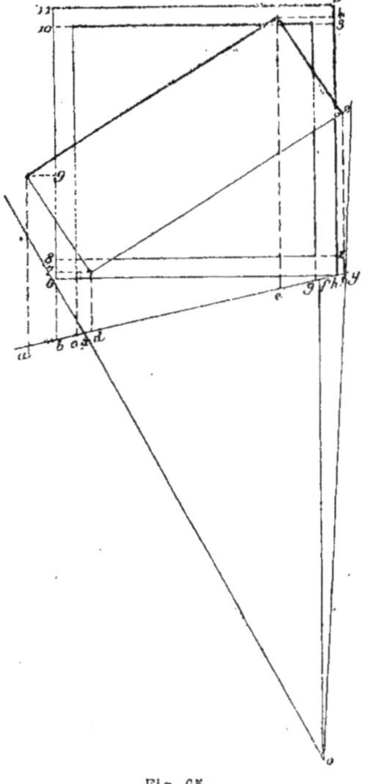

Fig. 65.

un parallélipipède rectangle dans une position quelconque ; la trace du tableau *xy* et l'angle optique *xoy* sont indiqués. La figure 66 donne une élévation de ces solides ainsi que la hauteur d'horizon. Le point *f* de la figure 65 est le point de fuite des droites parallèles à *b* 11 et à *h* 5.

Reportons sur l'épure (*fig.* 67) en *xy* la trace du petit tableau de la figure 65, en *hh'* sera la ligne d'horizon dont la hauteur est donnée (*fig.* 66) ; nous reporterons

aussi le point de fuite *f* et le point *δ* dont la distance *f δ* (égal *of* de la figure 65) est le point de fuite des droites recoupant également les droites fuyant en *f*.

Menons (*fig.* 67) *fx* et *fy* que nous prolongerons jusqu'à ce que la largeur XY soit égale à la largeur du tableau amplifié ; cette largeur XY est tout à fait à notre convenance et représente la trace du tableau amplifié. Mais, afin de dégager l'épure de tout ce qui pourrait rendre le dessin confus, nous exécuterons nos constructions sur un géométral abaissé parallèlement à lui-même et dont la trace avec le tableau sera X'Y', soit aussi bas que la feuille de papier nous permettra de le faire. Il est

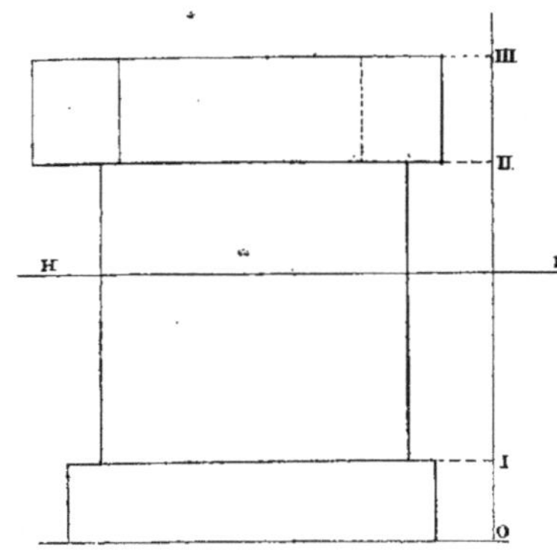

Fig. 66.

facile de comprendre que la position de ce géométral abaissé n'influe en rien sur les projections verticales, tout au contraire ; le plan des objets à mettre en perspective étant situé plus bas au-dessous de l'horizon se montrera d'un façon plus lisible et donnera plus de facilité au tracé.

Menons X'*f* et Y'*f* jusqu'à la rencontre des verticales menées par *x* et par *y*, nous obtiendrons en *x'* et *y'* la trace du petit tableau abaissé ; c'est sur cette dernière que nous porterons les points *abcdeghi* de la figure 65. Menons ensuite par ces points des fuyantes en *f* prolongées jusqu'à la trace du tableau amplifié et abaissé X'Y'. Au moyen d'une bande de papier, nous prendrons (*fig.* 65) les points b.6.7.8.9.10.11. et nous les porterons

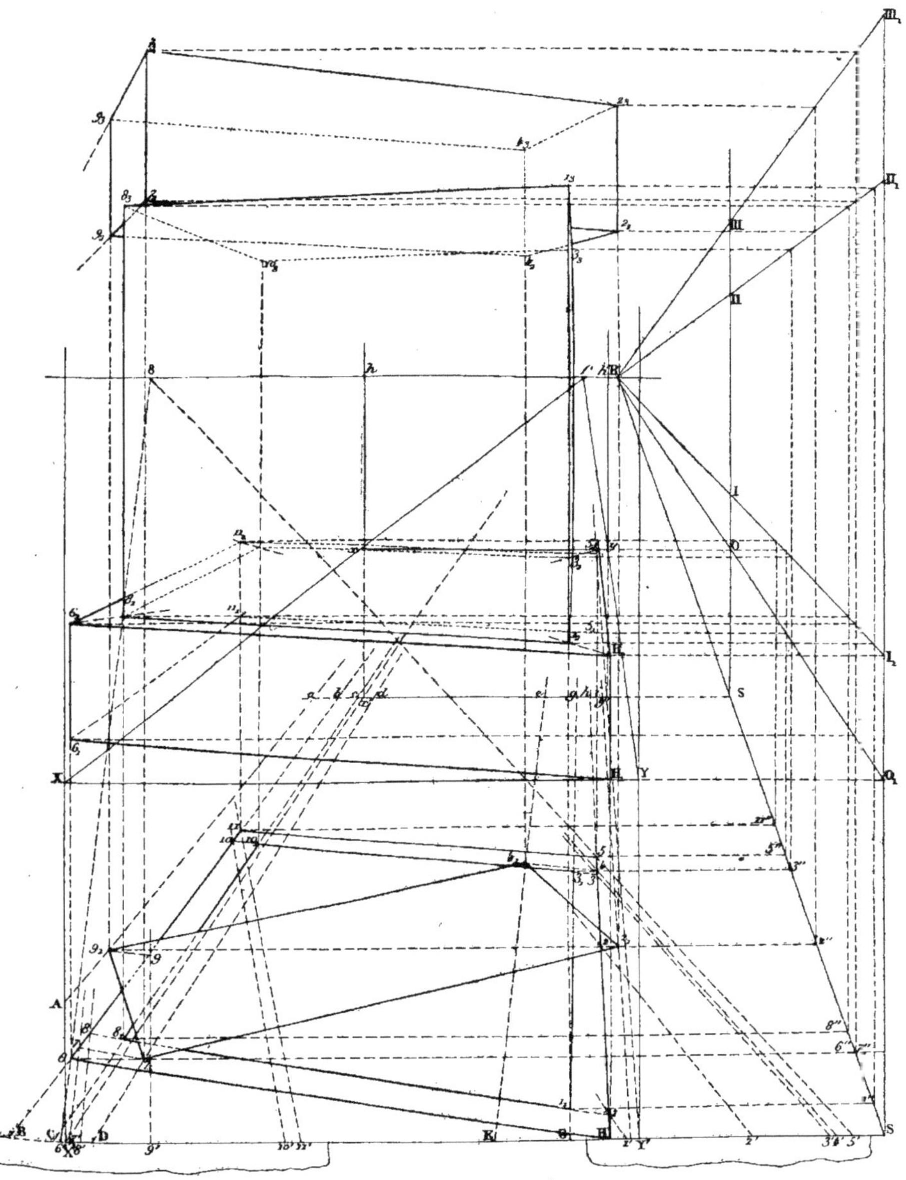

Fig. 67.

sur X′Y′ à partir de B en 6′.7′.8′.9′.10′.11′; par ces points on mène au point $\delta$ des droites qui recouperont la fuyante B*f* aux points 6.7.8.9.10 et 11 De même nous prendrons sur la figure 65 les points *h* 1.2.3.4.5 que nous porterons sur la trace X′Y′ (*fig.* 67) à partir de H en 1′2′3′4′5′ et nous mènerons par ces points des droites au point $\delta$ ce qui nous donnera les points 1.2.3.4 et 5. En joignant 6.H,8.1,10.3 et 11.5 on aura le plan perspectif abaissé du socle et de sa plinthe.

On obtiendra les angles du parallélipipède, en menant par les points 7.9.2 et 4 des parallèles perspectives à 6H et à 11.5 jusqu'à la rencontre des fuyantes à *f*, D.A.I.E.

Ayant ainsi obtenu ce plan abaissé complet, il nous reste à mettre ces divers points à leur hauteur respective.

A cet effet, traçons une droite RS de telle sorte que le point S soit aussi éloigné que possible de l'épure et que le point R soit autant que possible, hors du dessin perspectif, ce sera la trace sur le géométral abaissé· du plan vertical sur lequel nous porterons les hauteurs connues. RS rencontre la trace $x′y′$, du petit tableau abaissé en un point $s$ que nous ramènerons par une verticale en O sur la trace véritable du petit tableau $xy$ ; c'est à partir de ce point que nous porterons les hauteurs OI.OII.OIII qui nous sont données (*fig.* 66). Menant par R les droites RO,RI,RII,RIII, jusqu'à la verticale S nous aurons les points $O_4I_4II_4III_4$ qui seront les hauteurs à l'échelle du plan de front XY, c'est-à-dire à l'échelle de notre épure amplifiée.

En suivant le principe énoncé ci-dessus (50) on aura la perspective en hauteur des points 6.*h*.5.11 en remarquant qu'ils sont situés sur le sol et que leurs hauteurs nous seront données par la droite R,$O_4$ ; par les points 6,H.5.11 du géométral abaissé nous mènerons des horizontales réelles jusqu'à leur rencontre en 6″.S.5″ et 11″ avec RS ; des verticales menées par ces points donneront, par leur intersection avec $RO_4$ des points qu'on ramènera au moyen d'horizontales en $6_4H_45_411_4$, ce sera la perspective de la base de la plinthe. Sa partie supérieure s'obtiendra

en remarquant que les points $6_2H_25_211_2$ sont sur les verticales de $6_4H_45_411_4$ et que leur hauteur est donnée par la droite $RI_4$.

Nous nous dispenserons de donner de plus amples indications, l'examen de l'épure suffira à montrer de quelle façon elle est établie.

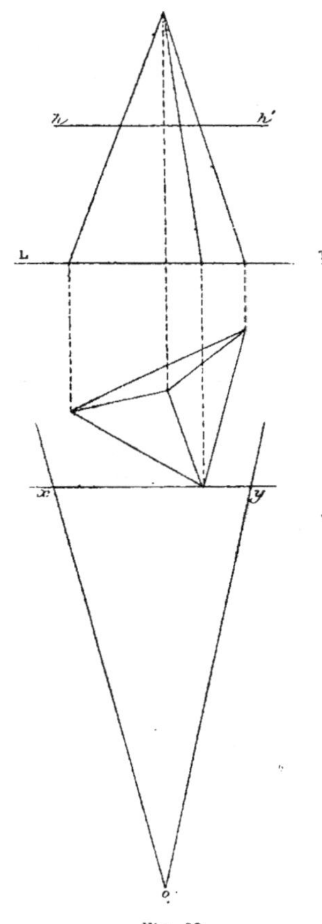

Fig. 68.

Remarquons que la présence du point de fuite *f* dans l'épure permet de grandes simplifications. Ainsi ayant obtenu $6_2$, il est inutile de faire l'opération précédente pour trouver $11_2$. Il suffit de remarquer que ce dernier point est situé sur la ver-

ticale de $11$ et que $6_2 11_2$ est une droite qui | une fuyante en $f$ jusqu'à sa rencontre
fuit en $f$. Il suffira donc de mener par $6_2$ | avec la verticale $11$ pour obtenir directe-

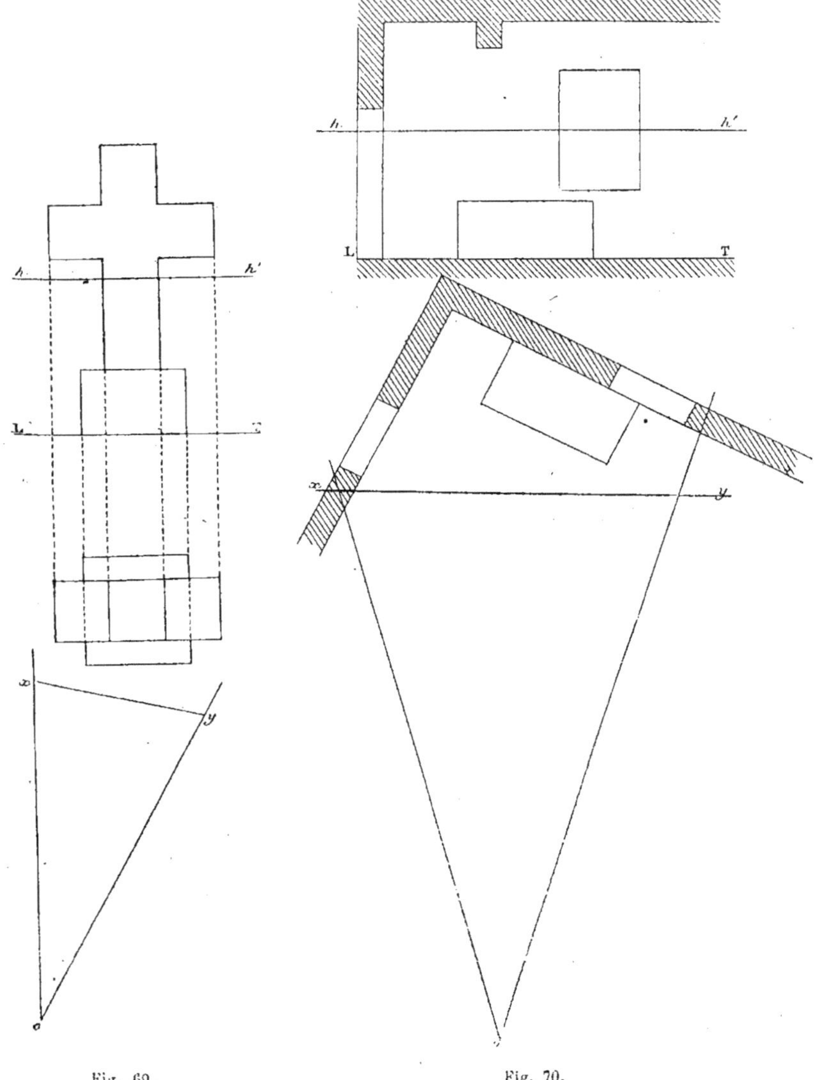

Fig. 69.                                   Fig. 70.

ment $11_2$. Beaucoup d'autres points de | nière ; chaque cas particulier donne un
cette épure ont été obtenus de cette ma- | moyen de simplifier les constructions et

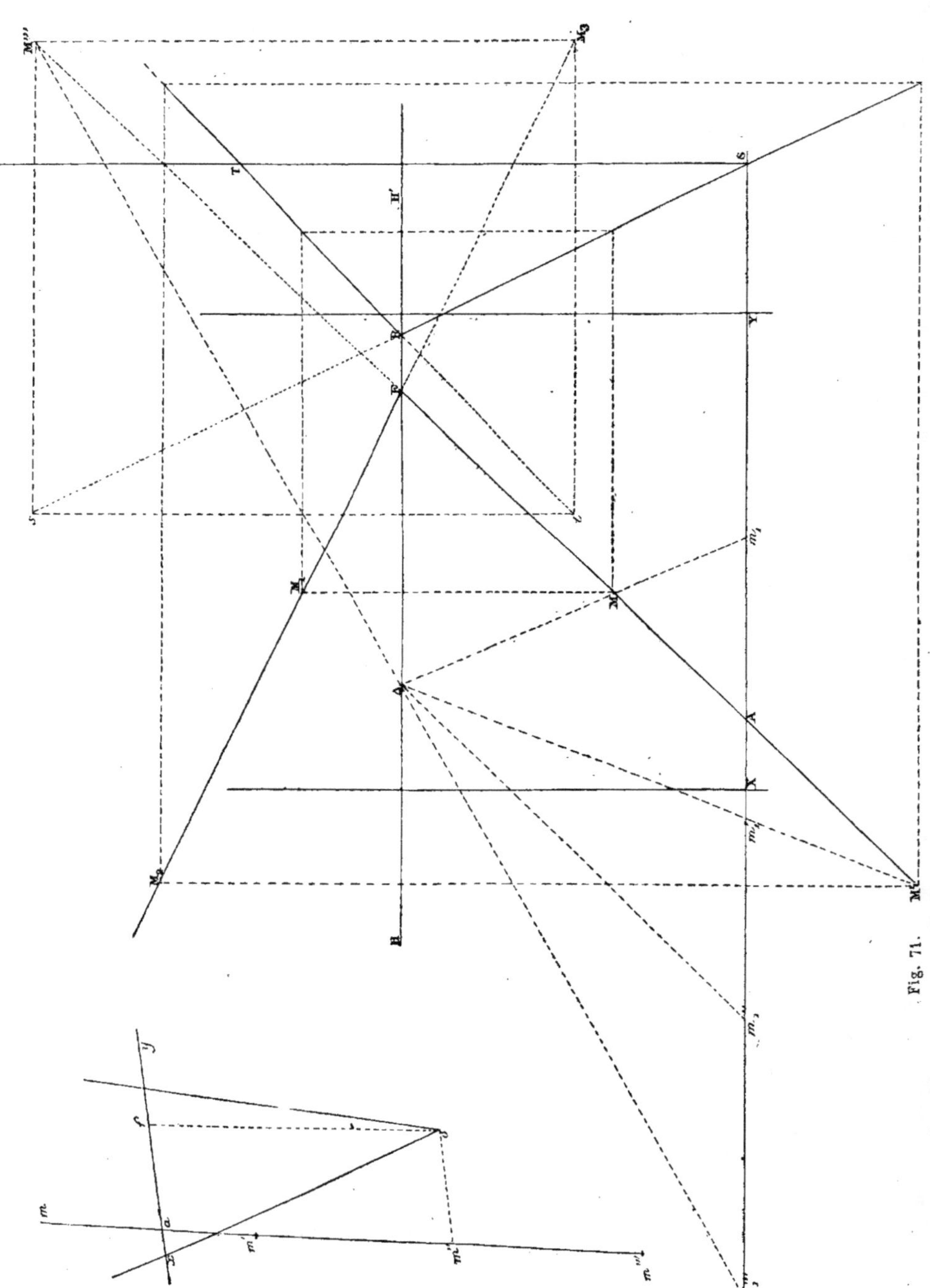

Fig. 71.

d'abréger le travail, ce n'est qu'en faisant de nombreuses épures qu'on peut parvenir à savoir s'en servir, à s'éviter des tracés aussi compliqués qu'inutiles et ne servant qu'à compliquer le dessin.

**52.** La méthode indiquée ci-dessus peut suffire, et suffit en réalité pour exécuter toute espèce de mise en perspective, avec un plan perspectif et des hauteurs reportées sur chaque point de ce plan on obtiendra une épure rigoureusement exacte. Mais il aisé de voir combien le travail ainsi fait est compliqué et long. Pour faire l'épure d'un objet un peu important, d'un édifice, il faudrait un temps et un travail considérables. Aussi a-t-on cherché à employer des méthodes de *perspective directe* qui permettent de faire beaucoup plus vite et tout aussi exact. Ce sont ces méthodes qui feront l'objet du paragraphe suivant.

Avant de les étudier, nous engageons le lecteur à faire quelques épures dont nous indiquons les données (*fig.* 68, 69 et 70). La figure 68 est un tétraèdre reposant sur le sol figuré par la ligne de terre LT, la hauteur d'horizon, la trace du tableau, l'angle optique et la position du spectateur sont donnés. La figure 69 est une croix sur un socle, les données sont les mêmes que dans l'exemple précédent. La figure 70 représente un intérieur comprenant porte, croisée, plafond avec poutre apparente et coffre ; la hauteur d'horizon, l'angle optique et la position du tableau sont donnés.

Ces épures doivent être grandies, soit dans un rapport connu, triple, quadruple, soit dans un rapport quelconque en se servant d'un petit tableau, d'un géométral abaissé et d'un rapport d'amplification quelconque donné par la seule dimension de la feuille d'épure.

**53.** Certains points, par leur position tout à fait spéciale dans l'espace et par la façon dont ils sont représentés mathématiquement, sont très intéressants à considérer. Il faut se familiariser avec ce genre de représentation, qui est usité surtout dans le tracé des ombres en perspective.

Soit (*fig.* 71) un spectateur placé en o, l'angle optique est $xoy$, et une droite in-définie située dans le géométral $m'''m$ ; considérons de quelle façon certains points de son parcours seront représentés (l'épure est au triple du plan donné). En nous servant du point de fuite $f$ reporté en F, la droite sera représentée par une fuyante AF indéfinie.

Le point $m$ de l'*espace réel* (4) sera représenté en perspective par le point M situé entre la base du tableau et la ligne d'horizon ; le point $m'$ de l'*espace intermédiaire* viendra en M'. Quant au point $m''$ situé dans le *plan neutre* passant par l'œil, il sera situé à l'infini sur la droite prolongée, puisqu'on ne peut l'obtenir que par l'intersection de deux droites parallèles ($m''$,$\Delta$ parallèle à AF). Le point $m'''$ situé en arrière du spectateur dans l'*espace virtuel* a une représentation curieuse. Pour l'obtenir, on mène $m'''$,$\Delta$ jusqu'à la rencontre de AF prolongé et on obtient M''' ; ce point, situé dans le géométral, en arrière et à gauche du spectateur, a sa perspective au-dessus de la ligne de terre et à droite du spectateur. Le point M''' est une représentation fictive, mais rigoureusement mathématique. On s'en sert surtout dans les problèmes d'ombres où l'on suppose le point éclairant situé derrière le spectateur.

Si nous supposons une droite horizontale au-dessus du géométral, et dont la projection sur ce plan est AF, telle que $M_2F$, nous déterminerons les hauteurs des points $m$, $m'$, $m''$, $m'''$ par le procédé connu en nous servant d'un plan vertical dont la trace horizontale est RS, soit ST la hauteur de cette droite au-dessus du sol. On obtiendra facilement $M_1$ et $M_2$ ; le point qui correspond à $m''$ est à l'infini sur $M_2F$. Quant au point qui correspond à $m'''$, la projection sur le géométral est en M''' ; il faut donc mener par ce point une horizontale réelle jusqu'à la rencontre de RS prolongé en $s$, puis, par ce point $s$ une verticale menée jusqu'à la rencontre de RT prolongé donnera le point $t$ qu'on ramènera au moyen d'une horizontale jusqu'à la verticale passant par M''', on aura ainsi le point $M_3$ qui est la perspective d'un point situé derrière le spectateur à la hauteur ST au-dessus du géométral. On remarquera que, dans ce cas, la projection sur le géométral est au-dessus de l'horizon, et que sa perspective dans l'espace est au-dessous. Nous aurons plus tard à nous servir de ces sortes de points.

Et, pour bien nous pénétrer de la position de tous ces points, nous donnons (*fig.* 72) la représentation de leurs différentes façons de s'indiquer. Dans l'espace, nous indiquerons un point par deux lettres, une minuscule qui représentera la projection du point sur le géométral et une majuscule qui sera la perspective propre du point.

Le point A*a* est un point situé en arrière du tableau dans l'espace réel et au-dessus de l'horizon, car sa projection *a* sur le géométral est située entre l'horizon et la trace du tableau.

B*b* est aussi un point de l'espace réel, mais situé au-dessous de l'horizon; F*f* représente un point situé à l'infini et au-dessus de l'horizon puisque sa projection géométrale est située sur la ligne d'horizon. C*c* est situé dans l'espace intermédiaire (entre le tableau et l'œil), et au-dessus de l'horizon, parce que sa projection sur le géométral est au-dessous de la

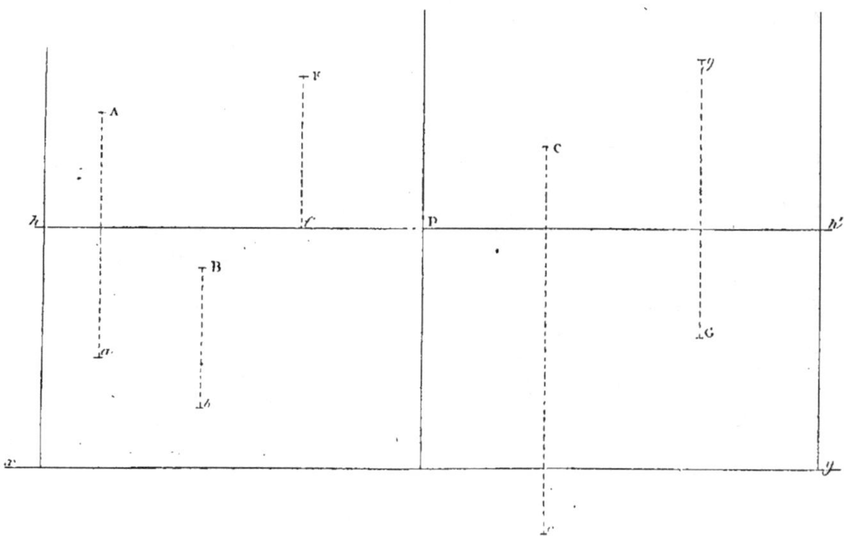


Fig. 72.

ligne de terre. Enfin G*g* est un point virtuel situé derrière le spectateur et au-dessus de l'horizon; dans ce cas, tout est le contraire de la représentation, le point G est représenté au-dessous de

l'horizon, donc il est en réalité situé au-dessus, il est indiqué à droite du point principal ou du spectateur, donc il est effectivement à gauche de l'œil.

## § II. — PERSPECTIVE DIRECTE

**53.** Les divers procédés que nous venons d'étudier constituent à proprement parler toute la perspective, attendu que

lorsqu'on sait mettre un point en perspective, on peut tout aussi bien mettre une droite ou une courbe, par conséquent, une surface ou un corps. Mais ces procédés sont fort longs, et une épure de quelque importance prendrait un temps considérable. La perspective directe a pour but, certaines parties de l'épure étant tracées d'après les procédés que nous connaissons, de continuer et d'achever le travail par des méthodes directes qui s'appuient sur les premiers tracés obtenus.

### Recherche de la trace géométrale d'une droite.

**54.** La trace géométrale d'une droite est le point où cette droite perce le plan géométral.

Lorsqu'une droite de l'espace et sa projection géométrale sont données, pour obtenir la trace géométrale de la droite il faut, et il suffit, de prolonger la droite de l'espace jusqu'à sa rencontre avec sa projection géométrale, le point ainsi obtenu appartenant à la fois à la droite de l'espace et à la projection géométrale, est la trace géométrale de cette droite.

$ab$ — AB (*fig.* 73) a pour trace géométrale le point $m$. Si la trace est à l'infini sur l'horizon en $f$, comme pour la droite $cd$ — CD, c'est que la droite de l'espace est

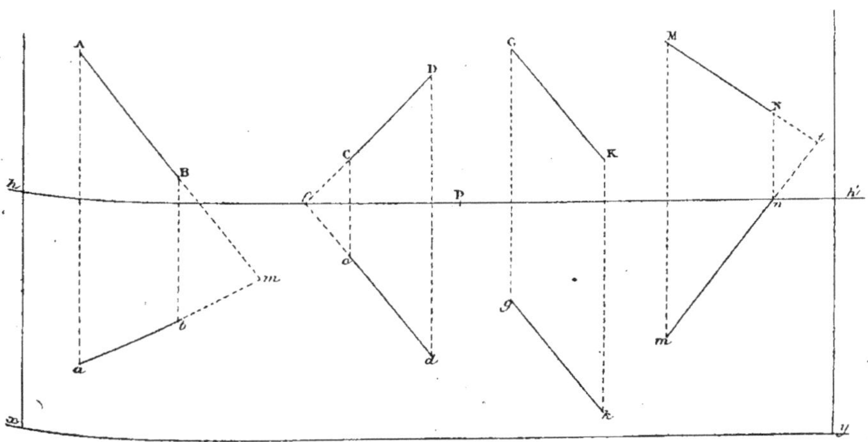

Fig. 73.

horizontale et parallèle à sa projection géométrale.

La droite GK de l'espace est parallèle à sa projection géométrale $gk$, cela ne signifie pas que ces deux droites sont parallèles, puisque ce ne sont pas des droites de front parallèles à l'horizon, mais bien que ces droites se rencontrent dans le *plan neutre* (4), puisque leur point de rencontre est à l'infini, et que les points situés à l'infini sont dans le plan neutre.

La trace $t$ de la droite $mn$ — MN est virtuelle puisqu'elle a lieu au-delà du point $n$ situé à l'infini, cela signifie que la trace géométrale est virtuelle, et que ce point est en arrière du spectateur et à gauche de l'œil, puisqu'elle apparaît à droite du point P.

### Intersection d'une droite et d'un plan vertical.

**55.** Soit (*fig.* 74) AB — $ab$ la droite donnée, et FMN le plan vertical donné. Si nous menons par la trace géométrale $ab$ de la droite un plan vertical, ce plan contiendra la droite AB et coupera le plan vertical donné FMN suivant la verticale Cc. Le point C où cette verticale rencontre la droite de l'espace AB est l'intersection de cette droite et du plan donné.

### Intersection d'une droite et d'un plan quelconque.

**56.** Soit (*fig.* 75) la droite donnée AB — *ab* et le plan donné par trois points L*l* — M*m* — N*n*. Si l'on mène par la projection géométrale de la droite *ab* un plan vertical, ce plan contiendra la droite AB; sa trace géométrale coupera la projection géométrale du plan donné suivant *rs*, nous remonterons ces deux points en RS. La droite RS, qui est commune au plan donné et au plan vertical projetant AB en *ab*, contient le point commun à la droite AB et au plan LMN. L'intersection de AB avec RS est le point C qui est le point cherché.

### Intersection de deux plans donnés par trois points chacun.

**57.** Les deux plans donnés par trois points chacun sont ABC — *abc*, et DEF — *def* (*fig.* 76). Si nous coupons ces deux plans par deux plans de front *mp* et *qt* ces derniers couperont les plans donnés suivant deux droites dont les traces géométrales sont *mn*, *op* et *qr*, *st*. En relevant

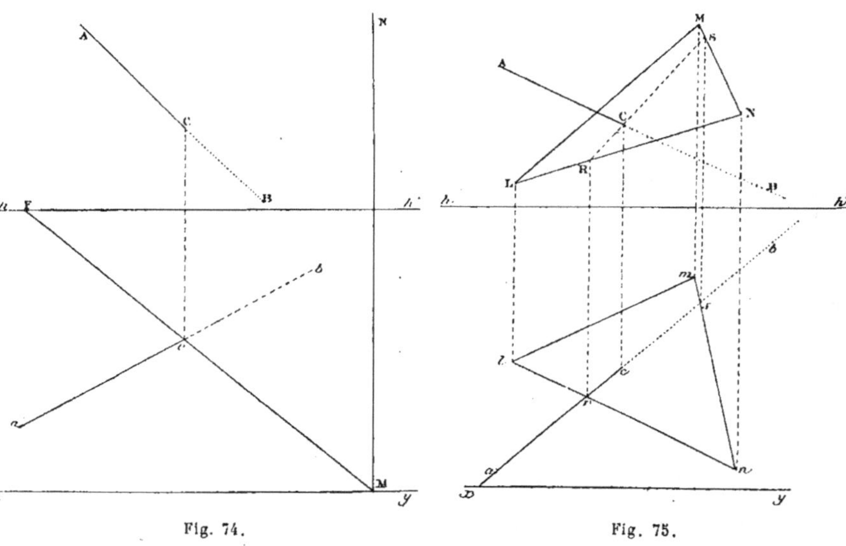

Fig. 74.                    Fig. 75.

ces huit points sur les plans donnés en perspective ABC, DEF et en joignant deux à deux les points similaires on obtiendra les droites *m'n'*, *o'p'*, et *q'r'*, *s't'* qui sont les intersections en *perspective* des plans de front et des plans proposés. Ces intersections se coupent deux à deux dans les conditions suivantes : *m'n'* rencontre *o'p'* en un point H qui appartient évidemment aux deux plans donnés, puisqu'il appartient à deux droites qui sont situées dans ces plans ; ce point fait donc partie de l'intersection des deux plans ABC, DEF. Un même raisonnement montrerait que le point I remplit les mêmes conditions. Les deux points H et I faisant partie de l'intersection déterminent complètement la droite suivant laquelle les deux plans donnés se rencontrent.

### Intersection d'un plan vertical et d'un plan quelconque.

**58.** Le plan vertical donné est LM*n*, le plan quelconque a pour perspective ABC, et pour perspective de projection géométrale *abc* (*fig.* 77).

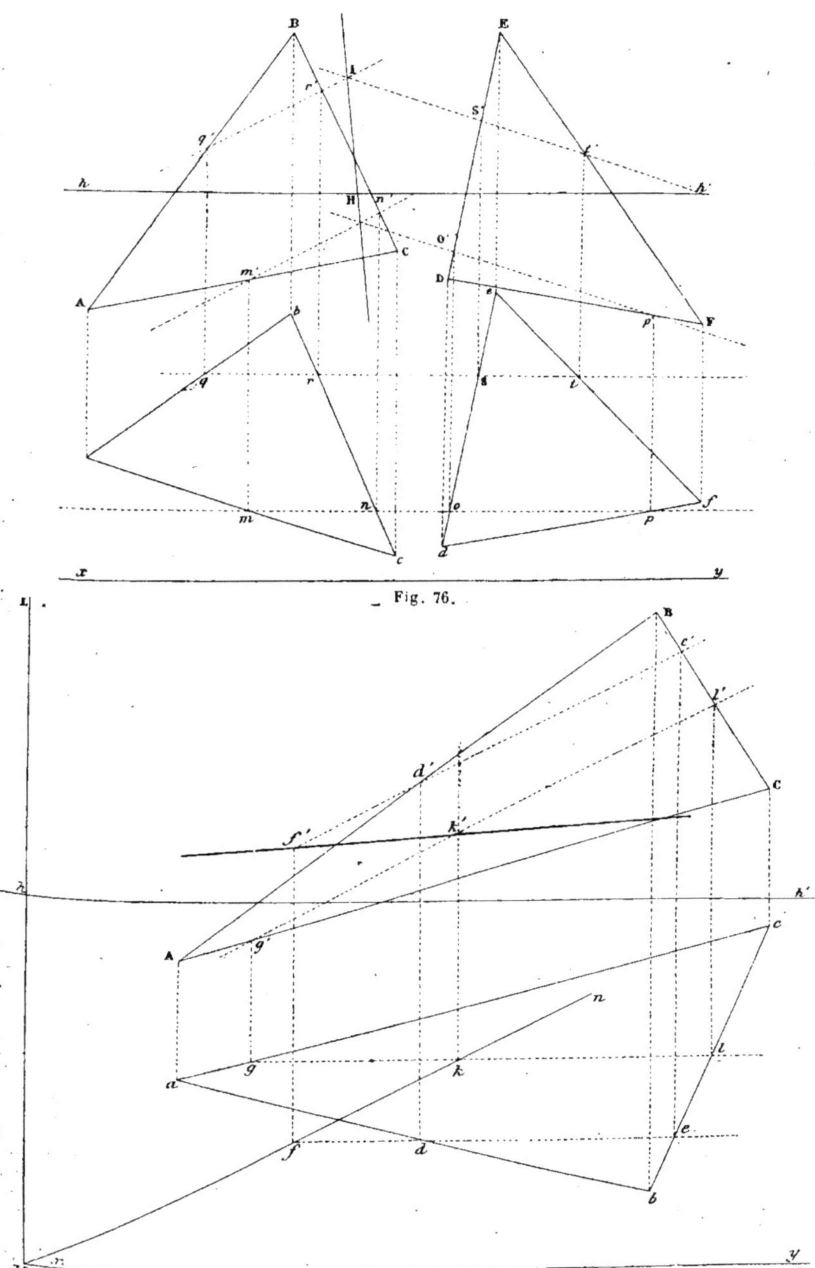

Fig. 76.

Fig. 77.

Nous couperons encore ces deux plans par deux plans de front convenablement choisis, c'est-à-dire rencontrant à la fois les deux plans donnés.

Soit *fde*, le premier de ces plans auxiliaires ; sa trace géométrale rencontre la projection géométrale *abc* aux points *d* et *e*, que nous relevons en *d'e'*, ce plan de front rencontre le plan vertical donné suivant la verticale *ff'* (*ff'* est verticale puisqu'elle résulte de l'intersection de deux plans verticaux, le plan donné d'une part, le plan de front de l'autre).

L'intersection *d'e'* du plan de front et du plan ABC rencontre l'intersection du plan de front et du plan vertical donné au point *f'*, ce point est commun aux deux plans proposés et fait partie de leur intersection. Il en est de même du point *k'*, qui, par un raisonnement analogue, appartient au second plan de front *gkl*, au plan ABC et au plan vertical LM*n* ; la droite

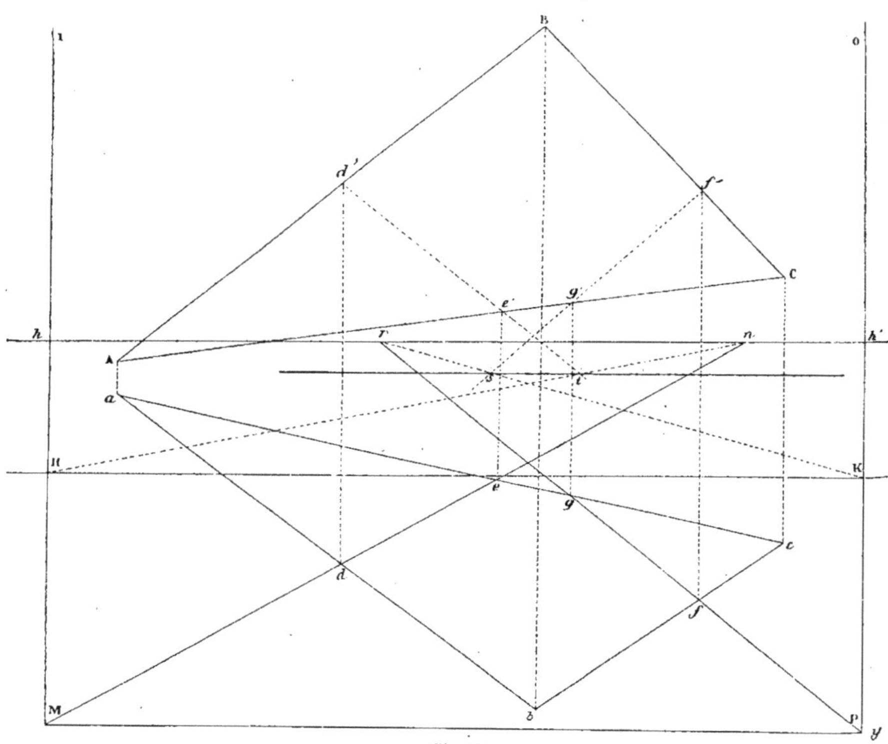

Fig. 78.

qui joint les deux points *f'* et *k'* est donc l'intersection cherchée.

## Intersection d'un plan horizontal et d'un plan quelconque.

**59.** Le plan horizontal donné a pour trace sur le tableau HK, sa ligne de fuite se confond avec l'horizon *hh'*, le plan quelconque donné est ABC — *abc* (*fig.* 78).

Coupons ces deux plans par deux plans verticaux auxiliaires, soit LM*n*, le premier de ces deux plans.

Ce plan coupe le plan donné ABC suivant la droite *d'e'* (dont la projection horizontale est *de* ; ce même plan vertical coupe le plan horizontal donné suivant une horizontale H*n*. En effet, H*n* est horizontale comme étant située dans un plan horizontal. Le point H est un point de l'intersection du plan vertical auxiliaire LM*n* et du plan horizontal HK puisqu'il est la rencontre des traces de ces deux plans avec le tableau ; le point *n* en est un autre point comme étant le point de fuite de toutes les horizontales situées dans le plan LM*n*. Les deux droites *d'e'* et H*n* sont le résultat de la section des deux plans donnés par le plan auxiliaire LM*n*, ces deux droites se rencontrent en *t*, point qui se trouve à la fois dans les deux plans donnés, c'est-à-dire qui appartient à l'intersection cherchée.

Un raisonnement analogue, en se servant d'un plan auxiliaire vertical OP*r*, nous ferait trouver le point *s* qui est situé sur l'horizontale K*r* et sur *g'f'*, intersection du plan vertical OP*r* et du plan donné ABC. Les deux points *s* et *t* étant communs à la fois au plan horizontal HK et au plan ABC font partie de leur droite d'intersection qui est *st*.

Dans l'épure (*fig.* 78), cette droite *st* paraît parallèle à l'horizon ; c'est un cas particulier et dont on ne peut tirer aucune conséquence attendu que la droite *st* doit certainement être une horizontale, mais n'est pas forcément une horizontale de front.

### Intersection de deux plans parallèles à la ligne de terre.

**60.** Soit *hh'* la ligne d'horizon (*fig.* 79). Le premier des deux plans donnés a pour trace sur le tableau HK, et pour ligne de fuite H'K' ; le second de ces plans a pour trace sur le tableau LM et pour ligne de fuite L'M'. Ces plans sont parallèles à la ligne d'horizon, mais ne sont pas horizontaux, sans quoi leur ligne de fuite serait commune et se confondrait avec *hh'*.

Coupons ces deux plans par un plan vertical quelconque AB*h'*, et cherchons les intersections de ce plan avec les deux plans donnés.

Je dis que le plan auxiliaire vertical AB*h'* rencontre le plan donné HK — H'K' suivant la droite HK'. Car le point H appartient à la fois à ce plan auxiliaire dont la trace sur le tableau est AB, et au

plan donné dont la trace sur le tableau est HK. De plus, il faut se rappeler que toutes les droites situées dans le plan vertical AB*h'* ont leurs points de fuite situés sur la verticale passant par le point *h'* ; de même toutes les droites situées dans le plan HK — H'K' ont leurs points de fuite situés sur l'horizontale H'K'. Le point K commun à la verticale passant par *h'* et à H'K' est donc le point de fuite

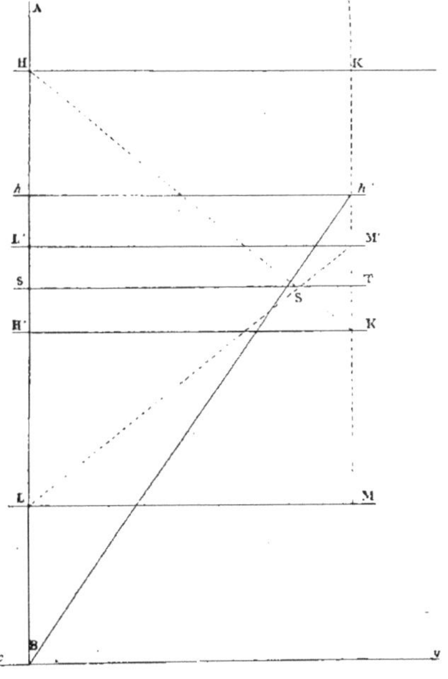

Fig. 79.

de tous les points situés à la fois dans les deux plans AB*h'* et HK — H'K', c'est par cela même le point de l'intersection de ces deux plans situés à l'infini. HK' est donc l'intersection du plan vertical auxiliaire et du plan HK = H'K'.

Par un raisonnement analogue, nous démontrerions que LM' est l'intersection du plan vertical auxiliaire AB*h'* et du plan L'M — L'M'.

Ces deux intersections se rencontrent en S qui est, par cela même, un point commun au plan HK — H'K' et au plan

LM — L'M. Nous savons de plus que l'intersection cherchée sera parallèle à $hh'$, puisque les deux plans auxquels elle appartient sont parallèles à $hh'$. L'intersection cherchée se trouve donc en menant par S une parallèle à $hh'$, c'est ST.

## Diviser une droite donnée suivant des rapports donnés.

**61.** Soit à diviser la droite donnée AB

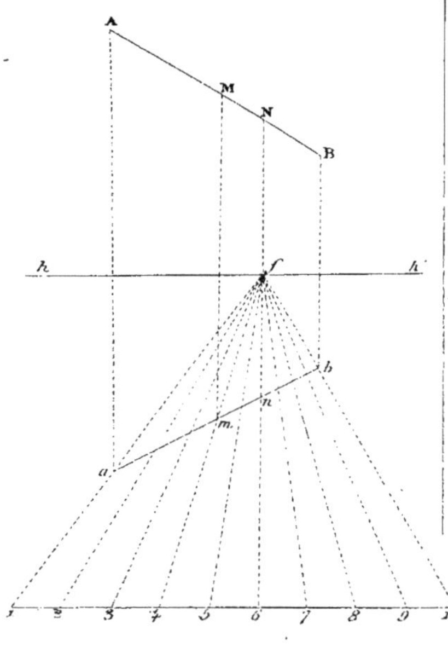

Fig. 80.

— $ab$ (*fig.* 80) en trois parties aux points M et N de telle sorte qu'on ait

$$AM = \frac{3}{9} AB, \quad \text{et} \quad AN = \frac{5}{9} AB.$$

Nous diviserons d'abord la projection géométrale en neuf parties par le procédé connu (22). Pour cela, nous prendrons sur $hh'$ un point *quelconque* $f$ et nous mènerons $fa$ et $fb$ ; nous inscrirons ensuite entre ces deux droites une horizontale de front que nous diviserons en neuf parties

égales par les points 2, 3, 4, 5, 6, 7, 8, 9, 10. Joignant ces différents points à $f$, nous diviserons $ab$ en neuf parties qui sont respectivement égales entre elles ; les portions de droite $am$ et $an$ qui contiennent respectivement 3/9 et 5/9 de $ab$ remplissent donc les conditions énoncées, comme projections géométrales seulement.

Relevant ces points $m$ et $n$ en M et N, nous obtiendrons les points cherchés.

Car, en raison des parallèles A$a$, M$m$, N$n$, B$b$, nous aurons :

$$\frac{am}{ab} = \frac{AM}{AB}, \quad \text{et} \quad \frac{an}{ab} = \frac{AN}{AB}$$

mais nous savons que perspectivement $am$ est les 3/9 de $ab$, donc AM est aussi, perspectivement, les 3/9 de AB. Il en est de même de AN qui est, toujours perspectivement, les 5/9 de AB.

## Perspective directe des moulures.

### DIVERSES SORTES DE MOULURES

**62.** Nous considérerons ici seulement deux sortes de moulures : 1° celles que nous nommerons *rectilignes*, bien que leur section droite, ou profil, puisse contenir des parties courbes ; nous les nommons rectilignes parce que dans le premier cas nous supposerons que la moulure est composée de *droites* parallèles entre elles, comme un bandeau, un chambranle, une corniche ;

2° Nous nommerons moulures *curvilignes* celles qui, quel qu'en soit le profil, sont traînées suivant une courbe quelconque, telles que les moulures d'archivolte au pourtour d'une ouverture demi-circulaire, une arche de pont, une vasque de bassin.

Quant aux moulures à double courbure, telles qu'un chambranle de baie circulaire dans une tour ronde ou dans un comble conique, elles pourront s'obtenir par points et, souvent, par la méthode des moulures dites circulaires.

### PERSPECTIVE D'UN PIÉDESTAL SUR PLAN RECTANGULAIRE, AVEC CORNICHE ET BASE

**63.** Toute moulure ou tout ensemble de moulures composant un membre d'architecture, corniche ou base, peut toujours être inscrit dans un *épannelage*. On nomme ainsi un rectangle (*fig.* 81) dont un côté oK est formé par le *nu* du mur sur lequel s'applique la mouluration, les deux côtés AO et BK passent respectivement par les arêtes supérieure et inférieure du profil, le dernier côté AB, parallèle au nu du mur, passe par le point A qui représente la saillie extrême du profil.

Les diverses lignes droites qui composent un bandeau ou une base pourraient être tracées au moyen des méthodes générales, c'est-à-dire en mettant d'abord leur plan en perspective, puis en leur appliquant le principe des hauteurs; théoriquement, il n'y a rien à reprendre à cette méthode, mais, dans la pratique, elle présente un double inconvénient. D'abord, elle est fort longue et surcharge inutilement l'épure ; puis dans la pratique où il se glisse toujours quelques inexactitudes

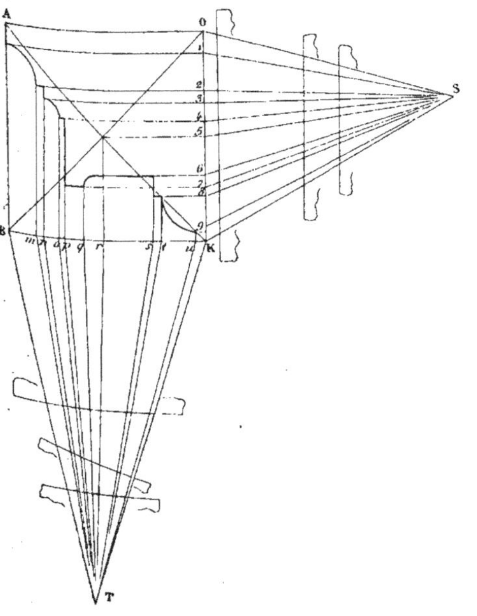

Fig. 81.

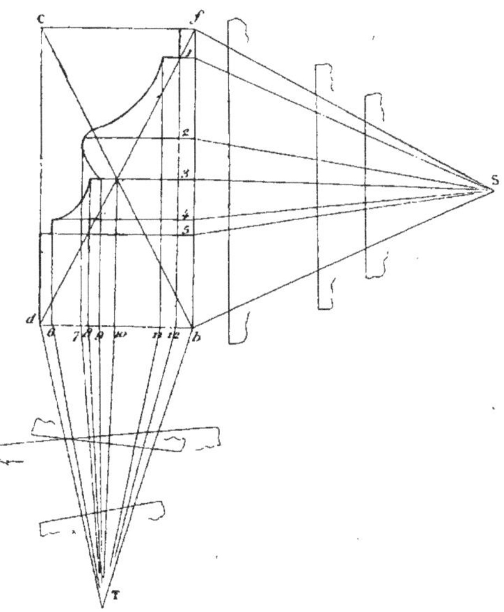

Fig. 82.

inhérentes à toutes les méthodes graphiques, les moulures ainsi obtenues n'encadrent pas d'une façon convenable le solide sur lequel elles sont posées. Il est alors préférable, et comme promptitude et comme exactitude, d'employer les méthodes de perspective directe. Elles consistent ici à mettre en perspective, par les méthodes ordinaires, le solide qui doit recevoir les profils. Avec le solide perspectif ainsi obtenu et les profils qu'il doit recevoir donnés à une *échelle quelconque*

on procèdera directement et non plus par les méthodes générales.

Soit (*fig.* 83) un parallélipipède rectangle ABCDPONM qui est l'ossature d'un piédestal. La partie la plus basse du couronnement est limitée en LKJI; la partie supérieure de la base se termine en EFGH,

Les moulures se retournant suivant un profil qui est situé dans l'angle dièdre formé par deux faces adjacentes du socle, il y a intérêt de choisir ce profil puisqu'il est commun à la fois à deux des faces.

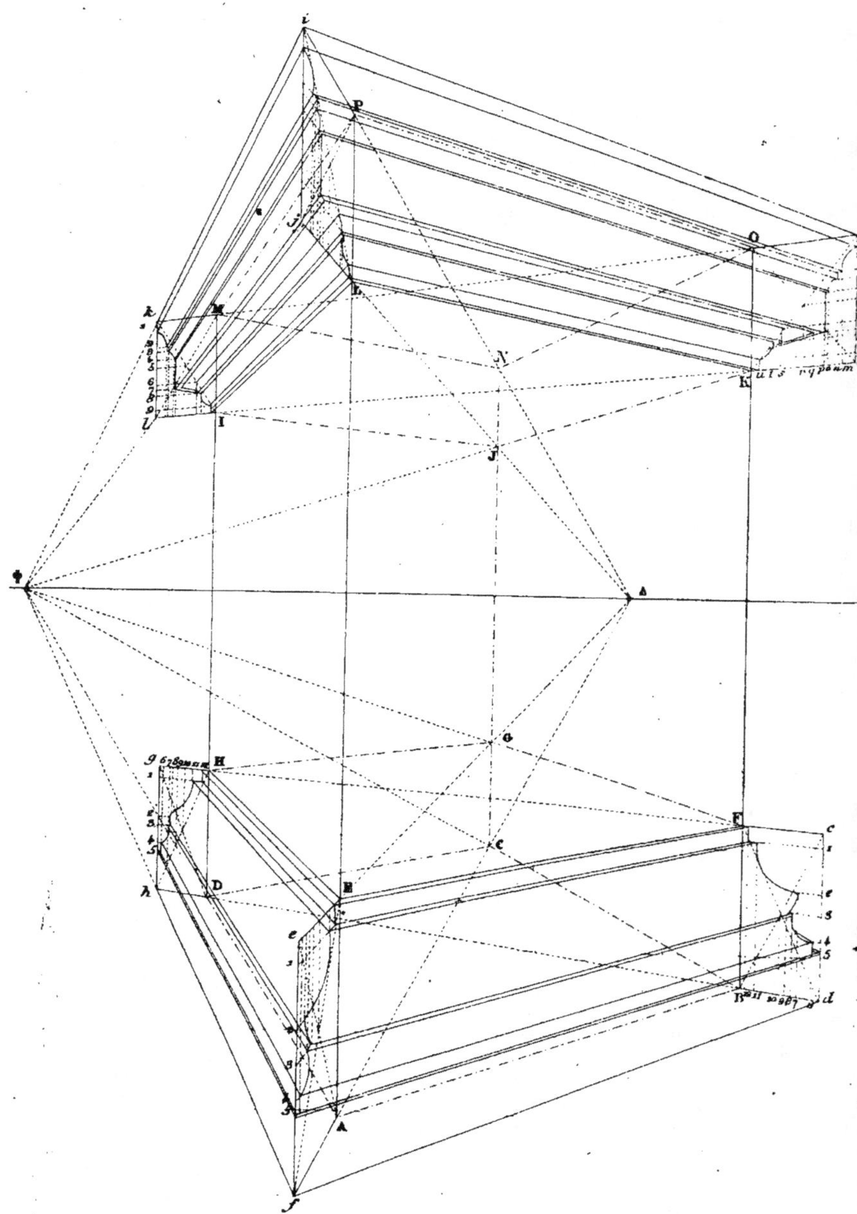

Fig. 83.

Nous supposerons donc encore que les rectangles d'épannelage tels que OK*ab*, FB*dc* ont été obtenus par les méthodes ordinaires.

Les profils de la corniche et de la base sont donnés à une *échelle quelconque* (*fig.* 81 et 82) ; ici encore, nous nous servirons des échelles divergentes.

Cherchons tout d'abord à mettre en perspective la corniche ; et pour cela, commençons par tracer le profil de retournement ou d'onglet situé en OK *ba*.

On sait que si l'on coupe par des plans différents mais verticaux une moulure quelconque, les sections qui en résulteront conserveront la même hauteur que la section droite ou perpendiculaire à la direction générale des droites de la moulure ; seulement les abscisses ou largeurs augmenteront plus ou moins. Mais ces abscisses seront toujours proportionnelles à celles de la section droite.

Le profil de la corniche est indiqué dans la figure 81. Nous lui circonscrivons le rectangle ABKO, dans lequel le côté KO représente le nu du piédestal ; comme nous l'avons dit plus haut, nous supposons que ce rectangle a été mis en perspective sur la figure 83 en OK*ab*.

Traçons les deux échelles divergentes des abscisses et des ordonnées (ou largeurs et hauteurs) de ce profil. Après avoir, de tous les points importants de ce profil, mené des horizontales et des verticales jusqu'à la rencontre des côtés OK et K B, nous choisirons deux points S et T et nous tracerons les droites OS, 1S, 2S, 3S,...... KS ; nous procéderons de même pour BT, *m*T, *n*T, *o*T,..... KT. Au moyen de deux diagonales, nous déterminerons le centre du rectangle, ce centre sera reporté sur les côtés du rectangle et fera aussi partie des échelles divergentes, car, on sait que pour ce genre d'échelles, il faut s'appuyer sur trois lignes, qui seront, dans le cas qui nous occupe OS, 5S et KS pour les hauteurs, et BT, *r*T et KT pour les largeurs.

Nous tracerons de même (*fig.* 83) la projection en perspective du centre du rectangle, le point *r* s'obtiendra par une verticale ; le point 5, par une droite fuyant au même point que O*a* et K*b*. Dans le cas

présent, ce point étant situé hors des limites de la feuille d'épure, on se bornera à faire passer par le centre de OK *ba* et par celui de MI*lh* une droite qui déterminera à la fois la projection de ce point 5 sur chacun des côtés des rectangles ; une seule opération servira pour deux profils par conséquent.

Cette construction peut se faire dans le cas présent, attendu que nous supposons que le piédestal est construit sur plan carré, et non simplement rectangulaire, la diagonale, ici, correspondant exactement à la bissectrice de l'angle du carré. Si le piédestal avait pour plan un rectangle quelconque, il faudrait diriger la fuyante 5 vers le point de fuite de la bissectrice de l'angle de la partie supérieure du socle.

Sur le bord d'une bande de papier, nous marquerons les points *b*5*a* situés sur le côté droit du rectangle OK*ba* et nous porterons cette bande, *en la tenant bien verticale*, sur l'échelle divergente OKS (*fig.* 81) de façon que les trois points que nous venons de marquer coïncident à la fois avec chacune des lignes correspondantes de cette échelle. Nous marquons alors sur cette bande les autres points de son intersection avec les lignes de l'échelle et nous reportons ces différents points en *a*, 1, 2, 3, 3, 5, 6, 7, 8, 9, *b* (*fig.* 83) sur le côté droit du rectangle perspectif OK*ba*.

Comme nous le disons plus haut, on mènera par 1, 2, 3, 4, 5, 6, 7, 8, des droites se dirigeant vers le point de fuite commun aux droites O*a*, K*b*. On prendra, sur une bande de papier, les trois points K*rb* et portant cette bande sur l'échelle (*fig.* 81) de telle sorte que ces trois points coïncident à la fois avec KT, *r*T, BT, on relèvera les autres points, et on les portera (*fig.* 83) en K, *u*, *t*, *s*, *r*, *q*, *p*, *o*, *n*, *m*, *b* ; puis on élèvera par ces points des verticales qui rencontreront les fuyantes 1, 2, 3, 4, 5, 6, 7, 8, 9, en des points qui permettront de tracer le profil de retournement.

Dans le cas présent, où nous avons supposé que le plan du socle est un carré, il suffit de tracer les points *h*, 1, 2, 3, 4, 5, 6, 7, 8, 9, *l*, du rectangle *h*MI*l* et de joindre deux à deux les points du rec-

PERSPECTIVE.

tangle OK*ab* portant les mêmes numéros.

On déterminera d'une façon semblable le profil de retournement situé dans le rectangle perspectif PL*ji*; il ne restera plus qu'à joindre deux à deux les points ainsi obtenus dans chaque profil. On aura ainsi la perspective de la corniche du piédestal sur les deux faces vues.

Mais chacun des points saillants du profil se répète quatre fois autour du socle, quatre droites formant un rectangle réunissent ces quatre points ; nous n'en avons que deux, il reste à tracer les deux autres dans leurs parties vues seulement. Pour cela on pourra, ou établir en NJ un profil de retournement qui ne servira que de guide puisqu'il n'est pas vu, ou bien on se bornera à tracer par les différents points importants du profil *a* K des droites ayant même point de fuite que KJ et ON ; dans le cas présent ce point Φ est situé dans les limites de l'épure, il n'en est pas de même des arêtes de la face antérieure qui doivent partir des points du profil *k*I ; leur point de fuite est situé hors des limites de l'épure, il faudra donc faire fuire ces droites au point inaccessible vers lequel se dirigent les droites MN et IJ (19).

Des constructions analogues donneront les différents profils de retournement de la base. On obtiendra, au moyen de l'échelle divergente *fb*S et *db*T (*fig.* 82) les profils (*fig.* 83) H*h*, E*f*, F*d* et on opèrera comme il est dit plus haut.

### Droites de contour apparent.

**64.** En dehors des droites que nous venons de signaler pour les parties de moulures appartenant aux faces cachées, il en est d'autres que nous devons mentionner.

A cet effet nous prendrons un profil à plus grande échelle (*fig.* 84) afin de nous faire mieux comprendre. Aux points *b*, *e*, *f*, *j*, *i*, *k*, *l*, nous trouvons les arêtes telles que celles que nous avons définies à la fin du paragraphe précédent.

Considérons la moulure en forme de quart de rond située vers *ik*; la surface de cette moulure cylindrique peut être

considérée comme étant formée de génératrices parallèles entre elles et à la direction des arêtes. Toutes les génératrices situées au-dessus du point *j* (sur la face cachée, bien entendu) sont invisibles; toutes celles qui sont au-dessous constituent une portion de cylindre qui est visible, il y a donc lieu de faire passer par ce point une droite fuyant au même point que les arêtes issues des points *k*, *f*, *b*.

On obtient cette droite qui limite le

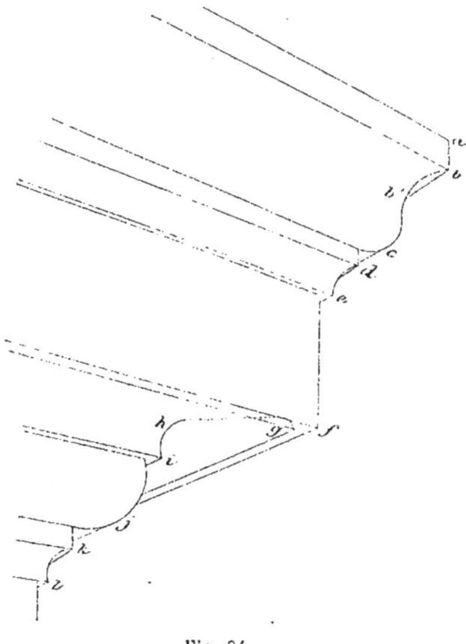

Fig. 84.

contour apparent de la moulure en menant par le point de fuite dont nous venons de parler une tangente au profil de retournement.

On obtiendra de même le point *c* et son arête.

Dans la pratique, en remarquant par exemple que le profil est vu par dessous (c'est le cas actuel), on trace les fuyantes en commençant par la partie supérieure du profil ; en *a*, il n'y en a pas qui puisse être vue; en *b*, on en a une, On baisse toujours la règle en la faisant pivoter autour de son point de fuite, et on trouve un point de tangente *c* avec le bas de la douelle par lequel un fragment de fuyante est visible. Si on n'a pas de point de fuite dans la feuille, on tracera d'abord les arêtes par le procédé connu ; avec un

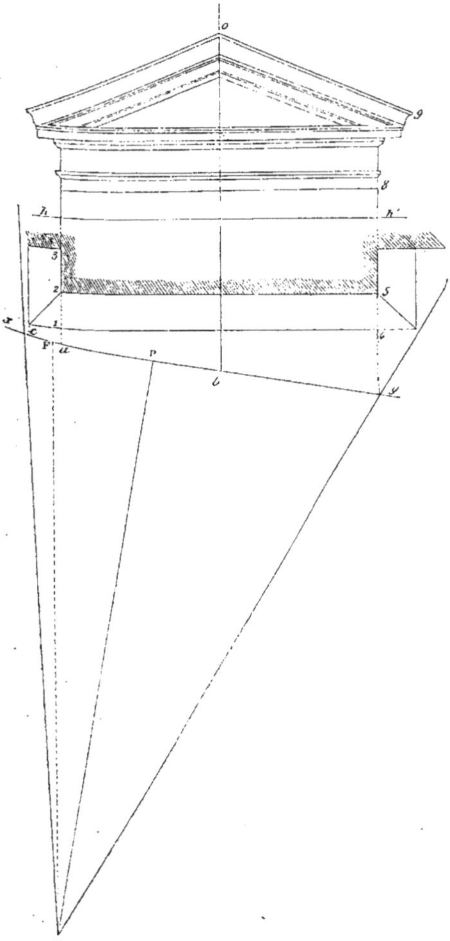

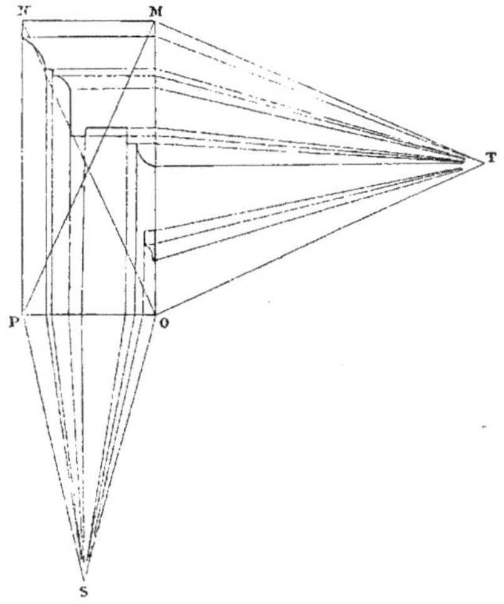

Fig. 85.

peu d'attention, on déterminera vivement et sans difficulté ces droites de contour apparent.

Remarquons aussi qu'au point *f* le profil se retourne horizontalement jusqu'en *g*, il n'y aura donc pas d'arête à indiquer de *f* en *g* (bien qu'elle soit indiquée dans un profil résultant d'une coupe) ; ce dessous de la face *ef* est un plan horizontal qui continue d'une face sur une autre.

Enfin en *ih* la section du profil de retournement est une courbe d'où résulte une intersection de deux parties cylindriques concaves, on tracera donc *ih* ; mais au delà, vers *g*, dans toute la portion horizontale du profil de retournement (partie ponctuée), il ne faut plus rien

Fig. 86.

indiquer puisque c'est un même plan horizontal qui se continue.

## Perspective d'un fronton.

**65.** Nous nous proposons de mettre en perspective le fronton dont les plans et l'élévation sont donnés dans la figure 85. Le tableau est indiqué en *xy* ; la projection horizontale de l'œil est en *o* ; la position de ce fronton au-dessus de l'horizon est indiquée par *hh'*.

L'épure dont nous allons nous occuper est une application des procédés que nous

avons indiqués au numéro 63; la diffé- | ce qu'ici certaines parties des moulures
rence la plus importante vient surtout de | sont inclinées par rapport à l'horizon·

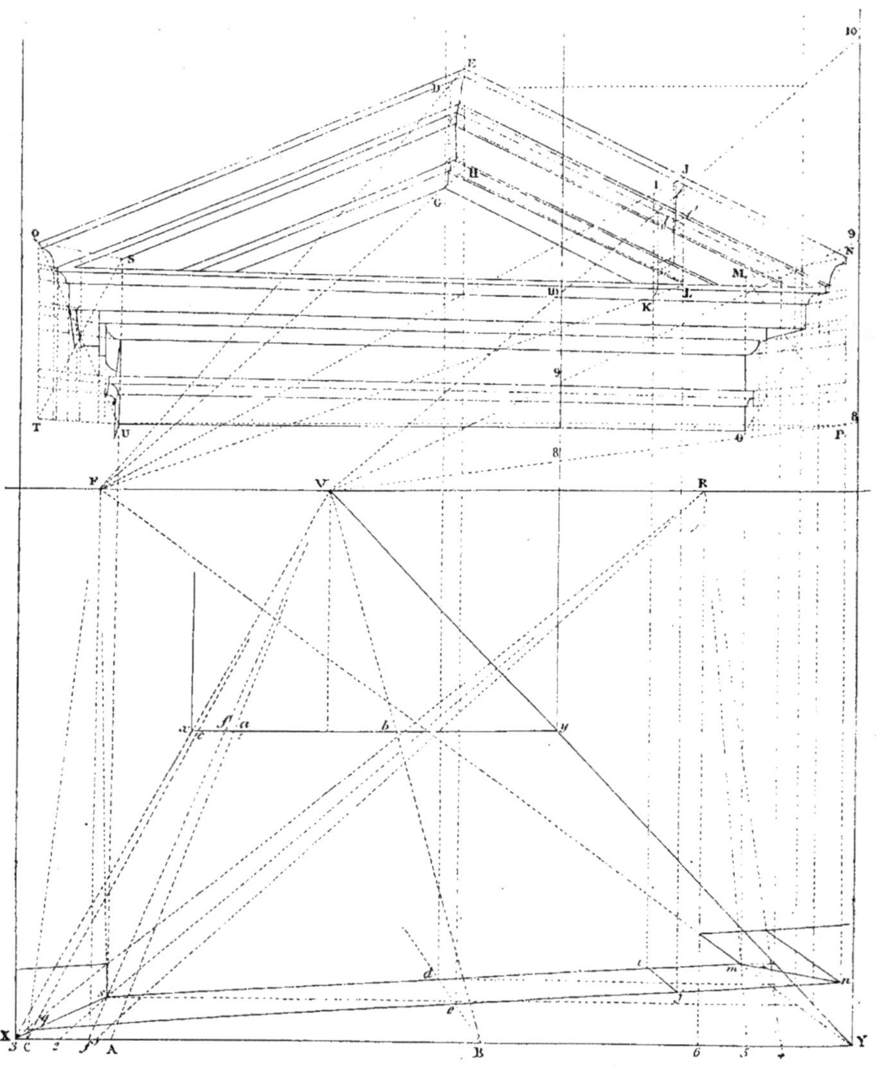

Fig. 87.

La figure 86 donne le profil de l'enta- | construisons tout d'abord deux échelles
blement et du fronton; ainsi que nous | divergentes par les points S et T.
l'avons fait pour le piédestal (63), nous | Pour établir notre épure (*fig.* 87), nous

nous servirons d'un petit tableau. Après avoir relevé les points $x$, $c$, $a$, P, $b$, $y$ de la figure 85, nous les reporterons en $x$, $c$, $a$, $b$, $y$ sur la figure 87, la position du point P sera indiquée en V sur la ligne d'horizon. Nous amplifierons ensuite la dimension du cadre de notre épure suivant les moyens que nous connaissons, de façon à avoir pour trace du tableau la droite (tout à fait quelconque) XY.

Le point de fuite F de droites parallèles à $ob$ (*fig.* 85) est reporté en $f$ (*fig.* 87) sur le petit tableau, en $f'$ sur le tableau amplifié et, enfin, en F sur l'horizon. Pour tracer la perspective du plan proposé, on se servira des droites (*fig.* 85), telles que 3, 2, 1, $a$ ; 5, 4, $y$; celle passant par C, toutes parallèles à $ob$, dont le point de fuite est F. On se servira en outre des droites d'égal recoupement des droites de front et des parallèles à $ob$. A cet effet, du point F (*fig.* 87) on porte une distance FR égale à FO (*fig.* 85), le point R est le point de fuite (15 et 17) réduit des droites d'égal recoupement entre les droites ue front et celles fuyant en F.

Sans entrer dans des explications plus circonstanciées, qui ne seraient que des redites, on verra, en suivant l'épure, comment on peut obtenir le plan $s$, $d$, $m$, de la *masse* sur laquelle s'appliquent les profils du fronton, ainsi que la projection $sq$, et $mn$ des profils de retournements ; $qn$ représente la projection de la partie supérieure la plus saillante du fronton.

Nous prendrons les hauteurs au-dessus de l'horizon $hh'$ (*fig.* 85) des points inférieur et supérieur 8 et 9 du profil de retournemeut. Nous les reporterons en 8 et 9 sur la verticale passant par $y$ (*fig.* 87) puis, menant V8, V9, jusqu'à leur rencontre avec la verticale Y, nous obtiendrons les hauteurs de ce profil, par rapport au tableau amplifié dont la trace est XY.

En menant par $m$ une droite de front jusqu'en VY, on obtient un point qui, relevé verticalement jusqu'à V8, V9, nous donnera deux points, qui conduits horizontalement jusqu'à la verticale passant par $m$ détermineront les points M et O : on obtiendra de même l'autre côté du rectangle perspectif passant par N. Le second

rectangle de profil de retournement QSUT, s'obtiendra de même.

On tracera les diagonales de ces rectangles perspectifs et on tracera, au moyen des échelles divergentes de la figure 86 les deux profils de retournement NO et QU.

On pourra, ainsi, tracer toutes les droites horizontales qui font partie du fronton. Quant aux parties inclinées par rapport à l'horizon on opèrera ainsi :

On rapporte sur la verticale passant par $y$, à partir de la ligne d'horizon, le point 10 qui correspond à l'élévation du point $o$ (*fig.* 85). On pourra ensuite prendre la hauteur du profil commun aux deux rampants du fronton, situé sur l'axe $o$ (*fig.* 85) et la reporter d'après les procédés connus en DG sur la figure 87. Cette hauteur, et la saillie DE qu'on relève sur $de$ permettent de tracer le rectangle perspectif DEGH, dont deux côtés fuient au point V ; on pourra tracer le profil de retournement EG au moyen des échelles divergentes de la figure 86. Ensuite on joindra EN et les deux droites rampantes situées au dessous ; il suffira ensuite de faire passer par les autres points du profil EG des droites fuyant au même point que EN et les deux autres droites précitées situées immédiatement au dessous.

La même construction s'appliquera à la partie gauche de la face du fronton.

Nous supposons ici que les moulures situées sur les faces latérales du fronton s'amortissent sur une partie plane, un nu de mur. Un des moyens à employer, à cet effet, serait de construire le profil suivant lequel ces moulures rencontrent le mur ; on suivrait la même marche que pour le profil de retournement et on joindrait deux des points similaires des profils. Voici ce qu'il y aurait à faire :

## Amortissement de moulures sur une surface plane.

### PREMIER SYSTÈME

**66.** Soient (*fig.* 89), le profil d'onglet suivant lequel se retournent des moulures sur une face ; $d'd$, le plan sur lequel elles doivent s'amortir passant par la verticale $d$.

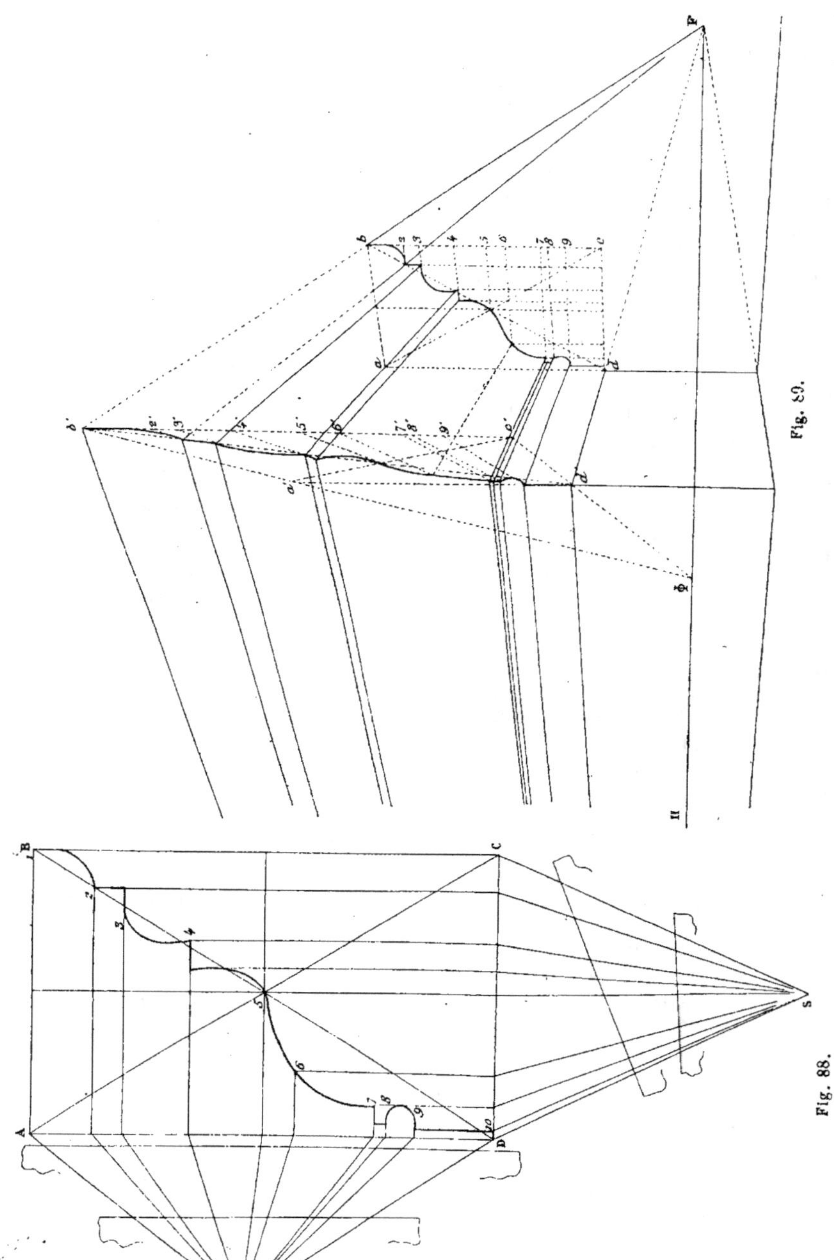

Fig. 89.

Fig. 88.

La figure 88 indique une section droite de ce profil, sur lequel on a construit, par les points importants 1, 2, 3, 4, 5, 6, 7, 8, 9, 10, deux échelles divergentes en S et en T, qui ont servi à tracer le profil de retournement $b'd'$ après avoir tracé le rectangle $a'b'c'd'$.

Pour obtenir le rectangle $abcd$ il suffit de mener par $a'b'c'd'$ des fuyantes en F, point de fuite des droites parallèles à $d'd$; la verticale $d$ en coupant $a^1F$, détermine le point $a$. Par $a$ on mène une parallèle aux droites situées sur la face principale à gauche du profil $b'd'$, on obtient ainsi le point $b$; le point $c$ s'obtient de même, il est de plus sur la verticale passant par $b$. Le rectangle perspectif $abcd$ étant ainsi obtenu, on tracera le profil d'amortissement $bd$ au moyeu des échelles divergentes de la figure 88. Il ne restera plus qu'à joindre deux à deux les points de chacun de ces profils. Ce système sera surtout employé dans le cas où le point de fuite F est situé hors des limites de l'épure.

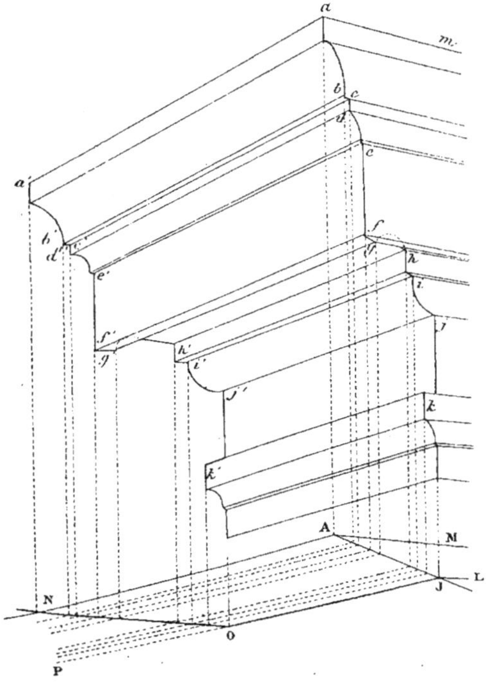

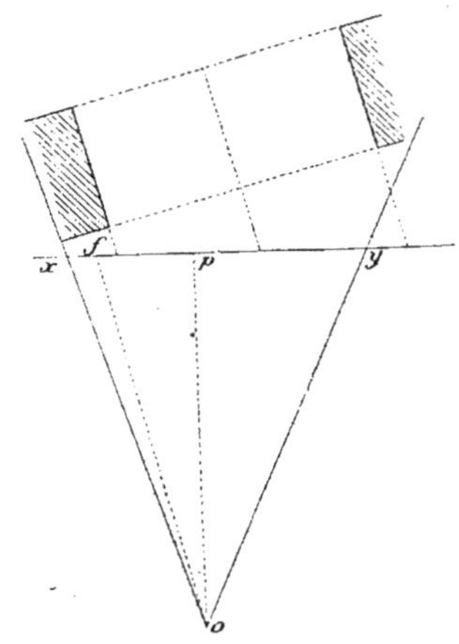

Fig. 90.

Fig. 91.

### DEUXIÈME SYSTÈME

**67.** On peut employer un second procédé qui, dans certains cas, est préférable.

Soit (*fig.* 90) un profil de retournement $abc...jk$ qui se projette horizontalement: NO est le plan de la face sur laquelle doit se faire l'amortissement; OJ est le plan de la face sur laquelle sont situées les moulures qui seront amorties; enfin, JL est le plan de la face principale qui se retourne d'onglet avec la face OJ.

Tous les points du profil de retournement se projettent en AJ au moyen de verticales; toutes les arêtes telles que $aa'$, $bb'$,..... $kk'$ se projettent suivant des droites parallèles à OJ, c'est-à-dire ayant même point de fuite que AJ. Si donc on mène par $a$ une verticale jusqu'en A (sur la projection horizontale AJ du profil de retournement), si par A on mène une parallèle à OJ jusqu'à ON, on aura le point N qu'on relèvera jusqu'en $a'$ sur $a'a$ parallèle à OJ. On agira ainsi pour tous les points du profil et on obtiendra en $a'b'c'd'.....j'k'$ le profil d'amortissement.

### Moulures circulaires, perspective d'une archivolte.

**68.** Nous nous sommes occupés, plus haut, des moulures rectilignes, de celles dont les faces sont engendrées par des droites parallèles entre elles ; nous allons étudier ici la perspective des moulures dont les faces sont déterminées par des courbes parallèles entre elles.

La figure 91 nous indique le plan de l'ouverture d'un arc que nous supposons demi-circulaire, la trace du tableau, l'angle optique et la position du spectateur sont indiqués.

La figure 92 est le profil de l'archivolte qui entoure l'arc, à une échelle quelconque.

Nous admettrons que la courbe ABC

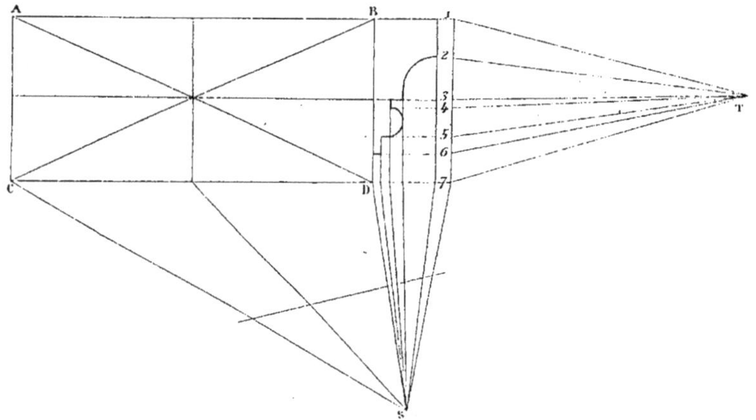

Fig. 92.

(*fig*. 93) d'ouverture de l'arc a été obtenue par un des nombreux moyens que nous avons indiqués, ainsi du reste, que le plan A'C'D'G'.

La position du point F, point de fuite des droites parallèles à l'axe des génératrices de l'arc est déduite du point $f$ de la figure 91. Ceci admis, nous continuerons et nous achèverons l'épure par les procédés de la perspective directe. Nous chercherons le milieu perspectif de A'C' en I', ce point relevé sur la ligne de naissance AC donnera le centre I du cercle de tête. Menant par C et par A des fuyantes en F jusqu'aux verticales passant par D' et G', on obtiendra les points D et G du second arc de tête, on aura par la rencontre de IF et de DC le point K, centre de ce second cercle. On pren-

dra sur le premier arc plusieurs points (et en nombre suffisant) $g$, $d$, $j$, $p$; par ces points on mène les génératrices $g$F, $d$F, $j$F, $p$F. On rabat ces différents points sur la projection A'C' de l'arc de tête, en $g'$, $d'$, $j'$, $p'$; on trace la projection des génératrices passant par ces points qui déterminent sur le second arc les points $h'$, $c'$, $k'$, $o'$; on relève ces points jusqu'aux génératrices et on obtient les points $h$, $c$, $k$, $o$ qui, avec G et D permettent de tracer le second cercle de tête.

Par la méthode indiquée au n° 44, nous tracerons la perspective de l'arc N$f$b$M$i$m$L qui représente la largeur BD (*fig*. 92) du profil d'archivolte.

La partie plane formant joint entre deux voussoirs telle que $abdc$ (*fig*. 93) s'obtient ainsi sur une génératrice $cd$. On joint $d$I prolongé jusqu'au cercle MN, on obtient ainsi le point $b$ par lequel on mène $b$F jusq'à K$c$ prolongé.

Ce rectangle de joint est figuré à une échelle quelconque en ABDC (*fig.* 92) avec le profil de l'archivolte qui s'appuie sur la face de tête BD. Nous traçons le centre de ce rectangle et nous construisons deux échelles divergentes sur ce rectangle accompagné du profil d'archivolte.

Cherchons le centre du rectangle perspectif *abdc* et joignons-le au milieu perspectif de KI en J, cette droite détermine sur *cd* un point que nous relèverons sur une bande de papier avec $c$ et $d$; nous porterons ces trois points sur l'échelle S (*fig.* 92) et nous noterons les points de projection des saillies du profil, ensuite nous les reporterons à la suite de *cd* (*fig.* 93). Nous agirons de même pour le côté supérieur *ab* du rectangle de joint en joignant deux à deux les points ainsi obtenus.

Par le centre du rectangle perspectif *abdc*, nous menons une fuyante vers F, elle coupe le côté *db* en un point que nous notons sur une bande en même temps que $d$ et $b$. Nous portons ces trois points sur l'échelle T (*fig.* 92) et nous notons les points de projection du profil 1, 2, 3, 4, 5, 6 et 7; nous reportons ces points sur *db*. Nous ferons passer par ces points des fuyantes en F qui, recoupant les droites parallèles (perspectivement) à *db* que nous venons d'obtenir, nous donneront les principaux points du profil de joint que nous pourrons ainsi tracer.

On répétera cette opération autant de fois qu'il sera nécessaire et, en joignant les points de ces différents profils, on obtiendra des courbes continues qui seront la perspective de l'archivolte. Il est à remarquer que les deux côtés, tels que *eh*, *fg* d'un même rectangle perspectif de joint ainsi que la droite qui joint son centre au point J, concourent en un même point de fuite. Ce point est curieux, et ses variations correspondant à celles des rectangles de joints doivent être signalées.

Tout d'abord, les droites telles que *fg*I, *bd*I, *mp*I, qui sont situées dans le plan de l'arc de tête dont la trace horizontale est

A′G′, ainsi que les droites *eh*K, *ac*K, *no*K, qui lui sont parallèles, ont leurs différents points de fuite situés sur la ligne de fuite dudit plan vertical A′C. Considérons une droite telle que *fg*I dans ses diverses positions autour de l'axe FI. Lorsque *fg* est à son point de départ en CN, cette droite est horizontale, son point de fuite est alors en Φ à droite sur HH′, à l'intersection de l'horizon et de la verticale de fuite du plan A′C′. A mesure que *fg*, dans son mouvement de rotation autour de FI, s'approche du sommet MB, le point de fuite de *fg*… *bd*… etc.. s'élève sur la verticale de telle sorte que lorsque *fg* coïncide avec MB, ce point de fuite est situé à l'infini sur la verticale de fuite du plan A′C′ et au-dessus de HH′, puisqu'alors dans la position MBI, la droite mobile *fg* est parallèle à la verticale passant par Φ.

Aussitôt que *fg* quitte la position MB et devient *lj* ou *mp*, le point de fuite situé à l'infini au-dessus de HH′ et qui se trouvait par la même raison à l'infini au-dessous de HH′, remonte sur la verticale passant par Φ de sorte que, lorsque *fg* se trouvera en A, sur l'horizontale de naissance AC, le point de fuite se trouvera coïncider de nouveau avec le point Φ.

Remarquons en outre que dans la construction de nos échelles divergentes (*fig.* 92) nous avons considéré le rectangle de joint comme étant ABDC, laissant le profil de l'archivolte saillir hors de ce rectangle. Nous avons agi ainsi parce que dans l'épure (*fig.* 93) nous n'avions de connu que le nu des deux faces de l'arc LMNI et DEGK, l'archivolte devant faire saillie sur le nu de la face de tête. Si le profil se trouvait en tout ou en partie *rentrer*, se creuser dans le nu de la face, il faudra prendre pour face BD du rectangle de joint (*fig.* 92), la droite qui représentera le nu de la face, que cette dernière passe à travers le profil ou lui soit même extérieure.

Enfin, il peut se faire qu'on ne puisse pas se servir de rectangle de joint, comme cela arriverait si, au lieu de considérer un arc dont la profondeur est peu importante, ce qui permet de se servir de l'arc DEC, on se trouvait dans le cas d'une voûte d'une certaine profondeur, où le rectangle serait beaucoup trop plongé dans le sens *ab*. On établirait l'épure de la façon suivante :

Après avoir tracé l'arc ABC comme pré-cédemment et l'arc LMN, au lieu d'en dé-duire l'arc DEG, on tracera l'arc qui pas-serait par la saillie supérieure (ou infé-

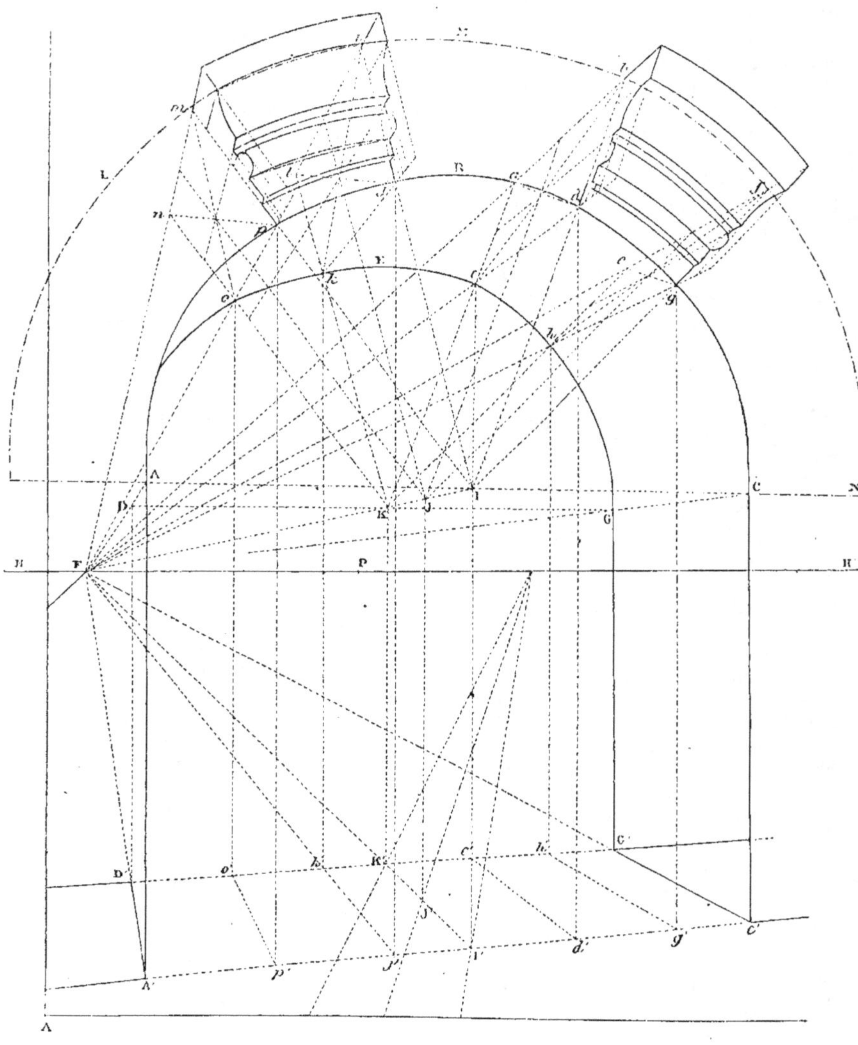

Fig. 93.

rieure) 1 ou 7 du rectangle B17D (*fig.* 92), on en chercherait le centre et c'est sur lui seul qu'on construirait les échelles divergentes.

**69.** Pour tracer un profil perspectif tel que celui situé en *bd* (*fig*. 93), nous avons dû procéder de la façon suivante que nous indiquons dans la figure 94, plus facile à saisir.

Nous avons pris les trois points du rectangle de joint sur le côté CD, après les avoir reportés sur l'échelle divergente, nous en avons déduit les projections des saillies du profil que nous avons indiquées de D vers *l* ; nous avons agi de même sur le côté AB en les portant vers *s* et nous avons joint ces points deux à deux. Pour chaque profil à établir, il faut recommencer cette double opération ; si les profils sont nombreux, cela peut devenir fort long ; on peut cependant simplifier ce tracé.

Toutes les droites, telles que ACK, OJ, BDI, *str*, sont des rayons qui tournent pour chaque position de profil à tracer, autour de l'axe de l'arc KI. Les points KJI*r* restent immobiles, quelle que soit la position du profil qu'on veut tracer. Il est donc beaucoup plus simple de tracer une fois pour toutes les projections du profil *sur l'axe même* en I*r*. Ces projections serviront pour tous les profils ; il suffira, par chaque opération, de ne considérer que le côté AB ou le côté CD du rectangle de joint, on trouvera sur l'échelle divergente les projections à porter vers B*s* (ou D*t*) et on les joindra à celles portées en I*r* ; les constructions seront ainsi simplifiées de moitié tout en étant d'une exactitude absolue.

## Perspective d'une bordure de bassin.

**70.** Les moulures que nous avons considérées plus haut étaient traînées sur un plan circulaire vertical.

Nous allons prendre, pour nouvel exemple, un profil sur plan circulaire, mais horizontal cette fois.

La figure 93 nous donne le profil de la bordure d'un bassin ou d'une vasque avec l'indication de son axe S, le tout à une échelle quelconque. Nous tracerons le rectangle du profil, son centre et deux échelles divergentes, l'une pour les largeurs et l'autre pour les hauteurs. Le

point S, correspondant à l'axe de la bordure, doit faire partie de l'échelle des largeurs.

D'autre part, nous connaissons une des courbes suivant laquelle doit se mouvoir

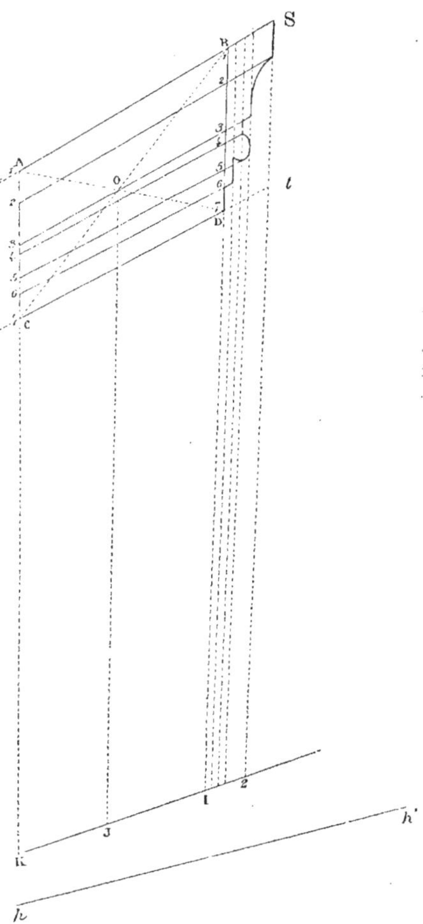

Fig. 94.

le profil qui engendre la bordure, c'est par exemple (*fig*. 96) la courbe ABCD obtenue par un des procédés que nous connaissons ; le centre S de cette courbe est obtenu de la même façon.

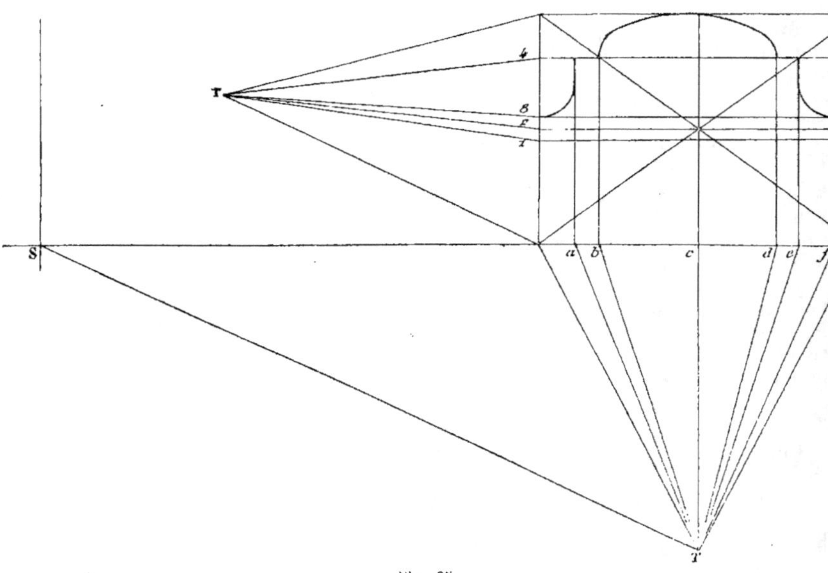

Fig. 95.

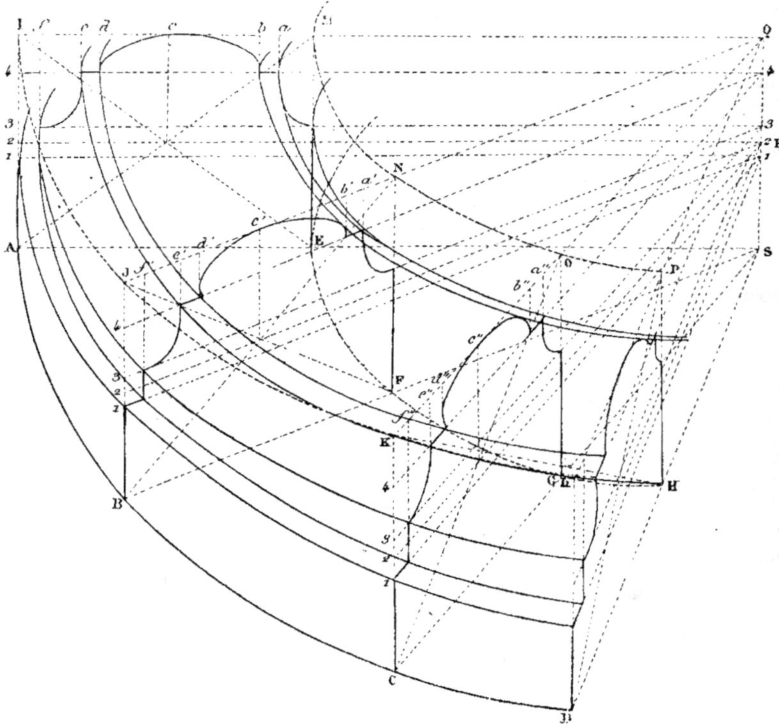

Fig. 96.

Le surplus de l'épure s'effectue directement ainsi :

On déduira par la méthode du numéro 44, l'arc EFGH de l'arc ABCD.

On déterminera de même, pour les procédés de la mise en hauteur, les courbes IJKL et MNOP. On aura ainsi les rectangles de profils AEMI, BFNJ, CGOK, DHPL, on en cherche les centres qu'on ramène par des verticales en $c$, $c'$, $c''$.

On tracera ensuite plusieurs profils qui permettront de tracer les courbes de la bordure. Soit à tracer le profil AIME, situé dans un plan de front. On connaît Ic et M qu'on porte sur une bande de papier, puis sur l'échelle divergente T ($fig.$ 95), on obtiendra ainsi les points $f$, $ed$ $ba$ ($fig.$ 96) On procède de même pour le côté IA avec son point 2 provenant du centre du rectangle; on obtiendra 4, 3 et 1; par recoupement, on trouvera les points principaux du profil. La même construction s'effectuera sur chacun des rectangles BFNJ, CGOK et DHPL. On remarquera que nous avons employé le moyen indiqué au numéro 69 en portant une fois pour toutes les hauteurs 1, 2, 3, 4, sur l'axe SQ; cela était d'autant plus facile que, le premier rectangle considéré AEMI étant de front, il suffisait de tracer au té des horizontales jusqu'en SQ pour avoir ces points.

Les différentes courbes composant la bordure s'obtiendront ensuite facilement.

## Remarques sur les échelles divergentes.

**71.** Il nous est arrivé bien souvent, à propos des échelles divergentes, de dire que les profils pouvaient être pris à une *échelle quelconque*. Cela est du reste absolument vrai; mais il est préférable de prendre ces profils aussi grands que possible. D'abord, les opérations sont toujours plus précises quand on opère sur des tracés plus grands. Puis, il peut arriver que le profil indiqué soit à une échelle plus petite que celui qui devra être tracé sur l'épure. Pour fixer les idées, reportons-nous à la figure 95 et supposons qu'en prenant les trois points J, $c'$, N ($fig.$ 96) pour les reporter sur l'échelle divergente

on s'aperçoive que la longueur JN est plus grande que ce qu'on peut poser sur l'échelle. Évidemment, il suffira de continuer les droites T$a$, T$b$, T$c$, T$d$, T$e$, T$f$ de la quantité suffisante, mais on voit facilement que, si on a dû en faire autant sur l'autre côté des hauteurs, l'échelle sera tellement confuse qu'il sera difficile de s'en servir. Il est donc bien préférable de choisir, dès le début, un profil dont l'échelle soit telle qu'on sera absolument sûr de ne pas recourir à ce moyen qui ne peut amener que de la confusion et des erreurs.

Nous ajouterons quelques mots au sujet de l'emploi de ces échelles et afin de fixer les idées sur l'exactitude du résultat qu'on obtient par leur usage. Pour cela, reportons-nous à la figure 44. Lorsque nous avons tracé les droites 1'S, 2'S 3'S.... 16,S, 17S nous simulons une construction perspective de laquelle il résulte que toutes ces droites sont supposées parallèles entre elles comme fuyant au point S (voir 22, $fig.$ 25). Les trois points qu'on porte tout d'abord sur la bande indiquent exactement le rapport suivant lequel ces droites *parallèles en perspective* couperont la droite représentée par la bande. Il est bien clair que les autres points qu'on tracera sur le bord de la bande, une fois qu'on l'aura posée sur l'échelle en en faisant coïncider les trois points avec les trois lignes de guide, seront déterminées suivant une proportion absolument identique.

Deux points seraient insuffisants, parce qu'on pourrait placer la bande d'une infinité de manières, comme il est facile de s'en convaincre sur une échelle divergente, tandis que trois points assujettis, coïncidant à la fois avec trois droites convergeant en un point, ne peuvent se placer que d'une seule façon.

## Perspective d'un chapiteau toscan.

**72.** La figure 97 donne, à une échelle quelconque, le profil d'un chapiteau toscan. Toute la partie située au-dessous du tailloir, sur plan circulaire, est une surface de révolution.

Nous allons voir comment on peut

effectuer la perspective d'un objet de cette sorte en n'ayant que des données peu nombreuses.

Nous avons d'abord le profil même du chapiteau (*fig.* 97). Sur l'épure (*fig.* 98) on donne la position du point P, celle du point D/3, le diamètre AB situé dans un plan de front correspondant au plus grand cercle couronnant le quart de rond situé sous le tailloir.

Ces éléments suffisent pour tracer la figure 98. Cependant, eu égard à ce que nous avons déjà dit des moulures circulaires et afin d'éviter les redites, nous ne ferons qu'indiquer la marche à suivre.

Par le milieu C de AB, menons une verticale qui sera l'axe du chapiteau. Nous chercherons d'abord la perspective du cercle dont AB est le diamètre. Nous avons choisi ce cercle, et non celui qui

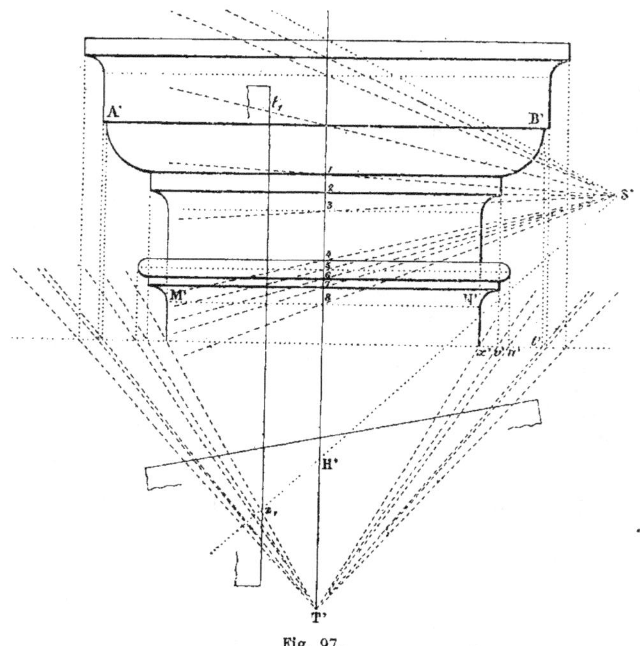

Fig. 97.

correspond au fût de la colonne, parce que, comme c'est celui qui doit servir de guide pour obtenir les cercles de la surface de révolution, il est tout naturel de prendre celui qui est le plus grand.

On déterminera la perspective de ce cercle au moyen de la méthode des huit points (8) : par le point C on mène une droite principale CP, en joignant $m$, D/3, et, en prolongeant jusqu'à la droite CP, on obtient en $n$ un point appartenant à l'une des faces du carré circonscrit au cercle

cherché (1). On fait passer par le point $n$ une droite de front limitée par deux droites fuyant en P, passant en A et en B. On obtient ainsi le côté du carré $op$. Les diagonales menées de ces deux points par le centre C donnent les points $q$ et $r$, ce qui achève le carré. Les points $st$ du cercle situés sur les diagonales du carré ont été obtenus par le procédé indiqué au n° 8, on doit aussi déterminer les points cachés

(1) Le point $m$ est tel que $m$C est le tiers de CA.

afin de pouvoir tracer les courbes avec plus d'exactitude. Ce cercle perspectif étant ainsi obtenu, on peut tracer toute la partie du chapiteau en forme de surface de révolution.

On tracera d'abord le méridien situé dans le plan de front correspondant au diamètre donné A, c'est le méridien MABN, pour l'obtenir, il suffit d'augmenter ou de réduire proportionnellement le profil donné M'A'B'N' (*fig.* 97) suivant le rapport qui existe entre AB (*fig.* 98) et A'B' (*fig.* 97). On ne doit s'occuper ici que de la portion du profil située au-dessous de A'B', puisque la partie supérieure est sur plan carré. On déterminera ensuite d'autres méridiens passant par *t, n, s,* et plus s'il est besoin. Voyons comme on opère : pour le méridien *t* par exemple. Nous tracerons deux échelles divergentes

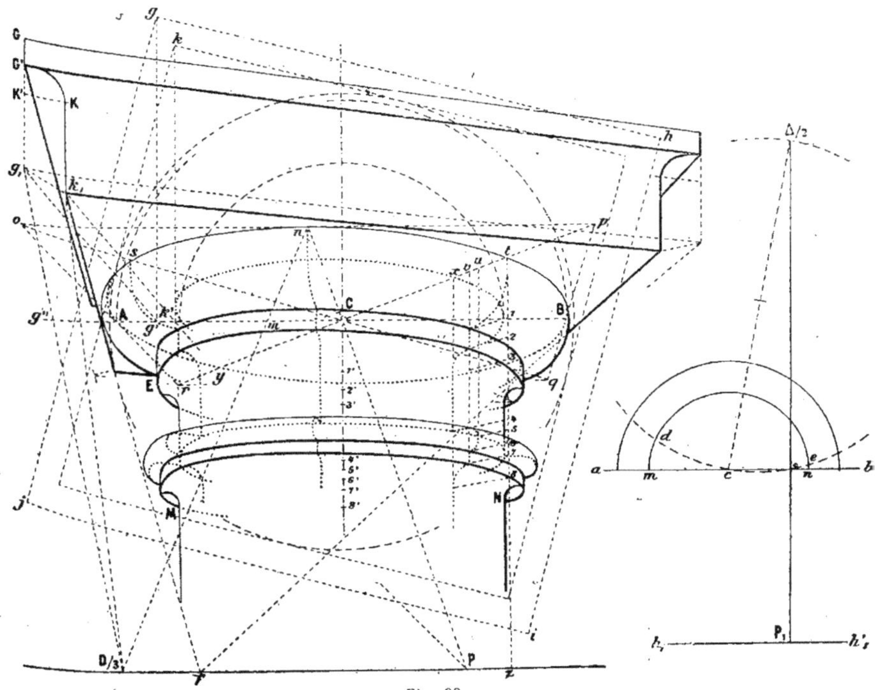

Fig. 98.

sur le profil donné (*fig.* 97), l'un en S' correspondant aux hauteurs figurées sur l'axe H', l'autre T' ayant trait aux largeurs. Après avoir relevé sur une bande de papier les trois points *y,* C, *t* (*fig.* 98), nous les portons sur l'échelle divergente des largeurs T' (*fig.* 97) en plaçant C sur l'axe et *y* et *t* sur les droites convergeant en T' qui se rapportent aux points A' et B'.

Nous traçons sur la bande de papier les intersections qui correspondent *x'v'u',* nous les reportons en *xvu* (*fig.* 98) et nous menons par ces points des verticales. Reste maintenant à s'occuper des hauteurs pour obtenir le profil du méridien passant par *t.*

Dans l'énoncé des données de l'épure, la position du diamètre donné AB est intimement liée, ainsi que les points P et D/3, à la ligne d'horizon, la position de cette ligne doit donc figurer sur le profil (*fig.* 97), c'est cette dernière qui servira de guide. Prenant donc la hauteur du point A au-dessus de la ligne d'horizon nous la porte-rons sur l'axe du profil à partir et au-dessous de A'B' jusqu'en H' et nous join-drons H'S' qui deviendra la base de nos hauteurs. Ainsi que nous en avons fait la remarque au n° 69, on verra sur notre épure que nous avons tracé sur l'axe C et au dessous, les points 1'2'3'4'5'6'7'8' qui sont les hauteurs des divers membres du profil (*fig.* 97) à l'échelle du plan de front MABN (*fig.* 98); il a suffi, pour ce faire, de tracer au té par les différents points du profil de méridien AM (ou BN, ce qui est tout un) des droites coupant l'axe aux points 1'2'...8'. Comme nous l'avons vu, ces points serviront pour chacun des profils pivotant autour de l'axe.

Ayant relevé sur une bande de papier la hauteur verticale *tz*, au-dessous de l'horizon, nous porterons cette bande *bien verticalement*, c'est-à-dire d'une façon bien parallèle à l'axe H'T' (*fig.* 97) sur l'échelle divergente des hauteurs, en pre-nant comme point de départ la position du point *z* sur la droite H'S'. Cette hau-teur viendra en $z_1 t_1$; nous relèverons les intersections avec les divergentes passant par 1, 2, 3.....8, et nous reporterons ces points sur *tz* (*fig.* 98). Par les différents points 1, 2, 3, 4.....8, nous mènerons des droites vers 1'2'3'4'......8' qui par leur recoupement avec les verticales *xvut* nous donneront des points par lesquels on fera passer le profil cherché.

Lorsqu'on a ainsi tracé, autant qu'il en est nécessaire, de profils de méridiens, on en réunit les points correspondants, et on obtient les perspectives des cercles parallèles qui composent la surface de révolution.

Il reste à tracer le contour apparent de solide, ce qui s'obtient au moyen des courbes enveloppes des méridiens. Voici en quoi consistent ces enveloppes.

En considérant le quart de rond situé dans le tailloir, à gauche de l'épure, on reconnaîtra que le grand cercle supérieur qui vient de *n*, passe en *s*, puis en A et continue vers *y*. Le profil du méridien

part du point A et va vers E; or la courbe apparente n'est pas celle qu'on obtiendrait en joignant *s*AE; pour cela il faut consi-dérer une figure plus grande.

Sur la figure 99 nous retrouvons, mais en plus grand, le grand cercle S*a*A*a*'; et le profil de méridien AE. Considérons les différents cercles parallèles passant en T, U, etc., du quart de rond.

Leurs ellipses perspectives sont T*bb*', U*cc*' etc. On voit que la courbe envelop-pante, qui leur sera tangente, sera S*abc*E; car, par chaque point sur STU, on peut

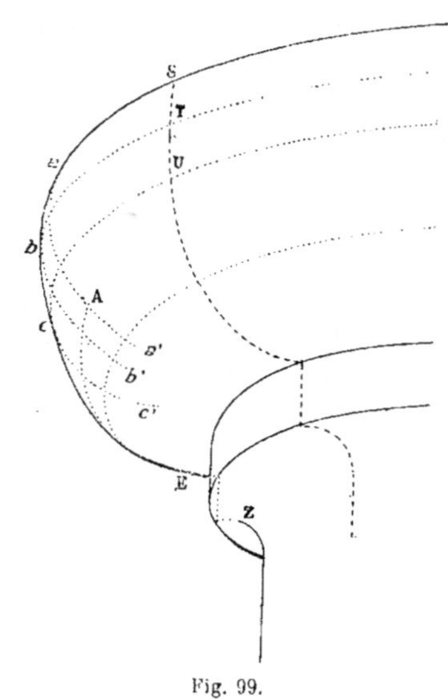



Fig. 99.

faire passer un cercle qui donnera sur *abc*E un point de tangence.

Le contour apparent n'est donc pas S*a*AE, mais bien S*abc*E.

Nous parlerons ci-après d'un genre de point singulier tel que Z, nommé point de rebroussement.

Pour limiter le fût de la colonne, on peut chercher quelles sont les généra-trices tangentes à sa circonférence.

Par relèvement du géométral, il serait facile de le connaître, mais il faudrait tout d'abord mener par le point P une verticale dont la longueur au-dessus de l'horizon serait de 3 fois PD/3, ce qui sortirait des limites de l'épure.

On peut cependant et suivant le même principe trouver ces tangentes.

Du point C, comme centre, décrivons une demi-circonférence dont le diamètre égale la largeur MN du fût dans le méridien de front. Cela fait, réduisons sur le côté de l'épure ou sur une autre feuille, suivant un rapport convenable, la partie de l'épure qui nous est utile. Supposons une réduction de moitié, nous aurons à considérer la droite de front AB comme charnière du relèvement, le point C, la ligne d'horizon, le point P et le point de distance supérieure. Ce point sera situé au-dessus de $P_1$ à une distance égale à

$$\frac{3PD/3}{2}.$$

du point $c$ on décrit un cercle dont le diamètre est aussi la moitié de MN.

Les points de tangence des droites menées de l'œil au fût s'obtiennent en traçant un cercle sur $P_1\Delta/2$ ; ce sont les points $d$ et $e$. On les reportera sur le demi-cercle de diamètre MN dont le centre est C et, suivant la méthode inverse du relèvement du géométral, on tracera sur les ellipses en perspectives ces points de tangence ; ces points, dans le cas présent, ne diffèrent pas sensiblement des verticales provenant du méridien de front.

Reste le tailloir à mettre en perspective. A titre d'exercice, nous supposerons, que la position ne nous en est donnée que de la façon suivante :

**73.** Ayant relevé le géométral pour trouver les tangentes, nous décrirons le cercle supérieur du quart de rond et nous traçons la position du tailloir. Les dimensions exactes à observer dans ce relèvement sont celles du méridien de front, puisque c'est autour d'une droite située dans ce plan que le relèvement a lieu. Le carré supérieur du tailloir est relevé en $ghij$. Nous emploierons la méthode du relèvement du géométral. Soit à rabattre le point $g$. Du point $g$ on abaisse une perpendiculaire sur AB, de son pied $g'$ on mène une droite principale $g'$P suffisamment prolongée ; à gauche de $g'$ on porte une distance $g'g''$ égale au 1/3 de $gg'$ (puisque nous ne nous servons que d'un

point de distance au tiers). Par $g''$ on mène $g''$D/3 qui coupe P$g'$ en $g_1$. Le point $k_1$ s'obtient de même. Comme vérification, $g_1k_1$ étant situés dans le plan du cercle dont le centre est C et étant tous deux situés sur la diagonale de carrés circonscrits à ce cercle, la droite $g_1k_1$ doit tendre au point C.

Pour tracer le profil de retournement du tailloir, nous prenons sur une bande la hauteur de $g_1$ à la ligne d'horizon, nous portons cette hauteur verticalement sur l'échelle divergente (*fig.* 97) de sorte que la distance dont s'agit soit comprise entre les droites $11'$S′ et $l_1$S′ suffisamment prolongées, nous marquons les trois points supérieurs de hauteur du tailloir et nous les reporterons en GG′K′ (*fig.* 98) Ayant fait la même construction du côté droit, nous joindrons GG′K′ et leurs similaires à droite, et nous obtiendrons le profil GG′K$k_1$ et son analogue. On agira ainsi pour les autres angles, il y aura cependant quelque simplification car on aura en $f$ le point de fuite des deux côtés à droite et à gauche.

### Points de rebroussement.

**74.** Soit une surface de révolution (*fig.* 100) sur laquelle on voit les méridiens $ab$, $cd$, $ef$, $gh$, $ij$ et les ellipses de parallèles $1egi2$ ; 3,4 ; 5,6 ; $a7$ ; $m8$ ; $n9$.

Si l'on veut tracer la courbe de contour apparent, c'est-à-dire la tangente aux ellipses représentant des cercles parallèles, on obtiendra une courbe $fz$ tangente au cercle de base $ldfhj$ et à l'ellipse $n9$ et $m8$, mais ensuite, on ne peut continuer la courbe de tangence dans le même sens et, si l'on voulait absolument trouver un point de tangence avec l'ellipse supérieure $a7$, il faudrait *rebrousser* chemin. La tangente $fz$ qui, au départ était extérieure aux ellipses deviendrait à partir du point $z$ intérieure à ces courbes ; c'est-à-dire, puisqu'il s'agit du contour d'un objet, qu'après avoir été *réelle* de $f$ en $z$, elle deviendrait *virtuelle* à partir de ce dernier point ; de telle sorte qu'au-delà de $z$ on ne doit plus la tracer.

La géométrie supérieure donne des moyens pour déterminer avec exactitude ce point de rebroussement, mais ils sont fort compliqués ; dans la pratique on se bornera à tracer le contour apparent des courbes jusqu'à ce qu'on rencontre un point de tangence à partir duquel la tangente devrait changer de direction.

On remarque ces points dans toutes les surfaces à double courbure, c'est-à-dire dans celles qui sont convexes dans un sens et concaves dans le sens perpendiculaire au premier.

Les surfaces à courbures simples, comme la sphère, l'ellipsoïde, n'en présentent jamais.

## Méthode de la corde de l'arc.

**75.** Il est une méthode de perspective directe fort employée qu'on nomme la méthode de la corde de l'arc (nous verrons pourquoi plus loin).

Dans les différents cas de perspective

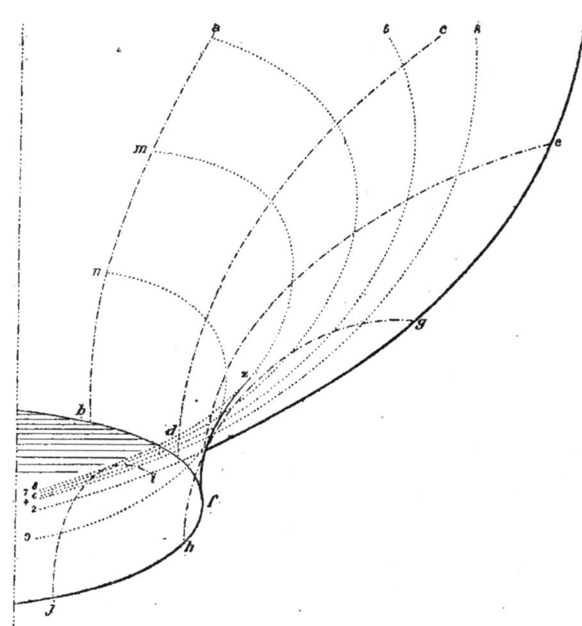

Fig. 100.

directe que nous avons vus plus haut, il n'était pas indispensable pour les résoudre de connaître exactement la position de l'œil du spectateur ; il n'en sera plus de même ici.

Tout d'abord, nous devons prévenir le lecteur que cette méthode est une extension du relèvement du géométral et du principe des figures homologiques (nᵒˢ 29 à 35).

Soit (*fig.* 101) une droite horizontale quelconque AB — *ab*, nous connaissons la position du point P et du point de distance D.

Il s'agit de faire pivoter cette droite, dans son plan vertical de projection, de façon à amener ce plan à être de front et par conséquent à connaître la droite AB dans sa vraie grandeur par rapport au plan de front dans lequel elle est située.

Nous nous proposons de décrire un demi-cercle sur cette droite horizontale ainsi ramenée de front et de ramener en-

suite ce demi-cercle dans la position occupée primitivement par la droite donnée
en AB — *ab*.

La droite en perspective et sa projection horizontale sont situées dans un plan
vertical A*ab*B; nous ferons tourner ce plan
autour de A*a* comme charnière jusqu'à
ce que ce plan soit de front. La projection *ab* en pivotant autour de *a* prendra
la direction *aa'* et la droite perspective AB
sera située sur une horizontale passant
par A ; les directions sont connues *a priori*

mais les points A' et *a'* restent à déterminer.

Il nous faut donc trouver une longueur
*ab'* qui soit égale à *ab* en perspective.
Pour cela, il nous suffit de chercher le
point de fuite d'égal recoupement par rapport à la droite *ab*. Rappelons comment
on l'obtient.

La droite *ab* a son point de fuite en *f*,
je mène par le point P une perpendiculaire à la ligne d'horizon de telle sorte
que PΔ soit égal à PD. C'est le point de

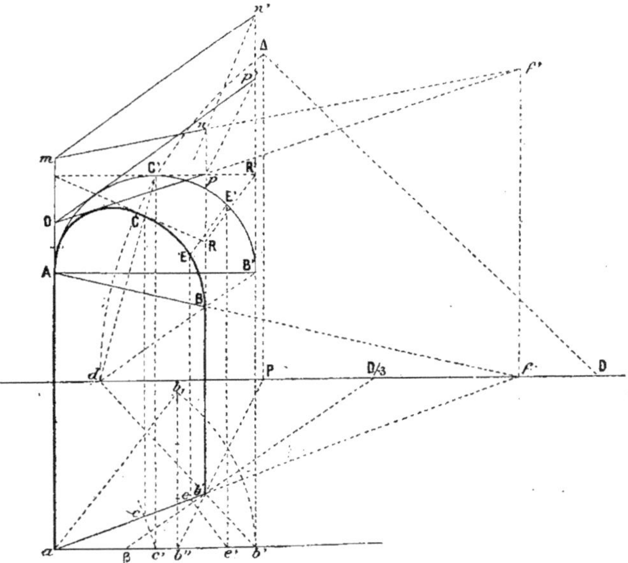

Fig. 101.

distance supérieure ; de *f* comme centre
avec *f*Δ pour rayon, je décris l'arc de
cercle Δ*d*, le point *d* est le point de fuite
des droites d'égal recoupement par rapport aux droites fuyant en *f* (15).

Je mène *db* jusqu'à l'horizontale passant par le point *a*, on aura alors *ab'* égal
perspectivement à *ab*. La même construction se répétera pour la droite de l'espace AB en faisant passer une droite *d*B
jusqu'à l'horizontale passant par A, ce qui
donnera le point B'. Comme vérification B'
doit se trouver sur une même verticale

avec *b'*, La construction se simplifie si,
quand on a obtenu le point *b'*, on se borne
à le relever sur l'horizontale passant par
A ; AB' représente donc la droite AB à l'é-
chelle du plan de front *ab'*.

Si nous décrivons un demi-cercle sur AB'
comme diamètre et qu'on veuille ramener
ce demi-cercle dans la position occupée
primitivement par AB, il suffira de faire
une construction contraire. Ainsi pour le
point E' du cercle situé dans le plan de
front, nous chercherons la projection *e*
de ce point sur *ab'* menant *e'd* jusqu'en *ab*

nous aurons le point *e* que nous relèverons en E sur *d*E'.

L'horizontale formant tangente au demi-cercle en C' rencontre l'axe *a*A en un point qui ne change pas pendant la rotation, le point R' vient en R et la droite CR est encore tangente au cercle dans sa nouvelle position.

Soit à tracer la tangente au cercle parallèle à une direction donnée, et soit *mn* cette direction.

Nous ferons d'abord venir cette droite dans le plan de front en *mn'*, nous tracerons ensuite la tangente *op'* parallèle à *mn'* et nous ramènerons cette tangente dans le plan vertical A*ab*B en *op*. Comme vérification nous remarquerons que *mn* et *op* étant parallèles doivent avoir le même point de fuite et comme ces deux droites sont situées dans le plan vertical *aβ'*, ce point de fuite sera situé sur *ff'*. En se rendant compte de ce fait, on aurait pu tracer la tangente de la façon suivante : amener *mn* dans la position *mn'*, tracer la tangente *op'* et par *o* mener *of'* ce dernier point étant obtenu en prolongeant *mn* jusqu'à la verticale passant par *f*.

Les deux demi-cercles sont des figures homologiques et, en ce qui concerne les tangentes précitées, A*a* et *f'* sont l'axe et le centre d'homologie.

**76.** Lorsque le mouvement de rotation autour de l'axe *a*A s'opère, les points tels que *b* décrivent des arcs de cercle dont *a* est le centre, la portion de droite *bb'* fuyant en *d* est la corde de l'arc décrit par le point *b* lorsqu'il vient en *b'* : de là le nom de *méthode de la corde de l'arc*.

Nous avons supposé que le point D, ainsi que le point Δ étaient accessibles ; c'est le cas le plus rare, et nous devons indiquer comment on devrait opérer lorsque ces points sont situés hors des limites de la feuille d'épure.

La distance nous est alors donnée d'une façon réduite, soit, par exemple, par le point D/3. Voici comment nous obtiendrons le point *b'*

Nous menons une droite principale P*b* jusqu'en *b''* et une autre passant par *b* et D/3 qui déterminera sur *ab'* le point β. Si nous relevons le géométral autour de *ab'* la droite *b''*P, étant perpendiculaire-ment à *ab'*, viendra suivant la direction *b''b₁*. A cause du point de distance réduit D/3, nous savons que perspectivement β*b''* est égal au tiers de *b''b*. Portant donc sur la perpendiculaire élevée en *b''* trois fois β*b''* nous aurons en *b₁* le relèvement du point *b* et la *vraie* distance du point *a* au point *b* ; en reportant cette longueur de *a* en *b'* nous aurons obtenu le même résultat que par la construction précédente, en menant ensuite *bb'* jusqu'à la ligne d'horizon, nous obtiendrons en *d* le point de fuite d'égal recoupement des droites fuyant en *f*.

Cette méthode sera toujours exacte, quel que soit la position du point *f* ; c'est-à-dire quelle que soit l'inclinaison de la droite *ab* par rapport au tableau. Si le point *f* se confond avec le point de distance D, le point *d* coïncidera avec P ; et si le point *f* venait au contraire en P, le point d'égal recoupement *d* viendrait en D à gauche.

Du reste, on remarquera que, plus le point *f* s'éloigne vers la droite, c'est-à-dire plus *ab* tend à devenir parallèle à la ligne d'horizon, et plus le point *d* se rapproche de P. Lorsque *ab* coïncide avec *ab'*, *d* se confond avec P.

### Changement de géométral.

**77.** On fait en perspective un changement de plan de projection analogue à celui connu en géométrie descriptive sous le nom de *changement de géométral*.

Pour faciliter certaines constructions, on a quelquefois besoin (et nous allons bientôt le voir) de changer le plan géométral sur lequel se projettent les points de l'espace.

Ainsi (*fig.* 102) le point A se projette en *a* sur le géométral dont la ligne de terre est *xy*, l'horizon *hh'* et le point de vue P.

Supposons qu'on prenne un nouveau géométral, toutes choses restant égales d'ailleurs. Le point P, projection de l'œil, ne changera pas, la nouvelle ligne d'horizon devra donc passer aussi en P. Quant à la ligne de terre, ou trace du tableau, elle doit être parallèle à cette nouvelle ligne de terre, soient *h₁* et *h'₁* et *x₁* et *y₁* ces deux lignes.

L'intersection des deux plans géométraux a lieu suivant P$m$ ; cherchons la nouvelle projection géométrale du point A.

Nous savons tout d'abord que cette projection se trouvera sur une perpendiculaire abaissée du point A sur la nouvelle ligne d'horizon $h_4h'_4$.

Le tableau n'a pas changé, non plus que la position de l'œil ; en choisissant un nouveau géométral, il se produit donc un mouvement de pivotement autour du point P, la droite A$a$ qui projette A dans le premier cas participera à ce mouvement pour la nouvelle projection cherchée et restera, par conséquent, dans un plan parallèle au tableau.

dont la ligne de terre sera $x_4y_4$, nous tracerons l'intersection P$m$ des deux géométraux, nous mènerons les deux lignes de front $ob$ et $na$ du premier géométral, nous les continuerons suivant $or$ et en $np$ dans le nouveau et abaissant des perpendiculaires de A et de B sur la direction $h_4h'_4$ jusqu'aux lignes de front convenables, nous obtiendrons les points $a_4b_4$ qui, joints par une droite, représentent la projection de AB sur le nouveau géométral.

**79.** Un plan étant défini par trois points ou par deux droites qui se coupent, nous n'indiquerons pas comment on cherche les projections d'un plan sur un nouveau géométral, mais nous allons voir

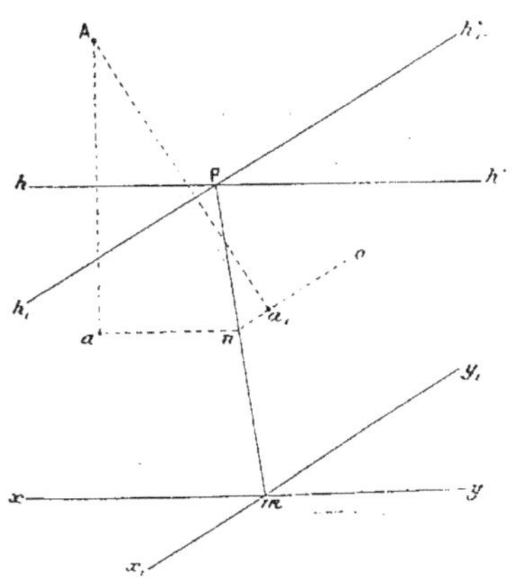

Fig. 102

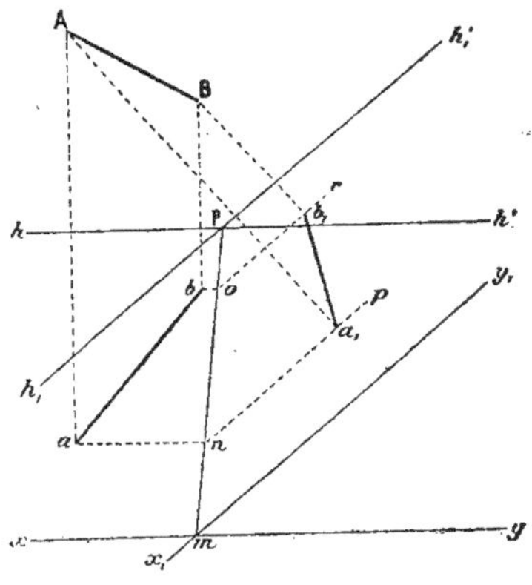

Fig. 103.

Or ce plan parallèle au tableau ou de front et contenant A$a$ a pour trace sur le premier géométral la droite de front $a, n$, il a pour trace sur le second géométral $no$ parallèle à $h_4h'_4$ ; le point cherché sera donc à la fois sur $no$ et sur la perpendiculaire abaissée du point A sur $h_4h'_4$, c'est-à-dire en $a_4$.

**78.** S'il s'agissait de chercher les nouvelles projections géométrales d'une droite, il suffirait de chercher les nouvelles projections de deux de ses points. Ainsi (*fig.* 103) soit la droite AB — $ab$, la ligne d'horizon $hh'$ et le point P. Si nous prenons une nouvelle ligne d'horizon $h_4h'_4$ correspondant à un nouveau géométral

comment on choisit un nouveau géométral tel que le plan donné lui devienne perpendiculaire. On comprend toute l'importance de cette construction car nous avons vu, par la méthode de la corde de l'arc, comment on pouvait construire une figure quelconque, faire une opération déterminée dans un plan quelconque mais cependant vertical ; si nous trouvons ici le moyen de rendre vertical un plan quelconque, et en combinant ces deux procédés, nous pourrons faire telle opération que nous jugerons convenable dans un plan tout à fait quelconque.

Posons d'abord ces deux principes qui ne soulèvent aucune difficulté :

1° Tout plan peut être considéré comme engendré par une série de droites de front toutes parallèles entre elles et au tableau;

2° Les droites de front d'un plan vertical sont des droites verticales, par conséquent perpendiculaires à la ligne d'horizon.

Si nous prenons les droites de front d'un plan donné, et si nous les rendons perpendiculaires à la ligne d'horizon du nouveau géométral, il est évident que le plan donné sera devenu perpendiculaire à ce géométral, ce qui, au point de vue des constructions à effectuer ultérieurement, le rendrait vertical par rapport seulement à ce nouveau géométral.

Le plan donné est figuré (*fig.* 104) en

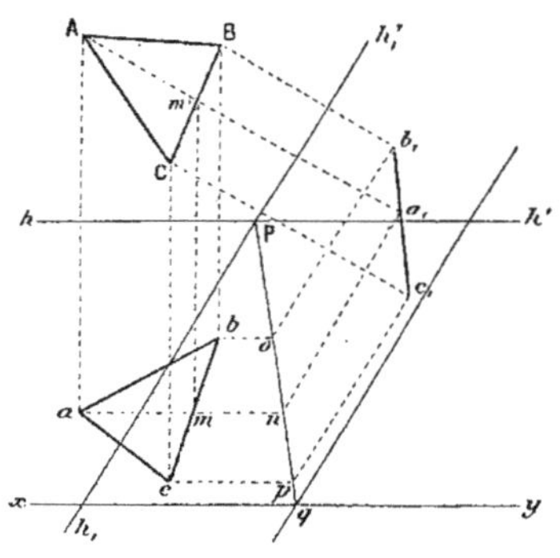

Fig. 104.

ABC — *abc*, le point P est donné ainsi que la ligne d'horizon et la trace du tableau *xy*. On demande de trouver un nouveau géométral perpendiculaire à ce plan donné.

Cherchons d'abord une droite de front de ce plan; *am* parallèle à *hh'* est la projection d'une de ces droites qui est figurée en A*m'* en perspective.

Il suffit par le point P, qui ne change pas, de mener $h_1 h'_1$ perpendiculaire à A*m* pour avoir la ligne d'horizon du géométral cherché, la trace du nouveau géométral sera en $x_1 y_1$; cette trace se prend d'une façon arbitraire, il suffit qu'elle soit parallèle à $h_1 h'_1$. L'intersection des deux géométraux a lieu suivant P*q;* nous chercherons les nouvelles projections des

points A B et C que nous trouverons en $a_1 b_1 c_1$. Comme vérification, il faut que ces trois points soient en ligne droite puisqu'ils sont compris dans un plan qui est perpendiculaire au géométral sur lequel ils se projettent.

## Trouver la vraie dimension d'une figure plane située d'une façon quelconque dans l'espace.

**80.** Pour simplifier notre épure, nous supposerons que la figure se réduit à un triangle.

Soit le triangle ABC — *abc* (*fig.* 105), la ligne d'horizon *hh'* et le point P, on donne aussi le point de distance réduit de moitié en D/2.

Cherchant une droite de front du plan donné, en *ad* — A*d'* nous prenons par le point P une nouvelle ligne d'horizon Pδ correspondant au nouveau géométral perpendiculaire au plan ABC. L'intersection des deux géométraux est en P*m*, au moyen de lignes de front, nous déterminons les nouvelles projections du plan sur le nouveau géométral.

Ces projections sont $a_1 b_1 c_1$ et sont en ligne droite.

Nous pouvons maintenant, pour plus de facilité faire tourner notre épure et la considérer comme ayant pour ligne d'horizon Pδ.

Si nous voulons employer maintenant la méthode de la corde de l'arc pour amener le plan ABC qui est déjà vertical (du moins par rapport au nouveau géométral) à être, en plus, de front, il nous faut chercher le point de fuite de droites d'égal recoupement par rapport à la direction $b_1 c_1$, nouvelle trace géométrale du plan donné qui fuit en *f*.

Du point P on élève sur Pδ une perpendiculaire égale à la distance de l'œil au tableau (ou à 2 fois PD/2) et de ce point, avec le point *f* comme centre, on décrit un arc de cercle, le point δ est le point de fuite des droites d'égal recoupement par rapport aux droites dont *f* est le point de fuite.

Si nous faisons pivoter le plan suivant la verticale passant par le point $a_1$ les points $c_1$ et $b_1$ devront venir sur une horizontale de front passant par $a_1$. En menant par $\delta$ des droites passant par $c_1$ et $b_1$ jusqu'à cette droite de front, on obtient $c_2$ et $b_2$, $a_1$ ne changeant pas pour nouvelle trace sur le géométral du plan vertical ABC.

En perspective, A ne change pas, B vient sur la verticale de $b_2$ et sur B$\delta$ en B; et C vient en C' sur la verticale de $c_2$ et sur C$\delta$ prolongé.

La figure A B' C' représente le triangle proposé suivant sa vraie forme mais à l'échelle du plan de front passant par $a_1$.

Si l'on voulait connaître la vraie grandeur absolue du triangle proposé il suffirait de chercher quel est le rapport d'éloignement (voir 10, *fig.* 9) $\frac{n}{m}$. La distance de l'œil au tableau $m$ nous est connue par PD/2; quant à la valeur $n$,

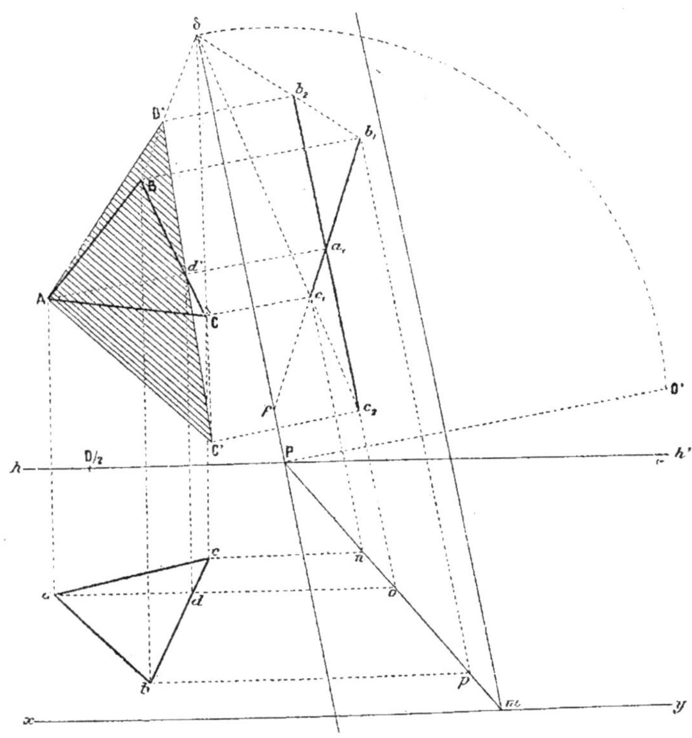

Fig. 105.

elle se compose, d'abord de $m$, puis de la distance comprise entre le tableau et le plan de front, passant par $a_1$. Pour avoir cet éloignement, il suffira de prendre un point sur $a_1$, de le joindre à P par une droite qui viendra couper la trace du tableau sur le nouveau géométral, au moyen du point de distance on déterminera la distance de ce point au tableau.

Si la distance de l'œil au tableau est de 10 par exemple et que la distance du tableau au plan de front soit de 4, le rapport $\frac{m}{n}$ sera $\frac{m}{n} = \frac{14}{10}$. Pour obtenir la vraie dimension du triangle proposé, il faudra donc en augmenter toutes les dimensions dans la proportion de 14 à 10 ou de 7 à 5.

## § *III. — IMAGES D'OPTIQUE*

### Préliminaires

**81.** Soient A (*fig.* 106) un point matériel quelconque, MM' un miroir plan ou une nappe d'eau horizontale. Un rayon lumineux issu du point A viendra frapper le plan au point O et sera réfléchi dans une direction OB telle que l'angle AOM sera égal à l'angle BOM' et que ces deux angles et la perpendiculaire NO au miroir seront situés dans un même plan. C'est ce qu'on énonce en disant que *l'angle d'incidence est égal à l'angle de réflexion.*

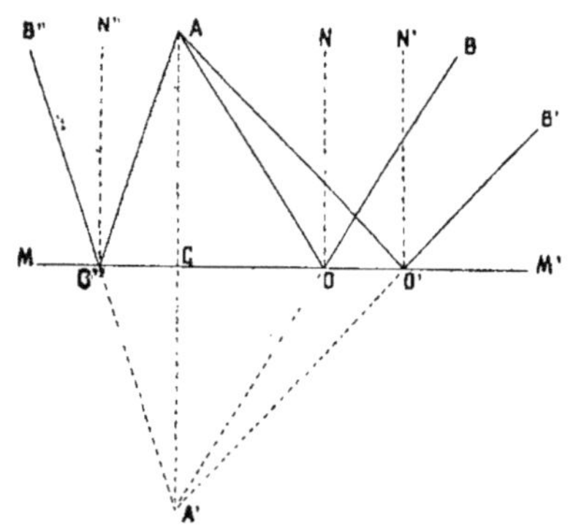

Fig. 106.

De cette définition des angles AOM et BOM' il résulte que la direction OB suffisamment prolongée passe par le point A' symétrique de A' par rapport au plan MM'.

Supposons, maintenant, que l'œil est placé en B, qu'un point matériel est en A et que MM' est un miroir. L'image du point A sera en A' pour le spectateur placé en B et paraîtra située en O sur le miroir.

Ce point A' peut donc être déterminé en abaissant de A une perpendiculaire sur le plan du miroir et en la prolongeant, à partir de C, d'une quantité CA' égale à AC.

On voit que pour toute autre position du point B en B' ou B" (c'est-à-dire pour toute autre position de l'œil), le point A a son image en A' mais paraît situé en O' ou en O" sur le miroir.

L'image d'une droite est une autre droite, l'image d'un plan est un autre plan. Si deux droites sont parallèles

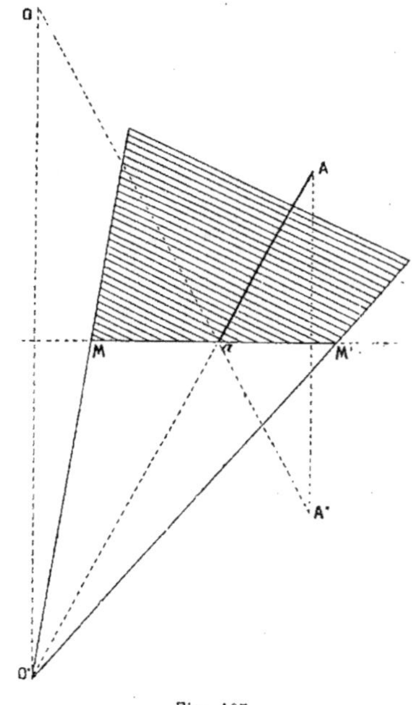

Fig. 107.

entre elles et à l'horizon, leurs images seront aussi parallèles et toutes quatre auront le même point de fuite.

Si deux droites sont parallèles entre elles, mais inclinées par rapport à l'horizon, le point de fuite de leurs images sera le symétrique des premières droites par rapport à l'horizon.

Une droite perpendiculaire au miroir est prolongée par son image.

Lorsque le miroir est horizontal (nappe d'eau), un objet et son image ont la même projection horizontale.

Il est à remarquer que, si le miroir est circulaire, les angles d'incidence, de réflexion et la normale sont situés dans un même plan perpendiculaire au plan tangent à la surface courbe.

**82.** On appelle *champ d'un miroir* (*fig.* 107), par rapport à l'œil O du spectateur, la portion de l'espace dont tous les points peuvent être réellement vus du point O dans le miroir MM'.

Ainsi tout point A situé dans la partie hachée de la figure 107 sera vu dans le miroir du point O et aura une image réelle, non virtuelle. Pour obtenir ce champ de miroir, il suffit de tracer le symétrique O' du point O par rapport à la surface réfléchissante MM' et de circonscrire ensuite, par ce point, une pyramide ou un cône à la surface du miroir.

En réalité, chercher l'image d'un point A dans un miroir MM' par rapport à l'œil O revient à chercher la perspective du point A sur un tableau MM' par

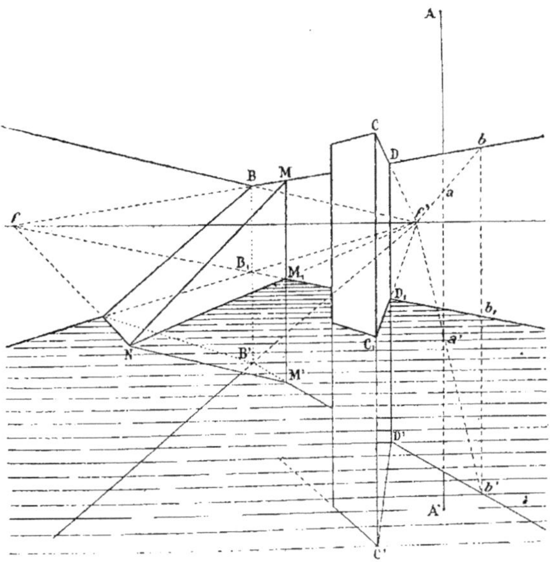

Fig. 108.

rapport à un autre œil O'. Le point *a* obtenu ainsi est à la fois perspective de A par rapport à O' et réflexion de A dans le miroir MM' par rapport à l'œil O.

### Réflexion dans l'eau.

**83.** La figure 108 est un mur de quai avec une rampe se reflétant dans l'eau. L'horizon est en *ff'*, ces deux points sont les points de fuite des deux directions des murs de quai. NM₁C₁D₁b₁ représentent la section produite par la sur-

face horizontale de l'eau. On voit qu'il suffit pour obtenir l'image d'un point M, par exemple, de prolonger MM₁ d'une longueur égale à elle-même, on aura ainsi le point M' qui est l'image du point M.

On peut opérer ainsi sur chaque point les simplifications se verront facilement.

Ainsi M*b* est parallèle à l'horizon, son point de fuite est en *f*; il suffira de mener par M' une fuyante en *f* pour obtenir l'image M'*b* de M*b* sans être obligé de rechercher d'autre point.

On voit combien il est facile d'obtenir

l'image dans l'eau pour tout point situé sur les surfaces verticales qui limitent la surface reflétante. Nous allons voir maintenant comment il faut opérer lorsque le point cherché n'est pas situé ainsi.

Soit le point A représentant le sommet d'un mât, par exemple, et dont la projection sur le quai même est en $a$.

Par un point quelconque $f'$ de l'horizon on mène $f'a$ qu'on poursuit jusqu'en $b$ à l'arête de la surface verticale qui limite l'eau; on abaisse $bb_1$ qu'on prolonge d'une quantité égale $b_1b'$, on mène ensuite $b'f'$. On obtient par le re-

## Miroirs verticaux.

**84. Miroirs verticaux perpendiculaires au tableau.** Dans la figure 109, nous voyons la perspective de l'angle d'une pièce, une porte est pratiquée dans le mur du fond (plan de front); un miroir, cerné d'un double trait, est placé sur la cloison à gauche. On donne le point A et sa projection horizontale $a$ situés dans cette pièce et on demande d'en déterminer l'image dans le miroir.

Nous savons qu'il faut abaisser une perpendiculaire du point A sur la surface du miroir et la prolonger d'une longueur égale à elle-même. Ici, le cas est

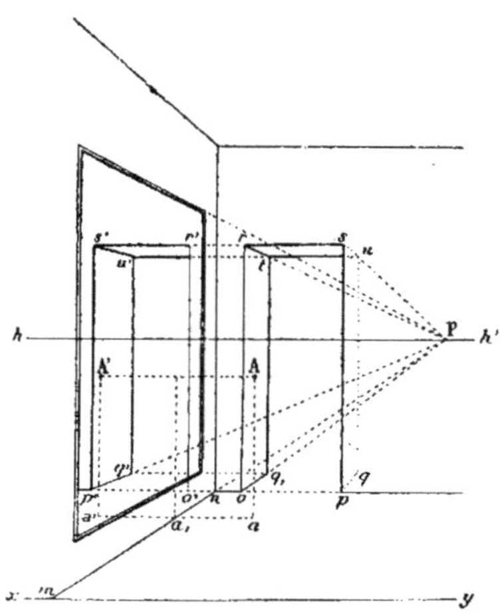

Fig. 109.

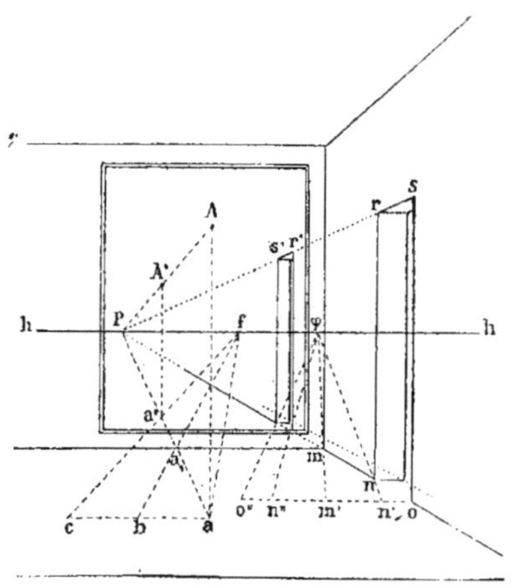

Fig. 110.

coupement avec la verticale menée par A le point $a'$ image *virtuelle* du point $a$ dans l'eau. Il ne reste plus qu'à porter au-dessous une longueur $a'A'$ égale à A$a$, le point A' est l'image réelle du point A.

Si le point dans l'espace était un astre, le soleil par exemple, comme il est considéré comme situé à l'infini, sa projection horizontale est sur la ligne d'horizon; pour obtenir son image dans l'eau il suffit donc de tracer le symétrique de cet astre par rapport à la ligne d'horizon.

facile. Le miroir étant perpendiculaire au tableau, une perpendiculaire à ce miroir est une horizontale de front. Le point cherché sera donc quelque part sur AA' parallèle à l'horizon. Menons une parallèle $hh'$ par le point $a$ et du point $a_1$ où elle rencontre l'arête inférieure du mur sur lequel est placé le miroir prolongeons-la d'une quantité $a_1a'$ égale à $aa_1$. Du point $a'$ on élèvera une verticale jusqu'à l'horizontale de front passant par A et on obtiendra ainsi le point A' image de A dans le miroir.

L'observation de la figure fera voir

comment on a opéré pour tracer l'image de la porte dans le miroir.

**85. Miroirs verticaux de front.**
Dans cette figure 110, le miroir est situé dans un plan de front, le point A a sa projection en $a$. On raisonnera suivant le même principe que pour l'exemple cité ci-dessus. La perpendiculaire au miroir est une droite principale AP, il reste à trouver le point A′. Menons par le point $a$, projection horizontale de A, la droite principale $a$P jusqu'à l'arête inférieure du mur qui contient le miroir, en $a_1$. Au moyen d'un point $f$ quelconque sur la ligne d'horizon, nous porterons $aa_1$ en $a′$ une quantité égale à $aa_1$ et du point $a′$ nous élèverons une verticale qui nous donnera le point A′.

Le point $\varphi$ pris arbitrairement sur l'horizon a servi à construire l'image de la porte dans le miroir.

**86. Miroirs verticaux quelconques.**
Deux cas peuvent se présenter ainsi qu'on peut le voir dans la figure 111.

Les horizontales contenues dans un de ces murs ont leur point de fuite situé dans les limites de l'épure, c'est le cas du miroir à droite ; elles ont leur point de fuite en $f$. Ou bien, ce point est situé hors des limites de l'épure ; c'est le cas du miroir du fond.

Le premier cas ne souffre aucune difficulté, on pourra prolonger l'horizontale $am$ d'une quantité $ma′_1$ au moyen d'un point quelconque $f′$ pris sur la ligne d'horizon. C'est le même cas que dans l'exemple ci-dessus (83), avec cette différence qu'on opère sur un point de fuite $f$ au lieu de considérer un point principal P.

Le second cas est plus compliqué et demande une construction un peu plus longue.

Pour tracer la perpendiculaire perspective passant par $a$ à la direction $cb$, nous emploierons un relèvement du géométral.

A cet effet, menons l'horizontale de front passant par $a$ qui rencontre la paroi du mur en $b$ et de ce même point $a$ menons $a$P, droite principale qui fait perspectivement un angle droit avec $ab$. Connaissant le point de distance D/3 et tirant D/3c nous obtiendrons le point $d$ tel que la longueur $da$ est le tiers de $ac$ à l'é-

chelle du plan de front passant par $a$. Relevons le géométral autour de l'horizontale de front $a$. Le point $c$ sera en C à une hauteur égale à trois fois $da$, le point $b$ n'a pas bougé ; C$b$ représente donc, relevée, la partie du mur dont il s'agit. Du point $a$ nous abaissons $a$I perpendiculaire sur C$b$ jusqu'au point I et nous rabattons ce point par une construction inverse jusque sur $cb$ en $i$ ; $ai$ représente la perpendiculaire à $cb$ ; il suffit de la prolonger d'une quantité $ca′$ égale perspectivement à $ai$, de relever ensuite le point $a′$ en A′. La direction de AA′ s'obtiendra, soit en se servant du point de fuite $\Psi$ de la perpendicu-

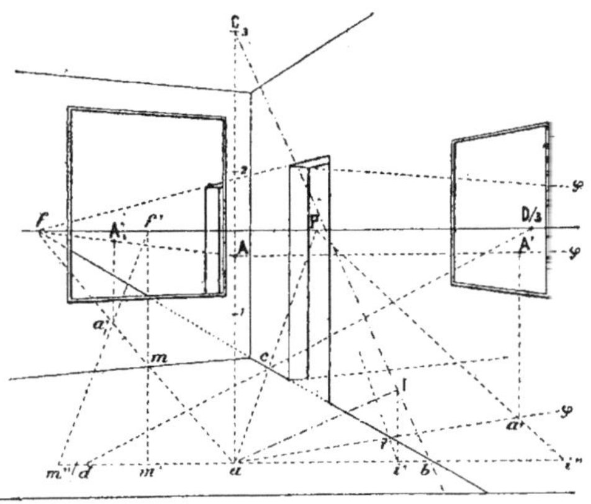


Fig. 111.

laire $ai$ s'il est accessible, soit en employant un des procédés que nous avons déjà si souvent vus.

### Construction de l'image d'un point dans un miroir quelconque.

**87.** *Nous examinerons ici le problème sous son aspect le plus général et tout à fait théorique : ce paragraphe pourrait facilement être passé à une première lecture.* — HH′ est la ligne d'horizon (*fig.* 112) ; on connaît le point principal P, le point de distance D, $oo′$ est la ligne de fuite du plan réflecteur, TT′ est sa trace sur un plan horizontal considéré comme plan géométral. On désire trouver l'image du point M dont la projection géométrale est M′.

Un point quelconque et son image sont sur une perpendiculaire au miroir.

Cette droite a son point de fuite $f$ sur la ligne PF perpendiculaire à $\theta\theta'$ à une distance telle que $PD^2 = Pf \times PF$ (1).

La perpendiculaire abaissée de MM′ sur le plan réflecteur a pour perspective M$f$, sa projection est M′$f_1$. Le plan vertical qui contient cette droite coupe le plan réflecteur suivant I$f$. L'intersection $i$ est le pied de la perpendiculaire abaissée du point M sur le miroir. Il reste à déterminer sur $if$ un segment $i$M$_1$ égal dans l'espace à $i$M.

Si on projetait le point I et le point inconnu M$_1$ sur la verticale MM′ par des droites issues du point $f'$ de la ligne de fuite $ff_1$, on aurait deux segments égaux MN et MM$_1$. Le point N étant connu, on

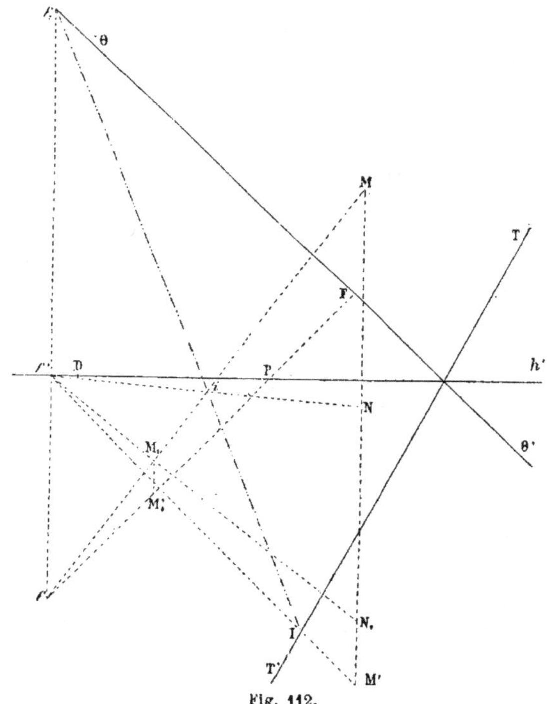

Fig. 112.

place N$_1$ tel que NN$_1$ égale MN et on obtient en menant $f'_1$N$_1$ le point M$_1$ dont la projection est M$_1$′.

(1) Dans la figure 113 on a $mnr$ et $fod$, deux triangles semblables comme ayant les côtés parallèles, ils sont aussi isocèles et on a l'angle $mnr'$ droit ; par conséquent $dod'$ est droit aussi, d'où l'on tire :

$$op^2 = d'p \times pd.$$

On peut donc calculer facilement ces segments sans faire aucun tracé.

## Ligne de fuite des images des plans de front.

**88.** Considérons un plan passant par l'œil O et perpendiculaire, tant au tableau (*fig.* 114) qu'au plan réflecteur. Soient sur ce plan TRG et O$t$ les traces du tableau du plan mené par l'œil parallèlement au miroir du plan de front passant par le même point et de l'image de ce plan ;

enfin O*f* une perpendiculaire à R. On voit que O*ot* et O*tf* sont isocèles, d'où il suit que O*t* est égal à chacun des deux segments *ft* et *to*, de telle sorte que la ligne de fuite des images des plans de front est parallèle à la ligne de fuite du plan réflecteur et

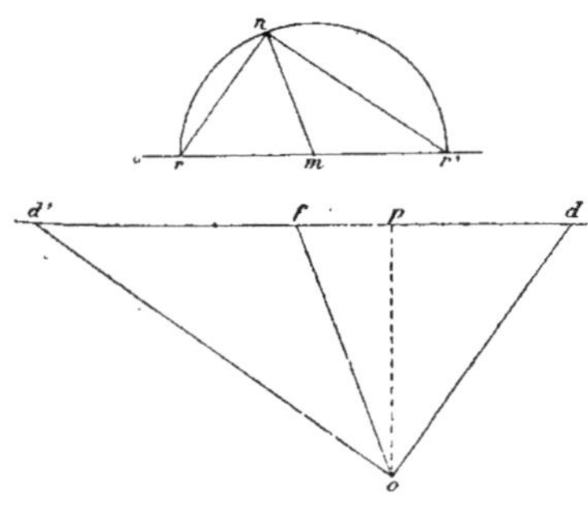

Fig. 113.

passe à égale distance de cette ligne et du point de fuite des perpendiculaires au plan réflecteur.

N. B. — La perspective d'une figure et

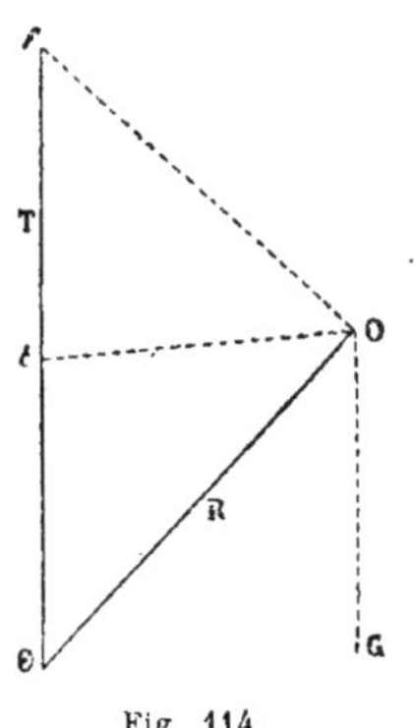

Fig. 114.

celle de son image satisfont à toutes les conditions d'homologie. La perspective de l'intersection du plan de la figure par le plan du réflecteur et le point de fuite des perpendiculaires à ce dernier sont l'axe et le centre d'homologie.

## Image d'un point dans un miroir.

**89.** Si le lecteur se reporte à la fin du n° 81, il verra que chercher l'image d'un point dans un miroir quelconque revient à chercher l'intersection avec le miroir de la droite qui joint ce point au symétrique de l'œil par rapport audit miroir.

Voyons tout d'abord comment on obtient ce point symétrique de l'œil.

La figure 115 représente l'ensemble d'un géométral, d'un tableau et d'un miroir; c'est un croquis complétant le n° 85 et la figure 112; il peut même, au besoin, les remplacer.

O est la position de l'œil dans l'espace, O' est sa projection géométrale. Pour obtenir le point symétrique de O par rapport au miroir il faut et il suffit d'abaisser du point O une perpendiculaire sur le miroir et, du point K où elle le rencontre, de la prolonger d'une quantité $KO_1$ égale à OK. La projection géométrale de $O_1$ est $o_1$. Joignons $Oo_1$ et KL, le point J est situé à égale distance de K et de L en raison des triangles semblables OKL et $OO_1o_1$, et de ce que $OK = KO_1$.

La perspective du point $O_1$ coïncide avec φ qui est le point de fuite des droites perpendiculaires au miroir. Ces deux points ont une même perspective puisqu'ils sont situés tous deux sur le même rayon visuel mené de l'œil au point de fuite φ. Chercher le symétrique de l'œil revient donc à déterminer le point de fuite des droites perpendiculaires au miroir. La projection géométrale de ce point a sa perspective en $o'_1$; ce point est situé à moitié de la distance de φ*l*. La droite qui joindrait M*l* et qui n'est pas indiquée ici serait la perspective de la trace du miroir sur le géométral (car le point M est certainement un point de cette perspective puisqu'il est commun au géométral, au miroir et au tableau; et le point *l* en est un autre, puisqu'il est la perspective d'un point de cette trace).

On obtient donc la perspective de la projection géométrale du point symétrique $O_1$ en abaissant de φ une perpendiculaire au géométral jusqu'à sa rencontre avec la perspective de la trace du miroir sur ce géométral; le point $o'_1$ qui la partage

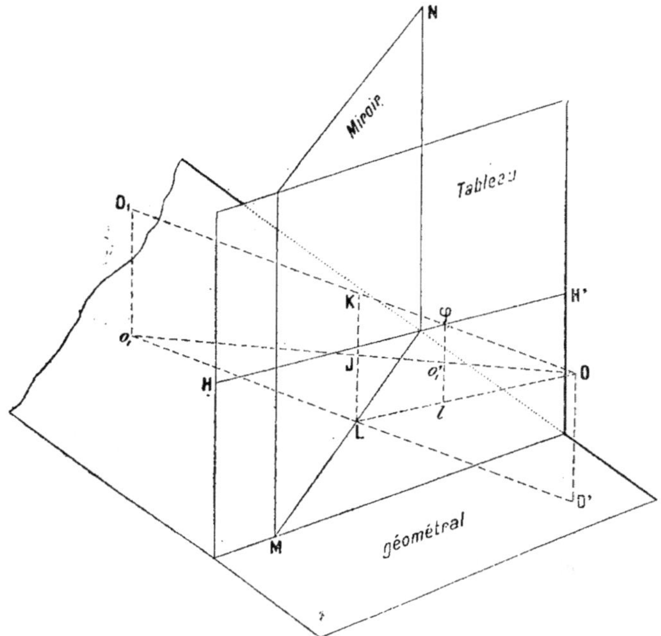


Fig. 115.

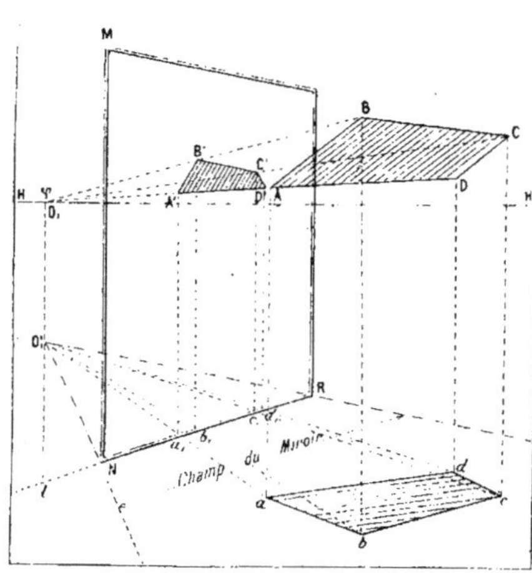


Fig. 116.

en deux parties égales est la perspective de la projection géométrale du point O₁.

Pour obtenir l'image d'une figure dans un miroir quelconque, on procédera donc comme suit :

**90.** Soit ABCD (*fig.* 116) une surface quelconque, dont la projection sur le géométral est *abcd* ; le miroir M a pour trace sur le géométral la droite NR. Enfin HH est la ligne d'horizon. On cherche d'abord le point de fuite des droites perpendiculaires au miroir : soit φ ce point qui, comme on le sait, coïncide sur le tableau avec le symétrique O₁ de l'œil. De ce point on abaisse une perpendiculaire jusqu'à sa rencontre avec la trace NR, ce qui a lieu ici en *l* ; le point O′₁ milieu de φl est la perspective de la projection géométrale du point O₁.

Il suffit de mener par le point φ ou O₁ des droites aux différents points ABCD et d'en chercher l'intersection avec le miroir, ce qu'on obtient en menant des droites telles que o′₁a et en remontant de a jusqu'en A′.

**91.** Voyons maintenant comment on procède pratiquement sur une épure.

Soit ABCD — *abcd* (*fig.* 117) un miroir (on est assuré qu'il est plan puisque le point de rencontre E de sa diagonale a pour projection horizontale le point qui

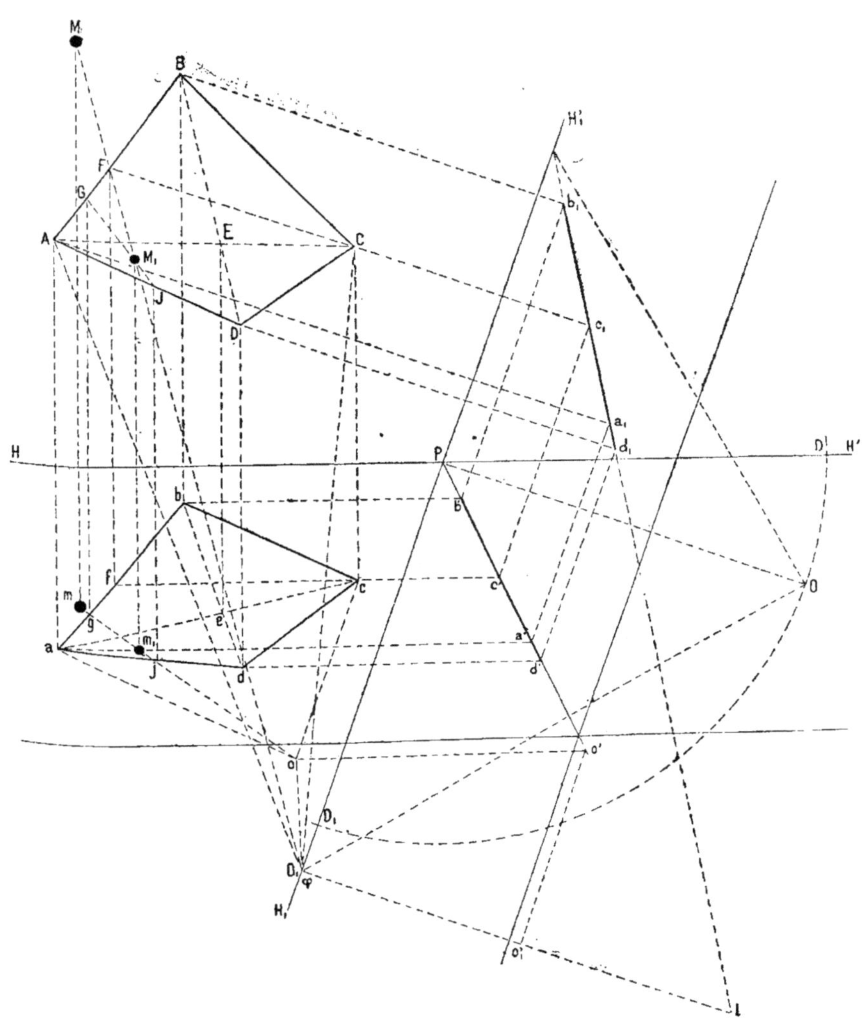

Fig. 117.

se trouve aussi *e* au point de rencontre des projections des diagonales). HH′ est la ligne d'horizon, P le point principal, et D le point de distance, et soit M*m* le point dont on demande l'image dans le miroir ABCD. Nous suivrons la marche indiquée plus haut (88).

Pour trouver le symétrique de l'œil

par rapport à ABCD, il faut chercher le point de fuite des droites perpendiculaires à ce miroir. A cet effet nous changerons de géométral (78) en prenant une horizontale $fc$FC et en menant $H_1H'_1$ perpendiculaire à cette horizontale et passant par le point P ; on obtient ainsi une projection géométrale $d_1a_1c_1t_1b_1$ qui montre que le miroir est devenu perpendiculaire au nouveau géométral. En opérant un rabattement autour de $H_1H'_1$, l'œil vient en O (OP$=$PD); aprés avoir mené de ce point une droite au point de fuite de la trace du miroir $d_1b_1$, nous mènerons $O'\varphi$ perpendiculaire à cette droite. Le point $\varphi$ est le point de fuite des droites perpendiculaires au miroir par rapport à la nouvelle ligne d'horizon $H_1H'_1$ ; ce point, comme nous le savons, se confond perspectivement avec le symétrique de l'œil $O_1$.

De ce point abaissons une perpendiculaire à $H_1H'_1$ jusqu'à sa rencontre en $l$ avec la trace du miroir, le point $o'_1$, milieu de $\varphi l$ est la projection sur le nouveau géométral du symétrique $O_1$ ou de $\varphi$. Par une construction inverse au changement de géométral ramenons le point $o'_1$ en $o$. Il reste à trouver l'intersection avec le miroir de la droite, MO$_1mo$. Le plan vertical de projection qui passe par $mo$ coupe le plan du miroir suivant $gj$ GJ, coupe MO$_1$ au point M$_1$ qui est l'image de M dans le miroir ; sa projection horizontale est $m_1$.

Ajoutons que c'est d'une façon tout à fait fortuite que le point $m_1$ semble sur l'épure se trouver à la rencontre de $aa'$ et de $gj$ ; il n'y a aucune relation entre ces deux droites.

## § IV. — DES OMBRES

### Ombres au flambeau. — Ombres au Soleil.

**92.** Les ombres que nous avons à considérer en perspective sont de deux sortes : les premières sont produites par un point lumineux tel qu'un flambeau, une lampe ; les secondes sont produites par le soleil. Dans les premières la source de lumière est située à une distance relativement restreinte de l'objet à éclairer, tandis que dans les secondes le soleil est situé à l'infini.

**93. Ombres au flambeau.** La figure 118 indique la position d'un flambeau F$f$ situé derrière le tableau ; le rayon lumineux issu du point F et passant par un point A vient percer le géométral au point $a_1$ qu'on détermine en menant $fa$ jusqu'à la rencontre de FA suffisamment prolongée. La droite $aa_1$ est l'ombre portée de $a$A sur le plan géométral.

Dans la figure 119, le flambeau F$f$ est situé dans l'espace intermédiaire, c'est-à-dire en avant du tableau, entre celui-ci et le spectateur.

Nous cherchons l'ombre portée par un point D$d$ sur un plan quelconque ABC$abc$. Le rayon lumineux FD est contenu dans un plan vertical dont la trace horizontale est $fd$; ce plan coupe le plan proposé suivant MN$mn$. Le point de rencontre du rayon lumineux FD et de cette intersection MN donne un point D$_1$ qui est l'ombre portée par le point D sur le plan ABC étant éclairé par le flambeau F.

S'il s'agit non plus d'un point mais de toute la droite $d$D comme devant porter ombre, c'est MD$_1$ qui représentera cette ombre portée sur le plan donné.

Le flambeau peut être situé dans le plan neutre, c'est-à-dire dans le plan vertical parallèle au tableau qui passe par l'œil du spectateur (*fig.* 120), la perspective du flambeau est alors située à l'infini, on devra donner la direction seule des rayons lumineux R, $r$.

Si l'on veut obtenir l'ombre portée par un point A$a$, dans ces conditions, sur un plan vertical NM$mn$, on mènera par A et par $a$ des droites respectivement parallèles à R et à *r*. Il est aisé de voir que le point A₁ sera l'ombre cherchée.

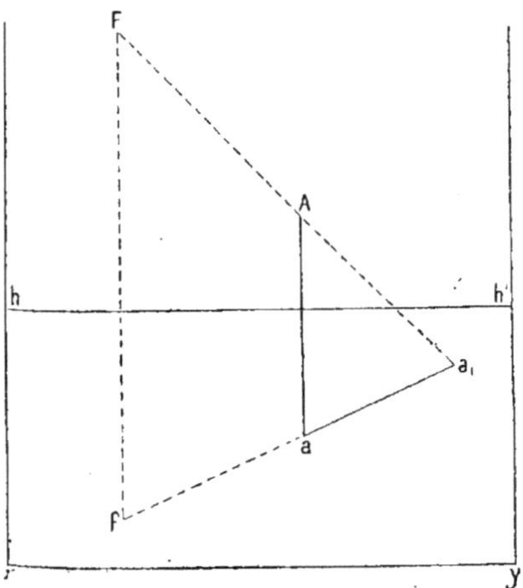

Fig. 118.

Enfin le flambeau peut être derrière le spectateur (*fig.* 121); dans le cas présent

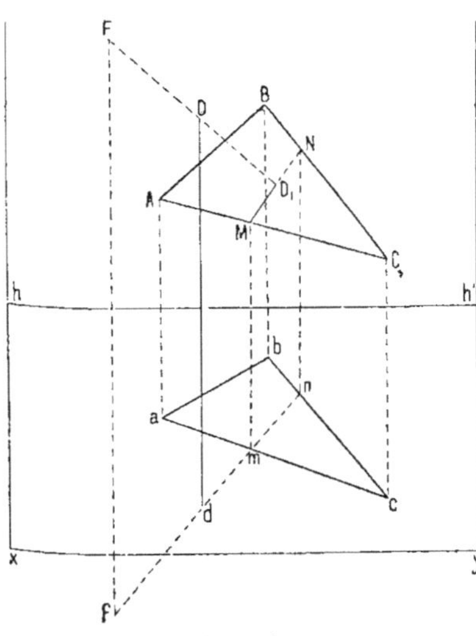

Fig. 119.

il est à *droite* et *au-dessous* de la ligne d'horizon (52); l'ombre portée d'un point

A*a* sur le géométral s'obtiendra comme dans le premier cas, on le trouve en A₁.

**94. Ombres au soleil.** Le soleil étant

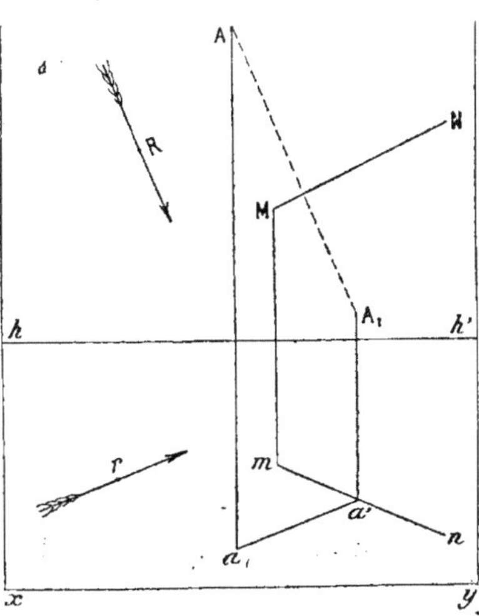

Fig. 120.

supposé situé à l'infini, sa projection horizontale est sur la ligne d'horizon. Sa projection verticale étant ici (*fig.* 122), à

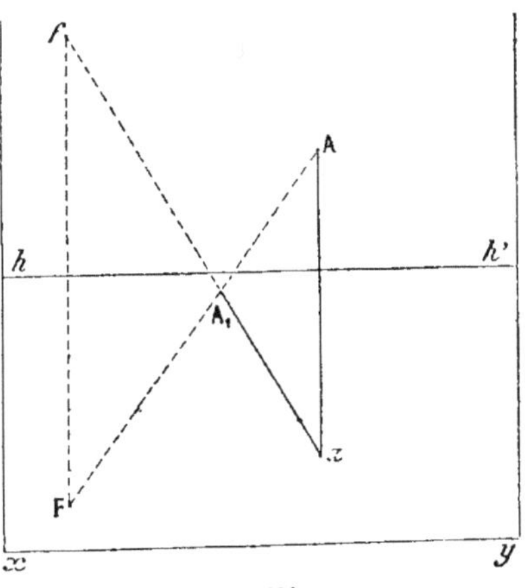

Fig. 121.

droite au-dessous de *hh'* indique qu'il est situé derrière le spectateur et à gauche. On obtient l'ombre portée par un point A sur le plan géométral comme dans le cas analogue du flambeau.

La figure 123 l'indique en arrière du

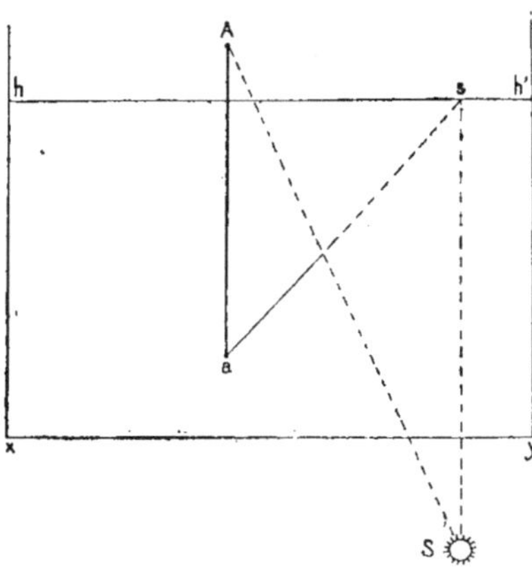

Fig. 122.

tableau, et l'ombre du point A vient en $A_1$.

Entre ces deux positions, il peut se

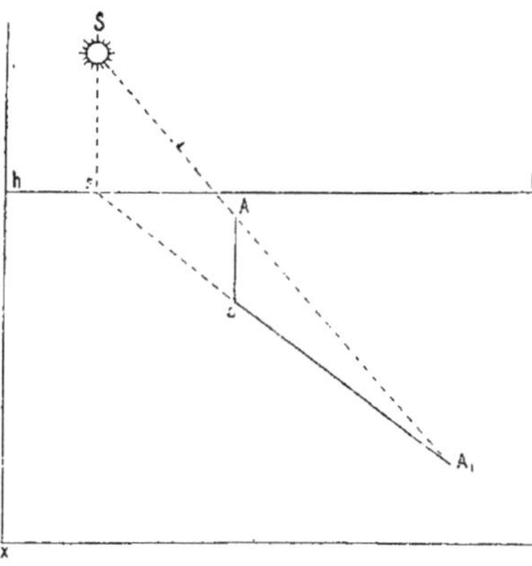

Fig. 123.

faire que le soleil soit situé dans le plan neutre (*fig.* 124); on donne alors la direction R, *r* des rayons lumineux. Le point $A_1$ est l'ombre ainsi portée sur le géométral par le point A.

## Du tracé des ombres en général.

**95.** Deux surfaces quelconques S et S′ (*fig.* 125) étant données, déterminer l'ombre portée par l'une sur l'autre, et les ombres propres de chacune d'elles. R est la direction des rayons lumineux.

On coupe à la fois les deux surfaces par des plans sécants qui passent par le point lumineux (flambeau) ou qui sont parallèles à la direction des rayons lumineux R (soleil). Chacun de ces plans détermine une section dans l'une et l'autre surface ; ces sections sont indiquées ici

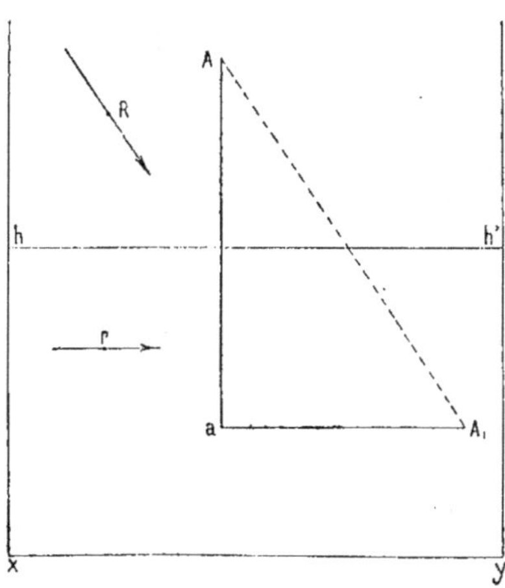

Fig. 124.

en ponctué. On leur mène des tangentes et on a ainsi des points de l'ombre propre de chaque surface, en répétant cette construction un nombre de fois suffisant, on trace les courbes séparatrices d'ombre et de lumière *adcb* et *mqpn*. Si par les deux points de tangence *d* et *c* de la première surface on mène des parallèles à R, ces droites coupent la section de la deuxième surface en *d′* et *c′*. Ce sont là deux points de l'ombre portée par S′ sur S. Les points tels que *q* et *p* qui sont communs à la fois à l'ombre portée et à l'ombre propre sont ce qu'on nomme les *points de perte*. Ces points n'existent pas toujours ainsi qu'on peut le voir dans la figure 126.

La méthode que nous venons de décrire est connue sous le nom de **méthode** des **plans sécants**; elle est d'une application pénible et ne peut convenir que

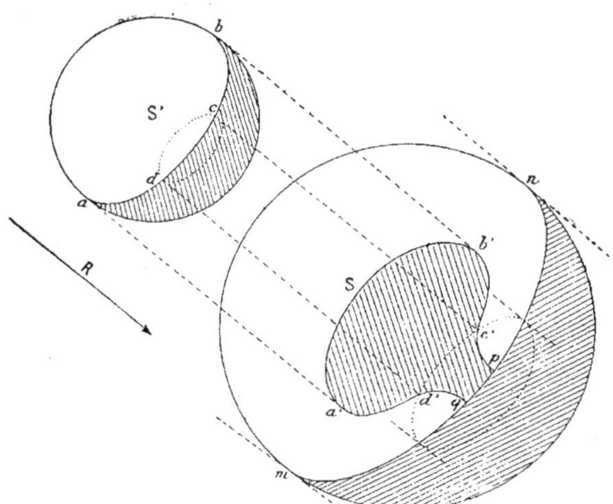

Fig. 125.

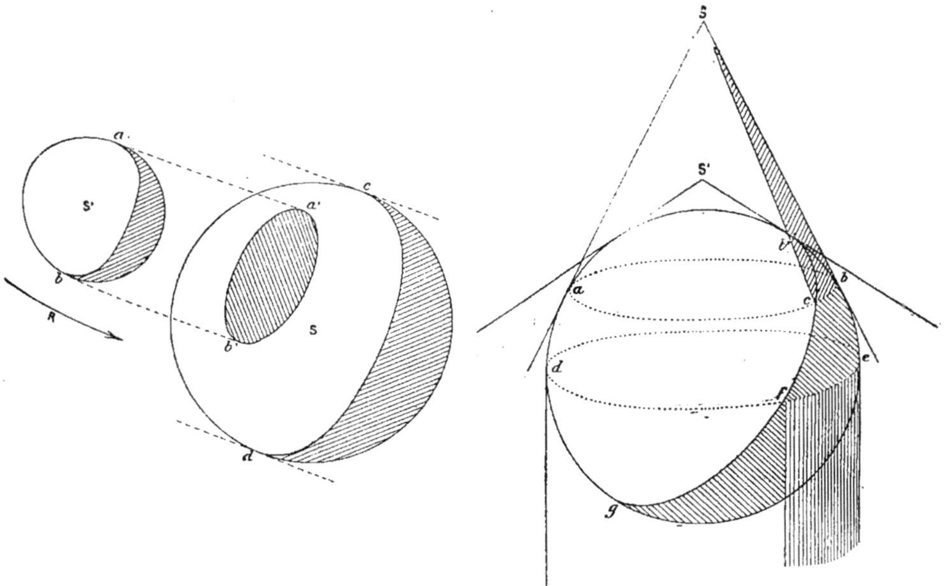

Fig. 126.

Fig. 127.

dans la recherche de certains points particuliers.

**96.** La deuxième méthode est dite des **surfaces circonscrites.**

Soit à chercher l'ombre propre d'une sphère (*fig.* 127). On lui circonscrira des surfaces dont on puisse facilement déterminer la séparatrice d'ombre et de lumière ; dans des cônes et des cylindres cette séparatrice est une droite.

Soit d'abord un cylindre tangent à la sphère suivant le grand cercle de la sphère. Sa séparatrice rencontre le cercle *de* et par conséquent la sphère au point *f* qui est ainsi un point de l'ombre propre cherchée.

En employant un cône de sommet S tangent à la sphère suivant *ab*, on obtient de la même façon un second point *c*. En

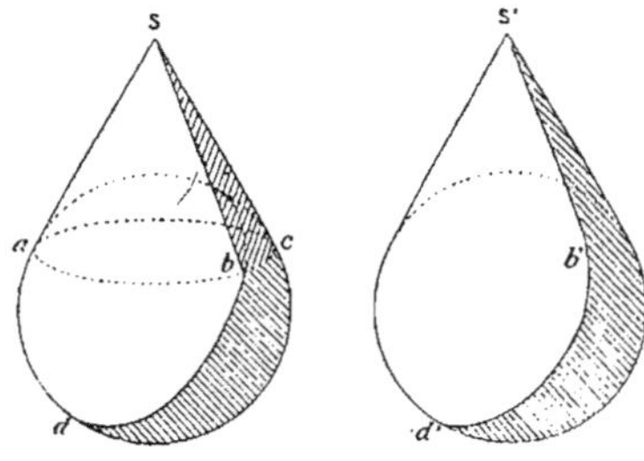

Fig. 128.

se servant d'un cône *s'* dont une génératrice est tangente à la direction des rayons lumineux, on trouve le point *b'*. De cette façon, et en joignant ces différents points, on obtiendrait la courbe *gfcb'*.

Il est à remarquer que, sauf dans des cas tout particuliers, la séparatrice d'une surface auxiliaire n'est pas tangente à la séparatrice de la surface donnée (*fig.* 128). C'est-à-dire qu'il ne suffit pas que deux surfaces se raccordent pour que leurs séparatrices se raccordent aussi, comme cela se voit au point *b* de la surface mixte S. Dans la pratique, on est convenu d'effectuer ce raccordement à la main, ainsi qu'il a lieu dans la surface S' au point *b'*.

La troisième méthode est dite des **ombres portées auxiliaires** ou des **projections obliques.**

Les surfaces S et S' étant données (*fig.* 129) chercher leurs ombres propres et portées. On trace sur chacune de ces surfaces une série de courbes faciles à déterminer ; dans le cas présent, pour une surface de révolution, on aura des cercles parallèles donnant des courbes n° 1, n° 2 et n° 3 sur la surface S.

On prend un plan auxiliaire quelconque et on trace les ombres portées de ces courbes sur ce plan ; on aura ainsi les courbes d'ombre n° 1, n° 2, n° 3. Il est évident que l'ombre portée totale est *l'enveloppe* de ces différentes courbes, ou la courbe qui leur est tangente en les renfermant toutes.

On remarque ensuite les points où l'enveloppe est tangente à chacun des cercles d'ombre et, en remontant par des rayons lumineux inverses de ces points de tangence aux cercles de même nom sur la surface S, on détermine des points qui servent à tracer la séparatrice d'ombre et de lumière.

Par un procédé semblable, on projette la surface S' sur le même plan auxiliaire et on a l'ombre portée sur ce plan par la surface S'.

On remarquera les deux points *pp* où les deux courbes d'ombre ont des points communs ; ces points sont des *points de perte*. Au moyen de rayons lumineux inverses, on les ramènera en *p'p'* sur la séparatrice d'ombre et de lumière de la surface S.

La portion de l'ombre de S' sur le plan auxiliaire, qui se trouve renfermée dans la courbe d'ombre de S, donnera seule une ombre portée sur cette surface S.

Choisissant les points tels que *m'n'* où la courbe d'ombre de S' rencontre les courbes d'ombre n° 1, n° 2, n° 3 et les remontant sur les cercles parallèles de même nom de S, on déterminera une série de points qui, reliés ensemble par une courbe, donneront l'ombre portée de S' sur S.

Disons, sans autre démonstration, qu'aux points de perte *p'p'*, la courbe d'ombre portée par S' sur S doit être tangente aux rayons lumineux.

Cette méthode est celle qu'on emploie le plus fréquemment, car il est rare que, dans la pratique, un plan quelconque ne

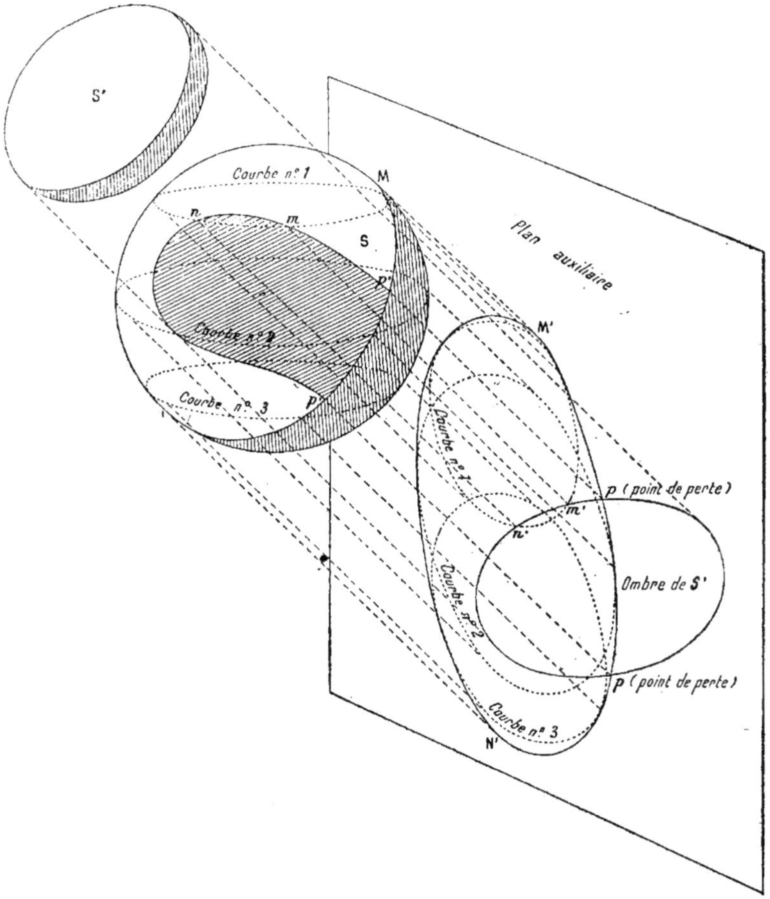

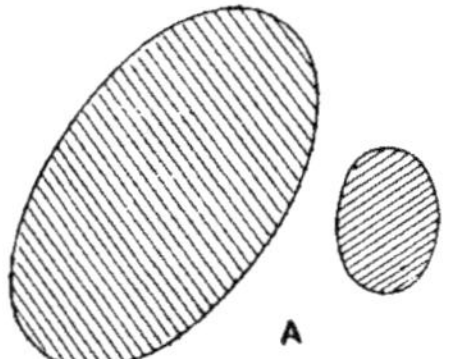



Fig. 129.

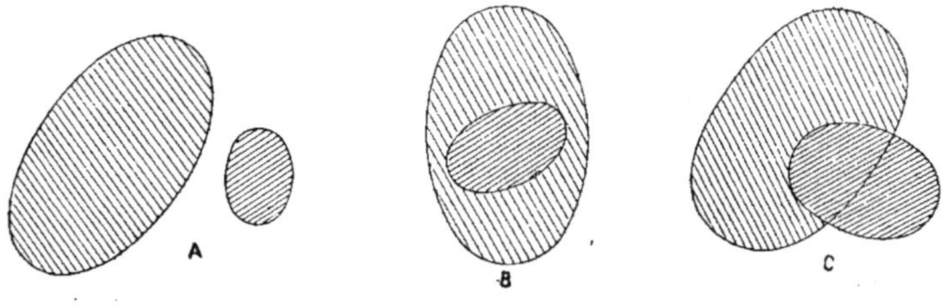

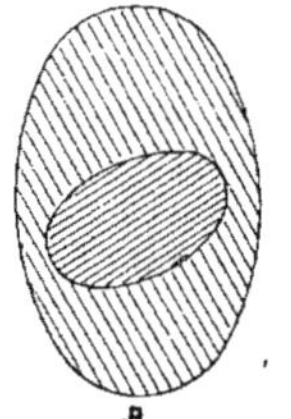



Fig. 130.

fasse pas partie de l'épure. En perspective, on pourra presque toujours se servir du géométral ou de tout autre plan facile à déterminer.

A l'inspection seule des projections des surfaces sur le plan auxiliaire on peut voir à l'avance les différents cas de l'ombre portée. Ainsi (*fig.* 130), les ombres étant portées comme en A, aucune surface ne portera ombre sur l'autre. En B, au contraire, la plus petite portera entière-ment ombre sur la plus grande, la courbe sera fermée et il n'y aura pas de points de perte. En C, la petite surface ne portera ombre que pour une partie seulement, il y aura deux points de perte et l'ombre portée sera ouverte.

## Des ombres en perspective.

**97. Ombre portée d'un prisme vertical sur le géométral.** Soit le prisme

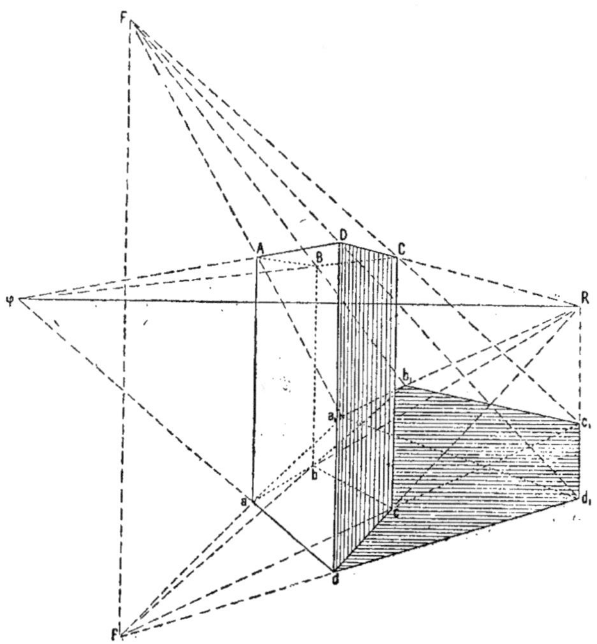

Fig. 131.

vertical ABCD*abcd*, reposant sur le géométral. F*f* est la position du flambeau ou de la source lumineuse (*fig.* 131).

Si, du point F, on mène par les angles ABCD des rayons lumineux et qu'on cherche l'intersection de ces rayons avec le géométral, on aura ainsi l'ombre portée sur ce géométral.

Pour le point A par exemple, je mène FA jusqu'à sa rencontre avec *fa*, j'obtiens ainsi $a_1$ qui est l'ombre portée de A sur le plan géométral.

Ayant trouvé les points $a_1 b_1 c_1 d_1$ et les ayant réunis par des droites, j'ai l'ombre portée par la face supérieure du prisme. La base inférieure coïncide avec son ombre ou, pour mieux dire, n'en a pas.

La projection, telle que $fd_1$, du rayon lumineux FD donne, en même temps, l'ombre portée de l'arête *d*D.

Quant à l'ombre propre, c'est le géométral qui l'indique.

En projection géométrale, la source lumineuse est en *f* ; ayant mené les projections des deux rayons lumineux $fd$ et $fa$, tangents à la base du prisme, on voit que ABab, BCbc, CDcd sont dans l'ombre.

La seule qui soit vue ici est la face DCdc.

**98. Ombre portée d'un prisme quelconque sur le géométral.** Dans la figure 132, le prisme est quelconque et ne repose pas sur le géométral. Soit

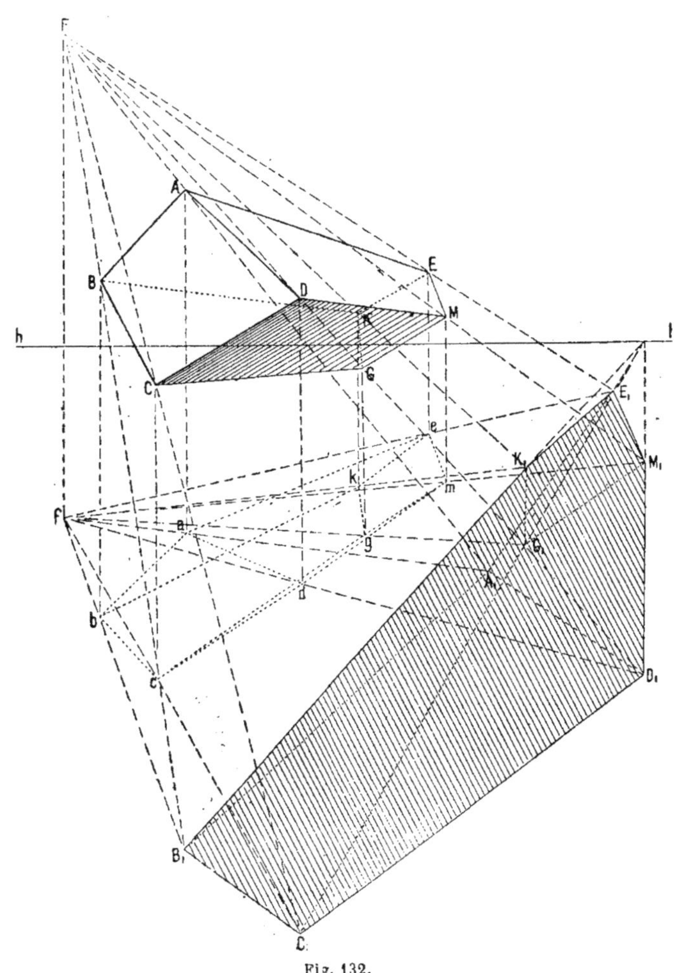

Fig. 132.

ABCDEKGMabcdekgm ce prisme, $Ff$ le flambeau.

Projetons chacune des bases ABCD et EKGM sur le géométral, joignons les angles deux à deux et nous aurons la figure $B_iC_iD_iM_iE_iK_i$ qui est l'ombre portée du prisme sur le géométral.

Faisons remarquer que, lorsque le prisme est horizontal, le point de fuite des arêtes du prisme et, par conséquent, de sa projection géométrale, est aussi le point de fuite des ombres de chacune des arêtes. On peut vérifier ce fait sur notre figure dans laquelle ce point est contenu.

Ceci se démontre facilement si l'on remarque: que deux rayons lumineux, tels que FA et FE, déterminent un plan tangent du prisme suivant l'arête AE; ce plan passe nécessairement par le point de fuite de l'arête, puisqu'il la contient. Ce même plan coupe le géométral suivant une droite $A_1E_1$ qui doit tendre au point de fuite de l'arête AE, puisqu'elle provient de la rencontre d'un plan tangent qui passe par le point de fuite et d'un géométral qui, en passant par l'horizon, passe aussi par ce même point de fuite.

Cette remarque permet souvent quelques simplifications dans la pratique. Ainsi, après avoir obtenu l'ombre $A_1B_1C_1D_1$ de la première base du prisme, il est inutile d'avoir recours à la projection géométrale du prisme $abc...$ Il suffit, par les points $A_1B_1...$, de mener des droites au point de

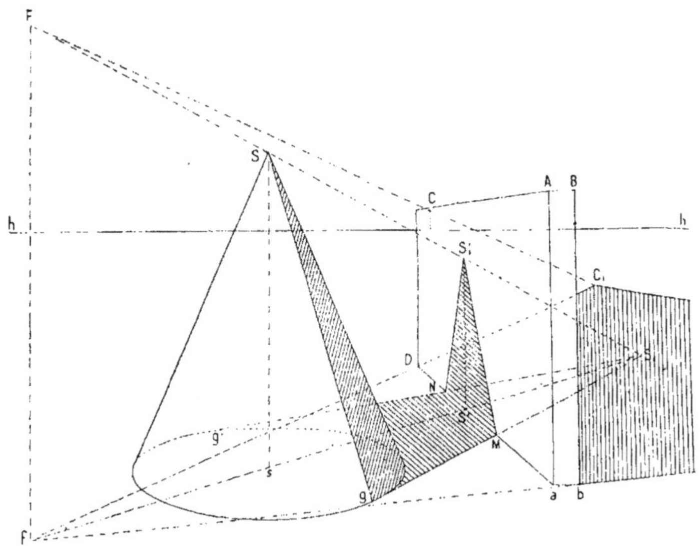

Fig. 133.

fuite des arêtes du prisme et de les recouper par les rayons lumineux issus du point F et passant par les angles AB...

Il est évident que cette simplification ne peut se faire qu'autant que le prisme donné est horizontal. S'il en était autrement, son point de fuite serait situé en dehors de $hh'$; le point de fuite des ombres serait, lui, sur l'horizon, et ces deux points de fuite seraient placés sur une même perpendiculaire à $hh'$.

**99. Ombre portée par un cône sur le géométral et sur un plan vertical.** Soit un cône de sommet S (*fig.* 133) repo-

sant sur le plan géométral, et un plan vertical $AaD...$

$Ff$ est le flambeau, $hh'$ l'horizon.

Cherchons d'abord l'ombre portée du cône sur le géométral, abstraction faite du plan vertical, pour le moment du moins.

Le sommet du cône porte ombre au point $S_1$; menant de ce point les deux tangentes $S_1g$ et $S_1g'$, on a l'ombre portée par le cône sur le plan géométral.

Quant à l'ombre propre du cône, on l'obtient en menant les deux génératrices $Sg$ et $Sg'$.

Si maintenant nous considérons l'ombre

portée sur le plan vertical A*a*D..., nous voyons tout d'abord que les points MN situés sur la trace géométrale D*a* de ce plan sont communs à l'ombre portée sur le géométral et à l'ombre portée sur le plan vertical.

Il reste à déterminer $S'_1$ qui doit se trouver évidemment sur le rayon lumineux issu de F et passant par S. Sa projection doit être quelque part sur $f\mathrm{S}_1$ et, enfin, il est situé dans le plan vertical A*a*D... Il est donc sur l'intersection du plan vertical projetant $FS_1 f$ et du plan vertical donné, c'est-à-dire sur une verticale menée par S', d'où l'on déduit le point $S'_1$. Joignant $S'_1$ N et $S'_1$ M on a l'ombre portée du cône sur le plan vertical.

L'ombre du plan vertical se trouve très facilement, comme l'indique la figure.

**100. Ombres portées sur un cône.** Soit un cône de sommet M (*fig.* 134), A B*ab* une droite quelconque, et CDE*cde* un plan quelconque dont on demande les ombres portées sur le cône donné.

Le foyer lumineux est donné par S*s* (la projection verticale S située au-dessous

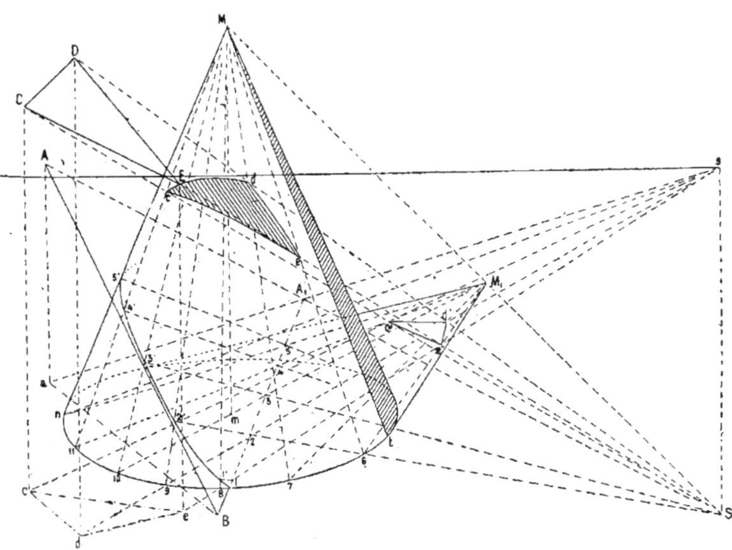

Fig. 134.

de l'horizon indique que le soleil est *derrière* le spectateur et *à gauche*).

Cherchons d'abord les ombres portées par le cône, la droite et le triangle sur le géométral :

L'ombre *c'd'e'* étant entièrement contenue dans celle du cône nous indique *a priori*, que le triangle porte ombre sur le cône sans point de perte. Quant à la droite, elle a un point de perte, mais il est situé en arrière et ne peut être vu par le spectateur.

Si nous menons du point $M_1$ des droites par *c'd'e'*, nous aurons les ombres portées des génératrices du cône qui passent par les points de l'ombre portée de CDE sur le cône.

Pour l'une d'elles par exemple, l'on opère ainsi :

On mène $M_1$ d' prolongé jusqu'à la base du cône, au point 7, et on mène 7M, la génératrice dont l'ombre est $7M_1$.

Le rayon lumineux issu de S et passant par D coupe cette génératrice au point *d* qui est un point de l'ombre portée de CDE sur le cône.

On répète cette construction autant qu'il est nécessaire et suivant le degré d'exactitude qu'on veut obtenir, car les côtés rectilignes du triangle donné portent des ombres qui deviennent courbes sur le cône. Il suffit pour cela de choisir un ou deux points intermédiaires entre $d'$ $c'$ par exemple, d'y faire passer des ombres de génératrices, de ramener ces points sur le côté CD et de procéder comme ci-dessus.

On voit que l'ombre portée par la droite

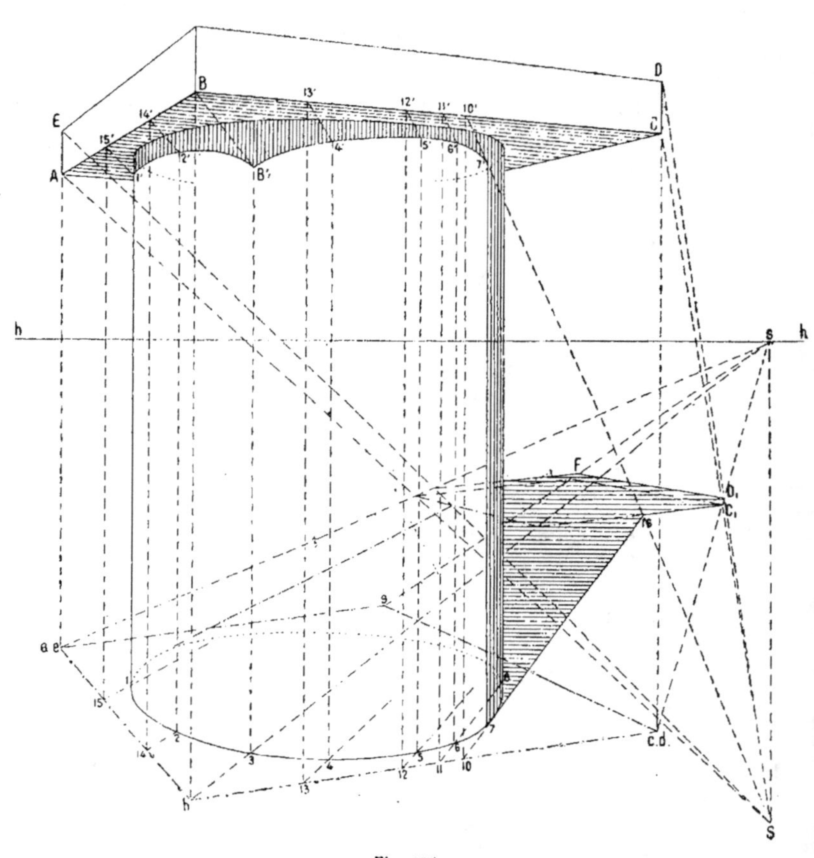

Fig. 135.

se compose d'une certaine partie sur le géométral et qu'ensuite elle se plie pour se se porter sur le cône.

On procédera comme ci-dessus, en faisant passer des ombres de génératrices par différents points 1, 2, 3, 4..., qui donneront les pieds de génératrices 8, 9, 10, 11. Le recoupement d'une génératrice M9 avec le rayon lumineux S2 donne un point de l'ombre 2'.

Le point 5' sur le contour apparent est donné par ce fait que son ombre 5 sur le géométral est formée par la rencontre de l'ombre BA₁ de la droite et de l'ombre

$n\mathrm{M}_1$ de la génératrice $n\mathrm{M}$ de contour apparent. Au point 5′ la courbe est tangente à $n\mathrm{M}$.

**101. Ombres propres et portées d'un cylindre vertical surmonté d'un parallélipipède rectangle.** Les données sont supposées établies suivant les procédés que nous avons eu souvent l'occasion de décrire, le foyer lumineux est le soleil S$s$ (*fig.* 135).

Nous chercherons l'ombre portée par le parallélipipède sur le géométral puis, au moyen de droites issues du point $s$, l'ombre portée par le cylindre sur ce même plan. L'ombre propre du cylindre est donnée par le point 7 de tangence qui

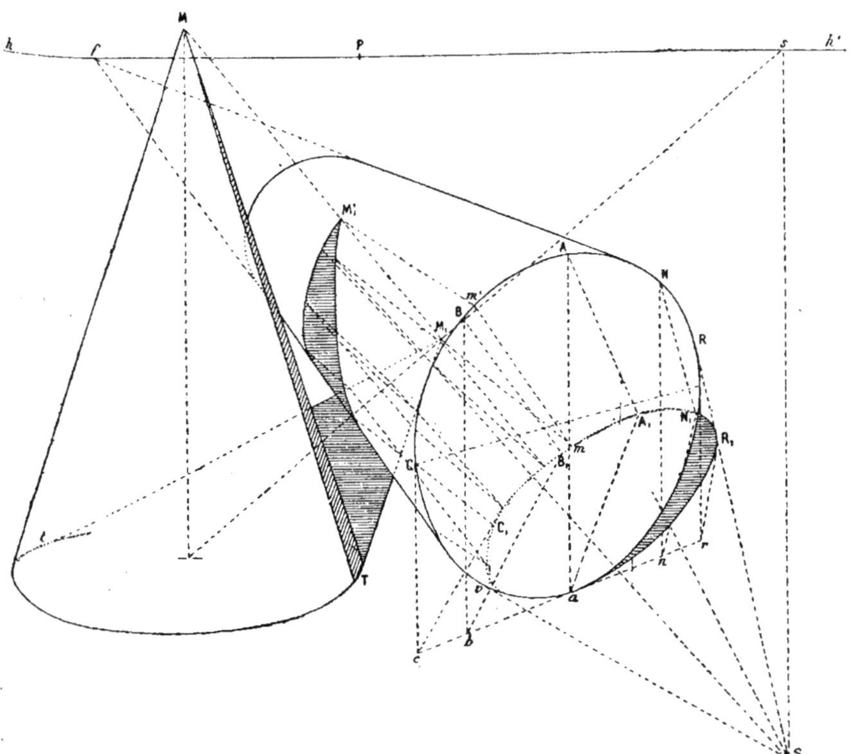

Fig. 136.

détermine la séparatrice d'ombre et de lumière du cylindre. Quant à l'ombre portée par le parallélipipède sur le cylindre, on procède ainsi :

Soit le point B dont on cherche l'ombre portée. Tout d'abord, cette ombre doit se trouver quelque part sur BS dont la projection géométrale est $bs$ ; mais $bs$ rencontre la base du cylindre au point 3, c'est donc sur la génératrice du point 3 que se trouve le point cherché. Menant cette génératrice jusqu'à la rencontre avec BS nous trouvons un point B′ qui est l'ombre portée de B sur le cylindre proposé.

En considérant l'ombre portée par les

deux corps sur le géométral, on reconnaît un point de perte 16. Si du point S on mène le rayon lumineux S16 jusqu'à l'arète BC (celle dont la partie vue d'ombre portée est 16C'), on trouve un point 10' dont la projection géométrale est en 10. Comme il était facile de le prévoir, ce point 10 est précisément sur la prolongation de s7 ou de la tangente lumineuse à la base du cylindre. Le rayon 10'S est tangent au point 7' à la courbe d'ombre portée.

Un autre point intéressant à considérer est le point d'ombre portée sur le contour apparent du cylindre ; il est sur la génératrice de contour apparent 1. Si par 1 on mène 1s jusqu'en 15, on obtiendra le point 15' et par l'intersection de 15'S avec cette génératrice on trouvera le point 1'. En ce point, la génératrice de contour apparent est tangente à la courbe d'ombre portée.

On obtiendra autant de points de l'ombre portée sur le cylindre qu'il sera utile d'en avoir, en prenant à volonté, des points tels que 11, 12, 13, 14, 15. Nous ne répéterons pas la construction à effectuer, semblable à celle du point B' et on trouvera ainsi la courbe d'ombre entière 1' 2'3'4'5'6'7'.

**102. Ombre portée d'un cône vertical sur un cylindre horizontal.** Les données ont été établies par les procédés connus ; Ss est la position du soleil (*fig.* 136).

Différentes génératrices du cylindre, telles que CBANR, sont projetées sur le géométral en *cbanr*. Ces points servent à projeter sur le géométral le cercle de base du cylindre et donnent son ombre sur le géométral en $aC_1B_1A_1N_1R_1$. Le point R est intéressant à déterminer puisque c'est le point par lequel la courbe d'ombre est tangente en $R_1$ au rayon lumineux. On cherche aussi l'ombre du cône sur le plan géométral et son ombre propre. L'ombre propre du cylindre est donnée par les deux points v et R; elle n'est pas visible dans cette épure.

Si l'on veut trouver l'ombre portée par le cône sur le cylindre, on procédera ainsi par le sommet M, par exemple.

Supposons le point $M'_1$ trouvé ; ce point est situé sur une génératrice du cylindre qui rencontre le cercle de base en *m'* et dont l'ombre portée est *m*. Par ce point *m*, on peut supposer une ombre de génératrice ayant même point de fuite que les génératrices du cylindre, puisque ce dernier est horizontal. Il est évident que cette ombre de génératrice ne peut passer que par le point $M_1$.

En effectuant une construction inverse, on pourra, connaissant le point $M_1$, en déduire le point $M'_1$.

Pour trouver tout autre point de l'ombre portée du cône, il suffit de prendre à volonté des points sur $M_1T$ ou $M_1t$, de faire passer par ces points des ombres de génératrices, d'en déduire les génératrices mêmes, et par recoupement avec les rayons lumineux passant par S, on trouvera l'ombre portée du cône sur le cylindre. On se rappellera, dans le tracé de cette ombre, que les courbes sont tangentes à la génératrice du contour apparent du cylindre.

**103. Ombre portée par un cylindre horizontal sur un cône vertical.** Le foyer lumineux est donné en F*f* par un flambeau.

Nous avons déjà vu comment on trouvait l'ombre portée par le cylindre (*fig.* 137) et par le cône sur le géométral ; nous n'y reviendrons pas.

Disons que l'ombre du cercle de base du cylindre est $A_1B_1C_1M_1D_1F_1TG$.

Nous ne donnerons que quelques détails ici pour trouver les ombres cherchées ; car c'est toujours par le même principe qu'on les trouve.

**104. Projection sur le géométral des deux corps.** Celui dont l'ombre sur le plan auxiliaire se trouve en tout ou en partie située dans l'ombre de l'autre corps porte une ombre sur ce second corps. On voit que toute la partie du cylindre dont la projection est $RC_1M_1D_1F_1T$ porte ombre sur le cône.

Donnons seulement à titre d'exemple le point $C_1$.

Il est sur l'ombre d'une génératrice du cylindre qu'on retrouve en CF et en même temps sur l'ombre d'une génératrice du cône $S_1U$. Le point d'ombre portée sur le cône est donc sur la génératrice du cône

US à l'intersection du rayon lumineux FC, soit en C'.

Le point M étant le point de tangence du rayon lumineux issu de F tangentiellement au cercle de base du cylindre est la tangente à la courbe d'ombre en M'.

Les ombres portées sur le géométral se trouvent par les procédés que nous avons déjà expliqués.

**105. Ombres propres et portées de deux prismes.** Deux prismes sont donnés, l'un est quelconque, l'autre est horizontal (*fig.* 138).

L'inspection seule de l'épure permet de voir la façon de procéder.

D'abord, les ombres portées des deux prismes sur le géométral; puis l'ombre portée par le premier sur le second qu'on trouvera en remarquant les points où les projections géométrales du premier prisme

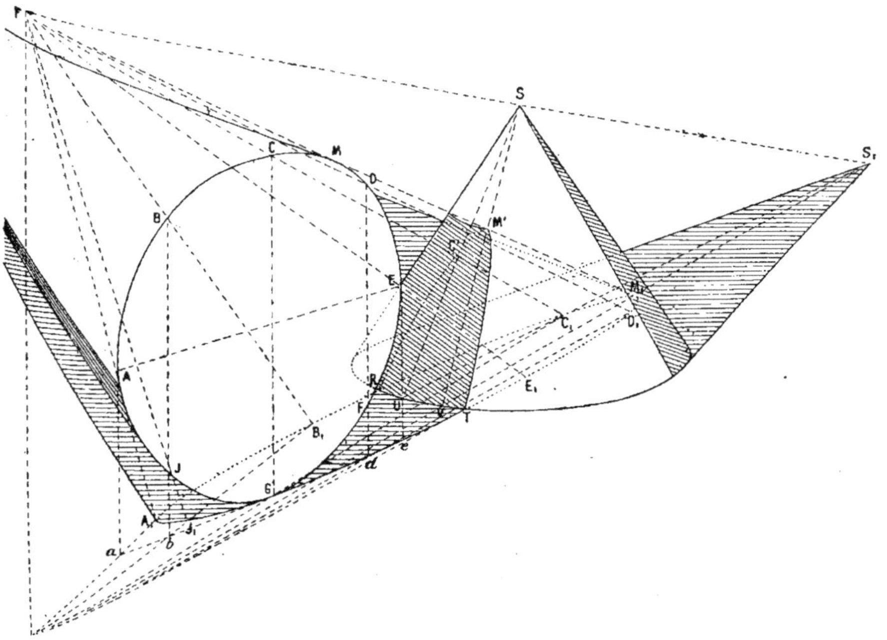

Fig. 137.

rencontrent celles du second et en remontant de ces points de rencontre, au moyen de rayons lumineux issus du flambeau F, jusqu'aux arêtes du prisme qui reçoit l'ombre.

Les faces de ces prismes qui sont dans l'ombre (ombre propre) se déterminent en remarquant qu'un rayon lumineux issu de F' ne peut toucher une de ces faces sans en avoir rencontré une autre au préalable.

Nous n'en dirons pas plus sur cette épure qui est suffisamment intelligible.

**106. Ombre portée dans un berceau.** Ombre au soleil Ss. L'ombre portée dans le berceau de la figure 139 est produite par l'intersection des rayons lumineux parallèles entre eux en s'appuyant sur la courbe de tête, et du berceau lui-même; c'est-à-dire qu'elle résulte de l'intersection de deux cylindres ayant tous deux pour directrice la courbe de tête et dont les génératrices ont pour point de fuite : l'un, le point $f'$, et l'autre, le point S.

On coupera les deux cylindres par des plans parallèles à la fois aux génératrices des deux cylindres.

Soit à trouver l'ombre portée par le point E. ER qui fuit en $f'$ est une génératrice du berceau. Si l'on cherche l'ombre portée sur le plan de tête par le point R, on trouve le point $VV_1$ ; $EV_1$ ombre portée de ER, est l'intersection du plan d'ombre passant par la génératrice ER et du plan

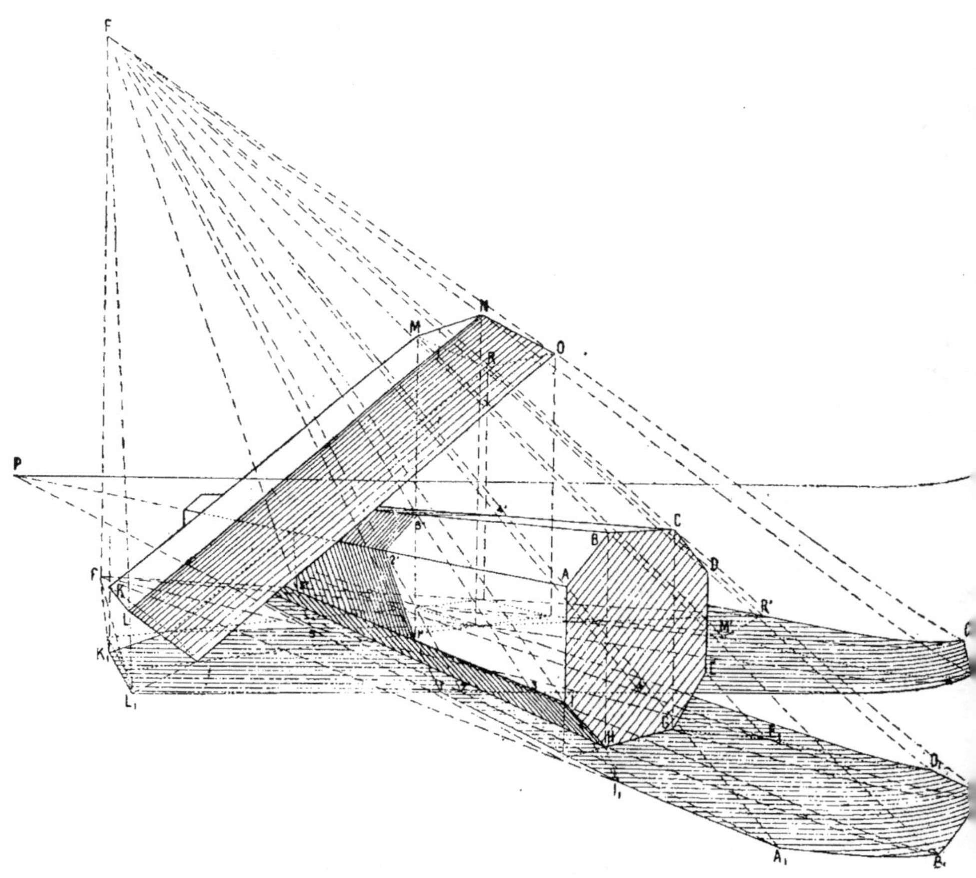

Fig. 138.

de tête. Toutes les génératrices étant parallèles entre elles et tous les rayons lumineux étant parallèles entre eux, les ombres portées telles que $EV_1$ seront parallèles et auront un même point de fuite qui est $\varphi$ intersection de $EV_1$ et de la verticale $f\varphi$ de fuite du plan de tête.

Le plan d'ombre du point E coupe le berceau suivant la génératrice E fuyant en $f'$ sur laquelle doit se trouver nécessairement l'ombre portée par E dans le berceau; d'autre part, cette ombre doit aussi se trouver sur le rayon lumineux issu de S et passant par E; il est donc en $E_1$. On déterminera autant de points qu'on le jugera utile et on les réunira par une courbe. Le point T de tangence à la courbe de tête du berceau pour les droites passant par $\varphi$ est le point de tangence de la courbe d'ombre à la courbe de tête et à T$\varphi$. Dans le cas où le foyer lumineux serait un flambeau, l'ombre se trouvera de même, mais sera alors le résultat de l'intersection d'un cône et d'un cylindre.

**107. Ombre portée dans une niche.** Pour déterminer cette ombre, on emploiera un moyen analogue au précédent (*fig.* 140). On cherchera l'ombre portée par une droite ER sur le plan de tête; on en déduira le point $\varphi$ ce qui permettra de

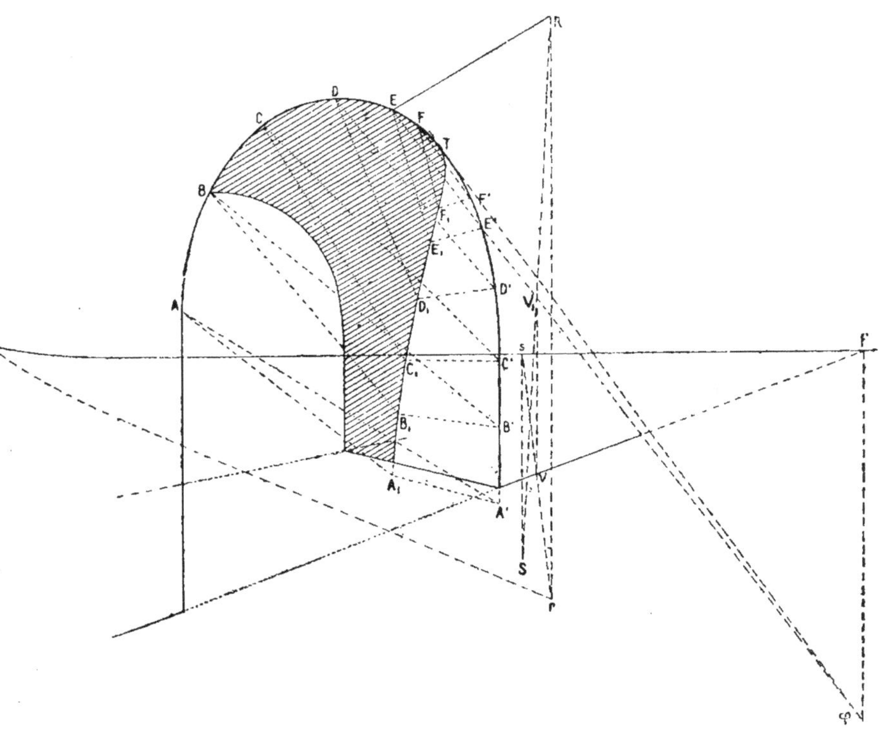

Fig. 139.

trouver le point de tangence T, origine de l'ombre; soit à trouver l'ombre portée par un point Cc. Le plan projetant les rayons lumineux a pour trace *cs*, ce plan coupe la niche suivant une ligne droite verticale jusqu'au cercle de naissance AI et une ellipse passant par C dans la partie supérieure; c'est sur cette ligne que doit être situé le point d'ombre cherché. D'autre part, il est situé aussi sur le rayon lumineux CS et par conséquent à l'intersection de ces deux lignes au point 3.

Pour obtenir les sections faites par les plans projetant les rayons lumineux, tels que *cs*, on fait des sections horizontales par chacun des points choisis D, C, B, A, ce sont des cercles dont on trace les projections horizontales *d*, *f*, *e*, *g*, *b*, *h*...; on en déduira les cercles eux-mêmes DF, CG, BH, AI. En relevant par des verticales sur ces cercles les points où une trace horizontale telle que *cs* rencontre les projections horizontales de ces cercles, on trouvera les courbes cherchées.

Les projections telles que *bf* de ces cercles se tracent par le procédé du n° 44 (*fig.* 48). Par le point *e*, axe de la niche, on trouve un demi-diamètre de front; on le

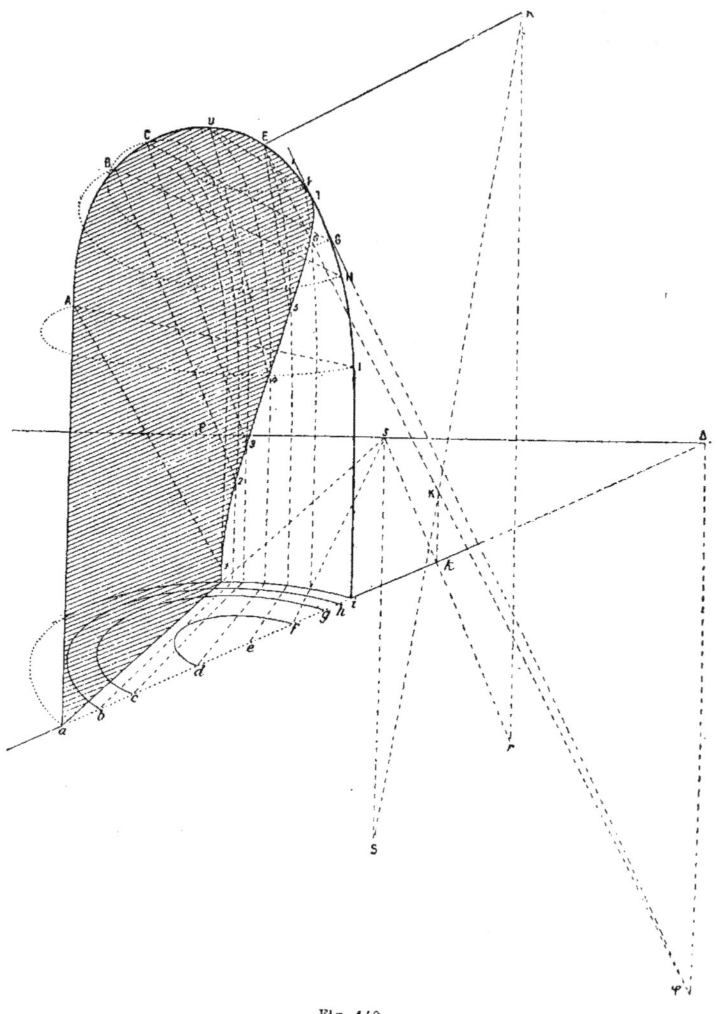

Fig. 140.

reporte à droite et à gauche sur la verticale passant par *e*, il rencontre l'horizontale du plan de tête, CG, et on trace un cercle sur le diamètre de front ainsi déterminé.

**108.** **Ombres des gouttes et de leur bandeau dans l'ordre dorique.** Le plan et l'élévation (*fig.* 141) de ces gouttes ont été mis en perspective par un des moyens que nous connaissons ; quant au tracé des ombres voici comment on procède, S*s* étant la position du soleil.

On cherche d'abord l'ombre portée par le bandeau de l'architrave sur l'architrave elle-même. Par le point $a_1$ de l'arête de

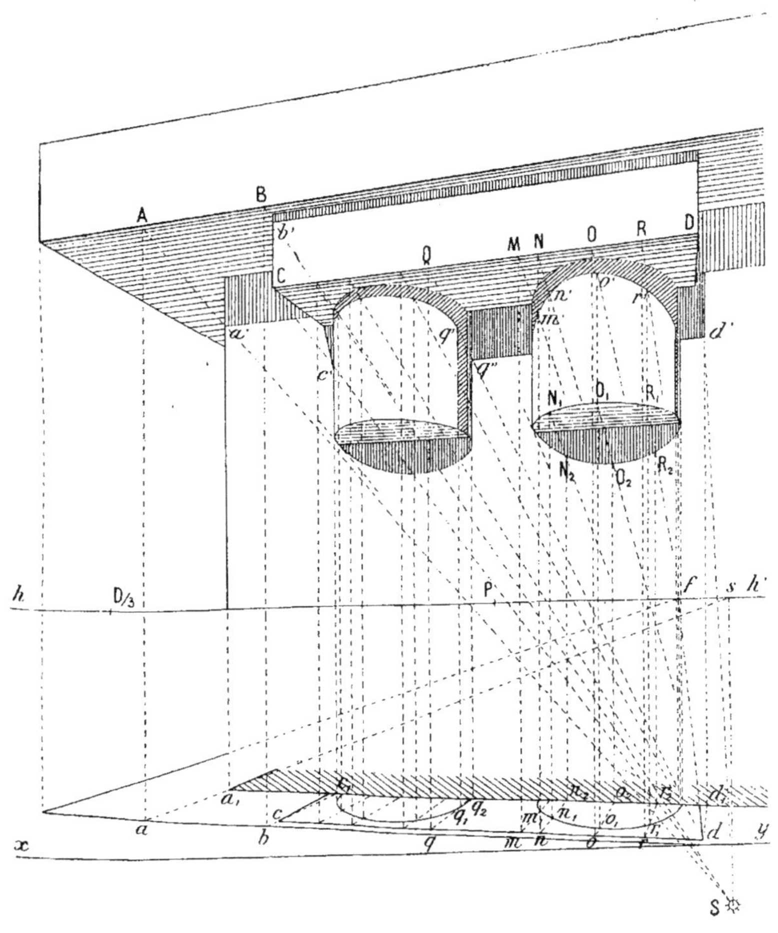

Fig. 141.

l'architrave en plan, on mène $a_1 s$ qui, suffisamment prolongé, donne le point $a$ ; on le relève en A et on a ainsi le point du bandeau de l'architrave qui porte ombre sur l'arête en $a'$ au moyen du rayon lumineux AS. On obtiendra par un procédé analogue le point $b'$ de l'ombre portée par le point B ; ensuite par $a'$ et $b'$ on mènera des parallèles perspectives à l'arête AB.

Le point à gauche C de l'arête inférieure du bandeau donnera le point $c'$ sur la verticale du point $c_1$. La parallèle perspective menée par le point $c'$ à l'arête CD donne, par recoupement avec le rayon lumineux DS, le point $d'$ que limite l'ombre du bandeau.

Menons les projections horizontales des

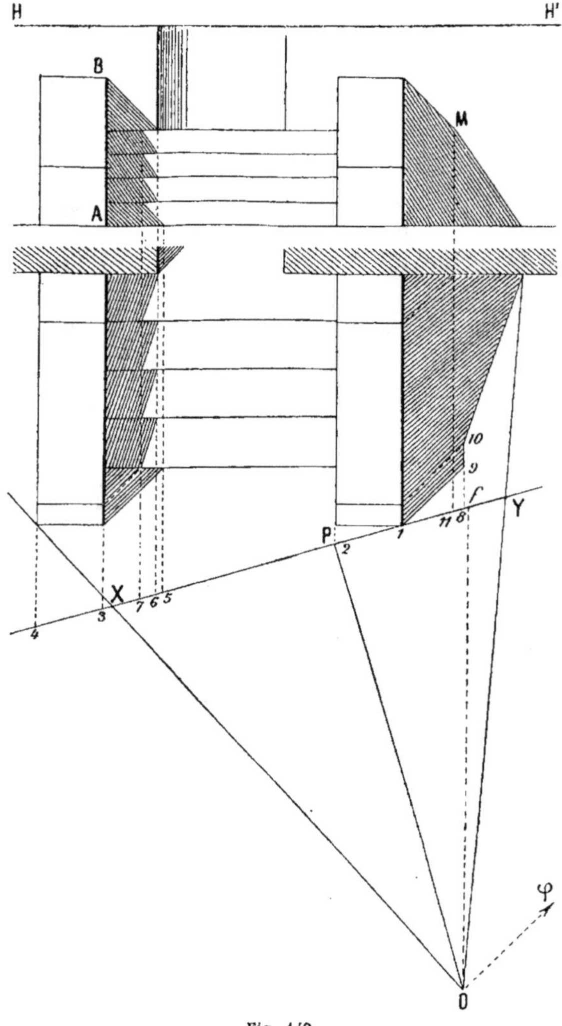


Fig. 142.

rayons lumineux passant par les points $m_1 n_1 o_1 r_1 \ldots$ fuyant en $s$, qui déterminent les points $mnor$ et, par conséquent, MNOR ; on obtiendra par recoupement entre:

1° Un rayon lumineux tel que MS et

la verticale $m_1$, un point de l'ombre $m'$ portée sur la goutte par le bandeau.

En menant la projection horizontale $qq_2$ du rayon lumineux tangent à la goutte, on obtient le point de tangence $q_1$ sur la verticale duquel se trouvera l'ombre $q''$ portée par le point Q; c'est le point de perte.

Ce même rayon lumineux QS, qui passe en $q'$ donnera le point $q''$ qui se trouvera à la fois sur $c'd'$ et sur la verticale $q_2$. Au point $q'$ l'ombre portée par le bandeau est tangente au rayon lumineux QS. Ceci résulte de ce théorème que : *en tout point de perte d'une ombre portée dans une ombre propre, la tangente est le rayon lumineux,* *non seulement en projection mais encore dans l'espace.*

Les mêmes projections horizontales de rayon lumineux dont nous nous sommes servis plus haut et qui passent par $m_1 o_1 r_1$, nous donneront les points $N_1 O_1 R_1$. Par recoupement des rayons lumineux menés de ces points au point S, avec les verticales $m_2 o_2 r_2$ on aura les points $N_2 O_2 R_2$ de l'ombre portée par la goutte sur la vue de l'architrave.

On remarquera qu'à son départ vers la gauche cette ombre portée est tangente au rayon lumineux qui passe par son point initial.

Cette ombre est encore tangente, à

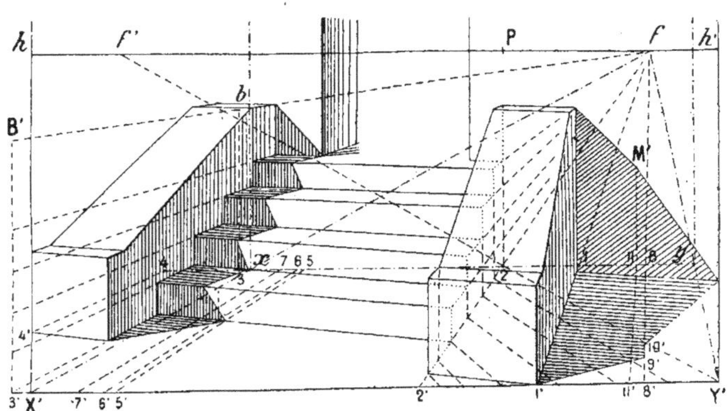

Fig. 143.

droite à la verticale telle que $q_2 q''$ représentant l'ombre portée par la goutte sur l'architrave.

**109. Ombres propres et portée d'un perron.** Le plan du perron et son élévation sont donnés dans la figure 142, ainsi que la position du tableau, de l'œil, etc.

La mise en perspective de cet objet (*fig.* 143) a été faite par les moyens connus. On a eu recours à un petit tableau $xy$ et on en a déduit le tableau agrandi X'Y', afin de rendre l'épure plus claire. Nous ne nous arrêterons pas sur le tracé perspectif de cette figure qui n'est que l'application de cas dont nous avons eu souvent à nous occuper. Ce n'est qu'au point de vue des ombres qu'elle nous intéresse.

Du reste, les lignes de construction et les lettres qui s'y rattachent permettront de se rendre compte de la marche qui a été suivie.

On remarquera que, dans la figure 142, les ombres à 45 degrés, telles qu'on les trace ordinairement dans le dessin d'architecture ou de machines, ont été déterminées en plan et en élévation; la coupe est inutile dans le cas actuel, les deux autres projections verticale et horizontale faisant suffisamment connaître l'objet. Nous avons voulu montrer qu'il est parfaitement possible de tracer les ombres sur les données et de les mettre ensuite en perspective. On verra aussi, avec quelque attention, que c'est à peu près, pratiquement du moins, la seule façon d'opérer lorsque le soleil (ou le foyer lumineux) est très éloigné.

En se reportant à la figure 142, on verra que le point de fuite de droite à 45 degrés qui sert à trouver l'ombre en plan se trouverait à la rencontre de $O\varphi$ et de XY, soit à une distance à droite supérieure à la largeur de l'épure. Il en est de même de la projection verticale du soleil qui serait hors de portée. Nous verrons plus loin (*Instruments délinéateurs*) comment on peut opérer pour ces points.

La mise en perspective des ombres ne souffre aucune difficulté, il suffira de suivre les deux figures 142 et 143 en les comparant pour se rendre compte de la simplicité du moyen.

Ce procédé pourra être employé avec avantage toutes les fois que la *façade* de l'objet à mettre en perspective ne fait pas un angle très prononcé avec le tableau. Dans le cas contraire les ombres à 45 degrés tracées *a priori* donneraient un mauvais résultat.

**110. Ombre portée de la sphère.** Dans les différents cas d'ombres propres ou portées dont nous avons eu à nous occuper jusqu'ici, nous avons évité avec intention de parler des ombres de la sphère. Comme on le verra plus loin, (*Dérogation aux règles de la perspective*). il est d'usage de ne faire aucune déformation à la sphère lorsqu'on doit en figurer une dans un tableau quelconque. En effet (*fig.* 144) une sphère dont le centre coïnciderait en perspective avec le point P, c'est-à-dire serait à la fois dans un plan vertical perpendiculaire au tableau et dans un plan horizontal passant tous deux par l'œil du spectateur, une sphère telle n'aurait aucune déformation à subir, hors celle qui proviendrait de son plus ou moins grand éloignement, ce qui ferait varier seulement la grandeur de son rayon. Il n'en serait pas de même pour une sphère dont le rayon occuperait toute autre position. La perspective d'une sphère semblable serait une ellipse dont le grand axe AB serait dirigé vers le point de fuite principal P. Or, s'il est admissible qu'un spectateur placé bien exactement en face

du point P, à la distance rigoureusement exacte, regardant à travers un opercule de très petite dimension, ait la sensation visuelle d'une sphère en fixant l'ellipse AB, il n'en est pas de même si le même spectateur se déplace plus ou moins en largeur, en hauteur ou en distance. L'objet considéré ne lui fera plus l'illusion d'une sphère, et, comme il faut toujours admettre qu'un tel déplacement puisse avoir lieu, on est convenu de ne jamais faire subir de déformation à la sphère. Nous aurons, du reste, l'occasion de revenir sur ce sujet.

Dans de telles conditions, il nous a

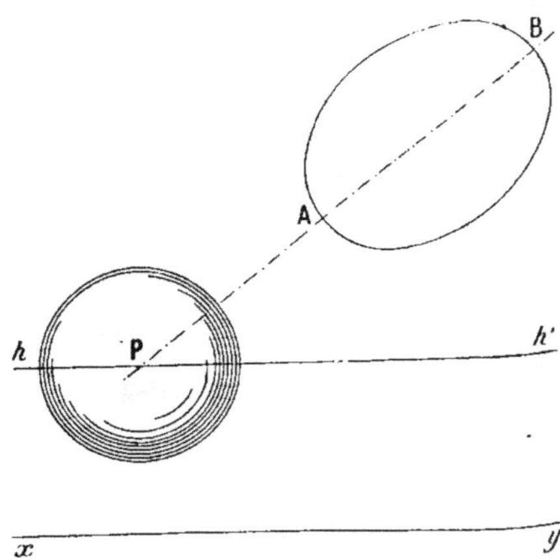



Fig. 144.

paru inutile de parler de l'ombre de la sphère.

. S'il était absolument indispensable de figurer réellement une sphère en perspective et d'en chercher l'ombre, on pourrait procéder comme suit :

**111. Perspective, ombres propres et portée d'une sphère.** La ligne d'horizon, le point principal $P_1$, le point de distance $\Delta$ sont donnés (*fig.* 145). On commence par déterminer la projection géométrale du diamètre de front de la sphère d'après les méthodes connues. On indique ensuite le centre X′ dans l'espace. On trace un grand cercle de front (nous n'en indiquons qu'une moitié) QIA.

La question à résoudre sera résolue tant pour la perspective que pour les ombres, au moyen des courbes enveloppes des projections de parallèles de la sphère.

Choisissons-en cinq, par exemple :

QU, IM, AE, J'M', Q'U' ; leurs grands cercles de front se projetteront suivant *ae, im, qu*, sur le géométral.

Sur le diamètre *ae* du géométral tracez un cercle (projection d'un grand cercle horizontal de la sphère) par la méthode

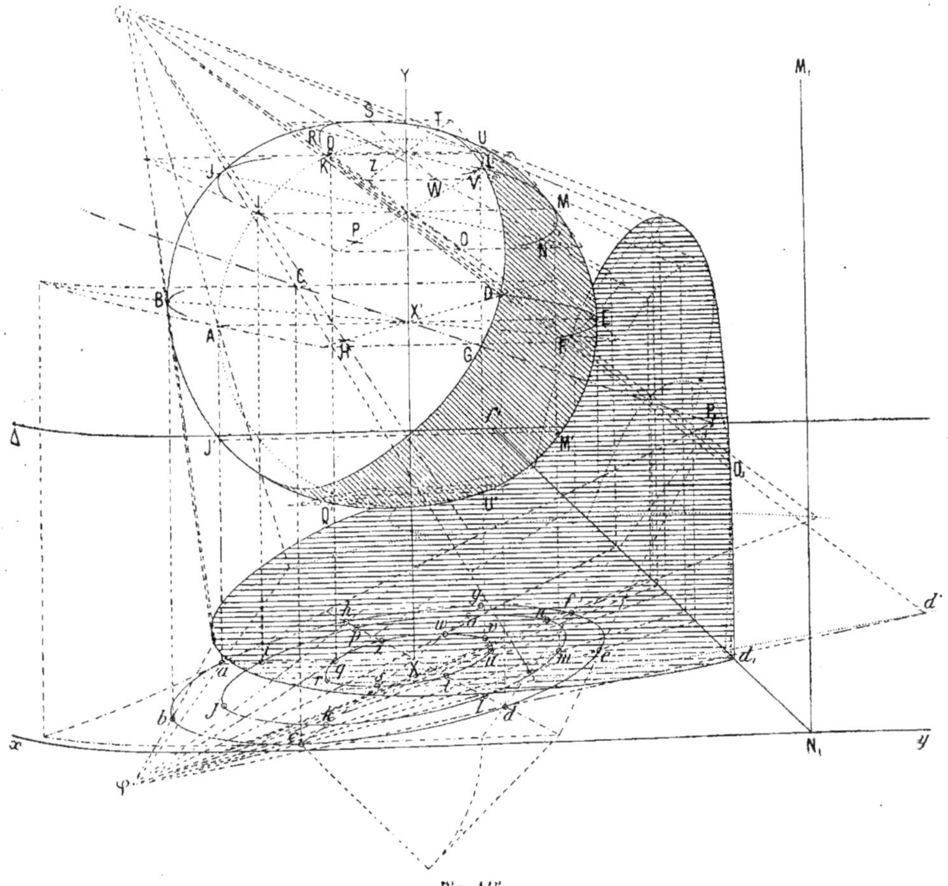

Fig. 145.

des 8 points (38, *fig*. 38). Puis des cercles concentriques sur *im* et *qu* (43, *fig*. 48 et 49).

On les relèvera en hauteur suivant Q'U', J'M', AE, IM, et QU, ce qui est facile puisqu'on connaît la position de leurs centres ; on construit les carrés circonscrits au moyen du point P, et du point Δ, le surplus se trouve aisément. Un de ces cercles J'M' est tellement près de l'horizon qu'on peut le considérer comme projeté suivant la ligne droite J'M'.

On trace ensuite l'ellipse enveloppe de ces cinq cercles et on a la perspective de la sphère. On se rappellera que cette ellipse a son grand axe dirigé vers le point $P_4$.

Pour le tracé des ombres, on projette sur le géométral, $\varphi \Phi$ étant le foyer lumineux, les cercles parallèles QSUW, IKMO, ACEG, etc ; nous avons indiqué une partie seulement de ces constructions, afin de ne pas trop charger l'épure ; on en cherche la courbe enveloppe, on a ainsi l'ombre portée sur le géométral, l'ombre portée sur un mur vertical $M_4 N_4$ s'obtient de la façon suivante : Le point D du cercle ACDGS porte ombre sur le géométral en $d'$ point d'intersection de $\varphi d$ et de $\Phi D$, et sur le plan vertical $M_4 N_4$ en $D_4$, intersection de $\Phi D$ et de la verticale passant par $d_4$.

Quant à l'ombre propre, on l'obtient en considérant les points où la courbe enveloppe de l'ombre portée est tangente aux ombres des cercles ; on remonte par un rayon lumineux inverse de ce point de tangence aux cercles eux-mêmes et on a des points de l'ombre cherchée qu'il ne s'agit plus que de relier par une courbe continue.

Nous ferons remarquer que, dans la figure 145, il y a plusieurs points qui paraissent liés entre eux par des constructions autres que celles que nous indiquons plus haut : ce sont des cas fortuits et dont on ne tirera aucune conséquence. Ainsi le point $D_4$ qui est l'ombre portée de D sur le mur vertical se trouve forcément sur le même rayon lumineux issu de $\Phi$. Or le point de tangence de la courbe enveloppe des ombres sur le mur touche l'ombre du cercle en un point qui paraît se confondre avec $D_4$, ce qui donne comme point d'ombre propre sur le cercle ACEG un point qui se confond avec D. Il ne faudrait pas se servir de cette coïncidence pour croire que le point d'ombre propre sur ce cercle doive toujours se confondre avec le point D.

Du reste c'est une épure fort compliquée, dont nous n'indiquons que les principaux points et plutôt la marche à suivre que les constructions dans toute leur intégrité.

**112.** La perspective de la sphère et ses ombres peuvent encore être obtenues par un autre procédé tout aussi exact et, dans beaucoup de cas, d'une exécution plus facile et plus prompte.

Soit à déterminer d'abord la perspective de la sphère indiquée en plan dans la figure 146. P est le point principal ; Po, la distance ; C, le centre de la sphère dont le rayon est connu.

On déterminera tout d'abord par les moyens connus, la perspective du centre C. Dans la figure 147, on suppose que l'horizon étant en $hh'$ le point $c'$, projection géométrale de ce centre, se relève en élé-

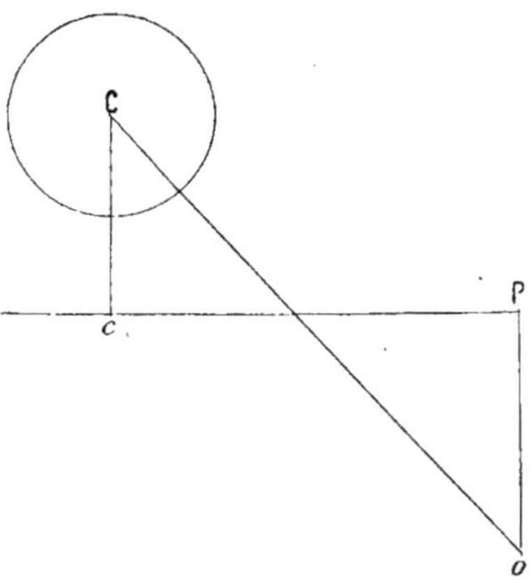

Fig. 146.

vation au point C qui est la perspective cherchée.

Pour le surplus de l'épure on recourra aux projections coniques.

On sait, en effet, que la perspective n'est autre chose qu'une projection conique dans laquelle l'œil est le sommet du cône, le contour apparent de l'objet à représenter en étant la directrice et le tableau le plan sécant ou le plan sur lequel on projette.

Nous savons d'abord que la courbe cherchée est une ellipse puisqu'il s'agit de l'intersection d'un cône de révolution par un plan qui coupe toutes les génératrices d'une même nappe. Le grand axe de cet ellipse est certainement dirigé vers le point principal et nous pouvons en indi-quer la direction *a priori* en traçant la droite CP ; c'est ce qui résulte du théorème de Dandelin.

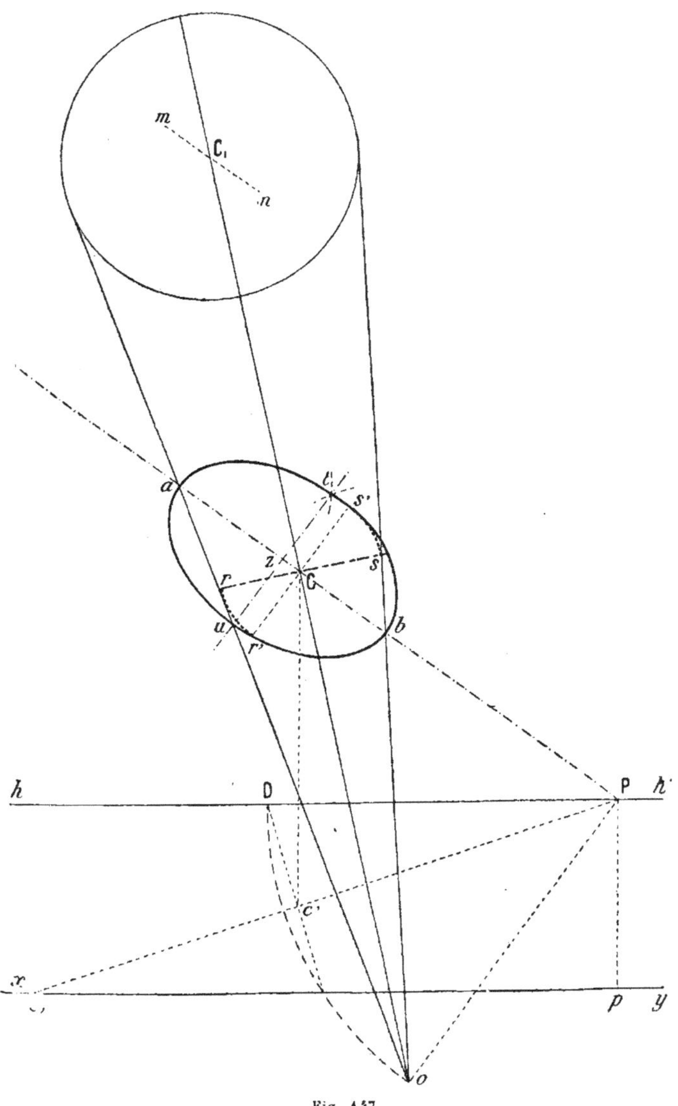

Fig. 147.

Nous voyons que la sphère est située | en arrière du tableau (*fig.* 146). Faisons un rabattement sur le tableau, en prenant cet axe CP comme charnière (*fig.* 147), et voyons ce qui va se passer.

L'œil du spectateur se rabattra sur une perpendiculaire PO à CP et en un point tel que PO = PD. Le centre réel de la sphère se trouvera quelque part sur OC prolongé; en prenant (*fig.* 146) la distance $cC$ de ce centre en arrière du tableau et la portant au moyen d'une parallèle *mn* (*fig.* 147) à la charnière, on aura par recoupement le point $C_1$ qui représente la véritable position du centre de la sphère (ici, l'épure 147 est au double

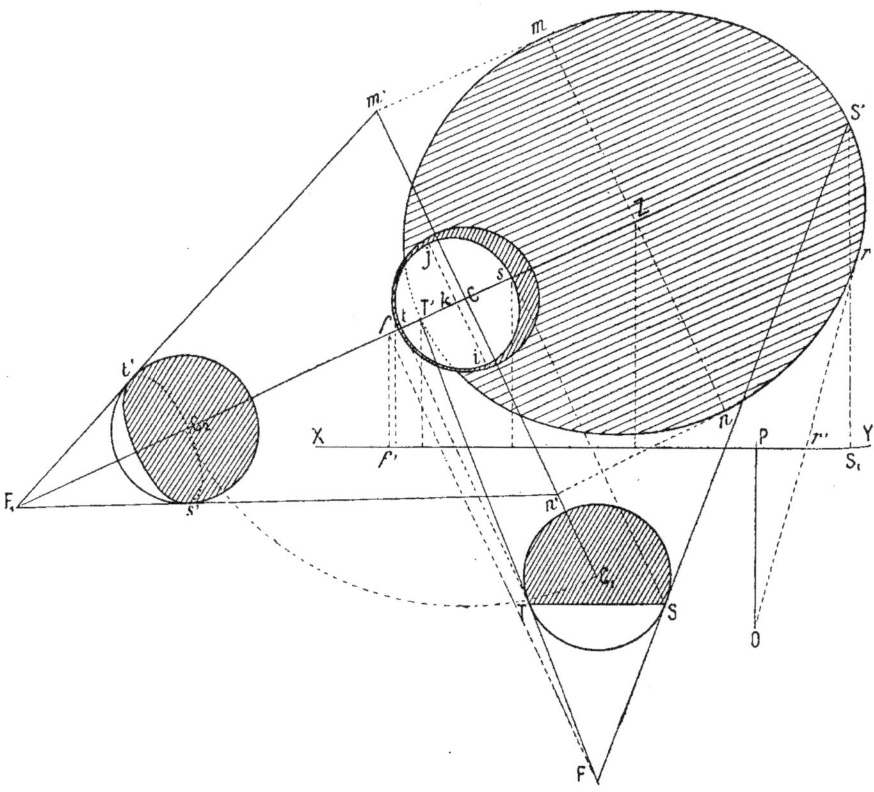

Fig. 148.

du plan 146) ; on tracera ensuite, de $C_1$ comme centre, le cercle qui figure la sphère.

L'ellipse cherchée, perspective de la sphère, est l'intersection du tableau et du cône de révolution circonscrit de la sphère $C_1$ et dont O est le sommet.

Si du point O on mène des tangentes au cercle $C_1$, elles détermineront, sur l'axe de rotation, deux points $ab$ qui appartiennent à l'ellipse et qui limitent son grand axe.

Pour trouver son petit axe, et cela à fort peu de chose près, nous chercherons, toujours sur le rabattement, quelle est la plus grande distance qui sépare les génératrices du cône en passant par le point C et perpendiculairement à l'axe du cône ; c'est évidemment la droite *rs*.

Prenons le point Z qui est le milieu de *ab* par lequel doit passer le petit axe de l'ellipse et menons par ce point une perpendiculaire au grand axe ; si nous portons, de part et d'autre de Z sur cette droite, les distances Z*l*, Z*u* égales à *r*C

et C*s* (et égales entre elles) nous aurons les quatre points *atbu* qui nous permettront de tracer l'ellipse cherchée.

On voit combien la perspective déforme une sphère, nous avons exagéré à dessein cette déformation en prenant un point de distance fort rapproché. Une telle représentation ne peut s'accepter que dans le cas où la perspective est encadrée dans un appareil optique qui ne permet que de regarder d'un seul point. Mais, dans tout autre cas, elle ne pourrait être supportée, attendu que l'œil est mobile et en fixant les objets en particulier, change la position du tableau qui doit toujours être perpendiculaire au rayon visuel principal.

**113.** Soit à chercher les ombres de cette sphère. La figure 148 est la reproduction exacte des données de la figure 146, le point *f* est la projection horizontale du flambeau que nous supposerons situé au-dessus du géométral à une hauteur *f*F.

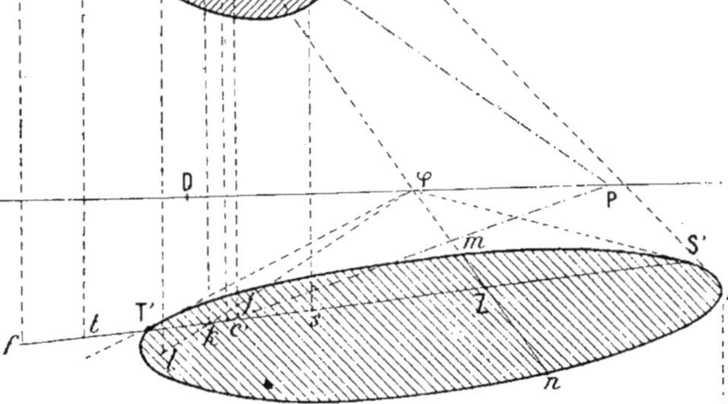

Fig. 149.

Nous chercherons d'abord les ombres propres et portées comme on les trace en géométrie descriptive et nous les mettrons ensuite en perspective.

Faisons d'abord le rabattement sur le plan horizontal du plan vertical qui passe à la fois par le flambeau *f* et par le centre C de la sphère en prenant *f*C comme charnière.

Le foyer lumineux se rabat en F, le centre de la sphère vient en C₁ (c'est la hauteur que nous supposons) ; nous traçons le cercle TS de même rayon que le cercle C. Du point F, sommet du cône lumineux, nous menons les deux tangentes FT et FS qui nous donnent, sur *f*C prolongé, les points T′ et S′ : c'est le grand axe de l'ellipse.

Le petit axe passe par le point Z, milieu de T'S'.

Faisons un second rabattement autour de $m'n'$ passant par C et perpendiculaire au grand axe.

Le foyer lumineux vient en $F_1$, la sphère en $C_2$. Menons les tangentes $F_1 t'$ et $F_1 s'$; elles donnent, par recoupement avec la charnière deux points $m'$ et $n'$ que nous reportons parallèlement au grand axe en $m$ et $n$. On a ainsi le grand et le petit axe de l'ellipse, qu'il reste à tracer par points.

L'ombre propre de la sphère est un cercle qui, dans le premier rabattement, est figuré en TS. Ces deux points rabattus en $ts$ donnent un axe de l'ellipse d'ombre propre. Dans le second rabattement $t'$ et $s'$ rabattus en $j$ et $l$ donnent le second axe de l'ellipse d'ombre propre.

**114.** Soit maintenant à mettre ces ombres en perspective.

L'ombre portée n'offre aucune difficulté. On en cherchera la perspective (*fig.* 149) au moyen de son grand et de son petit axe, ce qui donnera deux diamètres conjugués T'S' et $mn$ de l'ellipse perspective; on pourra donc tracer l'ellipse sans chercher d'autres points. On peut s'aider des tangentes telles que Or'$r$ de la figure 148 qui donne $r'r$ (*fig.* 149). La tangente au point S' est parallèle à l'axe $mn$ et fuit au même point $\varphi$. Il en est de même de la tangente au point T.

Quant à l'ombre propre, c'est encore une ellipse dont nous connaissons la projection horizontale (*fig.* 148) en $tjsl$ et la hauteur de ces quatre points en TS et $t's'$. Il suffit de mettre ces quatre points en perspective, on aura les deux axes $t's'$ et $l'j'$ (*fig.* 149); ce sont deux diamètres conjugués de l'ellipse cherchée, séparative d'ombre et de lumière.

**115.** Voici une autre solution du problème de la mise en perspective d'une sphère. Nous n'avons d'autre but en donnant ces divers procédés, que de familiariser le lecteur avec les constructions et le tracé perspectifs.

Soit une sphère NSO$r$ (*fig.* 150) que, pour plus de simplicité, nous supposerons posée sur le géométral et tangente en $r$ au tableau XY; la partie inférieure de la figure est un plan, l'œil est au point O. Cherchons à mettre cette sphère en perspective en prenant $xy$ comme trace géométrale du tableau, l'horizon passant par le point principal P'.

Menons le diamètre S$r$ perpendiculaire au tableau, c'est la projection de l'axe de la sphère qui fuit au point P'. La sphère posant sur le géométral, il est évident que le point R où cet axe perce le tableau est sur une verticale menée par $r$ à une hauteur $s$R égale au rayon N3 de la sphère; la direction de cet axe est alors RP'.

Menons les tangentes OE et OF, les deux points $e$ et $f$ nous donneront, par relèvement vertical les tangentes à droite et à gauche de l'ellipse cherchée. Par les points E, F, le centre 3 et par d'autres points intermédiaires P, L, I, menons des parallèles au tableau. Ces droites sont les traces horizontales de plans parallèles au tableau, déterminant dans la sphère des sections qui se perspectiveront par des cercles de front. Par les différentes projections des centres de ces cercles 1, 2, 3, 4, 5 et 6, menons des droites fuyant en O, elles coupent le tableau en des points 1', 2', 3', 4', 5' et 6' qui, relevés verticalement donnent sur la perspective de l'axe de la sphère les points 1″, 2″, 3″, 4″, 5″ et 6″ qui sont les perspectives des centres des cercles de front. Pour tracer un de ces cercles, celui de centre I par exemple, remarquons que les deux droites EO et 1O coupent la trace du tableau en deux points tels que $e1'$ est la grandeur perspective apparente du rayon E1. Du point 1″ comme centre, avec $e1'$ comme rayon, nous décrirons un cercle qui sera la perspective du cercle de front projeté en EG. On répétera cette opération pour chaque centre 2″, 3‴ etc., et on tracera la courbe enveloppe de ces cercles, ce sera l'ellipse cherchée.

Ce moyen est encore un peu long et peut être encore simplifié, il gagne même en justesse, car il ne s'agit plus que de tracer directement les deux axes rectangulaires de l'ellipse et d'en déduire la courbe elle-même.

**116.** Reprenons, dans la figure 151, les mêmes données que dans la figure ci-dessus.

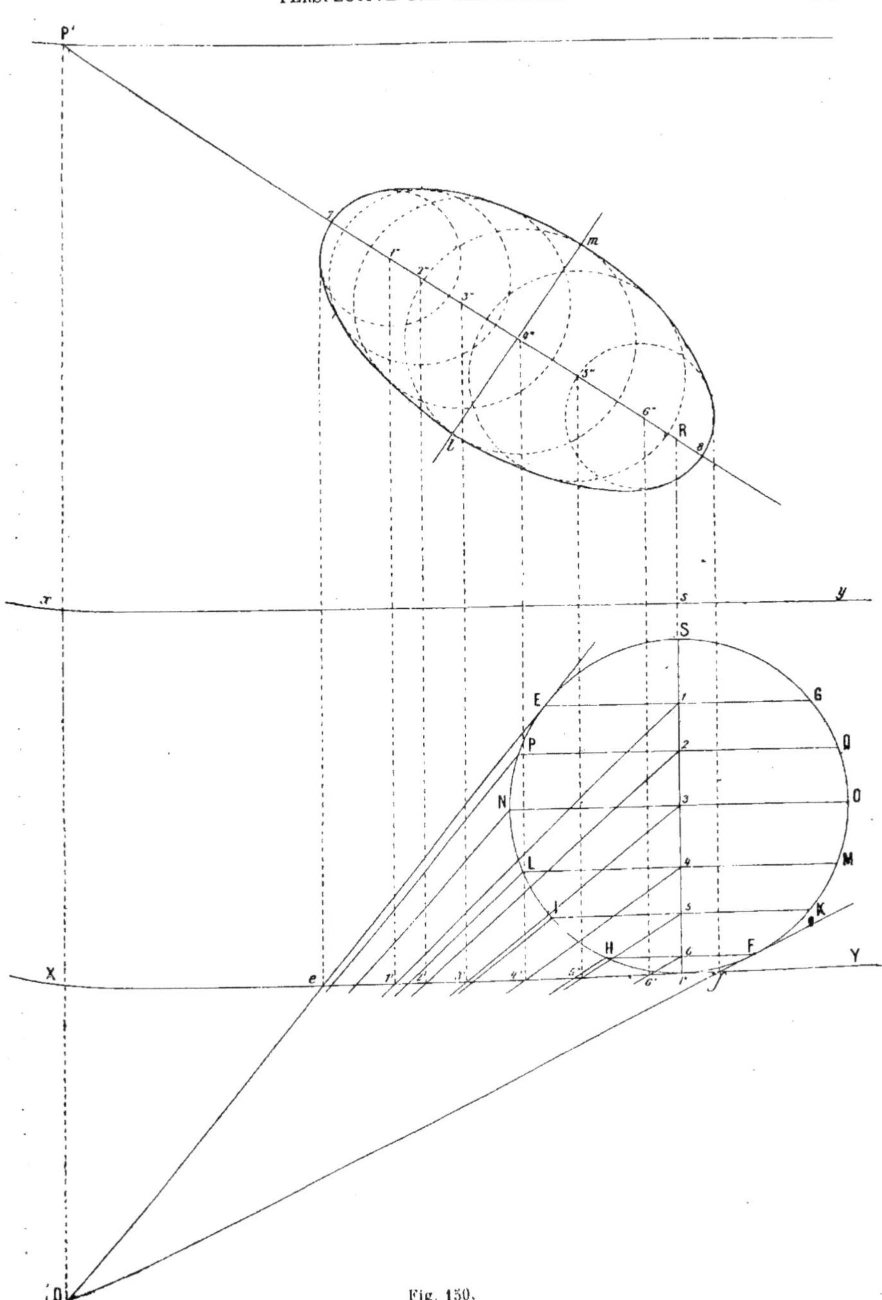

Fig. 150.

Menons les deux tangentes EO et FO, cherchons le point R et traçons l'axe perspectif indéfini P'R.

Marquons sur cet axe, en $1''$ et $6''$, les centres des deux cercles de front déterminés par les tangentes en E et en F ; du point $1''$ comme centre, avec $e1'$ comme rayon, traçons un arc de cercle qui coupe l'axe P'R au point 7. Du point $6''$ avec $6'f$ comme rayon, traçons un autre arc de cercle qui coupera l'axe au point 8 ; 7, 8 représente le grand axe de l'ellipse. Partageons cette droite en deux parties égales au point $9''$ et menons par ce point une perpendiculaire au grand axe. Le point $9''$ est la perspective d'un centre de cercle de front qu'on trouvera facilement en menant la verticale $9''9'$, puis en faisant passer par O et $9'$ une droite qui donnera le point 9 et la projection de cercle LM. Le rayon L9 se perspective, sur le tableau, par la grandeur $l9'$, c'est avec ce rayon que du point $9''$ comme centre, nous décrivons deux arcs de cercle qui limiteront le petit axe de l'ellipse en $l$ et $m$. Il reste à tracer l'ellipse elle-même connue par ses deux axes.

Il est à remarquer qu'un des foyers de l'ellipse perspective se trouve au point R ; il serait facile de le démontrer rigoureusement ; on pourrait ainsi se dispenser de chercher le petit axe par le procédé que nous avons indiqué plus haut. Il suffirait de prendre une ouverture de compas égale à la moitié du grand axe $7'8$ et de R comme centre, de tracer un arc de cercle qui couperait le petit axe en $m$ et $l$ ces deux points seraient ainsi déterminés directement.

Nous avons supposé la sphère posant sur le géométral et tangente au tableau ; dans toute autre position, il suffirait de remarquer comme seule différence, que le point R considéré comme point où l'axe $s$R de la sphère perce le tableau changerait seul.

Il ne serait plus alors le foyer de l'ellipse, mais ce foyer, qui se trouverait toujours sur P'R serait invariablement sur la verticale du point $r$ considéré comme le point ou l'axe de la sphère perpendiculaire au tableau, sort de celle-ci ; de même, le point S donne le second foyer.

On peut se rendre compte, ainsi, des simplifications qu'il est possible d'apporter dans la solution des problèmes de perspective. Si l'on veut bien se reporter au n° 111 où le procédé de mise en perspective de la sphère est indiqué au moyen de sections circulaires horizontales, et si l'on voit les dernières indications du n° 116 qui permettent de trouver avec facilité et sans constructions compliquées, les deux axes de l'ellipse cherchée, on verra comment, tout en se servant d'un même principe, on peut arriver à gagner beaucoup de temps, tout en restant très exact. Nous l'avons dit plus haut, si nous avons indiqué ces divers moyens, c'est afin de montrer au lecteur les différents procédés qui permettent d'obtenir un même résultat. Ceux mêmes qui paraissent les plus compliqués peuvent, en certains cas, être d'un emploi plus facile.

La considération des tangentes telles que O$e$ et O$f$, qui donnent les deux tangentes verticales limitant l'ellipse à droite et à gauche, sont d'un grand secours.

A ce propos nous dirons comment on obtient, dans la perspective d'un cercle la tangente horizontale limitant le point le plus haut d'une arcade par exemple.

Soit (*fig.* 152) AB la projection géométrale d'un demi-cercle vertical, XY le tableau et O, la position de l'œil en plan ; la hauteur de l'horizon est $O_1 1$.

Par le point O, on mène une parallèle XY jusqu'à la rencontre de AB suffisamment prolongé ; par ce point I, on élève une perpendiculoire $IO_1$ égale à la hauteur de l'horizon. On fait un rabattement du cercle autour de 1B comme charnière ; ce cercle vient en CTD (la hauteur CD du centre du cercle est supposée connue par les données de l'épure). Du point $O_1$ on mène une tangente au cercle ; si l'on construit la perspective de ce point T et qu'on fasse passer par ce point une parallèle à l'horizon, on aura la tangente au cercle qui en limite le point le plus élevé. Il suffira donc de prendre la hauteur de T' au-dessus de l'horizon, de la porter sur l'épure.

Ceci résulte de ce que, si l'on considère le cercle projeté en AB comme la directrice d'un cylindre dont toutes les géné-

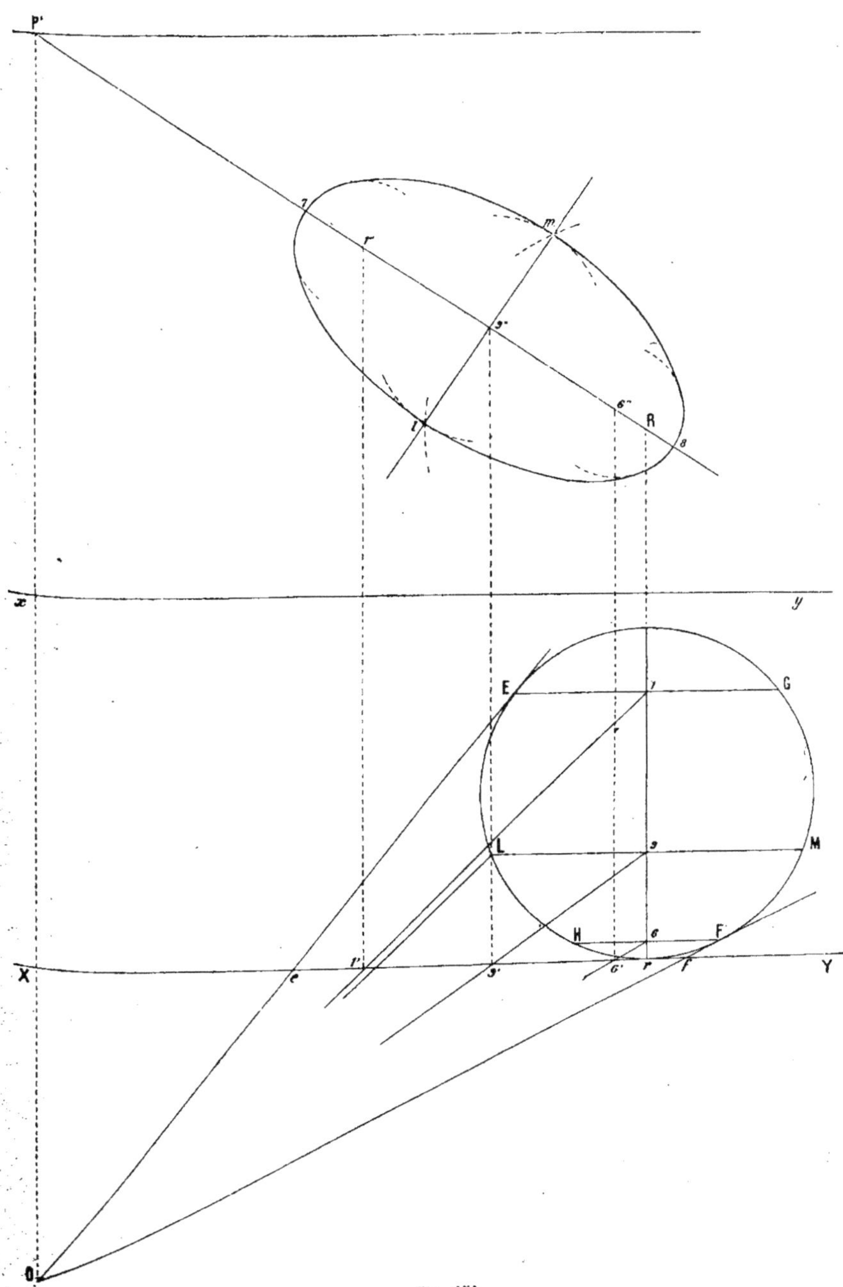

Fig. 151.

ratrices seraient parallèles à XY, la construction précédente est celle qui donne le plan tangent à ce cylindre et passant par l'œil ; les génératrices étant supposées parallèles à XY, le plan tangent rencontre le tableau en T′ suivant une parallèle à l'horizon.

**117.** Pour résumer cette question de perspective de la sphère nous prenons un dernier exemple et nous donnons la solution la plus expéditive.

Dans la figure 153, la sphère est dans une position quelconque, c'est-à-dire qu'elle ne pose pas sur le géométral et qu'elle ne touche pas le tableau.

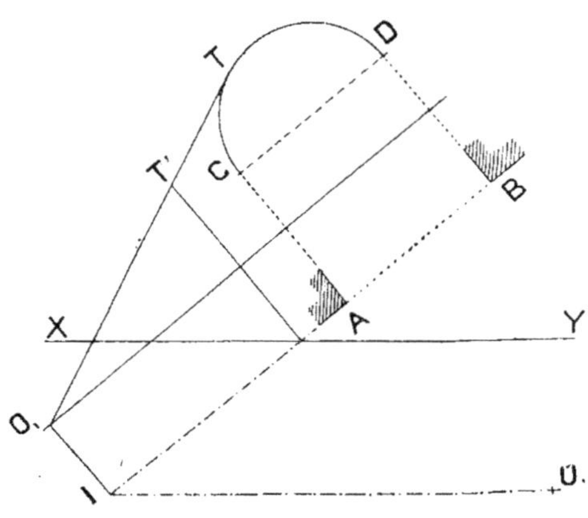

Fig. 152.

Traçons l'axe *sr* perpendiculaire au tableau, il perce ce dernier en *h*, d'où nous déduirons *h′*, ce point *h′*, obtenu par les construction ordinaires, c'est la hauteur du centre de la sphère au-dessus du géométral, joignons *h′*P, c'est la direction du grand axe. On mène les tangentes EO et FO qui déterminent par leurs points de contact les centres 1 et 2 de deux cercles de front ; on les ramène sur l'axe en 1″ et 2″.

Menons 10, 20 et *r*O, des points 1″ et 2″ avec *e*1′ comme rayon (ou 2′*f* c'est tout un) on trace deux arcs de cercle qui coupent *h′*P en 7 et en 8 ; le grand axe de l'ellipse est limité en 7, 8. On mène la perpendiculaire sur le milieu de cet axe,

on relève *r*′ en *r*″ c'est un foyer de l'ellipse ; avec un rayon égal à la moitié du grand axe de *r*″ comme rayon on trace deux

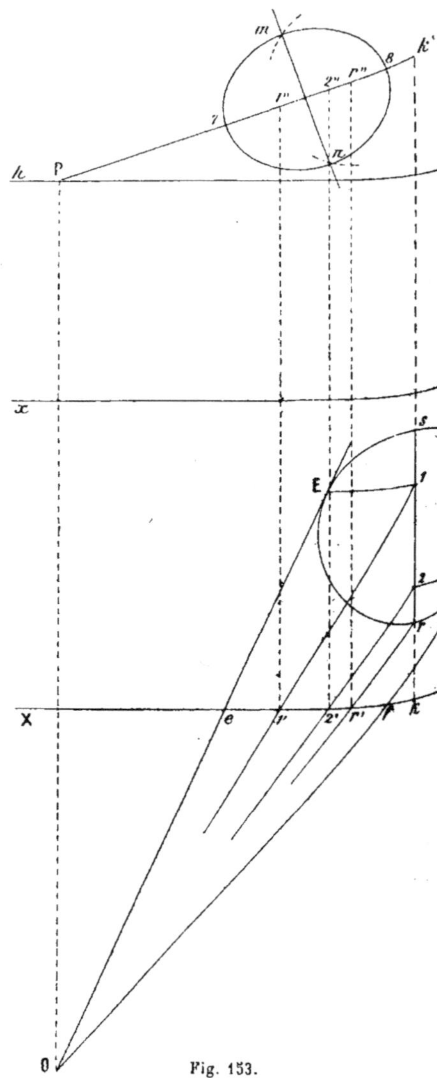

Fig. 153.

arcs de cercle qui déterminent le petit axe en *mn*. Il reste à tracer l'ellipse dont on connaît les deux axes.

## § V. — *EFFETS DE PERSPECTIVE*

### Restitution de l'horizon et des points principaux

**118.** Il peut être bien souvent d'un grand intérêt de retrouver dans un tableau, dans une gravure, quelles sont les données principales qui ont permis d'exécuter la perspective. Cette recherche est surtout indispensable pour les peintres qui commencent d'abord par esquisser, à une petite échelle, le tableau qu'ils se proposent de faire. Comme les divers éléments d'architecture ou les objets géométriques qui doivent s'y trouver ne sont, en somme, que des accessoires destinés à encadrer le sujet principal représenté par des figures, l'artiste les groupe d'une façon générale, en masse et sans s'occu-

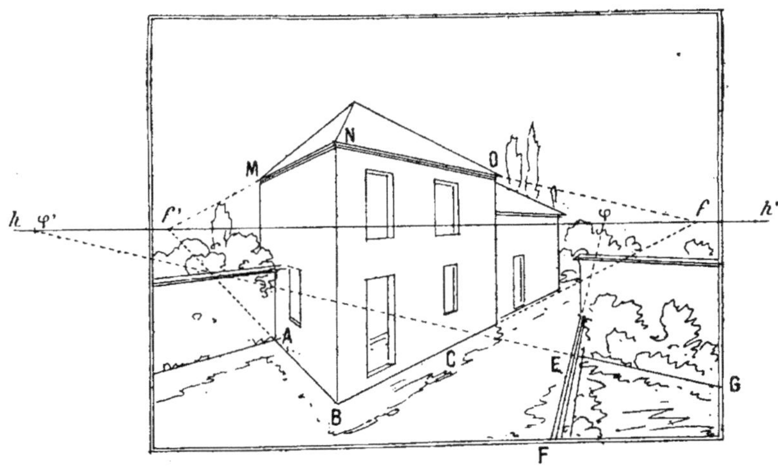

Fig. 154.

per autrement des détails. Lorsqu'arrive l'exécution du tableau en sa *vraie grandeur*, on reporte ces masses, ces silhouettes et on les met à l'échelle. Mais il s'agit alors de tracer rigoureusement tous les détails, l'à peu près ne suffit plus, il faut connaître les données exactes qui permettront d'opérer avec justesse.

C'est dans ce cas qu'il importe de pouvoir restituer les données qui ont servi à établir une perspective.

**119. Recherche de la ligne d'horizon.** Tout d'abord, il faut retrouver l'horizon. Si le tableau indique une grande étendue d'eau comme la mer par exemple, la ligne d'horizon se confond avec la ligne suivant laquelle la mer se raccorde avec le ciel.

Pour un grand lac ou un fleuve important, l'horizontale qui limite l'eau est un peu *au-dessous* du véritable horizon.

Supposons une vue telle que celle de la figure 154. La direction des angles de murs verticaux nous donne la direction de l'horizon ; s'il s'y trouve deux droites telles que NO et BC ou MN et AB qui doivent être parallèles entre elles dans l'espace, il suffit de prolonger ces deux lignes jusqu'à ce qu'elles se rencontrent en *f* pour NO et BC, en *f'* pour MN et AB ; on a ainsi un point de l'horizon ; il suffit ensuite de mener par ce point une perpendiculaire à la direction des verticales pour avoir la ligne d'horizon cherchée $hh'$.

**120. Recherche du point principal et des points de distance.** En connaissant deux angles droits horizontaux dont les côtés ne sont pas parallèles, c'est-à-dire ne fuient pas au même point deux à deux, on trouvera le point principal et le point de distance.

La figure 155 indique l'horizon et les

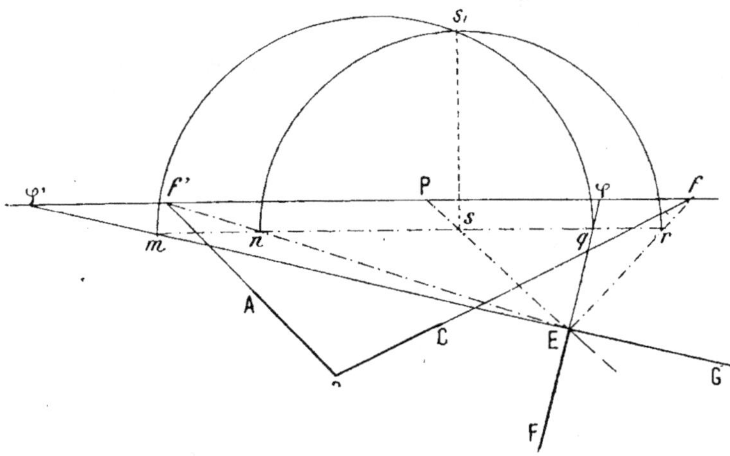

Fig. 155.

angles ABC et EFG supposés droits qui sont extraits de la figure 150 afin d'éviter toute confusion.

Les droits AB et BC fuient en $f'$ et en $f$; les droites EF et EG fuient en $\varphi$ et $\varphi'$. Par le sommet E de l'un de ces angles, menons des parallèles perspectives à AB et à BC c'est-à-dire ayant mêmes points de fuite,

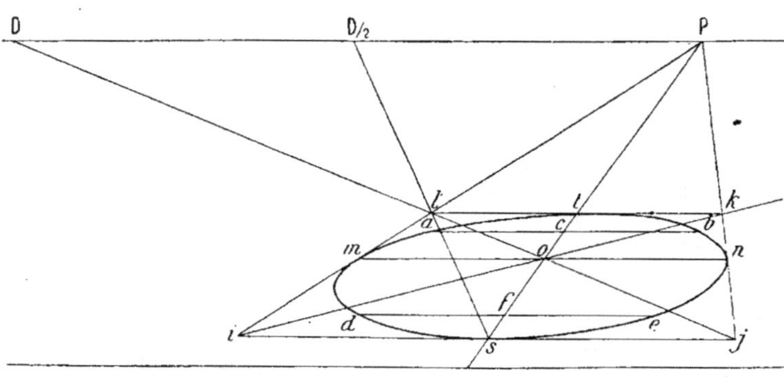

Fig. 156.

on aura ainsi quatre droites $Ef$, $Ef'$, $E\varphi$, $E\varphi'$; coupons ces quatre droites par un plan de front opérons-en le rabattement sur le géométral et cherchons en quel point viendra le point E. Considérons d'abord l'angle formé par EG et EF dont les côtés fuient en $\varphi$ et en $\varphi'$; ces côtés sont coupés par le plan de front en $m$ et en $q$. L'angle

$\varphi'E\varphi$ étant droit dans l'espace, le sommet E devra venir se placer sur la demi-circonférence décrite sur $mq$ comme diamètre (15).

Le même raisonnement montre que ce point E doit aussi se relever en un point de la circonférence décrite sur $nr$ comme diamètre. Il doit donc être placé à l'intersection de ces deux demi-circonférences, soit en $S_1$.

Abaissons de S une perpendiculaire sur la charnière jusqu'en $s'$ ce point ne bouge pas lorsque, remettant les choses en place, le point $S_1$ sera revenu en E. La droite $S_1s$ du rabattement sur le géométral vient en perspective en E$s$, cette droite est perpendiculaire à la charnière qui est une droite de front, elle aussi, a *fortiori*, perpendiculaire au tableau et doit par conséquent fuir au point principal; en prolongeant E$s$ on obtient le point principal P cherché.

Quant au point de distance, on le déterminera ainsi :

Si du point $s$ et sur la ligne de front on porte une distance égale à $sS_1$ (ici cette distance, par hasard, se confond avec le point $n$) et si l'on joint E$n$, on obtient par

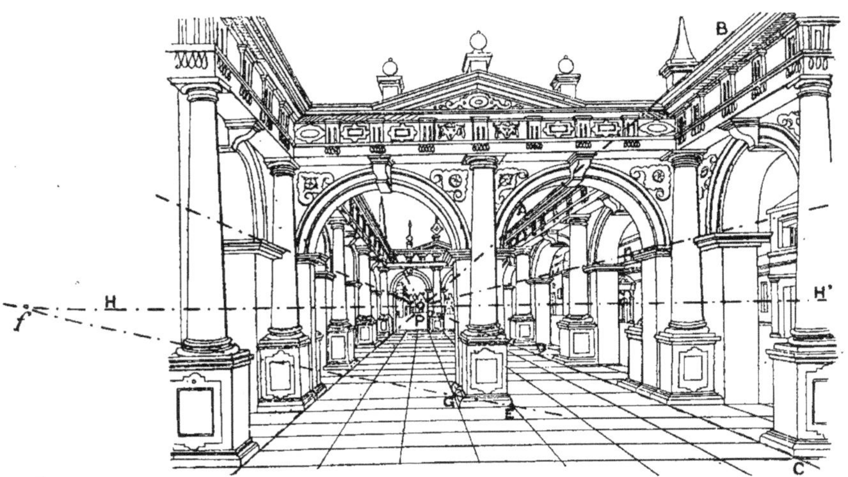

Fig. 157.

prolongement le point $f'$ qui est le point de distance correspondant au point P dans le cas actuel.

En effet, $S_1s$ est la vraie grandeur de $sE$, par conséquent E$n$ fait un angle de 45 degrés avec PE.

**121.** Au moyen d'un cercle perspectif, on retrouverait les mêmes éléments. Soient un cercle en perspective (*fig.* 156) et la ligne d'horizon. On cherche P et D.

Menons deux cordes de front $ab$ et $de$ ; en prenant le milieu de chacune d'elles et en joignant les points $c$ et $f$ on obtient une droite qui concourt au point P car c'est, par construction, le diamètre perpendiculaire aux deux cordes $ab$ $de$. On pourrait prendre les tangentes en $t$ et en $s$ parallèles à l'horizon, mais ces points sont toujours douteux et difíciles à préciser.

On achève le carré circonscrit par des lignes de front et des droites tangentes fuyant en P. On mène les diagonales, leur point de rencontre donne le centre du cercle; prolongées, elles rencontrent l'horizon en des points qui sont les points de distance.

Si ces points sont inaccessibles on cherchera un point de distance réduite.

En joignant $sl$ par exemple, on aura un point D/2.

On voit que presque tous les problèmes

de restitution perspective reviennent à des rabattements sur le géométral.

**122.** La figure 157 est la reproduction d'une ancienne gravure d'architecture : on peut se proposer d'en rechercher les points principaux.

Pour trouver un point de l'horizon, on prolongera les deux droites AB et CD qui sont certainement horizontales, par leur point de rencontre P, on mènera une droite perpendiculaire à la direction des pieds-droits des arcades, direction qui est

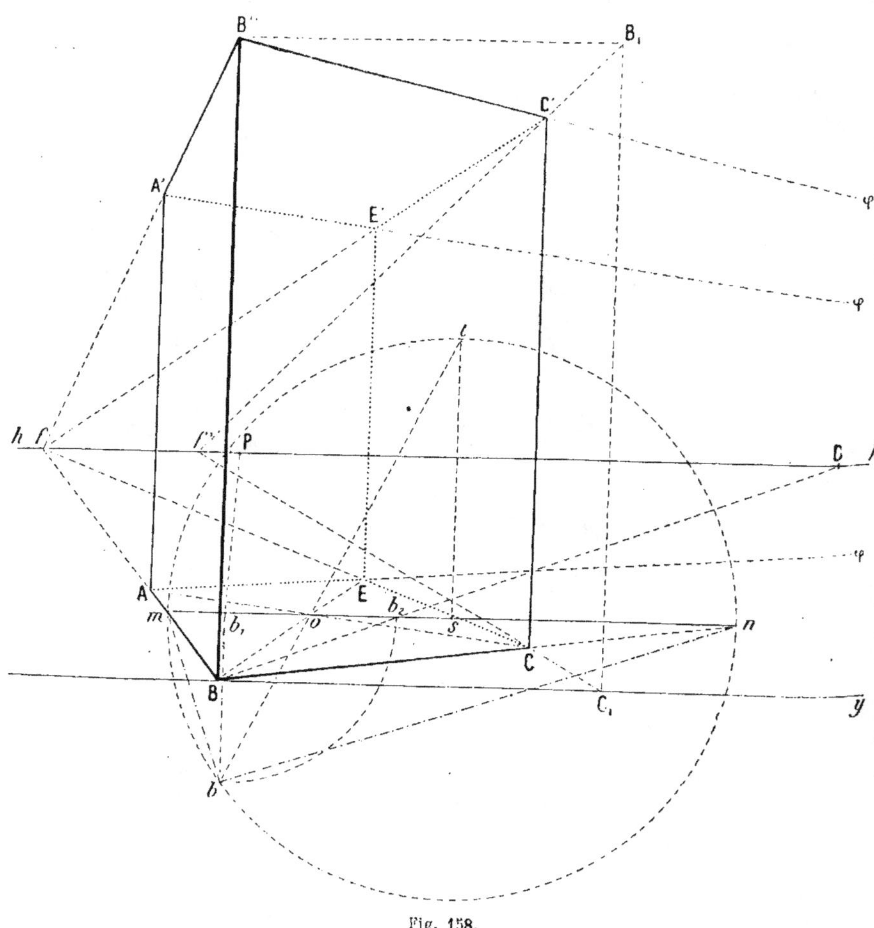

Fig. 158.

évidemment verticale ; on aura ainsi l'horizon HH'. Ce point P est en même temps le point principal, car nous remarquerons que les transversales du dallage sont parallèles à l'horizon et, par conséquent, horizontales. Or les droites telles

que AB ou CD indiquent bien un sens perpendiculaire à ces transversales, les piédestaux des colonnes, les retours des impostes dans les arcades ayant lieu à angle droit.

Pour obtenir le point de distance, on

remarquera la base de colonne qui donne en GE deux angles opposés d'une figure rectangulaire paraissant être un carré (rigoureusement, ce ne doit pas être exact, car le fût de la colonne est engagé dans le mur des deux arcades), cette diagonale GE prolongée jusqu'en HH′ donne le point *f* qui est le point de distance cherché.

**123.** Nous allons chercher la restitution des données principales au moyen d'un prisme droit à arêtes verticales.

Dans la figure 158, nous ne connaissons que les trois arêtes verticales AA′ BB′ CC′ et nous supposons que la base du prisme est carrée : on demande d'achever le prisme et de déterminer la ligne d'horizon et les points principaux de fuite et de distance.

En prolongeant suffisamment les arêtes AB et A′B′ on aura en *f* un point de l'horizon ; menant par ce point une perpendiculaire à une arête AA′ (verticale) on aura en *hh′* la ligne d'horizon.

Si la direction des arêtes AB, A′B′, BC B′C′ était telle que le point cherché ne se trouve pas dans les limites de l'épure on procèderait ainsi :

Soient les deux arêtes BC B′C′ dont le point de rencontre est inaccessible.

On rapproche une des arêtes verticales BB′ de CC′, de telle sorte que, dans la nouvelle position $B_1$ l'inclinaison des droites telles que C′$B_1$ permette d'obtenir en *f′* le point de rencontre dans les limites de l'épure.

On achève ensuite la base du prisme en menant par A et par C des parallèles perspectives à BC′ et à AB, ce qui donne le point E qui est le quatrième angle de la base cherchée; on en déduira facilement le point E′ soit directement, si les points tels que *f* sont accessibles; soit par les constructions spéciales à ce cas s'ils sont, comme pour la direction, φ en dehors du cadre. Les deux diagonales de base AC, BE donnent par leur point de rencontre *o* le centre de la base.

Par ce point *o* menons une horizontale de front que nous prendrons comme charnière pour le relèvement du géométral.

Cette charnière coupe les deux côtés de l'angle droit ABC en *m* et en *n*. Le mou-

vement de rotation étant opéré, on sait que le point B devra se trouver quelque part sur la demi-circonférence *mbn*. Si, d'autre part, nous considérons la diagonale BE, nous verrons que, puisqu'il s'agit d'un carré, elle est la bissectrice de l'angle droit et, par conséquent, après le relèvement, viendra couper en deux parties égales la demi-circonférence *mtn*. D'un autre côté, le point *o*, situé sur la charnière et qui fait partie de cette dia-

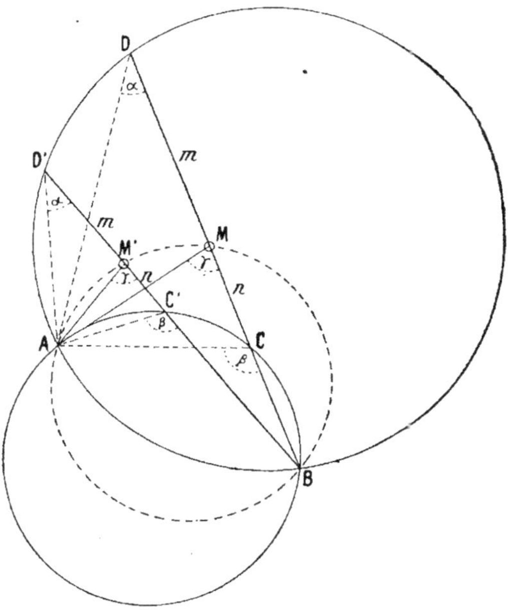

Fig. 159.

gonale ne bouge pas. Pour trouver le point *b*, il suffit donc de prendre en *t* le milieu de la demi-circonférence *mn* et de joindre ce point au centre *o* du carré, par recoupement avec l'autre demi-circonférence : on aura le point *b*.

Pour trouver le point P principal de fuite, abaissons de *b* une perpendiculaire sur la charnière *mn*; elle la coupe en $b_1$; ce point ne change pas lorsque le géométral a repris sa position perspective. B$b_1$ est donc une perpendiculaire *perspective* à *mn* qui est une *horizontale de front*; en poursuivant B$b_4$ jusqu'à l'horizon, on aura en P le point principal cherché.

Il reste à trouver le point de distance.

Nous savons que $bb_4$ représente, à l'échelle du plan de front *mn*, la distance B$b_4$ de la fuyante au point principal; reportons cette distance $bb_4$ de $b_4$ en $b_2$, en joignant B$b_2$ et en le prolongeant jusqu'à l'horizon, on aura le point de distance accessible ou non. Si ce point est inaccessible, on obtiendra un point de distance réduite au *tiers*, par exemple;

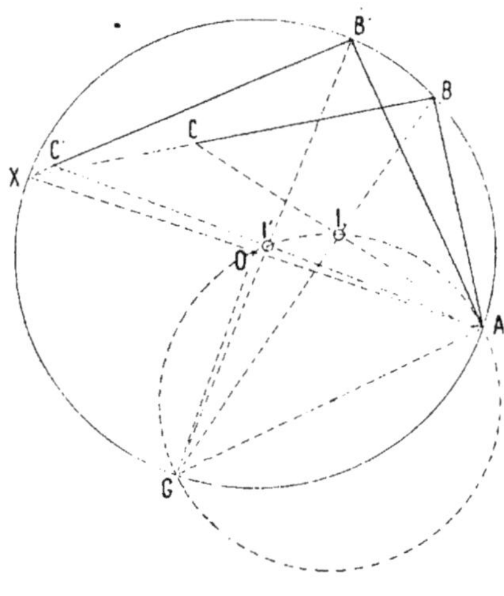

Fig. 160.

en ne portant sur la charnière, à partir de $b_4$, que le *tiers* de $bb_4$.

**124.** Nous donnerons ici la solution de deux propositions géométriques dont la connaissance est nécessaire par la résolution d'un problème de restitution perspective.

1° *Soient (fig 159) deux circonférences ACB et ABD qui se coupent en deux points A et B. Si du point B ou mène plusieurs sécantes BCD, BC'D', et qu'on partage aux points M et M', la portion de chacune d'elles CD ou C'D', comprise entre les deux circonférences, suivant un même rapport $\frac{n}{m}$, démontrer que le lieu des points tels que MM' est situé sur une troisième circonférence qui passe aussi par les points A et B.*

Joignons les points DD′, MM′, CC′ aux deux points A et B; considérons d'abord les deux triangles ADC et AD′C′, et montrons qu'ils sont semblables comme ayant deux angles égaux. Les deux angles ADC et AD′C′ sont égaux comme ayant pour commune mesure le segment de circonférence AB. Les deux angles DCA et D′C′A sont aussi égaux puisqu'ils sont les suppléments des deux angles égaux $\beta$; ces angles $\beta$ sont inscrits dans un même segment AC′CB.

Les deux points M et M′ partageant les côtés homologues des triangles, dans un même rapport $\frac{n}{m}$, si l'on joint AM et AM′, on obtient deux autres triangles AMC, AM′C′ qui sont aussi semblables et dont les angles $\gamma$ sont égaux. Le lieu des points MM′ est donc tel qu'il détermine des angles AMB, AM′B toujours égaux. C'est-à-dire inscrits dans un même segment AM′MB de circonférence passant par les deux points A et B.

2° *Soit (fig. 160) un diamètre XA sur lequel on décrit deux demi-circonférences XBA et XGA. Si dans la première, et à partir du même point A, on inscrit les deux côtés ABC, AB′C′ d'un carré, démontrer que le lieu des centres II′ de ces carrés est une circonférence ayant pour diamètre le côté AG du carré inscrit dans la circonférence XA.*

Menons la diagonale CA du carré CBA, par son milieu I, centre du carré, et par le point B menons une seconde diagonale prolongée jusqu'à sa rencontre en G avec la demi-circonférence XGA; CA et BG se coupent à angles droits au point I. Les angles CBA étant tous droits, ont leurs côtés passant par A et par X; les diagonales BI bissectrices de ces angles devront toutes passer par le point G milieu de la demi-circonférence décrite sur XA.

Nous aurons donc tous les angles droits AIG, AI′G passant par deux points fixes A et G, ce qui ne peut avoir lieu que si ces points I,I′ sont sur une demi-circonférence décrite sur AG; or A et G sont les extrémités de deux diamètres à angles droits du cercle décrit sur XA et par conséquent GA en est le côté du carré inscrit CQFD.

**125.** Le problème de restitution perspective dont nous avons parlé plus haut et qui nous a amenés à étudier les deux propositions précédentes, se rencontre plus particulièrement dans le dessin d'après nature et lorsqu'il s'agit d'objets dont le plan dérive du carré. Supposons (*fig.* 161) qu'il s'agisse d'un socle sur plan carré. Le premier côté AB du carré a été mis en place comme direction et comme grandeur au moyen de l'observation ; le second côté BC n'est mis en place que comme direction *seulement*, son extrémité C n'étant pas définie. Remarquons,

que lorsqu'il s'agit d'un objet isolé, base, fût ou chapiteau de colonne, socle. etc., on a une tendance toute naturelle à faire coïncider la verticale principale du dessin, celle qui contient le point principal, avec l'axe moyen de l'objet. Dans le cas présent, le point P est situé sur la verticale V qui passe par le centre O du carré de base.

Nous allons montrer par suite de quelles opérations, lorsqu'on connaît la ligne d'horizon, un côté AB d'un côté en direction et en grandeur, la direction B*f* seulement du second côté, on peut :

1° Trouver le centre du carré et, par conséquent, la verticale principale ;

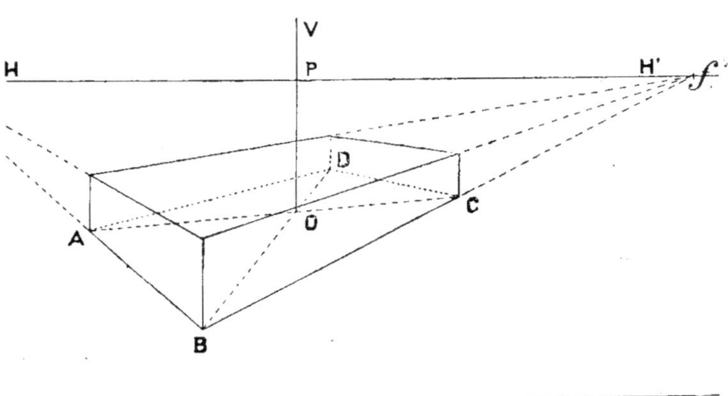


Fig. 161.

2° Achever la construction du carré.

Dans la figure 162, *hh'* est la ligne d'horizon, BA le côté connu en grandeur et en direction, AD le côté dont la direction seule est connue mais non la limite D ; on convient en outre, que le point principal se trouvera sur la verticale passant par le centre du carré.

Poursuivons la direction du côté AD jusqu'à la ligne de front passant par le point connu B, et, autour de BX comme charnière, faisons le relèvement du géométral. Nous savons, tout d'abord, que le point A relevé viendra quelque part en A₁ sur la circonférence dont BX est le diamètre, d'autre part (121,2°), que la

bissectrice A₁, passant par le centre relevé du carré I₁, viendra en G, pied du diamètre vertical de la conférence ; par suite de la même proposition I₁ doit se trouver aussi sur la circonférence décrite sur BG comme diamètre.

Le point *i*, centre perspectif du carré, doit se trouver sur la même verticale que son relèvement I₁ et que le point P.

Si nous joignons le point P, supposé connu, au point A, nous aurons en *a'* un point sur la charnière tel que sa verticale, par recoupement de la circonférence dont BX est le diamètre, donnera le point A₁ relèvement de A.

Ainsi PI₁ et A₁ *a'* sont perpendiculaires

à l'horizon et parallèles entre elles ; une troisième parallèle à ces deux premières s'obtiendra en faisant passer par A une verticale rencontrant $A_1 I_1 G$ au point K (pour la facilité du raisonnement, nous supposons ces données connues).

Si le point K était connu, en le joignant à G, on obtiendrait le point $A_1$, puis $a$ ; menant A $a$ on aurait P, enfin le problème serait résolu.

Cherchons donc à déterminer ce point K.

En raison du parallélisme des trois droites AK, $A_1$ $a$, $PI_1$, nous aurons :

$$\frac{I_1 A_1}{A_1 K} = \frac{Pa}{a'A} = \frac{m}{n}$$

Donc le point K se trouve à la fois sur

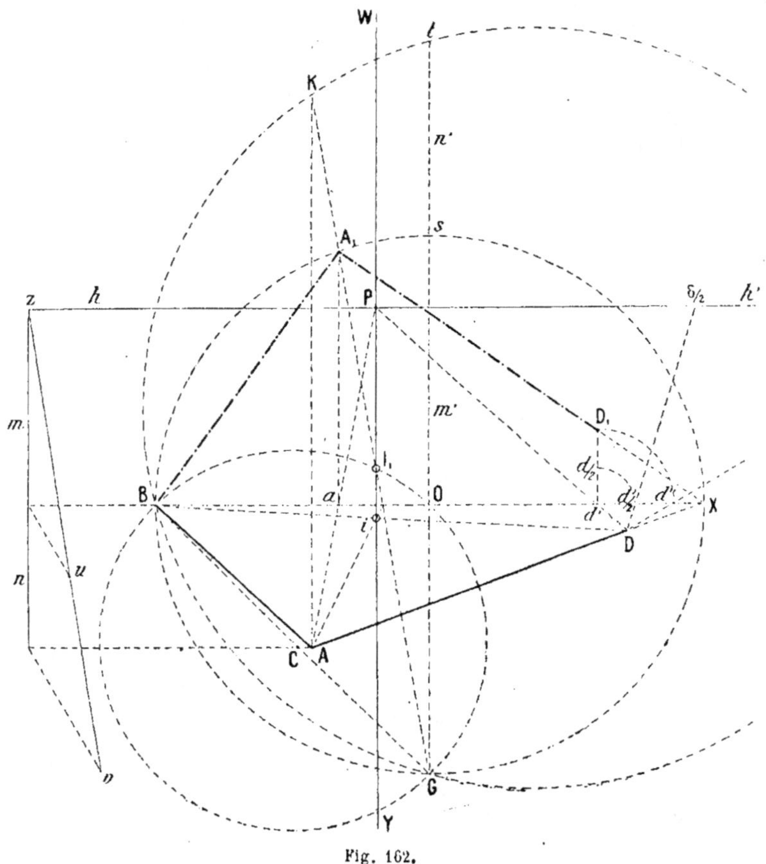

Fig. 162.

la verticale du point A et (121,1°) sur la circonférence passant par B et G et qui est le lieu géométrique des points issus du point G qui partagent les sécantes dans le rapport $\frac{m}{n}$.

Pour construire cette circonférence il suffit d'en trouver un point, puisque nous connaissons les deux autres BG. A cet effet, menant la verticale qui passe par le centre O nous prolongeons cette droite d'une quantité $st$, telle que $Os : st :: m : n$.

(Cette construction est faite à gauche de la figure $Zu = Os$ et $uv = st$.)

Le point K connu, on le joint à G, pied de la verticale passant par le centre O, on obtient ainsi $A_i$ dont le pied $a$ joint à A donne P.

$A_iG$ coupe la charnière en un point qui ne bouge pas ; si on joint ce point à A on a, sur la verticale passant par P, la perspective du centre en $i$ ; joignant B$i$, on trouve D qui limite le second côté du carré cherché.

Le surplus de ce carré s'obtiendrait aisément.

On trouvera le point de distance de la façon suivante : joignons PD qui coupe la charnière en $d'$ et menons la verticale de ce point jusqu'en $D_i$ relèvement du point D. $D_id'$ est la vraie grandeur à l'échelle du plan de front BX de la droite perspective $d'$D ; portons sur la charnière, à partir de $d'$ une longueur $d''d'$ égale à $d'$D$_i$ et tirant D$d''$ nous trouverons sur l'horizon le point de distance ; ici ce point est inaccessible, et nous avons indiqué le point de distance réduite au point $\delta/2$.

### Restitution visuelle.

**126.** Par *restitution visuelle*, on entend le travail mental auquel se livre notre entendement en considérant une épure perspective, et qui nous permet de reconstituer les formes, les positions diverses des objets qui nous sont présentés.

Lorsque l'épure est de petite dimension, il suffit de se placer à hauteur de l'horizon, en face du point de vue et à la distance voulue ; si l'angle optique ne dépasse pas 22 ou 23 degrés, on a une perception entière de l'épure et on peut en embrasser toute l'étendue d'un seul coup d'œil. Mais, lorsque le tableau est très étendu, on est souvent obligé de se déplacer pour en apprécier les détails. C'est alors que l'illusion change d'aspect et que les objets présentés vont prendre des formes autres que celles qu'on a voulu représenter.

Nous allons examiner successivement quelles sont les différentes déformations qui se présentent lorsqu'on abandonne la position mathématique qui exige l'œil

placé à hauteur d'horizon, devant le point principal et à la distance voulue.

Remarquons d'abord que, quelle que soit la position qu'on prendra, les verticales seront toujours verticales, les figures de front conserveront leurs rapports avec d'autres figures de front.

**Déplacement de l'œil sur la ligne d'horizon.** L'œil reste à la distance voulue à hauteur d'horizon, mais se déplace à droite ou à gauche.

Dans ce cas, tous les problèmes relatifs à la restitution qui n'exigeaient que la connaissance de la ligne d'horizon, mais non celle des points de fuite ou de distance, donneront des résultats identiques ;

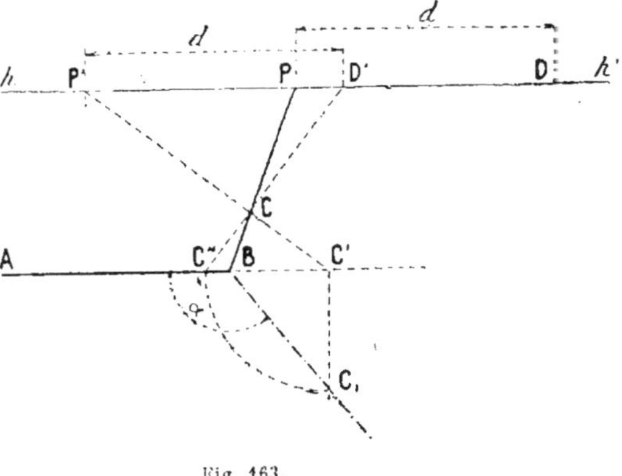

Fig. 163.

il en sera ainsi des rapports de division de lignes droites ou non.

Tout ce qui a rapport à la distance, c'est-à-dire aux échelles des différents plans de front, ne variera pas. Mais les angles se modifieront en raison de la grandeur du déplacement.

Ainsi, dans la figure 163, l'horizon est $hh'$, le point principal P et le point de distance D. L'angle ABP formé d'une horizontale de front et d'une fuyante au point P représente un angle droit.

Supposons que le spectateur change de place sans changer de distance ; il vient se placer en P', la distance vient donc en D'. Opérons la restitution de l'angle ABP par rapport au nouveau point de vue en prenant AB comme charnière. Prenons un point C sur BP, joignons P'C jusqu'en C' ; ce point C se relèvera sur une perpendiculaire à la charnière en C' D' par le point C', menons

C, qui coupe la charnière en C", reportons C'C" en C'C₁, et menons BC₁ : l'angle ABC₁ est la restitution de l'angle ABC par rapport au nouveau point de vue P'. Cet angle était droit avec le point

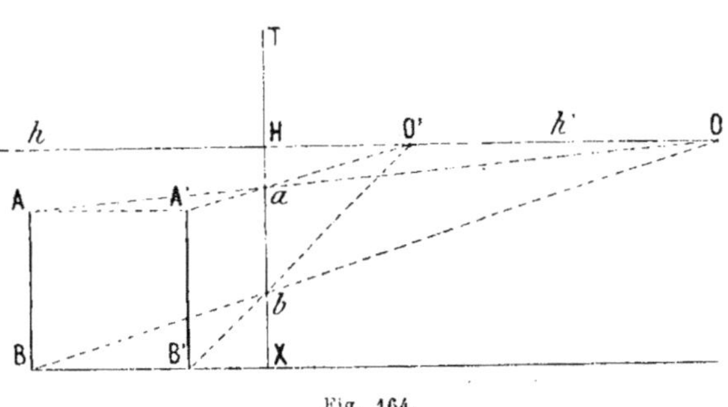

Fig. 164.

de vue P; il devient obtus dans la nouvelle position P'.

**Changement de distance.** L'œil reste en face du point principal, à hauteur de la ligne d'horizon, mais s'éloigne ou se rapproche du tableau.

La figure 164 indique une section passant par l'œil O, le tableau est coupé suivant TX, H représente l'horizon, et *ab* est une hauteur figurée sur le tableau supposé posé en *b* sur le géométral ; si on mène les rayons visuels O*b* O*a*, de telle

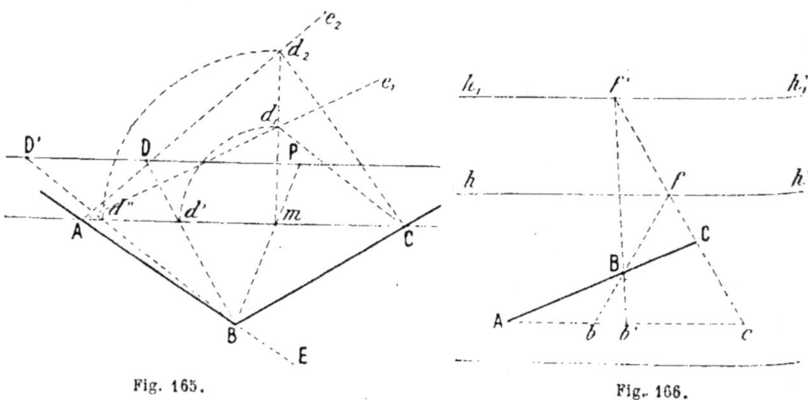

Fig. 165.

Fig. 166.

sorte que O*b* vienne couper le plan géométral, on voit que AB est la situation de l'objet représenté en a*b* sur le tableau. Si l'œil se rapproche en O', une restitution analogue montre l'objet en A'B'. Il conserve sa hauteur dans toutes ses positions, mais il se rapproche du tableau si l'œil s'en rapproche et s'en éloigne dans le cas

contraire. Par conséquent on éloigne tous les objets d'un tableau en se reculant de lui de plus en plus ; c'est ce que les peintres formulent en disant que *l'éloignement donne de la profondeur*.

Le changement de distance influe aussi sur la valeur des angles.

Soit, figure 165, un angle ABC, le point

P et la distance D. Au moyen d'un relèvement autour d'une charnière AC, restituons cet angle. Le point B se relèvera sur la verticale passant par $m$ ; avec le point de distance D, B viendra en $d_1$ et l'angle restitué sera $Ad_1C$. Augmentons la distance et supposons une distance PD′ au lieu de PD. Restituons l'angle par rapport à ce nouveau point D′. B viendra toujours sur la verticale $m$, mais il sera en $d_2$ et l'angle se restituera suivant $Ad_2C$, c'est dire qu'en augmentant l'éloignement du tableau on rapetisse les angles dont les deux côtés s'éloignent ou se rapprochent en même temps du tableau ; les angles dont un côté s'éloigne pendant que l'autre se rapproche, tels que EBC, grandissent au contraire.

Des effets inverses se produiront si le spectateur se rapproche.

**Changement d'horizon.** En changeant d'horizon, on détruit l'effet d'horizontalité ; ainsi en l'élevant, le sol parait s'abaisser à mesure qu'il s'éloigne en arrière du tableau ; il paraît s'élever, au contraire, si on le place au-dessous de l'horizon.

Une autre altération se produit dans le rapport des divisions d'une horizontale perspective. Ainsi soit (*fig.* 166) une droite AC partagée en deux parties inégales au point B par rapport à l'horizon $hh'$. Sur une horizontale de front A$c$ restituons au moyen du point $f$, le rapport dans lequel cette droite est partagée ; nous aurons : $\dfrac{Ab}{bc}$.

Elevons l'horizon en $h_1h_1'$ et au moyen d'un autre point $f'$ restituons le rapport de division relatif au nouvel horizon ; nous aurons $\dfrac{Ab'}{bc}$.

C'est-à-dire qu'en élevant l'horizon, on avantage ou augmente les sections ou zones les plus rapprochées du tableau au détriment de celles qui sont le plus éloignées.

De toutes les erreurs de position par rapport à une épure, c'est surtout celle qui est relative à la hauteur d'horizon qu'il faut supprimer, éviter. Celles qui n'ont trait qu'à la position du point de vue et de la distance n'affectent guère que l'appréciation des angles.

Afin de bien se rendre compte des déformations que peuvent faire subir à une figure géométrique les diverses positions que prennent le point de vue et le point de distance, lorsqu'on examine un tableau sans se mettre à la vraie place qu'on doit occuper, nous allons prendre un exemple qui ne laissera, croyons-nous, aucun doute dans l'esprit du lecteur.

### Restitution pour diverses positions de l'œil.

**127.** La figure 167 représente la façade d'un édifice fort simple, composée d'une série de baies et de pilastres. Le point P est la position de l'œil pour laquelle la perspective a été tracée, avec une distance du tableau égale à PD.

Nous supposerons d'abord un changement de position du spectateur, tel que l'œil reste toujours sur la ligne d'horizon, se déplaçant vers la gauche pour venir se placer en face de P′, la distance du spectateur au tableau restant égale à PD : comme le point de distance correspondant à cette nouvelle position de P′ sortirait du cadre de l'épure, nous marquerons le point $D'/_3$ tel que $P'D'/_3$ est égal au tiers de PD.

Remarquons, que lorsque le spectateur est en sa vraie place, en P, il aperçoit les ébrasements des baies LM, OC, GK, etc., la sensation qu'il reçoit lui donne l'illusion d'une certaine épaisseur nécessaire à la construction de ce mur de front, de plus, il sait *a priori* que ces ébrasements font des angles droits avec la face du mur. Mais, lorsqu'il a changé de place pour venir dans la position P′, il se rend compte que quelque chose d'anormal a dû se produire dans l'épaisseur et les angles, qui lui permet encore de voir les deux verticales passant par O et C gardant leur même écartement. Pour nous rendre un compte exact de ce qui s'est en effet produit, nous restituerons le plan de ces piliers.

Voyons d'abord ce qu'ils sont dans l'état normal, et opérons la restitution du plan ABCO au moyen d'une rotation autour de la droite de front AO pour se présenter

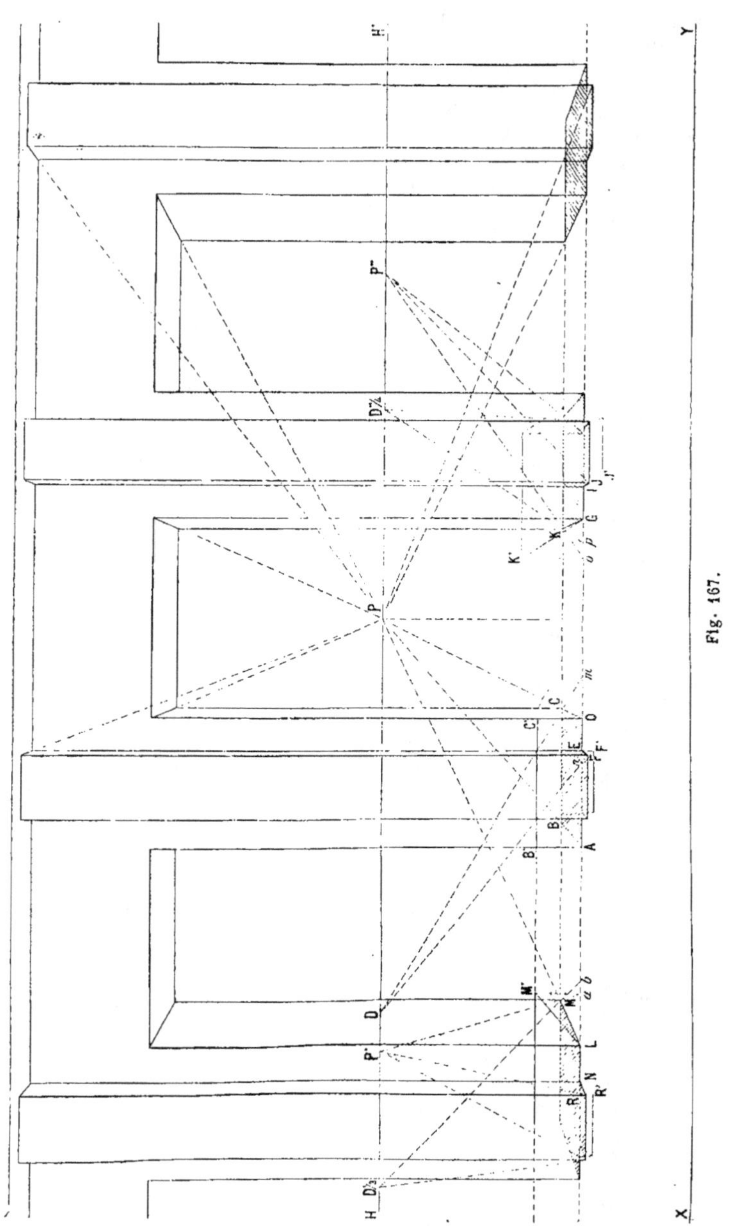



de front, verticalement. La figure que nous obtiendrons ainsi sera, non la vraie grandeur de ABCO, mais ses dimensions à l'échelle de plan de front AO.

Dans ce mouvement de rotation, AO n'a pas changé. Pour trouver la nouvelle position du point C, je remarque que OC fuyant en P est une perpendiculaire perspective au tableau et viendra quelque part sur la verticale menée par O. Menant DC jusqu'à AO prolongé, j'obtiens le point $m$ ; nous savons que OC est égal perspectivement à O$m$, reportant cette dimension en prenant O pour centre, avec le rayon O$m$, nous avons en C' la nouvelle position du point C ; le second point B' s'obtient directement en remarquant qu'il doit se trouver à la fois sur la verticale passant par le point A et sur l'horizontale passant par C'. Une construction analogue nous donnera le point F' ; en menant FD on a le point $n$ sur la charnière, de E comme centre, avec E$n$ comme rayon, on décrit un quart de cercle jusqu'à la verticale passant par E ; le point F' est déterminé. On achève la figure et la restitution du plan du pilier à l'échelle du plan de front AO est le plan AB'C'OEF'... ; cette figure est rectangulaire, ainsi qu'il était facile de le prévoir, du reste.

Essayons, maintenant, ce que devient ce plan, qui est le même pour tous les piliers, dans la position P' du spectateur et en gardant la même distance au tableau indiquée par D'/3.

L'arête du mur coïncidant avec la charnière ne change pas. Cherchons où viendra le point M. Une perpendiculaire au tableau menée de P' par M, vient couper la charnière en $a$. Dans le mouvement de rotation, cette perpendiculaire au tableau se relèvera suivant la verticale passant par $a$. Du point D'/3, je mène une droite par le même point M, elle vient couper la charnière en $b$ ; nous savons que $ab$ est égal au tiers de la vraie grandeur $a$M. En portant sur la verticale passant par $a$, trois fois $ab$, on aura le point M' comme position du point M après la rotation. Une construction identique nous donnera le point R'. La déformation que fait subir, au plan du pilier, le déplacement du point P venant en P', est indiquée par R'NLM' ; les directions R'N et LM' étant parallèles entre elles.

Ainsi, l'angle droit produit par la rencontre du mur de face et du plan vertical en retour formant l'ébrasement, devient l'angle obtus NLM'. Comme on devait le prévoir, en ne changeant pas la distance de l'œil au tableau, l'épaisseur du mur n'a pas varié, aussi, après la rotation, le point M' est sur la même horizontale que B' et C'.

Que devient le même plan d'un pilier, en admettant qu'on change à la fois, la distance et la position de l'œil? Soit P'' la nouvelle position du spectateur, et D''/$_4$ le nouveau point de distance réduite au quart.

Menons P''K jusqu'en $o$, D''/$_4$K jusqu'en $p$, le point K se relèvera sur la verticale menée par $o$ à une hauteur $o$K' égale à quatre fois $op$. Nous aurons de même le point J' ; de telle sorte que le pilier prendra la forme indiquée par K'GIJ'... Cette fois, la déformation atteint non seulement l'angle formé par les perpendiculaires au tableau, mais encore l'épaisseur du mur.

On peut donc dire que : à mesure que l'œil s'éloigne, la profondeur paraît augmenter ; à mesure que l'œil s'éloigne dans un certain sens, l'angle formé par une droite et le tableau située derrière ce tableau semble s'ouvrir en se penchant vers le côté opposé à celui dans lequel le mouvement d'éloignement de l'œil a lieu.

### Déformations des courbes par les changements de position de l'œil.

**128.** Lorsque le spectateur n'est pas placé exactement au point de vue, les courbes subissent des déformations qu'il est utile d'étudier ; ainsi les arcades à plein-cintre percées dans un mur deviennent *surhaussées* ou *surbaissées* suivant que l'œil s'approche ou se recule du tableau.

Dans la figure 168, nous supposons une série d'arcades en plein-cintre, percées dans un mur dont les horizontales fuient en $f$, le point principal étant P, ce mur est tout à fait quelconque, ni de front, ni perpendiculaire au tableau.

Opérons d'abord la restitution d'un de ses arcs de tête, et, pour cela, employons la méthode de la corde de l'arc (74).

Rabattons l'œil en O sur la verticale menée par le point P, de telle sorte que PO égale la distance au tableau et cherchons le point de fuite $d'$ d'égal recoupement par rapport aux horizontales fuyant en $f$. De ce point *f* comme centre avec *f*O comme rayon, nous décrivons un arc de cercle qui coupe l'horizon en *d'*. Ce point est le point de fuite cherché. Procédons sur la courbe EKF qui se projette en CD, et amenons-la dans le plan de front passant par la verticale CE. La ligne de naissance EF vient sur l'horizontale passant par E. Le rectangle perspectif qui circonscrit la courbe EKF est EIKGF. Il est ramené dans le plan de front en EIK'G'F'; le point G' s'obtenant, par exemple, en remarquant qu'il doit venir sur l'horizontale menée par I et qu'il doit se trouver sur la droite menée par *d'* et par G. La courbe qui passe par les trois points EK'F' est un demi-cercle, ce qui dérive du tracé primitif de l'épure; les autres arcades ont

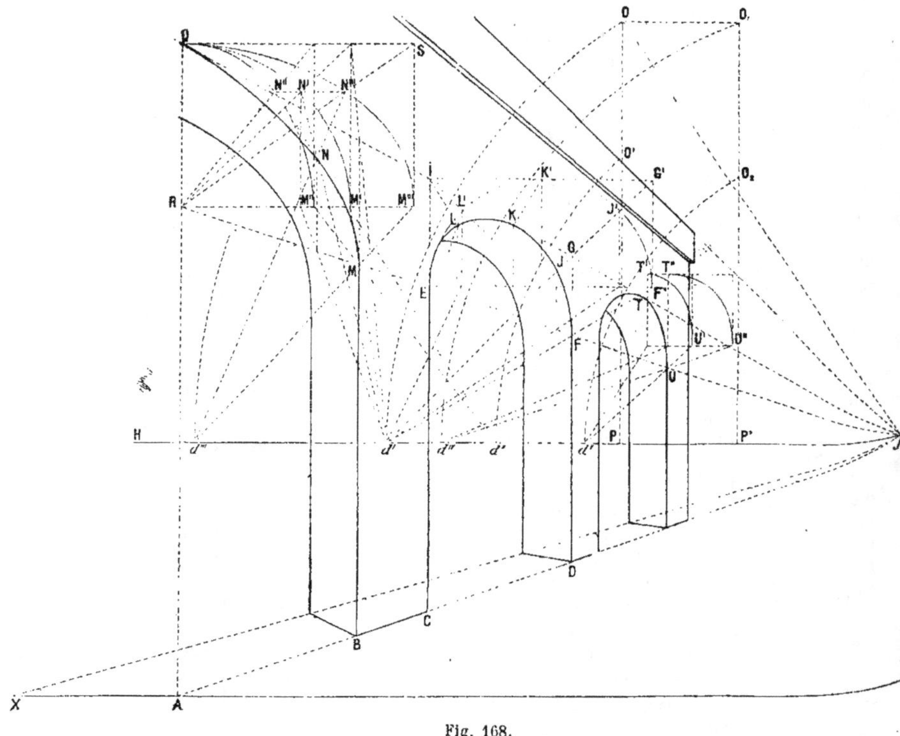

Fig. 168.

été tracées de même, on est donc sûr que ce sont des demi-cercles en perspective.

Examinons, maintenant, ce qu'il adviendra, si on rapproche la distance tout en conservant le point P comme projection de l'œil sur le tableau. Faisons le même rabattement et supposons l'œil relevé en O' sur la verticale passant par P, de telle sorte que la distance au tableau n'est plus que PO' au lieu de PO.

Cherchant le point de fuite des droites d'égale résection par rapport aux horizontales fuyant en *f*, nous trouvons, par l'arc de cercle décrit du point *f* avec *f*O' comme rayon, le point *d''*. Essayons de trouver la vraie forme de la courbe QNM qui est projetée en AB, par rapport à cette nouvelle position de l'œil.

Le rectangle QRM qui circonscrit cette demi-courbe, vient se présenter de front suivant QRM″ en tournant autour de QR comme charnière. Il est ainsi déterminé: deux horizontales passant par Q et par R, une verticale QR qui ne change pas, la seconde verticale passant par M″ qu'on trouve en menant par $d''$ une droite passant par M jusqu'à la rencontre de l'horizontale menée par R. *A priori*, la seule inspection du rectangle QRM″ nous indique que la courbe est surhaussée, QR étant évidemment plus grand que QM″. Pour tracer exactement la courbe cherchée, nous choisirons le point N situé sur la diagonale du rectangle circonscrit; en remontant, sur une droite tirée de ce point, par le point $d''$ jusqu'à la diagonale du rectangle de front QRM″, nous aurons N″, la courbe cherchée est un arc d'ellipse QN″M″ qu'on aurait pu tracer directement puisqu'on connaissait ses deux demi-axes QR et RM″.

. Supposons maintenant que, tout en gardant le point P, nous nous éloignions plus que dans la position régulière de l'épure. Le point O rabattu sort de l'épure, admettons que l'arc décrit de ce point inaccessible, de $f$ comme centre, coupe l'horizon en $d'''$; faisons la restitution de la même portion de courbe QNM par rapport à ce nouveau point. Le rectangle circonscrit sera QRM‴ S le point N, sur la diagonale viendra en N‴, la courbe devient QN‴M‴, c'est un arc d'élipse dont l'axe vertical est plus petit que l'axe horizontal, d'où une courbe surbaissée.

La restitution de cette courbe QRM par rapport au point $d'$ correspondant à la position régulière de l'œil, donnerait QRM′, c'est un carré, car la courbe ainsi restituée est un quart de cercle.

On remarquera que les trois points N″N′N‴ sont tous sur la même horizontale, ce qui s'explique aisément puisque, dans les différentes positions données à l'œil, les verticales ne subissent aucune déformation; le point N quelle que soit la position prise par le spectateur a toujours continué à être à la même hauteur de la ligne de naissance RM et doit se trouver, en restitution, sur une même horizontale.

La restitution appliquée à cet arc donne donc trois solutions. La première est un arc de cercle QN′M′ lorsque l'œil est placé régulièrement à la distance choisie pour faire l'épure; la seconde courbe QN‴M‴ qui est surbaissée, se rapporte à un point de vue plus éloigné du tableau. Enfin, la troisième, QN″M″ est produit par une position plus rapprochée du tableau, c'est une courbe surhaussée. Le résultat qu'on a ainsi obtenu était facile à prévoir en se rappelant ce que nous avons dit plus haut (126) que l'*éloignement donne de la profondeur*.

Qu'adviendrait-il si l'œil se déplaçait

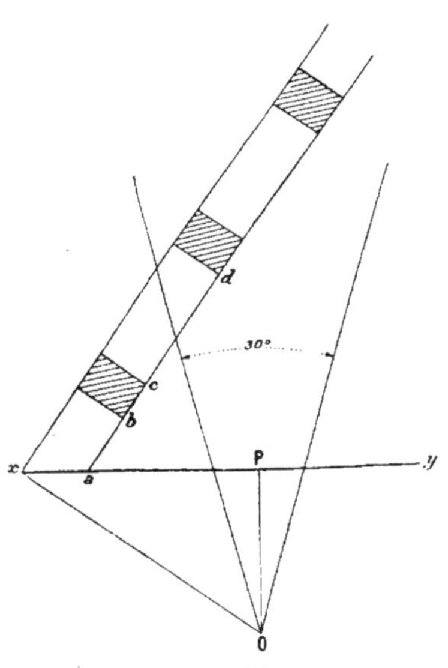


Fig. 169.

sur la ligne d'horizon tout en gardant la même distance ? Une pareille position se traduit par le point P′ au lieu P, le rabattement donnant l'œil en O₁ sur l'horizontale menée par O. A cette nouvelle situation, correspond le point $d^{IV}$: appliquons la méthode de la corde de l'arc à la troisième arcade, l'arc perspectif TU viendra en T″U″, il sera surhaussé, cet effet augmentera encore si, gardant le point P′, on diminue la distance en plaçant l'œil en O², donnant ainsi un point $d^{V}$ comme point de fuite d'égal recoupement. L'arc TU se restituerait suivant T′U′.

Cette figure 168 est intéressante à étudier au point de vue de la déformation que la mise en perspective d'une figure amène forcément dans cette même figure. La courbe formant l'arcade est un demi-cercle, deux restitutions EK' F' et QN' M' le montrent d'une façon indiscutable ; et cependant, en considérant la demi-arcade projetée en AB, on a peine à concevoir que la courbe QNM puisse représenter un quart de cercle, ce qui cependant est mathématiquement exact. On a une tendance toute naturelle à penser que dans un demi-cercle perspectif, vertical et non parallèle au tableau, sa montée ou hauteur ne subit pas une grande réduction en comparaison de celle qui provient du fait de son obliquité, de son biais, qui influe sur le diamètre horizontal ; et on pense qu'un tel demi-cercle doit se perspectiver suivant une demi-ellipse dans laquelle l'axe horizontal est plus petit que l'axe vertical. En effet, c'est ainsi qu'elle devrait être, si la perspective était faite dans de bonnes conditions et nous allons voir immédiatement, comme quoi une perspective peut être très exacte et produire un effet déplorable.

Restituons à une échelle réduite, les données qui ont servi à faire cette épure.

Les deux lignes qui forment l'épaisseur du mur recoupent la ligne de terre XY en A et en X, nous connaissons le point P et la distance PO. Il nous est facile de reporter ces données (*fig.* 169) en *a*, *x*, P et O. L'angle que fait le plan de face des ar-

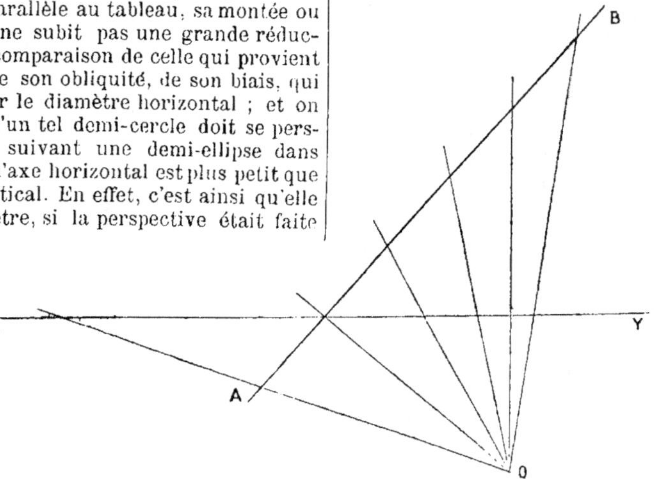

Fig. 170.

cades avec le tableau est évidemment égal à O/H de la figure 168, nous le reporterons en *y*, *a*, *d*, sur la figure 169. Le reste s'obtient aisément.

Or, si au point O nous formons, à cheval sur OP, un angle de 30 degrés, grandeur moyenne d'un angle optique, nous verrons que la figure 168 embrasse, vers la gauche, un champ qui est plus du double de cet angle. C'est à cette extension exagérée en dehors de l'angle optique normal, qu'on observe des déformations aussi accentuées qui sont le résultat de l'agrandissement naturel qu'éprouve tout objet situé derrière le tableau à mesure qu'il se rapproche de celui-ci, et de l'obliquité avec laquelle les rayons visuels viennent couper le tableau. La figure 170 montre avec quelle vitesse les largeurs interceptées sur le tableau par des rayons visuels équidistants augmentent près des bords du tableau. Cette augmentation est rendue plus tangible par le fait du point cherché dans le présent exemple, et situé sur la gauche, mais *en avant* du tableau ; aussi doit-on s'abstenir rigoureusement de représenter des objets qui ne sont pas compris dans l'angle optique. Nous employons souvent dans nos figures, des points de vue très rapprochés, par conséquent des angles optiques trop grands, parce que cela permet de mieux apercevoir les déformations perspectives, ce ne sont là que des exemples théoriques, dans la pratique, on n'emploierait pas de semblables données.

## § VI. — DÉROGATIONS AUX RÈGLES DE LA PERSPECTIVE

### Surfaces de révolution.

**129.** Le plan qui contient le point de vue et l'axe de la surface de révolution partage le cône circonscrit à cette surface en deux parties symétriques. Si ce plan est perpendiculaire au tableau, sa trace sera l'axe du contour apparent perspectif, s'il est oblique, le contour apparent ne sera pas composé de deux parties symétriques. Les peintres ont coutume de représenter toujours les balustres, vases, etc., comme des courbes ayant un axe vertical, même aux bords de la toile. Ils se rapprochent cependant de l'exactitude du tracé rigoureux lorsqu'il s'agit des moulures circulaires des colonnes, à cause de leur raccordement forcé avec les lignes des bases et des chapiteaux, qui ne permettent pas de s'écarter de la vérité.

Si la sphère était toujours représentée d'une façon correcte, la forme de la courbe indiquerait nettement dans quelles parties du tableau elle se trouve : ainsi dans la figure 171 on remarque, que la forme A est une sphère dont l'axe vertical coïncide avec le point principal, qu'elle soit au-dessus ou au-dessous de l'horizon. En B, on voit une sphère dont le centre est à hauteur de l'horizon et se projette exactement sur le point principal. C'est une sphère dont le centre est à hauteur d'horizon, mais peut être à gauche ou à droite du point principal. Quant à D, c'est une sphère située, soit en haut, à gauche du tableau, soit en bas, à droite.

Toute surface courbe, se rapprochant plus ou moins d'une surface sphérique, présente des résultats analogues lorsqu'on la met en perspective. Ainsi, une tête, dont la forme peut-être assimilée théoriquement à une sphère, devrait suivre les déformations inhérentes aux sphères. Cette tête, placée au-dessus ou au-dessous de l'horizon, devrait-être allongée dans le sens vertical, située sur l'horizon, à droite ou à gauche du point de vue, elle devrait être élargie. Dans un des angles du tableau, elle serait allongée en biais; ce n'est que si son centre coïncidait avec le point de vue, qu'elle devrait être figurée telle qu'on la voit, quand on regarde spécialement une personne.

Les peintres n'ont garde d'employer de pareils moyens, car ils produiraient des monstres dont on ne pourrait supporter la vue et qui ne rempliraient même pas mathématiquement le but proposé; nous verrons tout à l'heure pourquoi. Tous leurs personnages sont faits de la même façon quelle que soit la place qu'ils occupent dans le tableau, le centre ou les bords. Ils supposent toujours qu'ils sont en face du personnage à représenter. Prise isolément, une figure quelconque détachée d'un grand tableau, ne peut vous indiquer la partie dans laquelle elle est située par rapport au point de vue.

On a essayé de tracer des personnages dans les conditions exactes de la perspective; on a dû y renoncer, d'abord pour le mauvais effet produit et, aussi, pour la difficulté à vaincre, une tête ne pouvant pas se figurer par ses projections comme un corps géométrique.

En considérant les œuvres des grands peintres, les bonnes gravures, on constate que les corps terminés par des surfaces courbes, ne sont assujettis aux règles strictes de la perspective, qu'en ce qui concerne leur position dans le tableau par rapport au point de vue, quant au surplus, ils sont dessinés comme si le point de vue se trouvait situé sur la verticale qui leur sert d'axe. En ce qui concerne la sphère, on admet que son centre, une fois mis en perspective, le point de vue est transporté à ce même centre perspectif, d'où, la perspective d'une sphère est un cercle.

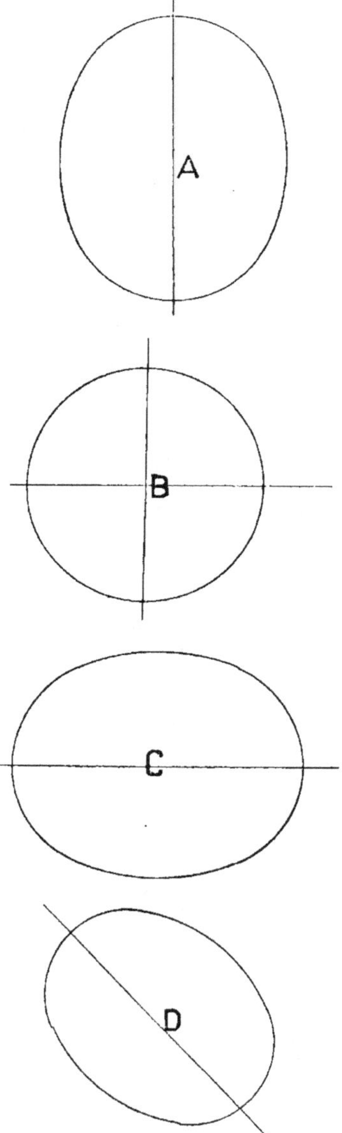

Fig. 171.

Voici comme on doit opérer lorsqu'il s'agit de représenter un objet terminé par une surface courbe régulière, c'est-à-dire ayant un axe vertical par construction.

On trace d'abord les différentes parties de l'épure par les règles ordinaires de la perspective conique, puis, lorsqu'on rencontre un corps à surface courbe on cherche dans ce corps un point central $m$ (*fig.* 172) qu'on met en perspective au point M sur le tableau par rapport au point de

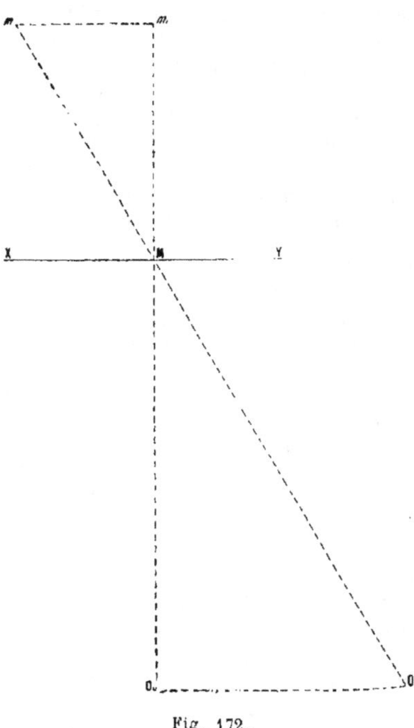

Fig. 172.

vue O, d'après les règles ordinaires. On suppose ensuite que ce point $m$ entraînant le corps dont il est le centre, se meut parallèlement au tableau et vient se placer en $m_1$ sur une perpendiculaire au tableau menée par le point M, l'œil est supposé venir se placer en $O_1$ et la figure se dessine dans les conditions ordinaires comme si le spectateur était venu se transporter en face d'elle. Nous donnerons, plus loin, un exemple de ce genre.

## Cas particuliers de perspective.

**130.** Il est certains cas particuliers en perspective sur lesquels les différents auteurs qui ont écrit sur la matière, n'ont jamais pu se mettre unanimement d'accord. On connaît le cas du portrait qui regarde le spectateur (*fig.*173); lorsque ce dernier se déplace, dans quelque position que ce soit, le regard du portrait le suit toujours. Ce fait s'explique par la considération suivante. Pour qu'un portrait (ou du moins le modèle qui a posé) regarde un spectateur placé au point de vue, il faut que le rayon visuel qu'il émane soit dirigé vers ce point de vue, c'est ce rayon qui représente la direction du regard. Un tel regard ne peut se perspectiver que par un point sur le tableau. Or, quelle que ce soit la position du spectateur, il ne trouvera sur le tableau que ce point indiqué par l'artiste en dessinant les yeux. Un point ne

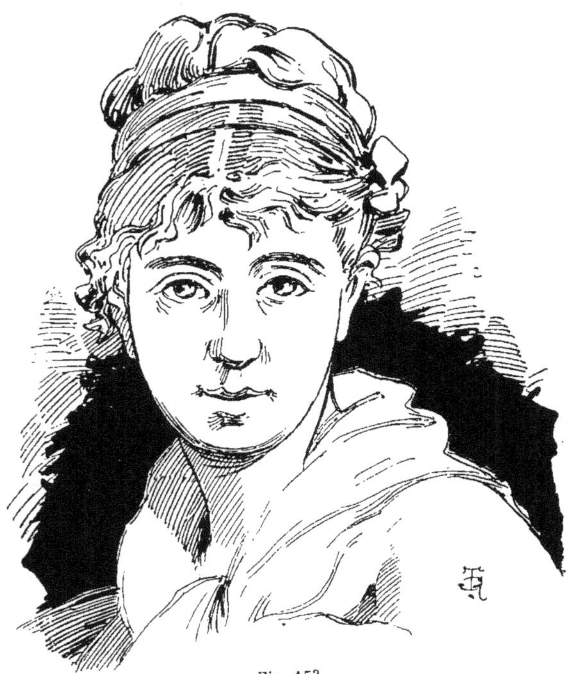

Fig. 173.

peut représenter sur le tableau, une direction, qu'autant que cette direction se confond avec le rayon visuel mené par l'œil du spectateur et par ce point ; c'est-à-dire qu'autant que le regard du portrait coïncide avec celui du spectateur ; en d'autres termes, il ne le quitte pas des yeux dans toutes les positions qu'il prendra.

On a cherché à expliquer ce fait en disant que lorsqu'un objet est en relief, chaque déplacement du spectateur fait découvrir de nouvelles parties de cet objet et en cache d'autres, d'où un changement d'aspect ; mais que, dans un dessin sur une surface, il n'en est pas de même ; les mêmes parties restent toujours visibles à l'exclusion des parties cachées, et conservent toujours les mêmes rapports de situation et de grandeur produisant ainsi un même effet sur le spectateur.

Il est bien certain, cependant, qu'à

chaque déplacement du spectateur, il se produit une déformation de la perspective qu'il considère, il ne la voit même plus qu'à l'état de *perspective de perspective*, il ne lui restitue ses vraies formes que par suite d'un travail mental qui s'opère d'une manière inconsciente. Et cela est tellement vrai, que lorsqu'il est arrivé à une position extrême, une limite, sur le prolongement du tableau, l'objet représenté est totalement défiguré, anamor-

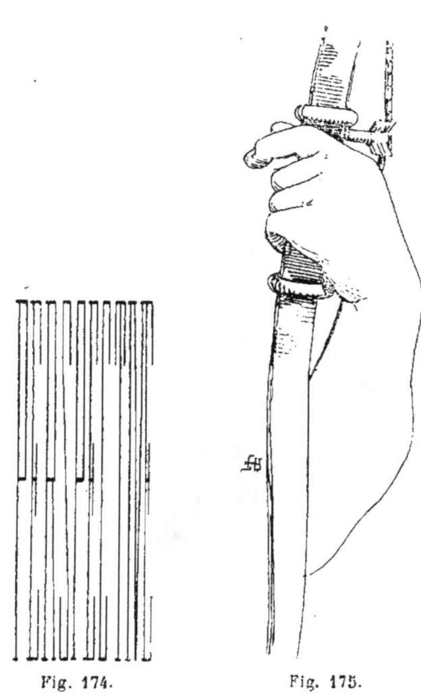

Fig. 174.                Fig. 175.

phosé et que cette dernière apparence n'est que le dernier terme d'une défiguration progressive.

Tout le monde connaît ces cartes de visite qui furent de mode à une certaine époque ; on ne voyait qu'une série de lignes parallèles indéchiffrables. En penchant la carte pour la rendre presque horizontale à hauteur des yeux, on y lisait un nom. C'est que les quelques traits transversaux nécessaires à l'écriture étaient fort courts en comparaison des

traits verticaux d'une longueur exagérée ; en posant la carte comme nous venons de le dire, les traits horizontaux ou transversaux gardaient leur vraie longueur, ou à peu près, et les lignes verticales étaient tellement réduites, que l'examen des uns et des autres offraient la figure d'une série de lettres (*fig.* 174).

C'est pour cette raison que les lignes horizontales doivent être beaucoup plus larges de trait que les verticales si on veut qu'elles paraissent de même grosseur, s'il en était autrement, on ne les verrait pas dans la position où elles doivent être lues.

Ce que nous avons dit pour le regard s'applique aussi au fait d'un tableau qui représente un archer visant le spectateur (*fig.* 175) ; la flèche se confondant en un seul point représente, pour le spectateur, une droite qui, suffisamment prolongée, le rencontre ; cet effet persistera dans toutes les positions qu'il prendra. Mais il se présentera ce fait que, *visé* par un archer dont la flèche est *dirigée vers lui*, cet archer paraîtra, par la disposition de ses mains, viser un autre but, car les bras, les mains, la position du corps, ne se résument plus en un point.

### Perspective de colonnades.

**131.** Deux plans verticaux tangents à un fût de colonne, rencontrent le tableau suivant deux verticales qui forment la perspective des bases, abstraction faite des surfaces de bases. Si les colonnes sont de front, plus elles s'éloignent, et plus leur largeur apparente augmente.

Soit une série de colonnes C, C′, C″... (*fig.* 176) dont les centres sont sur une ligne de front et soit O, l'œil placé juste devant le centre de la première colonne. Les plans verticaux tangents à cette colonne et passant par l'œil, déterminent une corde $mn$ et, sur le tableau, le contour apparent MN. Toutes les cordes semblables tracées dans les cercles de base $m'n'$, $m''n''$... sont toutes égales, ainsi que leurs perspectives M′N′, M″N″ sur le tableau. Il n'en est pas de même des contours apparents produits par les plans tangents ST, S′T′, S″T″... qui tous augmentent à mesure qu'on s'éloigne de l'œil.

A la limite, c'est-à-dire à l'infini la corde qui joint les points de tangence, deviendrait égale au diamètre du cercle. Cette augmentation est fort peu de chose, ce qui est vraiment important, c'est l'augmentation produite par l'obliquité des lignes telles que OS, OT..., OS''', OT'''. Cet élargissement du contour apparent a lieu à chaque colonne et l'espace vide entre deux colonnes diminue en même temps, de telle sorte qu'à une certaine distance du rayon principal (colonne C$^{\text{iv}}$), chaque colonne cache une portion de la suivante.

Lorsque les colonnes sont légèrement fuyantes, comme il arrive si l'on prend une trace de tableau telle que XY, le cas devient encore plus choquant. Il paraît tout naturel et tout logique d'admettre que des colonnes qui s'éloignent du tableau diminuent de diamètre, comme elles diminuent de hauteur. Ce n'est pas cependant ce qui arriverait si on suivait rigoureusement le tracé perspectif.

On peut voir aisément, dans la fig. 176, ayant XY comme tracé de tableau, que le contour apparent $S_{\text{iv}}T_{\text{iv}}$ est plus grand que le contour $M_i N_i$ ; cette augmentation nuit absolument à l'idée de fuite qu'on doit admettre pour la colonnade. L'effet ainsi obtenu serait d'autant plus bizarre que c'est aux colonnes les plus éloignées, et par conséquent les moins hautes, que

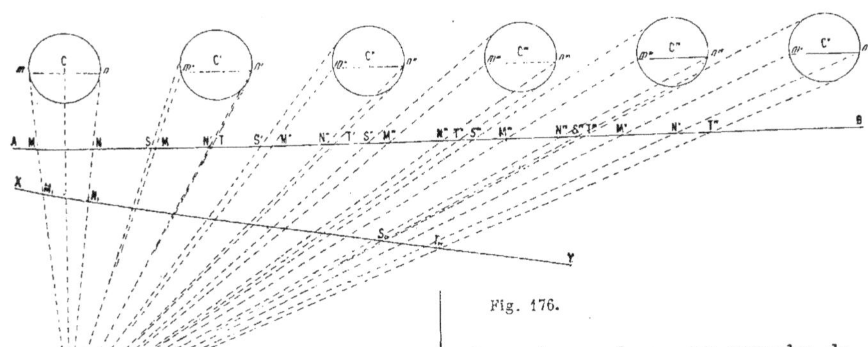

Fig. 176.

correspondrait le contour apparent le plus large. Nous verrons plus loin comme on rachète ces imperfections.

**132.** Il est un autre fait digne de remarque. Lorsqu'on regarde une longue suite de colonnades, d'arcades, enfin de constructions, toutes de même hauteur et offrant de longues horizontales, en se plaçant de façon à ce qu'elles soient de front, on s'aperçoit qu'elles paraissent fuir à mesure qu'elles s'éloignent, ce qui est en désaccord avec le principe qui veut que des hauteurs égales situées dans un même plan de front, gardent sur le tableau des hauteurs égales entre elles. Ce désaccord n'est qu'apparent, car voici ce qui se passe.

Lorsqu'on se place pour regarder de front un ensemble de bâtiments (*fig.* 177) on ne peut en embrasser à la fois qu'une certaine portion, de 22 à 30 degrés environ. Dans la présente figure, pour la position O du spectateur, l'angle optique montre ce qu'on peut, en effet, englober d'un seul coup d'œil ; les colonnes éloignées telles que c' ne sont donc pas visibles, car il est matériellement impossible de les voir. Si on veut les regarder, il faut tourner la tête ; le tableau se déplace alors, prend la position X'Y' avec un nouveau point principal P'. Mais la colonnade n'est plus de front, elle est fuyante et, comme telle, obéit au principe que les mêmes hauteurs verticales situées sur une droite fuyante, décroissent à mesure qu'elles s'éloignent en arrière du tableau, de façon à devenir nulles à l'infini, représenté par leur point de fuite sur l'horizon.

Chaque fois que pour regarder une vue on tourne la tête, on déplace le tableau par ce fait même que ce dernier doit toujours être perpendiculaire à la directiou du rayon principal.

C'est ce qui fait que, dans une bonne perspective, les objets à représenter doivent toujours être renfermés dans un angle optique de dimensions relativement restreintes soit, de 22 à 25 degrés, rarement 30.

Il ne faut pas que l'angle soit trop grand car des déformations d'un fâcheux effet se produiraient ; s'il est trop petit, le dessin n'embrassant qu'une étendue fort restreinte, se rapprocherait d'une projection géométrale. On peut se placer à une distance égale à, environ, deux à trois fois la largeur XY du tableau ; s'il s'agit d'un objet isolé, on fera bien de s'éloigner d'une distance égale à deux ou trois fois sa plus grande dimension.

Les déformations excessives que nous avons signalées dans la figure 176 ne se produiraient pas si l'angle optique était pris dans des conditions normales ; pour la position O, les deux premières colonnes à gauche seraient seules visibles, quant aux autres, on ne les apercevrait même pas. Leur tracé perspectif, qu'on peut étudier au point de vue mathématique, ne peut pas avoir lieu pratiquement, on ne peut le considérer que comme *virtuel* et non comme *réel*.

**133.** Cette obligations de ne représenter à la fois qu'une petite partie de

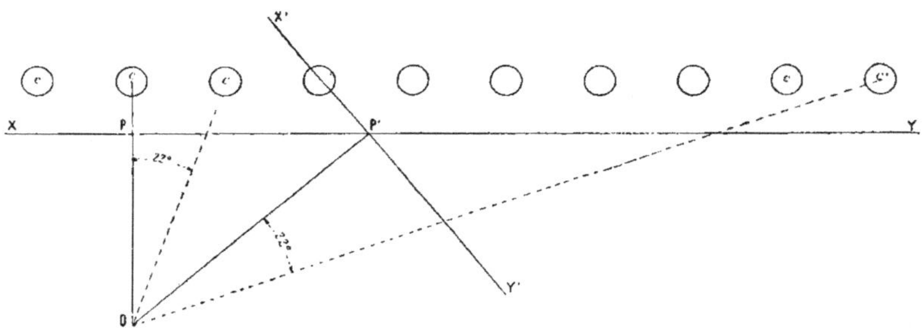

Fig. 177.

l'espace, a suggéré l'idée de remplacer le tableau plan par une surface cylindrique au centre de laquelle le spectateur se placerait, il serait ainsi, quelque positiou qu'il puisse prendre, à une distance égale du tableau et se déplacerait sur son axe en regardant la perspective, comme il le fait dans la nature. L'idée est bonne au point de vue théorique ; elle est inexécutable dans la pratique, hors un seul cas que nous indiquerons. Elle est inexécutable parce que les constructions mêmes directes de perspective sont déjà suffisamment compliquées en n'ayant que des intersections de droites et de plans et qu'elles seraient augmentées de nombre et de difficulté s'il s'agissait de l'intersection de droites et de cylindres. Les droites qui sont verticales resteraient droites, seules les horizontales à hauteur de l'œil seraient encore des droites sur le tableau. Toutes les autres droites deviendraient des arcs d'ellipse (6-*fig* 5). La seconde raison qui rend ce procédé peu pratique c'est qu'en admettant même que l'épure ait pu être exécutée, il faudrait la présenter suivant sa courbure, c'est-à-dire qu'il faudrait que les traverses hautes et basses des cadres de tableaux, gravures ou dessins, fussent courbes, et de la courbure exacte. Le spectateur, de son côté, devrait être astreint à se placer d'une façon rigoureusement exacte au point de vue, car, or de ce point, il ne pourrait restituer en lignes droites les lignes courbes du tracé, et toutes les lignes horizontales qui composent un monument ne seraient plus qu'un amas contus de courbes, non même parallèles. Les erreurs commises par un déplacement de position, de distance et même de hauteur, lorsqu'il s'agit d'un tableau plan (128) ne sont rien auprès des inconvénients qui résultent de l'emploi d'un tableau courbe.

Un seul cas permet de l'employer, nous y reviendrons plus tard du reste ; disons tout de suite que c'est lorsqu'il s'agit d'un panorama. Dans un établissement de ce genre, le tableau cylindrique est fort grand, les lignes droites qui composent les monuments sont relativement fort petites, le spectateur est placé de telle sorte qu'il

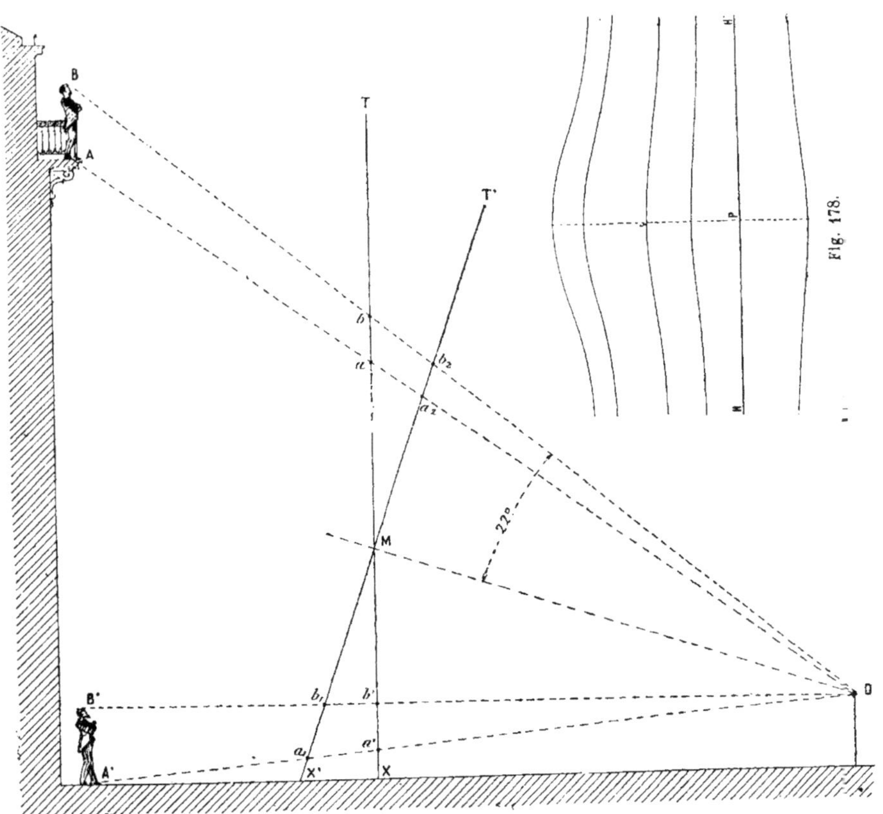

Fig. 179.

est forcé de rester au point de vue, ou du moins, il ne peut s'en éloigner de beaucoup. Enfin, dans un panorama, on ne montre pas des monuments à une grande échelle, ce sont des lointains, des masses d'ensemble, qui ne nécessitent pas un tracé bien rigoureux. En admettant même que l'artiste parvint à tracer rigoureuse-ment une perspective contenant de grandes lignes droites, l'effet serait mauvais, car le visiteur, ayant la faculté de faire quelques pas, ne retrouverait pas l'effet cherché.

Pour en revenir à ce que nous disions, concernant les déformations produites par les déplacements successifs d'un spectateur qui pivote sur lui-même, pour regarder une suite d'horizontales, le tableau étant plan, nous rappellerons qu'on les a comparées à une série de conchoïdes (*fig.* 178), ce qui n'est que curieux et sans aucune utilité pratique.

**134.** Il est encore un cas particulier, objet de controverses plus apparentes que réelles ; voici en quoi il consiste.

Soit un spectateur placé en O (*fig.* 179), il regarde deux personnes d'égales tailles, l'une A′B′ placée au pied d'un monument, d'une tour, l'autre, AB placée au sommet de l'édifice. On prétend que la personne placée en haut paraîtra plus petite que celle placée au niveau du sol ; et que c'est là encore une preuve que, dans un même plan de front, des hauteurs égales ne se perspectivent pas suivant des dimensions égales sur le tableau.

En réponse à cette assertion, nous rappellerons que la perspective d'un corps AB par rapport à un point de vue O se produit sur un tableau TX au moyen de deux rayons visuels BO, AO qui interceptent sur ce tableau une hauteur *ab*. Si les deux personnes AB et A′B′ de tailles égales se trouvent sur une même verticale, ou à peu de chose près dans la pratique, leurs perspectives *ab*, *a′b′* seront égales comme parties de parallèles coupées par les côtés de deux triangles ayant même sommet, bases et hauteurs égales ; il est impossible de réfuter ce raisonnement. Quant à savoir d'où vient cette différence de hauteur apparente des deux personnes, différence qui existe en réalité, elle a la même source que l'erreur dont nous parlions plus haut pour la diminution des colonnades de front (132-*fig.* 177).

C'est encore le mauvais choix du point de vue qui n'est pas assez éloigné, ou, ce qui revient au même, de l'angle optique qui est trop grand. En effet, du point O, avec un angle optique moyen, il est impossible de voir le sommet de l'édifice. Pour l'apercevoir il faut lever la tête, dans ce mouvement, le tableau change de position et vient se placer en T′X′. Nous supposons cette nouvelle position de la façon suivante. Prenons le rayon visuel extrême BO, au point O, sur BO faisons un angle de 22 degrés ; du point M ou le côté de cet

angle rencontre le tableau primitif XT, menons une perpendiculaire T′X′ à MO, c'est le nouveau tableau.

Dans cette seconde position, il est certain que la verticale A′B′AB devient une fuyante dont le segment A′B′ a sur T′X′ une perspective plus grande que son égal AB. En effet, les intersections des rayons visuels et du nouveau tableau donnent bien $a_1b_1 > a_2b_2$.

Si donc, l'effet optique signalé, que le personnage AB paraît plus petit que le personnage A′B′, c'est parce que, pour apercevoir le premier on est forcé de pencher la tête, d'incliner en avant le tableau et, par cela même d'en éloigner le personnage situé à la partie supérieure de l'édifice.

Mais, si nous regardons, à une distance suffisante, de deux à trois fois la hauteur de l'édifice, les mêmes personnes, l'effet sera tout autre.

Ainsi, un spectateur placé sur le boulevard, à l'entrée de la rue de la Paix, verra de même hauteur apparente deux personnages placés, l'un au pied de la Colonne, l'autre au sommet. Si ce spectateur se rapproche de façon à être près du pied du monument, il verra ces deux personnes de dimensions fort différentes, mais il sera obligé pour cela de s'y reprendre à deux fois, d'abord regarder devant lui à quelques mètres, puis, ensuite, en l'air à une longue distance.

L'effet contraire aurait lieu pour une personne qui regarderait d'un ballon, ou du sommet d'un monument ; c'est le personnage A′B′ qui lui paraîtrait plus petit.

**135.** La figure 180 montre la perspective d'une colonnade vue de front. Le point principal est en P et la distance est représentée par le point D. Cette distance est fort courte, elle est prise avec intention de façon à mieux faire voir les imperfections qu'on a à corriger.

Les bases des colonnes ont été obtenues par la méthode des huit points ; aux cercles ainsi trouvés on a mené des tangentes. On voit que le résultat obtenu est inacceptable. Cependant, il n'y a aucune erreur dans le tracé, les colonnes ne paraissent pas même reposer sur des bases

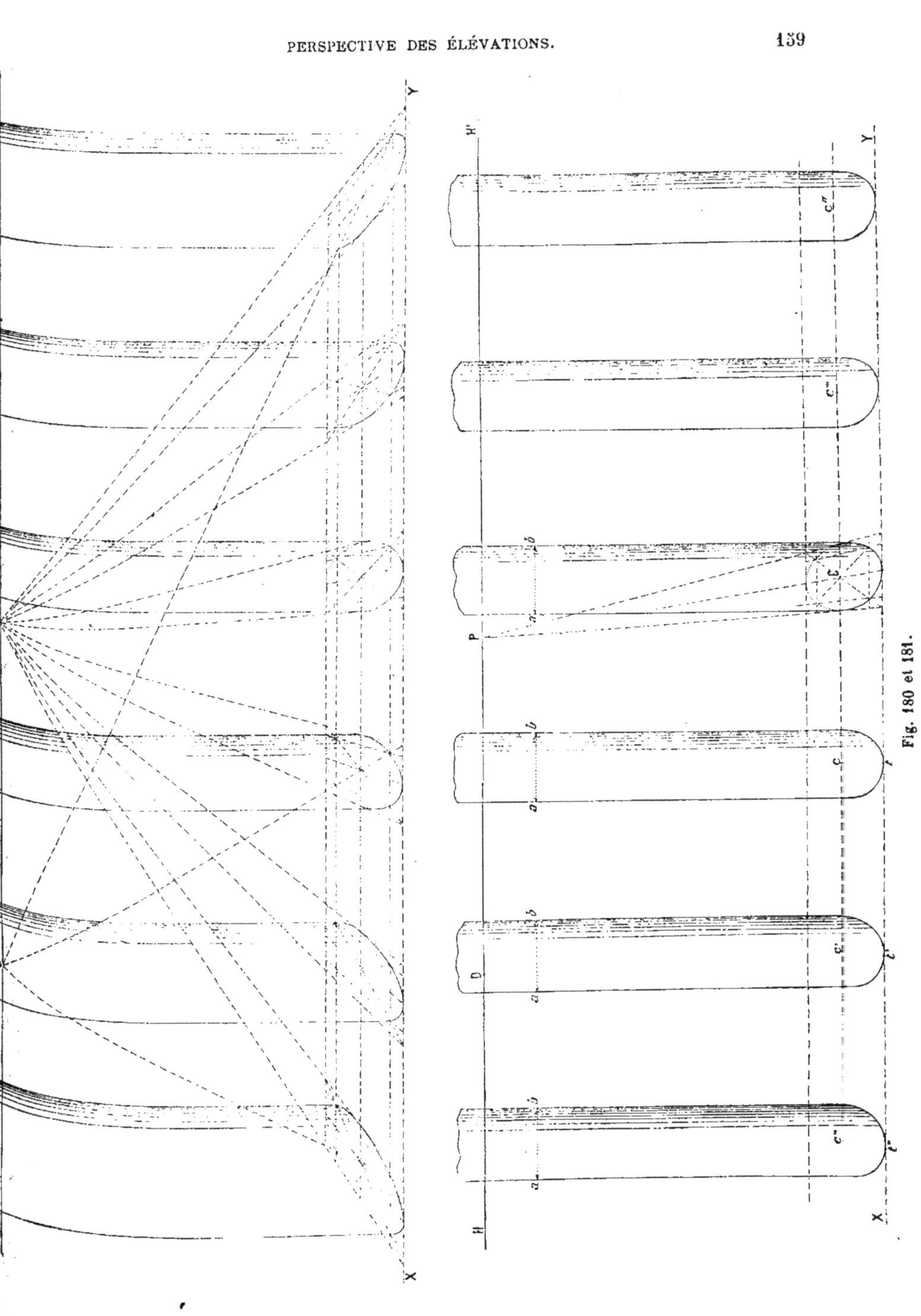

Fig. 180 et 181.

horizontales. Il est évident que le cas que nous présentons, bien que très exagéré par le fait de la distance trop courte, est tel que dans la pratique on n'en rencontrerait pas de pareil, car une perspective faite dans ces conditions serait intolérable. La colonne de gauche a un contour apparent qui est près du double de celui des colonnes du milieu.

Lorsqu'un cas analogue se produit, on a le soin de donner à toutes les colonnes le même diamètre, puisqu'elles sont dans un même plan de front. On trace d'abord (*fig.* 181) la perspective exacte de la base

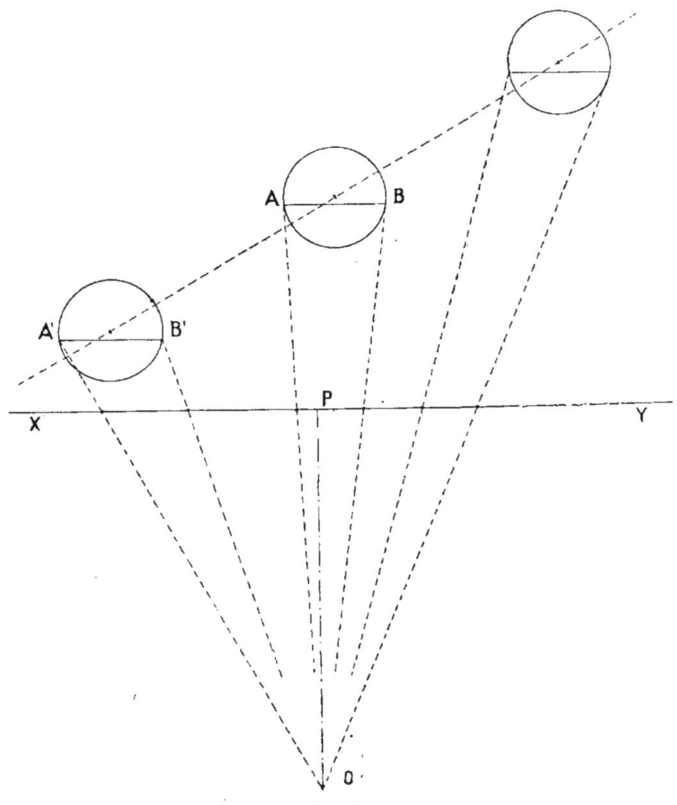


Fig. 182.

de la colonne qui est la plus rapprochée du rayon principal, on en détermine le contour apparent qui donne une largeur *ab* ; cette largeur sera donnée à toutes les colonnes dont les centres seuls *c*, *c'*, *c''*, *c'''* seront mis exactement en perspective. Dans le tracé des courbes de bases, on aura soin de donner une légère inflexion à la courbe, de telle sorte que les points de contact *t*, *t'*, *t''* s'éloignent de plus en plus dans le sens où les colonnes se succèdent ; on n'oubliera pas, cependant, que ces courbes doivent être tangentes aux deux verticales de contour apparent.

Si la série de colonnes est fuyante, on mettra les cercles en perspective (*fig.* 182) de la façon suivante :

On considérera le cercle qui se trouve

le plus près du rayon principal et on déterminera les rayons visuels de tangence en A et B. Ces deux points déterminent une corde AB qu'on répétera dans tous les autres cercles, tels que A′ B′. Ce sont ces points qui formeront le contour apparent des colonnes et non les tangentes, de cette façon on est sûr que les fûts de colonnes fuiront en diminuant et non en augmentant. Dans le cas présent, on eut pu se dispenser de ce moyen, car les colonnes considérées sont renfermées dans un angle optique peu ouvert; mais si la colonnade devait se continuer un peu vers la droite, on verrait bientôt le contour apparent formé par des rayons visuels tangents aux cercles, augmenter de plus en plus.

Nous ne devons pas nier que cette méthode, qui n'a que le mérite de contenter un peu l'œil, est très difficile à appliquer. S'il ne s'agit que de simples fûts cylindriques, il n'y a rien de plus facile ; mais s'ils sont accompagnés de bases, de chapiteaux, le tracé demande beaucoup d'attention et d'adresse. On mettra les cubes de bases ou de chapiteaux rigoureusement en perspective, les fûts comme nous venons de le dire, quant au reste, moulures, courbes de la base et du chapiteau, il faut les faire de sentiment, corrigeant tout ce qui peut choquer l'œil. Et malgré tout, on n'aura jamais un résultat bien satisfaisant.

D'autant plus, et nous le répétons, qu'il suffit de prendre un angle optique n'excédant pas 25 à 30 degrés au maximum, alors ces déformations, provenant toutes de l'obliquité des rayons visuels, ne se manifesteront pas, et que, partant, il n'y aura pas lieu de les corriger.

A cet effet, on fera bien, lorsqu'on doit mettre un objet en perspective, de chercher la place du point de vue au moyen d'un *chercheur*, c'est une feuille de papier ou de carton (*fig.* 183) dans laquelle on a découpé un angle de 25 degrés environ, on place cette feuille sur le plan de l'objet qu'on veut mettre en perspective, le sommet O indiquant la position de l'œil permet de se rendre compte quelle est la face qui sera plus ou moins vue; avec quelques tâtonnements et un peu d'habitude, on ar-

rive vite à un bon résultat. Sur les bords de l'angle, on peut tracer quelques traits de repère qui, deux à deux, doivent former une perpendiculaire sur la bissectrice de l'angle, cela sert à tracer le tableau XY qui doit être, lui aussi, perpendiculaire à cette bissectrice. On n'a plus qu'à marquer le point O ; la façon de présenter la perspective est alors déterminée sauf la ques-

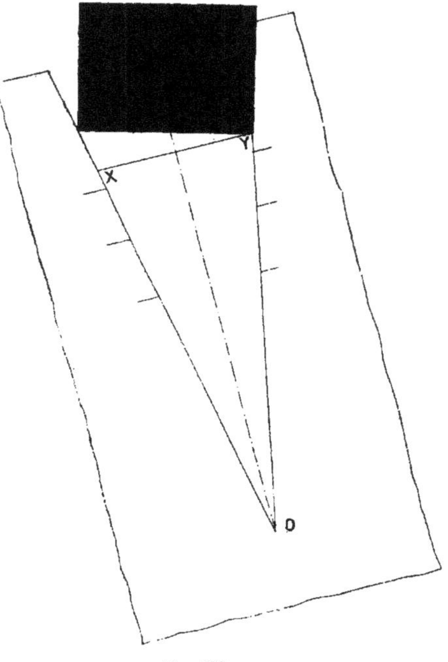


Fig. 183.

tion de hauteur, beaucoup plus facile à résoudre. En tout cas, on est sûr d'obtenir un bon résultat et pas de ces déformations qui exigent des corrections incomplètes et d'un mauvais effet.

On pourra posséder quelques chercheurs d'angles différents, de 20 à 30 degrés.

## Exemple de dérogation aux règles de la perspective.

**136.** Nous donnerons pour exemple de dérogation aux règles de la perspective, la surface de révolution connue sous le nom de balustre.

Nous avons dit plus haut (129, *fig.* 172) qu'il fallait mettre le centre seul en perspective rigoureuse, et achever le dessin en supposant que le spectateur s'est transporté en face de l'objet.

Dans le cas présent (*fig.* 184), le plan des balustres a été mis en perspective par les moyens connus ; O est le centre et la projection de l'axe d'un balustre dont le profil est connu, on cherche la hauteur à laquelle il commence et celle à laquelle il finit sur l'axe vertical projeté en O et on trace un profil symétrique par rapport à cet axe proportionnellement à la hau-

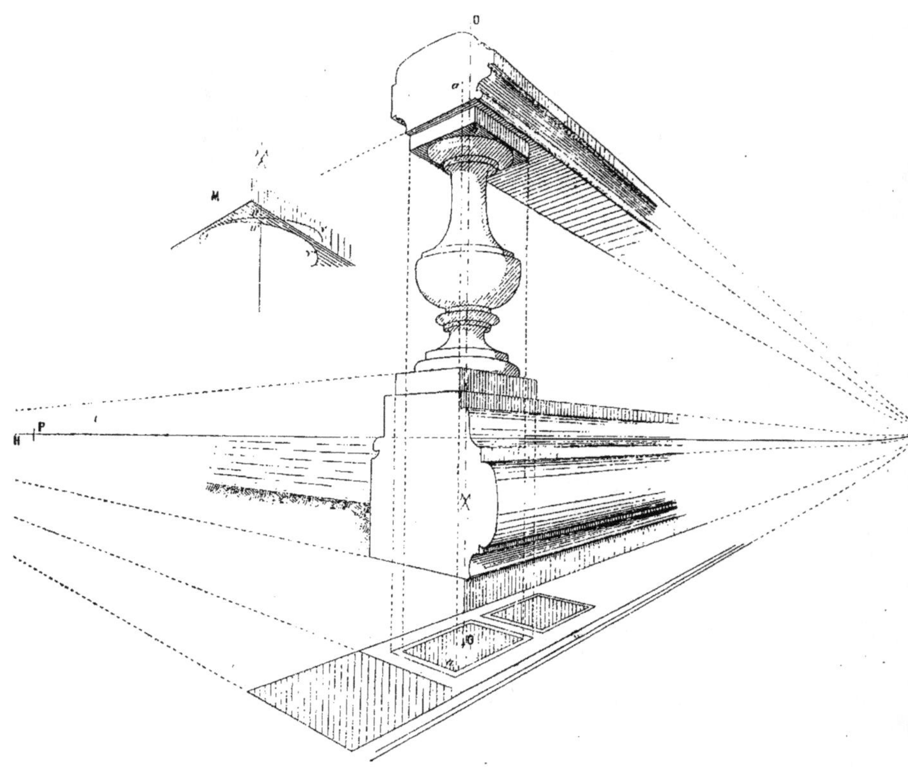

Fig. 184.

teur que doit avoir le balustre ; les courbes horizontales, qui sont des cercles perspectifs, sont dessinées partie de sentiment et partie en en cherchant quelques points à titre de guides seulement, pour se rendre compte du plus ou moins de courbure ou de raccourci que doit avoir la courbe, car dans le cas présent, c'est surtout le senti- ment qui doit guider. L'écueil est toujours lorsqu'il faut raccorder les parties courbes avec les parties rectilignes qui, elles, doivent être tracées rigoureusement. On est cependant bien obligé de *tricher* un peu. Ainsi, le quart de rond qui termine le balustre sous le tailloir cubique est trop relevé à droite, puisque c'est une partie symétrique de celle de gauche, cela a nécessité de relever l'horizontale du tailloir qui est tangente à cette courbe à droite; mais, alors, le point $b$ de rencontre des deux faces du tailloir a lieu à droite de l'axe, tandis qu'elle devrait avoir lieu suivant la verticale $aa'$.

On verra, à gauche de la figure en M, un croquis de ce qui a lieu; la vraie courbe serait quelque chose se rapprochant de $tu'v'$, le tailloir qui l'accompagne régulièrement est figuré. L'emploi de la méthode par axe de symétrie, nous a donné au contraire la courbe $tuv$ et il a fallu faire la correction que nous avons indiquée en remontant la face du tailloir à droite

## § VII. — PERSPECTIVES DE CONVENTION

### Perspective cavalière.

### Définitions.

**137.** Un spectateur est placé devant un tableau perspectif quelconque, et il s'en éloigne indéfiniment. Lorsqu'il sera à la limite, c'est-à-dire à l'infini, comment se perspectiveront les objets sur ce tableau?

Deux cas se présentent :

A. — Si le spectateur, en s'éloignant, a suivi une droite perpendiculaire au tableau, les rayons visuels devenant parallèles pour un œil placé à l'infini, la perspective ne sera pas autre chose qu'une projection orthogonale, à la façon dont se projettent les objets, en descriptive, sur les plans vertical et horizontal, ou si l'on veut on aura, suivant le cas, un *plan* ou une *façade*.

B. — Si le spectateur a suivi une ligne oblique par rapport au tableau, ses rayons visuels devenant parallèles entre eux, mais obliques au tableau, on aura une projection oblique, analogue à celle du tracé des ombres, ou mieux enfin, une *perspective cavalière*.

C'est ce dernier cas seul que nous étudierons.

Supposons un tableau perspectif T (*fig.* 185) et trois axes rectangulaires formant comme les arêtes d'un cube OZ, OX, OY ; tellement placés qu'on ait OX horizontal et parallèle au tableau, OY horizontal et perpendiculaire au tableau et, par conséquent, OZ vertical et parallèle à ce même tableau.

Supposons de plus que le spectateur s'éloigne toujours, jusqu'à l'infini, en suivant une direction oblique OF.

Il est bien clair que ces trois arêtes se perspectiveront sur le tableau de la façon suivante :

OX sera représenté par une droite O'X' qui lui sera égale et parallèle. Il en sera de même pour OZ qui deviendra O'Z'. Quant à OY, ce sera une droite O'Y' quelconque. Cette dernière droite, que nous nommerons une fuyante, représente la direction de toutes les droites perpendiculaires au tableau qui devront toutes être *réellement* parallèles à O'Y'.

En se rappelant qu'il s'agit d'une projection oblique produite par des droites toutes parallèles entre elles, on doit concevoir aisément que O'Y' et OY seront toujours, pour une même perspective, dans un rapport constant ; autrement dit qu'à une valeur $n$ fois plus petite ou $m$ fois plus grande que OY correspondra une perspective $n$ fois plus petite ou $m$ fois plus grande que O'Y'.

Pour déterminer les données d'une perspective cavalière, il faut et il suffit d'indiquer la direction des trois axes, OX (largeurs), OY (profondeurs) et OZ (hauteurs), et graduer, suivant une échelle quelconque, ces trois axes coordonnés ; en se rappelant que les axes OX et OZ sont toujours à la même échelle, étant tous deux parallèles au tableau.

Remarquons trois principes particuliers à la perspective cavalière, ainsi du reste qu'au tracé des ombres, et qui sont absolument différents de leurs similaires dans la perspective ordinaire.

1° Toute figure de front se perspective sur le tableau égale et parallèle à elle-même ; son plus ou moins d'éloignement du tableau ne modifie en rien sa grandeur. Dans la perspective ordinaire conique, une figure de front se perspective *semblable*, mais non *égale*, elle paraît plus petite à mesure qu'elle s'éloigne en arrière du tableau ;

2° Deux droites parallèles entre elles se perspectivent parallèles à elles-mêmes.

Dans la perspective conique, les perspectives de ces deux droites fuiraient en un même point ;

3° Enfin, le rapport de deux segments pris sur deux droites parallèles, se conserve sur leurs perspectives, ce qui n'a pas lieu dans la perspective ordinaire à moins que ces droites soient parallèles au tableau.

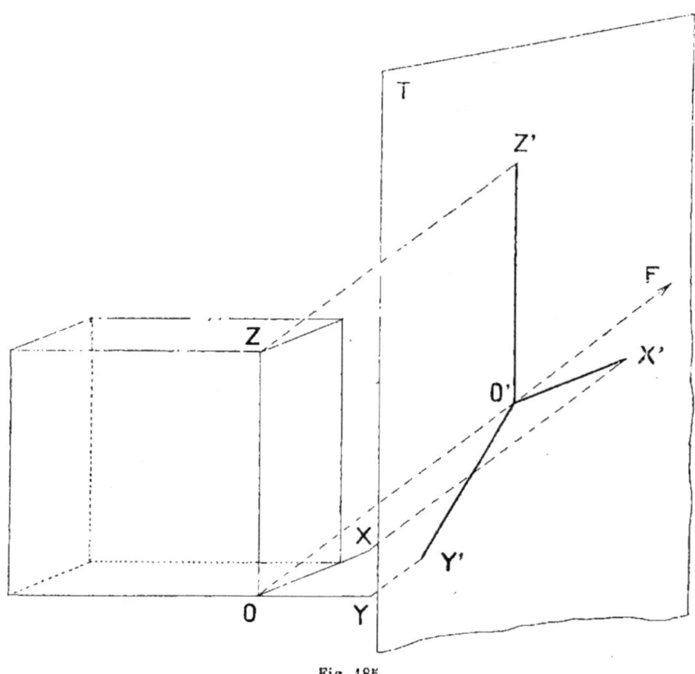

Fig. 185.

### Rabattement d'une projetante sur un plan de front.

**138.** Voici les données d'une perspective cavalière. Les trois axes (*fig.* 186) OZ et OX sont gradués également, les divisions placées sur l'axe des fuyantes OY sont égales à 2/3 par exemple de celles de l'axe des OX ou des OZ.

Rabattons sur le plan de front ZOX, le plan qui contient la droite OY′ de l'es-pace et sa perspective cavalière OY. Ce plan coupe le plan de front suivant OY que nous prendrons pour charnière. La droite de l'espace OY′ a un point qui ne change pas dans le mouvement de rotation, c'est le point O.

D'autre part, nous savons que OY′ est perpendiculaire au tableau et au plan de front, cette droite est donc perpendiculaire à OY contenue dans le tableau, et dans son rabattement vient en OY₁. Supposons maintenant qu'un point M de l'espace soit situé sur la droite OY' à une distance de 3 mètres du tableau. Nous porterons sur $OY_1$ rabattu, à partir de O, une distance de 3 mètres, mesurée sur l'un des axes OX ou OZ, ce qui nous donnera le point $M_1$. Nous avons dit que le rapport des divisions des profondeurs par rapport aux largeurs ou aux hauteurs était de 2/3. Le point M de l'espace se projette donc sur l'axe OY en un point $M_2$ tel que $OM_2$ égale 2/3 de $OM_1$.

Si nous joignons $M_1$ à $M_2$, nous aurons sur le plan de front XOZ de rabattement de la projetante du point M.

Il faut bien remarquer, car nous en aurons bientôt besoin, que toutes les projetantes, qui seront rabattues sur le plan de front autour de OY seront parallèles à la direction $M_1M_2$.

Nous faisons observer une fois pour toutes aussi que le rapport de réduction entre les grandeurs portées sur OY et celles portées sur OX ou OZ est tout à fait

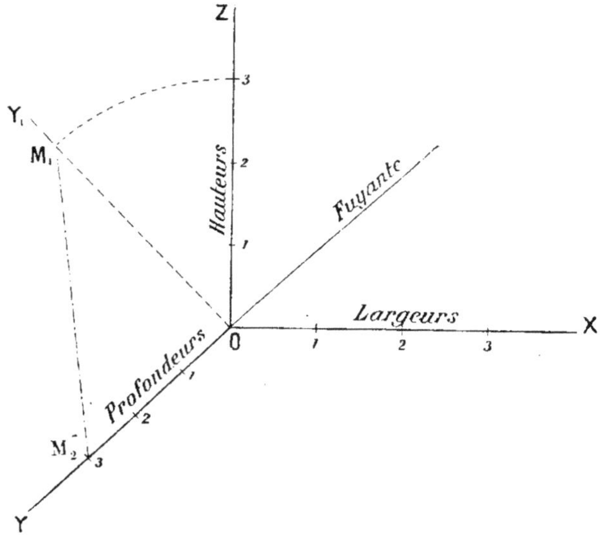


Fig. 186.

arbitraire, c'est une *donnée* qu'on peut prendre à volonté comme en perspective, conique, on prend la hauteur d'horizon ou la distance au tableau.

### Perspective cavalière d'un carré horizontal dont un côté est parallèle à l'axe OX.

**139.** Les données sont les axes OX, OZ et OY (*fig.* 187), on y ajoute les points M sur l'axe OZ et N sur l'axe OY, ce qui signifie que le rapport de réduction est

égal à $\dfrac{NO}{MO}$ ; autrement dit une longueur réelle dans l'espace égale à OM se perspective sur l'axe OY suivant ON.

Supposons, pour plus de simplicité, que le centre du carré passe par l'axe OX, le côté de ce carré étant AB. Achevons le carré en le supposant rabattu sur le plan de front ZOX, nous aurons ABCD. Ceci fait, nous ferons tourner ce carré autour de l'axe OX comme charnière, et nous l'amènerons dans le plan horizontal YOX. Pour ce faire, remarquons que les côtés du carré rabattu sur le plan de front coupent l'axe OX aux points $a$ et $b$, qui ne bougent pas pendant la rotation. Lorsque le carré sera venu se placer dans le plan horizontal YOX, les côtés AD et BC prendront la direction A'D' et B'C' qu'on obtient en menant par $a$ et par $b$ des parallèles à l'axe OY. Pour déterminer la position exacte du point A' sur la direction connue A'D', on prend A'$a$ qu'on obtient d'après le rapport suivant :

$$\frac{A'a}{a A} = \frac{NO}{OM}.$$

On simplifie cette construction en menant par le point A une parallèle à MN qui coupe A'D' au point A' cherché ; c'est du reste la construction graphique du rapport ci-dessus.

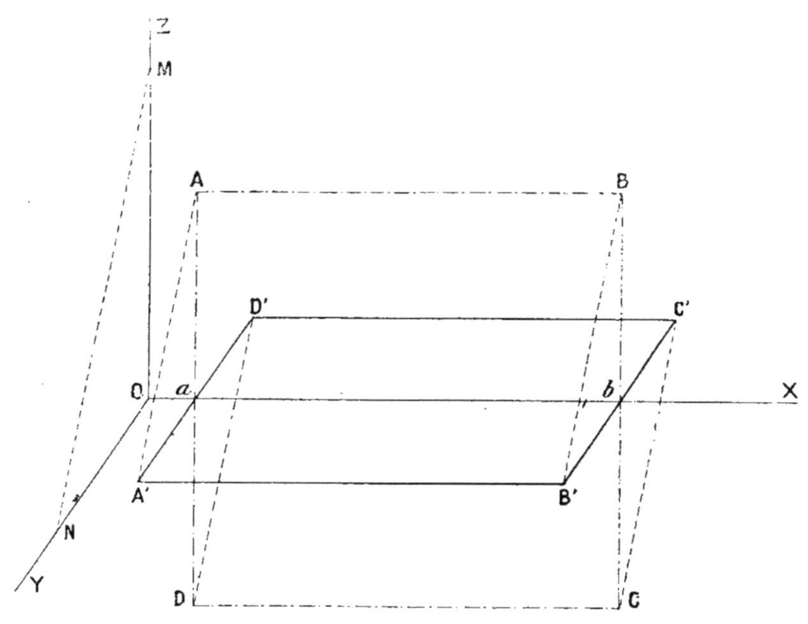



Fig. 187.

A' étant trouvé, une parallèle à OX donne B'. On obtient D' soit directement, en menant DD' parallèle à MN, soit en remarquant que dans l'exemple présent, l'axe OX étant supposé passer par le centre du carré, il en résulte que les figures sont symétriques par rapport à cet axe et qu'il suffit de mener D'C' à la même distance de $ab$ que A'B' l'est de cet axe.

Si le centre du carré ne passait pas par l'axe, on construirait chaque point séparément, en remarquant comme simplification à apporter dans le tracé, que les côtés seront toujours *véritablement* parallèles deux à deux et non fuyant en un même point.

### Perspective cavalière d'un carré quelconque horizontal.

**140.** Dans la figure 188, on donne en *abcd* la position du carré à mettre en perspective par rapport à l'axe *ox* pris comme trace du tableau.

Les axes OX, OZ, OY sont donnés, le rapport de réduction est indiqué par les points M, N, et on suppose que la figure donnée doit être quintuplée.

Nous tracerons d'abord sur l'axe OX le carré donné grandi cinq fois en le supposant relevé sur le plan de front (ou tableau) ZOX. Il vient en ABCD. Remarquons en passant que le point $a$ du carré donné est situé *en plan* au-dessous de l'axe $ox$, mais qu'en le supposant relevé sur le plan de front il viendra au dessus en A.

Ce carré achevé, nous en construirons la perspective cavalière en opérant comme suit : soit à mettre en perspective le point A.

Abaissons de ce point une perpendiculaire A$a'$ sur OX, et faisons tourner la figure pour la mettre dans le plan horizontal YOX. Dans ce mouvement le point $a'$ ne bouge pas, le point A viendra se poser sur la droite parallèle à YO passant par $a'$ et nous savons qu'il suffit de mener par A une parallèle à MN qui coupera A$'a'$ au point A$'$ cherché. On cherchera ainsi les trois autres sommets; on pourrait cependant simplifier un peu en se servant des points où les côtés AC et BD du carré rabattu coupent l'axe de

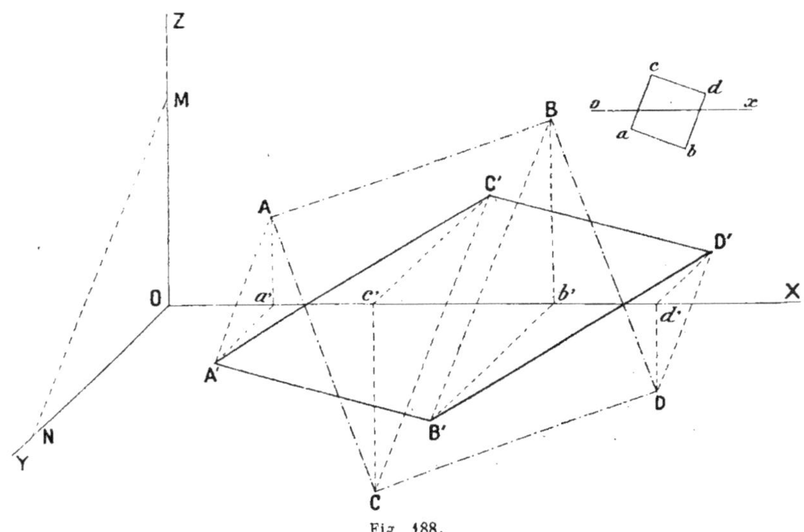

Fig. 188.

rotation; ce sont des points qui ne changent pas.

Ainsi, connaissant A$'$, on fait passer par ce point, et par celui où AC coupe OX, une ligne indéfinie; le point C$'$ se trouve sans autre opération que celle de recouper cette droite indéfinie par une parallèle à MN menée par C. On se dispense ainsi de mener C$c'$ puis $c'$C$'$ parallèle à OY et, enfin, CC$'$.

**141.** Si la figure n'est pas horizontale, elle doit être déterminée par son plan et la côte de chacun de ses sommets.

On mettra d'abord le plan en perspective, puis par chacun des sommets de ce plan on mènera des verticales et on portera sur ces dernières, à partir desdits sommets, les hauteurs représentant la cote de chacun des points cherchés, qu'il suffira de réunir ensuite. On remarquera que ces hauteurs ne subiront aucune altération puisqu'elles sont parallèles à l'axe OZ, lequel, ainsi que l'axe OX, donne les vraies dimensions des objets.

### Perspective cavalière d'un cercle horizontal.

**142.** On suppose d'abord que le centre du cercle coïncide avec l'axe OX et que, par conséquent, le cercle sera situé dans le plan YOX (*fig.* 189). Les données sont : les axes OZ, OX et OY, les points *m* et *n* donnant le rapport de réduction et les deux points AB qui représentent le diamètre du cercle cherché

Prenons le milieu de AB en S, c'est le centre du cercle en perspective ; sur le diamètre AB décrivons une circonfé-rence AMB relevée sur le plan de front. On pourrait chercher quelques points de cette circonférence, les mettre en perspective cavalière par les procédés que nous indiquions plus haut et joindre ces points. Il est préférable d'employer la méthode des huit points que nous avons eu souvent l'occasion d'appliquer. Déterminons le carré circonscrit (une moitié suffit

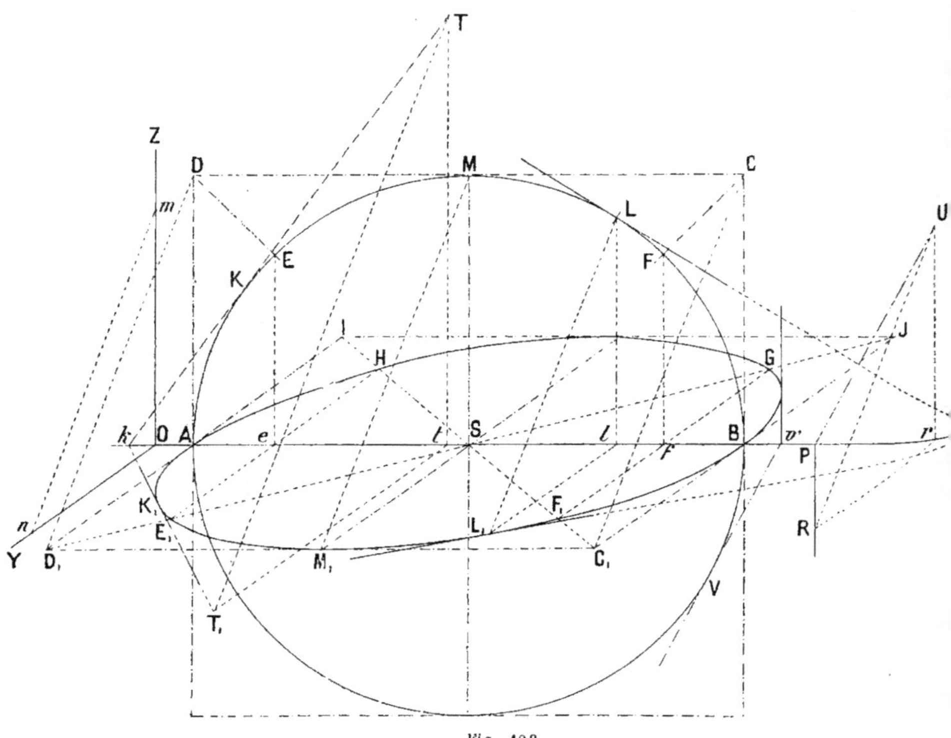

Fig. 189.

ici puisque la figure doit être symétrique par rapport à OX, le centre étant situé sur cette droite).

Marquons ensuite les points à 45°E, F. Nous mettrons le carré ADCB... en perspective cavalière comme ci-dessus (139), nous en mènerons les diagonales ; abaissant de E et de F des perpendiculaires sur OX, nous aurons en *e* et *f* des points par lesquels nous mènerons des parallèles à OY et qui couperont les diagonales $D_1SJ$ et $C_1SI$ en des points $E_1GF_1H$. Nous aurons les quatre milieux $AM_1B$... des côtés du carré ; au moyen de ces divers points nous pourrons facilement tracer la circonférence complète.

### Tangente par un point donné de la circonférence.

**143.** Soit à trouver la perspective de la

tangente au point L. Menons cette tangente qui vient couper l'axe OX au point $l'$; rabattons le point L sur le plan YOX, il vient en $L_1$; le point $l'$ ne bougeant pas pendant la rotation, nous aurons $L_1 l'$ pour perspective de la tangente cherchée. La perspective du cercle devra donc être tangente au point $L_1$.

### Tangente par un point extérieur à la circonférence.

**144.** Soit à trouver la tangente passant par le point $T_1$. Nous relèverons ce point sur le plan de front, il viendra en T. Par ce point nous menons une tangente au cercle relevé; le point de tangence est en K, mais cette tangente coupe l'axe OX en $k$ qui ne change pas par la rotation; joignant $T_1 k$, nous aurons la tangente cherchée. On pourra ramener le point K sur $k T_1$ afin d'avoir en $K_1$ la perspective du point de tangence.

### Tangente parallèle à une direction donnée.

**145.** Soit à trouver la position de la tangente dont la direction sera parallèle à la verticale PR. Prenons un point R sur cette direction et relevons-le en U, en menant R$r$ parallèle à OY : et de R une

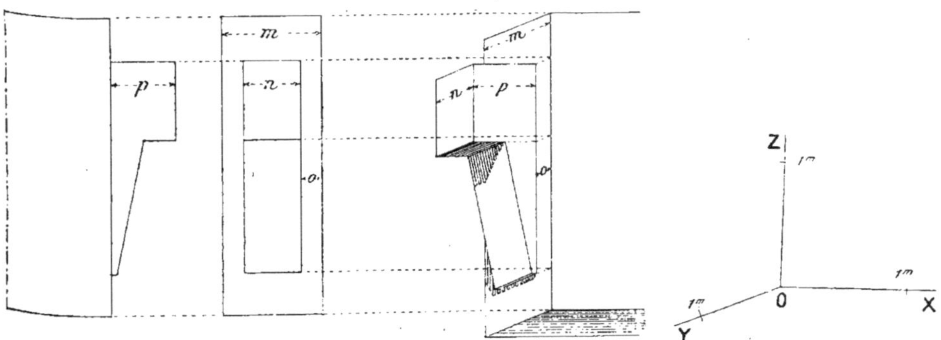

Fig. 190.

parallèle à $nm$ qui recoupe la verticale passant par $r$ au point U. P ne bouge pas sur l'axe, de sorte que PU représente la direction PR relevée sur le plan de front. Menons au cercle relevé AMB une parallèle à cette direction PU qui lui sera tangente en V et qui coupe l'axe en $v'$, il n'y a plus qu'à mener par $v'$ une parallèle à la direction donnée PR, on aura la tangente cherchée. Cette tangente est souvent très utile à déterminer, car c'est elle qui limite véritablement le cercle à droite et à gauche ; en voulant tracer l'ellipse perspective par point, S on a pour se guider $M_1 F_1 BG$. On voit qu'entre B et G il peut y avoir bien des façons de faire passer la courbe qui peut s'étendre, par un tracé à la main, plus ou moins à droite.

La présence de la tangente verticale $v'$ enlève toute indécision et permet d'effectuer le tracé avec la plus rigoureuse exactitude. Cette tangente peut servir ici pour la partie gauche du cercle (à cause de la symétrie par rapport à l'axe OX) : on n'aurait qu'à porter à gauche de A une longueur égale à B$v'$ et mener une verticale, mais au-dessous de OX, puisque celle qui passe par $v'$ est au dessus.

Si le cercle n'est pas symétrique, la construction se fera d'après les mêmes principes, au moyen du cercle circonscrit et des points sur les diagonales ; on emploiera aussi les tangentes, surtout celles qui sont perpendiculaires à OX et qui limitent l'ellipse perspective à droite et à gauche. La construction sera peut-être un peu plus longue que celle ci-dessus, mais il n'y a aucune difficulté.

Enfin, le cercle au lieu d'être horizontal peut être quelconque. On devra connaître l'inclinaison du plan dans lequel il est contenu, on en déduira les cotes de hauteur des angles du carré circonscrit et, après avoir mis celui-ci en perspective, on trouvera facilement les points milieux des côtés du carré, les points à 45 degrés, enfin tout ce qui est nécessaire pour tracer le cercle dans sa position définitive.

### Perspective cavalière d'un assemblage.

**146.** La figure 190 donne à gauche le profil et la face de cet assemblage; on voit aussi à droite la position des axes et, à une échelle quelconque, le rapport de réduction. Il est aisé, en considérant la figure, de voir comment on a opéré. Les hauteurs ne changent pas, non plus que les parties de front, telles que $p$, qui restent les mêmes dans le géométral et dans la perspective cavalière. Seules les profondeurs dans le sens OY sont diminuées dans le rapport qui est indiqué sur les axes OZ et OY. Ainsi, si la partie marquée 1 mètre (à une échelle quelconque, sur OY est les 2/3 de celle marquée sur OZ ou sur OX, on aura $m$, $n$, $o$ de la perspective égalant respectivement les 2/3 de $m$, $n$, $o$ du géométral. Il faut bien se rappeler que ces dimensions doivent être portées sur les lignes qui sont parallèles à OY, suivant leur pente; et non pas en les considérant comme la distance de deux verticales parallèles.

Nous ferons, à propos de la perspective cavalière, une observation fort importante. Ce genre de perspective, très facile à tracer, ne peut être employé que dans certains cas limités. On peut s'en servir avec fruit pour des détails de construction, des assemblages, en un mot lorsque l'objet considéré n'est pas très étendu. Ce mode de représentation a même pour lui un avantage précieux que n'a pas la perspective conique : il permet de prendre des cotes sur le croquis perspectif puisque deux sens, OX et OZ

conservent leurs dimensions exactes et que le troisième est dans un rapport de réduction connu. Ainsi, si $m$ de la perspective cavalière (*fig.* 190) est les 2/3 de $m$ en géométral, on pourra retrouver la cote exacte sur la perspective en mesurant sa longueur $m$ (suivant la pente parallèle à OY) et en la multipliant par le rapport inverse 3/2.

Mais, en dehors de ces objets de petite dimension, la perspective cavalière n'est pas applicable, car elle est d'un effet déplorable lorsque les objets sont un peu grands ; s'il s'agit d'un monument, d'un vaste espace, le résultat n'en est pas supportable.

### Perspective cavalière d'un bâtiment.

**147.** Pour donner une idée de ce genre de perspective nous avons tracé dans la figure 192 la perspective cavalière d'une école dont la façade est indiquée dans la figure 191.

Comme on peut le voir, l'effet n'est nullement satisfaisant, et il ne s'agit pas cependant ici d'une étendue considérable de terrain, bien au contraire. La première impression qu'on a en l'étudiant, c'est d'éprouver une sorte de gêne, les horizontales qui devraient fuir paraissent, bien qu'absolument parallèles, converger en un point tel que les objets semblent augmenter à mesure qu'ils s'éloignent quoique ce soit le contraire auquel on soit habitué.

Ainsi, la croisée du premier étage la plus éloignée paraît plus grande que la première, bien qu'elles soient identiques. S'il y en avait une série, comme cela arrive souvent dans un monument, l'effet serait encore plus disgracieux. En admettant une série d'une centaine d'arcades, la centième sera de la même grandeur que la première et paraîtra, par cela même, de beaucoup plus grande. Nous savons qu'elle est la raison qui nous produit cette illusion d'optique. Deux droites que nous savons horizontales et parallèles dans l'espace et qui ne sont pas dans un plan de front *doivent* fuir un point donné.

Supposons qu'elles s'inclinent de plus

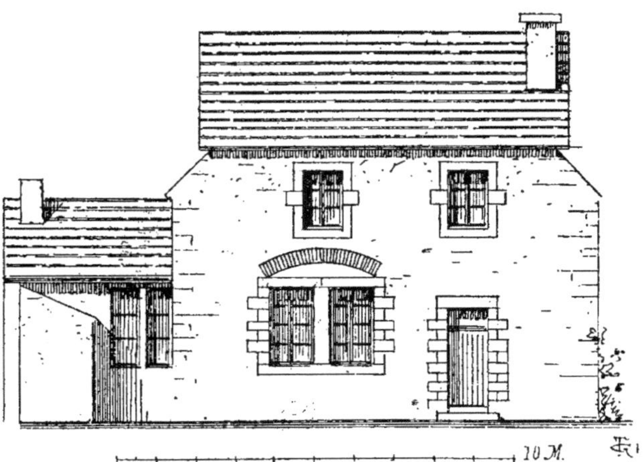

Fig. 191.

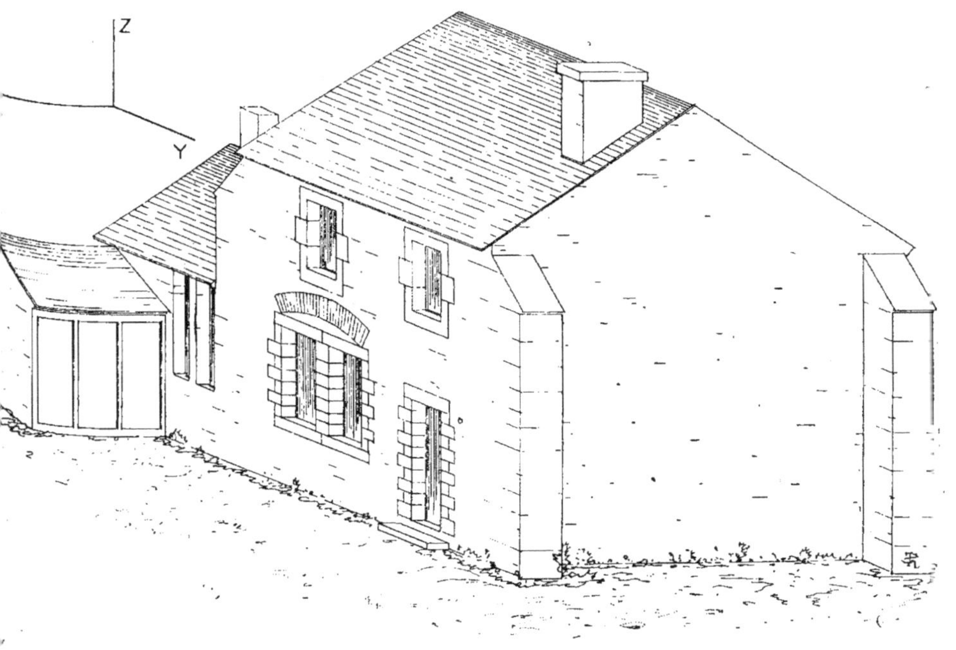

Fig. 192.

en plus sur le tableau : leur point de fuite s'éloignera à mesure du côté droit, par

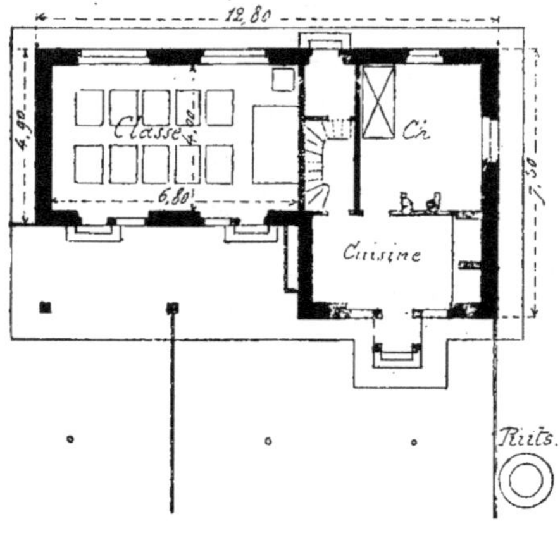
Fig. 193.

exemple ; arrivé à l'infini ce point saute dans le plan neutre, c'est alors que ces lignes peuvent paraître parallèles ; ceci est une explication mathématique que la pratique ne peut concevoir et qui répugne à notre organisation.

On a tenté un autre procédé de perspective cavalière, car ce mode de représentation est d'une telle facilité, surtout lorsqu'il s'agit d'objets compliqués, dont la mise en perspective conique est toujours longue, qu'on essaie, par tous les moyens possibles, de s'en servir quand même.

### Perspective cavalière en prenant le géométral parallèle au tableau.

**148.** Les figures 193 et 194 sont le plan et l'élévation principale d'un petit bâtiment qu'on veut présenter en perspective cavalière. Mais ici on prendra le plan même de la construction comme plan de front ; c'est-à-dire que les longueurs et les largeurs du plan ne seront pas déformées, les hauteurs seules subiront des réductions.

Voici comment on procède :

La figure 193 nous montre la direction des axes, OX et OY restent dans leur

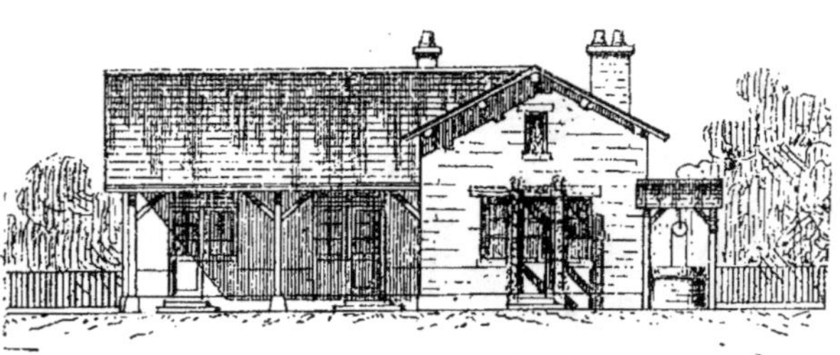
Fig. 194.

vraie grandeur, l'axe OZ devient la direction des fuyantes, et on suppose que le rapport de réduction est de 2/3.

Tout d'abord, on a tracé dans la figure 193 le plan de la figure 193, avec une certaine amplification. Ensuite, par tous les angles de ce plan qui sont le pied de verticales, angles de murs, pieds de poteaux, tableaux de baies, on a mené des parallèles à la direction OZ. Puis, on a porté pour chacune des verticales, à partir de son pied en plan, et dans le sens de la fuyante, une longueur égale aux 2/3 de la cote relevée sur la façade (*fig.* 194) ; bien entendu, en tenant compte de l'amplification de l'épure.

On obtient ainsi un résultat qui semble plus tolérable, on pourrait, de cette façon, présenter la perspective d'une grande étendue de monuments, l'effet ne serait plus choquant, comme dans le système de la figure 192.

C'est un procédé qui a été employé par M. Choisy dans un ouvrage sur l'histoire de l'architecture ; il peut ainsi présenter des vues d'ensemble d'édifices. On pourra toujours avec ce moyen retrouver les grandeurs vraies de chacune des parties de la perspective présentée ; comme nous l'avons vu plus haut (146). L'apparence de convergence des fuyantes en un point unique se manifeste encore ici. On verra sur la figure 195 que le poteau à gauche de la figure et l'angle extrême à droite du bâtiment d'avant-corps, semblent concourir en un même point ; cependant ces deux directions sont rigoureusement parallèles. En somme, on fait une suite

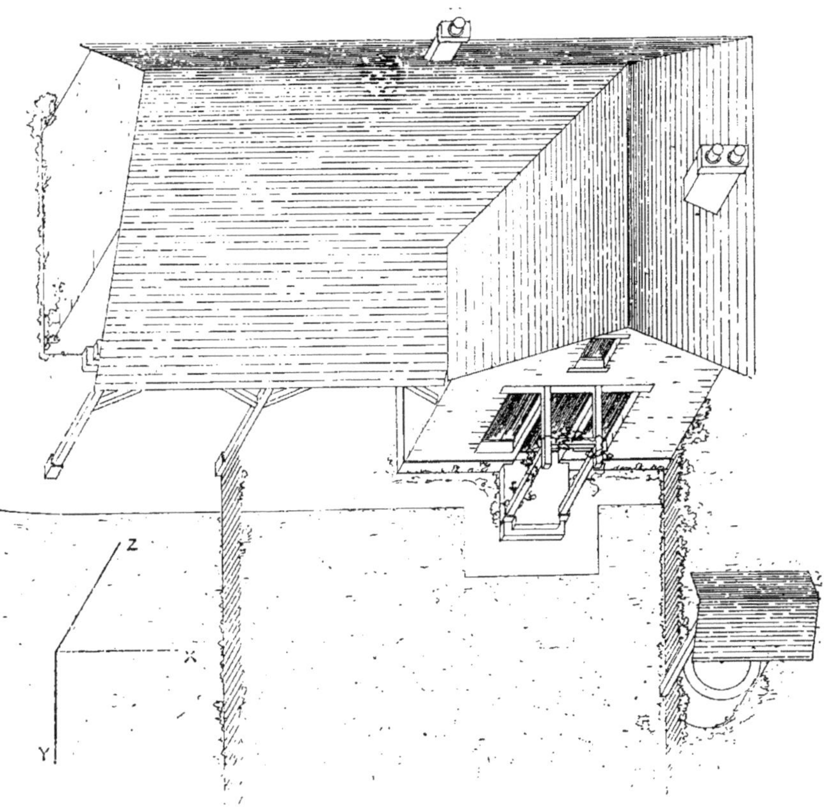


Fig. 195.

d'opérations identiques à celles qu'on effectuerait s'il s'agissait de trouver l'ombre portée de l'objet sur le plan géométral : l'axe OZ indique la direction des rayons lumineux en plan, et le rapport de réduction permettrait de retrouver la direction du rayon lumineux dans l'espace.

**Perspective cavalière d'une sphère, ses ombres propre et portées.**

**149.** On connaît les axes (*fig.* 197) ; le rapport de réduction est donné par les longueurs OZ et OY. C est le centre de la sphère, $c'$ sa projection sur le plan ZOX, ce qui suffit, puisque $Cc'$, par le moyen du rapport de réduction donne la distance du centre au plan de front ; la position de *c'* par rapport à OZ indique la distance de ce centre au plan ZOY ; enfin la hauteur de *c'* au-dessus de OX est la hauteur du centre au-dessus du géométral YOZ.

Quel sera le contour apparent de la sphère ?

Le problème à résoudre est le même que celui qui consiste à chercher l'ombre portée d'une sphère sur un plan : seulement ici, les rayons lumineux deviennent des rayons visuels et le plan sur lequel doit se projeter l'ombre est le tableau.

Il s'agit donc (*fig.* 196) de circonscrire

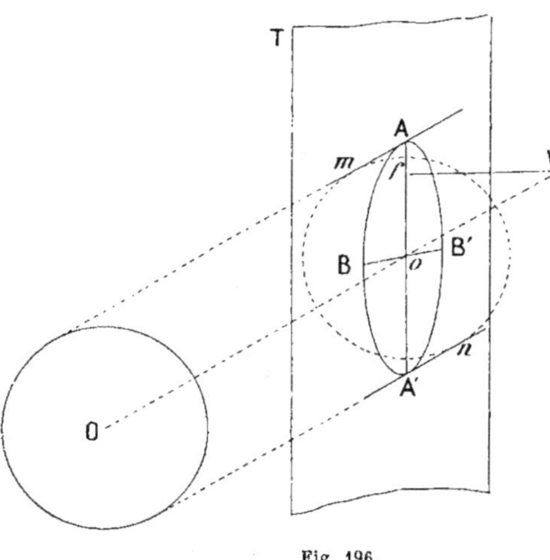


Fig. 196.

à une sphère O un cylindre de révolution dont les génératrices sont parallèles aux rayons visuels, et d'en chercher l'intersection avec le tableau T.

On sait, d'après le théorème de Dandelin, que la section plane d'un cylindre de révolution par un plan est une ellipse dont le grand axe est donné par l'intersection de ce plan et du plan méridien qui lui est perpendiculaire, c'est-à-dire qui contient à la fois l'axe OV du cylindre et une perpendiculaire V*f* au plan sécant.

Pour obtenir ce grand axe, il suffit de chercher l'intersection du plan méridien et du plan sécant. Si d'un point V quel-

conque de l'axe on abaisse une perpendiculaire sur le plan T qui vient le rencontrer en *f*, la droite indéfinie *fo* représente la dissection de l'intersectiion du plan méridien et du plan sécant. Il faut limiter cet axe ; par le point *o* où l'axe du cylindre perce le plan sécant, inscrivons une sphère dans le cylindre, elle sera de même rayon que la sphère O et sera coupée par le plan méridien suivant un cercle *om*. Les deux génératrices tangentes à ce cercle *m*A et *n*A' coupent la direction du grand axe *fo* en deux points, A et A', qui sont les extrémités du grand axe. Le petit axe est perpendiculaire au grand et égal au rayon de la sphère.

Traduisons ces opérations de tracé d'ombres en tracé de perspective cavalière.

OV est la direction des rayons visuels, c'est-à-dire des projetantes. V*f* est perpendiculaire au tableau T, elle a pour perspective cavalière *fo*A', qui est une fuyante.

Il nous est facile maintenant de tracer le contour apparent perspectif de la sphère.

Faisons tout d'abord (*fig.* 197) le rabattement d'une projetante, comme nous l'avons vu plus haut (138) : nous aurons $\alpha_1$ Y.

Du centre C de la sphère menons une fuyante ACA', c'est la direction du grand axe de l'ellipse cherchée. Rabattons dans le plan de front passant par C et autour de AA' comme charnière le plan méridien qui contient à la fois les fuyantes et les projetantes et traçons de C comme centre un cercle dont le rayon est égal à celui de la sphère BKB'G. Nous connaissons par $\alpha_1$Y la direction des projetantes rabattues, menons-lui des parallèles tangentes au cercle que nous venons de décrire ; ces tangentes *m*A *n*A' coupent la charnière en deux points AA' qui sont les limites du grand axe de l'ellipse. Le petit axe lui est perpendiculaire et égal au rayon de la sphère, c'est BB'. Il reste à tracer l'ellipse dont on connaît les deux axes.

Cherchons maintenant l'ombre portée de la sphère sur le plan ZOX, cette ombre se perspectivera en vraie grandeur puisque ce plan est de front.

Nous emploierons encore le même procédé dérivé du théorème de Dandelin.

La direction des rayons lumineux nous est donnée par $cc_1$ sur le plan horizontal et par $c'C_1$ sur le plan vertical ; on en déduit aisément $CC_1$ perspective du rayon lumineux passant par le centre de la sphère et ses traces $C_1$ sur le plan vertical et $C_2$ sur le plan horizontal ; ces traces sont en même temps les ombres portées du centre de la sphère : en $C_1$ pour le plan vertical, $C_2$ pour le plan horizontal.

L'intersection du plan méridien contenant à la fois l'axe du cylindre et une perpendiculaire au plan sécant, avec ce plan sécant est $c'\,C_1$. Attendu que cette droite est d'une part située dans le plan ZOX et, d'autre part, qu'elle est située dans le plan qui contient à la fois les projetantes $CC_1$ et les fuyantes $C_1c'$.

Rabattons ce plan méridien autour de $c'C_1$. Le centre C viendra en $C'_3$ sur une perpendiculaire menée par C sur $c'C_1$, et à une distance de cette charnière (qui est la direction de l'axe de l'ellipse d'ombre cherchée) telle que $c'C_3$ est égale à $Cc'$ multiplié par le rapport *inverse* de réduction.

La section faite dans la sphère par le

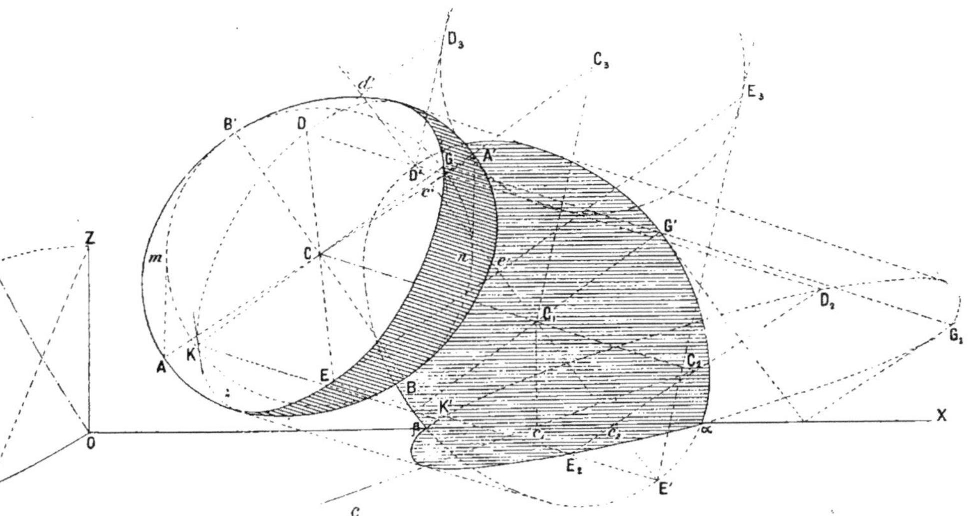

Fig. 197.

plan méridien est un cercle $D_3E_3$ ; le rayon lumineux passant par le centre est rabattu en $C_3C_1$ ; menons des tangentes au cercle $p$, parallèles à la direction de ce rayon, elles coupent en E′ et D′ la charnière et limitent ainsi le grand axe d'ellipse d'ombre. Le petit axe lui est perpendiculaire et égal au rayon de la sphère, c'est K′G′.

Il nous faut tracer l'ombre propre de la sphère. Pour cela il suffit de remonter par des rayons lumineux inverses ; cherchons d'abord les points qui correspondent aux extrémités du grand axe. Remarquons, dans le rabattement sur le plan vertical dont nous venons de faire usage, que E′ est à la fois sur une parallèle $E_3E'$ à l'axe du cylindre d'ombre et sur $E_3e'$ perpendiculaire au plan ZOX. Ce point devra donc se trouver sur E′E parallèle à $CC_1$, axe du cylindre d'ombre, et sur $e'E$ parallèle à OY, c'est-à-dire fuyante. On trouvera D à la rencontre de la parallèle à $CC_1$ menée par D′ et de la fuyante $d'D$ ; on a ainsi le grand axe DCE. Le petit axe de cette ellipse est nécessairement sur les rayons inverses menés par G′ et K′ et sur la droite de front KCG parallèle à K′C′G′. L'ellipse cherchée est déterminée par deux diamètres conjongués, ce qui suffit.

Quant à l'ombre portée sur le plan horizontal, on l'obtient au moyen des rayons lumineux issus de DGEK dont on cherche les traces sur le plan horizontal, on obtient ainsi les points $D_2G_2E_2$ qui sont les extrémités de deux diamètres conjugués, ce qui suffit pour tracer l'ellipse cherchée ; on remarquera aussi les points β et α situés sur l'axe OX et qui doivent être communs aux deux ellipses.

Ce problème, qui est assez compliqué en perspective conique, se fait très rapidement en perspective cavalière.

## Perspective axonométrique.

### Principes.

**150.** Dans la représentation du dessin d'architecture ou du dessin de machines, on a coutume de rapporter les différents

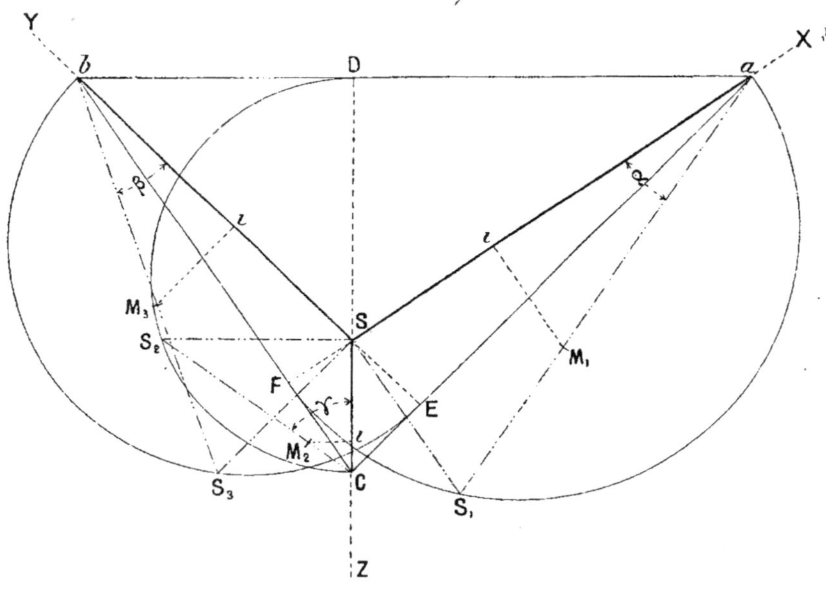

Fig. 198.

éléments de l'objet à représenter à trois axes OX, OY, OZ formant les arêtes d'un angle trirectangle.

Dans la perspective axonométrique, on place cet angle trièdre dans une position absolument quelconque par rapport au tableau et on le projette orthogonalement et non obliquement sur le plan de projection.

C'est la différence essentielle avec la perspective cavalière dont deux axes sont parallèles au tableau et où le troisième est projeté obliquement.

En perspective axonométrique, aucun des axes n'est parallèle au tableau, et tous sont projetés orthogonalement.

Il faut d'abord savoir si trois droites Sa, Sb, SC issues d'un même point S peuvent être prises pour projections orthogonales d'un trièdre trirectangle, comme les trois arêtes d'un cube. On devra voir aussi dans quel rapport chacune d'elles sera réduite par le fait de la projection, ce qui permettra de graduer ces axes et d'en déterminer l'échelle.

Soient (*fig.* 198) les trois droites S$a$, S$b$, SC prises d'une façon quelconque et qui coupent le plan projetant suivant les traces $ba$, $a$C, C$b$. On sait que ces traces ne peuvent être toutes à volonté, car elles doivent être perpendiculaires aux projections des arêtes opposées ; ainsi $ba$ doit être perpendiculaire à SC, $a$C à S$b$ et $b$C à S$a$. Ce qui résulte de ce théorème que, *lorsqu'une droite est perpendiculaire à un plan, sa projection orthogonale est perpendiculaire à la trace de ce plan.*

Du point $a$, nous pouvons mener à volonté deux perpendiculaires, l'une à SC, ce qu' donnera $ab$ ; l'autre à $b$S, ce qui donnera $a$C ; or $b$C sera forcément perpendiculaire à S$a$ puisque *les trois hauteurs d'un triangle se coupent en un même point.*

Cherchons la hauteur du point S au-dessus du plan projetant. Pour cela, rabattons sur le plan de projection, autour de F$a$ comme charnière, le plan qui projette orthogonalement l'arête S$a$. Nous savons que, dans l'espace, l'angle FS$a$ est droit, il doit donc être inscrit dans la demi-circonférence dont F$a$ est le diamètre. Décrivons cette demi-circonférence rabattue sur le plan de projection. Le sommet S devra, en rabattement, se trouver à la fois sur la demi-circonférence dont F$a$ est le diamètre, et sur une perpendiculaire élevée de S sur F$a$ : ce sera le point $S_1$. Si on opère de même pour les deux autres arêtes, on aura des hauteurs $S_1$, $S_2$, $S_3$ qui doivent être égales entre elles.

Nous savons que *la perpendiculaire abaissée du sommet d'un angle droit sur l'hypothénuse est moyenne proportionnelle entre les deux segments qu'elle détermine sur cette hypothénuse.*

On aura donc pour un triangle quelconque:

$$\overline{SS_1}^2 = FS \times Sa.$$

Il s'agit de savoir si les différents produits FS $\times$ S$a$, DS $\times$ SC, ES $\times$ S$b$ sont tous égaux entre eux, d'où on tirera que les hauteurs $SS_1$, $SS_2$, $SS_3$ sont égales entre elles.



Or ces produits sont égaux en vertu du théorème : *Dans tout triangle, les produits des segments des hauteurs sont égaux entre eux.*

On peut donc affirmer maintenant que les trois droites S$a$, S$b$, SC représentent les arêtes d'un angle trirectangle dans une position quelconque. Si nous portons sur l'arête rabattue une vraie grandeur $S_1$ à une longueur représentant $S_1M_1$ égale à 1 mètre (à une échelle quelconque) et que nous projetions ce point en $i$, nous aurons en S$i$ sur S$a$ la longueur qui doit représenter 1 mètre sur cet axe. En procédant ainsi sur les deux autres axes, nous aurons l'échelle de chacun des axes pour la position qu'occupe le trièdre par rapport au plan de projection.

Les angles $\alpha$, $\beta$, $\gamma$ sont les angles que chacun des angles fait avec le plan de projection.

### Perspective isométrique.

**151.** Dans le cas que nous venons d'examiner, les échelles des trois axes sont toutes différentes, ce qui est gênant dans la pratique. On pourrait supprimer cet inconvénient en supposant que les faces de l'angle trirectangle sont également inclinées sur le plan de projection. Ce qui revient à dire que les trois axes se projetteraient suivant trois droites également inclinées les unes sur les autres et faisant entre elles des angles de 120 degrés. Dans ces cas, la perspective prend le nom d'*Isométrique*.

Le triangle $abc$ formé par les traces du trièdre sur le plan (*fig.* 199) devient un triangle équilatéral. Faisons le même rabattement que dans la figure 198, le point S viendra $S_1$. On peut prouver facilement que $Se = S_1e' \times \dfrac{\sqrt{2}}{\sqrt{3}} = 0,806 S_1 e'$.

Ce qui revient à dire que les projections faites isométriquement d'un objet sont les 0,806 de sa vraie grandeur. On n'emploie pas ce moyen en pratique, attendu qu'il entraînerait dans des calculs fort longs ; on se sert d'échelles simples, faciles comme les échelles connues de $0^m,01$, $0^m,02$, $0^m,10$, etc., ce qui revient à dire que l'ob-

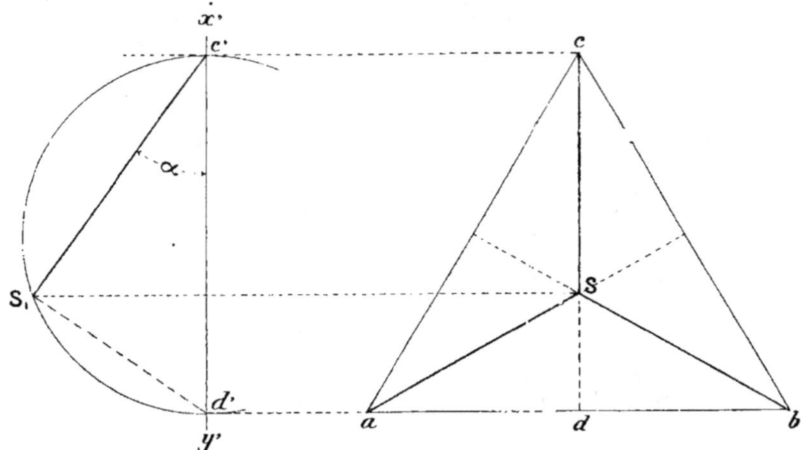


Fig. 199.

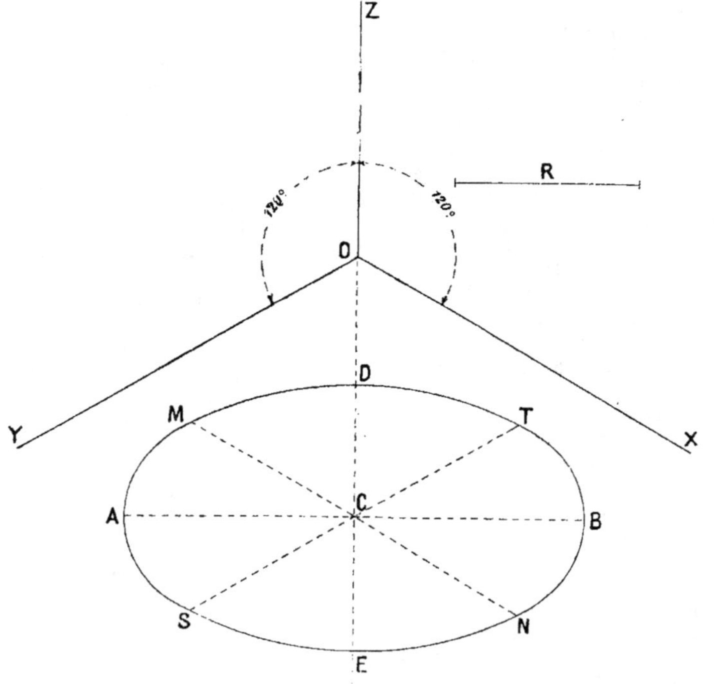


Fig. 200.

jet dans l'espace est censé représenté, non plus à l'échelle de $0^m,01$, $0^m,02$, $0^m,10$, etc., mais à ces mêmes échelles multipliées par le rapport isométrique inverse, soit :

$$\frac{1}{0,806} = \frac{\sqrt{3}}{\sqrt{2}} = 1,240.$$

## Perspective isométrique d'un cercle.

**152.** Tous les cercles situés dans des plans isométriques (parallèles aux faces du trièdre) se perspectivent suivant des ellipses semblables (*fig.* 200).

Soient les trois axes OX, OY, OZ. On donne la position C du centre et le rayon en vraie grandeur R.

Le grand axe est parallèle à la ligne terre $xy$ ou perpendiculaire à l'axe opposé OZ ; il se perspective en vraie grandeur et, suivant la convention ci-dessus, est

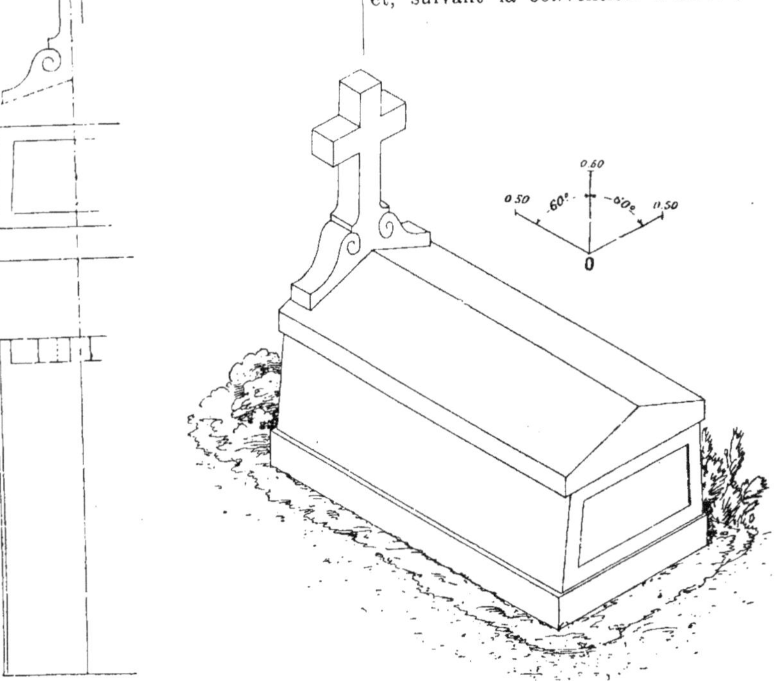

Fig. 201.

Fig. 202.

égal à $2R \times 1,240$. Le petit axe, lui, est perpendiculaire et égal à :

$$\frac{2R\sqrt{3}}{\sqrt{2}} \times \frac{1}{\sqrt{3}} = \frac{2R\sqrt{2}}{2}$$

L'ellipse est facile à construire.

On pourrait la construire plus facilement en observant que les deux diamètres NN et ST parallèles aux axes sont égaux à $2R$ ; ce sont des diamètres conjugués comme étant des projections de deux diamètres à angle droit du cercle, ce qui permettra de tracer l'ellipse.

## Perspective isométrique d'un tombeau.

**153.** Dans les figures 201 et 202, nous donnons un exemple de perspective isométrique. Les grandeurs prises sur le plan ou l'élévation (*fig.* 201) ont été reportées sans aucune altération sur la figure 202. Ce moyen de perspective ne peut convenir encore qu'à des objets de peu d'étendue ; les remarques qu'on doit faire à cet égard sont les mêmes que celles qu'on a déjà faites plus haut concernant la perspective cavalière.

## Perspective de quelques corps ronds.

**154.** Avant de terminer le chapitre présent, nous donnerons encore trois

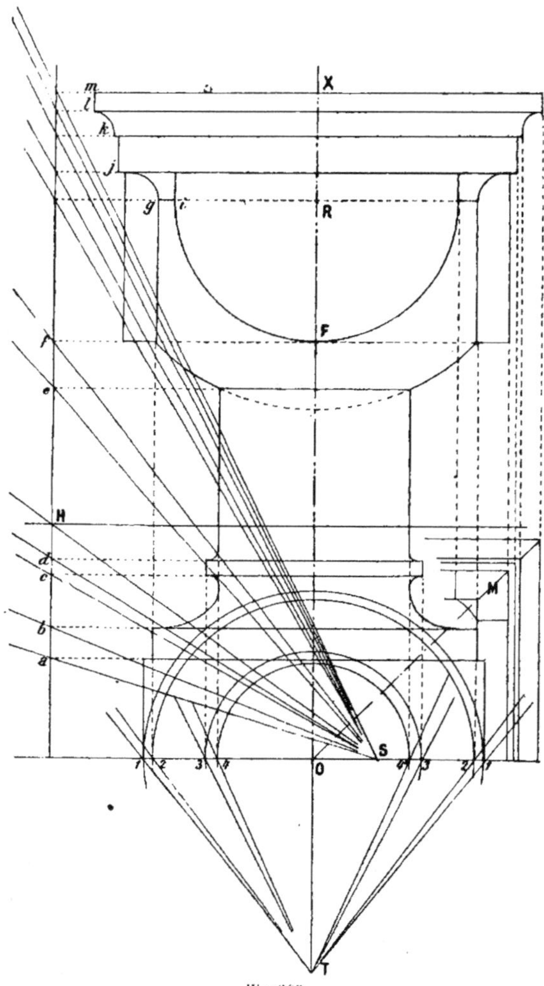

Fig. 203.

exemples de perspectives de surfaces de révolution. Le premier est un *fût de colonne avec chapiteau bizantin.* L'élévation géométrale est indiquée dans la figure 203, ainsi que le plan circulaire de centre O et un fragment de l'angle du tailloir figuré en M.

Le fût et sa base sont cylindriques sur une plinthe carrée ; le chapiteau est formé par une sphère de centre R pénétrée par quatre cylindres de rayon R$i$ et

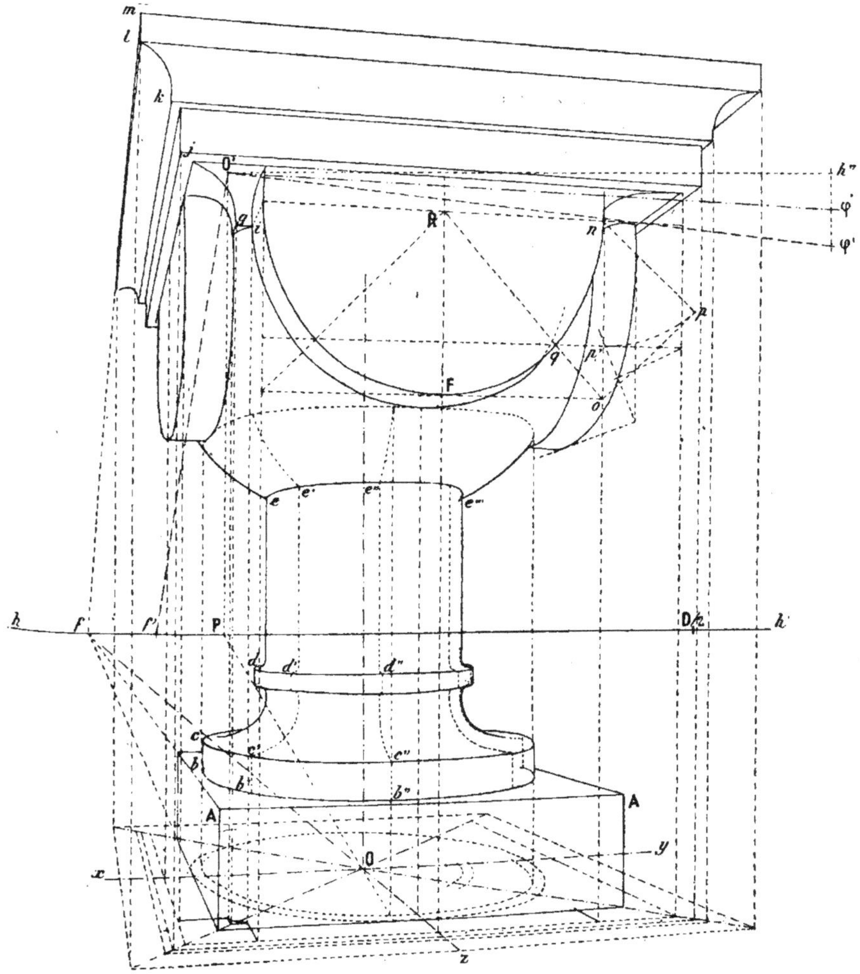

Fig. 204.

par le cylindre du fût. Quatre petits amortissements $jgi$ sont sur une base triangulaire dont deux côtés sont rectilignes, le troisième est circulaire, dont le rayon est égal à celui de la sphère.

Nous n'indiquerons ici que la marche à suivre pour faire cette épure, les renseignements que nous avons donnés d'autre part devront suffire.

La partie inférieure, comprenant la base,

le fût et la portion de sphère du chapiteau jusqu'à la hauteur F, se mettra en perspective suivant les moyens connus pour une surface de révolution (68 et suivants), au moyen des deux échelles divergentes S et T, la hauteur d'horizon étant précisée en H. L'horizon est donné en *hh'* (*fig.* 204), le point principal est P, la demi-distance est D/2. Nous supposons que le profil de la figure 103 est exactement celui du plan de front passant par l'axe de la colonne.

Nous faisons tout de suite observer que nous avons supposé arbitrairement, et sans avoir recours à la figure géométrale 203, l'inclinaison du côté gauche de la plinthe en prenant à volonté le point *f* de fuite de ce côté; par conséquent, après avoir tracé la surface de révolution par rapport au point principal, nous considérons maintenant la figure comme ayant pour axes en plan *fz* et *xy*.

Le point *f* étant connu, nous en avons déduit le carré perspectif circonscrit à la base de la surface de révolution, et nous avons cherché le point de fuite des droites perpendiculaires à la direction qui fuit en *f*. Pour cela nous avons opéré un relèvement du géométral, mais avec la différence suivante, imposée par le format de la feuille, sur la solution indiquée aux numéros 151 et suivants.

En P nous élevons une perpendiculaire sur l'horizon que nous devrions faire égale à la distance entière de l'œil au tableau. Cela est impossible, on ne peut porter que la demi-distance PD/2 qui vient en O'. On devrait joindre *f*O, puis de O mener une perpendiculaire à *f*O qui couperait l'horizon au point de fuite des perpendiculaires à la direction *f*. N'ayant que O', moitié de PO, nous réduisons à moitié la distance *f*P en prenant le point *f'* que nous joindrons à O'. En O', on mène la perpendiculaire O'φ' à O'*f'*. Cette direction O'φ' représente une parallèle *réelle* (non *perspective*) à la direction de la droite qui passerait par le point O situé hors de la feuille. O' étant à moitié de PO, il est facile de concevoir que la pente que nous avons est le double de celle que nous devons avoir en O'.

Pour obtenir la véritable, nous menons

par O' une horizontale *o'h''* sur laquelle nous élevons en un point quelconque (mais le plus éloigné possible de O') une verticale en *h''* que coupe O'φ' en φ'. Nous divisons *h''*φ' en deux parties égales, et nous menons O'φ qui est bien pour le point O' une droite fuyant au point inaccessible de fuite, des directions perpendiculaires à celles qui fuient en *f* : c'est de cette direction que nous nous servirons pour établir les différentes droites situées sur les faces du tailloir et de la plinthe, et qui passent par *m*, *l*, *k*, *j*, *d*, *c*, *b*, A, etc. Les portions de cylindres de rayon RF s'obtiennent directement en construisant le rectangle circonscrit, menant les diagonales telles que R*o*. Puis on procède par la méthode des huit points (38). Menant par *n* et par *o* deux droites à 45 degrés sur *no* qui se coupent en *p*, nous ramenons ce point en *p'* par un arc de cercle dont *n* est le centre ; une parallèle *perspective* à O'φ menée par *p'* nous donne le point *q* sur la diagonale R*o* et un point semblable sur l'autre diagonale ; on aura ainsi des points tels que *n*, *q*, F, etc., qui suffiront pour tracer le cercle.

Pour les différentes hauteurs des points *m*, *l*, *k*, etc., on peut se servir d'un mur auxiliaire (50).

**155.** *Perspective d'un fût cylindrique surmonté d'un listel sur plan circulaire. — Ombres.* — L'horizon est en *hh'* (*fig.* 205). On donne le point P et la demi-distance D/2. Nous supposons que le profil, dans le plan de front qui passe par l'axe est ÒABCD.

On construira d'abord le cercle de projection (le plus grand) dont O*d* est le rayon, nous en déduirons le cercle OA, ainsi que deux autres cercles concentriques *x* et *y*, projections de deux cercles de l'élévation qui sont des parallèles du profil CB (44). Nous traçons ensuite les deux (ou plusieurs suivant le cas) cercles passant par *x'* et *y'*, ainsi que ceux qui passent par C et par D. Ensuite nous chercherons les courbes enveloppes (71), qui nous donneront le contour apparent complet de la figure.

Quant au tracé des ombres, le soleil est indiqué par *s* et S. Coupons le listel et le fût par des plans projetant les rayons lumineux ; celui qui passe par le point $ee'$ de l'arête inférieure du listel a pour trace sur le géométral $egs$. Cette trace coupe les cercles de projections en $f$ et $g$ (nous négligeons le troisième qui passe d'autre part en $y$) ; relevant ces points sur leurs cercles respectifs en élévation, nous obtenons $e'$, $f'$, $g'$, qui, joints par une courbe, représentent la section perspective faite par le plan vertical projetant,

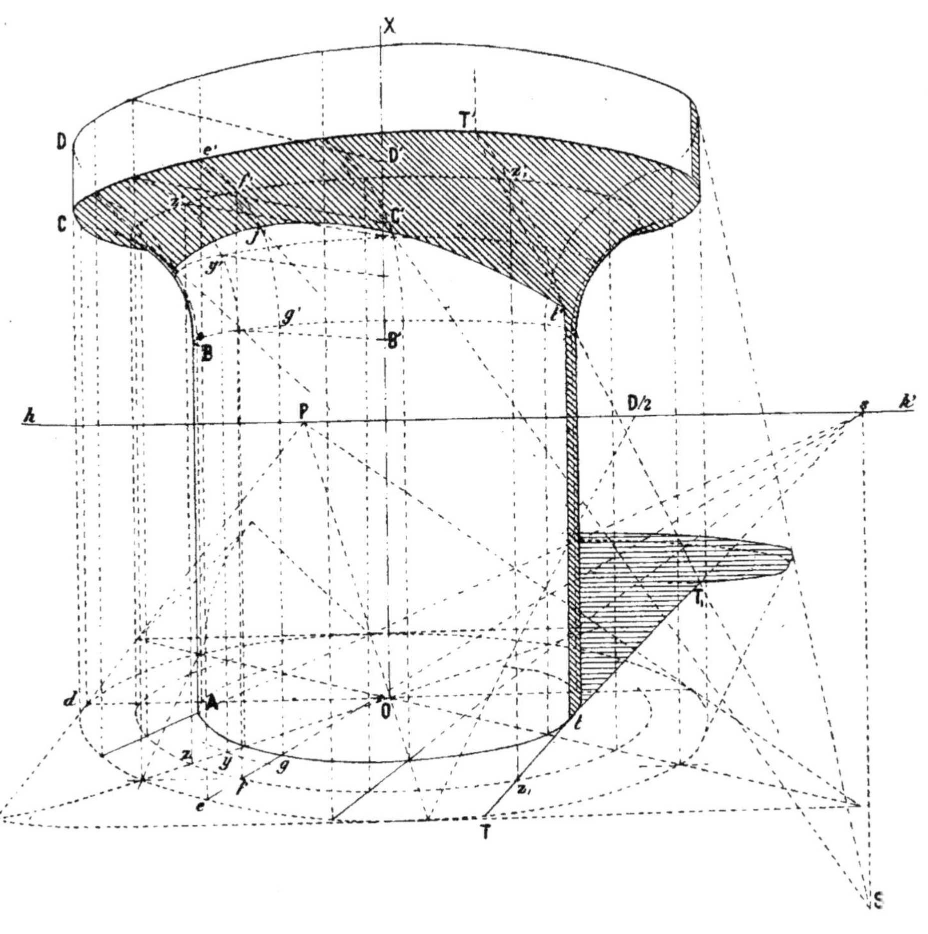

Fig. 205.

dont la trace est $es$. Le rayon lumineux dans l'espace, issu de $e'$ et fuyant en S, rencontre cette courbe en $j$ : c'est un point de l'ombre portée par le listel sur le fût. On cherchera un nombre de points suffisants qu'on reliera par une courbe continue.

Le rayon lumineux T est tangent au cylindre en $t$ ; la courbe de section passant par T' est rencontrée par le rayon

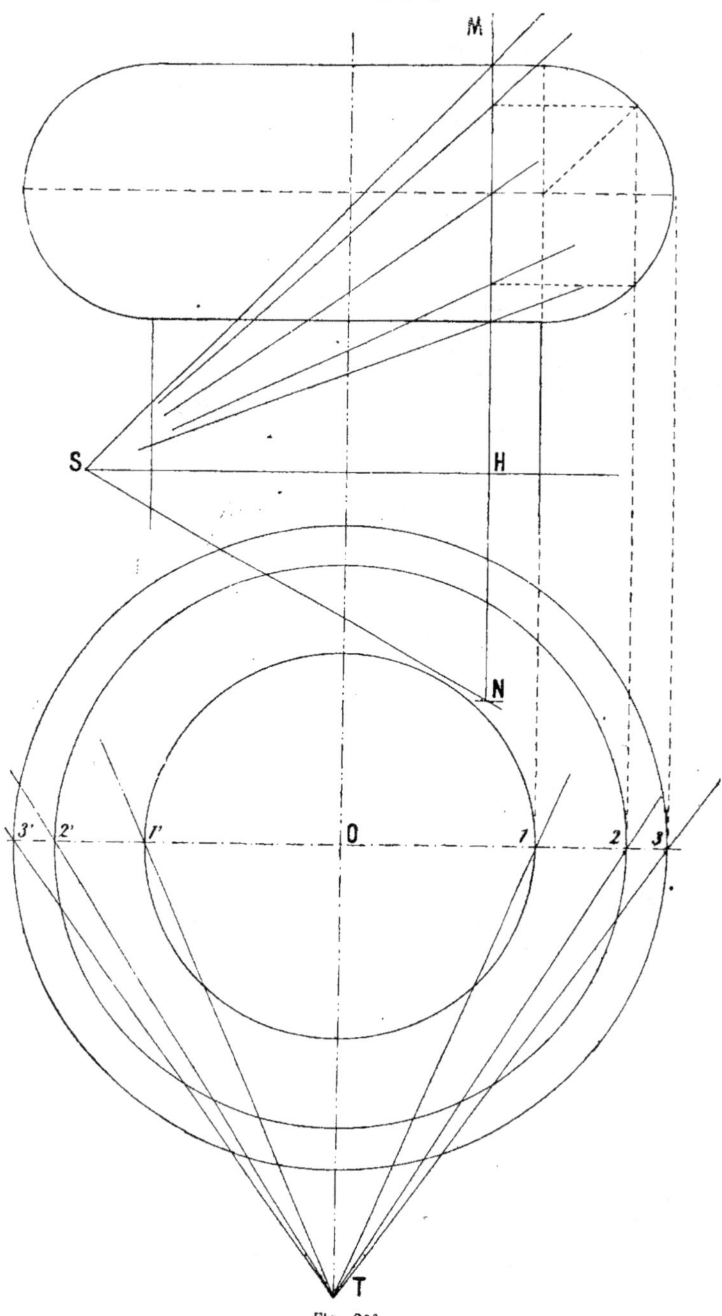


Fig. 206.

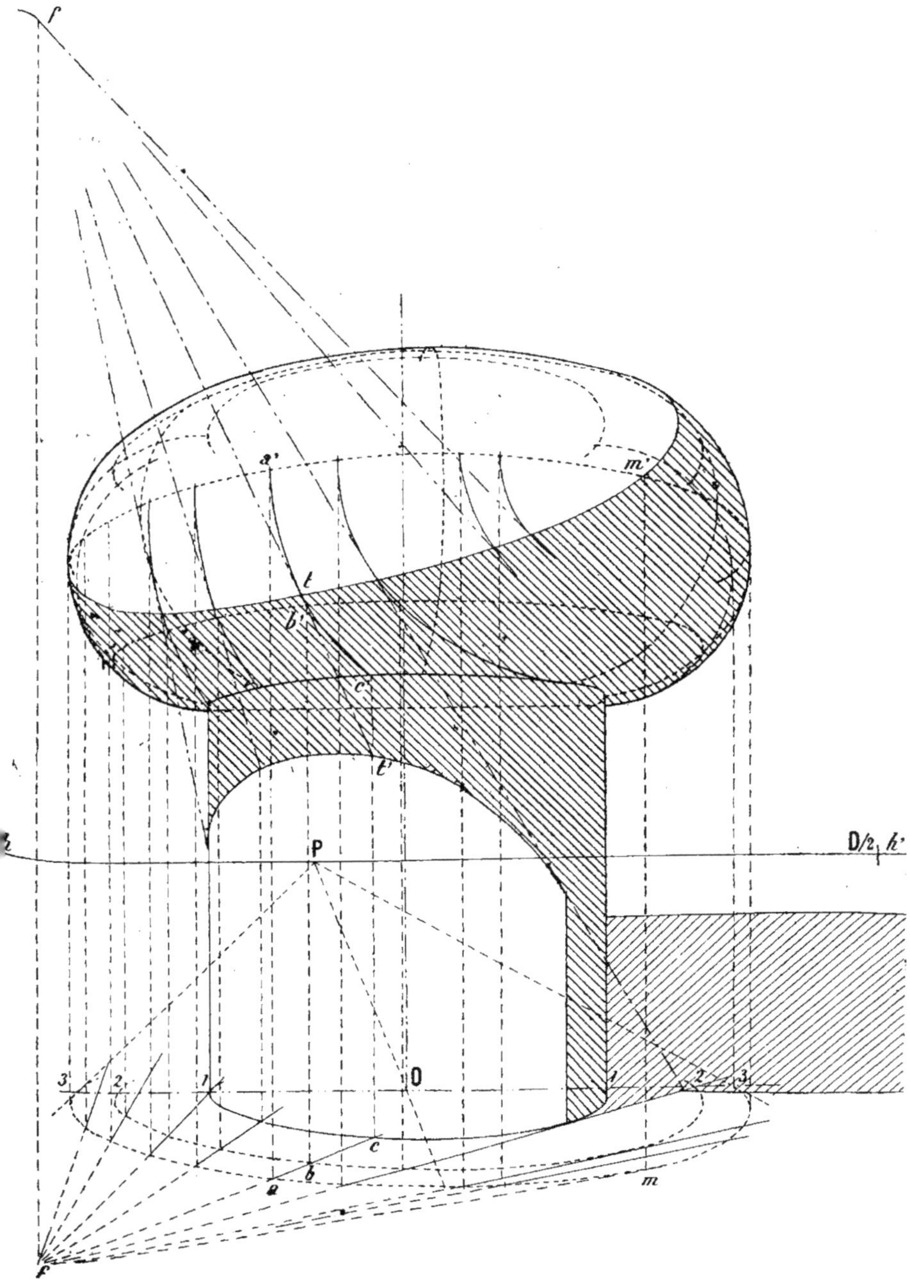

Fig. 207.

lumineux issu du même point, en $t'$ : c'est le dernier point de la courbe d'ombre portée.

Quant à l'ombre portée sur le sol, elle se déduit des points de rencontre des rayons lumineux issus des différentes parties du corps, fuyant en S, avec leurs projections horizontales fuyant en $s$.

**156.** *Perspective d'un astragale sur plan circulaire, ses ombres propres et portées sur un cylindre de même axe.* — Ces corps, dont le plan et l'élévation sont donnés (*fig.* 206), se mettent en perspective suivant une méthode analogue à celle décrite ci-dessus. Nous n'y reviendrons pas, l'épure (*fig.* 207) les fait assez voir. Après avoir cherché la perspective de divers méridiens, on en trace la courbe enveloppe et on a le contour apparent du corps proposé.

Quant à l'ombre, elle est ici au flambeau figuré en $f''f$.

Nous couperons encore le corps suivant des plans verticaux contenant les rayons lumineux.

Ainsi le plan vertical qui coupe le cylindre en $c$ coupe les cercles de projection en $a$ et en $b$ ; remontant ces points sur les cercles qui leur correspondent dans l'espace, on a $a'$, $b'$, $c'$ comme section de l'astragale et la verticale $c'c$ comme section du cylindre. Le rayon lumineux, issu de $f'$ tangent à cette courbe, la touche en $t$, c'est un point de l'ombre propre. Toute la partie inférieure de la section reste dans l'ombre jusqu'en $t'$ qui est un point de l'ombre portée. Le plan de projection tangent en $m$ donne sur le grand cercle un point $m'$.

Nous n'en disons pas plus sur cette épure, facile à comprendre.

## § VIII. — PERSPECTIVE DANS LE DESSIN A VUE

### Principes.

**156.** La plus grande difficulté du dessin à vue ou d'après nature vient de l'embarras éprouvé par ceux qui en ont peu l'habitude, pour mettre *en place* les principales lignes de leur dessin. Or c'est justement cela l'important. Il n'est pas suffisant, en effet, de copier plus ou moins servilement et exactement tel ou tel petit motif perdu dans la masse ; les détails doivent être fidèlement reproduits, il est vrai, mais ce n'est pas cela qui donne l'impression générale, l'aspect qui seul fait que le dessin *ressemble* à l'original.

Pour obtenir ce résultat si important, il faut suivre certaines méthodes et procéder par principes ; un dessin ne doit pas être commencé par un point quelconque et poursuivi sans ordre. Ce sont ces quelques renseignements que nous allons exposer.

La première chose pour le dessinateur est de savoir se rendre compte des proportions ; il doit s'habituer à voir d'un coup d'œil dans quel rapport une ligne droite est divisée par un point. Sur l'angle d'une façade, la verticale $AA'$ est coupée par un bandeau en $a$ ; on doit savoir

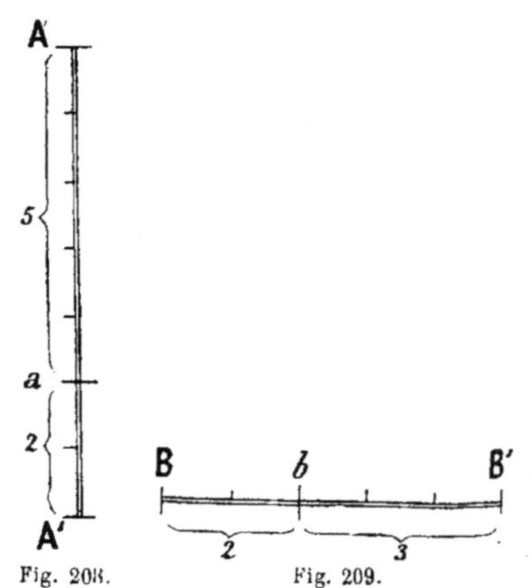

Fig. 208.　　　Fig. 209.

que c'est (*fig.* 208) dans le rapport de 2 à 5, c'est-à-dire que le point $a$ tombe aux 2/7 de la partie inférieure de $A'A$.

De même, pour une horizontale, on doit reconnaître que la droite BB′ est divisée (*fig.* 209) en *b* dans le rapport de 2 à 3.

Cette évaluation n'est pas toujours facile ; il faut une grande habitude qui ne s'acquiert qu'à la longue. Cependant, on peut arriver au même résultat par le moyen suivant :

Soit à déterminer la façon dont une

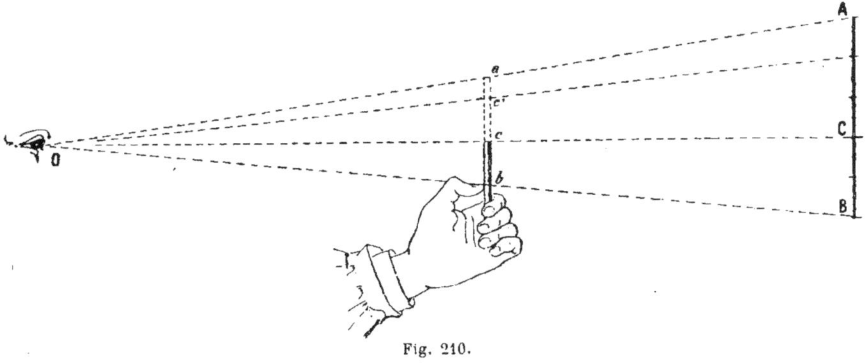

Fig. 210.

droite AB (*fig.* 210) est divisée par le point C. L'œil étant en O, le dessinateur tient son crayon bien verticalement, et avec son pouce marque, en avançant ou en reculant la main, la hauteur *cb*, qui recouvre en apparence la partie CB, puis il remonte cette hauteur une ou plusieurs fois successivement afin de savoir combien de fois CB est contenu dans AB. Ici, *cb* est contenu encore une fois dans *cc′*, puis il reste une portion *c′a*, qu'on peut évaluer à 1/2 *cb*. On en concluera donc que *cb* est à *ca*, ou CB à CA, comme 2 est à 3, de sorte qu'en divisant sur le dessin la hauteur qui représente AB en cinq parties égales on en donnera deux à la partie inférieure ; le surplus sera égal à trois de ces parties.

Ce procédé s'emploie, bien entendu, aussi dans le sens horizontal.

Si l'on prend, avec un mètre, la longueur de l'œil au crayon, on a la distance par rapport au tableau qu'on suppose passer par le crayon. Si les dimensions qu'on porte sur le dessin sont deux, trois... fois plus grandes que celles mesurées sur le crayon, on en conclura que la distance sur le dessin est de deux, trois... fois plus grande que celle trouvée par le mètre ; on

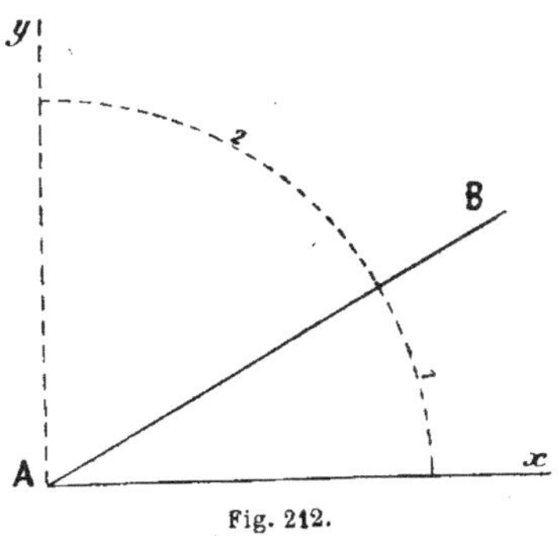

Fig. 211.

Fig. 212.

pourra l'employer réduite, ce qui permet certaines constructions exactes sur le dessin, pour lesquelles la connaissance du point de distance, réduit ou non, est indispensable.

S'il s'agit d'évaluer la pente d'une ligne qui n'est ni verticale ni horizontale, telle que AB (*fig.* 211) par exemple, on mène fictivement par A une verticale et par B une horizontale ; on garde dans sa mémoire leur point de rencontre $m$, en remarquant le point correspondant sur l'objet même ou dans la nature. Puis on évaluera ensuite les deux lignes A$m$ et B$m$. Dans le cas présent, on voit que A$m$ égale 7, B$m$ égalant 12. On pourra ainsi construire sur le papier la pente AB.

On peut aussi (*fig.* 212) évaluer la pente AB en supposant du point A une verticale A$y$ et une horizontale A$x$. On se rendra compte de l'ouverture de l'angle BA$x$ par rapport à l'angle droit $y$B$x$ ; mais ce procédé est bien délicat ; dans le cas présent, on verra que BA$x$ est le tiers de $y$B$x$.

Il faut aussi savoir retrouver la hauteur de l'horizon. Quelquefois, lorsqu'on voit des lignes parallèles qu'on sait horizontales, bases, bandeaux, corniches

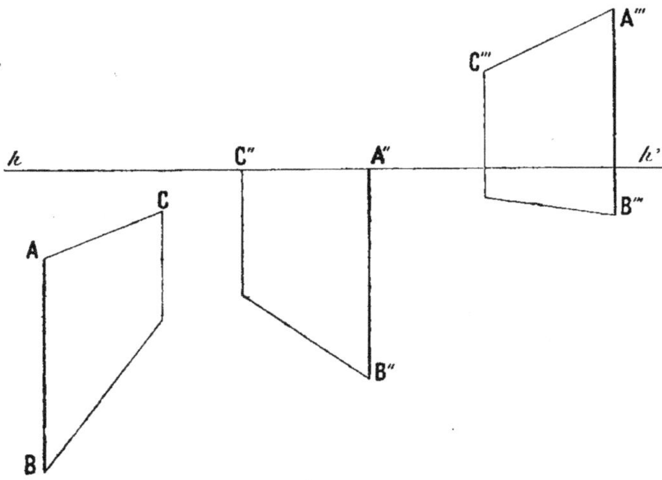

Fig. 213.

d'une maison, on n'aura qu'à les poursuivre fictivement, se rendre compte de leur point de rencontre, le repérer par rapport à un point ou un objet de la nature, et faire passer une horizontale qu'on repérera aussi et dont on gardera dans sa mémoire la position exacte.

Si rien de ce genre ne peut être employé, comme cela arrive dans un paysage, on se servira du moyen suivant (*fig.* 213) :

On plie en deux une feuille de papier, puis on la replie une seconde fois, de façon à ce que la moitié du pli coïncide exactement avec l'autre moitié, de telle sorte qu'il forme un angle droit.

On prend ce papier et on le tient au bout du bras, non pas de front, mais un peu incliné (*fig.* 213), de sorte que l'un des côtés de l'angle AB soit bien vertical ; ensuite, on élève ou on abaisse la main, et voici ce qui se produit :

L'angle CAB paraît-il obtus : c'est que le côté supérieur qui est horizontal est au-dessous de l'horizon ; s'il est aigu, comme C'''A'''B''', c'est qu'il est au dessus ; quand l'angle C''A''B'' paraît droit, que C''A'' est horizontal, c'est que C''A'' coïncide avec l'horizon. On remarque alors un repère sur la nature permettant de retrouver cet horizon.

**157.** *Dessin à vue d'un cube.* — Supposons un cube réduit seulement à ses arêtes, comme s'il était en fil de fer (*fig.* 214); les principes à suivre pour dessiner à vue cet objet sont les mêmes qu'on emploierait pour tout autre corps ou pour dessiner d'après nature. On remarque d'abord que l'objet est plus large que haut, et on prend la feuille de papier dans le sens voulu. On trace les deux verticales CC', BB', mais indéfinies, sans les limiter pour le moment. La position de ces deux droites peut être prise à volonté, cela dépend uniquement de la dimension qu'on veut donner au dessin ; mais une fois cette position arrêtée, rien ensuite n'est arbitraire, comme nous allons le voir.

On trace les deux autres arêtes verticales, et, pour cela, on se sert de l'observation avec le crayon au bout du bras. Pour l'arête AA', on remarquera qu'elle divise la distance de CC' à BB' dans le

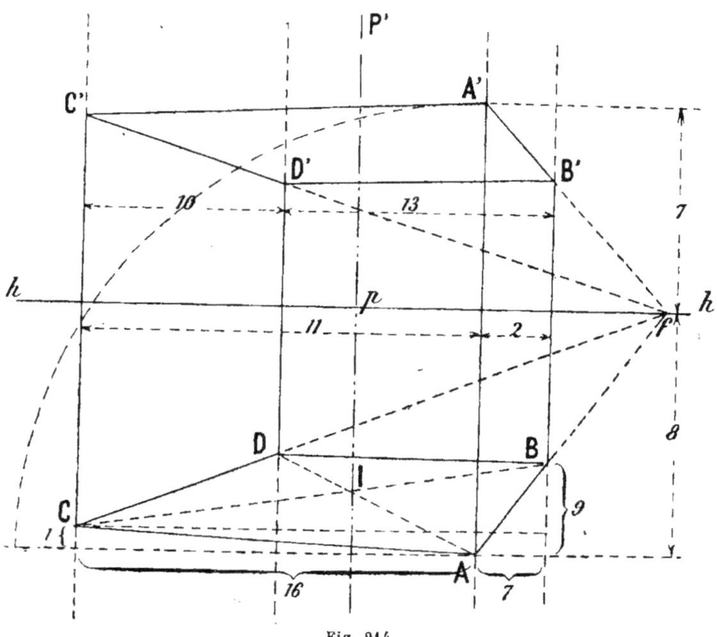

Fig. 214.

rapport de 11 à 2, et que la verticale DD' divise cette même distance dans le rapport de 10 à 13.

On détermine la hauteur de l'arête AA', la plus grande, en remarquant qu'elle est plus grande que la distance comprise entre AA' et CC'; on précisera cette différence en voyant qu'elle est d'environ le septième de la distance entre AA' et CC'. On fera donc l'arête AA' égale à cette distance, augmentée de son septième. A ce moment, on place la ligne d'horizon *hh'* (156), et l'on remarque qu'elle coupe AA' dans le rapport de 8 à 7. On se rappellera plus loin que les trois autres arêtes sont coupées dans le même rapport par l'horizon ; ce qui fait qu'il suffit de limiter une des arêtes soit par le haut, soit par le bas, pour en conclure, par suite de ce rapport de 7 à 8, l'autre extrémité de l'arête.

On évalue ensuite la pente, AB, la plus prononcée ; on observe qu'elle donne le rapport de 7 à 9, et on trace AB, ce qui détermine le point de fuite *f*. Nous pourrions, à partir de ce moment, achever le cube sans regarder le modèle, car nous pouvons, en nous servant du point de distance, rechercher le point de fuite accessible ou non des droites perpendiculaires à la direction A*f*, telles que AC, mais nous préférons continuer au moyen de l'observation.

Évaluons la pente de AC, elle est de 1 pour 16. Joignant C à *f*, nous obtenons le point D, et A'*f* donne B'. La longueur comprise entre C et l'horizon est les 8/7 de la longueur entre l'horizon et C'; il en est de même pour l'arête DD'; on obtiendrait aussi D' en tirant C'*f*. Le tracé du cube est ainsi achevé.

Dans le cas que nous venons de voir, l'horizon est contenu dans la feuille de

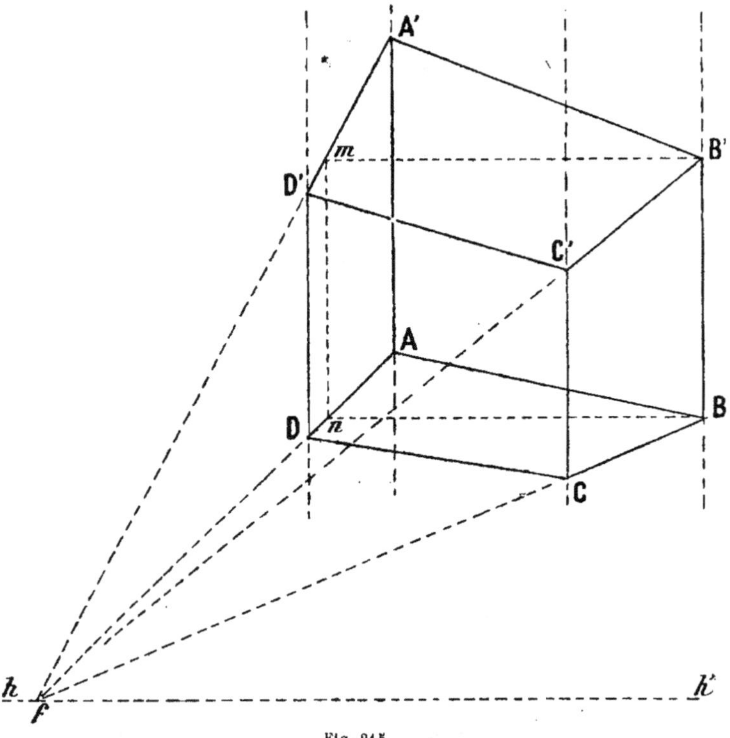


Fig. 215.

dessin, il peut se faire qu'il n'y soit pas contenu ; voici comment on devrait opérer (*fig.* 215).

On place d'abord les quatre verticales par l'observation comme ci-dessus; on limite la plus grande AA', on évalue les plus fortes pentes A'D' et AD ainsi que la pente A'B'. On trouvera BB' en reportant horizontalement B' sur AD' : on a le point *m*. On mène par ce point une verticale qui coupe AD en *n*, on reporte ce point en B, ce qui donne une troisième arête du cube, on achève en menant par les points obtenus des parallèles perspectives aux directions connues.

## Des fuyantes.

**158.** Lorsqu'on dessine ou qu'on regarde un objet isolé, cube, vase, maison, on a une tendance à fixer plus particulièrement l'axe de l'objet de façon à équilibrer les masses du dessin dans la feuille de papier ; ce qui revient à dire qu'on cherche naturellement à faire coïncider la verticale principale, celle qui passe par le point P, avec l'axe de l'objet et celui de la feuille de papier.

Dans la figure 214, cette verticale passe par le point de croisement I des diagonales CB, AD de la base du cube.

Aussi, dans le dessin d'un objet isolé, il faut toujours, lorsque l'arête d'un cube fuit quelque peu que ce soit dans un sens, que l'autre côté fuie aussi. Ainsi, dans la figure 216, l'arête A'B' fuit vers la droite,

cylindre P', ce qui arrive forcément quand le prisme circonscrit se présente avec

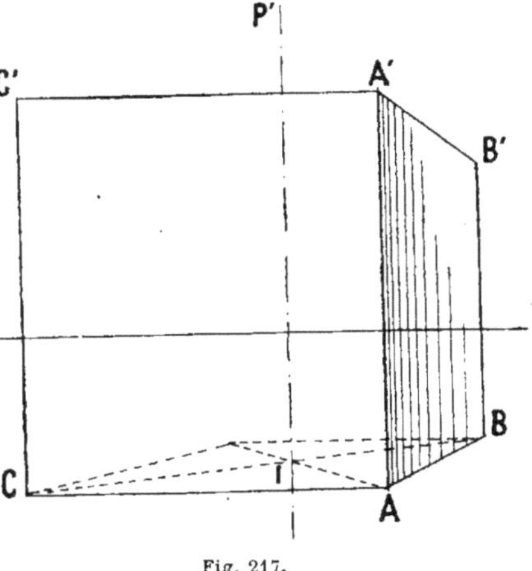

Fig. 217.

une face de front $aba'b'$ et une autre face

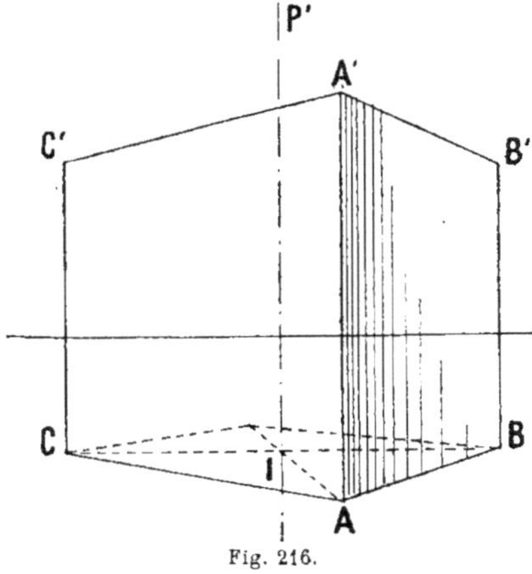

Fig. 216.

il faut que A'C' fuie vers la gauche ; et plus l'inclinaison d'une de ces arêtes est forte, moins l'autre doit l'être, et *vice versa*.

Un cube isolé ne devra par conséquent jamais se représenter comme dans la figures 217, avec une face AA'C'C de front, et l'autre A'B'BA fuyante, car la verticale P'I passant par l'axe du cube ne peut coïncider ou même s'approcher du point de vue qui est à droite hors de la figure.

Pour une même raison, un cylindre isolé ne peut se figurer comme on le voit dans la figure 218. Les ellipses des bases ne doivent pas présenter de parties non symétriques par rapport à l'axe du

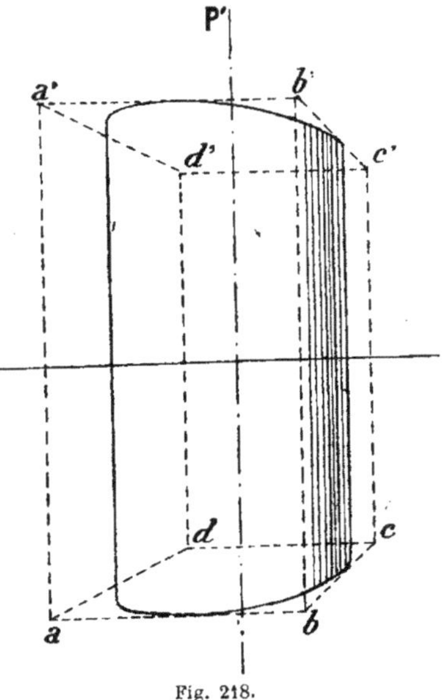

Fig. 218.

fuyante $bcc'b'$, ce qui implique un point de vue à droite de l'objet.

Cependant, si l'on a à représenter deux ou plusieurs objets A et B (*fig.* 219), on peut les figurer ainsi parce qu'alors l'axe qui vient coïncider avec le point *p* ou s'en approcher beaucoup est l'axe de l'ensemble des objets et non leur axe particulier. Nous avons vu (135) que, dans le cas d'une colonnade par exemple, on dessinera chacune des colonnes avec des bases légèrement modifiées par rapport à ce qu'elles devraient être exactement.

## Des cercles.

**159.** Soit à dessiner le cylindre de la figure 220. On place les verticales, on détermine leur hauteur AB ou CD, et on place l'horizon. Par l'observation on évalue le demi-axe *m*P' de l'ellipse AP'C qu'on trace par ces trois points. On choisit toujours en premier lieu ce qui est le plus accentué, on prendra donc d'abord l'ellipse dont le demi-axe est le plus grand.

Supposons qu'il s'agisse d'une tour où l'on ait des bandeaux, des assises de pierre nécessitant le tracé de nombreux cercles. Pour que ces cercles subissent la déformation nécessaire suivant leur position, on emploiera le moyen suivant : soit, ayant trouvé la demi-ellipse AP'C, à tracer

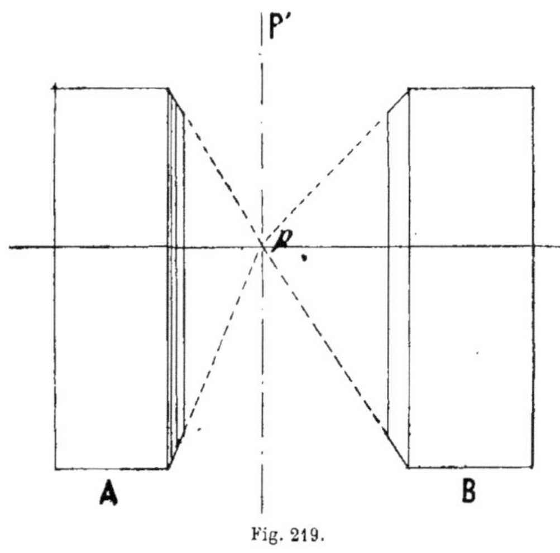


Fig. 219.

celle de la base du cylindre. On partage A*m* en trois par exemple, au point *n*, et on mène P' qui coupe l'horizon en *f*. C'est une droite qui fuit au point du tiers de résection. Il est évident que, si nous marquons *n″* sur le demi-grand axe passant par B, et qu'on joigne *fn″*, on aura en *m″* l'extrémité du demi-petit axe cherché. Il en serait de même pour tout autre cercle cherché tel que celui qu'on se proposerait de tracer au point E.

Ce procédé peut être appliqué avantageusement lorsque le corps considéré contient plusieurs cercles de diamètres différents.

Soit à dessiner un vase (*fig.* 221). On commence par en dessiner le contour extérieur tel que *abcdeg...* ainsi que l'axe, et on trace par l'observation l'ellipse la plus prononcée ; ici, c'est celle de la base. On mène l'horizontale *a*, on divise le demi-grand axe en deux par exemple, et en A*m* qui rencontre l'horizon en un point inaccessible. Coupons la direction A*m* prolongée aussi loin que le permet le cadre de l'épure, et la ligne d'horizon, par une verticale NM. Divisons la hauteur du point A à l'horizon en un certain nombre de parties égales, sept par exemple, et faisons-en autant sur NM entre le point où A$m$ prolongé rencontre cette droite et l'horizon. Sur NM et sur l'axe du vase, on continue la division au-dessus de l'horizon. Il est clair que, si l'on joint deux points de même chiffre de chacune de ces droites, la ligne qui les réunira fuira au point $f$ inaccessible.

Qu'il s'agisse maintenant de tracer l'ellipse passant en $c$, on mène le demi-axe horizontal, on le divise en deux en $n$ ; on remarque que ce point $n$ est situé au quart environ de la verticale passant par ce point qui coupe les fuyantes 3,3 et 2,2. On mènera donc par $n$ une fuyante qui passera sur MN en un point au quart de la hauteur 2,3 ; cette fuyante coupe l'axe du

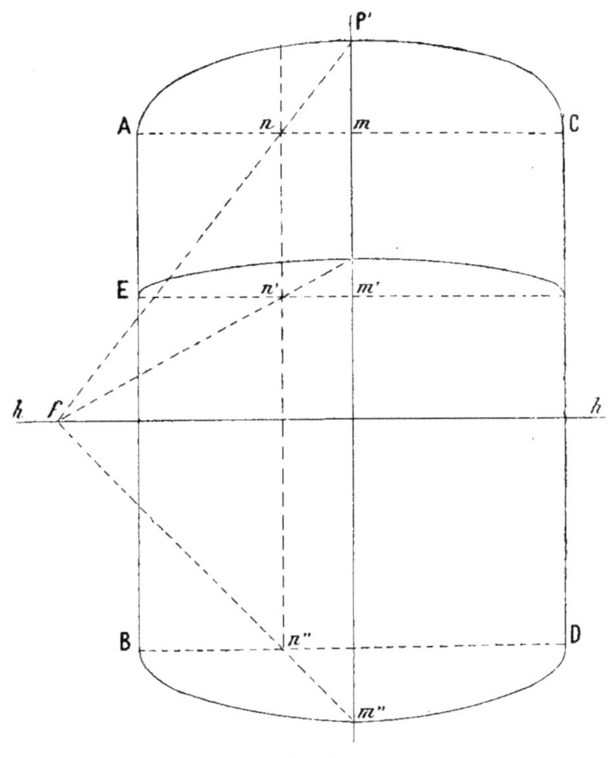

Fig. 220.

vase en un point qui donne le demi-petit axe cherché.

Il en sera de même pour les cercles passant par $g$ et par $j$, au moyen des points $o$ et $p$.

Cette construction est exacte pour tous les points tels que $b$, $c$, $d$, $e$, où les tangentes au contour apparent sont verticales ; pour d'autres points tels que $s$, il n'est qu'approximatif, mais il l'est suffisamment pour un dessin à vue.

Certains corps, vases, fûts de colonnes, etc... circulaires en plan peuvent être divisés en parties égales sur leur pourtour, et l'on peut avoir à résoudre le cas suivant :

On a tracé un cercle perspectif (*fig.* 222) par l'observation seule ; ce cercle doit

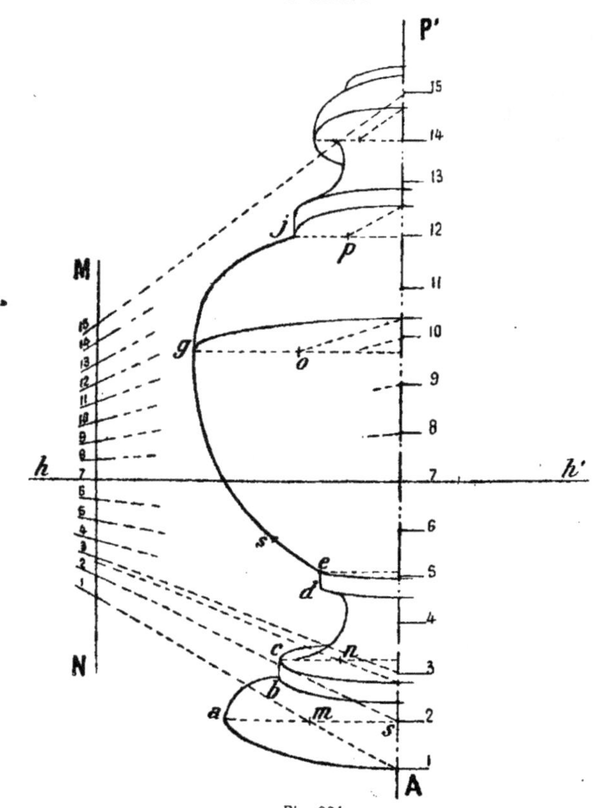

Fig. 221.

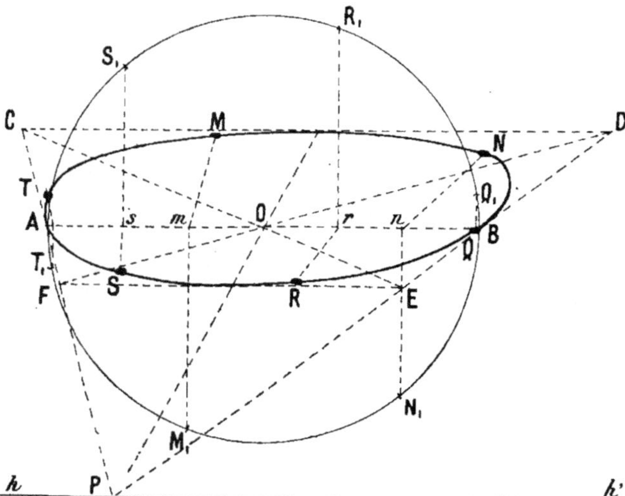

Fig. 222.

être divisé en six parties égales par des points parmi lesquels se trouve M placé par l'observation seule.

On cherche, si on ne l'a pas encore, la ligne d'horizon et le point principal P (ici, il est bien trop à gauche, dans le dessin d'un objet isolé ; nous savons qu'il devrait se trouver sur la verticale passant par le centre O).

Par le point P on mène les tangentes au cercle PC et PD ; on trace les deux tangentes de front CD et FE, on mène les diagonales qui se coupent en O, et on obtient ainsi le diamètre de front AB.

On fait un relèvement du géométral : après avoir tracé une circonférence sur AB comme diamètre, le point M vient en $M_1$. On fait la division en six parties sur le cercle rabattu, à partir de $M_1$, et on ramène, par une opération inverse, ces points sur le cercle perspectif, ils viennent au NQRST. Avec un peu d'habitude, ce tracé peut se faire à la main.

## § IX. — APPAREILS DÉLINÉATEURS

### Té brisé.

**160.** Dans la solution de bien des épures que nous avons été conduits à faire jusqu'ici, nous avons souvent été fort gênés par le tracé des fuyantes aux points

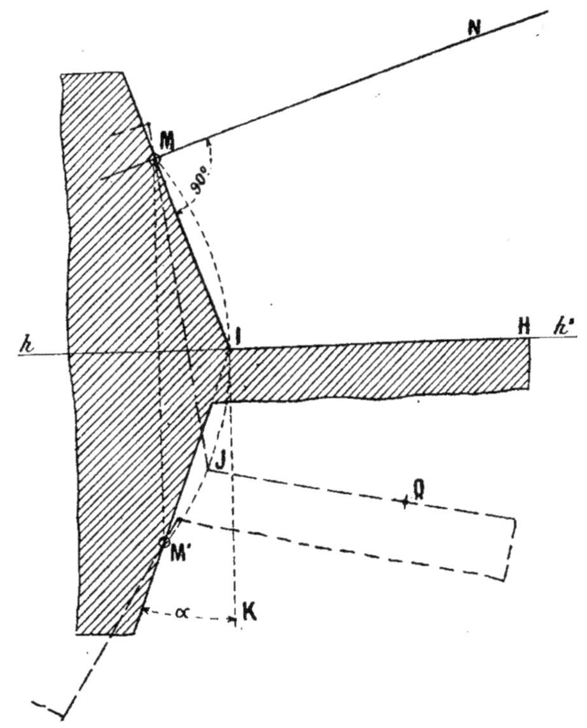


Fig. 223.

inaccessibles ; c'est toujours un tracé long et fastidieux qui embarrasse. Bien souvent les dessinateurs sont engagés, malgré eux, à donner à leur perspective une position qui ne leur donnera pas le résultat qu'ils obtiendraient d'une autre, parce qu'ils cherchent à avoir les points de fuite dans la limite de leur dessin ou tout au moins de la planche sur laquelle ils travaillent ; quelquefois même ils placeront

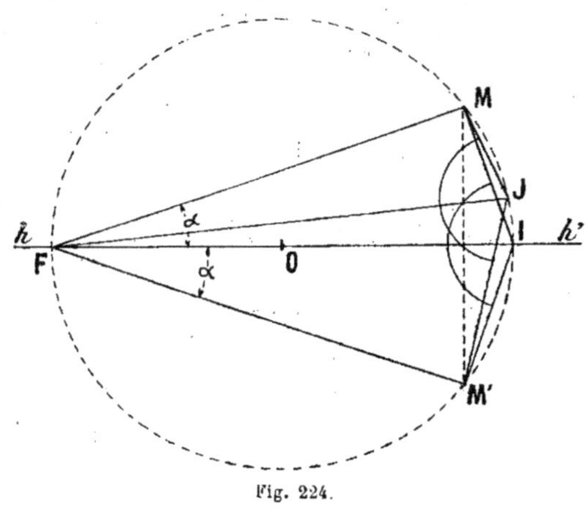

Fig. 224.

ces points non sur le dessin ni sur la planche, mais sur leur table même ; cela nécessite l'emploi de longues règles fort gênantes à manœuvrer. Enfin, il est des cas où le point de fuite ne peut être obtenu même de cette façon : c'est alors qu'on est obligé d'employer les constructions connues permettant de tracer par un point, une parallèle perspective à une direction donnée.

C'est pour éviter ces constructions toujours si longues que M. J. Pillet, inspecteur de l'Enseignement du dessin, a imaginé un appareil dont la disposition a été plusieurs fois modifiée et qui repose sur le principe suivant :

Une droite MN (*fig.* 223) fuyant en un point inaccessible est donnée ainsi que l'horizon ; par le point Q mener une droite parallèle perspectivement à MN, c'est-à-dire fuyant au point inaccessible.

Je prends un point M quelconque sur la droite donnée, j'en cherche le symétrique M' par rapport à l'horizon ; par le point M je mène une perpendiculaire à MN qui coupe l'horizon en I.

Prenons maintenant un morceau de carton ou de papier fort auquel nous donnerons la forme indiquée par des hachures dans la figure 223.

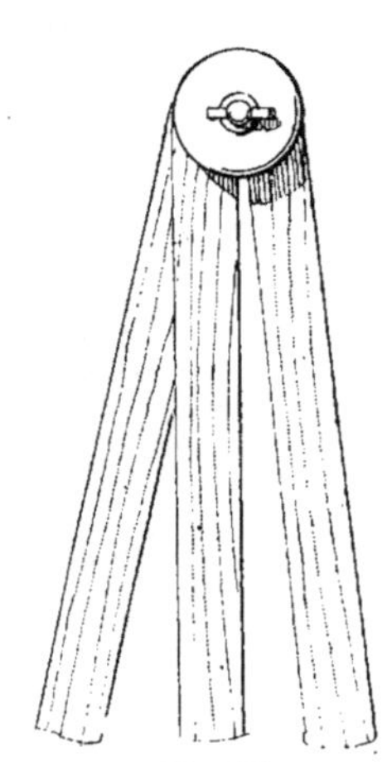

Fig. 225.

C'est une sorte de té dont la tête a la forme MIM', la tige suivant IH. Plaçons

deux épingles bien verticales en M et M',
et donnons à ce té brisé une position telle
qu'il passe par le point Q, et que les deux

branches de la tête s'appuient toujours
sur les épingles.

Je dis que la direction QJ est la direction

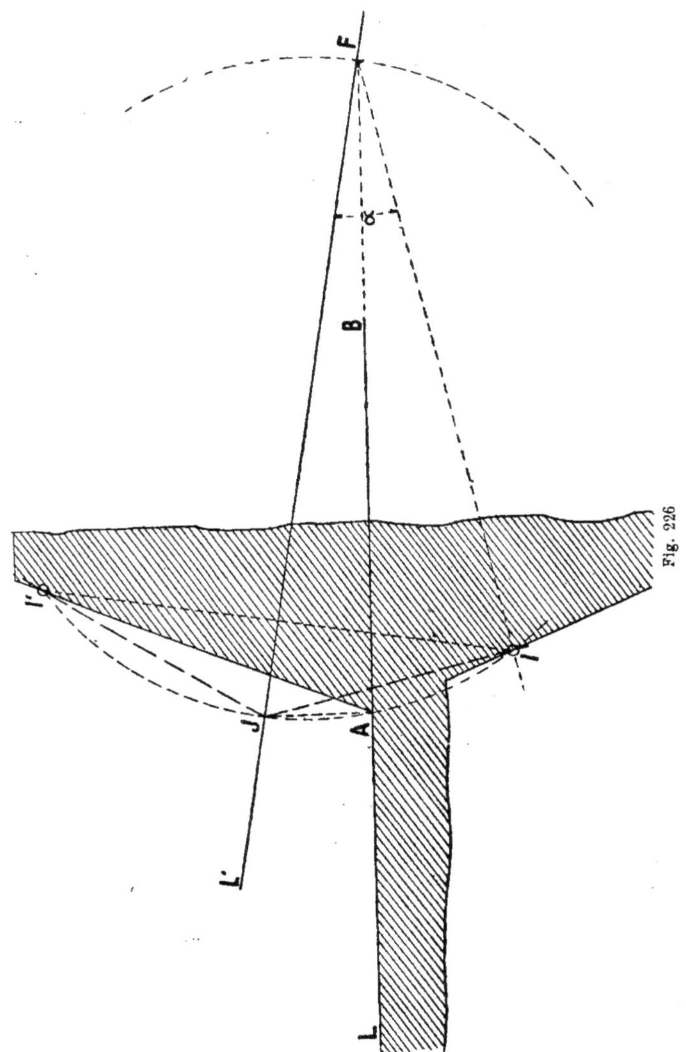

Fig. 226

cherchée, fuyant au point inaccessible
où tend la direction MN.

En effet (*fig.* 224), l'angle MIM' est cons-

tant par construction, de telle sorte que,
lorsqu'il sera porté dans une autre position MJM', son sommet J sera toujours

sur un segment capable de l'angle MIM', c'est-à-dire sur l'arc de cercle MIM' ; mais les deux angles FMI et FM'I étant droits, ce cercle doit aussi passer par le point F, rencontre de MF et de M'F avec l'horizon.

A cause de la symétrie de M et de M' par rapport à l'horizon, IF est la bissectrice de MIM', donc la bissectrice de MJM' inscrit dans la circonférence MFM' devra toujours passer par le milieu de l'arc

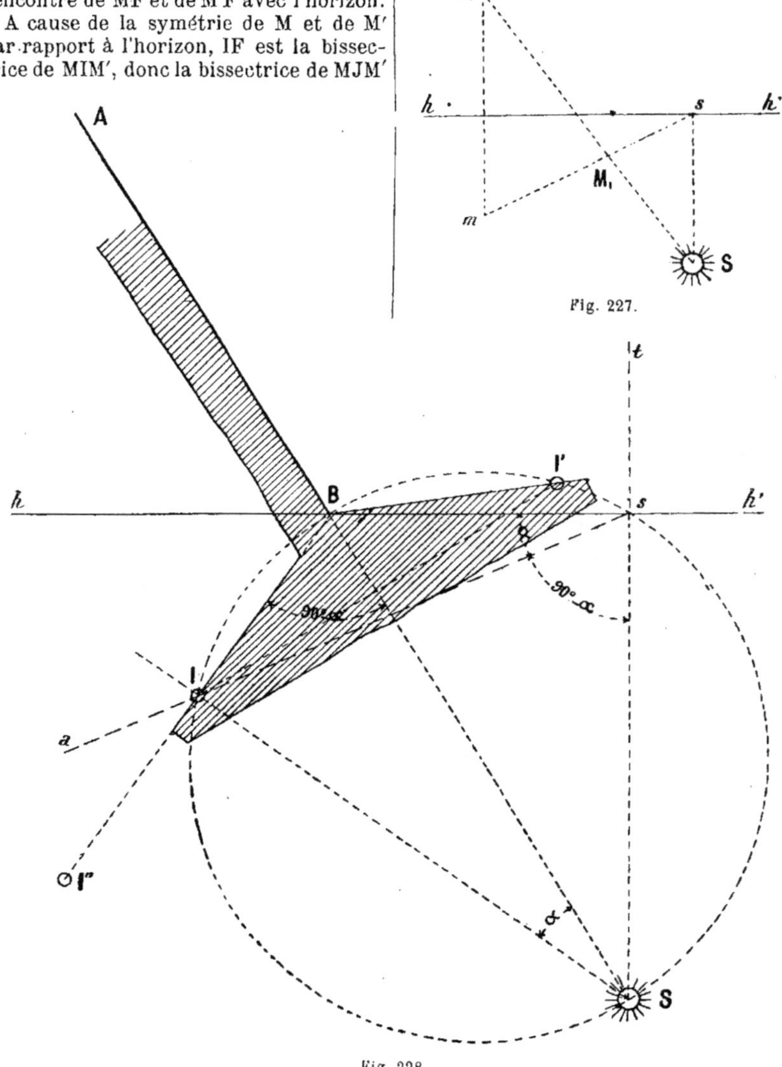

Fig. 227.

Fig. 228.

opposé, c'est-à-dire par F, ce qui était à démontrer.

On appelle *angle du té brisé* l'angle α que fait la tête IM' (*fig.* 223) lorsque la règle coïncide avec l'horizon, et la normale IK avec cet horizon. Il est facile de voir que c'est justement l'angle $\alpha$ de la figure 224.

On peut donc se servir de ce té chaque fois qu'il faut mener des droites à un point inaccessible.

Afin de généraliser l'emploi de cet instrument, on a confectionné une règle à trois branches avec vis de pression (*fig.* 225). Deux des branches prennent la position de la tête, la troisième celle de l'horizon. Mais ces trois branches for-

maient épaisseur, l'ensemble de l'instrument ne pouvait s'appliquer exactement sur l'épure, ce qui est très incommode. On a dû renoncer à cette forme d'appareils ; nous verrons comment il a été remplacé.

On a reconnu d'abord qu'il n'était pas nécessaire de changer l'angle du té pour chaque cas particulier. Un seul instrument peut servir dans tous les cas, la position seule des épingles doit être modifiée.

Soit une droite donnée AB (*fig.* 226), qui fuit en F et un té d'angle quelconque : comment doit-on placer les épingles afin

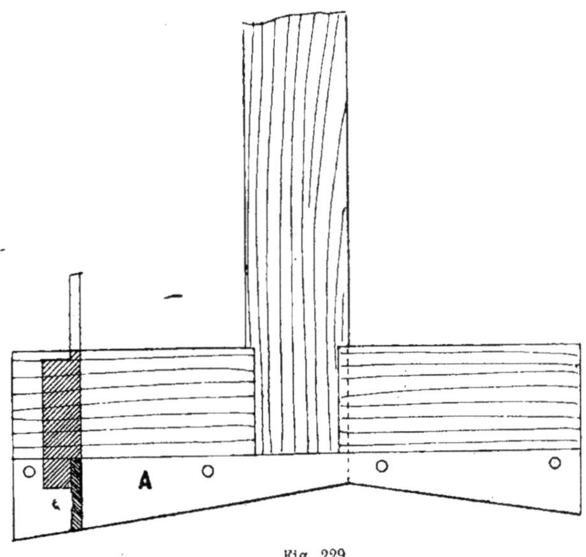

Fig. 229

qu'on puisse se servir du té brisé pour les droites fuyant en F ?

D'après la démonstration précédente, il est clair que, si on pouvait connaître une droite telle que IF fuyant en F, et faisant avec l'horizon l'angle $\alpha$ du té brisé, ce point I et son symétrique I' pourraient être pris comme positions des épingles.

D'un point A de la droite donnée on élève une perpendiculaire sur cette droite qui coupe l'horizon en J. On place le té brisé en ce point, dans la position IJL', de façon que la règle soit sur l'horizon : la

tête prend la direction JI qu'on trace. On pose ensuite le té brisé en A sur la direction prolongée, s'il le faut, de la droite donnée AB. La tête prend une direction qui recoupe la direction JI en I. Ce point et son symétrique I' par rapport à l'horizon sont la position des deux épingles,

*Application au tracé des ombres.* — On sait que, dans le tracé des ombres, la position du soleil Ss (*fig.* 227) est souvent très éloignée. Jusqu'ici, dans nos exemples, nous avons dû la renfermer dans nos cadres d'épures ; il n'en est pas toujours ainsi, bien au contraire. On sait que l'ombre d'un point M s'obtient en menant MS qui est recoupée par *ms* au point $M_1$, ombre cherchée. Pour tout ce qui concerne les directions fuyant en *s*, c'est-à-dire les projections horizontales des rayons lumineux, nous savons comment opérer avec le té brisé ; il reste à savoir s'en servir pour les directions qui tendent vers S, c'est-à-dire pour les rayons lumineux de l'espace. Soit AB la direction d'un de ces rayons (*fig.* 228). Menons par *s* la projection horizontale d'un rayon faisant avec l'horizon l'angle *α* ; pour cela on place le té brisé, la règle verticale suivant *st* ; une branche du té prendra la position *sa*.

Plaçons ensuite le té sur AB au point B rencontre de AB avec l'horizon ; la tête prendra une direction qui coupera *sa* en I. Ce point I et son symétrique I' par rapport à ABS sont les positions des

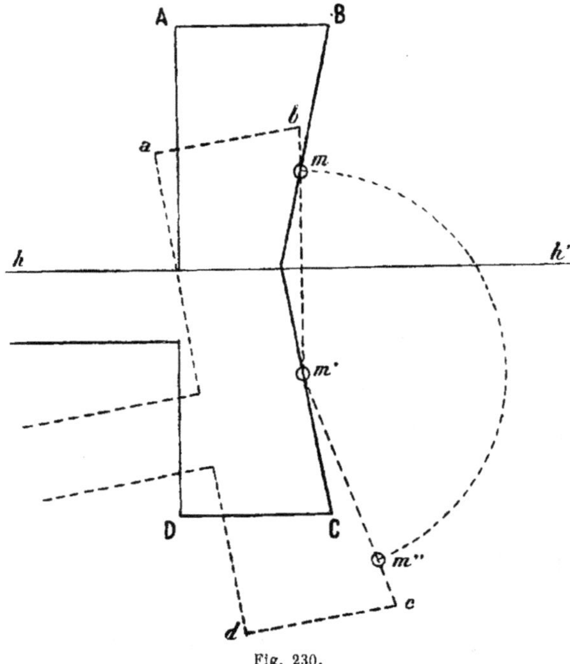

Fig. 230.

épingles. Car l'angle IBS est complémentaire de l'angle *α* du té ; il en est de même de l'angle I*s*S. Les points IB*s*S sont donc sur une même circonférence, l'angle *hs*I construit égal à *α* *a* pour mesure sur la circonférence la moitié de l'arc IB, l'angle BSI a la même mesure, donc ISI est bien l'angle *α*.

Le té brisé a reçu une forme très commode dans la pratique, la figure 229 en montre la disposition. Cet instrument est construit par MM. Sénée frères, constructeurs de ce genre d'appareils, à Paris. Il se compose d'un té ordinaire qui peut servir couramment et d'un appendice fixé sur la tête et qui en fait un té brisé. La forme de cet appendice peut quelquefois un peu gêner lorsqu'on se sert de l'instrument dans les conditions ordinaires. Il nous semble qu'on pourrait peut-être le rendre mobile de telle sorte qu'on puisse l'adapter facilement dans les cas seuls où on fait de la perspective.

On pourrait construire de petits appareils de ce genre découpés dans du bois mince comme les équerres, ou mieux en gutta-percha, d'une longueur de 0ᵐ,35 à 0ᵐ,40 ; ils seraient d'une grande utilité pour les dessinateurs qui n'ont pas toujours à exécuter de grandes perspectives et qui sont alors gênés par l'emploi d'un instrument trop grand pour leurs besoins.

Lorsqu'on se sert du té brisé, on s'aperçoit que le champ limité par les épingles est assez limité. Soit (*fig.* 230) un té brisé dans la position ABCD, les épingles sont en *m* et *m'* ; lorsque cet instrument est arrivé dans la position *abcd*, c'est-à-dire lorsque le sommet de son angle est placé sur une épingle *m'*, il ne

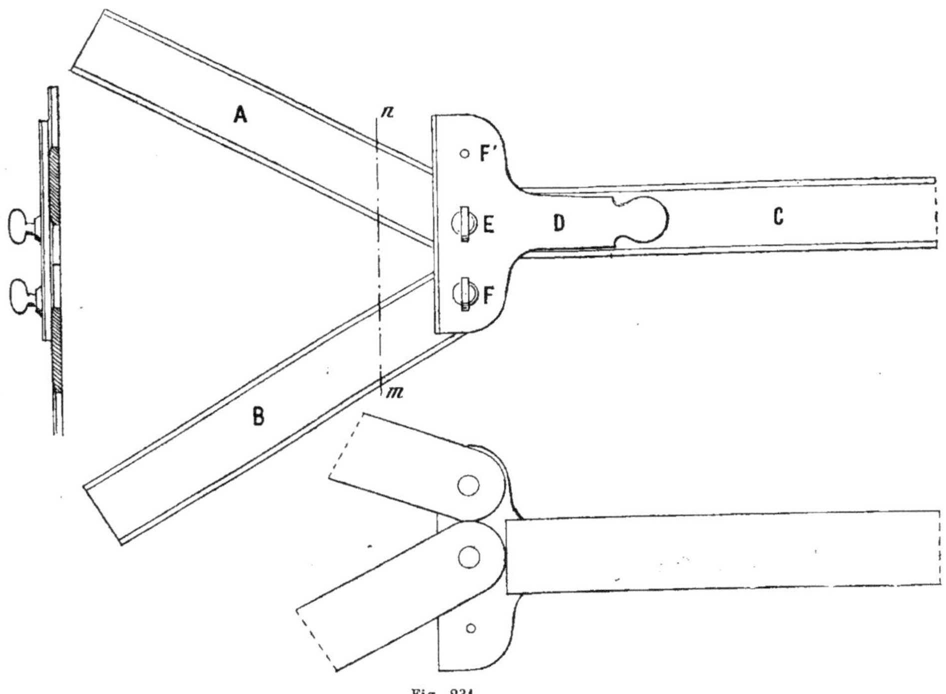


Fig. 231.

peut plus fonctionner au delà. On change alors la position des épingles ; pour cela, au compas, on porte sur la direction *m'c* une longueur *m'm''* égale à la distance des deux premières épingles ; *m'* et *m''* seront la position des épingles supplémentaires. En somme, il s'agit de trouver des points tels que *m*, *m'*, *m''* qui soient tous sur une même circonférence passant par le point de fuite inaccessible qui luimême est placé sur l'horizon ; sauf dans le cas des ombres, où ce point est la perspective virtuelle du soleil ou la perspective du flambeau.

Il existe deux autres formes de cet appareil, toutes deux construites par MM. Sénée ; l'une est représentée dans la figure 231. Il se compose de trois branches ABC, toutes trois dans un même plan ; les deux branches AB sont articulées sur la pièce D, C restant fixe.

Deux vis de pression EF maintiennent

à l'angle voulu les lames mobiles AB. Suivant le sens dans lequel on s'en sert, la branche B, en enlevant la vis, peut se transporter en F'. Cet instrument est très commode pour les personnes qui ne veulent pas faire la construction indiquée dans la figure 226. Autrement, nous lui préférons la disposition de la figure 232 qui montre une seconde façon de construire l'appareil, dû encore aux mêmes fabricants. Elle a l'avantage de permettre l'emploi de l'instrument dans l'un ou l'autre sens, puisque sa forme absolument plane sur les deux faces fait qu'on peut le retourner à volonté.

De plus, suivant le cas, on peut placer

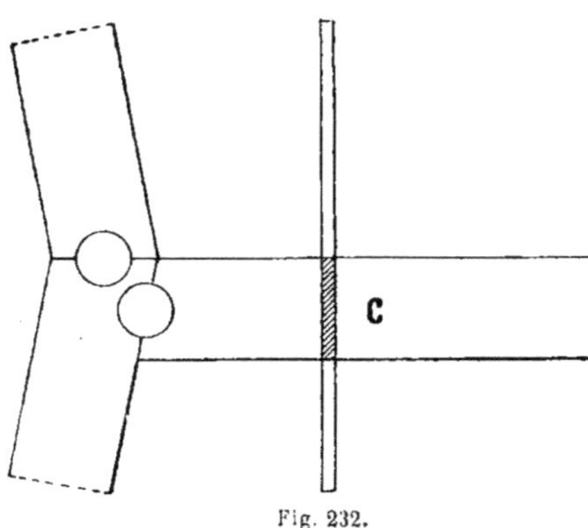

Fig. 232.

les épingles à l'intérieur ou à l'extérieur de la tête, ce qui quelquefois est plus commode.

### Applications du T brisé.

**161.** *Perspective.* — Soit un profil de retournement obtenu par un des procédés connus, par les points $a$, $b$, $c$, $d$, $e$, $f$.... (*fig.* 233), duquel il s'agit de faire fuir dans deux directions des droites fuyantes en des points de fuite inaccessibles.

Il s'agit d'horizontales dont les points de fuite sont situés sur l'horizon $hh'$. On connaît seulement la direction d'une fuyante passant par $j$ pour le côté gauche, et d'une autre issue du même point pour le côté droit.

Traçons d'abord les fuyantes du côté gauche.

Nous prendrons un point A quelconque, mais le plus près possible du cadre sur la fuyante $j$. Du point A, on mène une perpendiculaire à A$j$ qui coupe l'horizon en B; appliquons la tête du T brisé en B, la règle tournée à droite puisque le point de fuite inaccessible est à gauche; cette règle doit coïncider avec l'horizon. Traçons BC, direction de la tête du T dans cette position.

Nous plaçons ensuite le T sur la fuyante connue, la tête en A, la règle suivant A$j$; et nous traçons AD, direction de la tête. Cette direction prolongée rencontre BC au point C' qui est la place d'une première épingle; la seconde épingle C' est le point symétrique de C par rapport à l'horizon.

On peut se dispenser de chercher ce point symétrique si on a le soin, dans la première situation du té sur l'horizon de tracer la direction des deux branches de la tête du té; en opérant de même pour la seconde position du té sur la fuyante donnée A$j$ on aura, par recoupement, les deux points C et C'.

En cherchant à nous servir de l'instrument, nous constatons que la position des deux épingles C et C' ne nous permet pas de tracer la fuyante en $k$.

Nous plaçons l'angle de la tête en C, une branche s'appuyant sur C' et sur la direction que prend l'autre branche, nous portons CG = CC'. C'est une nouvelle épingle qui avec C nous permet de tracer la fuyante en $k$. Il en est de même au-dessus de l'horizon; les épingles C et C' ne nous permettent de tracer aucune fuyante à partir de $i$. Plaçant l'angle de la tête en C', une branche s'appuyant sur C, nous porterons sur la direction de l'autre branche C'E = CC'.

Nous verrons ensuite qu'arrivés à la fuyante $e$ on ne peut continuer; nous placerons l'angle de la tête en E, et nous marquerons F tel que EF = EC'.

Il en est de même du côté droit. Du point M quelconque sur la fuyante connue, une perpendiculaire sur $j$M qui coupe l'horizon en N. Le T brisé est placé sur l'horizon la tête en N, la règle vers la gauche puisque le point de fuite inaccessible est à droite. On trace les directions des deux branches de la tête; puis on porte l'instrument en M, et on fait de même; on a ainsi les deux points O et O'.

Le point O ne suffit pas pour tracer la fuyante en $h$, on cherche une autre position d'épingle en S qui ne suffit pas encore; on cherche alors un autre point T

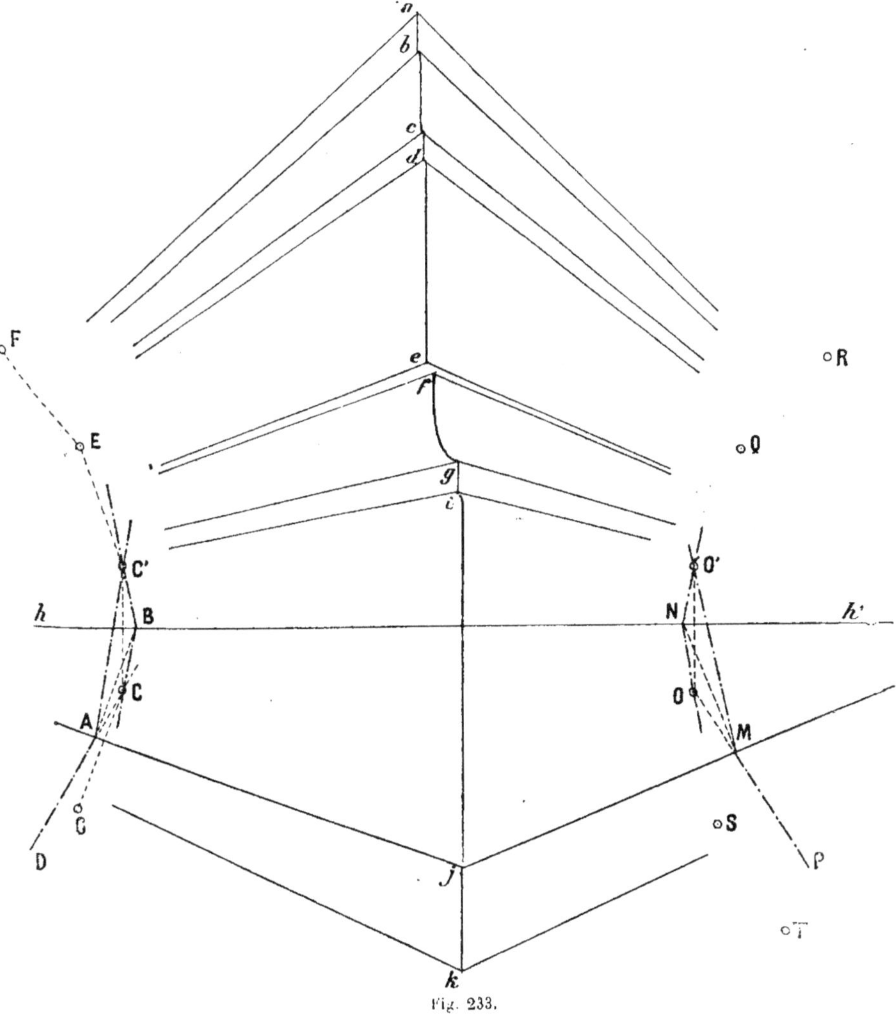

Fig. 233.

qui avec S permet de tracer la fuyante en $h$. Dans la partie au-dessus de l'horizon, on sera conduit à chercher les points Q et R.

*Ombres au soleil.* — La figure 234 nous montre un prisme vertical supportant un parallélipipède rectangle.

Ces deux corps ont été mis en perspective par les moyens connus; nous n'y reviendrons pas.

On donne seulement la direction d'un rayon lumineux ; en R′ c'est sa perspective dans l'espace, R est sa projection géométrale. On demande de tracer les ombres propres et portées des deux corps.

Remarquons d'abord que la projection horizontale du rayon lumineux R fuit en

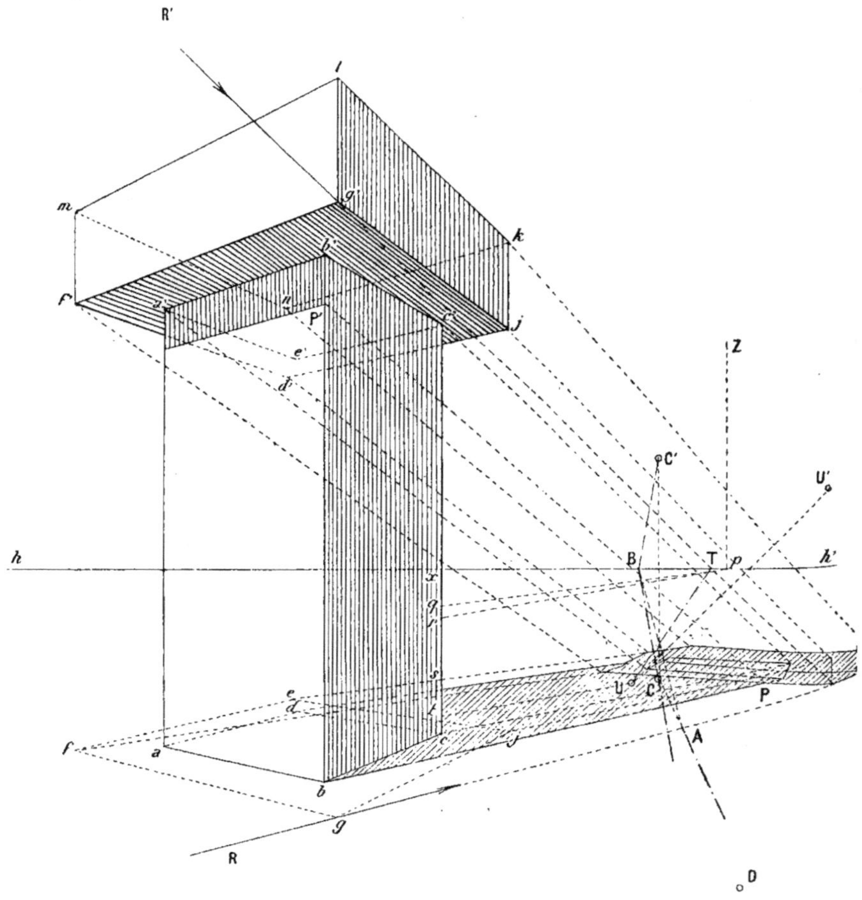

Fig. 234.

un point situé à droite quelque part sur $hh'$. Nous remarquerons, en outre, que le rayon R′ de l'espace fuit en un point vers la droite, placé sur une perpendiculaire à l'horizon passant par le point de fuite de R.

Pour le tracé des projections géométrales parallèles perspectivement à R, il n'y a aucune difficulté.

Un point A choisi sur R par lequel on mène une perpendiculaire AB à RA donne le point B sur l'horizon. Le T brisé placé successivement en A et en B permet de trouver la position des épingles en C et C'. Pour tracer les projections géométrales passant par $a, b, c, d, e$..... ces points ne suffisent pas; on est obligé de recourir à un autre point D. On tracera donc d'abord toutes les projections géométrales des rayons lumineux passant par les différents points des corps proposés.

Passons, maintenant, au tracé des rayons lumineux de l'espace.

Pour trouver la position des deux épingles relatives aux rayons lumineux

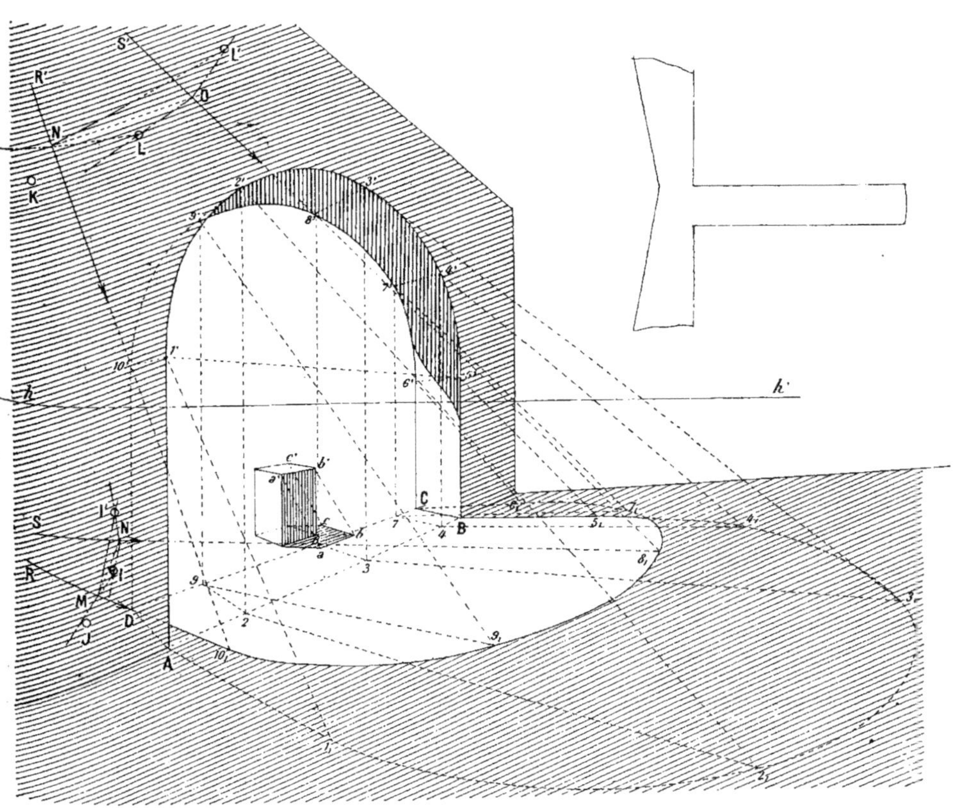

Fig. 235.

de l'espace, nous savons qu'il faut opérer sur le rayon R' à sa rencontre avec l'horizon et sur une projection géométrale de rayon fuyant au point de fuite de R et faisant avec l'horizon l'angle $a$ du té brisé (*fig.* 228).

Ici se place une petite difficulté: il faut mener par ce point inaccessible (fuite de R) une droite faisant avec $hh'$ l'angle du té brisé.

Pour obtenir ce résultat, on se servira d'une des fuyantes à ce point qu'on a déjà tracées, *es* par exemple, qui coupe une verticale aussi quelconque $cc'$ au point $s$. Divisons la partie $sx$ de cette verticale comprise entre le point $s$ et l'horizon en trois parties (le nombre des parties est arbitraire, il s'agit d'une réduction au tiers qu'on pourrait faire, suivant les convenances, au quart ou à moitié), on obtient le point $q$ tel que $xq = 1/3\ xs$ ; par ce point on mène une vraie parallèle à $es$ qui vient couper l'horizon en $p$ et on élève la verticale $pZ$. Plaçant le té au point $p$, la règle sur $pZ$, on tracera la direction de la tête $pr$ de sorte que $hpr =$ l'angle $\alpha$ du té brisé. Cette direction coupe la verticale $xs$ en $r$ ; on prendra $xr$, et on la portera trois fois sur la verticale $xr$ à partir de $x$, ce qui donnera le point $t$ (puisqu'il s'agit d'une réduction au tiers). De $t$ menons une parallèle à $rp$ : nous aurons une droite $tU$ qui concourt au point de fuite inaccessible de $R$ et qui fait avec l'horizon l'angle du té brisé, ce qu'il fallait trouver.

Pour placer les épingles, nous prolongeons $R'$ jusqu'à sa rencontre en $T$ sur l'horizon ; c'est en ce point qu'on place la tête du té la règle tournée vers $R'$ ; une des branches de la tête de l'appareil rencontre $tU$ en $U$, c'est la position d'une épingle ; l'autre s'obtient en prenant $U'$ symétrique de $U$ par rapport à $R'T$.

Nous n'insisterons pas sur le surplus de l'épure que le lecteur comprendra aisément :

L'ombre portée par le prisme se perd dans l'ombre portée du parallélipipède au point P ; remontant par un rayon inverse jusqu'à l'arête $bb'$, on a le point P' par lequel on mène une parallèle perspective à $a'b'$, ce qui donnera l'ombre portée par le corps supérieur sur le prisme.

*Ombres au flambeau.* — La figure 235 nous montre une arcade percée dans un mur ainsi qu'un socle posé sur le sol. Trouver les ombres de ces corps. Pour ce faire, on donne *deux* directions de rayons lumineux dans l'espace, et *deux* directions de projections géométrales.

Une seule direction ne suffirait plus, car le point de fuite pourrait être placé arbitrairement sur cette direction, tandis qu'avec deux directions, le point, quoiqu'inaccessible, est nettement déterminé.

Les deux rayons lumineux de l'espace sont $R'S'$, et les deux projections géométrales sont R et S.

On procédera comme plus haut en prenant un point quelconque M sur la direction R ; la perpendiculaire à cette droite menée en M donne N sur la direction S. Plaçant le té successivement en M et en N, on en déduit la position I et I' des épingles ; on est conduit à chercher la position d'une épingle supplémentaire en J.

Même construction pour les rayons lumineux de l'espace. En commençant par un point N sur le rayon R', on trouvera L et L' comme position d'épingles, ce qui ne sera pas suffisant, il en faudra une troisième K.

Dans un angle de la figure se trouve indiquée une partie de té brisé ; c'est avec un instrument ayant le même angle que nous avons tracé les trois figures précédentes. Nous engageons le lecteur à découper dans une feuille de papier épais un té semblable, en donnant plus de longueur évidemment aux branches de la tête et à la règle, afin d'en vérifier le maniement sur les figures précédentes.

### Instruments divers.

**162.** On a inventé un grand nombre de procédés pour dessiner la perspective. Le plus ancien connu paraît avoir été fait par Pietro della Francesca, qui vivait vers 1450. Pour démontrer la théorie de la perspective ; ce savant imagina un tableau transparent placé entre l'objet et le spectateur, et démontra ainsi que le tracé des rayons, étendu de l'œil aux extrémités visibles de l'objet, forme sur le tableau, en le traversant, une image semblable à l'objet. Après lui, Bramante et Léonard de Vinci indiquèrent le moyen de dessiner sur une vitre ou une gaze verticale, avec un pinceau enduit de couleur, tous les contours des objets tels qu'ils apparaissent à l'œil nu. En 1521, Viator publia une manière de mettre les objets en perspective sur le papier à l'aide d'une planchette et d'une équerre à T de son invention.

En 1535, Albert Dürer fit paraître la description et le dessin d'un appareil à vitre verticale pour dessiner d'après les principes posés par Pietro della Francesca. Vers 1575, Jean-Baptiste Porta créa, ou du moins rendit pratique, la chambre obscure, et en 1600 le peintre florentin Cigoli inventa l'instrument appelé *équerre de Cigoli*, qui, perfectionné, en 1808, par Rennenkampf et plus tard par Ronalds, de Groydon et plusieurs autres, doit être considéré comme l'origine du diagraphe de Gavard. En 1628, l'ingénieur de Marolais décrivit un nouvel appareil de son invention pour dessiner les objets en perspective sur un plan horizontal. Il eut successivement pour imitateurs : de Vaulezard (1635), Hérigone (1642), Thompson (1664), Bion (1752), Louvrier (1753), Jamet Peacok (1793), etc. Depuis le commencement de ce siècle, on a encore proposé une multitude d'instruments nouveaux ou donnés pour tels, et parmi lesquels il suffira de citer : la *Règle centrale* de Nicholson (1814), le *Parallèle universel* de Verzy (1819), le *Quarréographe* d'Aueracher (1820), le *Métroscope* de Brunelle de Varenne (1824), le *Perspectographe* d'Alasson (1825), le *Panoragraphe* de Puissant (1824), le *Sécateur perspectif* de Lalanne (1828), le *Stéréographe* de Fevret de Saint-

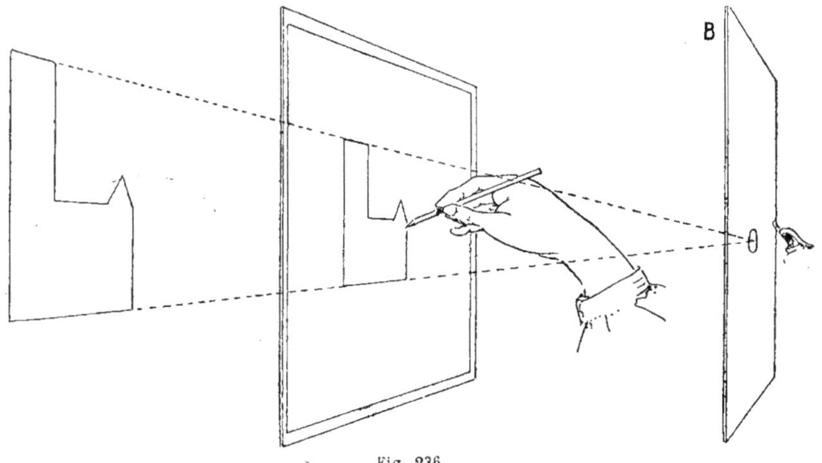


Fig. 236.

Mesmin (1829), l'*Agatographe* de Symiau (1832). Ajoutons que ces instruments sont tous ou presque tous tombés dans l'oubli.

### Vitre, hyalographe.

**163.** C'est un instrument des plus simples et cependant le seul vraiment exact théoriquement. Il se compose (*fig.* 236) d'une glace A légèrement dépolie maintenue fixe dans une position verticale et d'un écran B percé d'un oculaire. En regardant par cette petite ouverture, on peut, en considérant un objet placé au-delà de la glace, tracer sur celle-ci, avec un crayon, l'image de l'objet. La glace fait office de tableau perspectif. L'oculaire dans un écran n'a pour but que de maintenir l'œil dans une position fixe au point de vue adopté et à la même distance du tableau. Les résultats qu'on obtient ainsi peuvent être quelquefois utiles ; on peut les transporter sur un papier au moyen d'un calque. L'oculaire doit être assez grand pour qu'on puisse voir nettement toute l'étendue du dessin à effectuer ; il ne doit cependant pas l'être trop pour que la position de l'œil soit sensiblement toujours la même.

La distance principale correspondant à un dessin ainsi exécuté s'obtient en mesurant la perpendiculaire abaissée de l'oculus sur la glace. Cet instrument fatigue assez vivement la vue. Aussi, pour remédier à cet inconvénient, Wren a introduit dans cet appareil un point de mire qui commande un crayon d'où est venu le *diagraphe* dont nous parlerons ci-après.

### Carreaux perspectifs.

**164.** Certains artistes se servent d'un cadre contenant un treillis de fils équidistants avec lequel ils craticulent la nature (*fig.* 237). La feuille sur laquelle on dessine est divisée en carreaux plus ou moins grands. C'est à Albert Dürer qu'on doit ce mode d'opérer. On pourrait remplacer le treillis par une glace sur laquelle seraient tracés des carreaux.

Un appareil récent de fabrication nommé le perspectographe, qu'il ne faut pas confondre avec le perspectographe d'Alasson, est une application du grillage d'Albert Dürer ; il se fixe sur le bord de la planchette opposée au dessinateur et peut se mettre à la hauteur voulue. Pour obtenir plus de précision, un point de mire peut se fixer à l'autre bord de la planche permettant ainsi à l'artiste de retrouver toujours la position exacte de son point de vue (E. Picart, constructeur à Paris).

### Diagraphe.

**165.** Le diagraphe est véritablement et dans toute l'acception du mot un appareil délinéateur, car c'est l'appareil

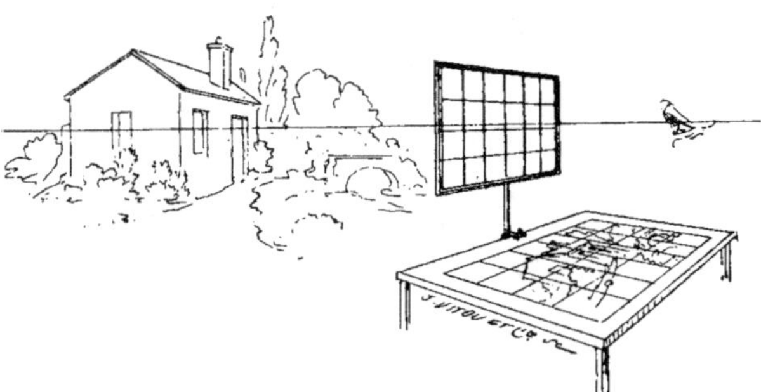

Fig. 237.

lui-même qui trace le dessin. Il fut exécuté, comme nous l'avons vu plus haut, par Gavard.

Il présente un oculaire fixe, un point de mire qu'on fait mouvoir dans un plan vertical suivant les contours perspectifs d'objets à dessiner, et un crayon qui reproduit sur une planchette les mouvements du point de mire.

L'oculaire (*fig.* 238) est porté par une plaque GH saisie dans une boîte KL qui peut glisser le long d'un tube XY. On fixe ce tube à la planchette au moyen d'une machine avec vis de pression, et on l'incline de manière à donner à l'oculaire une position convenable. A l'extrémité de la plaque GH est une rondelle percée de plusieurs trous. On choisit entre eux d'après l'éloignement des objets à dessiner. La boîte Q du porte-crayon se meut le long d'une tige méplate en acier portée à une extrémité par un galet R, et à l'autre par un chariot à deux galets R′ et R″ qui roulent sur une règle en cuivre CD. Les diamètres des galets sont réglés pour que la tige en acier se meuve parallèlement à la planchette.

La cage F du point de mire est fixée à une boîte E qui glisse sur un tube vertical porté par le chariot.

Un bouton placé sous la boîte Q du crayon, et tournant à frottement dur, reçoit un fil qui passe sous une poulie P et remonte le long du tube vertical jusqu'à la boîte E de la cage du point de mire. Un autre fil part de cette boîte, et, après avoir contourné la poulie P′, descend dans le tube où il porte un contrepoids qui appelle constamment la cage F vers le haut du tube. Le point de mire se trouve ainsi, dans tous ses mouvements, commandé par le crayon, et le dessina-

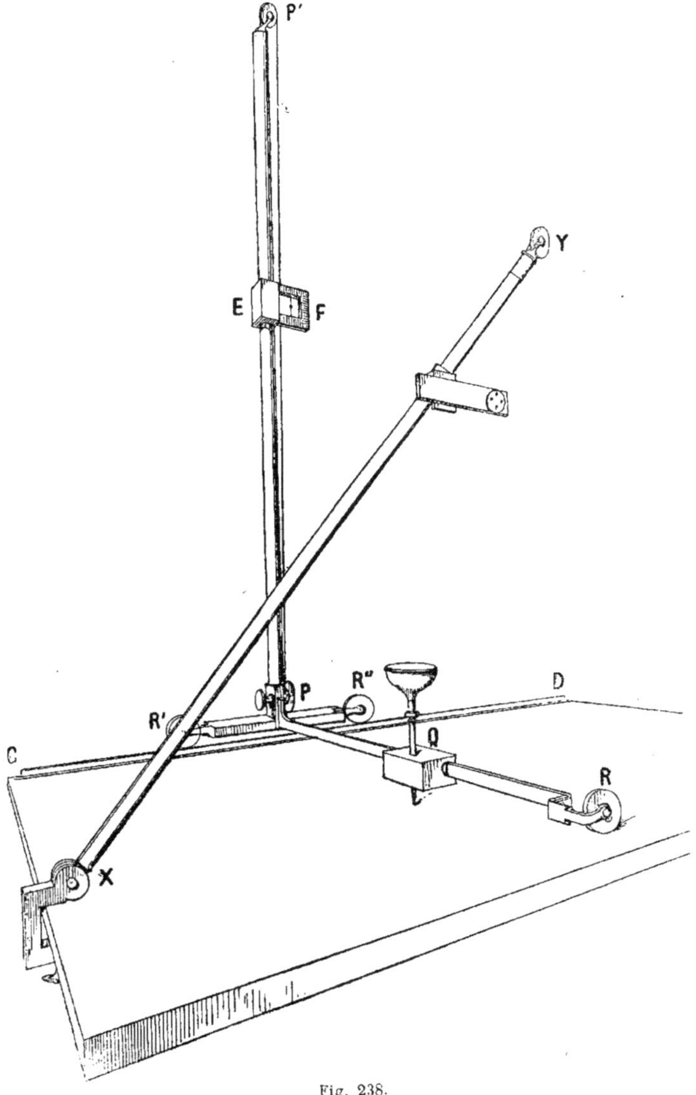



Fig. 238.

teur, en tenant celui-ci à la main, peut faire suivre au point de mire les contours perspectifs qu'il s'agit de reproduire. Deux points sont placés sur un fil qui traverse le cadre du point de mire ; l'un est en bitume ; l'autre en blanc d'argent ; le premier sert sur les fonds clairs, le second sur les objets foncés. Pour passer de l'un à l'autre, on maintient fixe le crayon en regard d'un point quelconque, et on fait ensuite au moyen d'un bouton spécial amener le point clair à la place du point obscur, ou *vice versa*.

On peut agrandir les objets éloignés en

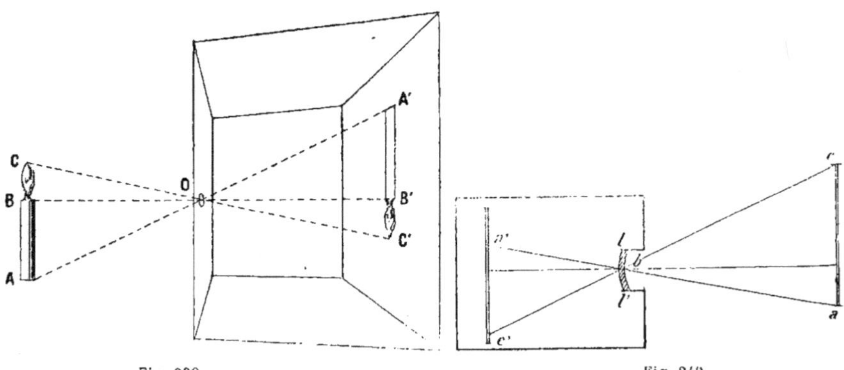

Fig. 239.

Fig. 240

se servant d'une lorgnette adaptée à la tige de l'oculaire.

Avec cet appareil, on peut obtenir des vues de $0^m,53 \times 0^m,46$.

### Chambre noire.

**166.** La chambre noire ou chambre obscure n'a pas été inventée, comme on le croit généralement, par le physicien napolitain Jean-Baptiste Porta, mort en 1615, mais par l'illustre Léonard de Vinci mort en 1519.

Il en est question pour la première fois dans les notes de la traduction de Vitruve publiée à Côme, en 1521, par Césariano ; et Leo Alberti, qui vivait à la même

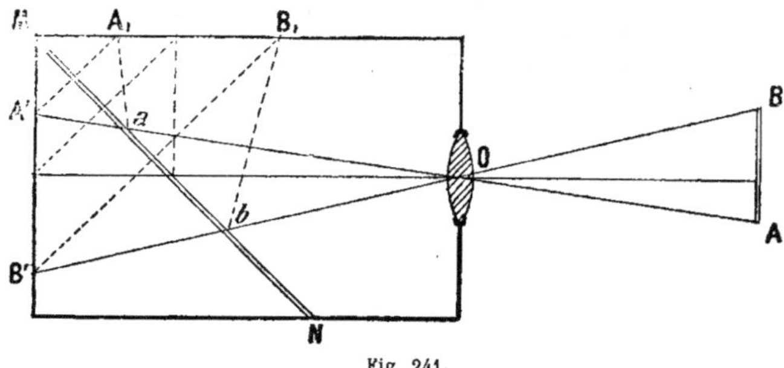

Fig. 241.

époque, paraît être un des premiers qui s'en soient servis pour obtenir des dessins réduits de tableaux ou de paysages. Cet appareil a été beaucoup amélioré dans les deux derniers siècles et dans celui-ci principalement. En 1819, l'ingénieur Ch. Chevalier le perfectionna tellement qu'il peut être considéré comme le vrai créateur de la *chambre obscure à prisme convexe ménisque et achromatique*. Cet appareil n'a jamais donné lieu à des applications importantes jusqu'à l'invention de la photographie. Cet art n'a, en effet, été imaginé que pour fixer les images si fugitives de la chambre obscure.

Quand les rayons partis d'un objet ABC (*fig.* 239) ne pénètrent dans une chambre obscure que par un trou O très étroit, ils peignent sur la paroi opposée l'image renversée de l'objet. En effet, parmi les faisceaux élémentaires envoyés par le point A, un seul traverse l'oculus O et, continuant au delà, il frappe la paroi opposée qu'il illumine en A'; de même pour les points B et C. La couleur des diverses parties de l'objet, le rapport de leurs éclairements, toutes les conditions de formes se reproduisent sur l'écran où se peint une image renversée de l'objet.

Dans sa construction la plus élémentaire, la chambre noire ne possède qu'un seul verre convergent *ll'* (*fig.* 240). Les points de l'objet considéré *a* et *c* traversent la lentille à son foyer *b* et viennent se reproduire dans un ordre renversé en *a'c'*.

Avant l'invention de la photographie, on se servait d'un objectif à deux lentilles et d'une glace dépolie. L'objectif servait, par le plus ou moins de rapprochement ou d'éloignement de ses verres, à mettre l'image au point ; ensuite on dessinait au crayon sur le verre dépoli formant écran.

Pour redresser l'image, on employait un procédé fort simple qui consistait à la rendre horizontale en disposant au fond de la chambre une glace MN inclinée à 45 degrés. L'image ne se formait pas en A'B', mais en $A_1B_1$ comme un dessin sur une table. Les rayons issus de A et de B, après avoir traversé la lentille ou l'objectif O, frappaient le miroir en MN ; ils étaient réfléchis ensuite sur la glace formant la partie supérieure de la chambre (*fig.* 241).

Dans la chambre obscure, telle qu'on l'emploie aujourd'hui pour le dessin d'après nature, on a adopté une autre disposition bien plus simple.

Le redressement de l'image se fait au moyen d'un miroir placé au dehors et avant la lentille (*fig.* 242). En faisant tourner le miroir *mn*, on peut amener

sur la planchette l'image des objets extérieurs. L'objet *ac* vient se réfléchir à l'envers dans le miroir *mn* en $a_1c_1$, les rayons lumineux traversent ensuite la lentille en *b* et se redressent pour venir se fixer sur la planchette en *a'c'*.

On obtient le même résultat à l'aide d'un prisme ménisque achromatique dont la base fait office de réflecteur, tandis que les faces courbes réfractent les rayons comme dans une lentille convergente. Il faut une certaine habitude pour dessiner dans une chambre noire parce que la pointe du crayon arrête les rayons lumineux.

Pour une chambre noire, le champ visuel est de 30 à 35 degrés. La distance

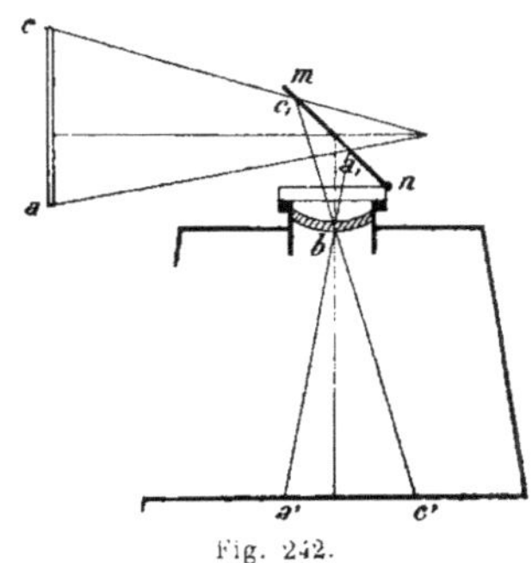

Fig. 242.

principale du dessin est la perpendiculaire du centre optique de la lunette à la planchette.

## Chambre claire.

**167.** La chambre claire ou *camera lucida* a été imaginée, au XVIIᵉ siècle, par le physicien anglais Robert Hooke, mais c'est un autre savant anglais, le Dʳ William Wollaston, qui a réussi le premier, en 1803, à la rendre pratique, et c'est pour ce motif qu'on le considère souvent comme l'inventeur. Elle a été beaucoup améliorée, vers 1814, par Amici, professeur à Modène, et importée en France en 1816, avec les modifications de ce dernier, par Ch. et V. Chevalier, qui, de leur côté, l'ont dotée de plusieurs et d'utiles perfectionnements. On la préfère généralement à la chambre obscure, dont elle a tous les avantages, parce que la petitesse de ses dimensions la rend plus facilement transportable.

Quand on regarde sous de certaines incidences dans une glace non étamée, à faces parallèles, on voit en même temps par réflexion les objets situés au delà, et par réfraction les objets situés en deçà. Si on place derrière la glace une feuille de papier, on peut y calquer l'image des objets par réflexion. Si le spectateur (*fig.* 243) met son œil en O, il verra un objet

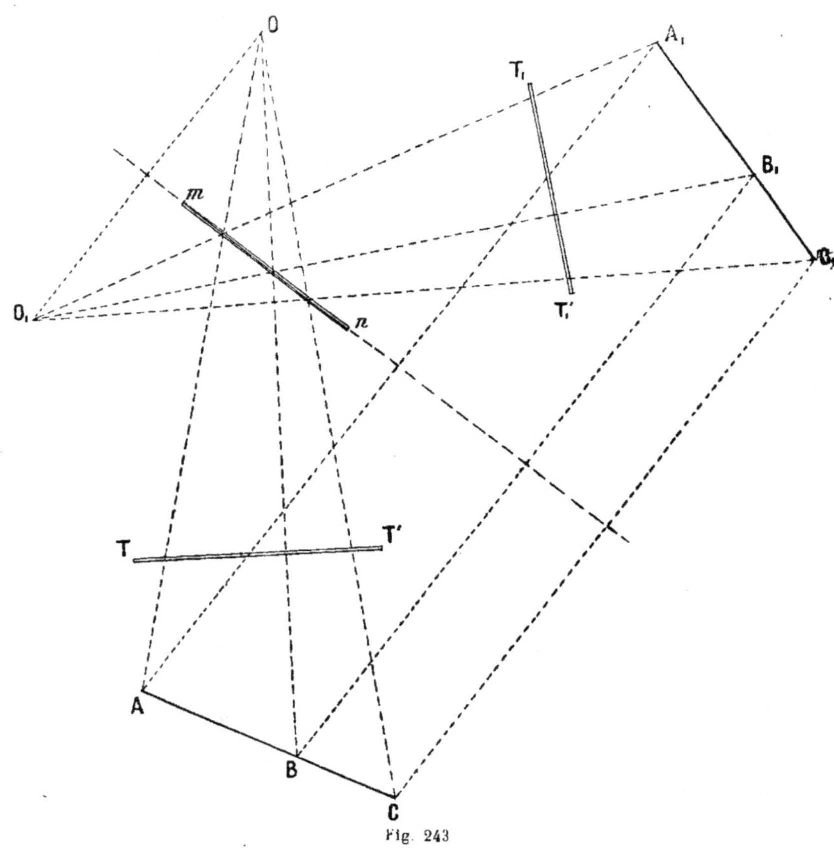

Fig. 243

$A_1C_1$ en AC au dos de la plaque *mn*, par la réflexion de la glace *mn*; le calque qu'il fera sera un dessin symétrique de la perspective de l'objet prise d'un point de vue $O_1$ sur le tableau $T_1T'_1$.

L'image étant virtuelle n'est contrariée en rien, ni par le crayon, ni par la planchette, ni par la main.

**168.** *Déviation des rayons lumineux.* — Supposons qu'on emploie deux glaces *mn* et *nr* (*fig.* 244), si on détermine un point $O_1$, symétrique par rapport à *mn* du centre O du cristallin, et un point $O_2$ symétrique de $O_1$ par rapport à *nr*; l'effet des réflexions successives sera de réunir au point O les rayons qui convergeaient vers $O_2$. Le cône perspectif de l'image $A_1C_1$ vue de $O_1$ est l'image des cônes perspectifs de l'objet $A_2C_2$ vue de $O_2$, et de l'image AC vue de O ; ces deux dernières sont donc identiques.

Considérons un rayon brisé $A_2eiO$ situé dans un plan perpendiculaire aux deux miroirs, nous aurons entre les angles des triangles $nei$, $qei$ les relations :

$$nie + nei = 180° - ine$$
$$qie + qei = 180° - iqe$$

D'après la loi de la réflexion, les angles contenus dans le premier membre de la deuxième équation sont doubles de ceux

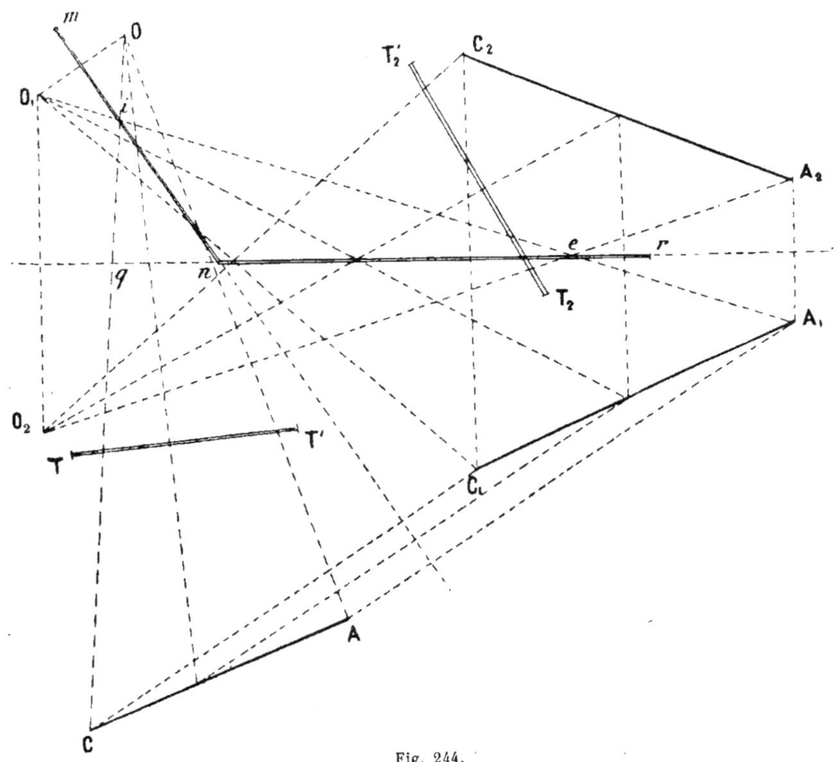

Fig. 244.

du membre correspondant de la première. Donc, si nous retranchons la deuxième du double de la première, nous aurons $180 - 2ine + iqe = o$. L'angle $iqe$, qui mesure la déviation du rayon considéré, ne dépend donc que de l'angle des miroirs ; il est droit quand les miroirs sont inclinés l'un sur l'autre de 135 degrés ; tous les rayons situés dans le plan de la figure se trouvent alors déviés à angle droit. L'image calquée sur la planchette TT' sera exacte-ment la perspective de l'objet prise du point $O_2$ sur un plan vertical $T_2T_2'$.

Dans les dispositions qu'on vient d'indiquer, l'image manque de netteté, parce qu'il se produit une réflexion à chaque face du verre et qu'il y a des réfractions qui affaiblissent la lumière. Le moyen le meilleur pour éviter ces inconvénients et le plus employé est celui qui consiste à remplacer les lames de verre par un prisme ayant un angle de 135 degrés (*fig.* 245), deux de 67°30′, et le quatrième de 90 degrés. Mais on ne peut plus voir la planchette ; il faut placer l'œil au-dessus de l'arête supérieure *m* de manière qu'il reçoive les demi-faisceaux, les uns réfléchis venant de l'objet, les autres directs venant de la planchette ; il faut une assez grande habitude pour pouvoir dessiner dans ces conditions.

La figure 246 montre une chambre claire montée sur une table ou planchette. Le prisme est placé dans une monture qui forme diaphragme à la partie supérieure, n'en laissant apparaître qu'une très petite partie voisine de l'arête. On voit dans cette figure le prisme vu par

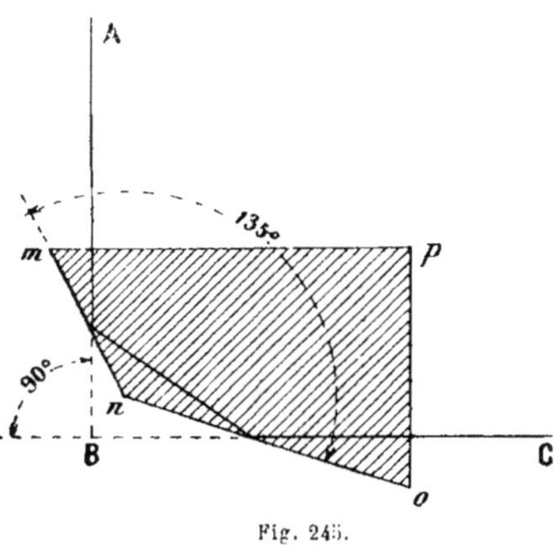


Fig. 246.

dessus, environ de grandeur nature ; le diaphragme a tourné d'un quart de cercle ; sa mobilité est nécessaire afin de faciliter le nettoyage du prisme qui, sans cela, serait bientôt hors d'usage si le diaphragme était fixe.

La figure 247 montre une chambre claire perfectionnée ; elle ne diffère de la précédente que par l'adjonction de verres fumés qu'on place à volonté au-dessus de l'oculaire lorsque la lumière est trop vive, ce qui gêne beaucoup lorsqu'on opère en plein air.

Le champ horizontal d'une chambre claire atteint presque 60 degrés ; son champ vertical est infini puisqu'il suffit de faire tourner la tigette qui supporte

le prisme dans le tube pour obtenir toutes les images placées au devant.

On affaiblit la lumière du dessin au moyen de la main gauche, en portant ombre sur la planchette, car, pour que le tracé ne fatigue pas la vue, il faut que l'image et le dessin aient à peu près le même éclat.

Cet instrument permet de trouver très facilement la ligne d'horizon lorsque, dans le paysage, il n'y a aucun objet permettant de trouver des horizontales parallèles qui donneraient au moins des points de l'horizon.

Supposons (*fig* 248) qu'on ait pris en M la perspective d'un point *m* sur un tableau *ab*. Le point principal est connu, puisque c'est le pied de la perpendiculaire abaissée de l'oculaire du diaphragme sur la planchette ; il reste à trouver la direction de l'horizon.

Si ce point parcourait un cercle horizontal autour de la verticale du spectateur, sa perspective décrirait une courbe $M r M_1$, et, après s'être rapproché de l'horizon, reviendrait à sa hauteur primitive et à la même distance de la verticale *pr* quand il serait parvenu en $m_1$ symétrique de *m*.

On ne peut pas faire mouvoir le point visé, mais on obtient le même résultat graphique en faisant tourner horizontalement la planchette ; elle entraîne avec elle la chambre claire, et on voit le point visé décrire une courbe et couper successivement en deux points M et $M_1$ un arc de cercle qu'on a eu soin de tracer du point principal comme centre ; la droite MM′ est parallèle à l'horizon.

### Hémérographe.

**169.** L'hémérographe du commandant H. Blain est un instrument qui est basé sur les principes des glaces (n° 167) que nous avons développés plus haut ; seulement le phénomène de la parallaxe, si désagréable dans les chambres claires, y est supprimé. Ce phénomène vient de ce que l'œil est obligé de voir à la fois par réflexion à travers le prisme et par rayons directs sur la planchette. Chacun a pu se rendre compte que, lorsqu'un observateur a regardé pendant quelque temps un ou plusieurs objets situés très près de lui par exemple, s'il porte sa vue sur des objets très éloignés, l'œil a un moment d'hé-

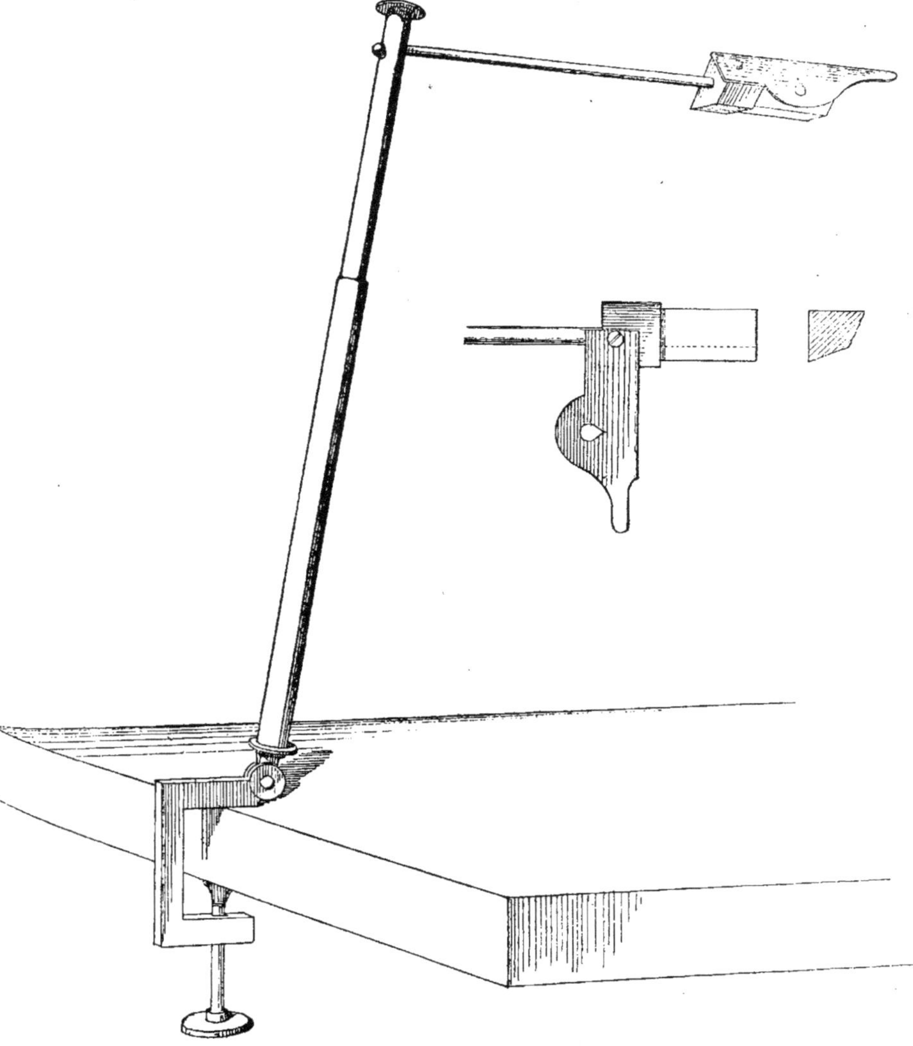

Fig. 246.

sitation, est voilé un instant, il faut qu'il se mette au point. Or, si l'œil a besoin de prendre certaines dispositions eu égard à la distance des objets qu'il consi-dère, il est évident que, s'il doit viser à la fois des objets très près de lui et très éloignés, il en résultera une fatigue fort désagréable et toujours gênante.

C'est ce qui se passe pour la chambre claire. Dans l'hémérographe ce défaut n'existe pas, comme nous allons le voir.

En principe cet instrument se compose de deux glaces montées sur une charnière, dont une est percée d'un oculaire (*fig.* 249).

Ces deux miroirs spéciaux, d'une planimétrie parfaite, sont disposés dans une monture en cuivre. Le miroir argenté A est percé à son centre d'un petit œilleton qui tient lieu de viseur lorsqu'on se sert de l'appareil placé horizontalement ; il porte à sa partie supérieure un deuxième

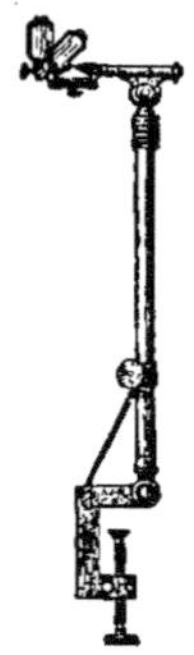

Fig. 247.

viseur destiné à être employé dans le sens vertical.

Le miroir B, métallisé à sa surface supérieure par le platine au moyen d'un procédé spécial, possède une transparence calculée qui permet de voir le crayon et l'objet toujours distinctement, et en même temps a l'avantage de proportionner la lumière du papier et celle de l'image qui se projette à sa surface. Ce second miroir B est mobile et peut se remplacer, selon le cas, par un miroir teinté, comme on le verra plus loin.

A la monture porte-miroir est adaptée une vis de rappel qui fixe les miroirs sous l'angle le plus favorable.

La grande tige rivée sur le côté gauche vient se loger dans la genouillère placée à la partie supérieure du pied à tirage.

Le pied à tirage qui complète cet ins-

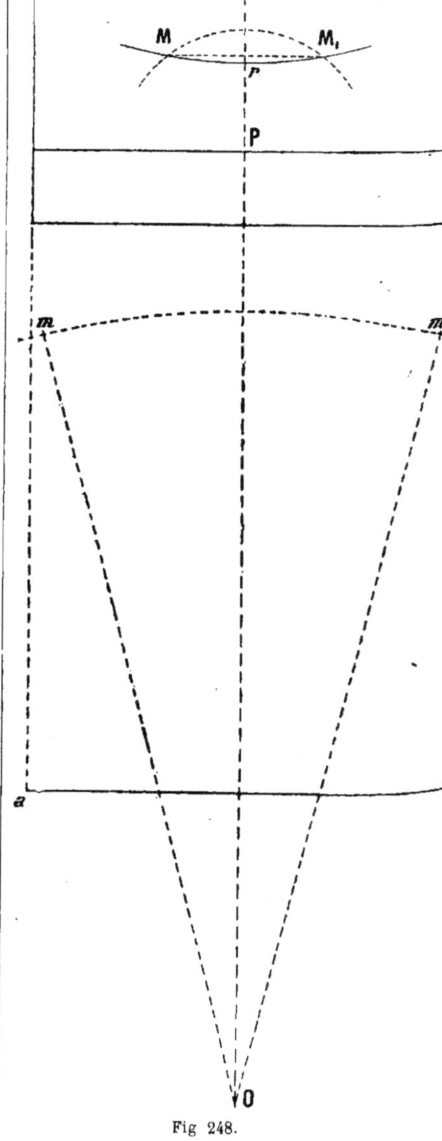

Fig 248.

trument se compose de trois tubes qui

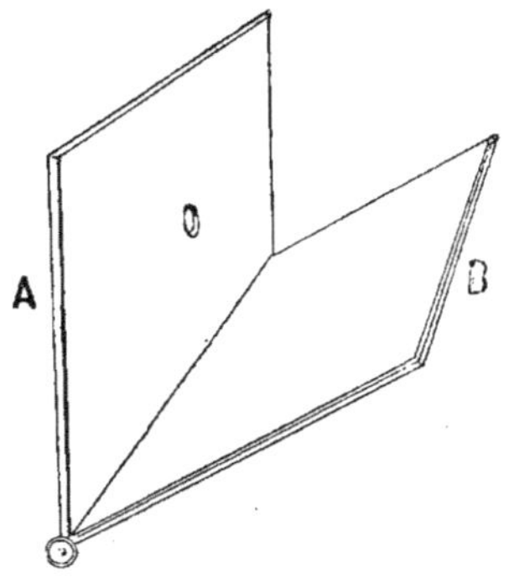

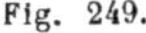

Fig. 249.

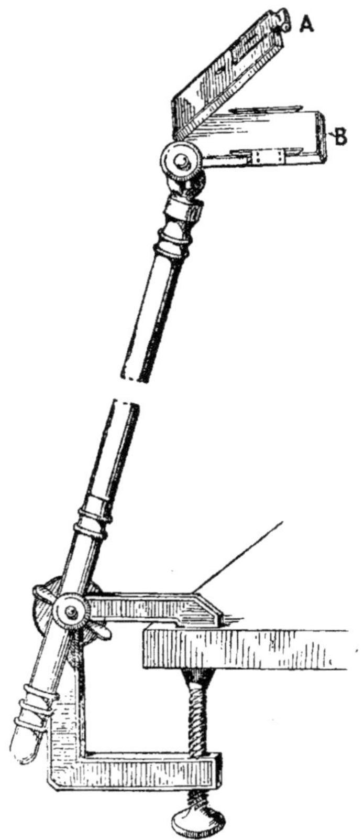

Fig. 250.

glissent l'un dans l'autre et le fixent selon le développement que l'on désire au moyen d'anneaux à vis ; il est terminé par une mâchoire à vis qui permet de le fixer à la planchette ou à tout autre objet. La vis de rappel placée sur le côté droit de la mâchoire donne les déplacements soit en avant, soit en arrière du pied à tirage (*fig*. 250).

Soit un point extérieur A (*fig*. 251) ; il

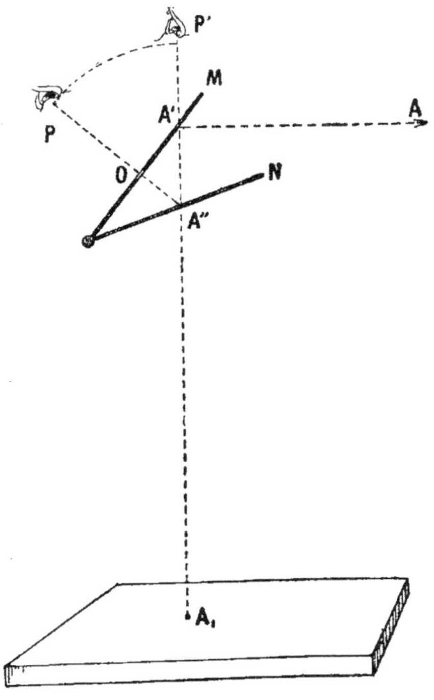

Fig. 251.

vient se réfléchir dans le miroir M au point A′ ; de là, il est renvoyé sur le miroir platiné en A″. C'est en réalité à cet endroit que le voit l'observateur qui vise par l'oculaire O. Il en résulte que l'œil qui occupe la position P paraît être transporté en P′ et voir directement, suivant P′A″, l'objet considéré. Mais le miroir N est transparent, et le rayon réfléchi A′A″ semble traverser le miroir N, frapper la planchette en $A_1$ ; ce dernier point n'est qu'une image virtuelle.

Lorsqu'on se sert de l'instrument dans le sens horizontal, il faut placer l'œil au-dessus du viseur central ; c'est la meilleure disposition pour le portrait.

Lorsqu'on se sert de l'instrument dans le sens vertical, placer l'œil au-dessus du viseur supérieur ; avec un peu d'habitude on peut se passer de ce dernier, en regardant l'objet réfléchi dans le miroir platiné au moyen de rayons visuels tangents au bord du miroir argenté.

On doit proportionner la lumière de l'image et celle de l'image qui se projette à sa surface, ce qui se fait aisément en employant au besoin le miroir fumé au lieu du miroir platiné.

Si l'objet est très fortement éclairé et que, malgré l'emploi du verre fumé, on ne distingue pas parfaitement, on pourra se servir d'un binocle en verre fumé.

Pour obtenir un agrandissement des objets très éloignés, on peut placer une longue-vue ou une lorgnette de spectacle au-devant de l'appareil, on obtiendra les grossissements désirables. S'il s'agit d'agrandir un objet placé à peu de distance, on interpose une lentille convexe entre l'appareil et l'objet, ou une lentille concave entre l'appareil et le papier.

### Application de la perspective au lever des plans.

#### Méthode du colonel Laussedat.

**170.** Nous avons vu plus haut (118 à 125) comment, lorsqu'on se trouvait en présence d'une perspective d'un monument ou d'un ensemble de constructions permettant de retrouver des angles droits et des lignes horizontales, on pouvait reconstituer le géométral qui a servi à établir l'épure perspective. Dans la pratique, on ne se trouve pas toujours dans des conditions tellement sûres qu'on puisse exécuter exactement une restitution. S'il s'agit d'une vue pittoresque, contenant des routes, des cours d'eau, des fabriques plantées sans aucun ordre régulier, la perspective qu'on aura sous les yeux de cet ensemble ne sera pas suffisante pour permettre une restitution de son plan. C'est au colonel Laussedat qu'on doit une méthode très expéditive et en même temps suffisamment exacte, qui a permis à des agents d'opérer en un seul jour le relevé de la place de Belfort et des environs : le matin les opérations commençaient, le soir le plan était rapporté avec indication des principales courbes de nivellement. Cette méthode, qui intéresse tout particulièrement les officiers pour les reconnaissances militaires, est basée sur des principes spéciaux que nous allons développer.

Nous disions plus haut que, dans certains cas, la perspective qu'on a sous les yeux ne suffit pas ; par perspective, nous devons entendre aussi une photographie, puisqu'aujourd'hui, avec les appareils dont on dispose et dont nous parlerons ultérieurement, on peut obtenir des images sans déformations, tout au moins dans une grande partie de l'épreuve.

La méthode repose sur le procédé employé en géodésie, qui consiste à choisir deux points accessibles, à déterminer et mesurer la base qui les réunit et à viser de chacune des stations les objets qu'on se propose de relever en mesurant l'angle qu'ils font par rapport à la base choisie. Ceci est le principe, mais dans la pratique il y a beaucoup d'autres points à considérer.

On choisit donc deux points comme stations d'où on puisse viser facilement les objets à relever ; il est clair qu'on s'efforcera d'obtenir deux points assez éloignés l'un de l'autre.

De chacun d'eux on prend une vue soit à la chambre claire, soit par une photographie (chambre noire), et on marque sur chacune des épreuves le point de vue et l'horizon ; on relèvera et on notera l'angle sous lequel un des points de l'objet est vu de chaque station par rapport à la base qui réunit ces stations. Ce point doit être le même dans les deux vues, un clocher, un arbre, un signal (cependant on peut prendre l'angle que forme le rayon principal de chaque vue avec la base). On mesure la base et, avant de déplacer les appareils, on note la distance du point de vue au tableau. Dans la chambre claire, c'est la perpendiculaire abaissée de l'oculaire du diaphragme sur la planchette; dans l'appareil photographique, c'est la distance du centre optique de l'objectif au cliché.

Cela fait, on a tous les éléments pour opérer la restitution.

Le premier travail à faire consiste à *réduire à l'horizon les angles* compris entre les points représentés.

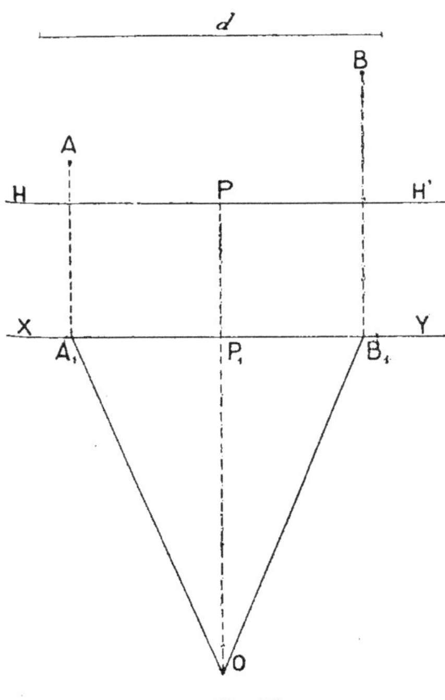

Fig. 252.

Soient (*fig.* 252) deux points A, B d'une vue perspective, HH' l'horizon, P le point principal; on connaît la distance *d*.

Ces deux points, vus du point de vue, forment un angle qu'il faut projeter sur le géométral.

On abaissera donc, de chacun d'eux, des perpendiculaires sur la trace du tableau XY; on opère un rabattement du géométral autour de XY, et on place $P_1O$ égal à *d*.

L'angle $A_1OB_1$ est la projection géométrale de l'angle formé par les deux rayons visuels issus de l'œil aboutissant en A et en B.

Rappelons que $A_1$ n'est pas la projection géométrale ou *le plan* du point de l'espace correspondant à A, mais seulement la projection géométrale du point où le rayon visuel perce le tableau; $OA_1$ est une *direction*, et non pas une *longueur*.

**171.** *Tableau incliné sur l'horizon.* — Dans le cas que nous venons de voir ci-dessus, et qui est le plus simple, on a supposé le tableau vertical. Il n'en est pas toujours ainsi. Lorsqu'on prend une vue, étant placé dans une position élevée, sur une colline ou une montagne, la vue est plongeante; c'est le cas d'une photographie dont le châssis est incliné par rapport à la verticale.

Il faut alors repérer avec soin sur l'épreuve la ligne d'horizon qui n'est plus le pied de la perpendiculaire abaissée du centre optique sur la plaque. Il faut, de plus, mesurer l'angle que fait le tableau (le cliché) avec la verticale. Les lignes projetantes des points de la perspective oblique ne sont plus des perpendiculaires à la ligne d'horizon, mais des droites qui convergent vers le point d'intersection de la verticale du point de vue et du plan du tableau. Ces droites seront, en effet, les traces des plans verticaux qui passent par le point de vue, et leurs intersections avec la ligne d'horizon jointe au point de vue (ou à son rabattement sur le plan du tableau) donneront les projections horizontales cherchées des rayons visuels.

Ainsi, dans la figure 253, $\alpha$ étant l'angle d'inclinaison du plan du tableau sur la verticale, le point d'intersection I de la verticale du point de vue et du plan du tableau sera situé sur la perpendiculaire menée à l'horizon dans ce plan à une distance $MI = \dfrac{OM}{\sin \alpha}$, et comme $OM = \dfrac{OP}{\cos \alpha}$,

$$MI = \frac{OP}{\sin \alpha \cos \alpha} = \frac{2OP}{\sin 2\alpha}.$$

Si cette distance était trop grande pour que le point I soit rapporté sur le papier, on mènerait au bas de la feuille une parallèle *rs* à l'horizon, sur laquelle, et d'après la distance M*m* des parallèles, on prendrait une largeur *rs*, proportionnelle à la largeur HH′ marquée sur l'horizon près de ses extrémités.

En divisant HH′ et *rs* en un même nombre de parties égales, les lignes projetantes des points *abc* de la perspective, c'est-à-dire $a'a''$, $b'b''$, $c'c''$, seront aisément obtenues en se guidant sur ces divisions.

(On pourrait aussi, pour trouver ces directions, se servir du T brisé). En joignant ensuite le point de vue rabattu $O_r$ aux points $a'$, $b'$, $c'$ de la ligne d'horizon, on aura les angles réduits à l'horizon $a'O_r b'$, $a'O_r c'$.....

On se rappelle que les données ordinaires du problème sont : l'inclinaison $\alpha$ du tableau et la distance OP du point de vue au tableau.

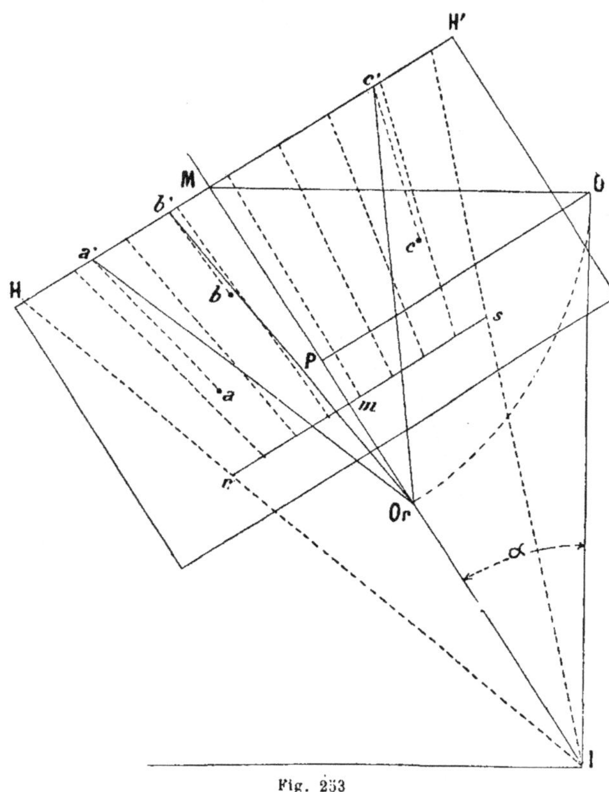

Fig. 253

*Nivellement.* — Le nivellement s'opère sans difficulté dès que les points sont reportés sur le plan. On se sert de la grandeur apparente de la perpendiculaire abaissée de chaque point de la perspective sur l'horizon, de la distance du pied de cette perpendiculaire au point de vue, et de la distance vraie, mesurée sur le plan, du point considéré à la station : c'est une règle de trois à opérer, qu'on peut résoudre graphiquement si on le préfère. C'est un procédé analogue à celui dans lequel on emploie le niveau de pente.

## Plan déterminé par deux vues.

**172.** La figure 254 nous montre comment on opère. Supposons d'abord que les deux vues prises à la chambre claire soient présentées séparément; nous allons voir de quelle façon on les disposera. Voici d'abord les données :

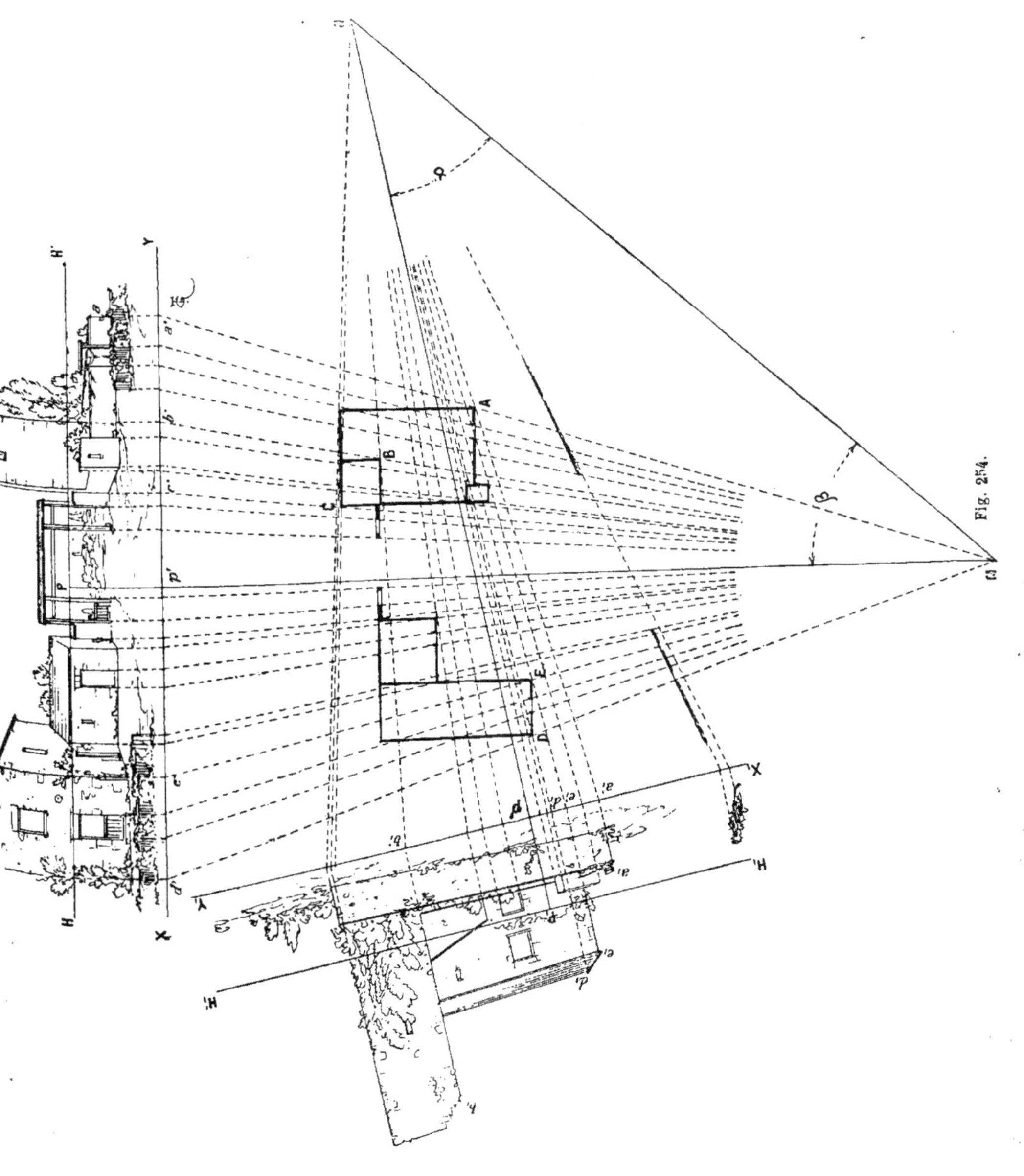

Fig. 214.

On a mesuré une base MN. Une première vue prise à la chambre claire a donné une figure dont HH′ est l'horizon, P le point principal, et PM la distance; on sait que le rayon principal PM fait l'angle β avec MN. D'autre part, on a une seconde vue prise de N dont $H_1 H_1'$ est l'horizon, P′ le point principal, P′N la distance, et α l'angle fait par le rayon principal et MN.

On trace d'abord une droite quelconque MN représentant, à l'échelle qu'on se propose de donner au plan cherché, la base mesurée sur le terrain séparant les deux stations. Au point M on trace l'angle β qui donne la direction du rayon principal de la première vue ; on prend M$p'$ égal à la distance correspondant à cette station, et au point $p'$ on mène XY perpendiculaire à M$p'$, c'est la ligne de terre de la première vue. C'est autour de cette ligne de terre qu'on fait le rabattement de la figure.

Par chaque point intéressant $a,b,c,d$ de cette vue, on abaisse des perpendiculaires sur l'horizon, prolongées jusqu'à la charnière XY en $a'$, $b'$, $c'$, $d'$. Ensuite on joint ces différents points à M. On obtient ainsi des angles $a'$M$b'$, $b'$M$c'$,... qui sont les projections géométrales des angles visuels issus de l'œil, pour un spectateur placé en M, aux différents points $a$, $b$, $c$, $d$ de la perspective ; on sait donc, *a priori*, que les projections géométrales des véritables points de l'espace sont quelque part sur les directions M$a'$, M$b'$...

Si nous procédons de même pour la seconde figure $H_1 H_1'$, on verra que le rayon visuel projeté géométralement en M$a'$ rencontre le rayon analogue N$a_1'$ en A; ce dernier est donc la projection géométrale ou *le plan* du point de l'espace que nous avons aperçu en $a$ de la station M et en $a_1$ de la station N.

En continuant de la sorte, on verra qu'il suffit, dans chaque réseau issu de M ou de N de rechercher le point de rencontre des droites de même désignation, telles que M$b'$ et N$b_1'$ ou M$d'$ et N$d_1'$.

Une objection qui se présente d'abord à l'esprit est qu'il faut peut-être une certaine corrélation dans les *échelles* des deux perspectives données. Il n'en est

rien ; chacune est faite d'un point différent, avec une distance spéciale déterminée par l'appareil ; cela n'a aucune influence, car il ne s'agit pour chacune de ces images que de donner des angles et non des grandeurs. Or, si la perspective prise de M est faite avec une distance (distance de chambre claire ou de chambre noire 166, 167) double de M$p'$, une distance quelconque de cette image telle que $p'c'$ sera double, mais l'angle $p'$M$c'$ sera toujours le même, et c'est seulement cette direction M$c'$ qui donne un résultat.

Il en est de même de la hauteur de l'horizon. Ainsi, dans la vue HH′, l'horizon pourrait être plus ou moins haut que le résultat serait le même ; car, de toute façon, il faut abaisser d'un point $d$ quelconque une perpendiculaire sur XY; cette perpendiculaire sera plus ou moins longue, mais tombera toujours au même point $d'$ sur XY; c'est ce qui fait que, dans la pratique, on peut se dispenser de dessiner les vues sur la feuille qui sert à obtenir le plan.

Une fois la charnière XY obtenue, comme nous l'avons vu plus haut, c'est-à-dire à la distance M$p'$ égale à la distance correspondant à l'épreuve, il suffit de poser le dessin ou la photographie et de les maintenir par un moyen quelconque à la distance qu'on voudra, à plat sur la planche, en ayant soin que son horizon soit parallèle à XY et que le point P soit sur la prolongation de M$p'$. Il suffira de mener avec une équerre par chaque point considéré $a$, $b$, $c$ des perpendiculaires à XY, dont on ne marquera que les points de rencontre $a'$, $b'$, $c'$ avec XY.

### Recherches des hauteurs.

**173.** Lorsque le plan est tracé, on sait qu'il est à l'échelle qui a servi à fixer la base MN. Soit à trouver la hauteur de la tour au point $c$ au-dessus de l'horizon. Il s'agit de résoudre la proportion suivante :

Longueur MC: hauteur de $c$ au-dessus de l'horizon : longueur sur le terrain correspondant à MC : $x$.

On mesure MC en millimètres, ainsi que la hauteur de $c$ au-dessus de HH′, et ensuite, comme troisième terme, on prend, suivant l'échelle du plan, la valeur en mètres ou kilomètres que représente MC.

S'il s'agit de prendre la hauteur totale de la tour, on fait une seconde opération qui donne la hauteur du pied de la tour ou plan d'horizon, et on additionne les deux résultats.

Ce procédé, à quelques variantes près,

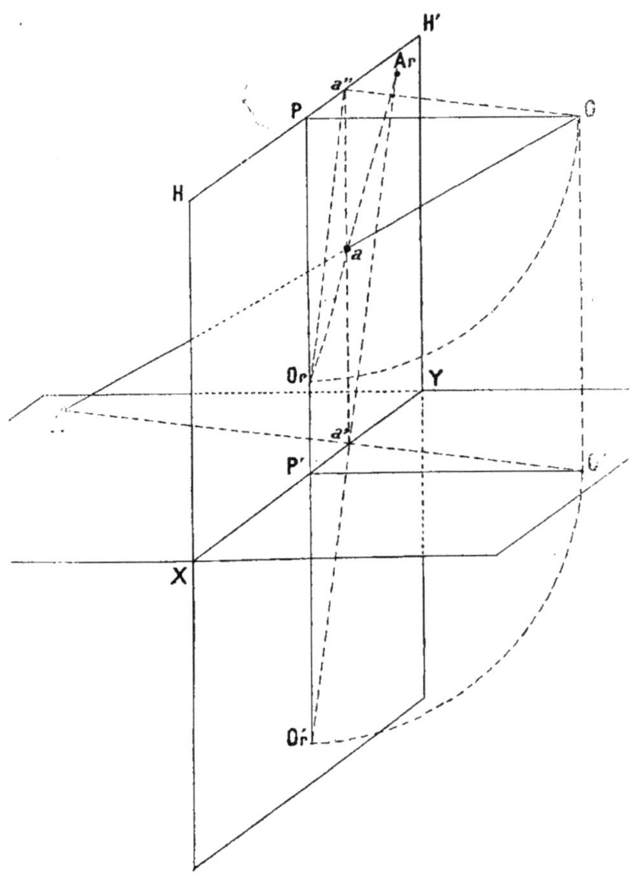

Fig. 255.

est employé pour trouver les cotes de nivellement.

Dans l'exemple présent, la base MN était de 204 mètres.

La longueur MC est de 105 millimètres, la hauteur de $c$ au-dessus de l'horizon est de 20 millimètres. MC représente $157^m,50$ à l'échelle de la base MN; on en déduit :

$$\frac{105}{20} = \frac{157^m,50}{x} \text{ d'où } x = \frac{3\,150}{105} = 30 \text{ mètres.}$$

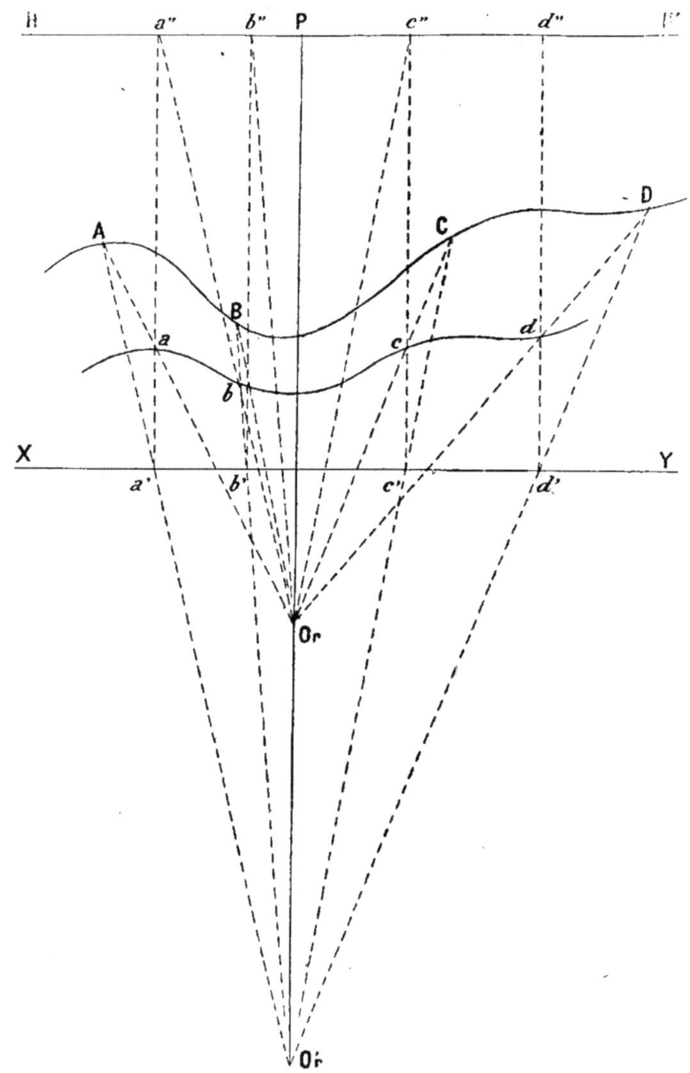



Fig. 256.

**Terrain reconnu à l'aide d'une perspective verticale unique.**

**174.** Dans le cas présent, on suppose la vue prise du sommet d'un escarpement ou d'un point élevé quelconque ; les objets sont supposés contenus dans un même plan horizontal, le terrain doit donc être relativement plat eu égard à la distance et à la hauteur auxquelles on opère.

L'épreuve (ou le dessin vertical) étant obtenue, en traçant les rayons visuels et en cherchant leur intersection avec un tableau horizontal, on obtient une figure semblable au contour naturel, c'est-à-

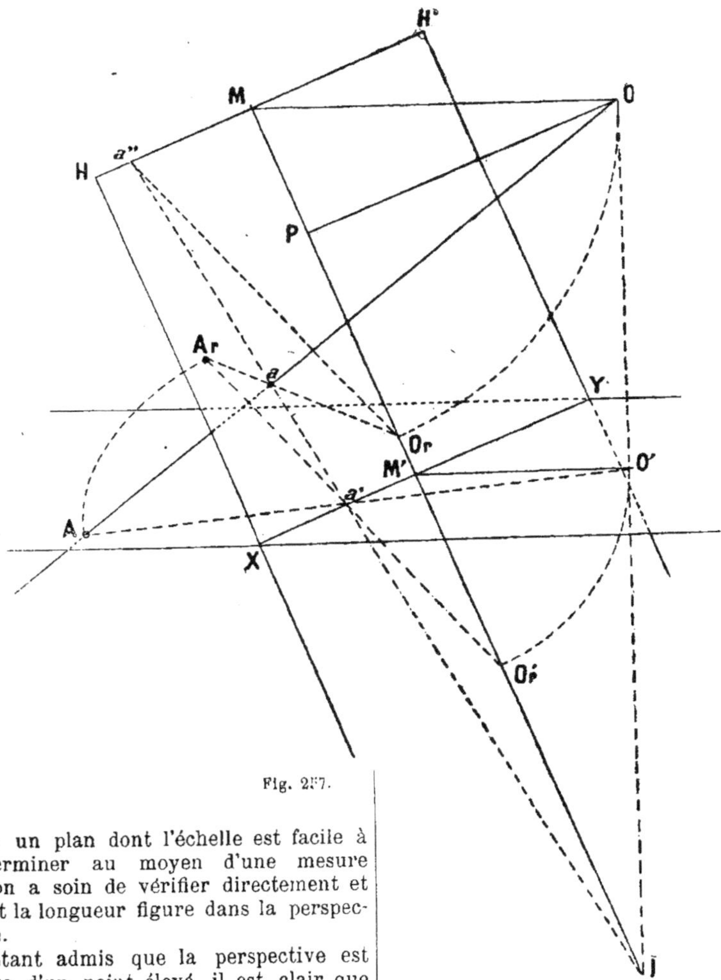


Fig. 257.

dire un plan dont l'échelle est facile à déterminer au moyen d'une mesure qu'on a soin de vérifier directement et dont la longueur figure dans la perspective.

Etant admis que la perspective est prise d'un point élevé, il est clair que toute l'image sera située bien au-dessous de la ligne d'horizon.

Soient O le point de vue (*fig.* 255), HH′ la ligne d'horizon, et P le point principal ; à une distance OO′ plus petite ou plus grande que OP, on mène le plan horizon-tal qui doit être pris pour nouveau tableau. Joignons O à un point quelconque *a* de la perspective verticale, et prolongeons indéfiniment le rayon visuel O*a* ;

ce rayon percera le tableau horizontal en A ; supposons ce point trouvé, et joignons-le à la projection O′ du point de vue. O′A coupera la trace des tableaux XY en $a'$. Par le point de vue, menons par le plan d'horizon la ligne O$a''$ parallèle à O′A, les trois points $a''$, $a$ et $a'$ étant dans le plan vertical du rayon visuel seront sur une même droite perpendiculaire à XY et à l'horizon. Rabattons maintenant sur le tableau vertical, d'une part, le plan d'horizon qui aura la ligne d'horizon pour charnière et, d'autre part, le tableau horizontal que nous ferons tourner autour de XY. Après cette double opération, les lignes $a''$O$_r$ et A$_r a'$O$_r$ seront encore parallèles comme l'étaient dans l'espace les lignes A$a''$ et O′$a'$A dont elles sont le rabattement, et la similitude des triangles $a''$O$a$ et A$aa'$ donnant les proportions $aa''$: $aa'$ :: O$a''$: A$a'$, les triangles $a''$O$_r a$ et A$_r aa'$ que l'on formera en joignant $a$ à A$_r$ et O$_r$ seront semblables ; d'où il suit que les trois points O$_r a$ et A$_r$ sont en ligne droite.

On est donc conduit à la construction suivante sur le plan vertical même.

On donne la perspective verticale d'une ligne quelconque $abcd$, route, rivière ou objet quelconque ; la ligne d'horizon est en HH,′ et on connaît la distance OP de l'œil à l'horizon (*fig.* 256).

A une distance $h$ que nous prenons ici arbitrairement, menons XY parallèle à l'horizon ; par les différents points $a$, $b$, $c$, $d$, on abaisse des perpendiculaires sur XY et on obtient les points $a'$, $b'$, $c'$, $d'$.

Rabattons sur le plan vertical le plan d'horizon autour de HH′, la position de l'œil viendra en O$_r$ sur une verticale au-dessous de P égale à la distance de l'œil au tableau. Rabattons aussi le plan horizontal sur lequel on cherche la nouvelle perspective, en le faisant tourner autour de XY, la projection de l'œil viendra en O′$_r$. Ceci fait, pour obtenir la nouvelle perspective horizontale d'un point $a$, on oint le point O′$_r$ à $a'$ qu'on prolonge indéfiniment ; puis on mène O$_r a$ jusqu'à O$_r a'$, à la rencontre on a le point cherché A. En opérant de même pour les autres points, on obtient la courbe ABCD, qui est la nouvelle perspective ou *le plan* cherché.

Si O′$_r$ sort de l'épure, on peut opérer autrement en se rappelant que O′$_r$A$_r$ et O$_r a''$ sont parallèles.

On mènerait d'abord O$_r a$, et de $a'$ on mènerait une parallèle $a'$A$_r$ à O$_r a''$.

La figure A$_r$B$_r$.. est semblable à $ab$.. L'échelle du dessin sera le rapport $\dfrac{A_r B_r}{AB}$ de deux lignes homologues (AB mesuré directement), ou celui $\dfrac{h}{H}$ de la distance $h$ du tableau horizontal au point de vue, à la hauteur H de ce point de vue au-dessus du niveau des objets ABC.

### Cas d'une perspective unique sur un tableau incliné à l'horizon.

**176.** Dans l'exemple précédent, nous avons supposé que la perspective donnée était verticale ; il peut se faire qu'elle soit oblique. C'est ce qui arrive pour des photographies faites en ballon ou au moyen d'un appareil enlevé par un cerf-volant. On obtient des images très inclinées sur la verticale et que nous supposons qu'on désire transformer en plans. Il faut toujours que l'horizon et le point de vue soient relatés sur l'épreuve ; on devra connaître, de plus, l'angle de l'épreuve avec la verticale, la distance du centre de l'objectif à la plaque ; enfin une mesure prise directement donnera l'échelle.

La transformation de ce genre de perspectives obliques se fait d'une façon analogue à celle qui concerne les perspectives verticales.

Soient HH′ (*fig.* 257) la ligne d'horizon, O le point de vue, et M le pied de la perpendiculaire abaissée du point de vue sur la ligne d'horizon. Parallèlement au plan d'horizon et par la ligne de terre XY faisons passer le plan du nouveau tableau. Projetons le point de vue en O′ et prolongeons la verticale OO′ jusqu'à la rencontre en I avec le plan du tableau oblique.

La trace MI du plan vertical MOI rencontre la ligne de terre en M′, joignant O′M′ ; considérons un rayon visuel OA passant par le point $x$ de la perspective rencontrant le nouveau plan horizontal A ; c'est ce point qu'il s'agit de déterminer.

La seule différence entre les constructions qu'il s'agit d'effectuer et celles que nous avons exécutées dans le cas d'un tableau vertical est que les plans verticaux des rayons visuels, au lieu de couper le tableau suivant des perpendiculaires à la ligne de terre, le coupent suivant des droites qui convergent au point I.

On prendra d'abord les points $a$ et I, et on aura ainsi l'intersection avec la ligne de terre en $a'$. De P comme centre, on rabat O en $O_r$, et on mène $O_r a$ indéfinie. Rabattant de même O' autour de M' en $O'_r$ on joindra $O'_r a'$ qui par recoupement avec $O_r a$ donnera $A_r$; il suffira ensuite de rabattre $A_r$ en A sur $O'a'$.

On obtiendrait aussi $A_r$ en menant par $a'$ une parallèle à $O_r a''$ qui couperait $O_r a$ en $A_r$.

La transformation d'une perspective obtenue sur tableau oblique se fera facilement d'après ces principes, connaissant la hauteur du point de vue au-dessus du terrain supposé horizontal, la distance du point de vue au tableau et l'inclinaison du plan du tableau sur l'horizon.

Si l'on veut calculer certaines des valeurs indispensables à la transformation, on se rappellera que :

$$\text{MI} \frac{2\text{OP}}{\sin 2\alpha}, \qquad \text{OM} = \frac{\text{OP}}{\cos \alpha}.$$

**177.** Voici la marche à suivre pour opérer les transformations d'une épreuve photographique, par exemple, prise sur un châssis non vertical.

On mène par un point O quelconque deux droites (*fig.* 258), une verticale et une horizontale, puis au-dessous de l'horizon et du point O une autre droite OP faisant avec cette horizontale un angle $\alpha$ égal à l'angle du tableau sur l'horizon. On porte sur cette dernière une longueur OP égale à la distance du point de vue au tableau. Par ce point P on mène une perpendiculaire à OP qui donnera les deux points cherchés M et I. On effectuera ensuite les rabattements de O et de O' en $O_r$ en $O'_r$.

Prenant ensuite l'épreuve photographique, on trace une verticale indéfinie MI (*fig.* 259) qui la divise en deux parties égales, à partir du point M qui est sur l'horizon, on reporte les différents points M', $O_r$, $O'_r$, I, qu'on a obtenus comme précédemment.

Pour obtenir la transformation en plan d'un point $a$ quelconque de la perspective on joint I$a$ qui coupe la ligne de terre XY en $a'$. On joint $O_r a$, puis $O'_r a'$ et la rencontre de ces deux droites donne en A le point cherché de la perspective transformée.

Un point $b$ donnerait de même un point transformé B.

On remarquera que, pour un point $a$ situé au-dessous de la ligne de terre, la transformation se fait en A en-deçà de ce point; et que pour un point $b$ au-dessus de cette ligne de terre, la transformation se fait en B au delà.

**178.** Les constructions que nous venons d'indiquer ne donnent des résultats suffisants et quelque peu exacts que si le point de vue est assez élevé et si les lignes et les objets dont on recherche les nouvelles projections ne sont pas trop éloignés de la projection géométrale du point de vue.

Enfin, pour les points qui sont situés dans le plan principal ou tout près de ce plan, les constructions seraient impossibles dans le premier cas et très inexactes dans le second, puisque les intersections se feraient sous des angles très aigus. Dans ces deux hypothèses, on aura recours à un rabattement du plan vertical contenant le point cherché sur le tableau.

Ainsi, soit un point $a$ (*fig.* 260) dont on cherche la nouvelle projection horizontale A; considérons le triangle $AO_r O'_r$ formé par la ligne principale $O'_r$P, par le rayon visuel $O_r$A et par sa projection $O_r$A. A mesure que le point $a$ se rapproche du plan vertical principal P$p$, l'angle $AO_r O'_r$ augmente jusqu'à devenir égal à deux droits si le point $a$ coïncide avec $p$P; alors l'angle en A diminue de plus en plus pour devenir enfin égal à zéro.

La recherche du point A devient donc de moins en moins exacte et finit par être impossible.

Supposons qu'on emploie un rabattement sur le plan du tableau, la construction est très simple. La verticale passant par $a$ est la charnière; le pied $a_1$ de cette verticale considéré comme centre permet de rabattre le point $O'_r$ en $o$ ; l'œil vient alors en $o'$. Le rayon visuel rabattu est donc $o'a$, puisque $a$ qui est sur la charnière ne bouge pas ; ce rayon prolongé coupe le plan géométral en $A_1$. Un arc de cercle, décrit de $a_1$ comme centre. ramène $A_1$ sur le rayon visuel $O_r a$ ou sur sa projection $O'_r a$ ; une seule de ces droites suffit ; on n'a plus à craindre l'inexactitude provenant de l'angle sous lequel elles se couperont.

Où cette construction est indispensable c'est quand le point cherché est sur $Pp$, soit le point $b$. Effectuant le rabattement du plan vertical principal autour de $Pp$, l'œil vient en $o'_1$. Menant $o'_1 b$ on a l'intersection $B_1$ et on ramène $B_1$ en B en se servant de $p$ comme centre.

Lorsqu'on opère dans une plaine où il se trouve des édifices fort élevés, une seule vue panoramique peut suffire, elle sera même suffisamment exacte par une reconnaissance partielle si le sol est à peu près de niveau.

Nous allons préciser, en fixant les idées sur les données qu'on rencontre le plus ordinairement dans la pratique.

La distance du point de vue au tableau qui est de $0^m,30$ lorsqu'on se sert d'une chambre claire sur le terrain ou au sommet d'un édifice, descend rarement au-dessous de $0^m,15$ pour une chambre noire et ne dépasse jamais $0^m,60$.

Les édifices sur lesquels on opère ne dépassent presque jamais (sauf la tour Eiffel) une hauteur de 60 mètres. Mais on trouve fréquemment des escarpements et des falaises dont l'élévation atteint plusieurs centaines de mètres. Un appareil photographique adapté à un cerf-volant, dont nous parlerons plus loin, a pris une vue à 90 mètres au-dessus du niveau de la plaine. Au moyen de ballons, on a obtenu des clichés à des hauteurs variant de 200 à 1 000 mètres.

Supposons une station à 400 mètres de hauteur et une distance de point de vue de $0^m,15$. On obtiendrait, par exemple, dans ces conditions de la nacelle d'un ballon captif, une vue prise d'abord sur un tableau vertical.

Examinons les effets de la transformation de la perspective en plan géométral.

Afin de mettre en évidence les facilités des constructions et les effets de la transformation de la perspective, nous renverserons le problème, et nous admettrons que le terrain au-dessus duquel on opère est une plaine horizontale indéfinie (*fig.* 261). Du pied de la verticale de la station $O_r$ comme centre, décrivons des arcs de cercle concentriques avec des rayons de 500, 1 000, 1 500,.. 3 000 mètres ; la hauteur est supposée de 400 mètres. Les perspectives de ces arcs de cercle sur un point vertical devront être des arcs d'hyperboles (46) dont les sommets seront sur la trace du plan principal.

On déterminera par points ces arcs d'hyperboles, en se servant de la construction inverse de celle indiquée plus haut (173).

Le tracé de ces arcs s'obtient de la façon suivante :

Par la verticale du point $O_r$ menons des plans verticaux passant par les différents points, pris à volonté, $x$, 1, 2, $m$, 3, 4, A. Ces plans coupent le tableau suivant les verticales X, 1', 2', M', 3', 4' et Y. Les points A et B des deux premiers cercles qui sont sur le même rayon qui donne la trace verticale Y donneront des points correspondants de l'hyperbole sur cette même trace. En joignant $O'_r$ à A et en prolongeant jusqu'à Y, on aura le point A'.

Le point B' s'obtient de même par recoupement de $O'_r$B et de la verticale Y. Un autre point quelconque C situé sur le rayon qui donne la trace verticale 4' donnera C'.

Pour les points sur la verticale principale Z on fera un rabattement autour de $O_r Z$ comme charnière ; $O_r$ vient en $O_4$. Pour déterminer le sommet de l'hyperbole correspondant à $m$, on mène $O_4 m$ prolongé jusqu'à la trace XY, ce qui donne $m'$, puis, avec M$m'$ comme rayon, on trace un arc de cercle qui coupe la verticale principale en M, c'est le sommet de l'hyperbole.

On reconnaît, d'après le tracé ainsi obtenu, que l'on peut dans les conditions supposées compter sur un degré assez grand d'exactitude jusqu'à 6 ou 7 degrés de chaque côté du plan principal ; les constructions pourraient être continuées pour des points situés à plus de 3 000 mètres, limite à laquelle nous nous sommes arrêtés, mais les six courbes que nous avons tracées montrent que l'éloignement se traduit, dans les conditions que nous avons supposées, par une contraction qui devient déjà sensible pour les points situés entre le deuxième et le troi-sième kilomètre. La détermination des points éloignés devient de plus en plus incertaine, et il est nécessaire de limiter à cette distance le champ de ses observations.

**Appareil panoramique Damoizeau.**

**179.** C'est un appareil photographique

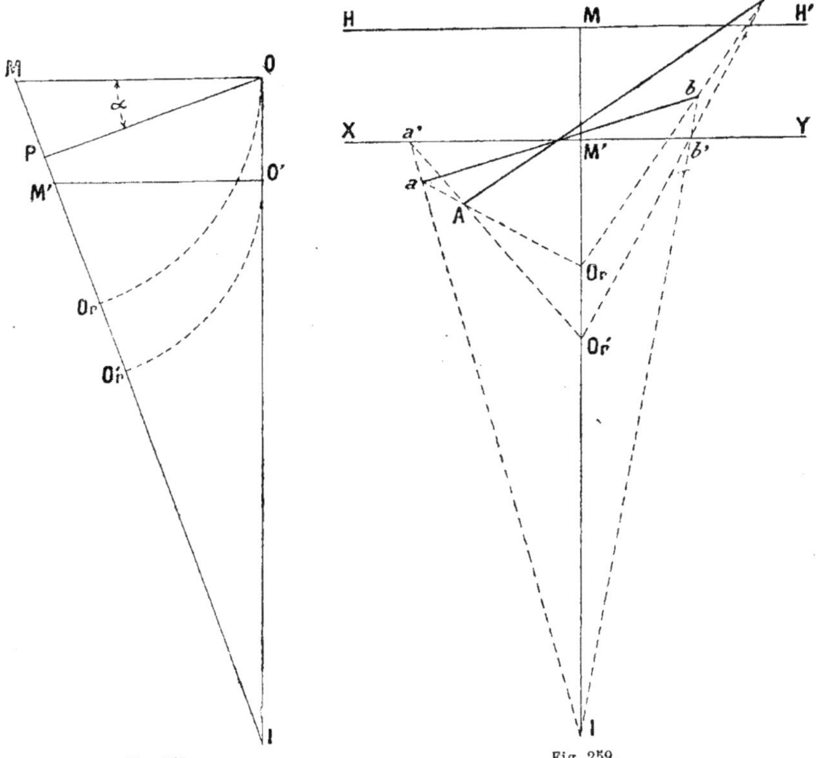


Fig. 258.
Fig. 259.

disposé d'une façon toute spéciale en vue d'obtenir des vues panoramiques.

Ce sont ces dispositions spéciales dont nous nous occuperons seules, la question photographique sortant de notre cadre.

L'appareil se compose d'une chambre noire à soufflet avec objectif et obturateur pour l'instantanéité. Cette chambre est montée sur un pivot de telle sorte qu'elle peut effectuer une révolution complète autour de son axe et revenir à son point de départ. Mais, comme la mise au point donne plus ou moins de distance entre le châssis et le centre optique, on conçoit que ce pivot doit varier dans une certaine mesure, ce qui nécessite un dispositif particulier.

La partie la plus intéressante pour

nous est la partie qui remplace le châssis, et qui permet d'obtenir des images d'une grande longueur. Comme il ne serait pas possible ou, du moins, comme il serait peu pratique de se servir d'une glace de la longueur voulue, on remplace celle-ci par une matière souple qui s'enroule sur deux rouleaux verticaux placés à l'arrière de la chambre noire (*fig.* 262) ; ce produit est fabriqué par la Compagnie du Cristallos qui peut donner jusqu'à 5 mètres de long. Un diaphragme placé au-devant permet de ne laisser qu'une étroite ouverture réglée d'après l'intensité de la lumière. Un mouvement d'horlogerie, solidaire et du mouvement de rotation de l'appareil, et du mouvement de rotation des rouleaux, fait enrouler sur l'un de ces derniers et dérouler sur l'autre une bande verticale de pellicule sensible correspondant à la quantité dont l'appareil a tourné, de telle sorte que, quand il a

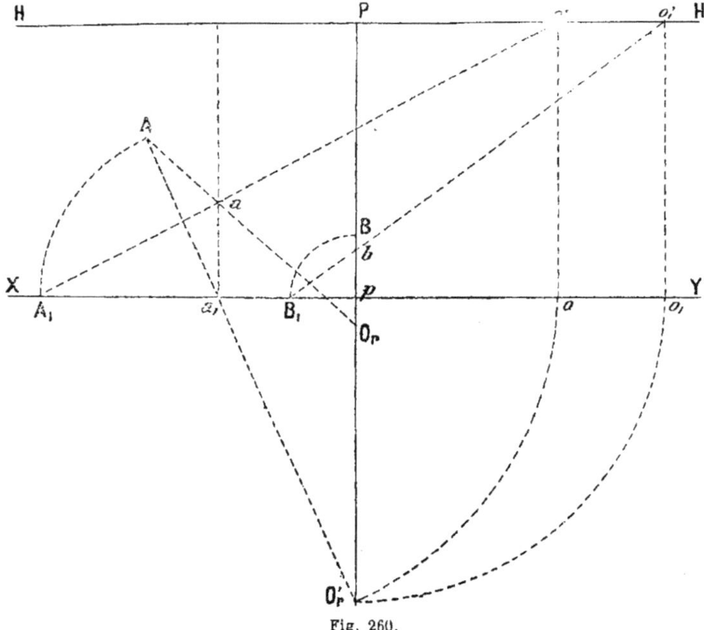

Fig. 260.

parcouru tout l'horizon, on a un cliché enroulé presque entièrement représentant un panorama complet embrassant 360 degrés.

On a ainsi obtenu des vues de 2 mètres de longueur en dix secondes ; la partie découverte par le diaphragme étant de $0^m,002$ de large, l'opération correspond à 1/100 de seconde de temps de pose.

Cet appareil peut être d'un grand secours pour le lever des plans en se servant de deux épreuves prises à deux stations différentes dont on mesure la distance.

Soient X et Y ces deux stations rapportées à l'échelle qu'on veut donner au plan (*fig.* 263).

Sur chaque épreuve, on trace des verticales de tous les points qui doivent paraître sur le plan, les pieds de ces verticales sont notés, sur chacune de ces vues doit figurer l'autre station.

On décrit des points X et Y des cercles dont les rayons sont égaux à la distance

du pivot de l'appareil à la partie de pellicule sensible découverte par le diaphragme (de la longueur même de
l'épreuve qui fait le tour complet de l'ho-

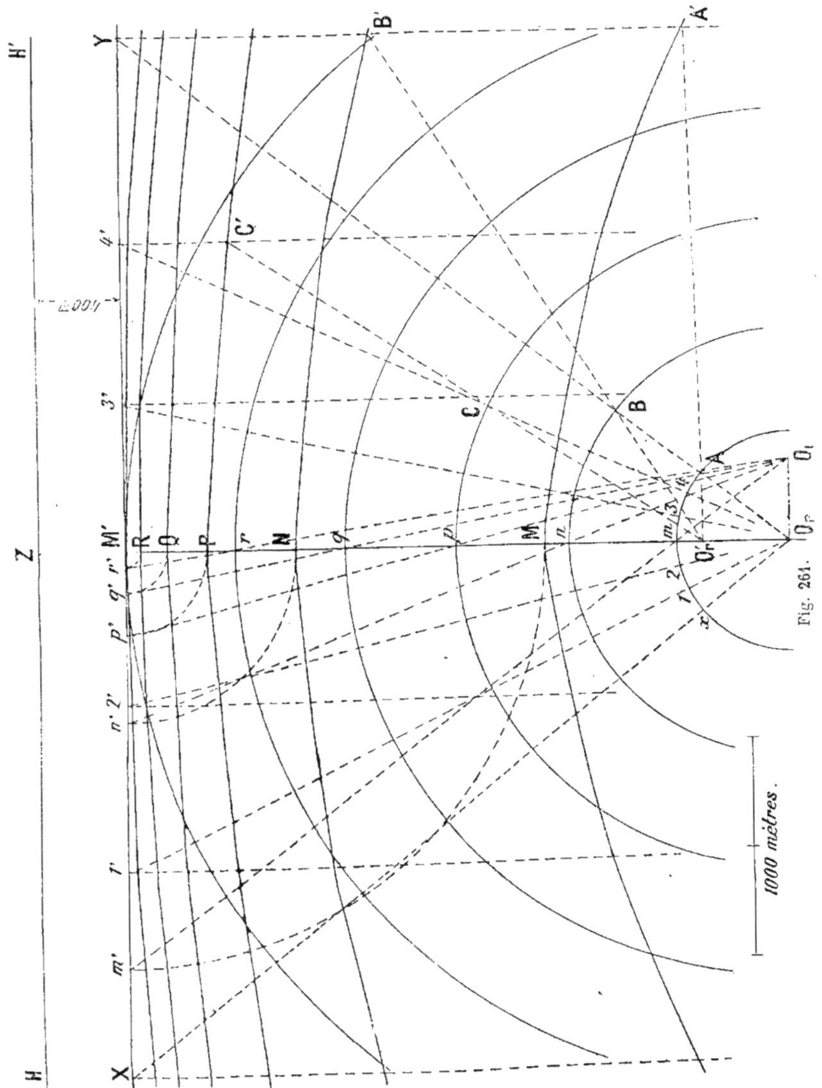

Fig. 261.

rizon, il est aisé de déduire le rayon);
on porte ensuite les différents points de
chaque vue sur chaque circonférence, en
ayant soin de prendre comme point de
départ pour la première épreuve le point
qui montre la seconde station, et en le

plaçant au point où XY prolongé rencontre la circonférence. Il suffira ensuite de tracer des lignes droites de chacun des points $a$, $b$, $c$, $d$... en passant par le centre de la circonférence ; on fera de même pour l'autre station et par recoupement, on aura les points A, B, C, D... du plan cherché.

Les hauteurs ou nivellements s'obtiendront facilement, si on a eu soin de répéter la ligne d'horizon.

### Lever des plans au moyen du cerf-volant photographique.

*Appareil Arthur Batut.*

**180.** La photographie aérienne a déjà rendu de grands services ; on connaît les travaux et les résultats obtenus par plusieurs aéronautes, entre autres M. Albert Tissandier.

On comprend toute l'importance d'une vue relevée à une grande hauteur au moyen d'un ballon captif. Mais c'est un procédé fort coûteux puisqu'il faut, non seulement un aérostat avec tous les accessoires, mais un procédé qui n'est pas toujours pratique. Le personnel qu'il demande, le temps indispensable au gonflement sont autant de causes qui le rendent difficile à appliquer.

C'est dans le but de donner une grande facilité à ce mode de relevé que M. Arthur Batut a imaginé le procédé suivant, dans lequel le ballon est remplacé par un cerf-volant.

Nous entrerons dans quelques détails sur l'appareil qui enlève la chambre noire, parce qu'il est appelé à rendre de grands services aux officiers dans leurs reconnaissances, aux voyageurs et aux explorateurs, qui peuvent rapporter des données indiscutables, et cela sans aucun embarras de matériel, ni perte de temps en préparatifs. Du reste, ballon et cerf-volant peuvent se compléter puisque le ballon captif ne peut s'élever par les grands vents, ce qui est tout le contraire du cerf-volant.

Comme cet instrument peut être construit par tout le monde, à la réserve, bien entendu, de l'appareil photographique,

nous indiquons la façon de l'établir dans de bonnes conditions de stabilité.

Si chacun connaît le jouet, peu de personnes en connaissent la théorie. Nous ne donnerons que les résultats indiqués par M. Estelin, professeur au Collège de Bazas, dans *La Nature* (26 février 1887).

Le cerf-volant, tel qu'il le décrit, se compose du classique roseau dont la longueur totale AB divisée en dix parties donnera l'unité de mesure (*fig.* 264). Pour un roseau de 2 mètres, l'unité sera de

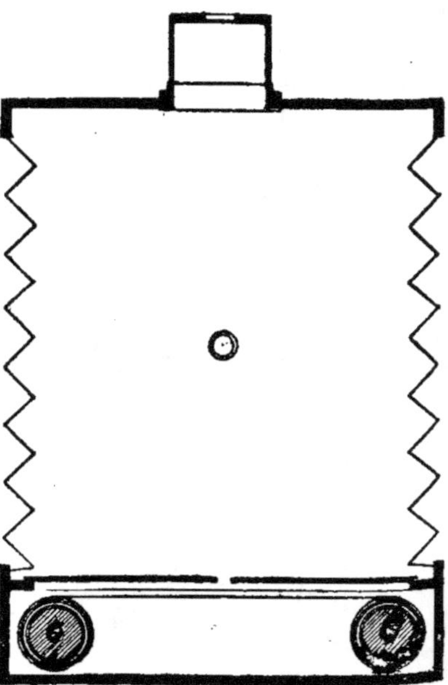

Fig. 262.

$0^m,20$, que nous employons pour notre exemple.

A deux unités du gros bout A ($0^m,40$), on fixe l'arc composé de deux tiges d'osier longues chacune de cinq parties et demie ($1^m,10$) dont la réunion forme une longueur CD de sept parties ($1^m,40$). Les parties les plus épaisses sont liées l'une sur l'autre au moyen de ficelle encollée.

On passe une cordelette de ceinture dans des encoches faites aux deux extrémités du roseau en B, ainsi qu'à celles CD de

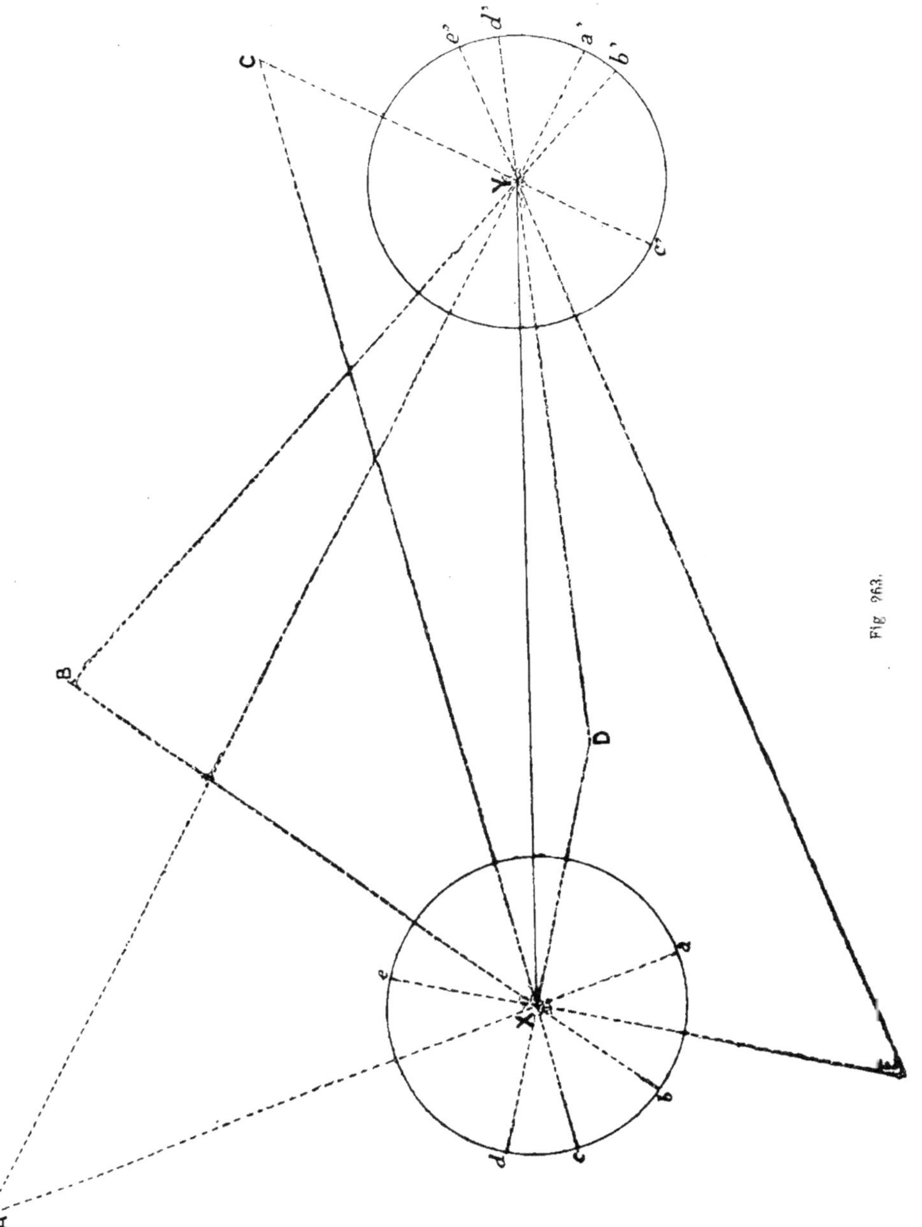

Fig. 263.

l'arc, et on tend suffisamment pour donner à l'arc une flèche d'une unité (0$^m$,20). On recouvre au moyen d'un papier léger mais résistant, et on double avec une étoffe mince aux quatre angles et sur les points d'attache des brides. Ces points sont l'un à la jonction de l'arc et du roseau, à la deuxième unité, et l'autre à trois unités du petit bout, division marquée 7. Cette bride est une cordelette d'une longueur telle que, rabattue sur le côté du cerf-volant, elle dépasse légèrement l'extrémité de l'arc ; suivant la figure, elle se rabattra suivant 2E7. C'est en face de cette extrémité, en E, qu'on fixe la corde de manœuvre au moyen d'une olive en bois. Une forte ficelle relie par derrière les extrémités de l'arc et doit être plus ou moins tendue suivant la force du vent ; elle sert à donner au cerf-volant une surface convexe qui en assure la stabilité. La description ne mentionne pas la queue, mais on est quand même forcé d'en mettre, et nous verrons plus loin comment elle doit être établie.

Ceci est le cerf-volant à l'état de jouet. L'obligation de lui adjoindre un appareil photographique l'a fait légèrement modifier comme construction, tout en gardant les mêmes proportions.

Le roseau n'est pas employé dans l'instrument qui nous occupe, parce qu'il serait trop lourd ; pour une longueur de 2 mètres, il aurait de 8 à 9 centimètres de diamètre au gros bout ; or on doit chercher à le rendre aussi léger que possible puisqu'il a un poids à emporter.

On remplace (*fig.* 263) le roseau par deux règles AB de bois léger (peuplier de Caroline) ayant 0$^m$,02 × 0$^m$,005 de section et d'un fil bien droit. Ces règles sont solidement liées aux extrémités, clouées, collées et ficelées ; elles embrassent entre la quatrième et la cinquième unité, à partir de la tête, une boîte légère d'une épaisseur égale à celle des règles et formant trapèze, le plus petit côté tourné vers le bas et dont tous les côtés sont cloués et collés par de solides ligatures et des pointes ; c'est le support de la chambre noire.

Aux points d'attache de la bride sont de légères et solides entretoises M et N de bois blanc qui viennent tendre les deux règles ; elles doivent être établies et clouées sur les branches avec beaucoup de soin. Pour que la bride ne puisse pas glisser sur ces entretoises, on les entoure de ficelle encollée, sauf un endroit, au milieu, pour l'attache de la bride. Le glissement de cette dernière pourrait déranger la stabilité de l'appareil.

Lorsque le cerf-volant a plus de 1$^m$,50 de hauteur, on peut, au lieu d'osier, faire l'arc au moyen de deux lames de fleuret soudées ensemble par la poignée.

Les boutons sont enveloppés de ficelle encollée formant une boucle pour attacher les cordes de ceinture, ou bien ces extrémités sont retournées à la forge en forme d'anneaux. Leur réunion sur l'entretoise supérieure se fait avec de la ficelle encollée ; pour éviter que celle-ci se coupe sur les arêtes du métal, on l'entoure de petites bandes de liège ou de bois très tendre.

La queue n'est pas seulement un ornement, elle sert à donner une stabilité relative. Elle doit avoir quatre fois la longueur du cerf-volant. Elle se compose d'une ficelle double sur laquelle des nœuds embrassent des rectangles de papier. Ces rectangles auront une unité et demie de longueur et une demi-unité de largeur ; on les froisse et on les tord en les nouant, ils sont espacés d'une unité l'un de l'autre. Une olive en bois termine une extrémité pour l'assujétir au bas du cerf-volant qui porte une boucle à cet effet.

On peut parvenir à enlever un cerf-volant, même par un temps très calme. Il suffit de le faire lancer par un cavalier ; sur mer, on peut employer une chaloupe à vapeur.

La chambre noire diffère de celles du commerce par la fixité de la planchette d'objectif et par l'absence de soufflet. C'est une boîte en bois blanc de 0$^m$,004 d'épaisseur, dont l'intérieur est noirci au pyrolignite de fer ; l'extérieur est recouvert de papier noir dit *papier à aiguille*, collé à la colle d'amidon. Le fond est un couvercle de 0$^m$,01 d'épaisseur ; dans cette épaisseur est pratiquée une feuillure qui reçoit les quatre côtés de la boîte ; deux petites pointes servent de verrous. A l'opposé est l'objectif ; c'est un instrument symétrique fixé à l'intérieur de la chambre.

Le châssis, ou ce qui en tient lieu, est une simple planchette de noyer de 0<sup>m</sup>,002 de dimensions suffisantes pour entrer exactement dans la chambre noire, et rendue rigide par deux petites baguettes de bois blanc collées à son verso perpendiculairement aux fibres. C'est sur le recto qu'on fixe la surface sensible, papier ou pellicule, à l'aide de bandes de papier gommé.

Quatre pointes fixées dans les angles de la chambre forment arrêt pour supporter ce châssis qui est rendu fixe au moyen de quatre punaises placées derrière avant de mettre le couvercle.

Il n'y a pas de mise au point pour cet appareil ; cela est du reste inutile puisqu'il n'y a pas de premiers plans. La distance est toujours de 80 à 100 mètres ; on

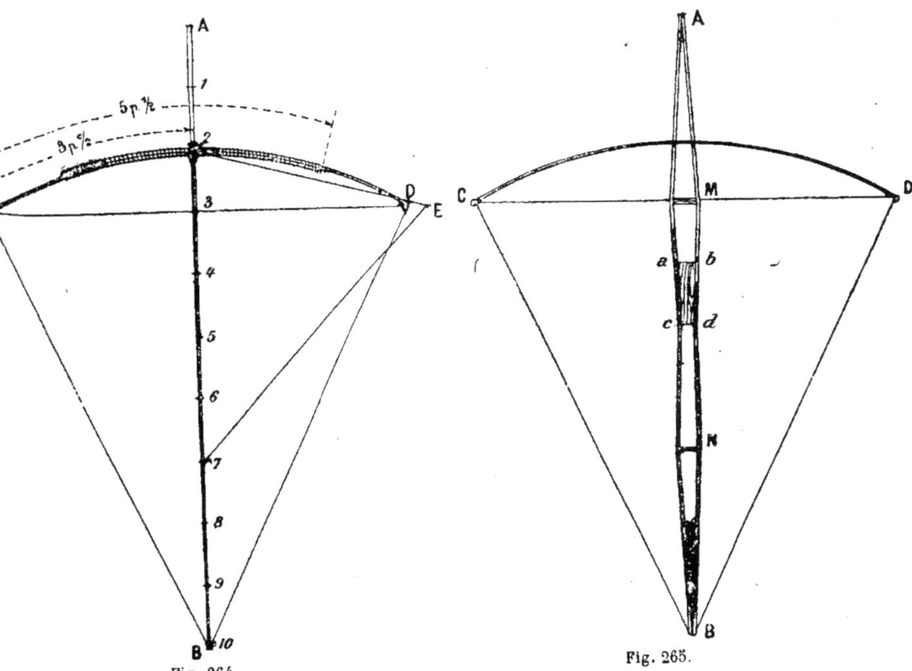

Fig. 264.                                   Fig. 265.

fait donc une mise au point unique pour cette distance, et cela une fois pour toutes ; les objets plus éloignés seront toujours nets.

Sur chaque grand côté de la boîte est un boulon en cuivre qui sert à la fixer au support ; ils sont recouverts de drap noir à l'intérieur pour éviter tout reflet.

La chambre n'est pas supportée par suspension à la Cardan comme en ballon, elle est fixe et solidaire du cerf-volant.

Le mode d'attache se fait au moyen d'une boîte triangulaire, comme l'indique la figure 266 ; en effet la chambre n'a pas toujours la même position suivant qu'il s'agit d'une vue prise verticalement ou d'une vue perspective ; de là, la nécessité d'un mode d'attache qui puisse aisément se modifier.

Lorsqu'on prend une perspective, le châssis est incliné, et il est utile de connaître l'inclinaison si l'on veut procéder à une restitution. Or l'angle du cerf-volant avec l'horizon diminue continuellement depuis son départ jusqu'à son point extrême d'élévation, en raison du poids de la corde qui augmente à mesure, et de la prise qu'elle donne au vent. Cet angle devient constant dès qu'il a trouvé en l'air sa position d'équilibre ; il est environ de 33 degrés. Lorsqu'on a besoin d'une grande exactitude, on peut obtenir photographiquement cet angle, qui sera toujours constant pour un même appareil.

A cet effet, on coupe une feuille de carton rigide de la grandeur du fond de la chambre, on fait une sorte de poche en papier pelure de même dimension, fixée sur ce carton et ouverte d'un côté de façon à pouvoir y introduire un papier au gélatino-bromure. Ensuite, à l'aide d'un rapporteur, on trace un angle droit dont un côté est parallèle au côté droit de la boîte, l'autre à la partie supérieure, de sorte que le centre est en haut à droite ; le 0 degré est sur le côté droit et le 90 degrés en haut. Au point de centre, on perce un trou d'aiguille et on fixe un fil à plomb composé d'un fil noir très fin et d'un grain de plomb de chasse. Après avoir placé ce carton au fond de la chambre noire, on fixe l'appareil au cerf-volant *par le côté et non par le fond*, de sorte que le point du centre du fil à plomb est contre le cerf-volant et en haut.

Lorsque le cerf-volant est à sa hauteur, et qu'il a pris sa position d'équilibre, on obtient une épreuve qui indique la position du fil à plomb arrêté devant une des divisions du cercle gradué sur le papier pelure.

Pour obtenir l'ouverture de l'obturateur, on emploie souvent, dans des cas ordinaires, l'air comprimé ou l'électricité, mais ici ce ne serait pas possible à cause du poids du tube ou des deux fils de cuivre guipés ; ces tubes ou fils pourraient aussi se briser sous l'effet d'un coup de vent. Pour obtenir le même résultat, on emploie une mèche à temps dont la longueur est calculée d'avance ; on l'allume avant de lancer le cerf-volant qui, en deux ou trois minutes, est arrivé à hauteur et a pris sa position d'équilibre.

Il reste à apprécier la hauteur à laquelle la vue a été prise. Lorsqu'on a pas besoin d'une exactitude rigoureuse, on peut l'évaluer aux deux tiers de la longueur de la corde, quand celle-ci fait au dévidoir un angle de 45 degrés.

Si l'on veut une plus grande exactitude, on se sert d'un petit baromètre d'une

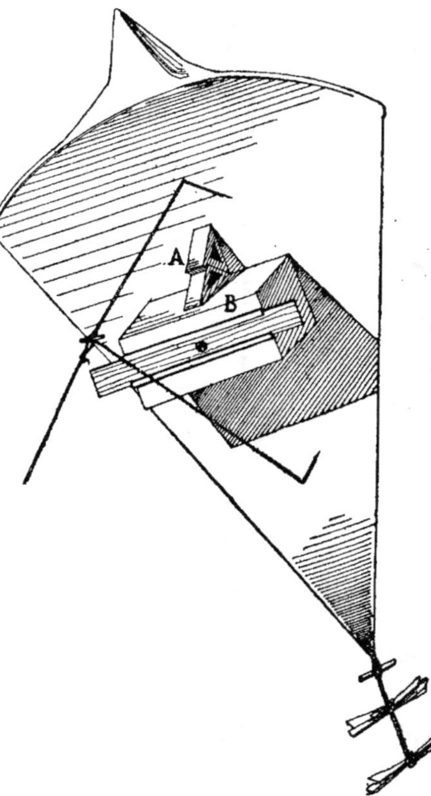

Fig. 266.

forme circulaire renfermé dans une sorte de boîte à obturateur, dont l'ouverture ou la fermeture coïncide avec celle de l'objectif ; une feuille de papier sensible placée derrière le tube en verre notera exactement la position du mercure au moment de l'opération et, comme on sait, la hauteur du mercure au niveau du sol ; il sera facile d'en déduire le nombre de millimètres correspondant à l'ascension. Pour obtenir une très grande exactitude, on pourra se reporter aux tables publiées dans l'*Annuaire du Bureau des longitudes*, mais, dans la pratique, on aura des résultats suffisamment exacts en multipliant par 12 mètres le nombre des millimètres obtenus. Ainsi pour une différence en millimètres de 9 millimètres 1/2, on aura une hauteur d'ascension de 114 mètres.

Ajoutons encore quelques mots de renseignements sur l'appareil photographique. L'obturateur est construit suivant la méthode de M. de la Baume Pluvinel, dite *Méthode de la boule*.

L'objectif est simple à paysage, d'ouverture suffisante pour l'instantané.

Le temps de pose varie de $^1/_{100}$ à $^1/_{150}$ de seconde. On se sert le plus ordinairement de papier et de pellicules au gélatino-bromure, car les glaces pourraient se briser, surtout à la descente; le mieux est de se servir de pellicules.

### Note sur la chambre claire. Parallaxe.

**181.** D'après ce que nous avons vu ci-dessus, concernant l'application de la perspective au lever des plans, on a vu l'importance qu'occupe la chambre claire dans ce genre d'opérations. Nous avons décrit cet appareil et son mode d'emploi dans tous ses détails (167). Mais la chambre claire, ainsi comprise, réduite à un prisme à faces planes, a de très graves inconvénients. Nous voulons parler du phénomène de la parallaxe.

Si, par une ouverture pratiquée dans une lame opaque fixe, on regarde un objet plus ou moins éloigné, et que l'on vienne interposer en avant de la lame, parallèlement à son plan, un écran transparent, un verre à glace, par exemple, dans les mouvements involontaires de l'œil, l'axe optique dirigé sur un des points de l'objet, au lieu de passer par le centre, pourra s'appuyer sur la circonférence du diaphragme et alors le rayon visuel percera le verre en un point d'autant plus distant de la trace du rayon central que l'objet sera plus éloigné et l'ouver-

ture du diaphragme plus grande. Enfin, si l'objet est placé à une distance tellement éloignée qu'il soit possible de considérer tous les rayons visuels comme étant parallèles entre eux, la parallaxe aura pour limite le diamètre de l'ouverture. L'écran transparent n'est autre chose que le tableau fictif perspectif, ce qui se passe à sa surface est de même que ce qu'on voit sur la feuille de papier; or, l'ouverture du diaphragme étant égale

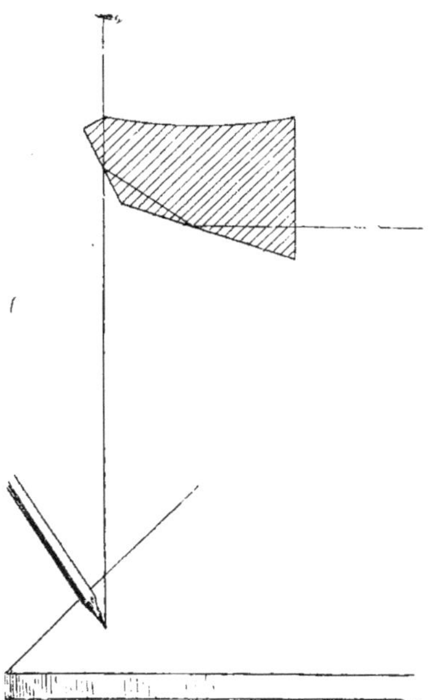

Fig. 267.

à celle de la pupille, l'erreur peut avoir plusieurs millimètres.

La meilleure façon d'éviter ce grave inconvénient serait de ramener les images virtuelles des objets éloignés à se former à la distance de la vue distincte, où se trouve déjà placé le tableau ou le papier; c'est dans ce cas que se rencontreront les conditions les plus favorables pour travailler sans que l'œil se fatigue par trop.

Or, dans la chambre claire primitive, telle que nous l'avons décrite (167), l'inconvénient de la parallaxe est tel que beaucoup de personnes, séduites tout d'abord par les résultats que devait leur procurer l'appareil, ont dû l'abandonner en raison de la difficulté qu'il y a à s'en servir. Lorsque le rayon visuel pénètre en plein dans le prisme, l'image virtuelle est très nette, mais l'opérateur ne voit plus la pointe du crayon. Si, au contraire, il voit bien le papier et le trait qu'il trace, c'est l'image virtuelle qui n'est plus visible. Enfin, les déplacements

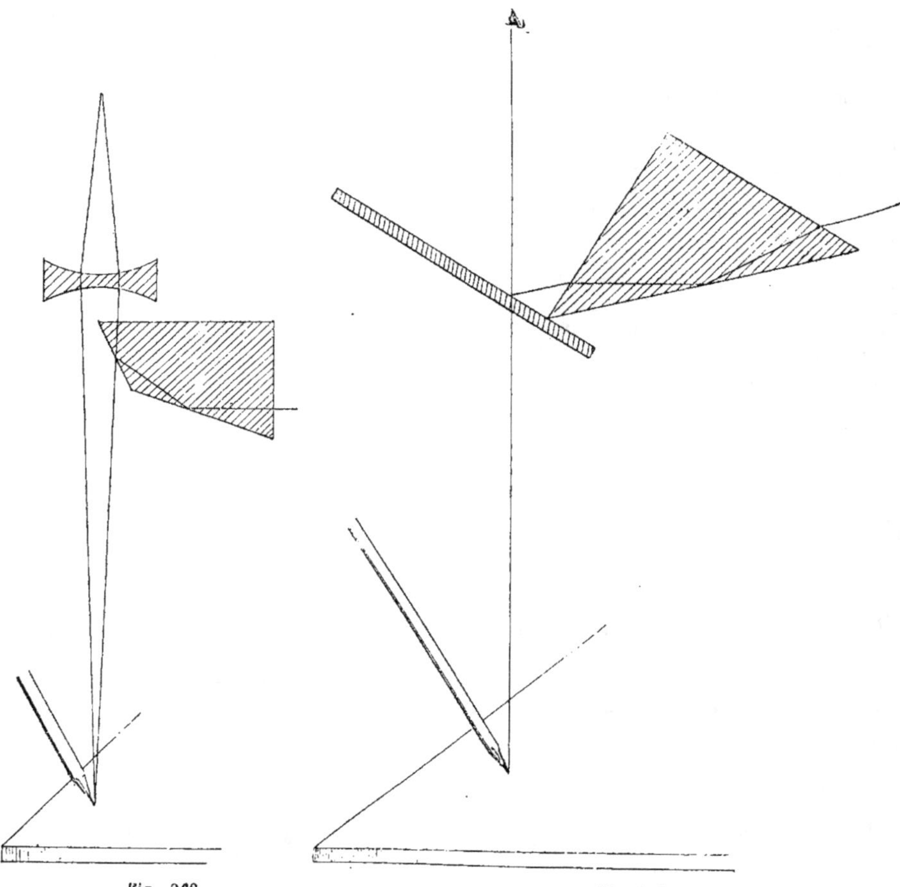

Fig. 268.

Fig. 269.

involontaires de l'œil produisent le phénomène de la parallaxe, ce qui produit des écarts tels qu'un trait commencé peut, après un léger changement de position, paraître distant de quelques millimètres de la nouvelle image virtuelle.

Wollaston s'est très bien rendu compte de cette difficulté, il a cherché à la résoudre. Il essaya d'abord de ramener la formation de l'image virtuelle sur le bord du prisme au moyen d'une lentille divergente (*fig.* 267) ; puis, les résultats n'étant pas suffisants, il construisit une chambre claire dont la face supérieure était légèrement creusée, comme l'indique la figure 268. La difficulté restait encore la même en ce qui concerne le malaise éprouvé par l'œil pour voir à la fois la pointe du crayon et l'image virtuelle. Amici essaya de même de ramener les rayons dans une glace transparente (*fig.* 269); ici, le phénomène de la parallaxe existait toujours.

Le colonel Laussedat imagina plus tard une modification qui a donné les plus heureux résultats; grâce à cette nouvelle disposition, l'emploi de la chambre claire

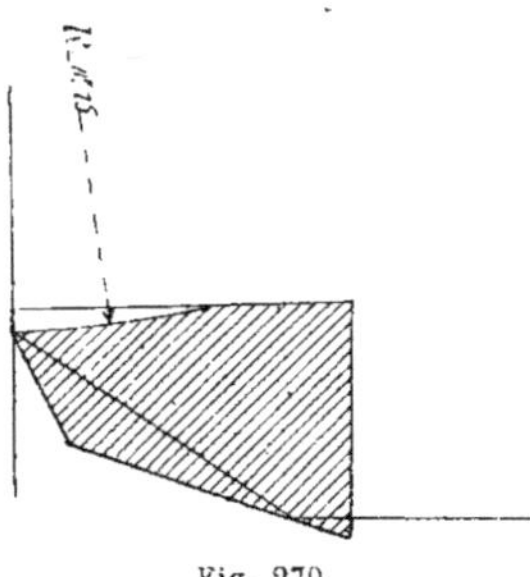

Fig. 270.

n'occasionne aucune fatigue à l'œil; de plus, il donne des résultats d'une exactitude absolue.

La partie supérieure du prisme est creusée légèrement en forme de segment de sphère dont le rayon est de $0^m,15$ (*fig.* 270). Le centre du petit cercle suivant lequel la face du prisme est entamée se trouve exactement sur le bord de cette face, à l'endroit où le rayon visuel vient tangentiellement frapper avant de rencontrer la pointe du crayon. La parallaxe n'existe plus, car l'image ne se forme qu'à ce centre, et l'œil voit très bien, puisque l'image virtuelle se perspective en ce même centre,

et qu'on voit à la fois le bord du prisme et la planchette.

Cet appareil est ordinairement monté, afin d'avoir une plus grande stabilité, sur deux pieds munis de mâchoires fixées à la planchette. Le prisme est maintenu ainsi de deux côtés à la fois (*fig.* 271).

Pour obtenir le point de vue et l'horizon, on fait descendre devant l'oculaire

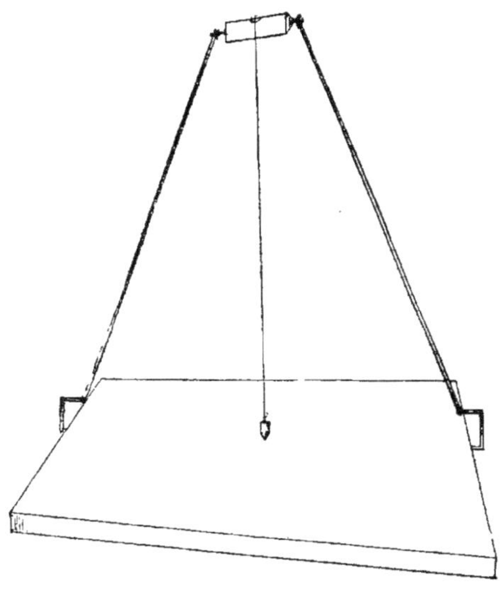

Fig. 271.

du diaphragme un petit fil à plomb dont la pointe touche la planchette au point de vue. Quant à l'horizon, on l'obtient en plaçant un fil à plomb entre la planchette et l'objet à reproduire. On dessine sur la planche l'image de ce fil à plomb; une perpendiculaire à cette direction menée par le point de vue donne la ligne d'horizon.

# CHAPITRE III

## PERSPECTIVES PARTICULIÈRES

### § *I.* — *PERSPECTIVE DES PLAFONDS*

#### Généralités.

**182.** Les perspectives des plafonds ne sont qu'un cas particulier des perspectives telles que nous les avons vues jusqu'ici. Le principe de ce genre de projections repose sur une convention spéciale.

Quelquefois, les plafonds ne sont pas autre chose que des perspectives ordinaires ou sur tableaux verticaux, qu'on a placées sur un plan horizontal ; nous pouvons citer en exemple presque tous les plafonds du Louvre qui ne sont autre chose que des tableaux posés en plafond au lieu d'être appliqués sur les murs verticaux d'une salle. De ceux-ci, nous n'avons rien à dire. Mais aussi, il est des plafonds dont le tracé est fait dans des conditions toutes différentes. On suppose alors que l'*élévation*, la *façade* de l'objet, est une projection géométrale, et que son *plan* est une projection verticale, c'est-à-dire que, toutes choses restant égales d'ailleurs comme dans toutes les perspectives que nous avons vues, on fait tourner, autour d'une horizontale passant par l'œil et parallèle au tableau, ce tableau d'un quart de cercle, de telle sorte, ainsi que l'indique la figure 272 que le plan ou géométral G devient vertical en G′, tandis que l'élévation ou façade V devient, au contraire, horizontale en V′.

#### Porte et cube en perspective. Plafond.

**183.** La figure 273 donne le plan d'une porte et d'un cube supposés soutenus par un plafond horizontal ; la distance de l'œil est indiquée par la longueur D. La figure 274 est l'élévation de cette porte et du cube. Il est bien entendu que, dans le cas présent, nous sommes obligés de considérer comme transparent le plafond qui sert de soutien à ces objets.

Il faut bien se pénétrer avant tout, et

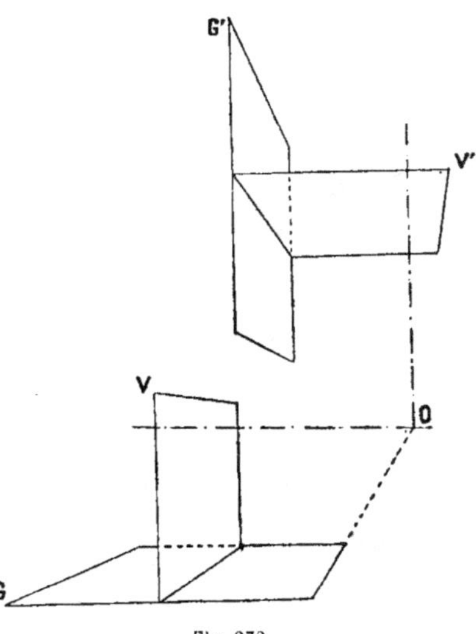

Fig 272.

c'est là le point essentiel, que la *façade* des objets est une projection *horizontale*, tandis que leur *plan* devient projection *verticale*. Ceci bien compris, les constructions s'effectueront sans difficulté.

La ligne d'horizon indiquée sur le *plan* qui devient *vertical* ne conserve ce nom que par analogie avec ce qui se passe dans les perspectives ordinaires ; on devrait plutôt la nommer *ligne du plan vertical passant par l'œil*. Mais cette dénomination ne serait pas suffisamment explicite, car, si par l'œil on ne peut mener qu'un seul plan horizontal coupant le tableau suivant une seule ligne d'horizon, on peut mener par ce point une infinité de plans verticaux ; nous reviendrons plus loin sur ce fait. Contrairement à ce qui se fait d'habitude, on met d'abord en perspective l'élévation (*fig.* 275) ; toutes les verticales fuient au point principal P. Cette projection se trace d'après les principes connus que nous n'avons pas à ex-

pliquer de nouveau, et que l'épure montre assez.

Puis, traçant une échelle des hauteurs sur la gauche, nous portons les hauteurs 1, 2, 3, **4**, 5, 6, correspondant à l'élévation (*fig.* 275). Le surplus de la construction s'achève sans aucune difficulté en se rappelant toujours que le *plan* et la *façade* intervertissent leur rôle.

Nous ferons remarquer que la ligne que nous continuons à nommer ligne d'horizon peut être absolument quel-

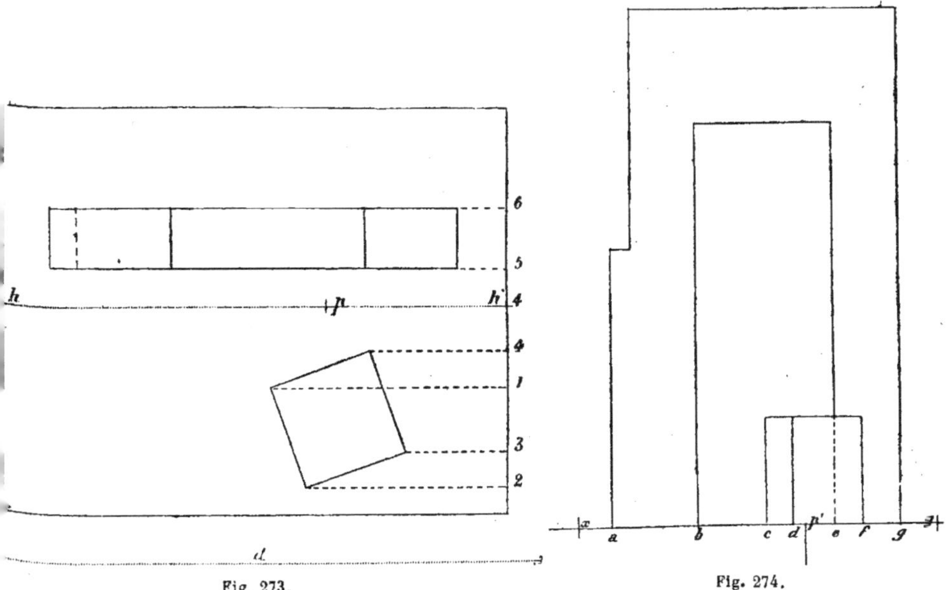

Fig. 273.Fig. 274.

conque, elle n'est assujettie qu'à passer par la projection de l'œil P (*fig.* 276). Aussi, s'il s'agit de mettre en perspective une porte se présentant de biais dans un plafond dont un côté est AB, ce qui donnerait HH′ comme ligne d'horizon, il est préférable de choisir une autre ligne d'horizon, telle que *hh*′ parallèle à la base de la porte ; cela simplifie les constructions et n'empêche nullement de tracer quand même le cadre du plafond suivant AB. C'est comme si le spectateur, dont l'œil se projette en P, avait tourné sur lui-

même de telle sorte que le plan vertical passant par ses deux yeux, au lieu de couper le plafond suivant HH′, le coupait suivant *hh*′. La perspective n'en est pas affectée, puisque le tableau, le point principal et la distance restent les mêmes. Cela revient au cas où, dans une perspective ordinaire, le spectateur, tout en maintenant l'œil à sa même position, se coucherait sur le côté.

### Mur demi-circulaire.

**184.** Un mur demi-circulaire est in-

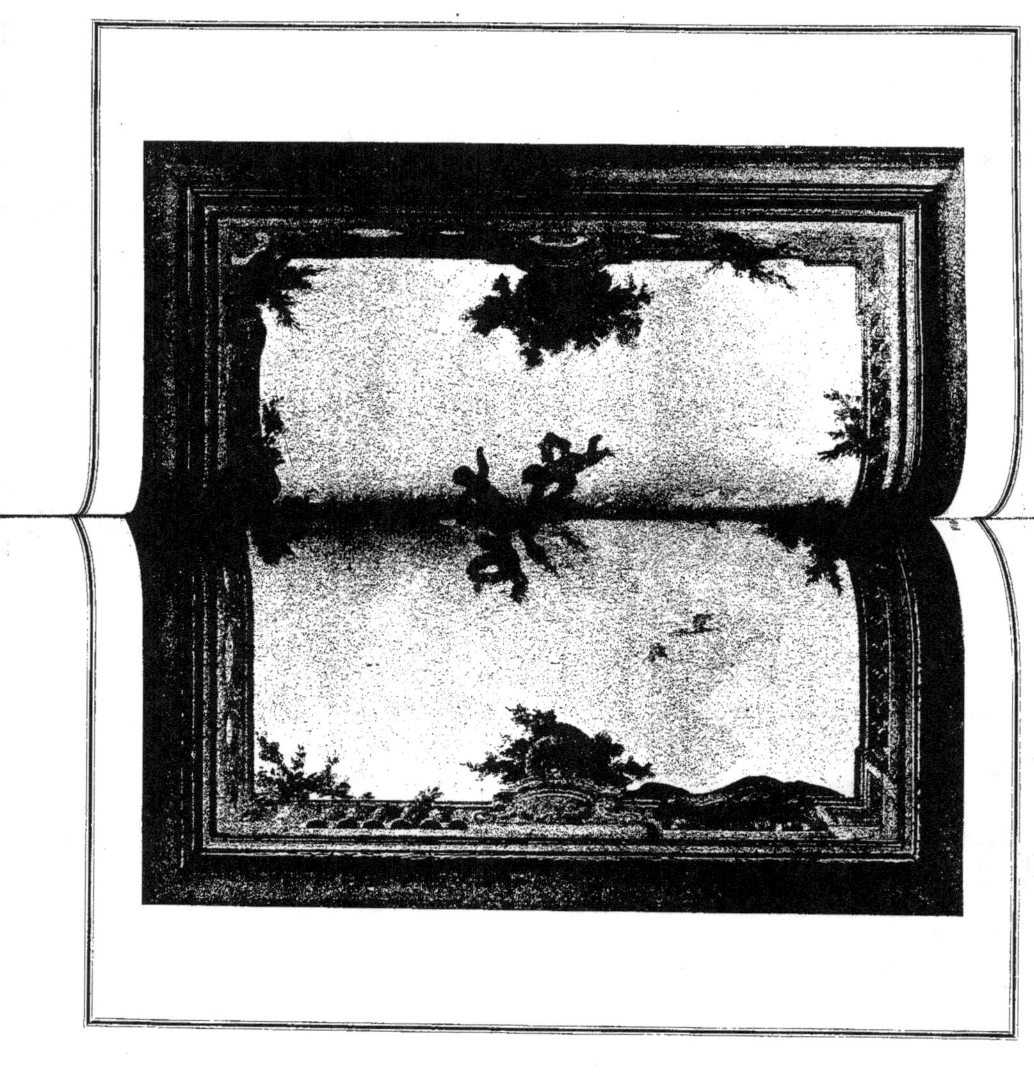

diqué en plan dans la figure 277, et en élévation dans la figure 278. La projection de l'œil est en P et la distance est indiquée sur la façade. Dans ce cas l'œil est situé sur le bord du tableau. L'élévation se met en perspective sur un plan

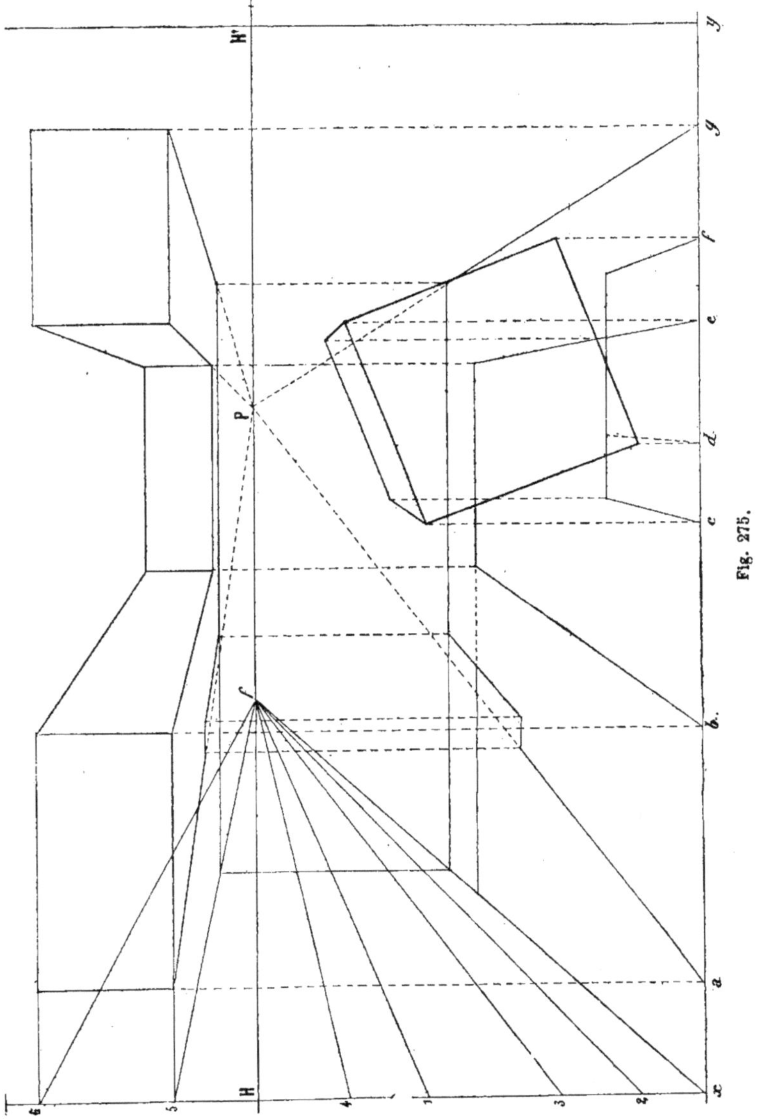

Fig. 275.

géométral par les procédés connus (*fig.* 279), puis, portant sur une échelle des hauteurs les points *a*, *b*, *c*, *d*, etc.,

correspondant au plan, on en déduit la perspective cherchée.

Il est à remarquer que, dans les deux

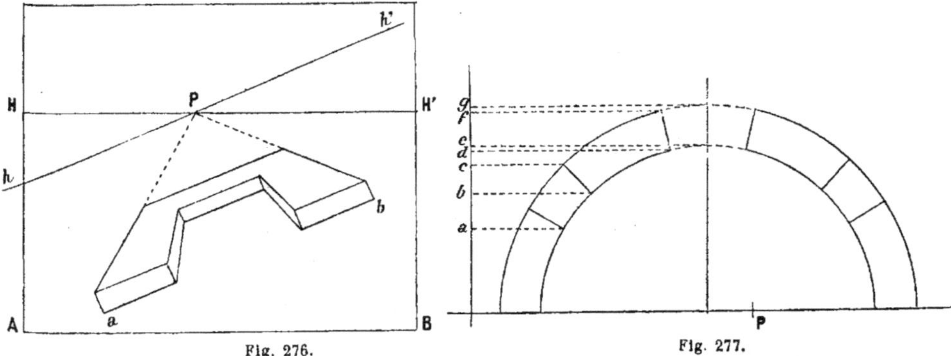

Fig. 276.

Fig. 277.

cas que nous venons de voir, le *plan* se perspective dans des plans de front, c'est-à-dire que pour un cercle, par exemple, il suffit de trouver le centre et un point de la courbe ; le surplus se trace d'un coup de compas. Un carré sera toujours un carré. C'est ce qui simplifie beaucoup ce genre de perspective.

### Balustrade.

**185.** C'est là un des genres de décoration les plus employés en plafond. La figure 280 en donne un exemple d'ensemble qu'on désigne communément sous le nom d'*acrotères*.

Dans la figure 281 nous montrons comment on doit procéder pour en tracer l'épure. Nous n'indiquons que la marche des opérations, sans nous arrêter aux détails qui doivent être suffisamment compris.

Nous avons le plan et l'élévation d'un balustre, nous supposons que la perspective doive en être faite au triple.

Par un point quelconque *x* sur la ligne de terre du balustre, on mène une verticale et une horizontale indéfinies. A une distance X quelconque, on mène une autre verticale sur laquelle on choisit un point *p* correspondant au point principal. On met en perspective l'élévation du ba-

lustre sur le géométral limité par les pa-

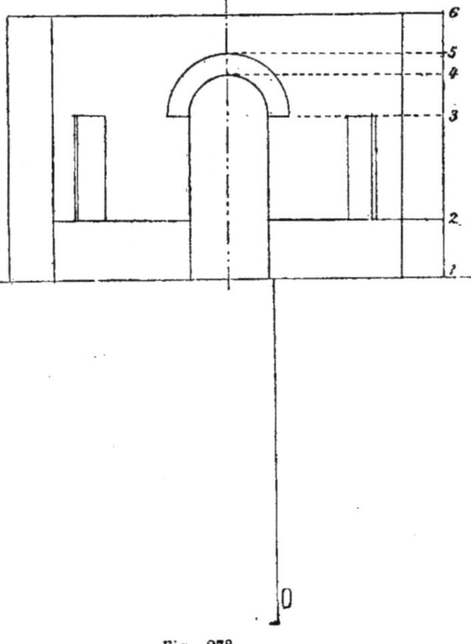

Fig. 278.

rallèles *x* et X, dans lequel *p* est le point de vue, *xp* l'échelle des éloignements. *p d*/3

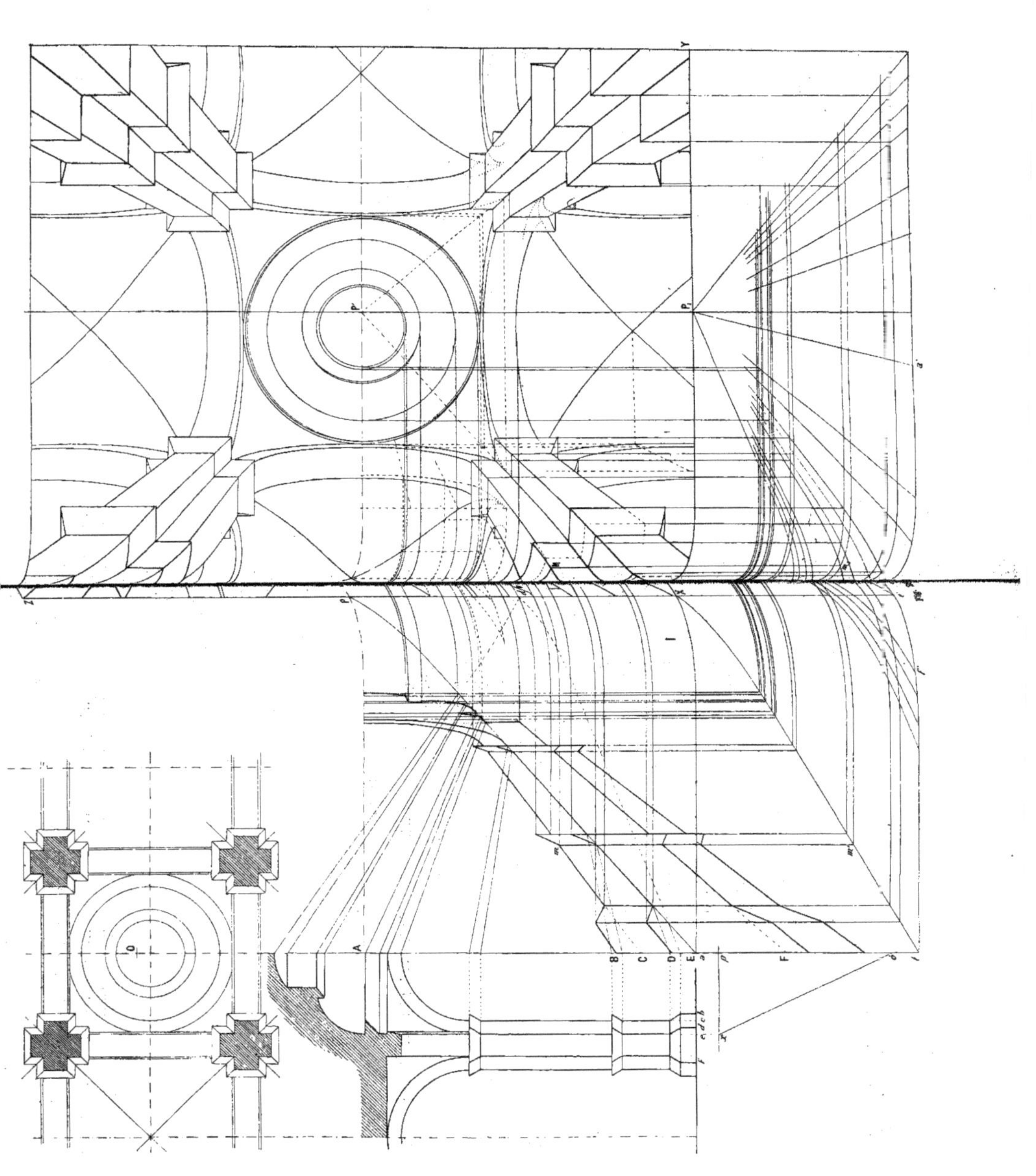

est la distance réduite au tiers. C'est un géométral auxiliaire.

Nous considérerons ensuite la verticale $pX$ et XY comme les bords du tableau ou plafond. Nous traçons au dessous une échelle des hauteurs, de telle sorte que

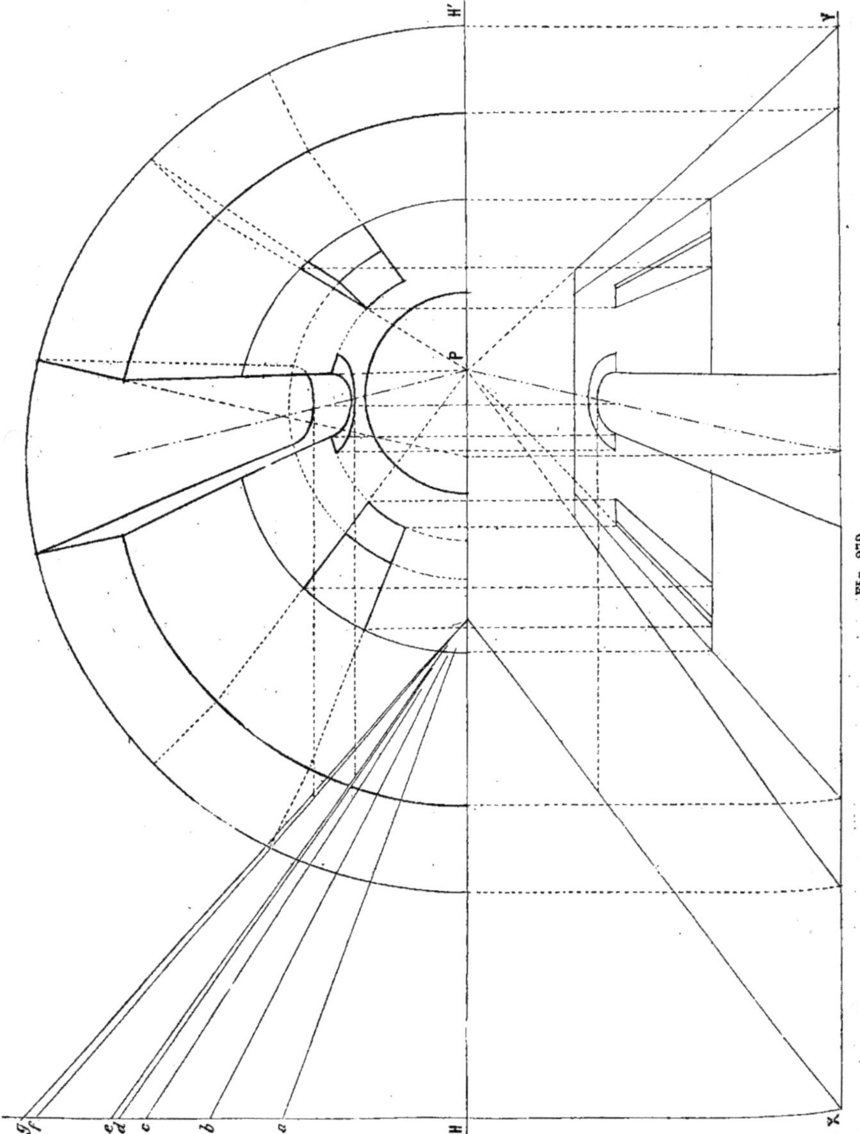

Fig. 279.

les points $a, b, c, d, e, f...$ y sont (au triple) les correspondants des mêmes points de l'élévation et du plan du balustre. Sur une parallèle menée par $p$ à XY, on choi-

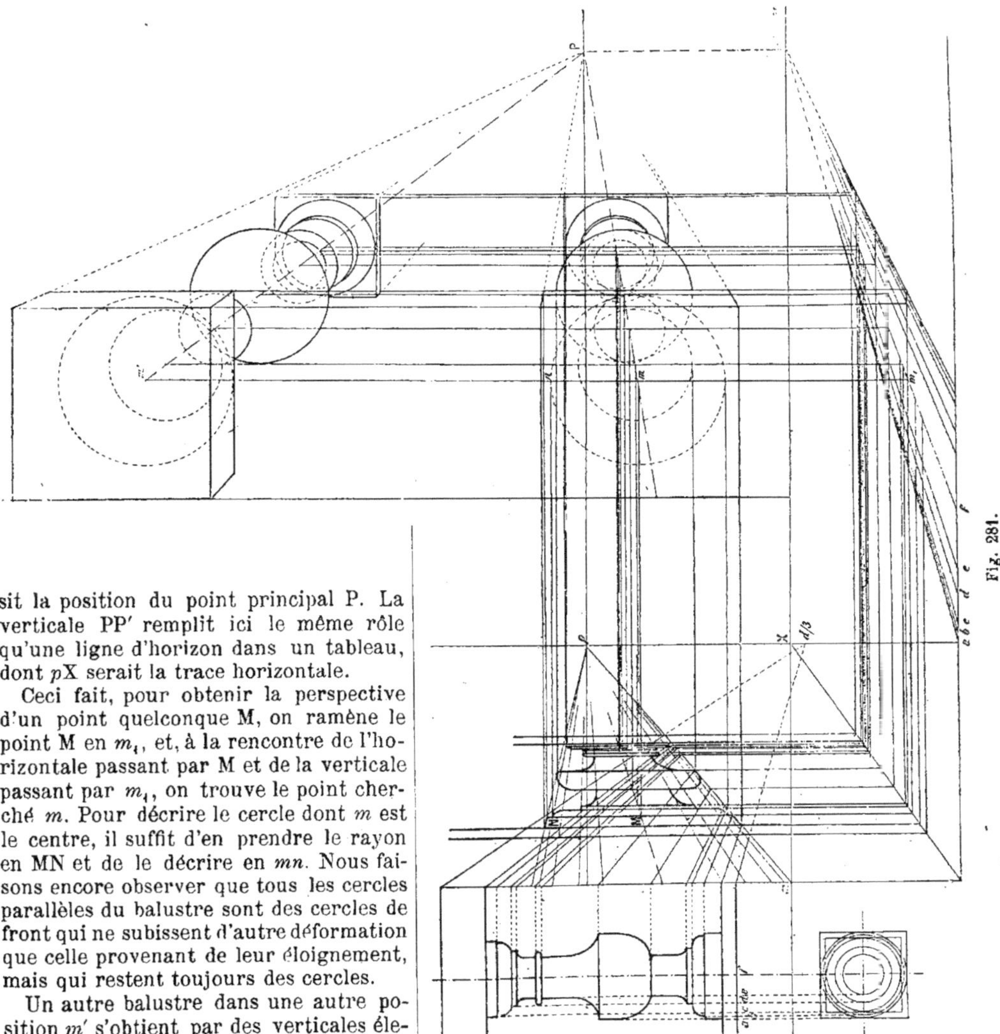

Fig. 281.

sit la position du point principal P. La verticale PP′ remplit ici le même rôle qu'une ligne d'horizon dans un tableau, dont $p$X serait la trace horizontale.

Ceci fait, pour obtenir la perspective d'un point quelconque M, on ramène le point M en $m_1$, et, à la rencontre de l'horizontale passant par M et de la verticale passant par $m_1$, on trouve le point cherché $m$. Pour décrire le cercle dont $m$ est le centre, il suffit d'en prendre le rayon en MN et de le décrire en $mn$. Nous faisons encore observer que tous les cercles parallèles du balustre sont des cercles de front qui ne subissent d'autre déformation que celle provenant de leur éloignement, mais qui restent toujours des cercles.

Un autre balustre dans une autre position $m'$ s'obtient par des verticales élevées des différents points du premier balustre ; l'épure montre la façon de procéder, les cercles de même position dans chacun d'eux ayant des rayons égaux, les carrés des bases ayant aussi des côtés égaux.

*Sciences générales.*

## Arcades, voûtes et coupoles.

**186.** Dans la figure 282, il s'agit d'une

série d'arcades avec voûtes d'arêtes et coupole centrale.

On suit une marche identique à celle indiquée pour les balustres. La perspective-plafond est quatre fois plus grande que les données. La moitié du tableau est donnée en $x$ correspondant à la demi-ouverture $ea$ d'une des voûtes. $xo$ indique l'angle optique. $o$ est la projection de l'œil, dont la hauteur est indiquée sur le plan de la voûte.

Le premier côté du plafond XY, sur le prolongement de $fa$, est quadruple de l'ouverture de la voûte, ou huit fois $ae$; l'origine X est en un point quelconque de $fa$. XZ égale XY, c'est le second côté du carré qui détermine le plafond.

Le parallèle PP' coupe XZ en deux parties égales, puisque l'œil est supposé sur l'axe de la voûte. Le point P' est tel que PP' est égal à quatre fois la hauteur de l'œil, tel qu'il est figuré sur le plan de la voûte.

On trace d'abord la perspective auxiliaire de l'élévation de la voûte, puis une échelle des hauteurs, dans laquelle $a'$, $b'$, $c'$, $d'$, etc., sont quatre fois les largeurs $a$, $b$, $c$, $d$, etc. P'P$_1$ correspond à une ligne d'horizon. On voit facilement comment chaque point, tel que M, se déduit de $m$ et de $m_1$ correspondants. La figure est symétrique par rapport à PP', ce qui fait qu'il suffit d'en tracer une moitié. Elle serait, de plus, symétrique par rapport à P'P$_1$ si l'œil était au centre du carré du plafond ; dans ce cas, il suffirait de tracer un seul quart de la perspective, les trois autres étant égaux ou symétriques.

On remarquera de quelle façon s'obtiennent les arêtes des voûtes. C'est au moyen du procédé employé en géométrie descriptive. Les demi-cercles qui sont les directrices des deux berceaux sont égaux ; si on divise ces cercles en parties égales sur chacun d'eux, les génératrices passant par les points ainsi obtenus se couperont deux à deux, en des points qui appartiendront aux courbes d'arêtes. On pourrait les tracer encore en s'appuyant sur ce que ce sont des ellipses dont le grand axe égale la diagonale du carré du plan de la voûte, et dont le demi-petit axe est égal au rayon de l'arcade.

## § II. — TABLEAUX COURBES. — PANORAMAS

### Tableaux courbes.

**187.** Les principes dont on se sert pour déterminer une perspective sur un tableau courbe sont les mêmes que ceux employés sur des tableaux plans. On utilise les projections coniques.

En général, les droites ne se perspectivent pas suivant des droites (6).

Si trois points sont en ligne droite pour un spectateur placé en un certain point de vue, il n'en est pas de même pour un spectateur occupant une autre position ; les trois points forment un triangle. Enfin, les ombres, quelque bien tracées qu'elles soient, ne sont vraies que pour un seul point de vue ; dans toute autre position, elles ne peuvent être expliquées qu'en supposant que les rayons lumineux sont courbes.

Les déformations qui résultent du changement de position du spectateur et que nous avons analysées plus haut (126) ont une bien plus grande importance lorsqu'il s'agit d'un tableau courbe : car, dans un tableau droit, les lignes droites restent toujours droites. La représentation des lignes droites par des droites est un principe essentiel en perspective pour conserver l'harmonie d'une composition. Or cette condition n'est presque jamais remplie dans un tableau courbe ; l'inconvénient est d'autant plus grave que la courbure est plus prononcée.

Ce sont les verticales qui ont le plus d'importance dans une perspective ; aussi, de tous les tableaux courbes, il faut préférer à tout autre le cylindre vertical dans lequel les verticales restent verticales, tandis que, sur une sphère, un ellipsoïde quelconque, les droites seront toujours représentées par des courbes.

On déduit une perspective sur tableau courbe d'une perspective sur tableau plan au moyen du craticolage (47). A cet effet, on se sert d'un gril formé de

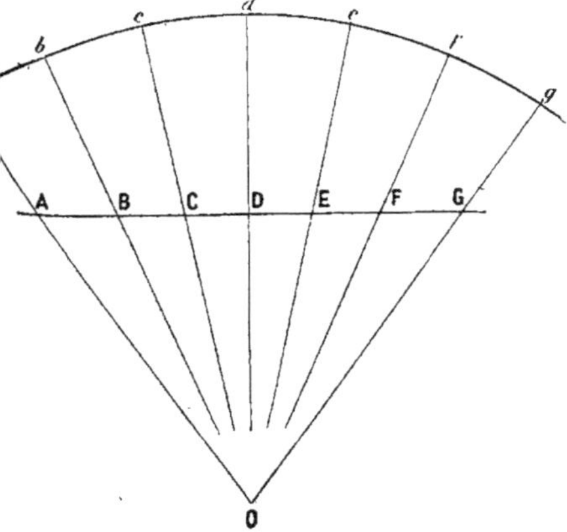

fils métalliques, ou de telle autre sorte qu'on le désire, et on le place en avant de la surface courbe. Puis, en éclairant ce gril en pleine nuit, au moyen des procédés qui permettent d'avoir une lumière très vive (gaz, électricité), on projette les mailles de ce gril sur la surface courbe et on en trace les projections. On reproduit le gril (à une échelle quelconque) sur la perspective obtenue sur un plan, et on opère ensuite le craticolage.

C'est un procédé qui est critiqué par certains auteurs, mais qu'il ne faut pas rejeter complètement, car, dans la pratique, il peut être d'un grand secours et d'une application facile. On peut le remplacer par les procédés de la géométrie descriptive, mais ces derniers sont beaucoup plus longs et ne donnent pas une plus grande exactitude, puisqu'il faut toujours dessiner de *sentiment* une certaine partie du sujet; les carreaux seuls ont plus d'exactitude.

Si, enfin, on ne veut employer ni l'un

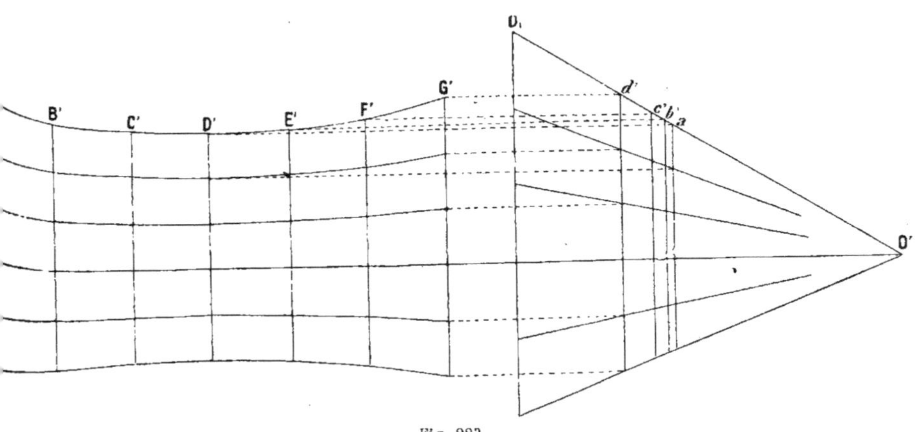

Fig. 283.

ni l'autre de ces moyens, il en reste un troisième, qui s'applique surtout lorsqu'il s'agit d'un tableau cylindrique. Il consiste à tracer d'abord les carreaux sur la surface courbe, et à en déduire la perspective sur une surface plane auxiliaire qui servira de gril pour le craticolage.

Soit un tableau courbe représenté en plan suivant *adg* (*fig.* 283). On divise le développement *adg* en un certain nombre de parties égales, ce qui donne des verticales équidistantes, puis on le divise en hauteur par des cercles équidistants, ce qui donne, par recoupement, des carreaux égaux.

Le spectateur étant en O, on cherche la

perspective de ce réseau sur un plan vertical auxiliaire placé en AG à une distance quelconque du tableau courbe. On obtient facilement cette perspective en menant par O et les points $a$, $b$, etc., des plans verticaux dont les traces déterminent les points A, B, C, D, etc., sur le plan auxiliaire. Il suffira donc de mener par ces différents points A, B, C, D, des verticales qui seront les verticales du gril sur le plan auxiliaire.

Quant aux arcs de cercle horizontaux, on les trouvera facilement en supposant que tous les plans verticaux dont les traces sont $Oa$, $Ob$ ont tourné autour de la verticale O pour se rabattre les uns sur les autres. Une même verticale $D_4$ représente toutes les génératrices du cylindre. Les différentes verticales du plan auxiliaire seront tracées aux distances qui les concernent. On place O′ à une distance de la verticale $D_4$ égale à OD, puis les verticales du plan auxiliaire $d'$, $c'$, $b'$, $a'$ sont placées à des distances de O′ égales à OA, OB, OC... On voit ensuite comment, par recoupement, on obtient le grillage du plan auxiliaire.

La perspective à représenter est faite ensuite sur le plan auxiliaire AG du point de vue O, puis au moyen du craticolage elle est reportée sur le tableau courbe.

Lorsque le point de vue est très éloigné, on emploie le calcul pour déterminer les différents points du grillage.

Si la surface courbe a un grand développement, il faut la fractionner en plusieurs parties et user de plusieurs plans auxiliaires.

### Panoramas.

**188.** Sauf les difficultés du tracé, les inconvénients des tableaux courbes disparaissent en grande partie lorsque le spectateur est retenu près du point de vue et que la lumière est également distribuée. En ce genre, c'est le cylindre vertical qui convient le mieux parce qu'il permet de représenter un tableau entier comprenant tout l'horizon, qui n'a plus de bords verticaux, et dont le bord supérieur peut être caché par un pavillon saillant qui paraît abriter le spectateur.

Quant au bord inférieur, il est facile de le dissimuler par un appui, une balustrade dépendant de l'endroit d'où l'on voit le tableau ; il n'y a plus de limites pour l'illusion.

Un panorama est une perspective sur un tableau entièrement cylindrique et dont le point de vue est sur l'axe du cylindre.

Pour faire un tableau de ce genre, on établit un observatoire élevé au centre du lieu qu'on se propose de représenter, on divise l'horizon en seize parties et on fait des perspectives planes de chacune d'elles à la chambre claire. On marque avec soin les points de limite des segments pour pouvoir les raccorder entre elles.

Si les points de repère naturels font défaut, on y supplée au moyen de bornes ou de signaux bien visibles qu'on place sur le terrain. On trace ensuite des carreaux et on craticole comme nous l'avons vu plus haut. L'esquisse est faite sur la toile tendue courbe par segments. Quand une droite n'est pas verticale, on détermine ses points extrêmes, on tend un cordeau entre eux et, en se plaçant au point de vue, on trace les points que ce cordeau cache sur la toile.

Dans la perspective des panoramas, une droite indéfinie est représentée par une demi-ellipse, elle a deux points de fuite déterminés par la rencontre d'une parallèle menée par l'œil avec le cylindre.

Les points de fuite des droites horizontales sont aux petits sommets de l'ellipse perspective. Les droites parallèles à un plan ont toutes leurs points de fuite sur une même ellipse, ligne de fuite du plan. Les plans horizontaux ont pour ligne de fuite le cercle d'horizon, intersection du cylindre par le plan horizontal passant par l'œil.

Ce genre de spectacle a été inventé en 1787 par Robert Barker ; on dit même qu'il était en usage, vers 1779, à Dantzig. Quoi qu'il en soit, Barker établit une rotonde à Londres et y montra en 1793 une vue de l'île de Wight. C'est le plus ancien panorama dont on ait des traces certaines. Fulton prit en l'an VII et en l'an IX des brevets pour l'importation en France de ce spectacle, il y apporta diverses modifications, mais il céda ses droits à un compatriote, James Thayer, qui, jusqu'à l'expiration du brevet en 1814, montra à Paris, près du boulevard Montmartre, une suite de panoramas qui firent sensation. Ce fut d'abord Paris vu du haut du Pavillon de l'Horloge des Tuileries, puis Lyon, Toulon au moment du départ de la flotte anglaise, Londres, Naples, Jérusalem, Athènes, enfin les principaux champs de bataille de l'Empire. Plusieurs artistes se firent un grand renom en exécutant ces travaux : parmi eux on doit citer Jean Mouchel, Denis Fontaine, Pierre Prévost et Constant Bourgeois pour la période que nous venons de nommer. Depuis, et après le colonel Langlois auquel on doit les grandes pages militaires qui furent présentées au public entre 1825 et 1855, on doit rappeler les noms connus de tous, tels que : Detaille, Poilpot, etc.

Thayer avait deux rotondes de 18 mètres de diamètre, Prévost en établit une de 32 mètres, enfin le colonel Langlois en construisit deux de 35 et 40 mètres.

A l'Exposition de 1889 figurait le Panorama de la Compagnie Transatlantique, œuvre de Poilpot. Le visiteur y était introduit par une série d'escaliers et de couloirs dont l'agencement simulait exactement l'entrepont d'un Transatlantique ; arrivé à la plate-forme supérieure, il dominait le bâtiment tout entier qui, par un très heureux artifice de perspective, se prolongeait dans la toile du Panorama. Tout autour, la flotte de la Compagnie ; et au delà, la haute mer.

Parmi les artifices les plus employés dans la construction des panoramas, nous ferons remarquer que, près du spectateur, on dispose des objets véritables ayant rapport avec la scène représentée. Ces objets placés tout près et que le spectateur reconnaît pour vrais en raison de la faible distance d'où il les voit, se poursuivent et se raccordent avec des objets peints sur le cylindre et aident puissamment à l'illusion. Enfin, on fait pénétrer le visiteur par des couloirs faiblement éclairés jusqu'au moment où il arrive à la plate-forme centrale d'un faible diamètre, ce qui le force à ne pas s'éloigner de beaucoup du point de vue ; la lumière arrive par un plafond lumineux, très largement distribuée, mais ne projetant aucune ombre sur la toile ; le plafond est invisible, caché qu'il est par le pavillon qui semble abriter la plate-forme centrale.

## § III. — BAS-RELIEFS

### Théorie de la perspective des bas-reliefs.

**189.** Le statuaire emploie rarement plus de trois ou quatre personnages pouvant être vus sur toutes les faces ; s'il s'agit d'un plus grand nombre de sujets, on les représente par des reliefs épargnés dans un tympan, qui ne peuvent être vus que d'un seul côté.

Dans le haut-relief ou plein-relief, les personnages sont en ronde-bosse, c'est un mode excellent lorsque tous les sujets sont sur un même plan ou à peu près ; sinon, on emploie le bas-relief qui est un genre de représentation dans lequel les dimensions perpendiculaires aux plans de front sont réduites de telle sorte que la composition n'a qu'une profondeur déterminée.

Un bas-relief, tout comme un tableau, doit être soumis à la perspective conique, mais, tandis que cette projection résout complètement le problème dans une perspective picturale, il laisse indéterminé celui de la perspective relief ; et, pour achever la solution, nous introduirons les conditions qu'une ligne droite doit toujours être représentée par une ligne droite.

La transformation homologique est la solution du problème. Étudions cette question sur un plan passant par l'œil. Diverses figures sont tracées sur une superficie plane comprise entre deux

PERSPECTIVE.

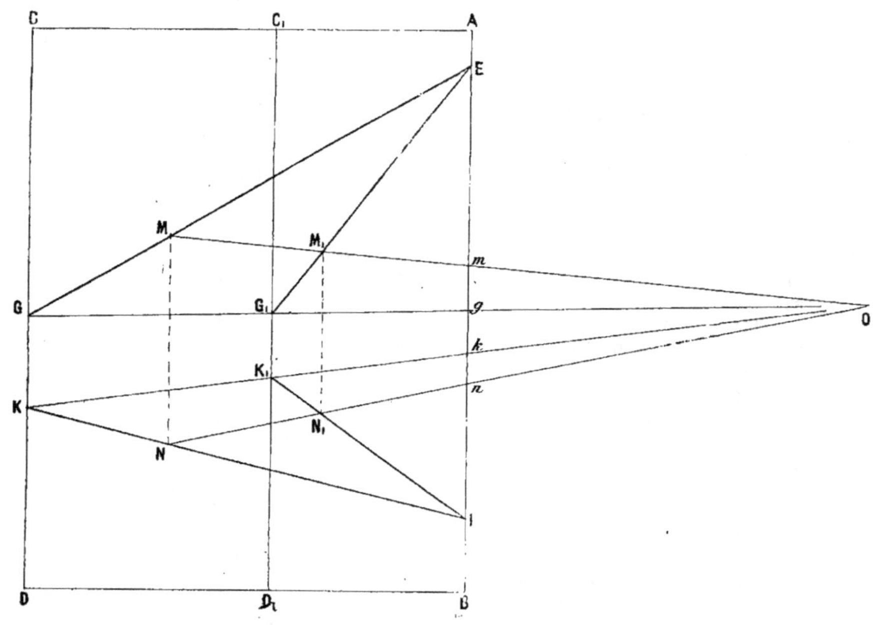

Fig. 284.

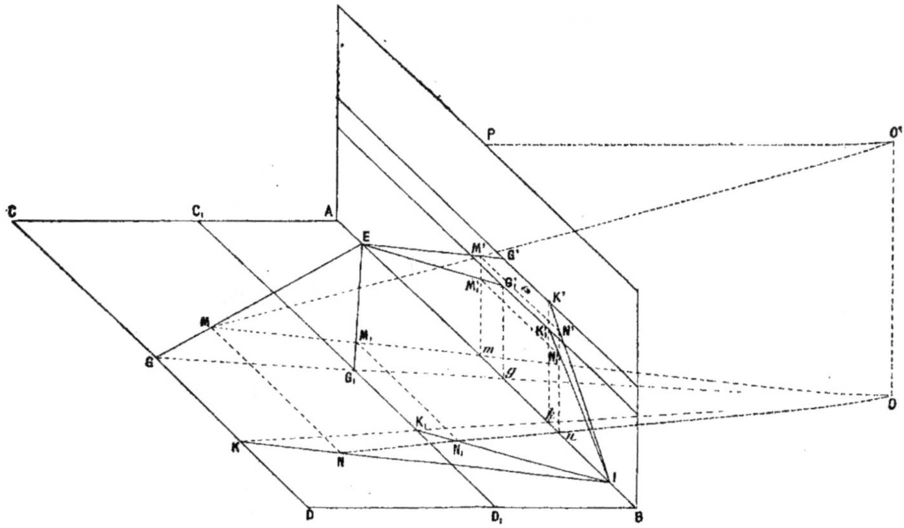

Fig. 285.

droites parallèles AB, CD (*fig.* 284). Supposons que CD avance parallèlement à elle-même vers le point O en $C_1D_1$. La perspective d'un point M sera sur son rayon visuel en $M_1$. Nous devons prouver qu'on trouvera $M_1$ pour perspective de M, quelle que soit la ligne EG qui aura servi à la construction.

Si on met en perspective, au moyen d'une droite IK, un point N situé sur la même ligne de front que M, on aura un point $N_1$ qui sera sur la même ligne de front que $M_1$.

Pour le démontrer, mettons en perspective la figure considérée comme horizontale sur le plan vertical qui a pour trace AB (*fig.* 285). Le sommet de la projection conique est en un point quelconque O' de la verticale du point O. Les lignes qui convergent vers O ont des perspectives verticales ; les droites, telles que CD, MN, $C_1D_1$, qui sont parallèles à AB, ont pour perspectives des horizontales. Les deux parallèles G′$g$ et M′$m$ sont coupées en segments proportionnels par les trois droites qui, sur le tableau, divergent de E. On a :

G′$g$ : M′$m$ : : G′$_1g$ : M′$_1m$. Les parallèles K′$k$ et N′$n$ donnent de même : K′$k$ : N′$n$ : : K′$_1k$ : N′$_1n$.

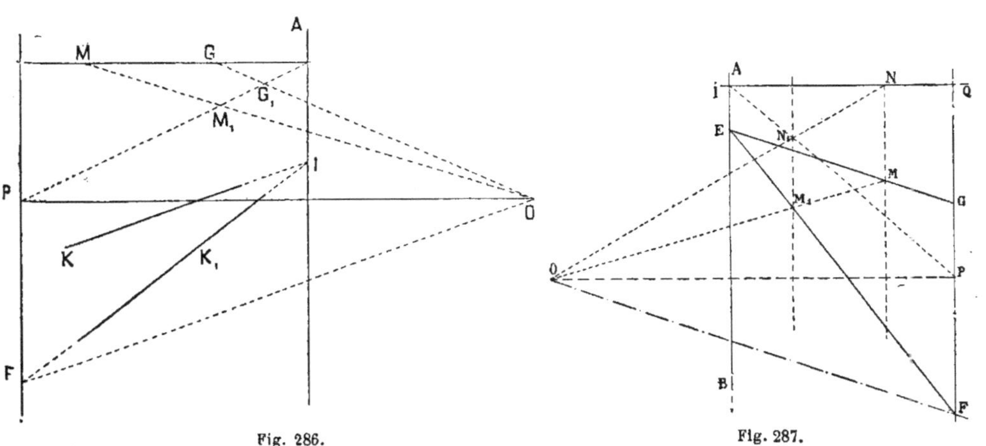

Fig. 286.   Fig. 287.

Les trois premiers termes de ces proportions sont respectivement égaux deux à deux ; les quatrièmes sont donc aussi égaux, ce qui prouve que M′$_1$N′$_1$ est horizontale et, par suite, que $M_1N_1$, qui lui correspond sur le géométral, est de front.

D'après cela, pour avoir la perspective d'un point M, on peut mener par ce point une ligne de front MN jusqu'à la rencontre d'une droite IK déjà tracée et dont la perspective $IK_1$ soit construite ; chercher la perspective $N_1$ du point N et mener par ce point une droite de front $N_1M_1$ jusqu'au rayon visuel MO. Le point $M_1$ ainsi obtenu sera sur la perspective EG′$_1$ d'une droite quelconque EG passant par M.

Il suit de là que, si plusieurs droites se croisent en M, leurs perspectives se croiseront aussi en $M_1$. Le mode de transformation auquel nous avons été conduits satisfait donc aux conditions de maintenir les points sur leurs rayons visuels et de représenter une droite par une autre droite. Les deux figures sont évidemment homologiques ; la ligne invariable AB et l'œil sont l'axe et le centre d'homologie.

La droite IK, considérée comme indéfinie, a pour perspective la droite indéfinie $IK_1$ (*fig.* 286). Une droite OF menée par l'œil, parallèlement à IK, rencontrera la perspective IK, en un point F qui, correspondant au point K situé à l'infini, sera le point de fuite de cette ligne.

Nous avons vu que les droites de front de la figure originale et de la perspective se correspondent deux à deux ; si l'on considère sur la figure transformée des lignes de front de plus en plus rapprochées du point F, leurs homologues sur la figure originale seront de plus en plus éloignées, la ligne FP correspondra elle-même à une droite située à l'infini, c'est-à-dire qu'elle contient les points de fuite de toutes les droites; on la nomme *ligne de fuite*. On peut déterminer le point de fuite d'une droite IK en lui menant par l'œil une parallèle jusqu'à la ligne de fuite. Il suit de là que toutes les lignes paral-lèles entre elles ont même point de fuite. Le point de fuite P des perpendiculaires aux lignes de front est le point principal de la perspective.

Pour construire la perspective-relief d'une figure située dans un plan qui contient l'œil, il suffit d'avoir la ligne invariable AB, l'œil O et le point principal P (*fig.* 287). La perspective EF d'une droite EG sera obtenue par sa trace E sur la ligne invariable, et son point de fuite F facile à déterminer sur la ligne de fuite PQ. La ligne $M_1N_1$ qui correspond à une ligne de front MN peut être déterminée à l'aide du point N pris sur une droite IQ perpendiculaire à AB.

Une verticale est représentée par une verticale ; une horizontale de front, par

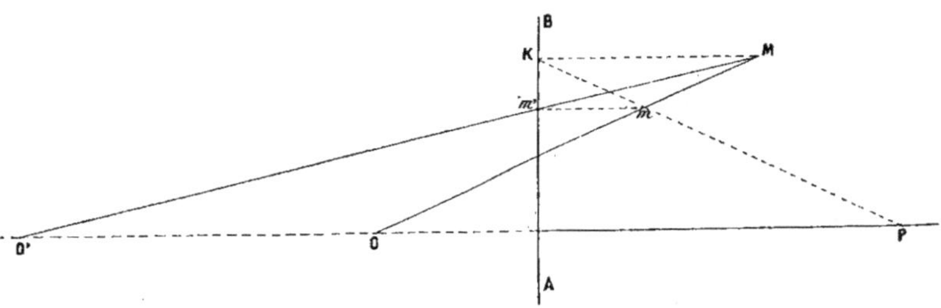

Fig. 288.

une horizontale de front. Un cylindre incliné sur les plans de front sera représenté par un tronc de cône dont le sommet sera sur le plan de fuite. De ce que toute droite a pour perspective une droite, on en conclut qu'un plan sera représenté par un plan. Chaque plan de la figure transformée passe par la trace du plan original sur le plan invariable, et par sa ligne de fuite, intersection d'un plan parallèle passant par l'œil avec le plan de fuite. Tous les plans parallèles ont même ligne de fuite. Un plan vertical est représenté par un plan vertical. Le plan d'horizon est le plan horizontal passant par l'œil.

## Établissement des bas-reliefs.

**190.** Pour construire un bas-relief, on doit commencer par établir ses projections sur le premier plan. Cette figure est obtenue comme une perspective picturale. Un plan passant par l'œil O (*fig.* 288), le point principal P, et un point M de l'objet coupera le premier plan suivant une droite AB perpendiculaire à OP. La perspective-relief de M est dans ce plan en un point $m$ qui se projette en $m'$ sur le premier plan. Traçons $Mm'$ et poursuivons cette droite jusqu'à sa rencontre avec OP prolongée en O'. Les deux triangles dont les sommets sont en M et qui ont pour bases $mm'$ et OO' donnent :

$$mm' : OO' :: Mm : MO.$$

De même, en considérant les triangles qui ont leurs sommets en K, on a :

$$mm' : GP :: Km : KP.$$ Les deuxièmes rapports de ces proportions sont égaux, car ils sont établis entre des segments faits dans deux droites par des parallèles.

La longueur OO' est donc égale à GP, ce qui montre que la projection d'une perspective-relief sur le premier plan est la perspective picturale de l'objet original prise sur ce plan d'un point de vue placé sur le rayon principal à une distance égale à l'éloignement de l'œil du plan de fuite. Ainsi donc, le plan et l'élévation de l'objet étant déterminés, on pourra tracer la perspective du bas-relief sur le premier plan par les méthodes connues.

Afin de pouvoir déterminer exactement à quelle profondeur il est nécessaire, en chaque endroit, de fouiller le bas-relief, il est indispensable d'avoir une projection horizontale du bas-relief; c'est ce qu'on obtiendra en mettant en perspective-relief le plan des objets qu'on se propose de représenter.

Les bas-reliefs atteignant souvent une grande dimension, on ne fera pas l'épure grandeur d'exécution, mais bien à une échelle réduite; toutefois il sera nécessaire de disposer d'une assez grande dimension

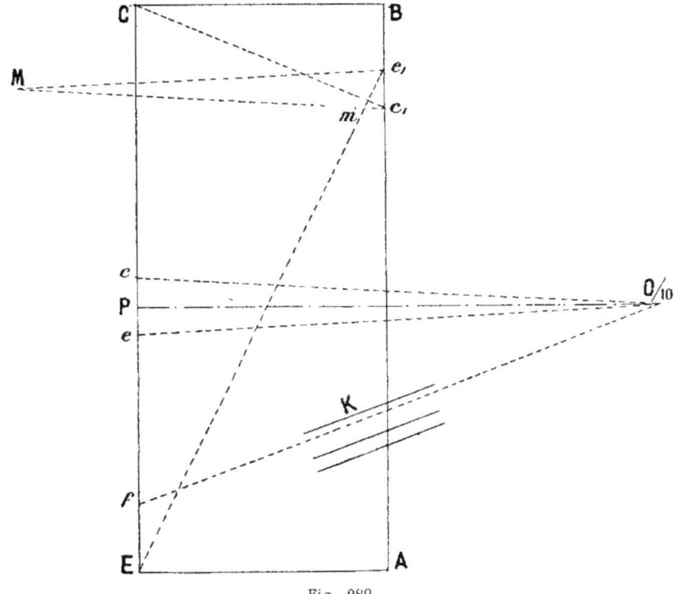

Fig. 289.

pour pouvoir figurer la ligne de fuite CE (*fig.* 289). Le point de vue sera indiqué par sa distance à cette droite réduite dans des proportions convenables.

Ainsi, dans le cas présent, on opère au $^1/_{10}$. La ligne invariable est AB, CE la ligne de fuite, $^1/_{10}$ O la position de l'œil réduite au dixième. A partir du point P, on place les points $c$ et $e$, qui sont tels que $Pc = ^1/_{10}$ PC, et $Pe = ^1/_{10}$ PE; on joint ces points à $^1/_{10}$ O, et on a deux droites dont les points de fuite sont C et E. Pour obtenir la perspective d'un point quelconque M, on mène par ce point deux parallèles à ces droites qui coupent la ligne invariable en $c_i$ et en $e_i$, on joint $e_i$ à son point de fuite E, et $c_i$ à C; le point de rencontre en est la perspective cherchée.

Si l'on avait une série de droites parallèles entre elles, telles que K, on leur mènerait par $^1/_{10}$ O une parallèle qui couperait la ligne de fuite en $f$, et on décuplerait la longueur P$f$ pour obtenir le point de fuite de ce groupe de parallèles.

Lorsque les bas-reliefs ont une très

grande saillie, il peut arriver que le plan de fuite soit tellement éloigné qu'on ne puisse placer le point principal sur l'épure qu'à condition de faire celle-ci à une très petite échelle; les tracés qu'on effectue ainsi ne donnent jamais des résultats bien exacts.

Les artistes sculpteurs ignorent presque tous la perspective-relief, ou du moins ne la connaissent que très imparfaitement; cela est fâcheux, car les œuvres qu'ils produisent dans ces conditions peuvent certainement avoir de réelles qualités artistiques, mais ne vaudront

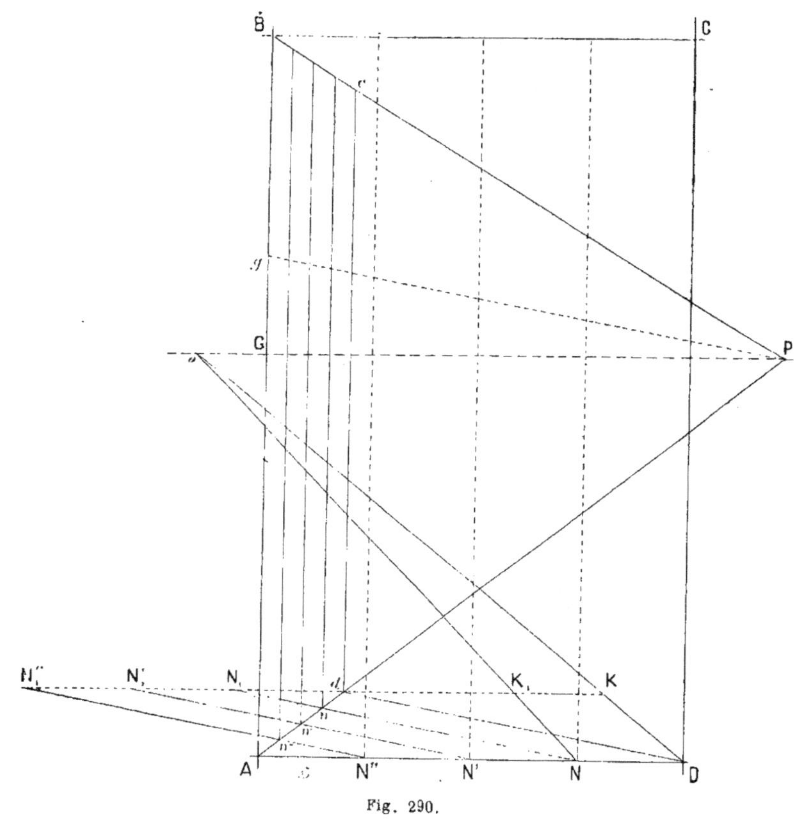

Fig. 290.

jamais celles qu'ils pourraient obtenir avec des connaissances plus étendues en perspective. Il est à présumer qu'un jour, peu éloigné, viendra où leurs connaissances à cet égard seront complètes.

Les principes de la perspective-relief ne s'appliquent pas aux médailles et aux camées, dont le refouillement est très peu accentué; on se borne à une projection géométrale, ainsi que cela se fait pour le portrait, et on ne se sert pas de la projection conique.

## Théorie des effets de perspective dans les bas-reliefs.

**191.** Soit à résoudre le problème inverse de la perspective. Nous supposons que le bas-relief a été établi suivant les principes que nous venons de développer, et nous nous proposons de restituer la figure originale.

On commence d'abord à chercher l'éloignement du plan de fuite ; si, dans le bas-relief, il y a des droites qu'on puisse sûrement considérer comme parallèles, on les prolonge et on en cherche l'intersection ; dans tous les cas, d'après la grandeur naturelle des objets représentés, on pourra évaluer les échelles de deux plans de front différents, et on placera verticalement dans chacun d'eux, une longueur égale à l'unité ; les droites qui passeront par les extrémités de ces verticales se rencontreront sur le plan de fuite.

Il faut ensuite projeter l'ensemble du bas-relief sur le premier plan et considérer la figure ainsi obtenue comme une perspective picturale. On cherchera ensuite, d'après les principes que nous avons

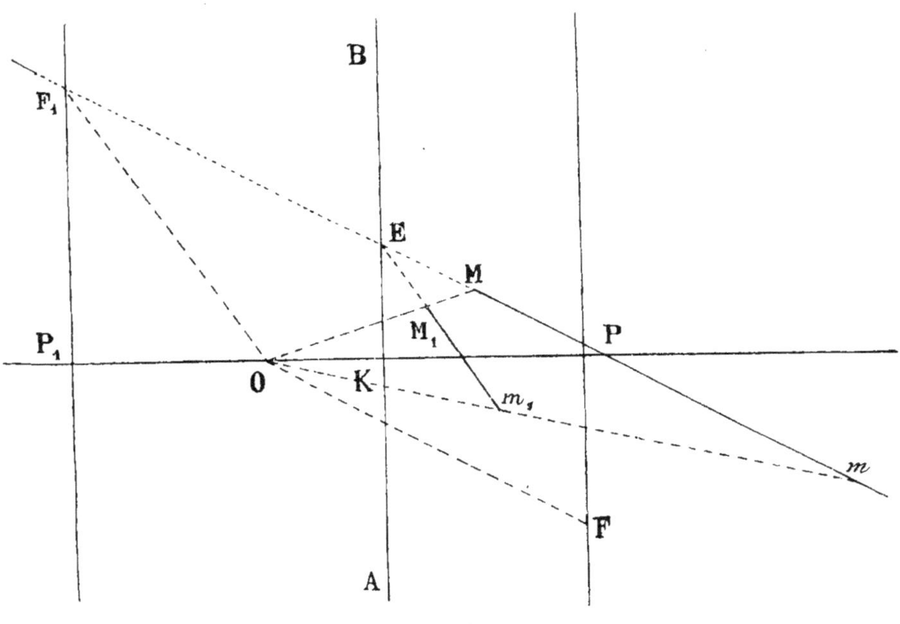

Fig. 291.

indiqués d'autre part, la ligne d'horizon, le point P, et on évaluera la distance qui fixera la longueur de la perpendiculaire abaissée de l'œil sur le plan de fuite.

Il peut se faire que les principes de la perspective plane ne suffisent pas pour déterminer la distance. On devra alors apprécier la profondeur AD (*fig.* 290) qui doit correspondre dans la figure restituée à la profondeur du bas-relief. Alors, connaissant le point principal, il est facile de déterminer la position de l'œil ; nous n'insistons pas sur cette construction.

Supposons maintenant que l'œil est en O (*fig.* 291). AB est la ligne invariable, PF la ligne de fuite, et $M_1 m_1$ une droite du bas-relief qu'on veut restituer. La figure est une projection sur un plan passant par le rayon principal et qu'on peut supposer indistinctement vertical, horizontal ou même incliné. Les propositions auxquelles on arrivera pour les figures

projetées sur ce plan s'étendent naturellement à celles qui sont dans l'espace sans
que nous ayons besoin de reproduire les
considérations déjà présentées.

Prolongeons $M_1 m_1$ jusqu'à la ligne invariable et à la ligne de fuite en E et en F; la
ligne restituée indéfinie sera la parallèle
à OF menée par le point E; nous rappor-
tons sur cette ligne, au moyen de rayons
visuels, les points $M_1$ et $m_1$ qui viendront
en M et m. On voit que, quand la position

de l'œil est connue, le problème n'est pas
indéterminé.

Achevons le parallélogramme dont deux
des côtés sont OF et FE, et par le sommet $F_1$ menons une parallèle $F_1 P_1$ aux
lignes de front. Les droites FE et $OF_1$
étant égales et parallèles, leurs projections KP et $P_1 O$ sont égales. On peut donc
déterminer tout d'abord la ligne $P_1 F_1$, et,
menant de O une parallèle à la ligne considérée du bas-relief, on obtiendra un

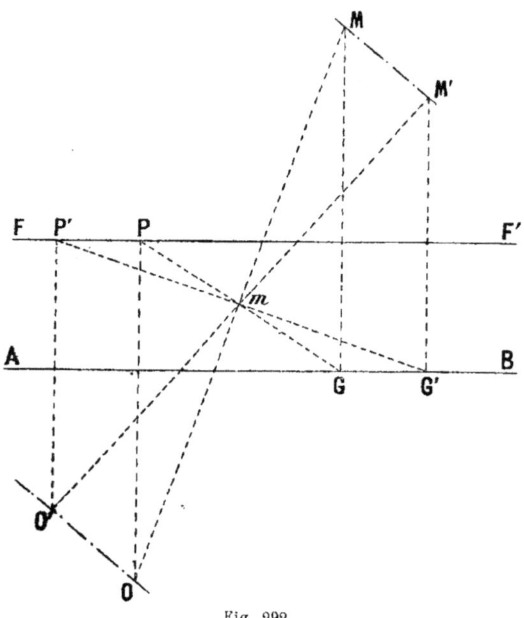


Fig. 292.

point $F_1$ situé sur la ligne qui lui correspond dans la figure restituée.

Le point $F_1$ serait également sur toutes
les droites dont les homologues dans le
bas-relief seraient parallèles à $M_1 m_1$, car
il ne dépend que de leur direction.

Les deux figures originale et transformée ne présentent aucune différence
caractéristique sous le rapport géométrique. $P_1 F_1$ est la ligne de fuite de la
première, comme PF l'est de la seconde,
c'est-à-dire que chacune de ces droites
correspond dans la figure aux points de
l'autre qui sont à l'infini.

Les constructions sont les mêmes pour
transformer une figure originale ou pour
la restituer d'après le bas-relief; seulement on les appuie suivant le cas, sur
l'une ou l'autre des lignes de fuite PF ou
$P_1 F_1$.

Comparons maintenant deux figures
restituées d'une même perspective pour
deux positions différentes de l'œil: la
ligne invariable est AB, et FF' la ligne de
fuite (fig. 292).

Le spectateur qui sera placé successivement en O et en O' restituera le point
m du bas-relief en M et M'. Les lignes

P$m$ et $m$G étant dans le même rapport que P'$m$ et $m$G', on voit que la figure se compose de deux parties inversement semblables, $m$ est le pôle commun de la similitude ; il résulte de là que MM' est parallèle à OO'. Ainsi, toutes les lignes qui joignent les points homologues sont parallèles. Les deux figures sont homologues, et AB est l'axe d'homologie.

Cette proposition, démontrée pour les plans perpendiculaires aux plans de front, s'étend à l'espace. Ainsi, deux figures à trois dimensions restituées d'un même bas-relief pour deux positions différentes de l'œil sont homologiques. Les lignes qui joignent les points homologues sont parallèles. Si l'œil se meut parallèlement aux plans de front, les points restitués se transportent aussi dans leurs plans de front respectifs. La perspective picturale est un cas particulier de la perspective-relief lorsqu'on considère que le plan de fuite de la figure coïncide avec le plan invariable.

La restitution des objets représentés sur le tableau pour une position donnée de l'œil est un problème indéterminé ; pour parvenir à le résoudre, il nous a fallu introduire pour condition expresse la conservation du géométral. Quelque position que prenne l'œil, les points restitués se transportent toujours horizontalement.

La restitution, pour une position donnée de l'œil, d'un bas-relief dont on connaît le plan de fuite, est un problème déterminé. Si l'œil s'élève, tous les points s'abaissent, les plans horizontaux s'inclinant, et les plans inclinés peuvent dans certains cas devenir horizontaux. La solution du problème n'est plus influencée par une condition légitime, mais étrangère au problème géométrique ; la situation est donc toute différente.

### Ombres dans les bas-reliefs.

**192.** Nous savons que, quand des droites sont parallèles dans un bas-relief, celles qui leur correspondent dans la figure restituée concourent en un même point situé sur le plan de front, qui est placé derrière le spectateur, à une dis-tance égale à celle à laquelle le plan invariable se trouve du point de fuite. Si donc un bas-relief est éclairé par des rayons parallèles, les ombres sont les perspectives des ombres que produiraient dans la figure originale des rayons qui divergeraient d'un point situé sur ce plan qui est le plan de fuite de la figure restituée. Le point de divergence conserve toujours la même position par rapport au spectateur : il s'éloigne quand on s'éloigne, il se transporte à droite ou à gauche, quand on avance vers la droite ou la gauche.

Si le sculpteur a fait une maquette représentant l'objet qu'il se propose de réduire en bas-relief pour juger de l'effet des ombres que produiraient des rayons parallèles, il devra placer un flambeau successivement en divers points du plan de fuite de la figure originale.

Lorsqu'un bas-relief est éclairé par une lampe, les rayons paraîtront diverger du point qui, dans la figure originale, correspond au lieu de la flamme considérée comme appartenant au bas-relief.

Quand les principes de la perspective géométrale n'ont pas été suivis dans l'établissement d'un bas-relief, les lignes droites ne correspondent pas à des lignes droites dans la figure originale ; les rayons de lumière ne sont plus des perspectives de rayons, et les ombres réelles ne représentent pas des ombres possibles.

### Du bas-relief comparé à la ronde-bosse et au dessin.

**193.** Tout groupe exécuté en ronde-bosse est le même pour tous les spectateurs qui le regardent, mais il se présente à eux sous des aspects différents. En peinture, au contraire, les objets restitués pour les divers spectateurs sont différents, mais ils se présentent à eux sous le même aspect. Chacun de ces deux arts a des avantages et des inconvénients qui lui sont propres. La sculpture ne peut, comme la peinture, représenter de nombreux personnages à des plans de front différents, car, si le spectateur n'est pas au point de vue, les personnages secondaires cacheraient des détails importants.

Ainsi, deux statues formant groupe ne peuvent être convenablement appréciées

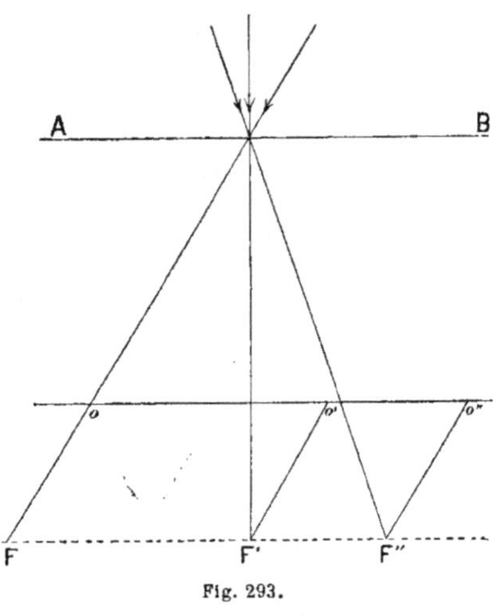

Fig. 293.

qn'autant que le spectateur est placé près du point de vue, tandis qu'un tableau, sans reflets de lumière, peut parfaitement être jugé de points assez éloignés les uns des autres.

A ce point de vue, le bas-relief est une sorte d'intermédiaire entre la ronde-bosse et le dessin. Quand le spectateur change de place, l'objet restitué se modifie moins que dans la peinture, et son aspect change moins que dans la ronde-bosse.

Si, dans une certaine position, on est visé par un archer (*fig.* 293), en se déplaçant on voit la flèche se tourner un peu vers soi, mais on cesse cependant bientôt d'en être menacé. La flèche restituée est, en effet, toujours dirigée vers son point de fuite situé derrière le spectateur et mobile avec lui.

Le bas-relief se rapproche du dessin ou de la ronde-bosse, suivant que le plan de fuite se rapproche ou s'éloigne du plan invariable. Donc, si un bas-relief doit être vu de près, s'il est compliqué avec des personnages à des plans de front différents, il faut choisir un plan de fuite rapproché. On ne donnera au bas-relief une grande saillie que quand les personnages sont à peu près tous dans le même plan et que le spectateur est éloigné, parce que ces déplacements auront peu d'importance.

## § IV. — DÉCORATION THÉÂTRALE

### Définitions.

**194.** La décoration théâtrale repose, en partie, sur les principes de la perspective relief. Nous ne nous occuperons ici que de la question du tracé graphique, la composition et la question coloris ne rentrant pas dans notre sujet.

Lorsqu'un peintre décorateur est chargé d'exécuter les décors d'un ouvrage, il fait d'abord une perspective picturale du sujet qu'il se propose de représenter; lorsque cette maquette est arrêtée, il la transcrit, en l'interprétant suivant des lois que nous allons indiquer, sur des feuilles de léger carton qu'il découpe et qui sont destinées à être posées en différents points de la scène, de telle sorte que leur vue d'ensemble reproduise la maquette adoptée. C'est alors que la perspective picturale de chacune de ces feuilles se combine avec la perspective-relief provenant de leur éloignement de la face de la scène. Ces maquettes se font ordinairement à une échelle de $0^m,04$ ou $0^m,05$ par mètre. Une fois la disposition de ces feuilles adoptée, il reste à les exécuter grandeur d'exécution et à les peindre.

Soit (*fig.* 294) le plan de la scène d'un théâtre. Cette scène est divisée parallèlement à son mur de face par des *plans* qu'on nomme *premier, deuxième, troisième... plan*, en commençant vers la salle. La partie de la scène située en avant du rideau dans la salle, se nomme *avant-scène* (*g*).

Chaque plan se compose de deux rainures ou *costières*, dans lesquelles glissent les porte-chàssis ou *portants* sur lesquels se fixent les décors.

La portion de plancher située entre deux costières se nomme *rue ;* c'est une suite de trapillons qui peuvent s'enlever de façon à permettre à une travée entière de décors de disparaître dans les dessous ou d'en émerger.

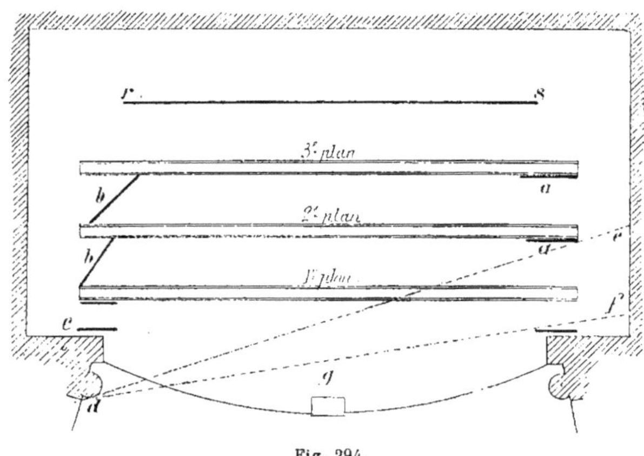

Fig. 294.

Les parties de décorations telles que $a$ placées de front se nomment *châssis droits* ou *de front;* ceux qui sont en biais tels que $b$ sont dits *châssis obliques.*

Les toiles qui limitent la décoration vers le fond de la scène, comme *rs*, se nomment *rideaux de fond.*

La décoration $c$ qui entoure le cadre

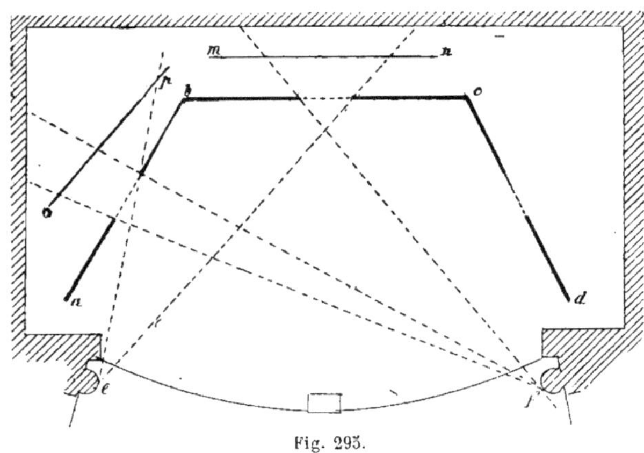

Fig. 295.

de la scène et qui est fixe, tout au moins en largeur, se nomme *manteau d'arlequin.*

On remarquera que, dans la position extrême qu'un spectateur peut occuper du côté gauche en $d$ de la salle, les rayons visuels dirigés vers la droite de la scène passent entre le manteau d'arlequin et le châssis du premier plan ; ils *découvrent* un espace *ef* non fermé par une décoration, d'où le nom de *découverte* donné à ces espaces qui ne peuvent exister et qu'on corrige par des *châssis obliques* ou par d'autres procédés.

La décoration indiquée dans la figure 294 est dite *à l'italienne;* il en est ainsi quand elle se compose de châssis droits ou obliques permettant aux personnages d'entrer et de sortir de scène entre chaque plan.

Dans la figure 295, la décoration est dite *fermée*, elle se compose, en principe, de trois châssis qui ferment entièrement la scène. S'il existe des ouvertures dans ces faces, on doit remédier à la découverte des points *e* et *f* par des rideaux *mn* ou des *pantalons op*.

La décoration à l'italienne s'emploie tout particulièrement pour les extérieurs, jardins, parcs, places publiques. La décoration fermée est réservée aux intérieurs, salles, salons, qu'il serait très difficile de représenter au moyen de châssis à l'italienne. Cependant, dans le genre *rustique*, greniers, mansardes, granges, on peut quelquefois s'en servir, des pièces de bois verticales, des poutres de charpente pouvant permettre la coupure d'un châssis à l'autre.

Un châssis droit se raccorde avec un châssis oblique au moyen d'une *brisure*.

On nomme *ferme* un très grand châssis prenant tout ou partie de la largeur de la scène. Les plafonds se font, ou par des châssis presque horizontaux posés sur les châssis d'une décoration à l'italienne, ou par des *frises* en toile placées à chaque plan, et descendant du cintre.

Les *bandes d'air* et les *ciels* sont des frises semblables qu'on désigne ainsi suivant qu'elles représentent l'azur du ciel ou des parties nuageuses.

Le côté gauche de la scène, par rapport au spectateur, est le côté *jardin*, l'autre est le côté *cour*. Ces désignations viennent de l'ancien théâtre du château de Versailles dont la scène était située entre une cour et un jardin.

### Des châssis obliques.

**195.** A première vue, on se rend compte que la plus grande difficulté dans le tracé perspectif ou, tout au moins le tracé qui est tout spécial à la décoration théâtrale, réside dans les châssis obliques. Car, afin d'éviter la découverte, on est obligé de briser les châssis et, souvent, la direction d'une droite commencée sur une partie du châssis doit paraître se continuer sur l'autre partie, puis il faut pouvoir tracer des directions perpendiculaires ou parallèles à celles des plans de front sur des parties obliques.

Avant de décrire les différentes opérations qui concernent le tracé perspectif sur les châssis obliques, il nous faut d'abord nous rendre un compte bien exact de ce qui se passe en réalité. Pour le mieux faire comprendre, nous nous servirons d'une vue en perspective cavalière.

Soient (*fig.* 296) un tableau T analogue à un châssis de front, et MNC un châssis oblique; ces châssis rencontrent un géométral G suivant XY et NC; l'œil est en O se projetant en O' sur le géométral et en P sur le tableau. Soit aussi un point quelconque A de l'espace, qui doit être mis en perspective, et rappelons ce principe qui contient toute la science qui nous occupe, que : *La perspective d'un point sur un tableau est l'intersection du rayon visuel de ce point avec ledit tableau*. Ici, le rayon visuel est OA. Si nous cherchons la perspective du point donné par rapport au tableau T, elle viendra en A' et sur le châssis oblique en $A_1$. Quelle que soit la position du tableau, qu'il soit plan, courbe, vertical ou non, qu'il soit même représenté par une surface gauche, le point A se perspectivera toujours sur le rayon visuel OA.

Il suit de là qu'on peut tout d'abord construire la perspective des objets donnés sur un tableau unique de front, tel que T, et qu'on en déduira la perspective sur un châssis oblique quelconque tel que MNC. Dans le cas présent, la perspective de A sur le plan de front T est en A', elle se projette sur la ligne de terre en *a'*; le rayon visuel se projette sur le géométral en *a'*O'; par conséquent, le plan vertical visuel A'*a*'O'O coupe le châssis oblique suivant la verticale de $a_1$ qui rencontre le rayon visuel en $A_1$ : ce point est la perspective de A sur le châssis oblique puisqu'il est à la fois sur le rayon visuel et sur le châssis.

Mais, pour tracer cette perspective, il faut l'exécuter en vraie grandeur; on est donc amené à rabattre le châssis autour de MN comme charnière, sur le plan de front. Dans ce mouvement, le point C vient en $c$, $a_1$ en $a_2$ et $A_1$ en $A_2$; ces deux derniers points, par suite de leur rotation autour d'un axe vertical MN, seront dans un même plan horizontal, c'est-à-dire que $A_1 A_2$ est horizontal.

D'autre part, supposons que du point A' sur le tableau de front on ait tracé une perpendiculaire perspective à ce

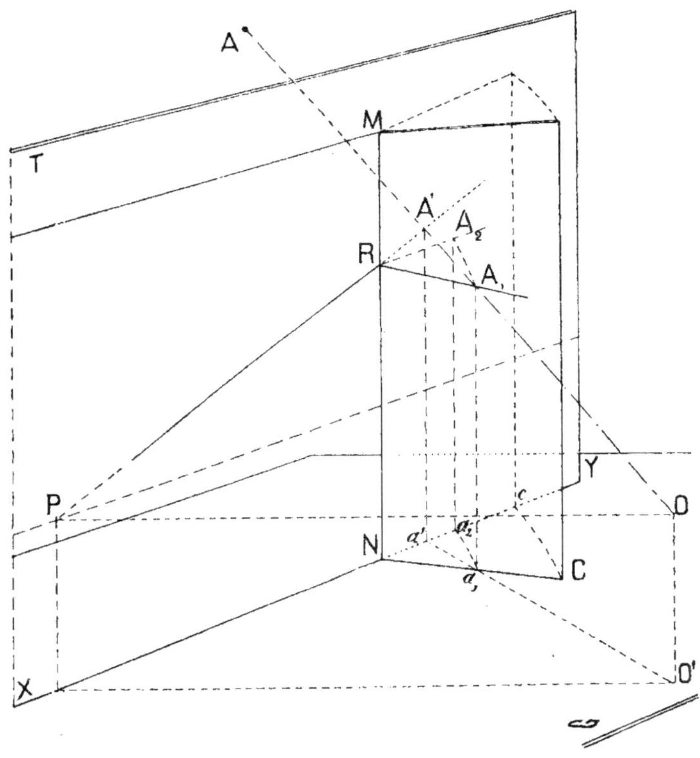

Fig. 296.

plan de front, c'est-à-dire fuyant en P: elle coupe la brisure en R et devra, à partir de ce point, être continuée sur le châssis oblique suivant $RA_1$.

Ces deux considérations doivent être retenues pour les constructions qui suivent :

Supposons un châssis oblique (*fig.* 297) dont le plan RC est rabattu sur le plan de front au moyen d'une rotation autour de BB'. Un point quelconque $nn'$, perspective d'un point de l'espace MM', est ramené en $n'_1$. Si on détermine sur le plan de front AB la perspective $m'$ du point considéré, la droite $m'n'$ sera la perspective de la corde de l'arc qui est décrit par $nn'$ et dont la perspective est tracée en vraie grandeur sur le plan; elle ira donc passer par le point de fuite F de cette corde. Les arcs décrits par tous les points ayant des cordes parallèles, on voit que les droites qui joignent les perspectives d'un même point sur un châssis de front et sur un châssis oblique rabattu convergent vers un point facile à déterminer sur la ligne d'horizon. Les figures sont homologues :

le point F et la ligne de brisure BB′ sont le centre et l'axe d'homologie.

Si nous connaissons, sur les deux figures, des points homologiques R et $R_1$ (*fig.* 298), en traçant la droite qu'ils déterminent, nous obtiendrons, sur la ligne d'horizon, le centre d'homologie F. Ce cas se présente rarement, mais il arrive

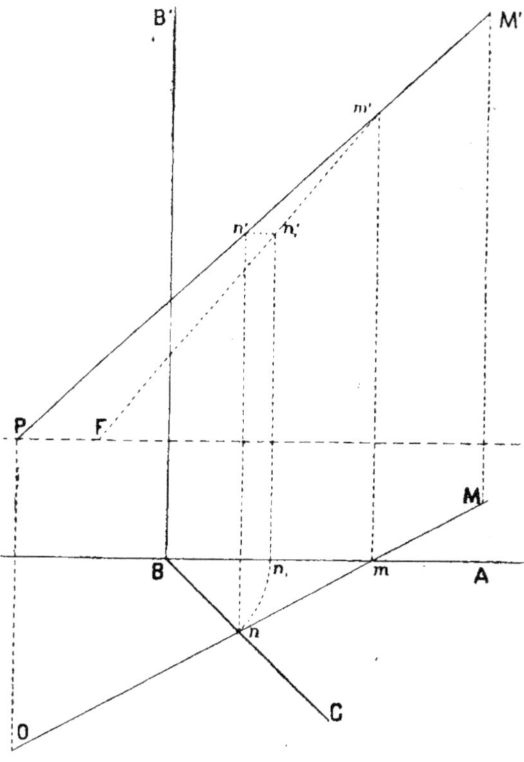

Fig. 297.

souvent qu'on a deux droites homologues B′G et B′C′₁, cette dernière sera, par exemple, le bord supérieur du châssis oblique. On peut alors déterminer des points homologues sans recourir à la position du point de vue sur le plan. On construira, à l'aide du plan, la projection B′C′ de la droite B′C′₁ quand le châssis oblique est remis en place. La ligne

BCB′C′ est dans le même plan perspectif que B′G, et une droite quelconque PR passant par le point principal P est la projection d'un rayon visuel. Le point R a donc pour homologue R′ sur le châssis oblique relevé, et par suite, $R_1$ sur le châssis rabattu.

Cette construction exige que la droite B′G ne soit pas dirigée vers le point principal. Elle sera employée très utilement, quand le centre d'homologie est très éloigné, pour déterminer, sur un châssis oblique, la perspective $NR_1$ d'une droite représentée par MN sur le châssis de front contigu.

Il arrive encore qu'on a simplement à dessiner, sur un châssis oblique, des perpendiculaires aux plans de front ; ces opérations sont très simples. Soit AB (*fig.* 299) la trace horizontale d'un châssis oblique qu'on ramène de front sur le plan de la

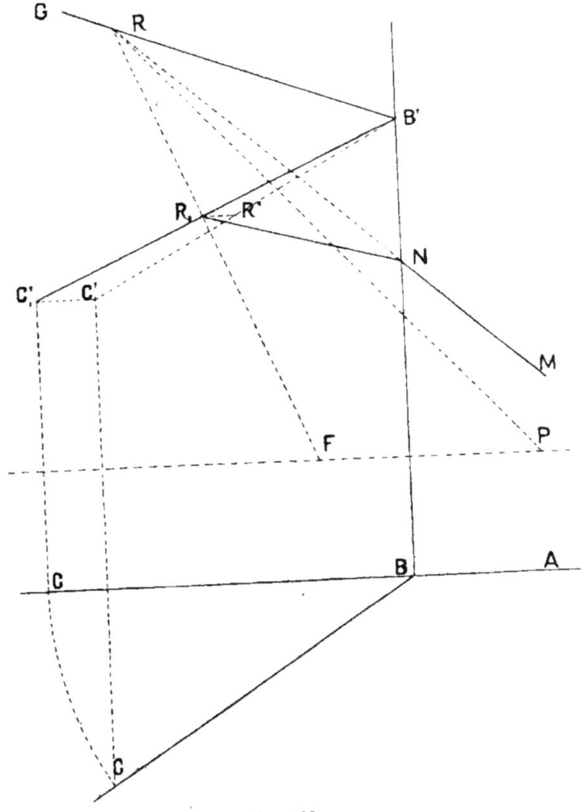

Fig. 298.

figure en le faisant tourner autour de la verticale du point B.

Traçons une droite AA′, projection de la verticale du point A sur le plan de front. Pour mener par un point B′ pris sur l'axe une droite $B'A'_1$, perspective d'une perpendiculaire aux plans de front, il suffit de tracer du point principal P la ligne B′A′, de rapporter A′ en $A'_1$

par une horizontale et de tracer $B'A'_1$. Cela résulte de ce que le plan perspectif de la droite a pour traces sur le plan de front la ligne PA′ et sur le plan vertical A l'horizontale du point A′. Il coupe à la même hauteur les verticales A et A′.

Si le point donné, au lieu d'être sur l'axe de rabattement, avait une position quelconque $C'_1$, on le ramènerait en C′

par l'arc $C_1C$ tracé sur le plan. La ligne PC′ ferait connaître sur la verticale du point B, le point F qui appartient à la ligne cherchée.

Soit, dans la figure 300, un châssis oblique rabattu autour de MN sur la partie à droite : une décoration moulurée, telle qu'un chapiteau de pilastre, se pers-pectiverait sur le tableau de front suivant le profil pointillé *abcdefg*. Il s'agit de voir ce que devient ce profil sur le châssis oblique en supposant que la brisure se fait suivant l'arête du pilastre ; on sait qu'un point A d'une droite MA du plan de front a son homologue en $A_1$ sur $MA_1$ du châssis rabattu (l'horizon est en *h*). Il

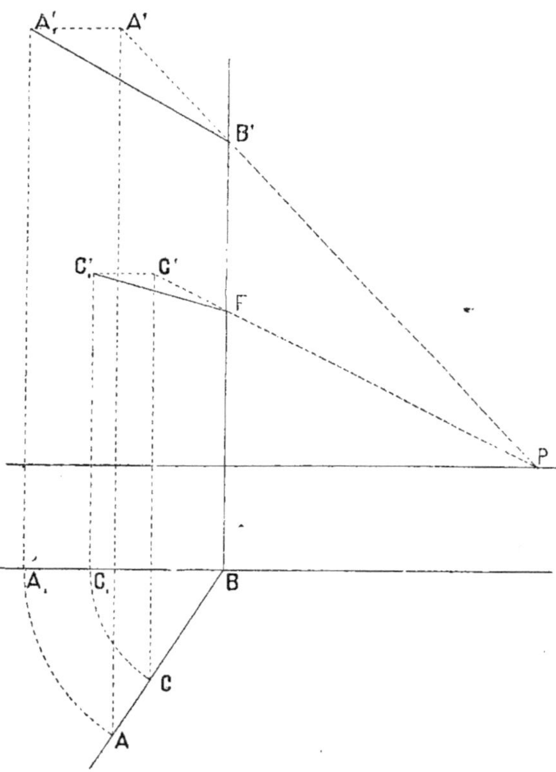

Fig. 299.

suffirait de joindre A et $A_1$ ; en prolongeant, en trouvera en F le centre d'homologie.

Pour trouver la position transformée de $a$, on mène par un point quelconque de l'axe, $g$ par exemple, $ga$ qui coupe MA en $a'$, on mène $a'$F qui coupe $MA_1$ en $a''$, et on joint $a$F, le point cherché est sur $ga''$, soit en $a_1$.

Cette construction serait longue s'il fallait l'exécuter pour chaque point ; on la simplifie de beaucoup en remarquant que toutes les horizontales passant par *abcd...* , une fois transformées, concourent en un même point de la ligne d'horizon. Lorsqu'on a obtenu le premier point $a_1$, on obtient ce point de fuite en joignant $1a_1$ et en prolongeant jusqu'à l'horizon. La construction se borne ensuite à faire fuir en ce point des droites par 2, 3, 4 ... et à en chercher l'intersection avec $b$F, $d$F et $f$F.

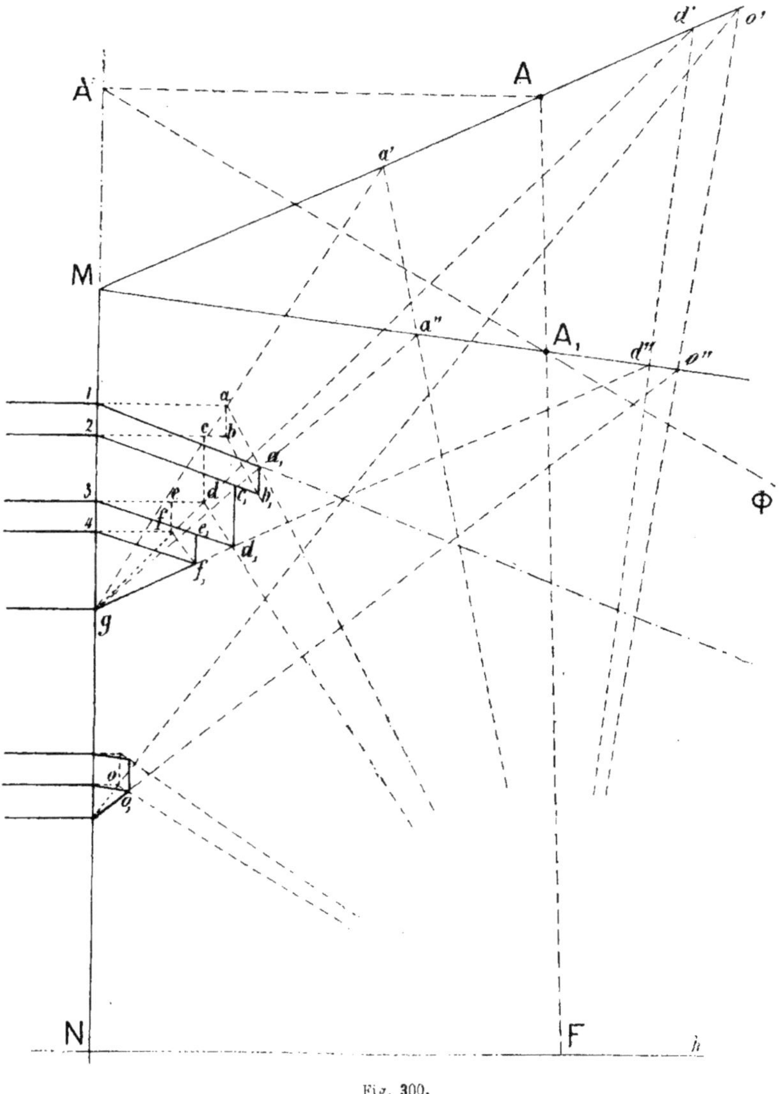

Fig. 300.

On aurait pu obtenir ce point de fuite directement en menant par A une horizontale qui coupe la charnière en A′. Dans la transformation, A′ ne bouge pas, et A vient en $A_1$. $A'A_1$ est donc une horizontale transformée qui, prolongée, rencontrera l'horizon en un point $\Phi$, qui est le point cherché.

### Établissement d'une décoration.

**196.** Nous supposons que la maquette du décor, ou sa perspective picturale sur un plan passant par le mur qui sépare la scène de la salle, est arrêtée. On doit, en outre, avoir établi un plan géométral de ce qu'on veut représenter.

De plus, il faut avoir le plan de la scène du théâtre pour lequel on établit la décoration, ainsi que la hauteur de l'ouverture de la scène.

Soient (*fig.* 301), en U et $U_1$, le plan des avant-scènes du théâtre donnant l'ouverture du cadre, c'est-à-dire les limites du tableau, la position des premier, deuxième et troisième plans est indiquée. Dans la coupe au dessus, on voit suivant U' le plancher de la scène avec sa pente et l'amorce du mur du fond qui limite la profondeur de cette scène. En V, est le dessous du cadre de la scène.

Voici comment on procédera pour établir une décoration :

On trace tout d'abord sur le plan du théâtre la projection géométrale de ce qu'on veut représenter. Ici, ce géométral est indiqué par des hachures suivant ABCDEFGIJ, etc.

On place le point de vue à volonté en O, non pas sur l'axe même de la salle, afin de ne pas avoir deux parties symétriques, ce qui paraît toujours un peu pauvre.

La décoration projetée se composant de pilastres saillants avec arrière-corps, on profitera de cette disposition pour limiter les châssis à chaque arête vue desdits pilastres.

Menant du point O les rayons visuels OB et OC, ces rayons coupent le premier plan en $bc$, ce qui constituera la largeur du premier châssis de front. De même, le châssis $de$ au second plan représentera la partie vue du pilastre DE. L'arrière-corps FGI se trouvera représenté au troisième plan en $fgi$. Quant au fond J, il sera reproduit sur le rideau $j$, limite extrême de la place dont on dispose.

La partie AB aura pour correspondante un châssis oblique dont la brisure est en $b$ ; l'obliquité de ces châssis obliques est indéterminée, elle dépend du décorateur et de l'emplacement dont on dispose. Ainsi, le châssis oblique entre le premier et le second plan sera $d_1d$. Cette limite $d_1$ est donnée par suite de la *découverte ;* en menant $U_1c$, on voit que le châssis oblique doit venir au moins jusqu'en $d_1$ pour éviter toute découverte. On aura de même $ff_1$.

Supposant qu'une porte MN est pratiquée dans l'arrière-corps FG, nous reportons MN en $mn$ et nous placerons un pantalon $kl$ sur lequel on reproduira KL. Les rayons de découverte $Un$ et $U_1m$ donnent la largeur de ce pantalon.

La limite du rideau de fond est donnée par $U_1i$ prolongé pour le côté gauche. On voit qu'il faudra indiquer sur ce rideau des objets encore plus éloignés vers la gauche que le point J, bien que ces objets ne soient pas visibles du point de vue.

En ce qui concerne les hauteurs de châssis, nous supposons que l'ordonnance de la décoration est du profil X. Les châssis doivent donc monter tous à des hauteurs qui, perspectivement, sont égales à cette hauteur. Par X, le point le plus élevé du profil, on mène une horizontale indéfinie.

On place le point de vue en O', à une hauteur d'environ $1^m,60$ du plancher. Soit à trouver les dimensions des châssis qui sont figurés en plan suivant $edd_1$.

La hauteur du châssis en $d$ correspond à D du plan, relevons ce point en $d'$ et menons le rayon visuel $O'd'$, puis menons la verticale de $de$, elle coupe ce rayon visuel au point $de$, qui est la limite supérieure du châssis de front. Quant à l'autre côté du châssis oblique, il touche en $d_1$ le mur fictif AF ; donc sa hauteur en ce point est limitée en $d''$ par l'horizontale X. Si le châssis ne touchait pas, on pourrait le supposer prolongé jusqu'au mur fictif, quitte à couper ensuite ce qu'il y aurait de trop.

Nous supposons que les deux arrière-corps FG et F'G' sont réunis par une arcade dont le sommet se projette fictivement en $b$ ; cette hauteur se perspectivera

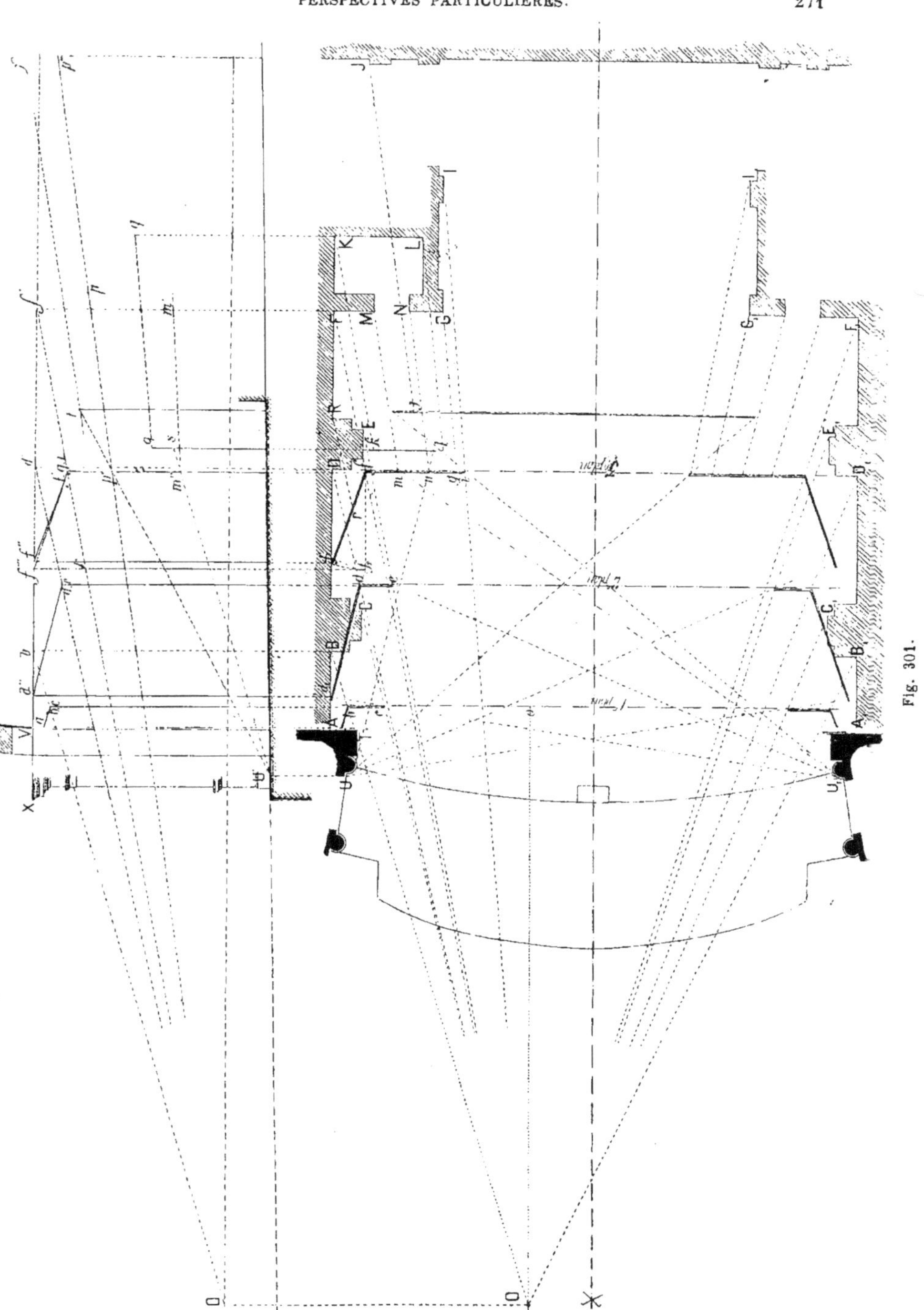

Fig. 301.

en $p'$ et, si nous traçons le rayon de découverte $U'b'$, on voit que, pour le rideau de fond, il faut indiquer des objets qui existeraient jusqu'en $t'$.

De même pour la porte MN de l'arrièrecorps dont nous supposons que $m'$ est la hauteur. Le rayon de découverte passant par $m''$ limite en hauteur le pantalon au

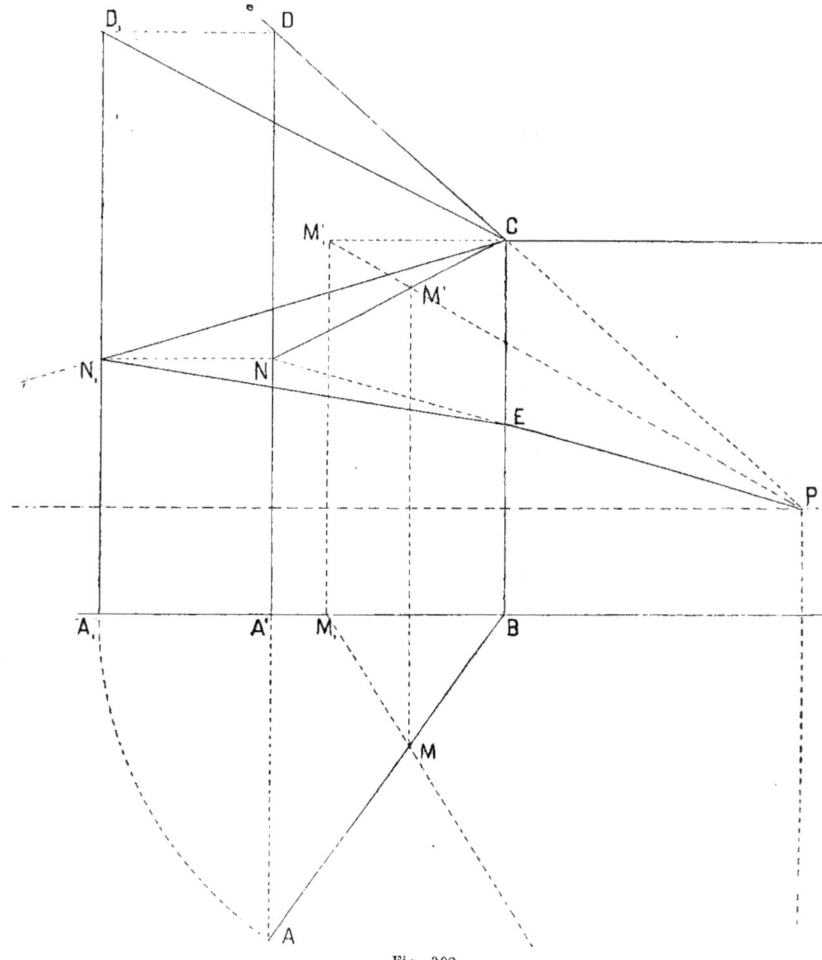

Fig. 302.

point S. Si le petit réduit KL était plafonné à la hauteur $q$, on voit qu'il n'y aurait pas à s'en occuper, puisque le point $q'$ ne pourrait pas être vu, la découverte s'arrêtant en S.

Nous avons indiqué la construction pour trouver la vraie grandeur du châssis oblique projeté en $ff_1$.

Dans la figure 302, nous montrons un châssis de front brisé en B et se raccordant avec un châssis oblique AB.

Supposons qu'une horizontale C du

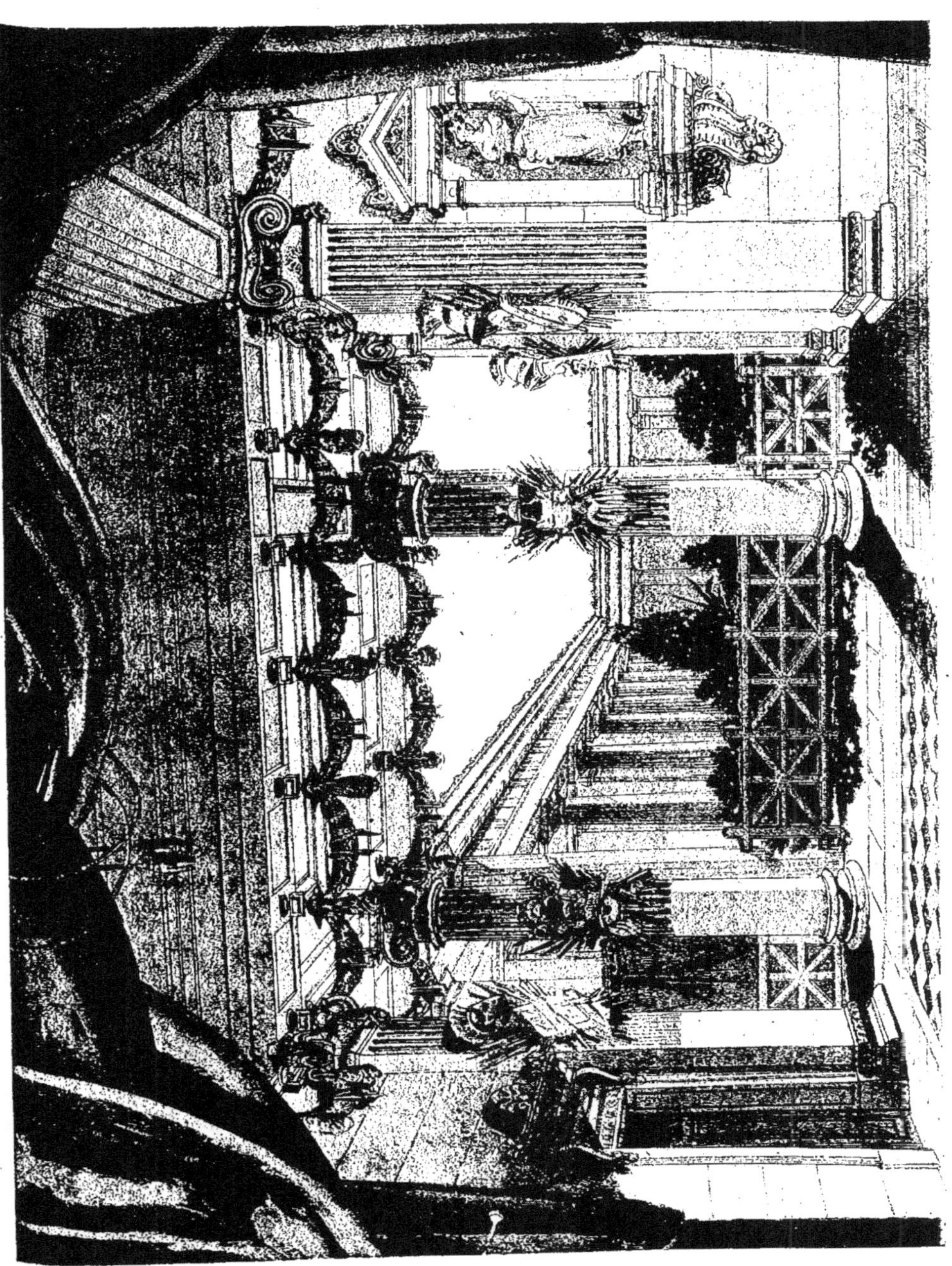

Fig. 303. — Intérieur grec, décor de M. Ménessier.

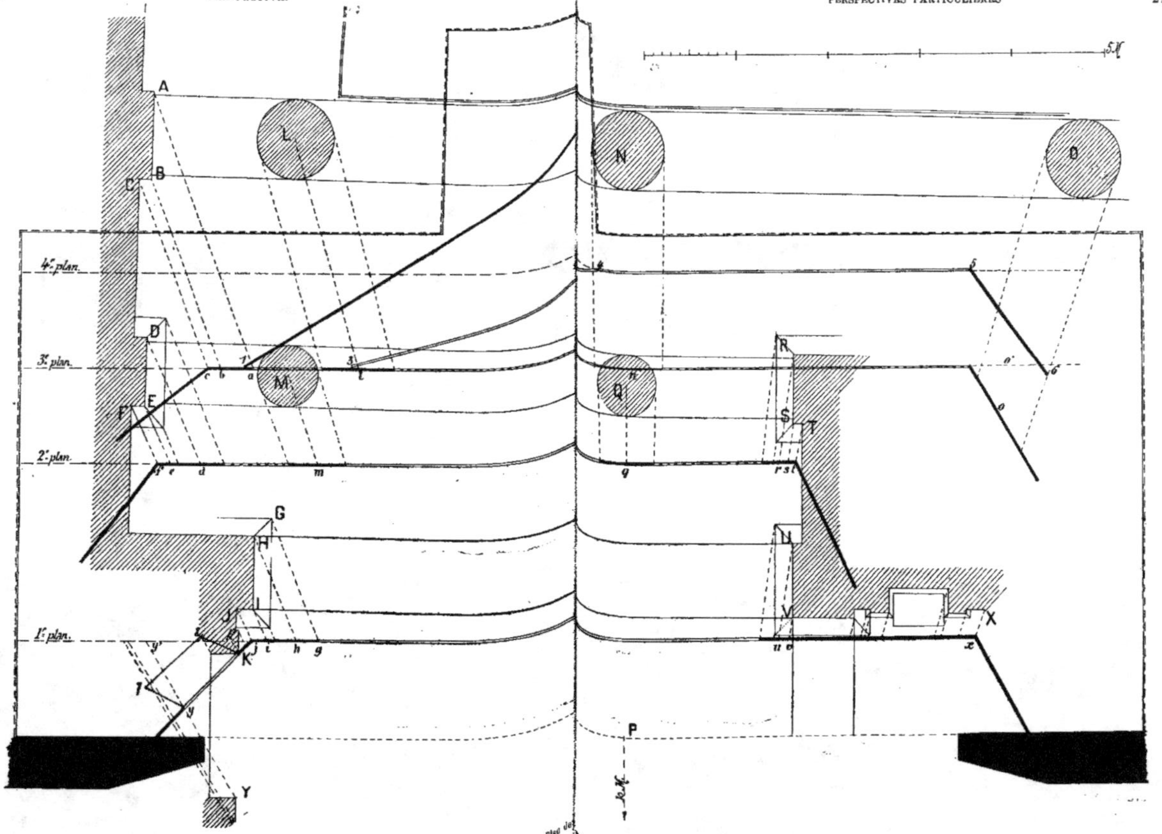

Fig. 304. — Plan de front de la décoration.

châssis de front doive être continuée sur le châssis oblique, car la brisure peut se faire sur l'angle d'un pilastre, dont toute la saillie du chapiteau se trouverait sur le châssis oblique. On continue l'horizontale jusqu'au point $M'_1$ quelconque. On trace les deux projections horizontale et verticale du rayon visuel de ce point, on en cherche l'intersection avec le châssis oblique, ce qui donne MM'. On mène CM' jusqu'au bord du châssis oblique en N. Rabattant ce châssis sur le châssis de front afin de l'avoir en vraie grandeur, soit suivant $A_1B$, $CD_1$, le point N vient en $N_1$, et la direction qu'on doit tracer sur ce châssis pour obtenir la continuation de l'horizontale C est $CN_1$. Cette direction rencontre la ligne d'horizon en un point qui sera le point de fuite de toutes les droites perspectivement parallèles à $CN_1$.

Il s'agit de tracer sur le châssis oblique au point N des perpendiculaires au plan de front, c'est-à-dire semblant fuir vers P; on mène PN, qui rencontre la brisure en E, on rabat le châssis oblique sur celui de front, N vient en $N_1$, et on mène $N_1E$. Cette direction a un point de fuite qui servira pour un même châssis oblique pour toutes les perpendiculaires aux plans de front.

<h3 align="center">Perspective complète<br>d'un décor.</h3>

**197.** Nous allons examiner maintenant les différentes opérations perspectives qu'on doit effectuer pour l'établissement complet d'une décoration théâtrale.

C'est d'abord, comme nous l'avons vu plus haut, la maquette, sorte d'avant-projet qui représente, suivant les règles de la perspective ordinaire et sur un tableau unique, la vue du site, du monument ou de l'intérieur qu'on se propose de transporter sur la scène.

Nous devons à l'obligeance de M. Ménessier, peintre-décorateur à Paris, de pouvoir reproduire ici non seulement la maquette d'un intérieur grec qu'il a composée pour le théâtre des Bouffes-Parisiens, mais encore les différents châssis qui composent cette décoration, plan par

plan. L'étude de ces divers éléments nous sera d'une grande utilité, puisqu'elle nous

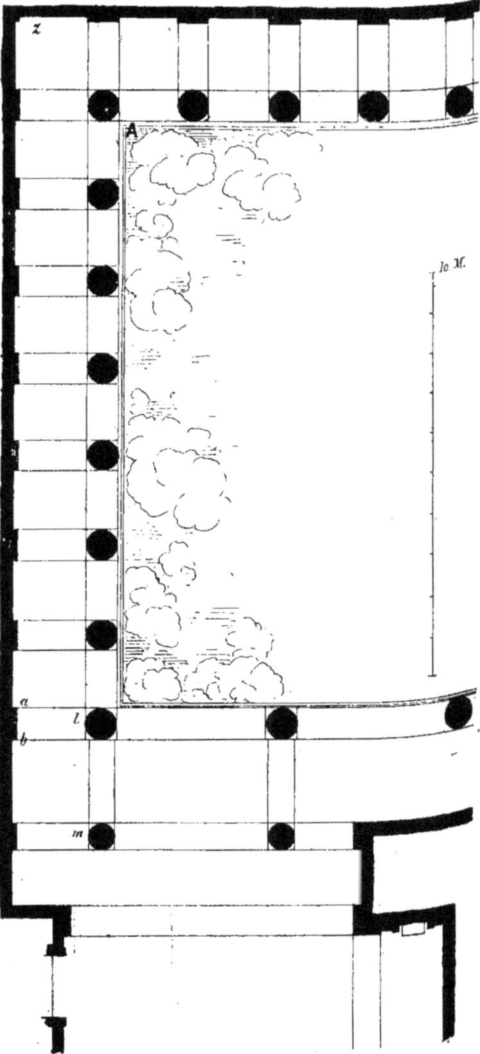

Fig. 305. — Plan de l'intérieur grec.

permet d'analyser une œuvre mise en pratique et dont l'établissement repose

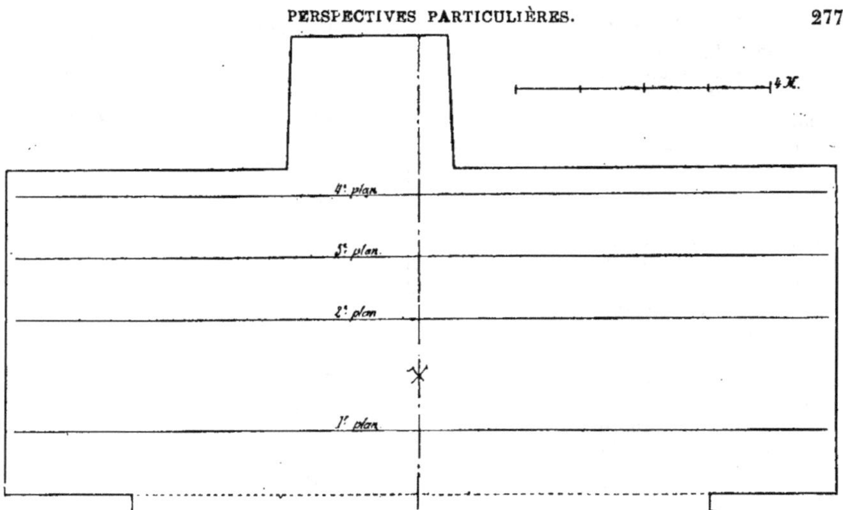

Fig. 306. — Plan de la scène des Bouffes-Parisiens.

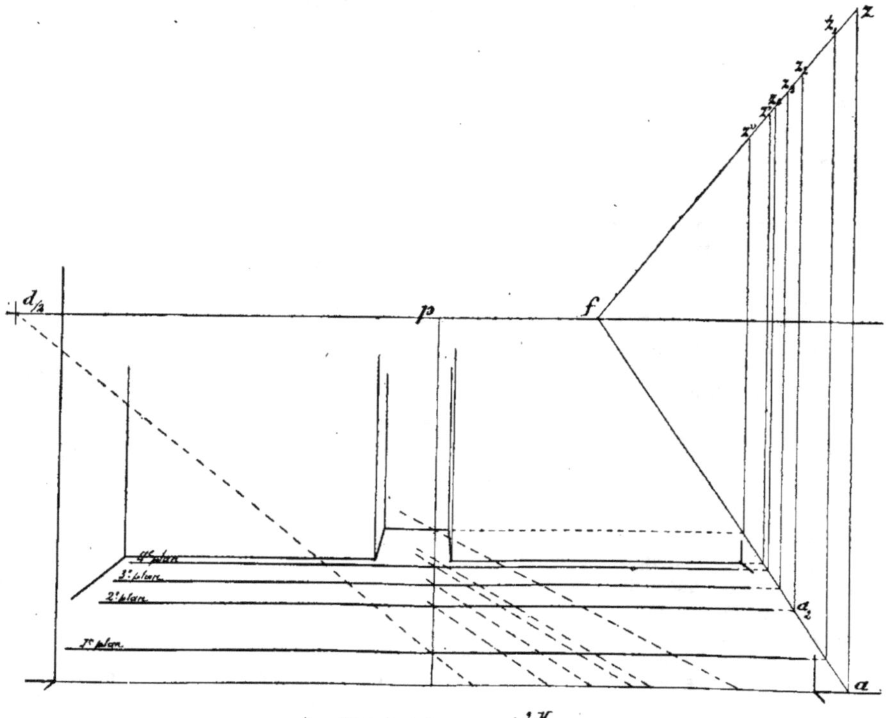

Fig. 307. — Perspective de la scène.

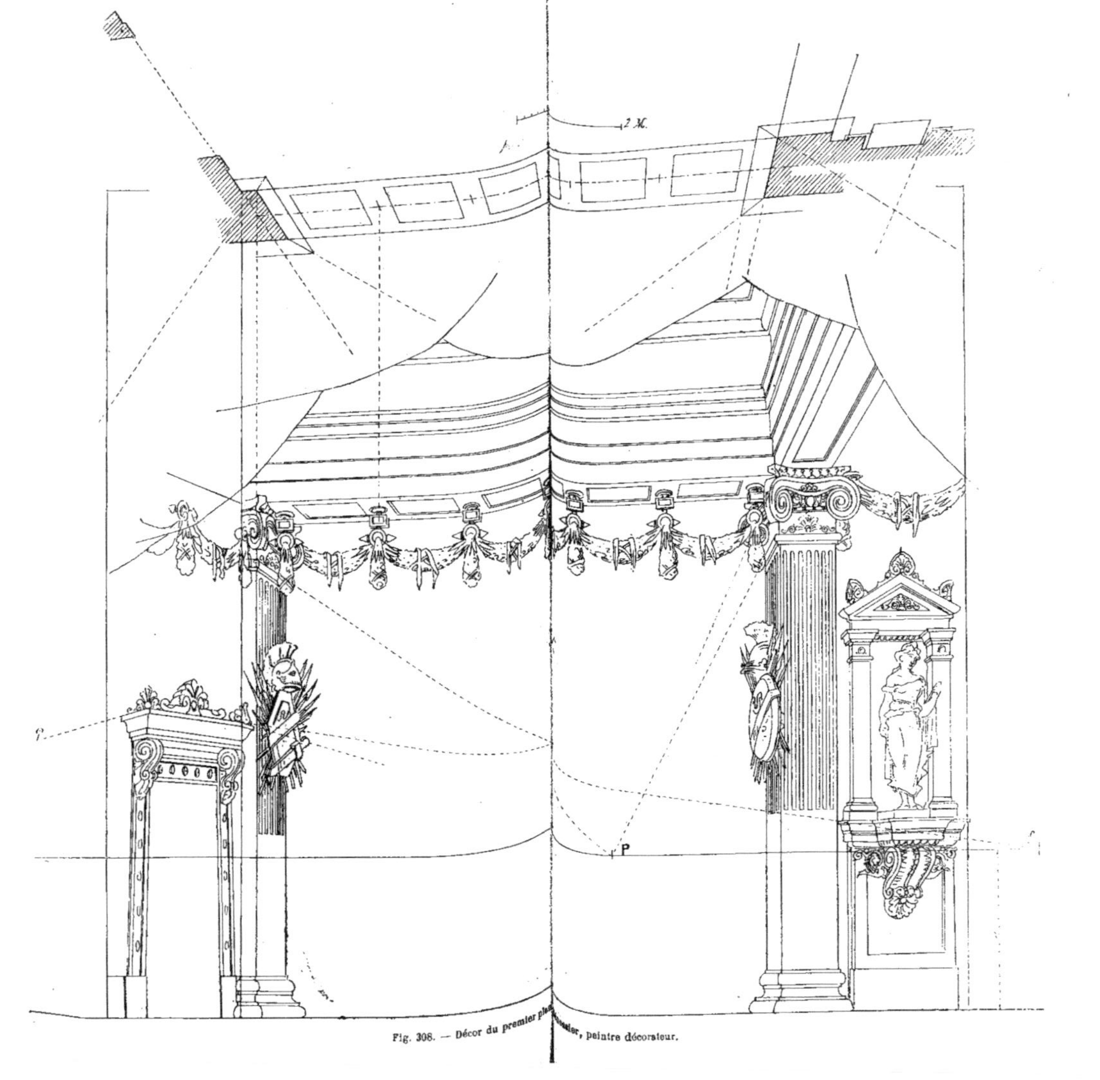

Fig. 308. — Décor du premier plan... , peintre décorateur.

sur les principes théoriques dont nous avons parlé plus haut.

L'intérieur qu'il s'agit de représenter a d'abord été dessiné par cet artiste habile, tel que le montre la figure 303. C'est, en somme, une perspective ordinaire, du même ordre que toutes celles que nous avons étudiées plus haut.

Cette vue d'ensemble une fois arrêtée, il a fallu en établir la perspective théâtrale spéciale, ce qui demande une longue série de constructions que nous allons suivre l'une après l'autre.

En premier lieu, il faut tracer le plan des objets qu'on doit faire figurer en décoration ; c'est un principe commun à toutes les perspectives quelles qu'elles soient : ce plan est indiqué dans la figure 305, avec indication de l'échelle. Dans la figure suivante 306 on a le plan de la scène du théâtre, comportant l'indication des plans et l'axe de l'ouverture du cadre auquel les différents châssis ou rideaux sont repérés. En effet, pour en fixer exactement la position, on les rapporte au plan suivant lequel ils doivent être posés, et à l'axe de la scène, de telle sorte que leur emplacement est entièrement déterminé.

On se donne ensuite une coupe, une section ou un profil, indiquant les hauteurs des différentes parties principales qui composeront la décoration. Ici nous ne l'avons pas indiquée pour une raison sur laquelle nous aurons l'occasion de revenir plus loin.

Il faut ensuite mettre le plan en perspective sur le plan de la scène, et rapporter cette perspective sur les différents châssis.

On commence d'abord par tracer à une assez grande échelle, ordinairement $0^m,04$ ou $0^m,05$ par mètre, le plan de la scène et l'indication des différents plans (*fig.* 304). Ensuite, on trace à la même échelle et suivant la position qu'on entend lui donner le plan (*fig.* 305) sur l'emplacement de la scène.

Dans la figure que nous présentons, le périmètre utilisable de la scène est indiqué par un trait fort doublé d'un trait ponctué. Le plan de l'intérieur qui fait l'objet du décor est représenté par des hachures.

On voit que l'artiste a posé son plan de façon à ne pas avoir de lignes de front ; ces dernières, qui se perspectiveraient par des horizontales parallèles au plancher de la scène, sont toujours d'un aspect froid. Il a légèrement incliné ce plan de telle sorte que son axe oblique vers la droite ; le peu dont il est ainsi tourné suffit pour détruire la monotonie des lignes de front.

La position du point de vue est en P, elle n'est pas prise sur l'axe même, afin d'éviter les parties symétriques à droite et à gauche de l'axe, ce qui ôte tout mouvement à la décoration. Le spectateur est supposé distant de 10 mètres du rideau.

Ceci posé, nous chercherons la décoration du premier plan. Les deux pilastres HI et UV par leur saillie seront les limites des objets représentés sur le premier plan. Connaissant P et la distance, il est facile de calculer les trois points de fuite : un pour les droites telles que HI ; un pour les droites parallèles à IIU, et enfin un autre pour les droites d'égale résection par rapport aux droites HI, ce qui donnera les diagonales des tailloirs de chapiteaux, par exemple, et les coupes d'onglet des bases telles que HG.

Menant du point de vue (situé hors de notre épure, et au moyen du T brisé) des fuyantes par les points HIJKY pour le côté gauche, et UV ...... X pour le côté droit, on obtiendra sur le premier plan les points $h, i, j, k, y$, et les points $u, v, ...... x$. Les arêtes extrêmes des bases telles que G viendront en $g$. On aura ainsi déterminé un châssis ou ferme de front dont les brisures se feront en $j$ et en $x$, car ces deux points correspondent effectivement aux brisures du plan proposé J et X.

Tous les points compris entre K et Y viennent se projeter ainsi sur la trace du châssis de front en des points tels que $k'$ et $y'$. En raison du châssis oblique, on devra appliquer ici les constructions que nous avons indiquées plus haut pour ces sortes de châssis (195 et 196). Remarquons toutefois que, dans le cas présent, on a une simplification dans ce tracé, car les fuyantes telles que $Yy'$ coupent les châssis obliques en des points $y$, par exemple, qui sont les véritables points à porter sur le châssis ; leur recherche par les moyens indiqués aux n°ˢ 195 et 196 devient ainsi inutile.

Au point $x$, la partie de châssis oblique ne comporte qu'un retour de mur sans aucune importance.

En ce qui concerne le second plan, pour les mêmes raisons que celles que nous avons données à propos du premier plan, nous l'arrêterons avec les arêtes D et R.

Menant les fuyantes au point de vue par les points DEF, RST, M et Q, centres des colonnes et leurs tangentes, nous obtiendrons pour châssis de front au second plan $f, e, d$, une colonne en $m$, une autre en $q$, enfin un pilastre à droite en $r, s, t$ ; on ajoutera aussi les empattements produits par les bases de ces pilastres. Quant aux brisures en $f$ et en $t$, elles représenteront les parties de mur fuyantes en avant de F et de T.

Pour les mêmes raisons, nous arrêterons le troisième plan à l'arête A du pilastre de gauche et à la colonne O de droite. Les fuyantes au point de vue donneront pour troisième châssis $c, b, a$, les colonnes $l, n$ et $o'$. Cette dernière, qui doit être représentée sur un châssis oblique, devra subir la modification mentionnée plus haut (195) et viendra définitivement en $o$.

Quant au châssis brisé à partir de $c$, il ne représente qu'un mur fuyant jusqu'en C.

Les dimensions restreintes dont nous disposons ici ne nous permettent pas d'indiquer la totalité du plan haché. Il est facile de concevoir comment les constructions s'effectueraient.

Le châssis 3,4,5,6 s'appuie au troisième plan par son châssis brisé de gauche, et toute sa partie de front est située au quatrième plan. Le point de brisure 4 correspond au point A du plan figure 305 ; cette disposition aide puissamment à l'illusion, puisqu'elle suit comme direction un sens non parallèle bien entendu, mais de même sens que celui qu'il faut représenter.

Par conséquent, le châssis brisé 3,4 servira à figurer la colonne de $m, l...$ A (du plan 305) ; à partir de ce point, 4,5

($fig.$ 304) représentera la partie de portique en retour à partir de A ($fig.$ 305).

La première colonne du portique fuyant est L qui vient figurer en $l$, c'est derrière cette partie $l$ que commence le châssis oblique 3,4, qui paraît ainsi continuer et s'enfoncer dans le lointain.

La position des colonnes sur ce châssis de front n'offre aucune difficulté ; à droite sur le châssis oblique 5,6 on continue à figurer le portique du fond.

Afin de compléter l'illusion du portique fuyant $b.a,...,z$ ($fig.$ 305), on a ajouté dans le châssis 3,4 tout ce qu'il était possible de découper entre les colonnes et on a fait voir à travers ces à-jour le fond 1,2, qui représente la paroi gauche du portique ; un personnage peut ainsi circuler dans ce portique.

Le châssis 1,2 s'appuie derrière $a$, comme dans la réalité la paroi du portique commencerait derrière A ($fig.$ 304).

La *plantation* de la décoration étant ainsi terminée, on passera à l'exécution de chacune de ses parties.

Avant de décrire ces opérations, il est une remarque importante que nous devons faire et dont on doit bien se pénétrer.

Les châssis placés à différents plans éloignés plus ou moins les uns des autres sont aussi soumis à une seconde mise en perspective. Ils doivent être considérés comme des plans de front, et, comme tels, avoir des échelles différentes, diminuant au fur et à mesure de leur éloignement. Ainsi, soient deux pilastres ayant chacun même largeur, l'un sur un châssis au premier plan, l'autre sur un châssis au quatrième plan. Si dans le premier il est tracé avec $0^m,50$ de large par exemple, il ne devra pas être tracé de même largeur sur le quatrième, mais bien avec une réduction qu'il faut savoir déterminer.

Mettons en perspective le plan ($fig.$ 306) de la scène ; nous prenons à volonté la hauteur d'horizon ($fig.$ 307), et par les moyens connus nous obtenons la perspective du périmètre dont on peut disposer sur la scène et l'indication des différents plans. Soit une hauteur $az$ à l'échelle du plan de l'édifice qu'on a tracé sur le plancher de la scène, comme dans

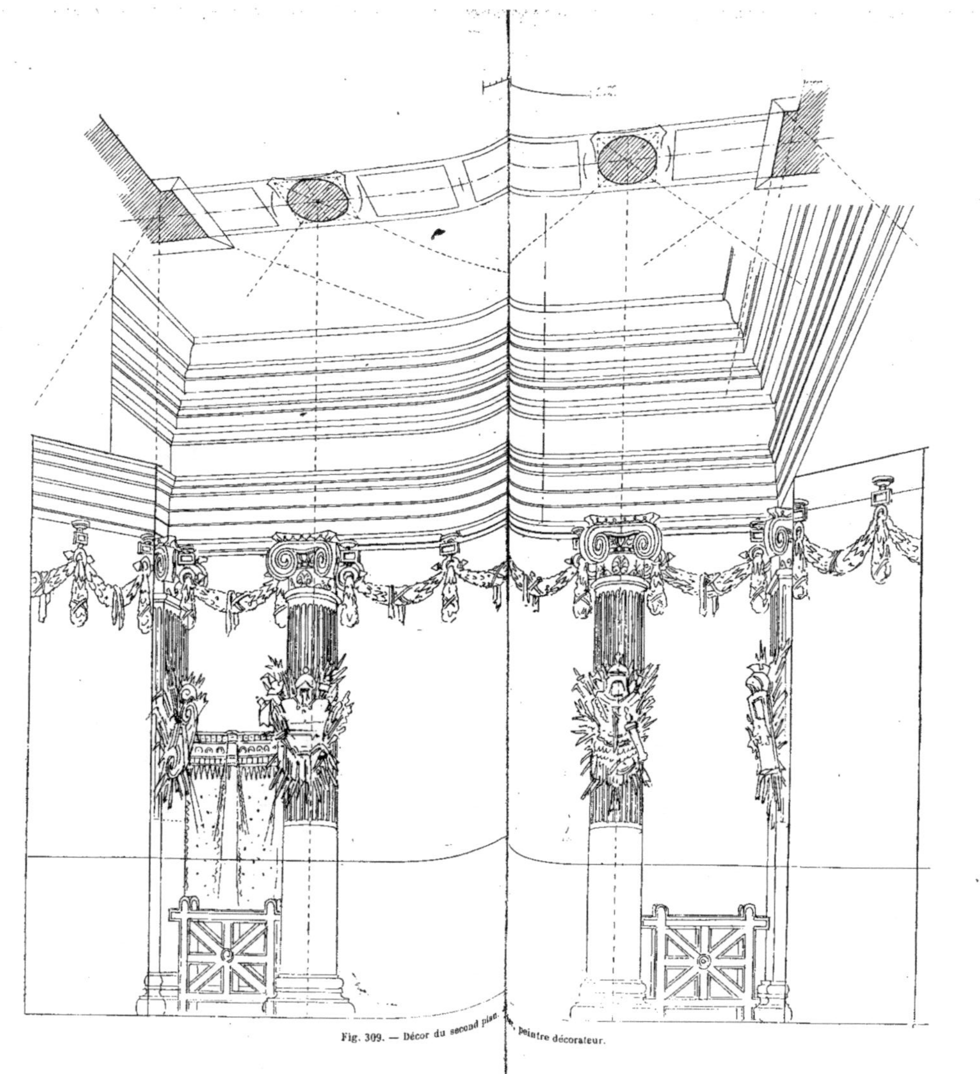

Fig. 309. — Décor du second plan. Peintre décorateur.

la figure 304 ; lorsqu'on aura à opérer sur un châssis placé à une place quelconque, il faudra porter non cette hauteur $az$, mais bien celle qui lui correspond en raison du plan de front où se trouve situé le châssis. Ainsi, cette hauteur devient $a_2z_2$ pour le châssis situé au deuxième plan.

Il en résulte que la hauteur d'un même profil dont on doit se servir dans chacun des châssis successifs, puisque c'est une même architecture qui semble se continuer de l'un à l'autre, doit être modifiée et réduite proportionnellement à ces hauteurs $az$ et $a_2z_2$.

*Châssis du 1ᵉʳ plan, figure* 308. — Rappelons d'abord, une fois pour toutes, que la hauteur d'horizon diminue à mesure que les châssis s'éloignent, puisque la scène a ordinairement $0^m,04$ de pente par mètre de profondeur. Une coupe de cette scène indiquera la hauteur d'horizon pour chaque plan, les différentes lignes d'horizon d'une décoration devant être toutes situées dans un même plan horizontal.

Pour le premier plan, elle est ici de $1^m,66$. On trace l'axe de la scène, la position du point de vue, et celles des différents points de fuite. Ces derniers subiront aussi une modification à chaque plan ; à la distance correspondant à l'éloignement du spectateur du premier plan, il faut ajouter, pour le second, la distance qui sépare le premier plan du second. Le spectateur restant immobile, et les différents châssis ou tableaux s'éloignant, il est naturel de penser que la distance augmentera de même.

Pour tracer la décoration du premier plan, nous nous servirons d'un géométral auxiliaire. A cet effet, nous prenons sur le plan (*fig.* 304) les diverses largeurs $j, i, h, g, ..., u, v, x$, que nous portons sur une horizontale en haut de la figure 308. Il est bien entendu que, si cette figure ne se fait pas à la même échelle que celle de la figure 304, on leur fera subir la modification proportionnelle convenable. A l'aide du point de vue et des points de fuite, on trace la perspective du plan correspondant à la partie de l'édifice qui doit être représentée dans la figure. On abaisse des verticales des différents points ainsi obtenus, et on procède à la mise en perspective des hauteurs.

Nous n'insistons pas sur ces constructions, trop connues pour être détaillées de nouveau. En ce qui concerne la partie de front du tracé, comprise entre $j$ et $x$, il n'y a aucune remarque à faire.

Il n'en est pas de même pour le châssis oblique de gauche. On devra tracer d'abord la perspective de la porte, comme si elle se trouvait sur un châssis de front, puis la modifier en la considérant comme tracée sur un châssis oblique (195-196). On trouvera ainsi les points $f$ et $\varphi$ qui serviront, $f$ pour les fuyantes correspondant au point P, et $\varphi$ pour les horizontales parallèles au soffite qui réunit les deux pilastres ; on voit ici une application du procédé rappelé plus haut quand une même droite figure à la fois sur un châssis de front et sur un châssis oblique : c'est dans la mouluration qui couronne la porte. Une draperie termine le décor à la partie supérieure ; elle a pour but de masquer les déformations produites dans les soffites et dans le plafond, par suite d'une grande hauteur et qui auraient, de plus, pour résultat d'éloigner considérablement cette partie du décor par rapport au cadre de la scène.

Une remarque très importante à faire, c'est la façon de mettre les objets en perspective au-dessous de l'horizon.

On voit, dans notre figure, que la partie inférieure du châssis oblique et du pilastre de gauche, au lieu de fuir aux mêmes points P et $f$ comme les lignes horizontales supérieures à l'horizon sont au contraire parallèles à cet horizon et à la ligne de terre, et sont représentées ainsi que dans une projection géométrale. Car, si ces lignes, telles que la base fuyante du pilastre et le soubassement de la porte, fuyaient en ces mêmes points, il en résulterait un vide dans la partie inférieure de la décoration ; et ce vide ne peut exister, le châssis devant poser sur le plancher de la scène. On a essayé de représenter dans ce vide une partie de sol en perspective, ce qui semble d'abord et théoriquement tout logique. Mais on a dû y renoncer, attendu que l'effet ainsi obtenu est très mauvais, et que l'œil ne se laisse pas illusionner par cet artifice. Aussi on représente les bases, les plinthes, les soubassements, au-dessous de l'horizon tout comme dans un géométral ; ce procédé est incorrect, il est vrai, mais la sensation que le spectateur en perçoit est moins désagréable, d'autant plus que ces parties très basses sont peu visibles, cachées qu'elles sont, soit par des personnages, soit par des meubles, des arbustes, des objets quelconques.

Le décor du premier se compose alors de deux châssis ; celui de gauche (côté *jardin*) est un châssis brisé. La partie oblique comprend la porte, et sa partie supérieure jusqu'à la découverte que cache la draperie ; la partie de front est limitée au pilastre, base, trophée et chapiteau avec première chute de guirlandes et son attache.

Le châssis de droite (côté *cour*) comprend le pilastre entier semblable et toute la partie droite avec la niche, jusqu'à la partie supérieure du mur limitée horizontalement par le chapiteau ; une partie oblique pour mur en retour se trouve ensuite à droite ; elle n'est pas indiquée dans notre figure, vu son peu d'intérêt et la place qu'elle occuperait inutilement dans l'épure.

Toute la partie haute, comprenant le soffite et ses guirlandes et le plafond, est formée par un rideau dont les naissances sont cachées par les chapiteaux.

Ce premier plan est donc ajouré entre les deux pilastres et le soffite, ainsi qu'entre les chutes de guirlandes.

*Châssis du 2e plan (figure 309).* — On procède d'une façon analogue. Les parties à représenter entre *f* et *t* de la figure 304 sont reportées en haut de la figure 309 et sont mises en perspective à l'aide du point principal qui ne change pas, et des points de fuite qui doivent subir une modification puisque la distance qui a servi au châssis précédent doit être augmentée de toute la distance qui sépare le premier plan du second.

On indique seulement en plan les parties du chapiteau qui seront vues, ainsi que les amorces extrêmes des ellipses des bases, assez seulement pour avoir leurs tangentes verticales. Ces perspectives de plans de colonnes s'obtiennent au moyen de deux diagonales convergeant aux points de fuite, passant par le centre, et du carré construit ensuite en se servant de la largeur vue qu'on trouve en *m* et en *q* sur la figure 304.

Les parties obliques sont des murs en retour dont le tracé n'offre aucune difficulté.

Pour la mise en hauteur, comme on se sert d'un *mur auxiliaire* ainsi que nous procédons ordinairement, on aura soin de se rappeler que les hauteurs ne sont plus celles qui ont servi dans la figure 308, mais qu'elles doivent être diminuées suivant l'éloignement du plan de front n° 2 (*fig.* 307).

Le châssis côté jardin comprend la colonne et le pilastre reliés entre eux au sommet par la guirlande et la sous-face du soffite, puis d'une partie oblique comprenant le mur à gauche en retour, dont la brisure est indiquée par un trait plus fort.

Le châssis de droite est composé d'une façon analogue, et toute la partie en plafond est formée par un rideau dont la partie inférieure est ajourée entre les guirlandes.

On voit encore ici un exemple de la dérogation aux règles ordinaires dans la représentation des bases de colonnes. Les moulures de ces bases devraient être tracées suivant des portions d'ellipses, ainsi, du reste, que le sont celles de l'astragale et du chapiteau. La même raison que nous avons indiquée plus haut oblige de tracer ces bases comme en un géométral.

Ce décor est encore ajouré entre les colonnes, les pilastres, les guirlandes et le soffite.

*Châssis du 3e plan (fig. 310).* — La même façon d'opérer se retrouvera dans l'établissement du troisième plan : ici, c'est une ferme qui comprend les deux châssis obliques, le pilastre et les deux colonnes ; ces différentes parties sont reliées par le haut au moyen d'une traverse qui comprend la sous-face du soffite et la première partie basse de l'architrave ; le surplus est formé par un plafond.

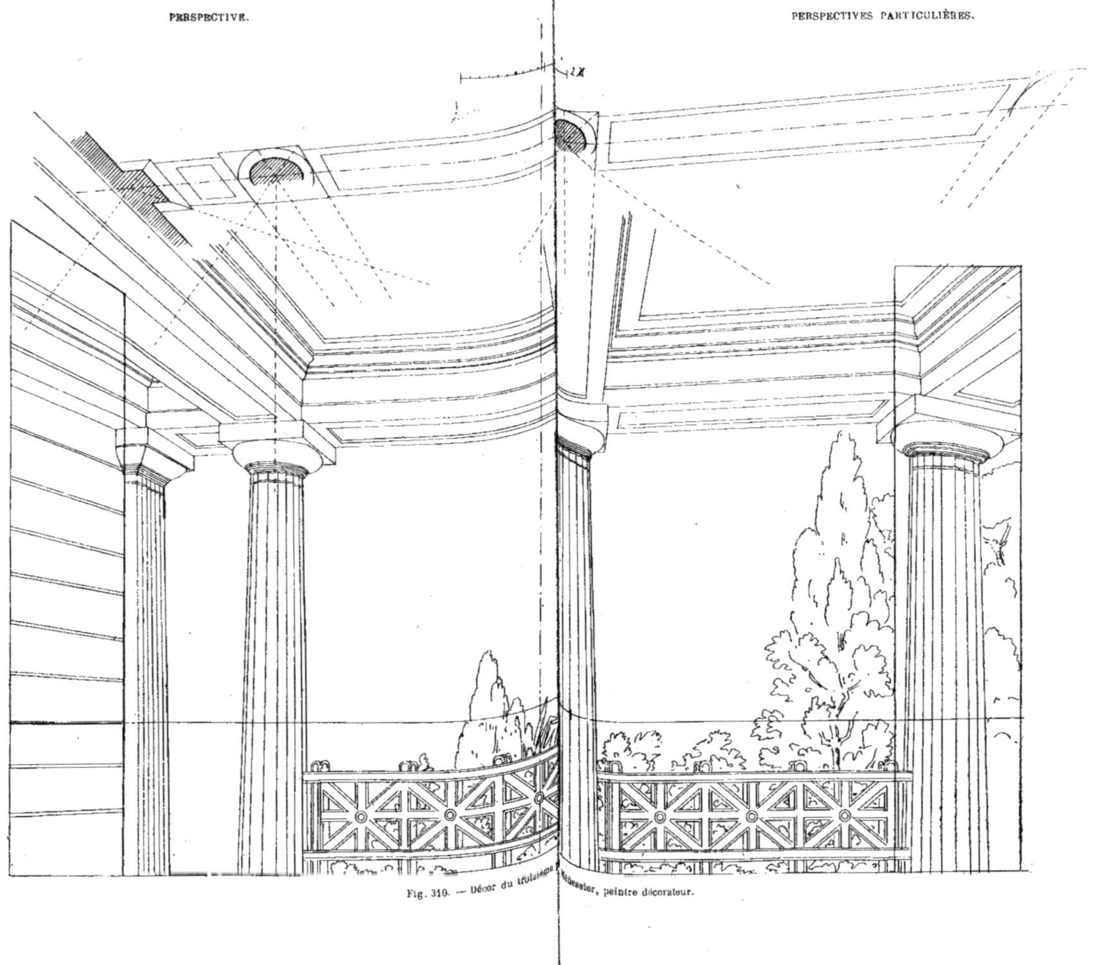

Fig. 310. — Décor du vestibule Messier, peintre décorateur.

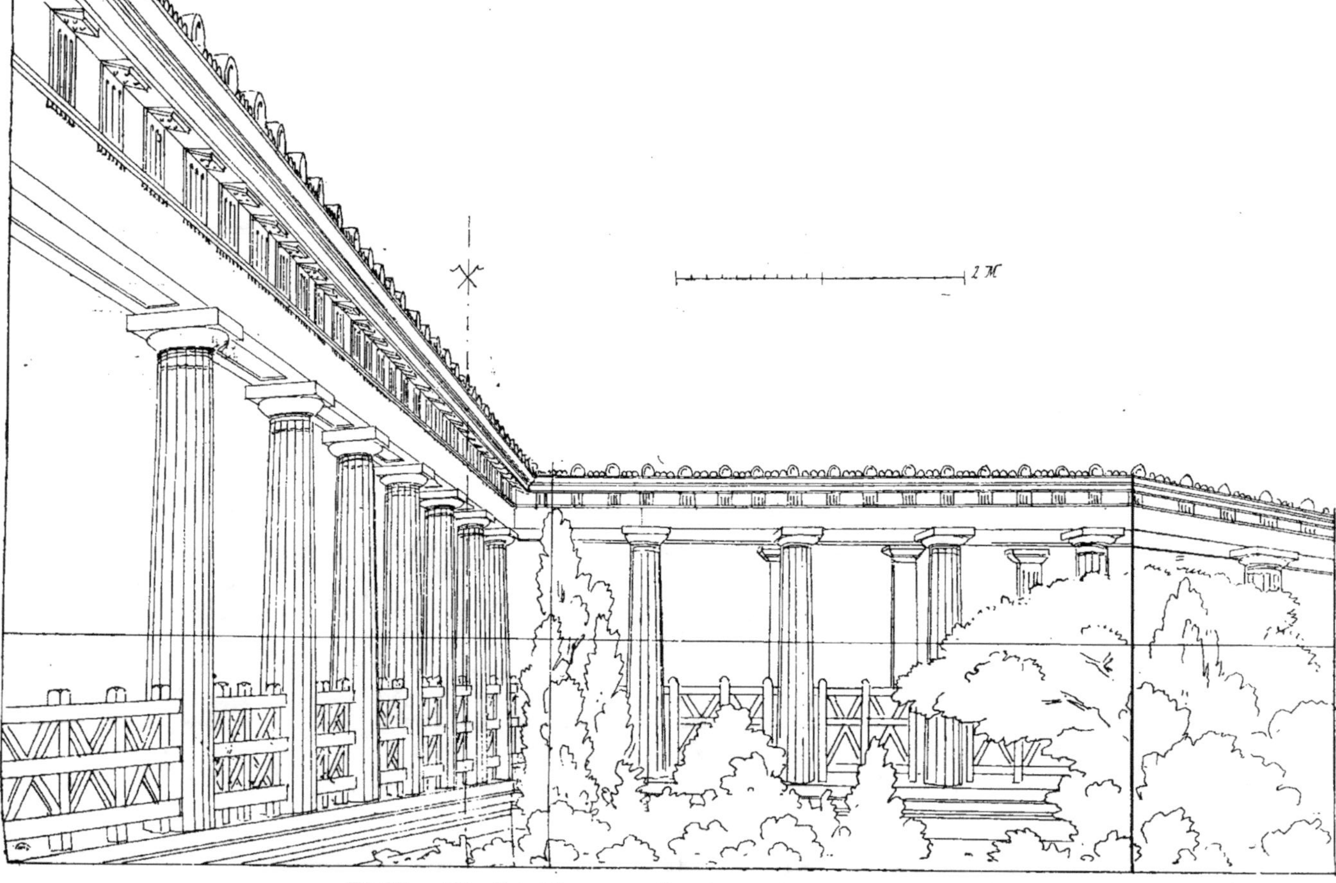

Fig. 311. — Décor du troisième au quatrième plan. — M. Ménessier, peintre décorateur.

Entre le pilastre de gauche et la colonne se trouve un passage qui permet l'accès du portique fuyant. Toute la partie entre les colonnes, la balustrade, la verdure et le soffite est à jour.

*Châssis du 3e plan au 4e (fig.* 311). — Il n'y a aucune difficulté à remarquer dans le tracé de ce châssis ; il se compose d'une partie oblique à gauche dont la brisure est située suivant la verticale qui passe à droite de l'axe, à travers l'arbuste ; la partie à droite, au quatrième plan, est de front.

La partie oblique (à gauche) est ajou-

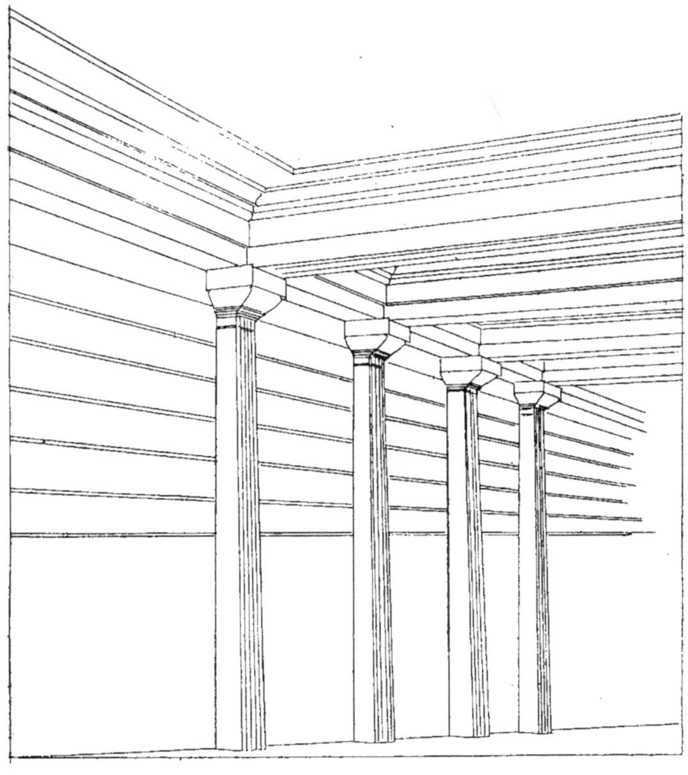

Fig. 312. — Fond oblique. — M. Ménessier, peintre décorateur.

rée entre les colonnes, le soffite et dans la balustrade, ce qui permet d'apercevoir la partie suivante. Ce décor seul est découpé par le haut, suivant la silhouette de l'acrotère, et se détache sur un ciel.

*Fond oblique (fig.* 312). — Ce fond, qui s'aperçoit à travers le châssis précédent, représente le côté gauche du portique fuyant ; son tracé s'effectue comme celui d'un châssis oblique.

*Porte (fig.* 313). — Dans le châssis oblique du premier plan est ménagée une porte. Pour former l'ébrasement de celle-ci, on construit une sorte de caisson dont les parties développées sont données dans la figure 313; en en rabattant les deux ébrasements et la partie en plafond, on obtient une sorte de caisson dont le plan est indiqué dans la figure 304.

### Les décors dans l'antiquité.

**198.** Dans ses écrits, Vitruve s'élève contre le goût des décors de son temps qu'il qualifie de *dépravé :* « On peint, dit-il, sur les enduits des monstruosités plutôt que des images positives. Au lieu de colonnes on dresse des *roseaux*, ou bien ce sont des fûts de candélabres soutenant des figures d'édicules, du faîte desquels s'élèvent sur leurs racines et avec leurs rinceaux *un grand nombre de tiges grêles*, portant, contre toute raison, de petits personnages qui y sont assis ; puis de ces tiges naissent des fleurs d'où sortent des figurines à mi-corps, les unes avec des têtes d'hommes, les autres avec des têtes d'animaux. »

Cette description s'applique exactement aux peintures murales qui couvrent les murailles de Pompéi.

Citons la curieuse histoire du décorateur Apotourios et du mathématicien Licinius.

« Dans la ville de Tralles, il advint « qu'un certain Apatourios, natif d'Ala- « banda, avait exécuté d'une main élégante « le décor de la scène d'un très petit « théâtre que les habitants appellent « l'*Ekklésiasterion*. Il y avait des colonnes, « des statues, des centaures supportant « des architraves, des toits avec leurs « inclinaisons et leur saillie, des cor- « niches ornées de têtes de lions, toutes « choses qui se rapportent à la toiture et « à ses pentes d'écoulement. Cependant, « au-dessus des premiers étages de la « scène, il y en avait encore un second, « où se montraient d'autres rotondes, « des façades en forme de pronaos, des « frontons coupés et toute l'ornementa- « tion d'un toit avec ses couleurs variées. « Comme la vue de cette scène, par la « vivacité de son relief, flattait les regards « de tous, et que déjà on s'apprêtait à « approuver le travail de l'artiste, seul « le mathématicien Licinius s'avança et « osa le blâmer en ces termes :

« — Qui de vous peut bâtir sa maison

« sur les tuiles d'un toit, y établir des « colonnes et les couronnements d'un « édifice? Ces parties se placent sur des « étages de poutres et non sur des toits « de tuiles. Si nous approuvons dans les « peintures ce qui n'a aucune raison d'être « dans la réalité, nous serons mis au « nombre des villes qui, pour des défauts « du même genre, ont encouru le reproche « de déraison. »

Il y a lieu de penser que, peut-être dans l'antiquité, les décors de théâtre étaient conçus tels que sont exécutées les peintures murales qu'on retrouve à

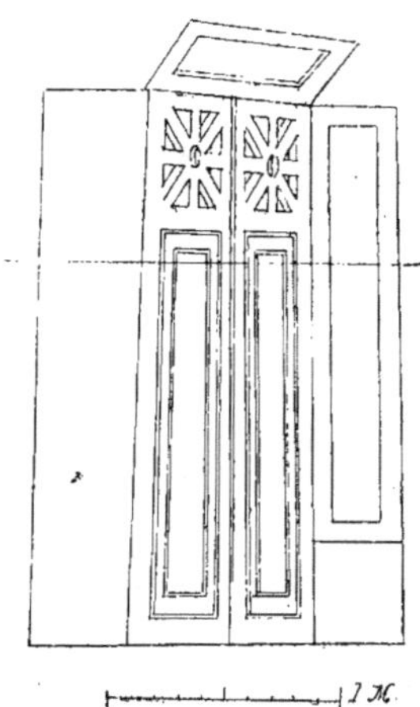

Fig. 313. — Caisson de la porte du premier plan. M. Ménessier, peintre décorateur.

Pompéi. Les personnages, quand il y en a de mêlés à cette architecture, sont fort petits, comparés à la hauteur totale (il faut se rappeler que les théâtres antiques étaient de dimensions colossales); ils sont fréquemment placés sur un plancher plus élevé que le sol et cachés jusqu'aux genoux par une sorte de balustrade. Dans certains cas, le plancher communique avec le sol en contre-bas au moyen de petits escaliers de trois ou quatre marches, escaliers volants, qui ne tiennent à rien et ont l'air d'être en bois.

Fréquemment, çà et là sont épars

des masques comiques et tragiques, des flûtes, des lyres, des tambourins, des boîtes pleines de papyrus roulés.

Il est peut-être permis de se demander s'il n'y a pas là une reproduction plus ou moins exacte, plus ou moins idéalisée, des décors de théâtre à l'époque romaine.

Les scènes des théâtres antiques étaient, d'ordinaire, de dimensions très vastes. Celle du théâtre d'Orange, pour ne citer que celle-là, a environ 60 mètres de large, 10 à 13 de profondeur et se termine, au fond, par un mur de 30 mètres de hauteur décoré de trois étages d'ordres avec avant-corps, colonnes, niches, sta-

tues, frontons, etc. Une telle décoration est bien plus combinée pour l'harmonie de l'édifice en lui-même que pour les exigences et l'illusion scéniques. Suivant Piranèse, des décors en bois venaient s'interposer entre cette décoration fixe et l'œil des spectateurs pendant la durée de la représentation. M. Heuzey constate la difficulté de concevoir l'effet d'une représentation théâtrale encadrée par une architecture réelle de dimensions écrasantes, et la nécessité d'une transition qu'il trouve dans l'emploi des draperies, établi par des documents authentiques.

Il est cependant difficile d'admettre

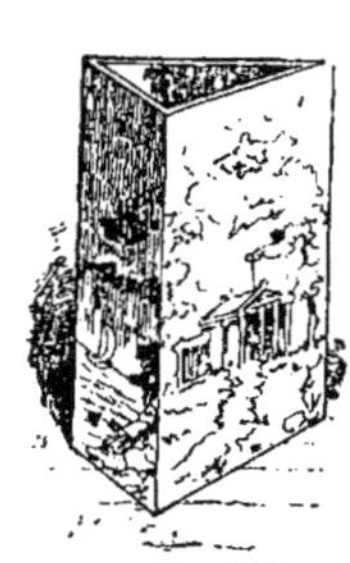

Fig. 314.

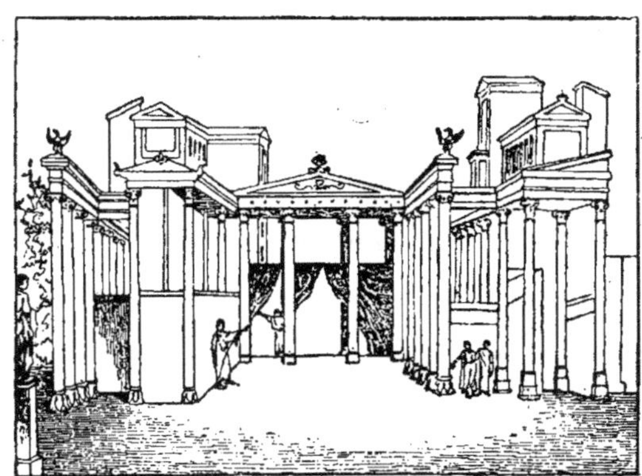

Fig. 315.

l'effet des décors établis suivant l'échelle humaine, se détachant sur un fond de draperies de 30 mètres de haut, que le vent agiterait sans cesse.

Pour mettre cette immense surface en harmonie avec la représentation dramatique, il n'y a guère qu'un seul moyen : recouvrir en totalité cette surface par une décoration de même grandeur et d'un caractère différent, se raccordant, d'une part, avec l'architecture du théâtre, et s'harmonisant, d'autre part, avec les personnages et les machines de petite dimension employées dans le cours de la représentation. Ces machines, que Vitruve cite dans le chapitre VI de

son cinquième livre, se nommaient *périactous* (que l'on fait tourner) ; la figure 314 nous montre une de ces machines. Cet auteur les décrit ainsi, en parlant des portes pratiquées dans le mur de la scène : « Derrière ces ouvertures on placera les décorations que les Grecs appellent périactous, à cause des machines faites en triangle, qu'on fait tourner à volonté. Sur chacune de ces machines, il doit y avoir des ornements de trois espèces, destinés aux changements de décorations, qui se font en tournant leurs différentes faces, ainsi que cela est nécessaire dans la représentation des fables... »

Mais ces machines de petites dimensions n'auraient produit aucune illusion si on les avait placées derrière les portes pratiquées dans le mur, et si ce dernier n'avait été lui-même recouvert d'une décoration spéciale.

En admettant, dans une certaine mesure, que les peintures décoratives de Pompéï nous donnent la clef de ce mystère, on reconnaîtra que les anciens avaient su résoudre le problème avec une rare élégance.

Ces constructions légères, aériennes, soutenues, de distance en distance, par des potences dont on a retrouvé les traces, fixées à leur partie supérieure à un plafond dont l'existence a été reconnue, séparées de la décoration fixe du fond par des draperies blanches ou noires, selon qu'il s'agissait de représenter le jour ou la nuit, auraient créé pour la décoration théâtrale un milieu idéal, nullement écrasant par suite de la gracilité de leurs formes, vague et indéterminé, éveillant seulement une idée d'art en laissant aux décorations mobiles, aux périactes, le soin de préciser la scène.

Cette hypothèse s'est présentée à l'esprit de W. Gell (*Pompeiana*), à propos d'une fresque de la *maison des Vestales* à Pompéï (*fig.* 315) ; il est à remarquer que ce décor supposé, représentant au milieu une partie en hémicycle, s'adapterait parfaitement au théâtre de Pompéï dont la scène a une disposition analogue.

L'apparence théâtrale des personnages qui figurent dans les peintures de Pompéï est frappante. On met au premier rang la citharyste du Panthéon (*fig.* 316) occupée à déclamer ou à chanter devant

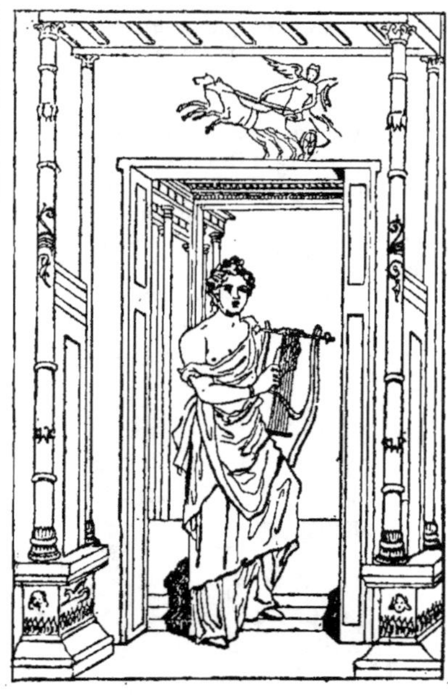

Fig. 316.

un public, dans un vaste espace. Ce genre de peinture semble s'adapter parfaitement à l'une des faces d'un périacte et ne paraît pas avoir d'autre signification.

## NOTE SUR LES CONTOURS APPARENTS

**199.** Les différents corps que nous considérons en perspective sont toujours opaques ; le cône circonscrit à un corps et dont l'œil d'un spectateur est le sommet détermine sur ce corps une courbe de contact qui est la ligne de *contour apparent*, par rapport à cet observateur. Mais, pour cela, les génératrices rectilignes du cône doivent être extérieures à la surface du corps considéré ; lorsque les génératrices voisines du point de tangence sont noyées dans la partie opaque, la courbe de contact n'a aucune importance au point de vue du contour apparent.

La figure 317 représente une section faite dans le corps regardé par un plan qui contient l'œil placé en O. Les points tels que $m$, $r$, $q$ appartiennent au contour apparent ; on les nomme *points réels* de contact, tandis qu'on nomme *points virtuels* ceux qui sont situés sur des tangentes géométriques, qui n'existent pas comme rayons visuels. Au point $n$ la tangente est extérieure, mais elle traverse le corps avant d'arriver à l'œil ; ce point est invisible, on le considère cependant comme réel : il est dans la position de tout autre point réel tel que $m$ ou $r$, devant lequel on poserait un écran. Le point $s$ ne peut appartenir au contour apparent, quelque part qu'on suppose

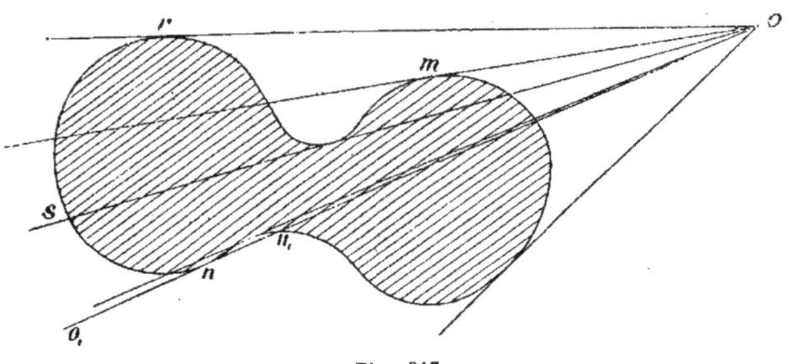

Fig. 317.

l'œil sur la tangente $Os$. Le point $n$, au contraire, deviendrait *utile* si l'œil était entre $n$ et $n_i$ ou au-delà de $n$. Si le corps opaque se trouvait situé de l'autre côté de la section considérée (*fig.* 318), les volution (*fig.* 319) vue par un œil placé sur l'axe de cette surface, on trouve un parallèle réel $mm'$, un deuxième virtuel $ss'$ et un troisième réel, mais invisible, en $rr'$. Le plus souvent, les parallèles réels et les parallèles virtuels forment des parties distinctes d'une même courbe, et alors le contour apparent se compose d'arcs

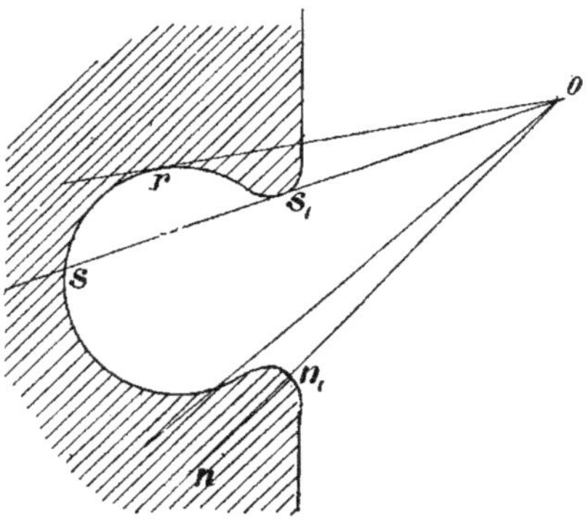

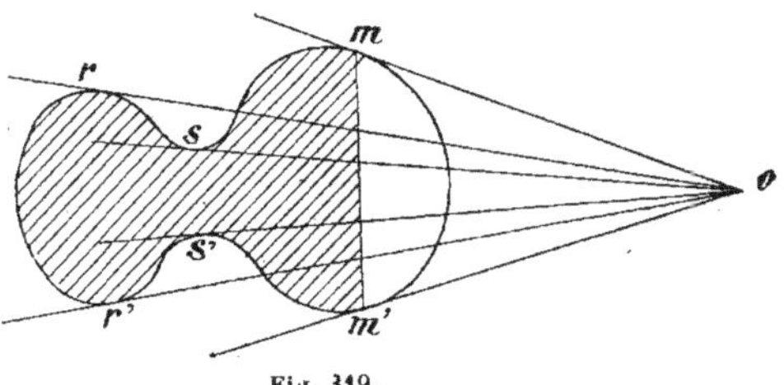

Fig. 319.

Fig. 318.

points réels deviendraient virtuels, et *vice versa*.

Les points réels et les points virtuels forment quelquefois des courbes séparées. Ainsi, dans le cas d'une surface de ré-

qui se terminent brusquement. La détermination de ces points est d'une grande utilité ; on comprend toute l'importance qu'il faut attacher à la connaissance des *points limites*.

La génératrice du cône circonscrit est extérieure ou intérieure, suivant que le point de contact est réel ou virtuel ; au point limite, la génératrice passant de l'intérieur du corps à l'extérieur a un contact du deuxième ordre avec la surface.

On dit que deux courbes ont un *contact de premier ordre*, lorsqu'elles ont deux points communs infiniment rapprochés, ou, ce qui revient au même, un élément commun. Le contact est de *deuxième ordre* lorsque les deux courbes ont trois points communs infiniment rapprochés ou deux éléments communs.

Lorsque le contact est d'ordre *impair*, les deux courbes sont tangentes : lorsque l'ordre est *pair*, l'une des courbes est à la fois tangente et sécante par rapport à l'autre.

Soient les deux courbes XY et *xy*

ordre avec leurs tangentes. La courbe de contact apparent d'une surface de ce genre est entièrement réelle ou virtuelle. Elle est réelle pour une sphère en relief, et virtuelle pour une sphère creuse. Mais les surfaces à courbures opposées ont en chaque point un contact de second ordre, avec deux de leurs tangentes qui sont les asymptotes de l'indicatrice. Les courbes de contour apparent de ces surfaces peuvent donc être composées d'arcs réels et d'arcs virtuels ; au point limite, la génératrice du cône circonscrit, c'est-à-dire le rayon visuel, est une des asymptotes de l'indicatrice. Le rayon visuel d'un point limite étant tangent à la courbe de contact qui peut être considérée comme la

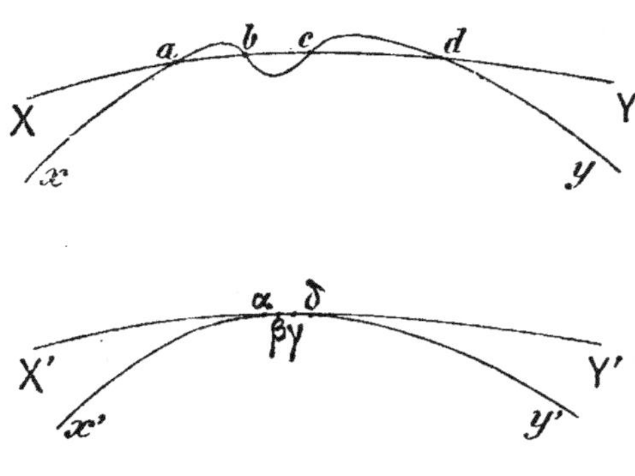

Fig. 302.

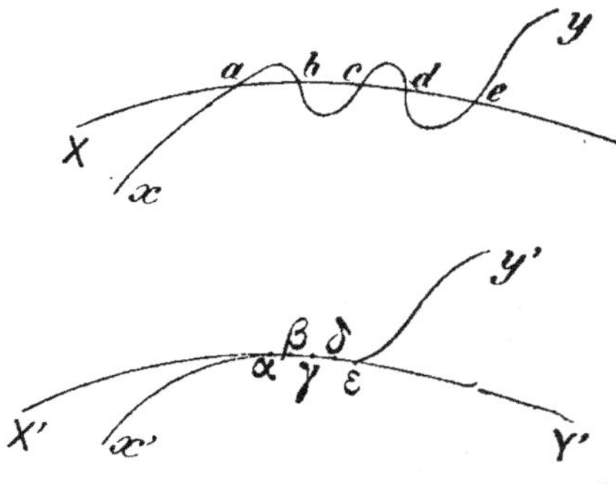

Fig. 321.

(*fig.* 320) qui ont quatre points communs *a*, *b*, *c*, *d*, ou trois éléments communs ; ces points se rapprochant infiniment jusqu'à se confondre, on aura les deux courbes X′Y′ et *x′y′*, qui sont tangentes l'une à l'autre. Soient, d'autre part, les deux courbes XY et *xy* (*fig.* 321), qui ont cinq points communs ou quatre éléments communs ; à la limite, ces points se confondant donneront les deux courbes X′Y′ et *x′y′* ; *x′y′* est d'abord tangente, puis sécante par rapport à X′Y′. On dit qu'une courbe est *osculatrice* d'une autre, lorsqu'elle a, avec celle-ci, un contact de l'ordre le plus élevé qu'il soit possible.

Cette circonstance ne peut pas se présenter sur les surfaces convexes parce qu'elles n'ont qu'un contact de premier

directrice du cône circonscrit, on voit que le cône aura un rebroussement et que, par suite, le contour apparent en aura un en perspective. Une des deux branches qui s'y réuniront sera réelle, l'autre sera virtuelle. En général, quand en construisant la perspective d'une surface on trouve un rebroussement, on doit considérer une branche comme réelle, l'autre étant virtuelle, car la courbe de contact apparent sur la surface ne peut passer sans rebroussement d'une partie à l'autre du cône perspectif qu'en touchant la génératrice qui forme arête.

### Piédouche.

**200.** Cherchons à mettre en perspective un piédouche, surface de révolution engendrée par une scotie entre deux listels tournant autour d'un axe vertical. Nous supposerons, comme nous avons indiqué plus haut (172) qu'on devait le faire pour les surfaces de révolution, que le plan qui contient l'œil et qui passe par l'axe du piédouche est perpendiculaire au tableau ; nous exécutons cette perspective en la considérant comme une projection conique, et par les règles seules de la géométrie descriptive. Nous ne nous occupons que de la scotie, le surplus n'offrant aucun intérêt.

Traçons d'abord la projection verticale du contour apparent du piédouche et sa projection géométrale (*fig.* 322); l'axe est en $C'''C$, l'œil est $O'$, sa projection horizontale en $O$; la trace du tableau est en $AB$.

Soit une méridienne quelconque $N'N'$; menons au point $N'$ la tangente à la scotie, et supposons cette tangente entraînée par le mouvement de rotation qui engendre le piédouche, autour de l'axe $CC'''$; elle déterminera un cône de révolution dont le sommet sera en $C''$ et dont la directrice sera le cercle $N'_1N'$ projeté horizontalement en $N_1N$. D'autre part, cette tangente, qui perce le plan d'horizon en $I'$, trace dans son mouvement de rotation autour de l'axe $CC'''$ un cercle qui se projette en $IVv$ sur le géométral.

Les deux tangentes $OV$ et $Ov$ sont, sur le plan horizontal, les traces de deux plans qui, touchant le cône auxiliaire le long des génératrices $CV$ et $Cv$, touchent de même la scotie aux points $M$ et $m$ sur le cercle $NN_1$. On a donc deux points $M_1m$ en projection géométrale, auxquels correspond sur le plan vertical un seul point $M'$.

En répétant cette construction pour différents parallèles choisis sur tout le développement de la scotie, on obtiendrait une ligne qui serait la courbe de contact du cône visuel de sommet $O'O$ avec la scotie.

Cette construction, qui nécessite pour chaque parallèle la recherche d'un cercle différent $IVv$ et de la tangente $VO$, est très longue à effectuer ; on peut la simplifier de beaucoup en faisant les remarques qui suivent.

Les triangles semblables $CVO$ et $Cm_1m$ donnent :

$$\frac{Cm_1}{Cm} = \frac{CV}{CO}, \qquad (1)$$

et, comme on a :

$$Cm_1 = C'M', \quad CV = C'''I', \quad Cm = C'N'$$

et :

$$CO = C'''O',$$

remplaçant dans (1) par ces nouvelles valeurs, on aura :

$$\frac{C'M'}{C'N'} = \frac{C'''O'}{C'''I'} ;$$ les trois droites $N'O'$, $C'C'''$ et $M'I'$ partageant en parties proportionnelles les deux horizontales $I'O'$ et $M'N'$, il faut qu'elles se coupent en un même point $C^{IV}$.

On obtiendra donc directement $M'$ en menant par $N'$ la tangente à la scotie et en en cherchant l'intersection $I'$ avec l'horizontale $I'O'$ ; puis, menant le rayon visuel $O'N'$ jusqu'en $C^{IV}$, on joindra $C^{IV}$ à $I'$, et, par recoupement, on trouvera $M'$ sur le parallèle $N'_1N'$. Les projections horizontales $m$ et $N$ s'obtiennent ensuite par une verticale coupant en deux points le cercle $N_1N$.

On trace ainsi, très vivement, la projection verticale du contour apparent $T'M'L'E'$, qu'on ramène, au moyen de verticales, sur les cercles de même nom en projection horizontale, ce qui donne la courbe fermée $TmlrNRLMT$.

Pour en déterminer les seules parties qui forment contour, en se reportant à ce que nous avons dit plus haut, nous mènerons à cette courbe des tangentes issues de $O$ en projection horizontale, et de $O'$ en projection verticale.

On aura ainsi les points $rk$ et $RK$, qui nous indiquent que ce contour apparent est vu seulement sur le parcours $rglmk$ et $RGLMK$, puisqu'en dehors de ce trajet les génératrices du cône visuel pénétreraient dans le solide.

En projection verticale, les tangentes issues de $O'$ donnent aussi, comme limites de la partie de contour apparent, $R'$ et $K'$, ces points sont bien sur les verticales correspondant aux points de même nom sur la projection horizontale.

PERSPECTIVE.

PERSPECTIVES PARTICULIÈRES.



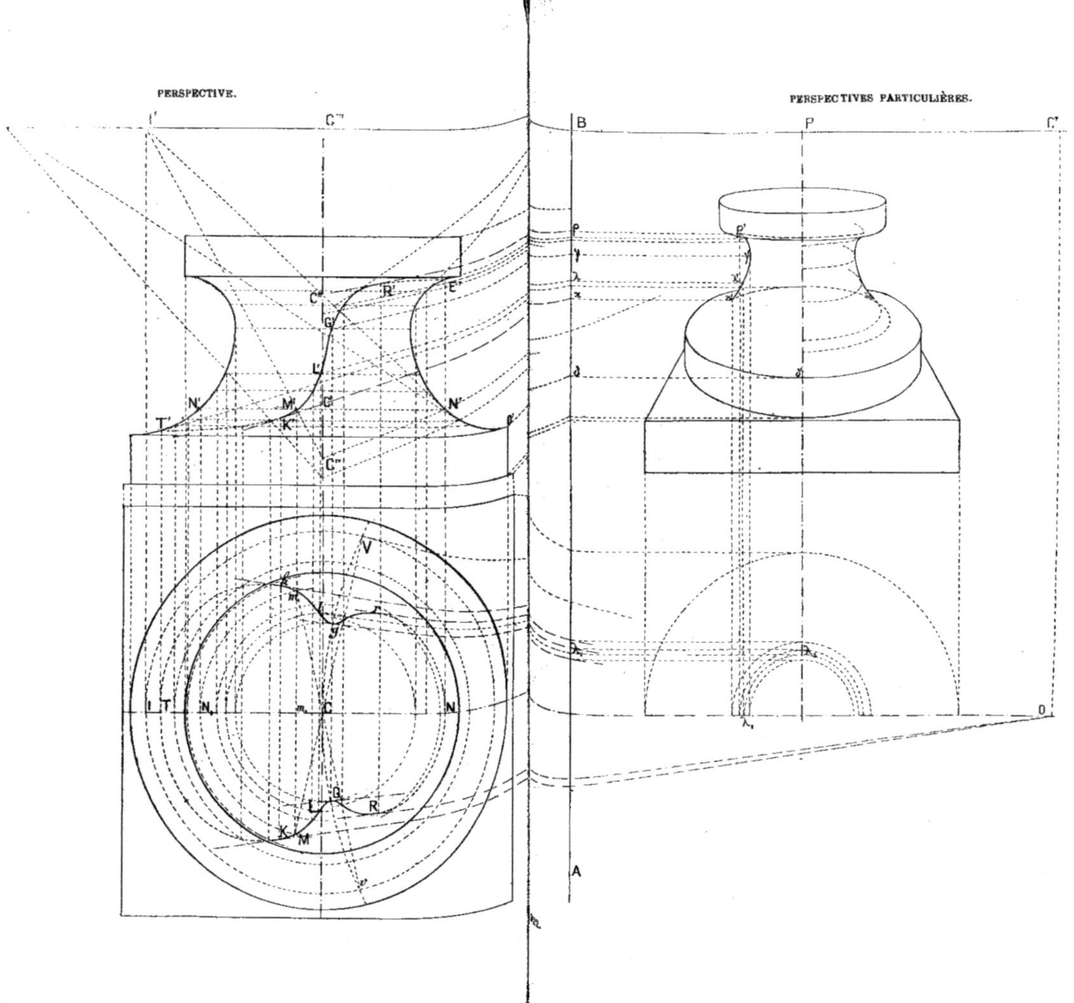

Il reste à mettre la courbe R′L′M′K′ et sa symétrique en perspective.

Pour cela, nous supposons que le tableau dont la trace est BA se déplace jusqu'à une verticale passant par P et dont la position est arbitraire ; ce déplacement ne se fait que pour la commodité de l'épure.

Soit à mettre en perspective le point L′$l$ de la courbe de contact. On mène O$l$ jusqu'au tableau AB, ce qui donne le point $\lambda_1$ qu'on ramène horizontalement jusqu'en $\lambda_2$ ; par une rotation il devient $\lambda_3$, et le point cherché en perspective doit se trouver quelque part sur la verticale de $\lambda_3$.

Menons par L′ un rayon visuel O′L′ jusqu'au tableau en $\lambda$ : on mène une horizontale par ce point qui rencontre la verticale de $\lambda_3$ en un point $\lambda'$ qui est le point cherché. On remarque sur cette perspective, en gros traits ponctués, les parties correspondant à R′E′ et K′T′ avec leurs symétriques qui, tout en faisant partie de la courbe de contact, ne font pas partie du contour apparent. On remarque qu'aux points $\rho$ et $\varkappa$ il y a a rebroussement dans la courbe de contact ; de plus les points E′ et T′ sont les points pour lesquels les rayons visuels issus de O′ sont tangents à la scotie.

La partie droite de la figure en perspective est établie d'après les principes connus en se servant de différents parallèles ; ce tracé permet de voir combien il est difficile, en ce cas, de déterminer exactement les points limites du contour apparent, tandis que dans la méthode que nous venons de décrire, aucune hésitation n'est possible.

### Tore.

**201.** La figure 323 montre la perspective du contour apparent d'un tore. Le procédé employé est analogue à celui que nous avons décrit pour le piédouche. Après avoir tracé les projections horizontale et verticale du tore dont l'axe est CC′, et placé la trace du tableau en AB, on divise la surface du tore par des cercles parallèles. (Le point O′O est situé hors de l'épure.)

On remarquera qu'il y a deux courbes de contour apparent, une extérieure et une autre intérieure.

Ainsi, pour un parallèle N′N′, on a N′₁ pour point de la courbe extérieure de contact ; et pour une parallèle intérieure de rayon $c'$M, on obtient $m'$.

On voit que la courbe de contact extérieure est réelle de T″ en T′ sans interruption, et qu'à l'intérieur elle n'existe que de $s'$ en $t'$.

Toute cette épure est analogue à a précédente et n'a besoin d'aucune explication. La partie droite de la perspective est faite en cherchant la courbe enveloppe de huit ellipses passant par huit points également distants d'un cercle générateur du tore.

## NOTE SUR LES ORIGINES DU TRAIT PERSPECTIF

**202.** Le trait perspectif, tel que nous l'avons étudié dans le cours de cet ouvrage, n'a pas toujours été ainsi connu. Son principe fondamental repose sur l'emploi du point de vue et du point de distance ; il est clair qu'avec ces deux seuls points on peut mettre n'importe quel objet en perspective ; mais nous savons aussi combien serait pénible et longue la mise en perspective d'un objet quelque peu compliqué, s'il ne fallait se servir que de ces deux points. Cependant, toutes les constructions, quelles qu'elles soient, que nous avons étudiées plus haut reviennent, en dernière analyse, au principe du point de vue et du point de distance, c'est-à-dire à la mise en perspective d'un carré de front au moyen d'un point de vue et d'un point de distance. Du moment où ce tracé a été connu, la perspective était trouvée ; il ne s'agissait plus que d'en déduire toutes les conséquences qui ont été tirées depuis et cui en font une science au moyen de laquelle on peut opérer avec rapidité lorsqu'on la possède complètement.

Bien que nous ignorions les principes suivant lesquels les anciens opéraient, il

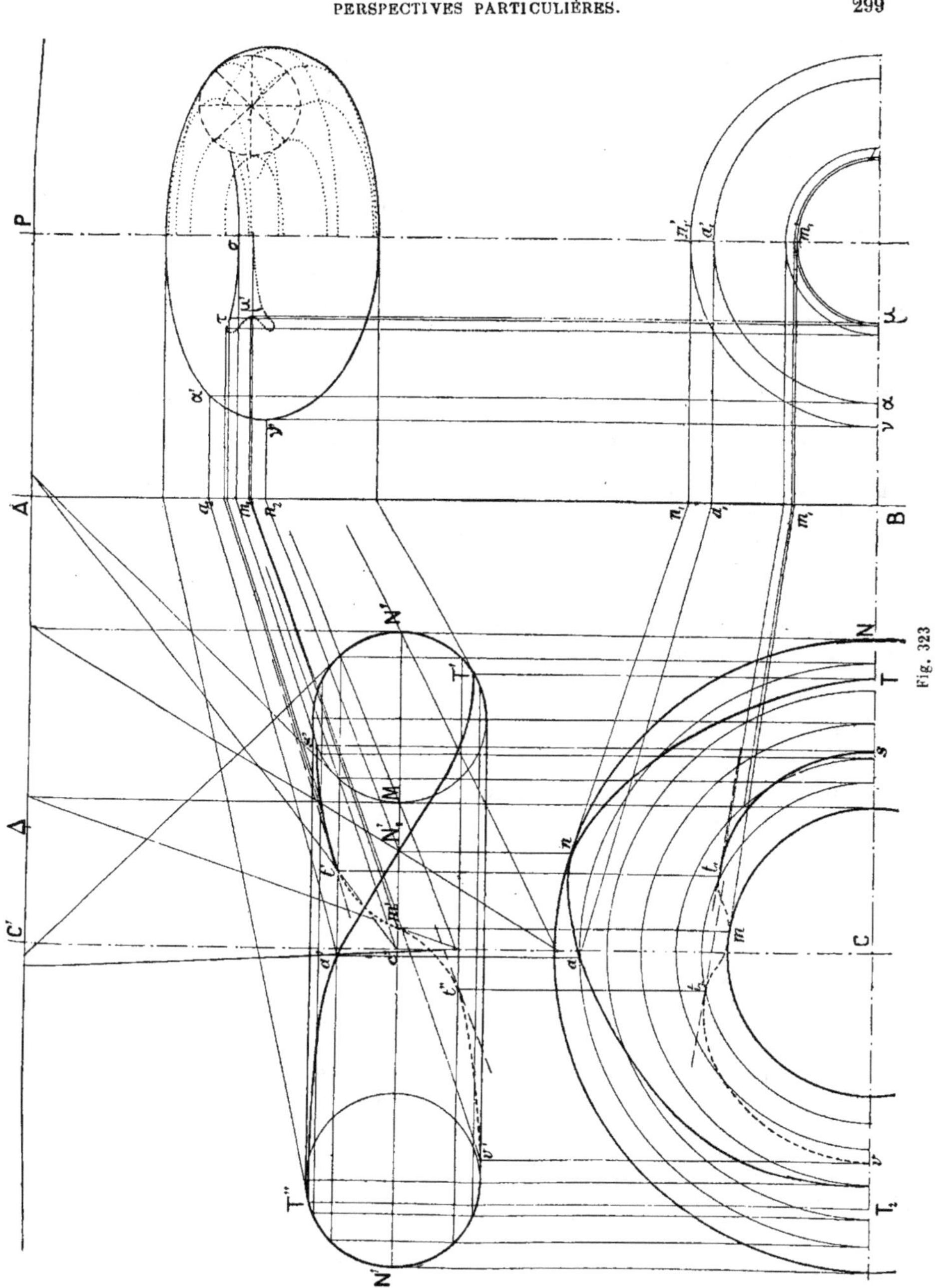

Fig. 323

est évident que la perspective était connue au moins environ cinq siècles avant notre ère.

Vitruve rapporte, dans sa préface du VII° livre d'Architecture qu' « Agathar-« cus ayant été instruit par Eschyle, à « Athènes, de la manière dont il faut « faire les décorations des théâtres pour « la tragédie, et ayant fait le premier un « livre sur l'art de les peindre, il apprit « ensuite ce qu'il en savait à Démocrite « et à Anaxagore, lesquels ont aussi « écrit sur ce sujet, *et principalement sur* « *l'artifice au moyen duquel on peut, en* « *plaçant un point à une certaine place,* « *imiter si bien la disposition naturelle* « *des lignes qui sortent des yeux en s'élar-*« *gissant que, bien que cette disposition* « *des lignes soit une chose qui nous est in-* « *connue, on ne laisse pas de faire une* « *illusion complète en représentant fort bien* « *les édifices dans les perspectives dont on* « *décore les théâtres, où ce qui est peint* « *sur une surface plate paraît s'avancer* « *en certains endroits et s'éloigner en* « *d'autres.* »

Voici nettement indiqué le principe des points de fuite. Mais qu'était le tracé qu'on employait ? Très probablement un moyen empirique ne donnant que des résultats approximatifs et fort loin des procédés d'une exactitude absolue dont nous faisons usage de nos jours.

Il nous paraît intéressant de résumer

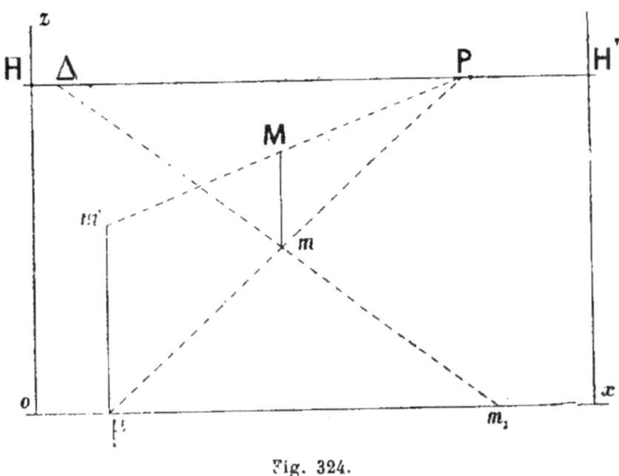


Fig. 324.

ici une étude d'un haut intérêt publiée par M. Eugène Rougé dans les *Annales du Conservatoire des Arts et Métiers.*

Nous savons, d'après le témoignage de Vitruve, que les anciens se sont beaucoup occupés de la science des aspects (*opticus, ars bene videndi*) ; mais ils ne nous ont rien laissé sur l'art de construire graphiquement une perspective linéaire, étant données les positions respectives d'un objet, du tableau et du point de vue.

Ce n'est que vers le milieu du xv° siècle qu'on rencontre une solution exacte du problème. Cette solution est attribuée à Pietro della Francesca, né en 1399, au bourg du Saint-Sépulcre en Toscane, qui décora le palais d'Urbin et peignit au Vatican des fresques qui furent plus tard remplacées par celles de Raphaël.

Vasari nous apprend que Pietro avait composé dans sa vieillesse, mais sans les publier, plusieurs livres de géométrie et de perspective, et qu'après sa mort, en 1484, ses écrits étaient tombés entre les mains d'un disciple peu délicat, Fra Lucas di Bargo, qui se les appropria et les fit publier en son nom personnel. Dans cet ouvrage, on remarquait, dit-on, plusieurs figures gravées d'après les dessins de Léonard de Vinci ; il est devenu très rare, et, en réalité, on ne connaît les tracés de Pietro et de son école que par les productions du chanoine Viator et de l'architecte Serlio.

Voici le trait de Pietro, tel qu'il est décrit très clairement, mais sans aucune explication théorique, dans un ouvrage publié à Toul, en 1509, par Viator.

Après avoir placé sur le tableau le point principal P, la ligne d'horizon HH' et le point de distance Δ (*fig.* 324), on porte à partir du point *o* sur la base *ox* la largeur *o*μ, puis à la suite l'éloignement μ$m_2$ du point $M_1$, qu'on veut mettre en perspective; on joint μ à P, et l'extrémité $m_2$ de l'éloignement à Δ. L'intersection *m* est la perspective, non de $M_1$, mais de la projection géométrale. La mise en hauteur se fait comme l'indique la figure.

De nos jours, l'explication de ce tracé est aisée à donner; nous avons eu l'occasion de l'indiquer au début de ce *Traité*, parmi les principes fondamentaux de la Perspective. Pourtant, cette théorie, si facile qu'elle nous paraisse aujourd'hui, n'est pas celle qui a conduit Pietro à s'en tenir au tracé précité. Cette théorie était beaucoup trop savante pour son époque, elle suppose sur les points de fuite des notions qui ne furent connues qu'un siècle plus tard. Ce trait est trop parfait pour avoir été créé tout d'une pièce. Mais par quelle série de considérations y est-on parvenu? Et, surtout, comment le point de distance s'est-il introduit, indépendamment de la propriété dont il jouit d'être le point de fuite des horizontales inclinées à 45 degrés sur le tableau?

C'est ce que nous allons nous efforcer de faire ressortir.

Serlio, né à Bologne, en 1475, mort

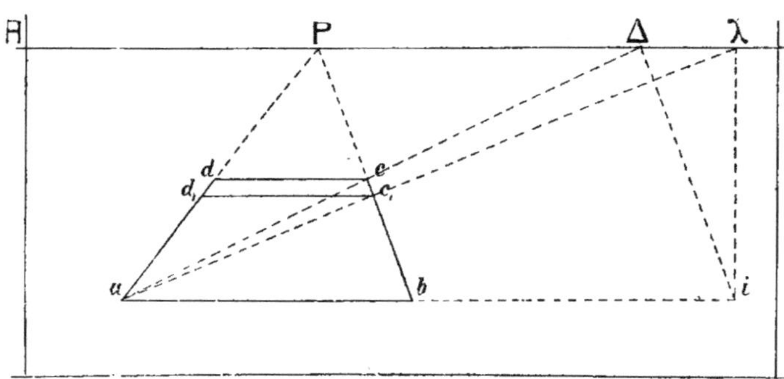


Fig. 325.

en 1551, à Fontainebleau, où l'avait appelé François Ier et où il construisit la grande cour qui est voisine de la pièce d'eau, bien qu'éminent architecte, n'avait que peu de géométrie.

Dans la partie de son livre qui concerne la perspective, il se borne à rapporter, et souvent d'une manière incorrecte ou incomplète, les tracés en usage dans l'école de Pietro.

Nous considérerons, tout spécialement, le tracé perspectif du carré de front, comme étant la base fondamentale du trait qui nous occupe.

Le carré *abcd* (*fig.* 325) est mis en perspective au moyen du point P et du point de distance; Serlio procède autrement.

Après avoir tracé P*a* et P*b*, il joint le point *a*, non à Δ, mais à un autre point λ qu'il obtient en prolongeant *ab* d'une quantité *bi* égale à la distance PΔ et en menant une verticale par l'extrémité *i*, ce qui donne le point λ.

Ce tracé est évidemment fautif; le carré $abc_1d_1$, qu'il obtient ainsi est bien un carré horizontal, mais pour un observateur placé à une distance Pλ du tableau.

Plus loin, il donne un tracé très exact, en s'appuyant encore cependant sur ce point λ.

Il détermine ce point λ comme nous

l'avons vu plus haut ; puis, par le point $b$ (*fig.* 326), il élève une verticale $b\gamma$, après avoir mené $a\lambda$, il trace du point $\beta$ une horizontale qui donne le côté $dc$. Ce tracé est très exact ; mais il se trompe quand, pour placer un deuxième carré en arrière du premier, il tire $d\lambda$ et mène une horizontale par $\beta'$.

En effet, en raison des parallèles P$b$ et $\Delta i$, d'une part, $b\gamma$ et $i\lambda$, de l'autre, $\Delta\lambda = $ P$\gamma$.

Si l'on mène une droite par les points $a$ et $c$, elle coupera l'horizon en un point $\Delta$ tel qu'il est le point de distance, et que, par conséquent, la construction est exacte. Car les deux droites $ac$ et $a\beta$ prolongées et issues de $a$, ainsi que les deux autres $bc$ et $b\beta$ prolongées issues de $b$ ont leurs points d'intersection sur une parallèle $ab$ à l'horizon, elles coupent une horizontale $dc$ en deux points $c\beta$ identiques, elles doivent donc déterminer sur une troisième horizontale des segments égaux, c'est-à-dire que P$\gamma$ doit égaler la distance centrale du point où $ac$ prolongé rencontre l'horizon et le point $\lambda$. Nous avons vu que $\Delta$ remplit cette condition : donc $ac$ prolongé converge au point de distance $\Delta$, et le tracé est exact. Il n'en est pas de même de $de$ qui ne tend pas au point de distance et qui donne un tracé fautif $fe$.

D'après ce que nous venons de voir dans l'école de Serlio, il existait dans l'école de Pietro, à côté du trait in-

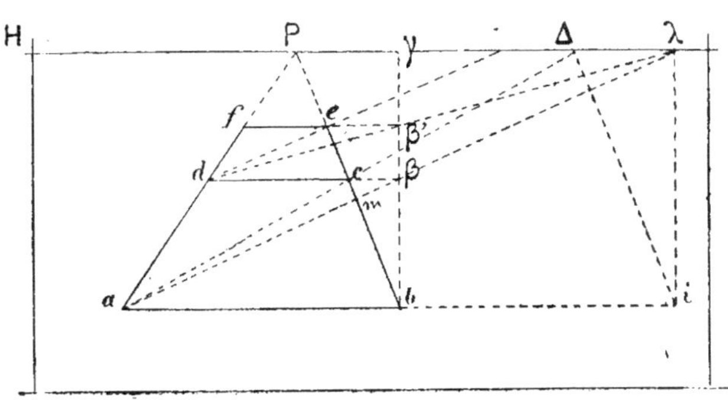

Fig. 326.

diqué par Viator pour la perspective du carré, un autre trait classique d'une exactitude incontestable. Dans l'un on fait intervenir $\Delta$ ; dans l'autre on fait intervenir un autre point $\lambda$ de l'horizon. De ces deux sortes de tracés que nous désignerons respectivement par ($\Delta$) et ($\lambda$), quel est le plus ancien ? C'est assurément le tracé ($\lambda$). Il ne peut y avoir de doute à cet égard : l'un étant beaucoup plus simple que l'autre, il n'y aurait aucune raison pour songer un instant à abandonner un tracé expéditif et facile pour en rechercher un autre plus compliqué. Puis, la nature même de toutes les choses indique que les solutions les plus simples ne viennent qu'après des tâtonnements et ont été précédées de formules ou de moyens plus complexes.

On a trouvé ($\Delta$) en cherchant à simplifier ($\lambda$) ; $c$, étant la perspective du sommet C, supposée construite au moyen de ($\lambda$), si l'on nomme $\Delta$ le point où $ac$ coupe l'horizon, on a évidemment les proportions :

$$\frac{\gamma\lambda}{ab} = \frac{\beta\gamma}{\beta b} = \frac{c\mathrm{P}}{ab} = \frac{\mathrm{P}\Delta}{ab},$$

d'où :
$$\mathrm{P}\Delta = \gamma\lambda.$$

En sorte qu'il suffit, pour avoir $c$, de prendre l'intersection de P$b$ et de $a\Delta$. La recherche de l'origine du trait perspectif revient à celle de l'origine de ($\lambda$).

On tombe immédiatement sur le tracé

(λ) en cherchant à résoudre le problème de la mise en perspective d'un point par l'application du *trait de stéréotomie.* Comme ce dernier trait remonte sans contredit à l'époque la plus reculée, l'idée de l'appliquer au trait perspectif devait s'offrir tout naturellement, et de cette conception à l'exécution il n'y avait qu'un pas.

En effet, supposons dans la figure 327

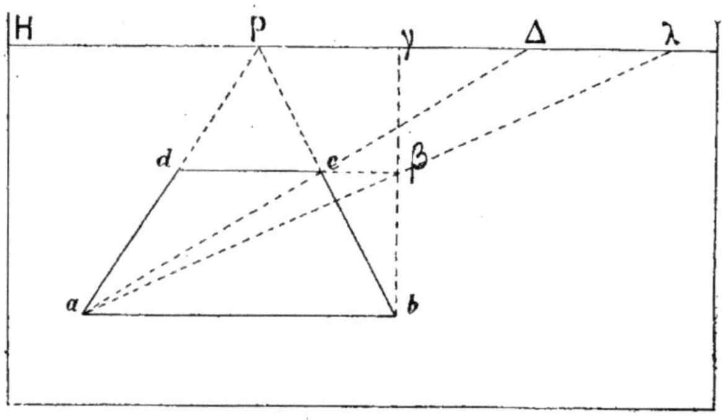

Fig. 327.

que le tableau sur lequel on trace l'épure s'arrête à la verticale $b\gamma$ ; considérons cette dernière comme la trace verticale d'un plan auxiliaire perpendiculaire au tableau et autour de laquelle on a fait sur la partie droite de l'épure un rabattement.

P est la projection du point de vue sur

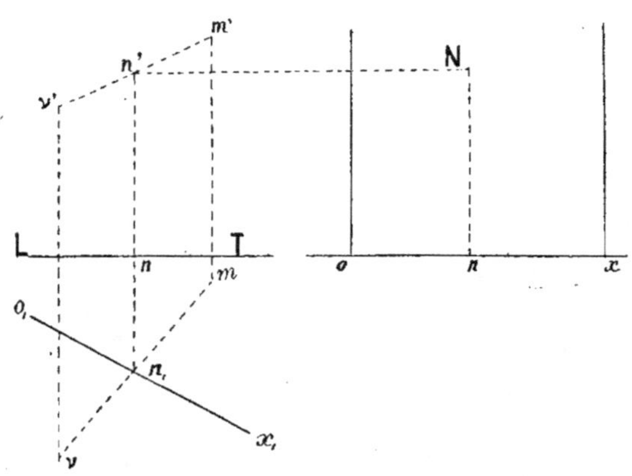

Fig. 328.

le tableau, λ l'est sur le plan auxiliaire rabattu puisque $\gamma\lambda = P\Delta$, c'est-à-dire la distance.

Pour construire un carré sur $ab$, en se servant du procédé analogue que nous avons employé dans les épures 322 et 323, on mènera $a\lambda$ qui coupera la trace du tableau auxiliaire en $\beta$, et, menant une horizontale par ce point, on obtiendra $dc$ ; le procédé est d'une exactitude rigoureuse. Si cette opinion semblait erronée, l'histoire de l'école qui a suivi celle de Pietro dissiperait toute hésitation.

Les deux principaux représentants de cette seconde école sont A. Dürer, de Nuremberg (1471-1528), et le chevalier Commandin (1509-1575), le savant commentateur d'Euclide, d'Archimède et d'Apollonius. Nous allons montrer comment ils maniaient, tous deux, avec dextérité, le trait de stéréotomie; avec quel succès ils l'appliquèrent au trait perspectif, et de quelle façon Commandin est parvenu a trouver $(\Delta)$ sans passer par $(\lambda)$.

Un objet étant donné par un plan et une élévation que sépare la ligne de terre LT, imaginons qu'on ait marqué la trace horizontale $o_1 x_1$ du tableau (*fig.* 328) ainsi que les projections $v$ et $v'$ du point de vue. La perspective d'un point quelconque $mm'$ est l'intersection du rayon visuel $vmv'm'$ et du plan vertical $o_1 x_1$,

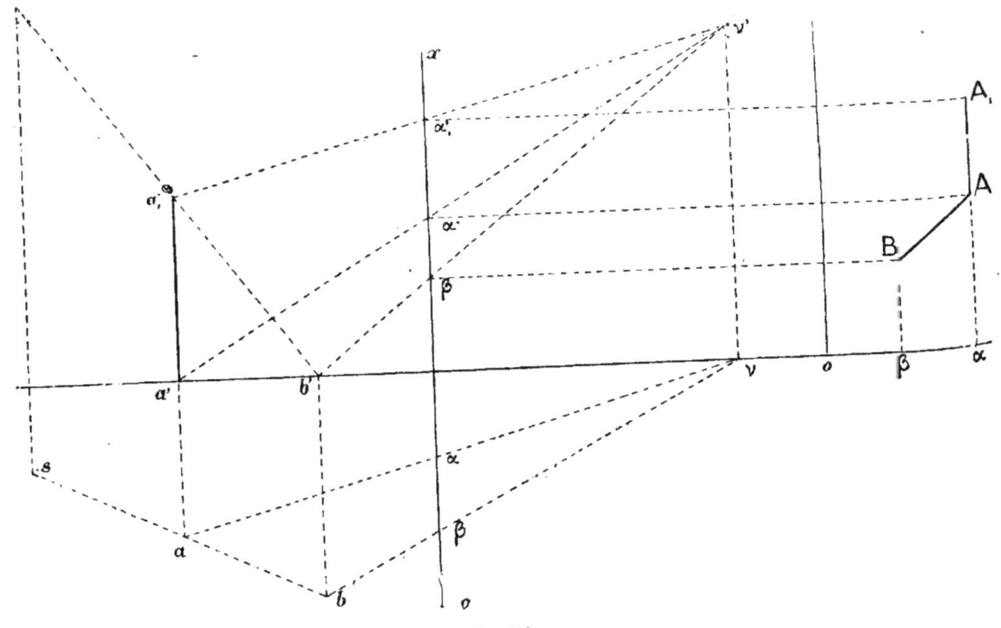

Fig. 329.

mais on n'a ainsi que les projections de la perspective, tandis qu'on veut la perspective elle-même.

Or on la construit à part sans difficulté puisqu'on a les deux coordonnées $o_1 n_1$ et $nn'$ par rapport au bord de gauche du tableau et à sa base. On trace sur une figure séparée les bords du cadre; voici dans toute sa simplicité l'application de la stéréotomie à la perspective.

Voyons les dispositions particulières adoptées par A. Dürer et Commandin. A. Dürer, au lieu d'une élévation quelconque, prend pour plan vertical de projection le plan vertical mené par l'œil perpendiculairement au tableau, le plan horizontal de projection étant toujours le géométral. La figure 329 est relative aux perspectives $AA_1$ et $AB$ d'un bâton vertical et de son ombre sur le sol; elle s'explique d'elle-même; $ss'$ est le point lumineux, $(a_1 a'a'_1)$ le bâton, $ox$ la trace du tableau qui est de profil ; enfin (*vv'*) le point de vue situé dans le plan vertical de projection.

La disposition de Commandin est la même ; seulement, au lieu de transporter le tableau ailleurs, il le fait tourner autour de la verticale T jusqu'à ce qu'il coïncide avec le plan vertical de projection ; la figure 330 est relative à la perspective d'un point quelconque A.

Il ne nous reste plus qu'à montrer comment de ce tracé peut résulter le trait (Δ) de Pietro, c'est-à-dire comment s'introduisent le point de fuite et le point de distance. Bornons-nous à considérer un point $a$ du géométral, ce qui est le cas essentiel pour notre objet (*fig.* 331). $\alpha$, $\alpha'$ sont les traces du rayon visuel (*va*, *v'a'*) sur un tableau *ox* de profil.

Dans le mouvement de rotation du tableau autour de la verticale T, $o$ vient en $o_1$, et $x$ en $x_1$ ; (*aa'*) vient en un point A, qu'on obtient en décrivant un quart de cercle $\alpha a_1$, et prenant l'intersection de la verticale $a_1$ avec l'horizontale $\alpha'$.

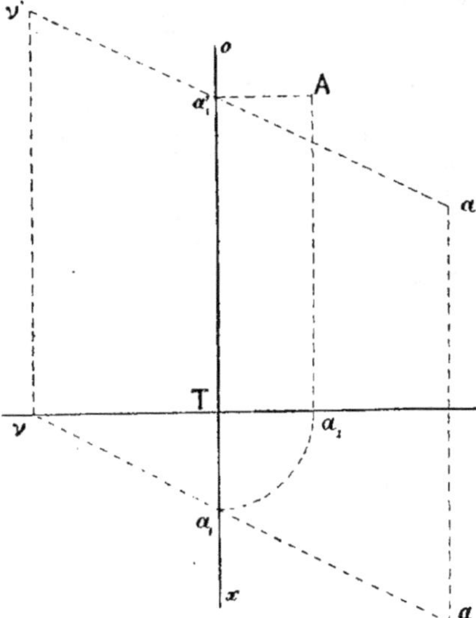

Fig. 330.

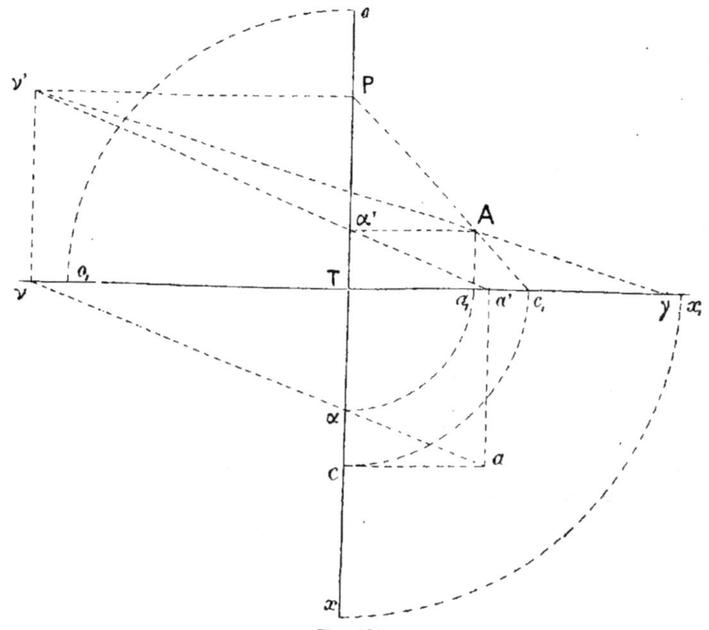

Fig. 331.

Traçons sur le géométral l'éloignement $ac$ du point $a$ et, par suite, sa largeur $oc$. Le plan passant par le rayon visuel du point $a$ et par la droite $ac$ a pour trace verticale $v'$P. Donc PA$c$ sont sur une même droite intersection du plan considéré et du tableau. Par suite, ces points sont en ligne droite après rotation. Mais, si $\gamma$ désigne le point commun à LT et à $v'$A, on voit que $a'\gamma = $ T$c_1$, puisque le rapport de chacune de ces deux lignes à A$a'$ est égal au rapport des distances de LT et de A$a'$ à leur parallèle commune $v'$P. De la relation $a'\gamma = $ T$c_1$ on déduit $c_1\gamma = $ T$a' = ac$. Cela posé, on voit que A est déterminé par la rencontre des droites P$c_1$, $v'\gamma$, qu'on obtient de la façon suivante :

La première P$c_1$ joint le point principal P à l'extrémité $c_1$ de la largeur $o_1c_1 = oc$ ; la deuxième $v'$P unit le point de distance $v'$ à l'extrémité $\gamma$ de l'éloignement $c_1\gamma$ après qu'on a porté cet éloignement à la suite de la largeur.

On reconnaît ici le tracé ($\Delta$); et ainsi se trouvent confirmées nos assertions sur l'origine du trait perspectif et sur l'heureux parti que des artistes distingués savaient, trois siècles avant Monge, tirer de la doctrine des projections orthogonales.

---

# CHAPITRE IV

## PERSPECTIVE AÉRIENNE

### Généralités.

**203.** Par *perspective aérienne* on désigne les modifications que les tons d'un objet subissent à mesure qu'ils s'éloignent du spectateur.

Trouver la valeur et le ton exacts du sujet à peindre est le point le plus important à considérer pour l'artiste.

Le relief observé, abstraction faite de la couleur, les différentes teintes ont des valeurs relatives, et leur ensemble constitue la science du *clair obscur;* tel est le cas d'un objet en grisaille ou en camaïeu.

Lorsqu'un objet est éclairé par une lumière blanche, une certaine portion des couleurs qui constituent cette lumière est absorbée par la surface, l'autre portion est renvoyée au spectateur et constitue la couleur de l'objet.

La couleur renvoyée est donc complémentaire de celle qui est absorbée.

On se propose dans cette partie de la perspective de rechercher les différences d'éclat ou de couleurs que présentent les surfaces que nous offre la nature en ayant égard aux conditions suivantes :

1° La façon dont leurs différents éléments reçoivent la lumière directe ou les reflets ;

2° Les positions que ces éléments occupent, par rapport au spectateur ; c'est dans cette partie qu'on trouve les principes qui permettent de représenter ces différences au moyen de l'emploi des couleurs.

Trois principes font la base de cette théorie :

1° Le principe des orientations ;

2° Le principe des couleurs ;

3° Le principe des distances.

Avant d'étudier chacun de ces principes, nous devons donner quelques explications préliminaires.

Les rayons lumineux sont supposés, comme dans la théorie des ombres, parallèles à la diagonale d'un cube, c'est-à-dire faisant des angles respectifs à 45 degrés avec chacun des plans de projection

Les rayons visuels aboutissent à l'œil du spectateur.

En regardant un plan ou projection horizontale, on suppose l'observateur placé au-dessus de ce plan et à l'infini, de telle sorte que tous les rayons visuels sont parallèles entre eux et perpendiculaires au plan horizontal.

S'il s'agit d'une élévation ou projection verticale, le spectateur est censé placé à l'infini, en avant du plan vertical, tous les rayons sont parallèles entre eux et perpendiculaires au plan vertical.

Lorsque la lumière vient frapper la surface d'un corps, elle peut être renvoyée de façons différentes suivant que ce corps est *poli* ou *dépoli*. Pour un corps *dépoli*, la lumière est renvoyée dans tous les sens; on dit qu'elle est diffusée; si le corps est *poli*, la lumière est renvoyée dans une direction bien déterminée et d'une façon analogue aux rayons visuels qui viennent frapper la surface d'un miroir.

On peut considérer une troisième sorte de corps qui participent aux propriétés des corps polis et des corps dépolis : ce sont les corps *mi-polis*. Sur ces derniers, les lumières intenses sont plus réfléchies que diffusées ; le contraire a lieu pour les lumières faibles.

Si l'on considère un plan parfaitement dépoli, tel qu'une plaque recouverte d'un enduit en plâtre, ce plan s'éclairera uniformément et paraîtra d'une teinte parfaitement unie. En regardant cette surface éclairée par la lumière solaire, au moyen d'un tube noirci intérieurement afin d'éviter les réflexions intérieures, on verra un cercle blanc dont l'intensité ne variera pas quelle que soit l'inclinaison qu'on donnera au tube par rapport à la surface; ce n'est que dans une position très inclinée, quand la direction de l'axe du tube se rapproche de celle de l'incidence rasante, que la surface paraîtra s'assombrir. Cet effet est produit par les petites aspérités qui recouvrent la surface et qui présentent une série de faces plongées dans l'ombre.

De cette expérience on peut conclure qu'un élément plan d'une surface dépolie se conduit, une fois éclairé par une source de lumière, comme le ferait un corps lumineux par lui-même, tel qu'une plaque de tôle rougie au feu. On en déduit encore que l'éclat apparent d'une surface dépolie ne dépend pas de la position du spectateur, mais uniquement de l'intensité de la source lumineuse et de l'angle sous lequel la lumière directe frappe cette surface.

Si nous désignons par Q la quantité totale de la lumière reçue par une surface plane, et par A sa superficie, on aura, pour un éclairement total Q, un éclairement unitaire $\frac{Q}{A}$ correspondant à l'unité de surface considérée, le millimètre carré par exemple. Cette quantité est importante à considérer, car une surface paraît également éclatante dans toute son étendue lorsque l'éclairement unitaire est le même partout, c'est-à-dire lorsque chaque millimètre carré est également éclairé.

Les points également éclairés sur une surface sont ceux où les rayons d'incidence sont égaux, d'où il résulte que plus cet angle est petit (lorsque le rayon lumineux se rapproche le plus de la normale) et plus l'éclairement est grand, plus grand est aussi l'éclat apparent.

### Reflets.

**204.** Il est évident que, si la lumière solaire était unique, si on se trouvait dans le vide absolu, sans atmosphère et sans aucun corps environnant, toute partie d'objet non frappée par la lumière, c'est-à-dire étant dans l'ombre, serait *absolument noire*. Il n'en est pas ainsi dans les conditions ordinaires que la nature nous présente ; une ombre n'est jamais complètement noire, et si le fait se produit ainsi, c'est qu'il y a d'autres sources de lumière qui produisent ce qu'on nomme les *reflets*.

La connaissance approfondie des reflets ne peut être que le résultat de nombreuses études d'après nature en cherchant à observer et à se rendre compte des diverses causes qui influent sur les ombres, les effets de coloration, de demi-teintes et à toutes les causes très multiples qui se présentent dans la nature.

Deux genres de reflets seront particulièrement observés, ceux qui sont dus à l'atmosphère et qu'on nomme *reflets atmosphériques*, et ceux qui proviennent du sol et qui sont les *reflets terrestres*. Il ne faut pas tirer des conséquences trop absolues de ce que nous dirons de ces effets, car on pourrait ainsi exagérer ou interpréter à tort les considérations que nous présentons et qui peuvent être modifiées par des causes nombreuses.

Si nous considérons les molécules qui constituent l'air comme autant de petites sphères brillantes qui réfléchissent la lumière dans toutes les directions, on conçoit que les parties situées dans l'ombre recevront ainsi de la lumière indirecte provenant de la multitude de ces petites sphères. On conçoit aisément que tout rayon lumineux qui vient frapper normalement la surface d'une de ces sphères est réfléchi sur lui-même, et que les rayons qui frappent obliquement cette même surface seront plus ou moins dispersés par le fait de cette réflexion et donneront un éclairage moins intense que ceux qui sont normaux, ou presque normaux, et qui ne sont pas, ou presque pas, dispersés.

C'est donc dans la direction exactement opposée à celle des rayons lumineux que les reflets atmosphériques sont le plus éclairants, et ils le sont moins dans une direction perpendiculaire à la précédente ; néanmoins, ces intensités n'offrent pas de grandes différences entre elles.

Considérons-nous comme placés au centre de la sphère céleste.

Tous les points du ciel paraissent lumineux et envoient des reflets. Si on le regarde, on trouve le soleil envoyant des rayons très intenses ; mais tout autre point en envoie aussi, et, à mesure qu'on se rapproche de l'équateur, c'est-à-dire du méridien qui est perpendiculaire à la ligne qui joint le spectateur au soleil, plus l'éclat du soleil va en diminuant ; suivant cet équateur, l'éclat passe par un minimum, il augmente ensuite et repasse par un maximum pour le point diamétralement opposé au soleil ; ce dernier maximum n'a cependant pas l'in-

tensité de celui qui correspond au soleil.

Tous les points situés sur un même parallèle ont le même éclat et envoient des rayons indirects ayant même intensité ; d'où il suit que les rayons directs de même intensité arrivent suivant les génératrices d'une série de cônes de révolution ayant pour axe commun la droite qui joint le soleil au spectateur et qu'on nomme *rayon solaire principal*.

Supposons, un instant, qu'il n'y ait plus d'atmosphère, mais qu'il y ait deux sources de lumière : l'une le soleil, et l'autre un soleil fictif diamétralement opposé au véritable et moins lumineux que lui ; il éclairera donc dans une direction entièrement opposée au premier, et on admet qu'à lui seul il produit à peu près les mêmes effets que tous les reflets atmosphériques réunis. On le considère uniquement, et d'une façon plus commode que tous les reflets, et on le nomme *rayon atmosphérique principal*. Il est de sens contraire au rayon solaire principal.

Mais ce rayon atmosphérique n'a pas de propriétés ombrantes ; il ne peut déterminer ni ombres ni lumière et ne sert qu'à expliquer les modifications produites dans les ombres par les reflets.

Le sol peut être considéré comme une surface dépolie qui reçoit les rayons solaires et les diffuse dans toutes les directions ; c'est donc une source lumineuse qui donne des reflets considérés comme plus importants que les reflets atmosphériques. Pour le moment, nous en ferons abstraction, en supposant les objets comme noyés dans une atmosphère indéfinie et placés à une distance suffisamment grande du sol pour qu'il soit possible de négliger les reflets terrestres.

### Principe de l'orientation.

**205.** Si on interpose un écran entre le soleil et l'objet, un élément de surface de ce dernier n'en est pas moins éclairé par les rayons indirects du ciel. Or cet élément peut occuper trois positions, suivant qu'il est dans la lumière, dans une ombre propre ou dans une ombre portée.

L'éclat apparent des éléments situés dans les zones de lumière varie suivant que les corps sont dépolis, polis ou mi-polis. Nous verrons plus loin comment on détermine ces zones sur une sphère.

Pour une partie de corps située dans l'ombre portée, l'ombre sera d'autant plus noire qu'il y aura une plus grande quantité de rayons indirects de masqués. Si deux éléments sont situés dans l'ombre portée, celui des deux qui se rapprochera le plus d'être normal au rayon atmosphérique principal sera le plus reflété.

La séparatrice d'ombre propre est composée d'éléments qui regardent les points les moins éclairés du ciel ; cette séparatrice, sera donc plus foncée que toute autre partie de cette ombre sans, pour cela, être absolument noire ; comme nous le verrons plus loin, elle sera moins noire que les éléments de l'ombre portée.

L'ombre portée par un objet sur un autre est d'autant plus foncée que les deux corps sont plus rapprochés. Un corps placé très près d'un autre masque une plus grande quantité de rayons atmosphériques que lorsqu'il en est loin ; il cache une plus grande étendue de ciel. C'est ce qui explique comment l'ombre portée par un objet vertical, une colonne sur le sol, est plus intense près de la base et diminue jusqu'à son extrémité.

Dans l'ombre propre, un élément sera d'autant plus éclairé par l'ensemble des rayons atmosphériques qu'il l'eût été davantage par le rayon atmosphérique supposé seul existant. Dans l'ombre portée, un élément sera d'autant plus sombre qu'il eût été plus clair si cette ombre n'eût pas existé.

Les lignes d'égales teintes dans l'ombre portée seront les mêmes que si cette ombre n'existait pas ; seulement les zones qu'elles sépareront seront d'autant plus sombres qu'elles eussent été plus claires sans l'existence de cette ombre portée.

### Principe des couleurs.

**206.** On admet, en peinture, trois couleurs simples, dites *tons simples*, dont la réunion formerait le blanc ; cette hypothèse n'est pas d'une exactitude très rigoureuse en physique.

Ces tons simples sont le *jaune*, couleur claire et brillante, c'est à peu de chose près la gomme-gutte ;

Le *rouge*, couleur brillante et demi-claire, représentée assez bien par le carmin lorsqu'il est très pur ; ordinairement il est un peu violacé.

Le *bleu* est une couleur sombre, donnée par le bleu de Prusse clair lorsque ce dernier n'est pas verdâtre.

Le *noir*, qui est une négation de la lumière, n'est pas à proprement parler une couleur.

Lorsque ces tons sont à leur maximum d'intensité, on dit qu'ils sont *purs*. S'ils sont mélangés plus ou moins de blanc,

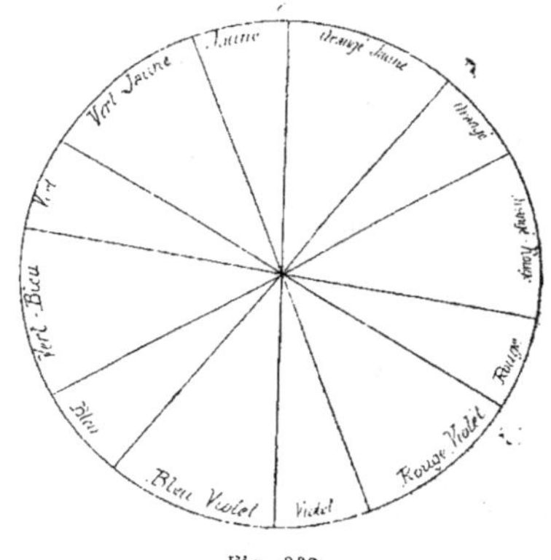

Fig. 332.

on dit qu'ils sont *éclaircis* ; on les dit *rabattus* quand ils sont mélangés de noir.

La fraction de noir ou de blanc dont les tons peuvent être éclaircis ou rabattus peut être plus ou moins importante ; on dit que ces tons sont éclaircis ou rabattus au 1/10, 2/10, 3/10, etc.

En mélangeant par parties égales les tons simples (*fig.* 332), on obtient les tons composites de premier ordre qui pourront aussi être éclaircis ou rabattus. Le mélange du *rouge* et du *jaune* donne l'*orange*. Le *jaune* et le *bleu* donnent le *vert* ; enfin le *rouge* et le *bleu* produisent le *violet*.

En mélangeant un ton composite de premier ordre avec le ton simple qui en est le plus voisin, on obtient un ton composite de deuxième ordre. Ainsi l'*orangé* et le *rouge* donneront l'*orangé rouge*.

On dit que deux tons sont *complémentaires* l'un de l'autre lorsque, par leur mélange, ils donnent du blanc ou du gris non coloré.

Ainsi le rouge a le vert (jaune et bleu) pour ton complémentaire. Le bleu a pour complémentaire l'orangé (jaune et rouge), et le jaune est complété par le violet (rouge et bleu). Il est à remarquer que dans la rosace des couleurs que nous donnons dans la figure 332, la couleur complémentaire de deux couleurs données se trouve sur la bissectrice, et à l'opposé, de l'angle formé par les deux couleurs proposées.

Cette rosace a été construite, par M. Chevreul, pour les usages de la manufacture des Gobelins. Il a construit également d'autres rosaces donnant les tons de la précédente, mais éclaircis ou rabattus à 1/10, 2/10, etc.

Les couleurs les plus employées fournies par le commerce sont les suivantes pour les tons simples :

*Jaunes.* — Ocre jaune, gomme-gutte, jaune de chrome, pierre de fiel.

*Rouges.* — Terre de Sienne, carmin ou laque carminée, vermillon.

*Bleus.* — Bleu de Prusse, outre-mer ou cobalt.

*Ombres.* — Encre de Chine, noir d'ivoire, noir de bougie, sépia, brun Van Dyck, terre d'ombre.

Dans le commerce, on ne trouve que fort difficilement des tons absolument purs; aussi on n'obtient que du gris en mélangeant deux couleurs complémentaires.

De même, en mélangeant les tons simples, on n'obtient que des tons composés d'un aspect faux. Il existe d'autres couleurs qui permettent d'obtenir des tons composés sans faire aucun mélange.

Les principales sont : le brun de Madder ou laque de garance, qui est un rouge peu violacé employé dans les ombres de paysages; le vert Hocker, qui est un peu sombre; le vert Véronèse, clair et éclatant; l'indigo ou bleu sombre; le jaune indien, etc.

Il existe une infinité de couleurs ; nous donnons une énumération de quelques-unes des nuances qu'on obtient par le mélange de deux couleurs :

| JAUNES | | BLEUS | | | |
|---|---|---|---|---|---|
| Ocre jaune | mélangé avec | Indigo | donne : | Vert foncé | |
| Ocre jaune | » | Cobalt | » | Vert d'eau | |
| Ocre jaune | » | Outremer | » | Vert d'eau intense | TONS |
| Ocre de ru | » | Les bleus | » | Vert chaud | FROIDS |
| Cadmium | » | Bleu minéral | » | Vert brillant | |
| Jaune Indien | » | Bleu minéral | » | Vert éclatant | |

| JAUNES | | ROUGES | | | |
|---|---|---|---|---|---|
| Ocre jaune | mélangé avec | Vermillon | donne : | Orangé très doux | |
| Ocre de ru | » | Vermillon | » | Orangé plus éteint | TONS |
| Cadmium | » | Laque garance | » | Orangé très vif | CHAUDS |
| Jaune Indien | » | Laque garance | » | Orangé éclatant | |

| BLEUS | | ROUGES | | | |
|---|---|---|---|---|---|
| Indigo | mélangé avec | Terre de Sienne brûlée | donne : | Teinte neutre | |
| Outremer | » | Terre de Sienne brûlée | » | Sépia | |
| Cobalt | » | Brun madder | » | Gris très fin | TONS |
| Outremer | » | Brun madder | » | Gris plus intense | FROIDS |
| Bleu minéral | » | Laque garance | » | Violet intense | |
| Cobalt | » | Terre de Sienne brûlée | » | Gris roux très fin | |

Un *camaïeu* est une peinture faite avec un seul ton (bleu, rouge, noir, etc.).

Un lavis à l'encre de Chine est donc un camaïeu.

Dans un lavis de cette espèce à l'encre de Chine seule, le jaune, couleur claire se rendra par une teinte très faible; le rouge couleur éclatante, par une teinte plus *soutenue* que pour le jaune. Enfin le bleu couleur sombre se rend par une teinte d'encre de Chine assez accentuée.

Une photographie est un camaïeu, mais n'est jamais un bon camaïeu, eu égard aux couleurs qu'elle représente. En effet, les jaunes viennent presque toujours noirs, et les bleus sont clairs, ce qui devrait être le contraire.

Nous avons dit plus haut que lorsque la lumière blanche frappe une surface, une partie de cette lumière est décomposée, et seule la portion non absorbée par le corps vient frapper l'œil, la partie renvoyée étant complémentaire de celle qui est absorbée.

Il existe un instant où la limite d'absorption est atteinte; si on éclaire davantage la surface, toute la lumière blanche non absorbée est renvoyée et se mélange au ton que nous percevons de l'objet qui nous paraît *éclairci*. En éclairant moins on obtiendrait un ton *rabattu*.

### Principe des distances.

**207.** Deux effets se produisent quand un corps s'éloigne de nous.

D'abord la lumière qu'il nous envoie et, par suite, l'éclat apparent qu'il possède pour nous décroissent en raison directe du carré de la distance. Mais il est facile de voir que cet effet est nul pour notre œil, et que, s'il existait seul, l'objet nous paraîtrait aussi éclatant de loin que de près.

Car, plus un objet est loin, moins il nous envoie de lumière; mais aussi plus il paraît petit dans notre œil, de telle sorte que notre œil recevant deux, trois, quatre fois moins de lumière, mais la condensant sur un espace deux, trois, quatre fois plus petit, l'éclairement, par unité de surface, de cet espace de la rétine reste constamment le même, et l'objet doit paraître aussi éclatant de près que de loin. Ainsi dans les pays comme l'Égypte, où l'atmosphère est très pure, l'éloignement diminue la grandeur apparente des objets, mais n'influe presque pas sur leur éclat apparent.

Le deuxième effet de l'éloignement provient de ce que, lorsqu'un objet s'éloigne, il s'interpose entre nous et lui une sorte de brouillard formé par l'air ou par les poussières ; ce brouillard est d'autant plus intense que l'air est moins pur. Il agit d'abord par réflexion en recevant de la lumière et en nous la renvoyant, ce qui diminue d'autant l'éclat de l'objet situé derrière; il agit aussi par transparence, en colorant de sa couleur, qui est bleuâtre, les objets devant lesquels il s'interpose.

On classe les objets, eu égard à leur distance de l'œil, suivant la position qu'ils occupent. Un objet placé très près de l'observateur est dit au premier plan ; il est admis que l'effet de l'air est nul sur eux. Les objets en premier plan conservent leur couleur absolue. Placés un peu plus loin, ces objets sont dits au *second plan*. Les objets jaunes deviennent moins jaunes et un peu bleus; les objets rouges sont aussi un peu bleus, ils deviennent violets. Les objets bleus paraissent moins bleus s'ils sont bleu foncé. et un peu plus bleus s'ils sont clairs.

Plus loin, ils sont dits au *troisième plan;* les effets indiqués ci-dessus deviennent encore plus accentués.

Enfin, tout au loin, les objets sont dits *au lointain*, la couleur bleue augmente, et on peut dire que toutes les couleurs viennent se fondre dans le bleu des lointains. Jamais ce bleu de lointain ne peut devenir très intense, il ne doit pas dépasser de beaucoup le bleu de ciel, qui est le bleu de l'air à son maximum d'intensité.

### Contrastes. — Irradiations.

**208.** Les effets suivants sont physiologiques et se produisent sur les nerfs de la rétine. Le dessinateur doit les connaître et les exagérer dans ses rendus car ils ont une importance capitale sur l'aspect apparent des objets.

En observant un disque des couleurs (disque de Newton) on remarque que les couleurs dites complémentaires (mélange de deux tons simples) sont toujours diamétralement opposées à la troisième couleur primitive, et que ces couleurs complémentaires superposées à celles qu'elles complètent donnent un ton neutre plus ou moins foncé, suivant l'intensité des couleurs elles-mêmes.

Au lieu d'être superposées, si ces mêmes couleurs sont placées côte à côte, elles se feront valoir mutuellement, et il y aura toujours harmonie.

EXEMPLE. — *Rouge* et *vert* se font valoir réciproquement (couleur chaude et couleur froide).

*Jaune* et *violet* se font valoir de même (couleur chaude et couleur froide).

Il en est de même du *bleu* et de l'*orangé*.

Le principe reste toujours vrai, que ces couleurs soient franches ou éteintes; il prend le nom d'*effets de contraste* par cette raison qu'un ton chaud est opposé à un ton froid.

Les couleurs prises une à une, étant appliquées sur une surface blanche exposée à la lumière du soleil, on voit se former, en les fixant un instant, une nuance verte autour du rouge, une nuance rouge autour du vert ; le bleu est entouré par l'orangé et *vice versa ;* le jaune est cerné par le violet, et le violet par le jaune.

Si deux surfaces placées à côté l'une de l'autre sont l'une noire, l'autre blanche, leur différence d'éclat s'exagère par le seul fait de leur juxtaposition.

Une même surface légèrement grise paraîtra noire si on la fait détacher sur un fond très blanc ou très lumineux ; et presque blanche, au contraire, si on la pose sur un fond noir.

Un cercle très blanc, placé sur un fond moins blanc, semblera entouré d'une auréole dégradée grise. Au contraire, un cercle très noir sur un fond presque blanc semblera entouré d'une auréole plus blanche que le fond. Une figure d'une certaine couleur placée sur un fond blanc paraît entourée d'une auréole dégradée teintée de la couleur complémentaire.

Deux surfaces égales, l'une noire et l'autre blanche, placées à côté l'une de l'autre, ne paraissent pas égales, et la surface blanche paraît plus grande.

C'est par un effet analogue que le croissant de la lune, alors que la lumière cen-

drée est visible, semble déborder sur la partie obscure du disque. Un fil fin, obscur, visible sur un fond gris, disparaît si le fond devient plus éclairé. Les plombs des vitraux paraissent beaucoup plus minces qu'ils ne le sont en réalité; dans certains cas, ils disparaissent presque.

En résumé, il y a empiètement du clair sur l'obscur.

Comme conséquences de ce que nous venons de dire, nous ajouterons :

Si deux plans se coupent suivant une arête vive, si l'un d'eux est éclairé, l'autre étant dans l'ombre, la face dans l'ombre paraît plus noire aux environs de l'arête séparative, et la face éclairée plus blanche.

Le dessinateur devra donc, dans son rendu, accuser cet effet en l'exagérant.

Dans les rendus d'architecture, les fenêtres se détachent sur des murs qui, même dans l'ombre, sont beaucoup plus éclairés que l'intérieur des pièces.

Elles paraissent très noires ; c'est un effet de contraste. Elles sont, en outre, plus foncées en haut qu'en bas. Ce dernier effet tient à ce que, dans les appartements, les parties basses des murs intérieurs sont plus éclairées que les parties hautes.

Dans un édifice, les toits paraissent presque toujours très sombres, à moins qu'ils ne fassent miroirs et ne réfléchissent la lumière. Cela tient à ce qu'ils se détachent sur le ciel qui est presque toujours très brillant. Les ombres dans les toits paraissent toujours très noires.

Le ciel étant bleu, les objets qui se détachent sur lui doivent paraître plus *orangés* qu'ils ne le sont en réalité, puisque l'orangé est la couleur complémentaire du bleu. Ce fait est surtout sensible pour les édifices en pierres jaunes c'est pourquoi les architectes, lorsqu'ils veulent représenter un édifice en pierres rouges ou jaunes, ont l'habitude de passer la teinte plus intense dans le haut de leur rendu.

Plus généralement, tous les tons (tons d'ombres ou locaux) doivent être plus intenses à la partie supérieure des édifices que vers le bas, à cause du contraste puissant dû à un ciel très clair.

Dans un dessin d'architecture, les

ombres fines qui se détachent sur une surface très éclairée, comme l'est un larmier, paraîtront, à égalité d'éloignement, plus noires que d'autres ombres plus larges. La partie de l'ombre qui est peu étendue et qui est voisine d'une partie très éclairée paraîtra plus sombre qu'une grande nappe d'ombre, quoique située dans un même plan.

Quand une surface plane éclairée a tous ses points à égale distance du spectateur, ce qui a nécessairement lieu lorsque cette surface est parallèle à l'un des plans de projections, elle reçoit sur toute son étendue une teinte claire uniforme.

Quand deux surfaces sont parallèles et, par conséquent, éclairées de la même manière, celle qui se trouve la plus proche du spectateur reçoit une teinte plus faible que l'autre.

Il est vrai, eu égard à la grande distance du soleil, que cette différence d'intensité dans des surfaces semblables et éclairées ne peut être sensible qu'autant que ces objets sont à une grande distance l'un de l'autre et de nous. Mais, fort souvent, on s'écarte des règles de la nature afin de mieux faire sentir le relief.

Quand une surface plane est oblique au plan de projection, elle doit recevoir une teinte inégale, dont la dégradation suit les éléments de fuite de la surface. De deux surfaces planes éclairées celle qui se présente le plus perpendiculairement à la lumière doit recevoir la teinte la plus faible.

Sur les surfaces courbes, la partie la plus claire est au point où les rayons lumineux font avec la surface le plus grand angle, puis les teintes augmentent graduellement d'intensité à partir de ce point jusqu'au moment où l'angle que font ces rayons devient nul, c'est-à-dire jusqu'à la ligne de séparation d'ombre et de lumière.

L'ombre portée par un corps, sur une surface quelconque, décroît lorsque la distance du corps à cette surface augmente.

Le contour des ombres portées ne doit jamais être terminé par un trait trop cru ; il doit toujours y avoir pénombre. En général, la pénombre est d'autant plus

étendue et ses limites sont d'autant plus incertaines que le corps qui porte ombre est plus éloigné.

Sur les arêtes saillantes qui terminent les surfaces éclairées, il est nécessaire de ménager un filet clair et très étroit, dit *filet de lumière.*

Le filet de lumière doit suivre les intensités des teintes auxquelles il appartient.

Le filet de lumière ou le reflet ne doivent être ménagés, que quand une seule des surfaces formant un angle, est visible ; autrement il n'y a pas lieu. Car, lorsque les surfaces qui forment l'angle sont visibles toutes deux, l'arête d'intersection se projette et, alors, l'une des surfaces est plus brillante que l'autre, soit qu'elle soit éclairée par la lumière directe ou par la lumière réfléchie.

Certains de ces effets se retrouvent dans les œuvres de peinture.

La tonalité des cheveux blonds est, de même que pour les chairs, le résultat du mélange du jaune et du rouge plus ou moins rompus ; or ces deux couleurs produisent l'orangé, qui est la couleur complémentaire du bleu : donc un fond bleu ou tirant sur le bleu fait valoir les cheveux blonds par effet de contraste.

La chevelure blond cendré ne contenant pas de rouge exige un fond bleu gris irisé par une pointe de laque.

Les cheveux noirs à reflets bleuâtres sont en harmonie avec un fond orangé ; ce ton chaud fait valoir par contraste la tonalité froide des cheveux.

Une figure se trouve toujours modifiée par le voisinage d'une draperie ; une étoffe rouge refroidit les chairs en leur prêtant du vert ; elle sera utilisée à dissimuler en partie un teint trop coloré ; une étoffe verte, au contraire, donne de la coloration et s'applique à un sujet pâle.

Une draperie jaune convient à une physionomie très brune, en lui prêtant du violet qui rompt la qualité jaune et la fait paraître plus gris rosé.

Le bleu peut dorer les chairs et ne s'applique qu'à des colorations manquant de jaune ; le violet qui jaunit ne produit presque jamais un bon résultat.

Les vêtements noirs éclaircissent les chairs, une gaze blanche interposée produit le meilleur effet et rehausse la finesse des carnations délicates.

Dans un tableau traité par une seule couleur dont la gamme a été parcourue dans les différents accessoires, l'effet obtenu prend le nom d'*harmonie d'analogue*, ou bien encore de *ton sur ton*.

Nous citerons comme exemple un portrait de Carolus Duran : un enfant habillé de rouge, coiffé d'un chapeau rouge et se détachant sur un fond rouge.

Si le noir profond et chaud est la couleur préférée par le peintre, les chairs brillent dans ce cas d'un vif éclat ; mais il faut posséder à fond la science du *clair obscur* pour mener à bonne fin une œuvre traitée dans cette donnée.

### Sphères-types.

**209.** Lorsqu'il s'agit d'exécuter le modelé d'une surface courbe, telle qu'un cylindre, un cône, une sphère, etc., il ne suffit pas d'avoir tracé la ligne séparative d'ombre et de lumière et d'avoir ensuite passé une teinte plus ou moins forte dans la partie ombrée ; l'effet obtenu ainsi serait dur et ne ferait pas *tourner* la figure. Il faut, en outre, *modeler* aussi bien dans la partie ombrée que dans la partie éclairée. Mais les dégradations diverses de ces teintes ne sont pas conduites d'une façon arbitraire ; il y a certaines règles qu'on doit observer et qui concourent pour beaucoup à l'illusion.

Pour cela, il nous faut étudier les lignes d'égales teintes dans les corps *dépolis*, *polis* ou *demi-polis ;* ces lignes limitent des portions de la surface dans lesquelles une même valeur de teinte doit être posée ; la ligne voisine limitant une teinte plus claire ; l'autre, une teinte plus foncée.

Pour tout ce qui suit, nous suivons le savant professeur J. Pillet, auquel, du reste, nous avons dû emprunter beaucoup dans le cours de ce *Traité.*

### Sphère dépolie.

**210.** Dans les figures suivantes, nous supposons les rayons lumineux inclinés à 45 degrés sur chacun des plans de projections ou parallèles à la diagonale d'un cube suivant l'usage reconnu pour tout lavis d'architecture ou de machine.

Mais, comme cette direction entraînerait dans certaines difficultés, nous faisons tourner le rayon lumineux de telle sorte qu'il devienne parallèle au plan vertical de projection ; cette construction indiquée sur le côté droit de notre épure (*fig.* 333) donne la direction du rayon lumineux après rotation. Cette direction est repor-

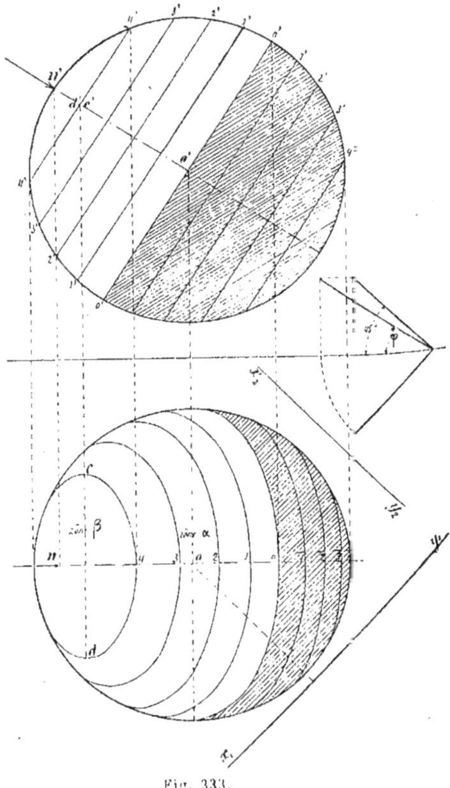

Fig. 333.

tée en *o'n'* sur le plan vertical et sur le plan horizontal, elle est en *no* parallèle à la ligne de terre.

Le point le plus clair est en *a'*, au point d'incidence normale à la sphère. Nous avons vu que les lignes d'égales teintes sont les lignes d'égale incidence. Ces lignes s'obtiendront donc en coupant la sphère par des plans parallèles entre eux et perpendiculaires au rayon lumineux $n'o'$. Le nombre de ces plans est entièrement arbitraire. Ce qui caractérise essentiellement la sphère dépolie, c'est que les lignes d'égales teintes sont déterminées par des plans perpendiculaires au rayon lumineux.

On a divisé la partie en lumière par quatre plans, 1′, 2′, 3′, 4′, et la partie dans l'ombre par quatre autres plans. Ces plans se projettent sur le plan horizontal suivant des ellipses, 4, 3, 2, 1; 0, pour la ligne séparatrice d'ombre et de lumière; puis par les ellipses 1̄, 2̄, 3̄, 4̄.

Si on prend pour nouvelle ligne de terre $x_1 y_1$, la sphère $no$ se voit comme si elle était en projection verticale; avec la ligne de terre $x_2 y_2$, elle se voit comme si elle était en projection horizontale.

Nous avons dit que le nombre de plans coupant la sphère perpendiculairement au rayon lumineux était arbitraire; ajoutons que, quel qu'en soit le nombre, on aura toujours trois zones principales qu'il faut bien remarquer.

La première est la *zone zéro* ou zone séparatrice; celle-ci n'est pas prise arbitrairement, elle est déterminée, d'après des lois géométriques, par des rayons lumineux tangents à sa surface.

La seconde est la zone alpha ($\alpha$) ou zone de teinte locale; c'est la zone où l'objet apparaît avec sa véritable couleur ou sa *teinte locale;* ni trop éclairé, ce qui éclaircirait cette teinte; mais suffisamment cependant, sans quoi l'objet paraîtrait sombre, sa teinte locale mêlée de noir serait rabattue.

Nous conviendrons qu'un plan remplit ces conditions quand il est parallèle au plan vertical de projection.

Dans le cas présent de la sphère, l'élément infiniment petit $oo'$ de la sphère répond à cette condition; la zone comprise entre les sections faites par les plans 2 et 3 sera dite la zone $\alpha$ ou zone de teinte locale; et toute cette zone, dans la partie vue de la sphère, devra recevoir une teinte uniforme, qui est la couleur propre du corps, rouge si l'objet est rouge, bleue si l'objet est bleu.

Le point d'incidence normale étant celui qui reçoit le plus de lumière devra pa-

raître sinon blanc, du moins de la couleur locale très éclaircie.

La zone qui l'entoure, ou zone $\beta$ sera la plus claire de toutes.

Les trois zones précédentes doivent se raccorder entre elles par des demi-teintes.

Il faut bien remarquer que de $\alpha$ en $\beta$ les zones s'obtiennent en éclaircissant la teinte locale, *sans ajouter d'ombre,* tandis qu'entre $\alpha$ et la zone zéro il faut assombrir la teinte locale, c'est-à-dire ajouter progressivement de l'ombre.

### Sphère polie.

**211.** Dans les corps polis, la surface renvoie la lumière comme dans un miroir.

On sait qu'alors :

1° Le rayon d'incidence et le rayon de réflexion sont dans un même plan avec la normale à la surface réfléchissante;

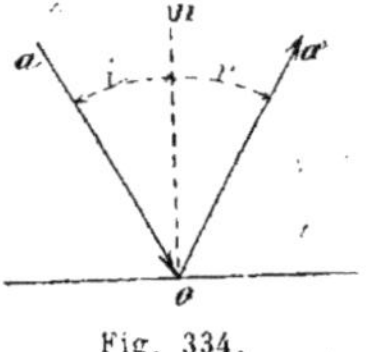

Fig. 334.

2° L'angle d'incidence égale l'angle de réflexion (*fig.* 334), où l'on a : $aon = noa'$.

L'intensité du rayon varie avec la nature de la surface réfléchissante et avec l'angle d'incidence. Dans les corps polis métalliques, l'intensité du rayon réfléchi varie très peu avec l'incidence; nous admettrons que les corps polis que nous allons étudier sont des corps métalliques.

Lorsqu'un plan poli est éclairé par des rayons lumineux parallèles entre eux, ne venant que dans une seule direction, et en admettant que le spectateur est à l'infini, il peut arriver deux cas. Dans le premier, les rayons réfléchis sont parallèles aux rayons virtuels, et ils aboutissent tous à l'œil placé à l'infini; dans le cas contraire, le spectateur ne reçoit aucun rayon réfléchi, et tous les points du plan lui paraissent obscurs; ce plan ne semblera pas exister.

Lorsque le plan est éclairé par des

rayons parallèles venant dans toutes les directions, le spectateur étant à l'infini, ce qui est le cas de la lumière solaire jointe aux lumières indirectes émanant de l'atmosphère, l'œil ne recevra des rayons directs ou indirects que ceux qui, après réflexion, auront pris la direction du rayon visuel : quelle que soit la position du spectateur, le plan ne paraîtra jamais obscur, parce qu'il y aura toujours des rayons, intenses ou non intenses, venant d'un point quelconque du ciel, qui seront réfléchis de manière à être renvoyés dans la direction de son œil.

Dans le cas d'une sphère, si les rayons lumineux viennent d'une direction unique, le spectateur étant à l'infini, il n'y aura qu'un point brillant unique,

étant infinies, il y aura une infinité de points brillants ; mais ces points brillants n'auront pas le même éclat. Pour avoir des lignes d'égales teintes, si nous admettons, ce qui n'est pas tout à fait exact, que la variation de l'angle d'incidence n'influe pas sur l'intensité du rayon réfléchi, il faudra :

1° Classer les rayons indirects d'après leur différence d'éclat ;

2° Grouper les rayons d'égale intensité ; ils formeront une série de cônes de révolution ayant tous pour axe le rayon solaire principal ;

3° Chercher sur la sphère le lieu des points brillants d'égale intensité. Pour

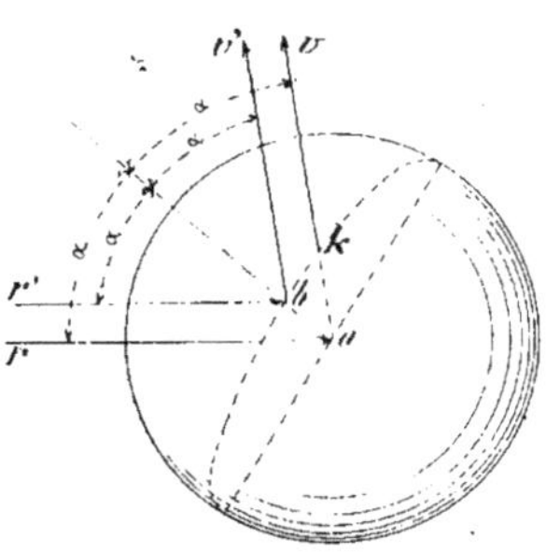

Fig. 335.

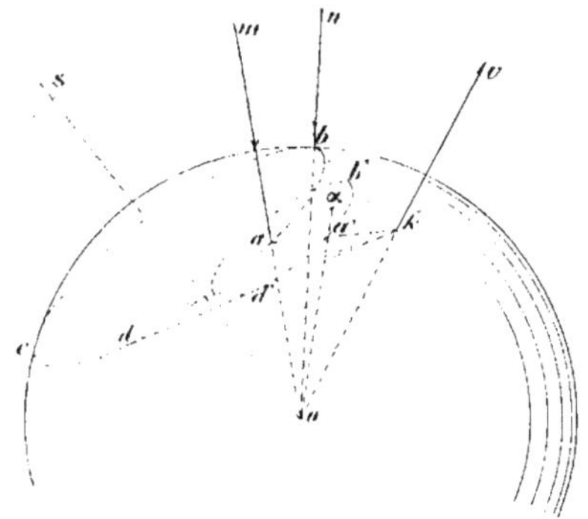

Fig. 336.

qu'on obtiendra de la façon suivante (*fig.* 335).

Le rayon lumineux principal est *ro* et le rayon visuel *vo* ; la bissectrice de l'angle qu'ils forment perce la sphère en *b*. Il est évident que le rayon incident *r'* qui viendra frapper en *b* sera réfléchi suivant *bv'* parallèlement à *vo* et, comme l'œil est à l'infini, ce rayon parviendra à l'œil, mais il sera unique, et le point brillant sera en *b*, le surplus de la sphère sera invisible.

La sphère peut être éclairée par des rayons venant de toutes les directions, le spectateur étant toujours à l'infini. C'est le cas d'une sphère éclairée par la lumière solaire et par les lumières indirectes venant de tous les points du ciel.

Les directions de rayons lumineux

une série de rayons d'égale intensité, les points brillants auront le même éclat, et leur ensemble formera un lieu géométrique qui sera une ligne d'égale teinte.

Soit le rayon direct *So* (*fig.* 336), et considérons une série de rayons indirects d'égale intensité *ma*, *nb*..... disposés, comme nous savons, de telle sorte qu'ils forment les génératrices d'un cône de révolution dont *So* est l'axe principal :

Les points d'incidence *a*, *b*..... se trouvent sur un petit cercle de la sphère, puisque les rayons d'intensité forment un cône de révolution : de plus, le plan de ce petit cercle *abcd* est perpendiculaire au rayon solaire principal *So* ; *ov* est le rayon visuel principal, et *k* son point de sortie de la sphère. Cherchons le point brillant du rayon *ma*. On mène *mo*, et on prend la bissectrice de *mov* qui perce la sphère au point *α*, point brillant de *ma*.

Joignons *a* et *k* qui sont les points où les rayons d'incidence et de réflexion percent la sphère; la bissectrice de l'angle de ces deux rayons coupe *ak* au point *a′*, qui est le milieu de *ak*, car *aok* est un triangle isocèle puisque *oa* et *ok* sont les rayons d'une même sphère.

Je dis que le lieu des points *a′*, *b′*..... est un cercle. En effet, les droites telles que *ka*, *kb*, *kd*... forment un cône oblique dont la base est le cercle *abcd*, et dont le sommet est en *k*. On a en *a′*, *b′*,....., les milieux des génératrices, donc les points *a′*, *b′*....., sont sur un cercle parallèle au cercle *abc*..... et de rayon moitié de ce cercle de base.

Pour obtenir le point brillant *α* on prolonge *oa′* jusqu'à la sphère. Mais les droites telles que *oa′*, *ob′*,....., forment un nouveau cône dont *a′b′c′*..., est la base, le sommet étant en *o*. Le lieu des points brillants est donc l'intersection de la sphère et du cône oblique de sommet *o* dont *a′b′c′*,..... est la directrice.

Pour faciliter l'épure, on suppose que le rayon lumineux est rendu parallèle au plan vertical (*fig.* 337) et vient en So, en prenant une série de rayons indirects de même intensité, ils forment un cône ayant *os* pour axe.

La ligne des points d'incidence sera le cercle *ut* projeté verticalement suivant la droite *ut* perpendiculairement à So. Ce cercle peut être considéré comme l'intersection de la sphère et du plan perpendiculaire au plan vertical qui aura *ut* pour trace verticale; *k* est le point de sortie du rayon visuel *ov*.

Joignons *tk*, *uk* et prenons les milieux *t′*, *u′*... de ces lignes; nous aurons en *t′u′* la projection verticale du cercle parallèle au premier et de rayon moitié, qu'il faut prendre pour directrice du cône ayant son sommet en *o*.

En décrivant une sphère sur *ok* comme diamètre et ayant, par suite, un rayon moitié de celui de la sphère donnée, ce cercle *u′t′* pourra être considéré comme l'intersection de cette sphère par un plan *t′u′* parallèle au plan *tu*.

Nous aurons donc les lignes de teintes en prenant la petite sphère *ok*, la coupant par des plans perpendiculaires au rayon So, prenant le cercle ainsi formé pour base de cônes ayant, chacun, leur sommet en *o*, et cherchant les intersections de ces cônes et de la sphère.

Le plan vertical étant parallèle à un plan de symétrie commune à la sphère et aux cônes, on sait que les courbes d'intersection seront des coniques.

On démontre, en géométrie analytique, que toutes ces lignes d'égales teintes, dans cette hypothèse se projettent sur le plan vertical suivant des hyperboles dont les

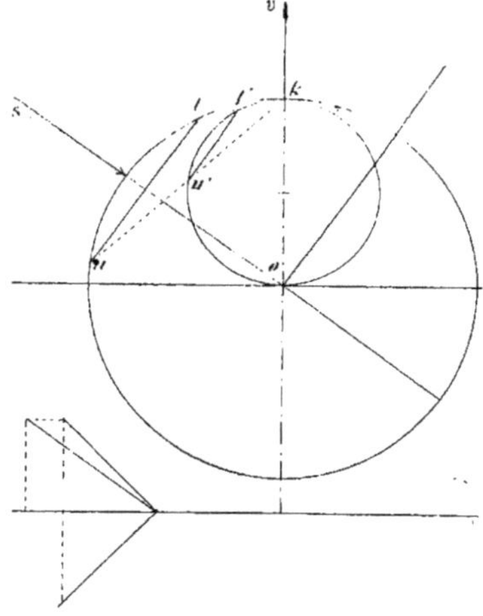

Fig. 337.

asymptotes communes (*fig.* 338) sont l'équateur *o′e′* et la ligne séparative *o′w*.

Prenant à volonté sur le périmètre de la projection verticale de la sphère des points 2′, 3′, 4′,... et connaissant les asymptotes, il est facile de construire la courbure et d'en déduire la projection horizontale.

L'épure une fois faite en projection horizontale, une ligne de terre à 45 degrés $x_1y_1$ montre la sphère dans une position ordinaire d'élévation avant rotation; la ligne de terre $x_2y_2$ la montre en projection horizontale. Remarquons que la bissectrice des asymptotes l'est aussi de l'angle formé par le rayon *so* et par le rayon $ov$; le point le plus brillant de la sphère est donc en $b'$.

### Sphère mi-polie.

**212.** Les corps demi-polis participent aux propriétés des corps polis et à celles des corps dépolis.

Les lumières intenses s'y réfléchissent plus qu'elles ne se diffusent; les lumières faibles font le contraire.

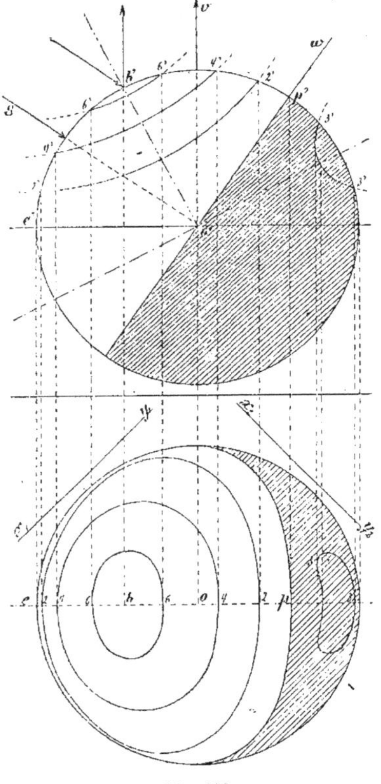

Fig. 338.

Une lumière intense donnera lieu à un point brillant que nous recherchons comme ci-dessus; nous déterminerons ensuite la séparation d'ombre et de lumière par les procédés habituels, et nous chercherons ensuite les lignes d'égales teintes au moyen d'une série de courbes de convention passant entre le point brillant et la séparation.

Nous ne faisons qu'indiquer l'épure, fort simple, du reste, après celles que nous avons déjà vues (*fig.* 339).

Le rayon lumineux principal est NO, le rayon visuel principal est O$v$, le point brillant sera donc en S, et la séparation en TO.

Les courbes étant de convention, nous les supposerons planes. Or le plan de la courbe plane qui détermine le point brillant est le plan tangent à la sphère en S.

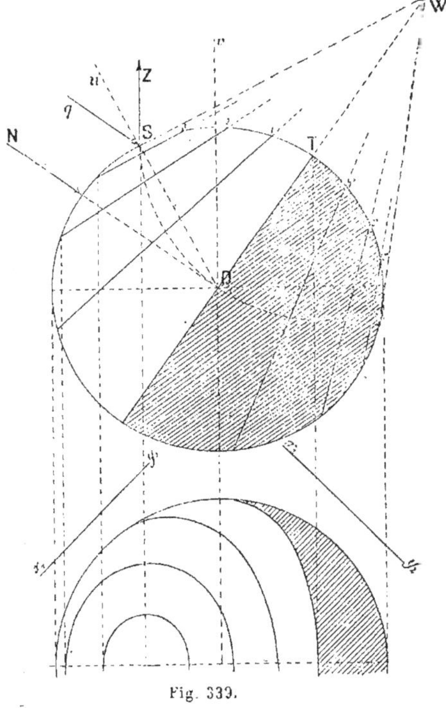

Fig. 339.

Il se projette sur le plan vertical suivant sa trace qui rencontre celle du plan TO en W. Pour passer de S à TO, il est donc naturel de faire passer une série de plans dont toutes les traces passeront en W. Le tracé est des plus simples; il donne des ellipses en projection horizontale. La ligne de terre $x_1y_1$ montre la sphère en élévation, et la ligne $x_2y_2$ la montre en plan.

FIN

# TABLE DES MATIÈRES

## CHAPITRE III

### PERSPECTIVES PARTICULIÈRES



## CHAPITRE IV

### PERSPECTIVE AÉRIENNE



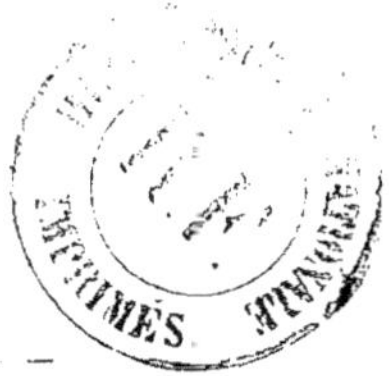